헤르만 헤세(1877~1962)

헤르만 헤세의 생가   남부 독일 뷔르템베르크 칼프

▲헤세의 고향
칼프의 니콜라스
다리와 성 니콜
라스 교회

▶칼프의 니골트
강변 헤세의 어
린 시절 놀이터
였다.

▲마울브론 수도원
1147년 준공. 세계
문화유산(1993)

헤세는 14세에, 유명한 학자와 시인을 배출한 명문 마울브론 신학교에 입학한다. 처음에는 엘리트 코스를 밟았지만 감수성이 풍부한 헤세는 탈주사건을 일으켜 결국 퇴학당한다. 그 경험은 영원한 청춘의 서 《수레바퀴 밑에서》에서 좌절한 주인공으로 투영된다.

◀마울브론 신학교

▲도제제도
스승(왼쪽)이 제자에게 금세공을 가르치는 장면. 16세기 독일 케른의 세밀화

헤세는 칼프에서 공장 수습공이 되어 시계 톱니바퀴 가는 일을 했다(17세).

▶튀빙겐의 헤켄하우어 서점
헤세는 서점 수습 점원으로 일하면서 시와 산문을 쓰기 시작했다(18세).

▲가이엔호펜 자택
1904년(27세) 마리아 베르누이와 결혼. 스위스 보덴 호반 근처의 시골 마을 가이엔호펜 저택에 살면서 창작 활동에 전념했다.

◀베른 저택
1914년(35세) 스위스의 수도 베른에서 화가 베르티의 별장을 빌렸다.

▲스위스 몬타뇰라의 카사 카무치 1919년(42세) 헤세는 특이한 외관의 이 건물 방 3개를 빌려 살았다.

카사 카무치 안에 있는 툴레 카무치는 헤세박물관이 되었으며 그가 즐겨 쓰던 타자기 등을 전시한다.

▶헤세가 그린 카사 카무치 스케치 실러 국립박물관 소장

▲ 스위스 몬타뇰라
헤세박물관 입구

◀ 박물관 전시실

▲헤세가 그린 수
채화(1)

▲헤세가 그린 수
채화(2)

카를 융(1875~1961) 스위스의 정신의학자. 헤세는 전쟁에 반대했다는 이유로 조국의 배신자라는 지탄을 받자, 부인은 물론 그 자신도 정신치료를 받게 된다. 헤세는 심리학의 대가 카를 융을 만났고, 그 닷새 뒤 꿈속에서 '데미안'의 등장 인물이 나타났다고 한다.

토마스 만(1875~1955) 독일 소설가·평론가. 1933년 히틀러가 정권을 장악하자, 만은 스위스에서 망명생활을 하다가 1938년 미국으로 건너가 강연활동을 했다. 1940~45년까지 BBC 방송을 통해 독일 국민에게 '반나치스 정기방송'을 했다. 조국을 떠나 타향인 스위스에서 생을 마감한 헤세와 만은 만년에 서로 존경하면서 깊은 우정을 나누었다.

▲스케치에 열중하고 있는 헤르만 헤세

◀헤세가 그린 수채화 풍경

▼헤세 초상(1905, 28세)

칼프의 니골트강이 흐르는 니콜라스 다리 위에 세워진 헤세의 청동상

HERMANN
HESSE

2 JVLI 1877
9 AVG 1962

헤르만 헤세와 부인 니논의 무덤 스위스 몬타뇰라 부근 아폰티오 교회 묘지. 잔디밭에 놓인 마지막 반려자였던 부인 니논의 무덤돌(오른쪽 가장자리 중간)은 1966년 죽은 뒤 추가되었다.

Demian

die Geschichte einer Jugend

von

Emil Sinclair

S. Fischer Verlag
Berlin

*

《데미안》(1919) 표지

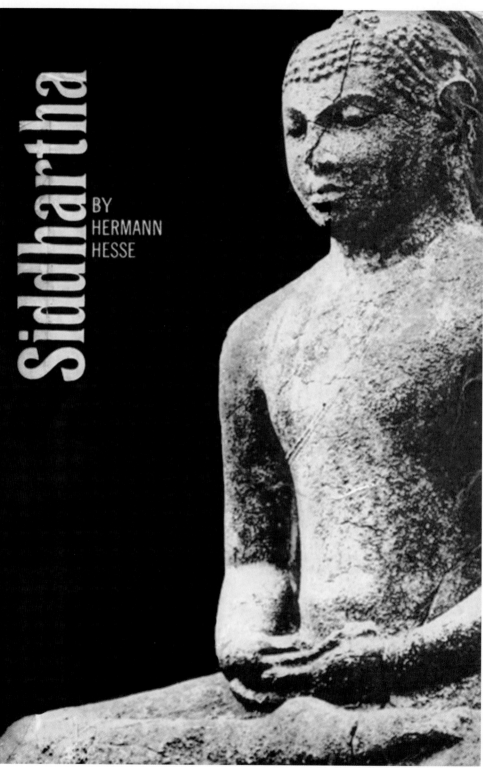

Siddhartha

BY
HERMANN
HESSE

《싯다르타》(초판연도 1922) 표지

World Book 147

Hermann Hesse

DEMIAN—DIE GESCHICHTE VON EMIL SINCLAIRS JUGEND
NARZISS UND GOLDMUND/SIDDHARTHA

데미안/지와 사랑/싯다르타

헤르만 헤세/송영택 옮김

동서문화사

디자인 : 동서랑 미술팀/표지그림 : 헤세가 그린 수채화 〈몬타뇰라〉(1928)

데미안/지와 사랑/싯다르타
차례

헤세의 생애와 작품에 대하여

Demian—Die Geschichte von Emil Sinclairs Jugend

데미안

주요인물

싱클레어 주인공. 친구 데미안의 도움으로 유년기의 방황에서 벗어나 자기
자신을 발견하고 성숙해 간다.

데미안 그리스도교 정신에 지배받고 있는 유럽 문명의 비판자. 헤세의 분
신.

피스토리우스 교회의 오르간 연주자.

프란츠 크로머 유년기의 싱클레어에게 끊임없이 공포감을 주던 악동(惡
童).

크나우아 싱클레어의 동급생.

데미안
에밀 싱클레어의 청춘 이야기

  나에 대한 이야기를 하려면 아주 오래전으로 되돌아가야만 한다. 할 수만 있다면 더 멀리 거슬러 올라가서 어린시절 맨 처음부터, 아니 더 머나먼 조상의 일부터 시작해야 할 것이다.

  소설가들은 마치 자기가 하느님이라도 된 듯이, 어떤 주인공의 일생을 샅샅이 예측하고 알고 있는 체하는 것이 예사이다. 그리고 제딴에는 그 주인공 이야기를 하느님이 스스로에게 말씀하실 때처럼, 요점을 하나도 빼놓지 않고 독자들 앞에 모두 펼쳐 놓을 수 있을 거라 믿고 있다. 그러나 나로서는 그렇게 할 수가 없다. 솔직히 말해서 소설가들 또한 사정은 나와 마찬가지일 것이다. 그런데 소설가라면 누구든지 자기 작품이 소중하듯이 나에게 있어서도 이제부터 하려는 이야기는 아주 소중한 것이다. 아무튼 이것은 나 자신의 이야기이고 또한 한 인간, 곧 단 한 번뿐인 인생을 살고 있는 현실적 인간의 이야기이지 소설가가 머릿속에서 생각해 낸 인간, 어쩌면 존재할지도 모르는 인간이나 이상적인 인간, 요컨대 실재하지 않는 인간에 대한 이야기는 아닌 것이다.

  오늘날 사람들은 이전 시대에 살았던 그 어떤 사람들보다도 실제 살아가는 인간이 어떤 존재인가에 대한 이해가 부족하다. 그 결과 우리는—한 사람 한 사람이 저마다 자연의 실험으로 창조된 귀중하고 고유한 존재임에도—서로를 대량학살하는 시대를 맞고 있다. 만일 우리가 고유한 생물종으로서의 인간 그 이상의 어떤 존재가 아니라면, 우리 인생이 죽음과 함께 모두 끝나 버리는 것이라면, 곧 한 알의 총탄이 우리를 이 세상에서 완전히 없애 버린다는 것이 사실이라면 이야기를 쓴다는 것은 무의미한 일일 것이다. 그러나 인간은 누구나 그 자신 이상의 존재이다. 한 인간은 독특하고 매우 특별한, 그리고 언제나 의미심장한, 세계의 현상들이 서로 만나는 교차점이며,

그 인간 안에서 삼라만상이 교차하면서, 다시는 되풀이되지 않을, 오직 한 번뿐인 순간의 무늬를 이루는 것이다. 이것이 모든 인간이 그토록 중요하며, 변함없이 신성한 존재인 이유이다. 그러므로 어떤 인간의 이야기라 할지라도 그것은 중요하고 영원하며 신성할 뿐 아니라, 인간은 누구든 살아서 자연의 뜻을 실현하는 경이롭고 가치 있는 존재인 것이다. 한 사람 한 사람의 내부에서 영혼은 뼈와 살이 되고, 고뇌하는 생명이 되어 십자가에 못 박히는 그리스도의 수난을 되풀이한다.

오늘날, 인간이 무엇인지를 알고 있는 이는 드물다. 그러나 많은 사람이 이러한 자신의 무지를 깨닫고 그럼으로써 보다 편안히 죽음을 받아들이듯이, 이 이야기를 다 쓰고 나면 나 또한 그렇듯 보다 홀가분하게 이 세상을 떠날 수 있으리라.

나는 나 자신이 남들보다 삶에 대해 특별히 더 많은 걸 깨우쳤다고 생각지 않는다. 나는 언제나 길을 찾는 사람이었고, 지금도 그렇다. 그러나 지난날과는 달리 지금의 나는 공상의 세계나 책 속에서 길을 찾으려 하지 않으며, 내 피가 내 마음속에서 불러일으키는 갖가지 교훈에 귀를 기울이려 한다. 내 이야기는 읽어서 즐거운 것도 아니고, 꾸며낸 이야기처럼 감미롭지도 않으며, 정연하게 조리가 있는 것도 아니다.

이제는 더 이상 자신을 속이지 말자 생각하는 사람의 생활이 모두 그러하듯이, 나의 이 이야기도 부조리와 혼돈, 그리고 광기와 몽상의 맛을 풍기고 있다.

인간의 일생이라는 것은 모두 자기 자신에게 다다르기 위한 여정(旅程), 아니 그러한 길을 찾아내려는 실험이며 그러한 오솔길의 암시이다. 완전히 자기 자신일 수 있었던 사람은 이제까지 존재한 예가 없다. 하지만 의식하고 있는 경우와 그렇지 않은 경우의 구별은 있을지언정 누구나 목표를 거기다 두고 힘껏 노력하고 있는 것이다. 우리는 모두 점액이나 알껍데기와 같은 태생의 흔적을 죽을 때까지 가지고 다닌다. 끝내 인간이 되지 못한 채 개구리나 도마뱀, 개미 따위의 단계에서 그대로 죽어 버리는 사람도 있고, 상반신은 사람이지만 하반신은 물고기인 사람도 있다. 그러나 이 모두는 자연이 인간 창조에 건 모험의 결과물이다. 우리는 모두 같은 어머니에게서 태어난, 같은 기원의 존재이며 똑같이 아득한 저 너머에서 나왔다. 하지만 우리는 저마다 서로 다른 깊이를 지닌 어떤 실험이며, 자기 운명의 길을 개척해 나가는 존재이다. 인간은 서로를 이해할 수 있다. 그러나 저마다 지니는 고유의 뜻을 아는 것은 그 자신뿐이다.

1 두 세계

내가 열 살 되던 해, 우리 작은 마을의 라틴어 학교에 다닐 때 겪은 일부터 시작하겠다.

아직도 그 시절을 생각하면 여러 가지 달콤한 기억들이 생생히 떠올라 어느새 내 마음은 쓸쓸함으로 물들어온다. 불빛이 새어나오는 어둑어둑한 골목, 집과 탑들, 시계 종치는 소리와 사람들의 얼굴, 풍요롭고 아늑한 방, 비밀을 품은 방들. 그곳엔 따스하고 친밀한 체취가 모든 것에 스며 있었다. 하녀들, 가정상비약품의 냄새, 그리고 말린 과일의 희미한 향기.

그 시절에는 낮과 밤의 세계, 양극단의 두 세계가 한데 뒤섞여 있었다. 그 중 한 세계는 우리집이었다. 아니, 사실은 더 작은 세계, 내 부모님만으로 이루어진 세계였다. 그 영역은 모든 면에서 내게 친숙했다. 어머니와 아버지, 모범적인 행동, 그리고 학교. 그 세계는 밝고 투명하며 깨끗한 세계, 사랑과 엄격함, 예의바른 대화와 깨끗이 씻은 손, 단정한 옷차림과 절도 있는 예절의 세계였다. 아침 찬송가와 크리스마스 파티. 미래로 뻗은 곧은길의 세계. 그곳에선 의무와 양심의 고통, 고해와 용서, 선의와 사랑, 존경과 지혜, 그리고 성경 문구가 함께했다. 순수하고 질서 있는 삶을 살고자 하는 자들이 머무는 세계였다.

그러나 그와는 아주 다른 세계, 전혀 다른 냄새를 풍기고 전혀 다른 언어로 다른 것을 약속하고 명령하는, 또 하나의 세계가 동시에 우리집 절반을 차지하고 있었다. 이 두 번째 세계에는 하녀와 직공, 유령 얘기와 좋지 못한 소문들이 있었다. 그곳에서는 도살장, 교도소, 주정꾼, 욕지거리하는 아낙네와 새끼를 낳는 암소, 쓰러진 말, 강도, 살인과 자살 이야기 같은 괴상하고 유혹적이며, 무섭고 수수께끼 같은 많은 일들이 홍수처럼 몰려왔다—이 모든 아름답고 끔찍하며 야만적이고 참혹한 일들이 주위에서, 가까운 골목에서, 이웃에서 일어났다. 순경과 부랑자가 여기저기로 쫓고 쫓기며 주정꾼이 자기 마누라를 때리고 젊은 처녀들의 무리가, 저녁이면 공장으로부터 쏟아져 나오고, 노파들은 사람에게 마술을 걸어 병에 걸리게 하며, 도둑들은 숲에서 살았고, 불을 지른 사람이 경찰에게 붙잡혔다. 어디서나 이 강렬한 두 번째 세계가 모습을 드러내고 냄새를 풍겼다. 그 세계는 모든 것을 점령하고 있었다. 아버지와 어머니가 사는 우리 방 말고는…… 그리고 그것은 좋았다. 여기, 우리집에 평화와 질서와 휴식이 있다는 것, 의무와 선량한 양심과 용서와 사랑이 있다는 것은 참으로 좋은 일이었다. 그리고 그 밖의 모든 것, 곧 거친 소란과 음침함, 어둠과 폭력 또한 존재한다는 것, 그리고 어머니의 품속으로 뛰어듦으로써 그러한 세계로부터 언제든 도망쳐 올 수 있다는 것은.

가장 기이했던 점은 이 두 세계가 서로 경계를 마주하고 있으며, 그것이 서로 가까이에 함께 살고 있다는 것이었다. 이를테면 우리집 하녀 리나는 저녁 기도 시간이면 문간방에 앉아, 매끈하게 다린 앞치마 위에 두 손을 올려놓고 맑은 목소리로 함께 노래를 불렀다. 그럴 때의 그녀는 완전히 아버지 어머니가 계시는 우리의 밝고 옳은 세계에 속해 있었다. 그런 뒤 곧 나에게 부엌이나 마구간에서 머리 없는 사나이에 관한 이야기를 할 때면, 또는 푸줏간 옆 작은 가게에서 이웃 여인네와 싸움을 할 때면 그녀는 완전히 딴사람이 되어 비밀의 베일에 감싸인, 다른 세계에 속한 존재가 되는 것이었다. 모든 것이 그러했으며 나 자신이 가장 그러했다. 확실히 나는 밝고 옳은 세계에 속해 있었고, 부모님의 어린아이였다. 그러나 내 눈과 귀가 향하는 곳에는 어디에나 다른 세계가 존재했고, 이따금 낯섦과 두려움, 그리고 양심의 가책으로 고통받기도 했지만, 나 또한 이 다른 세계 속에 살고 있었다.

때때로 나는 금지된 세계 속에서 사는 것을 아주 좋아하기까지 했다. 그리고 다시 밝은 곳으로 돌아가는 일이—그것은 가끔 필요하기도 하고 좋은 일인지도 모른다—마치 아름답다기보다는 따분하고 권태로운 곳으로 돌아가는 것인 양 느껴졌다. 물론 나도 내 인생 목표가 나의 아버지나 어머니처럼 그렇게 명석하고 순수하며 정돈되고 우수해지는 데 있다는 것을 알았으나, 거기까지 이르는 길은 멀었고, 또 거기까지 이르려면 학교에 다니며 공부하고 시험을 치러야 했다. 그리고 그 길은 언제나 다른 어두운 세계의 옆을 지나거나 통과해야만 했다. 이러한 어두운 세계를 벗어나지 못하고 그곳에 빠지는 사람들도 물론 있었다. 이와 비슷한 잘못된 길에 들어선 탕자들의 이야기를 나는 열정적으로 읽었다. 그 이야기 속에는 늘 아버지와 선(善)에게로 돌아가는 것이 구원을 받는 일이고, 훌륭한 일이라고 되어 있어서 이것만이 올바른 것, 선한 것, 그리고 바랄 만한 가치가 있는 것이라고 나는 확신했다. 그럼에도 정작 내가 가장 흥미를 느꼈던 부분은 악과 타락에 관한 이야기였다. 솔직히 말하면 탕자가 속죄하고 다시금 구원을 받는다는 것이 정말로 유감스럽게 느껴질 정도였다. 그러나 그런 것을 사람들은 말하지 않았고 생각조차도 하지 않았다. 그것은 하나의 예감과 가능성으로서 감정의 아주 밑바닥에 막연하게 존재하고 있었다. 내가 악마를 떠올려 볼 때면 그것이 변장을 했건 정체를 드러내고 있건, 나는 그놈을 으레 술집이나 시장 바닥, 또는 음식점에나 있는 것으로 상상했을 뿐이지, 우리집에 있다고는 절대로 생각하지 않았다.

나의 누나들도 밝은 세계에 살고 있었다. 그들은 본질적으로 아버지와 어머니 가까이에 있다는 생각이 들었다. 그들은 나보다 더 착했고 예절이 있었으며 결점이 적었다. 물론 그들에게도 잘못된 점이 있었으며 언제나 좋은 버릇만 있는 것은 아니었다. 그러나 누나들의 그러한 결점들은 악의 세계에 접하면 접할수록 숨이 막히는 고통을 느껴야 했던 나의 경우에 비하면 그리 뿌리 깊은 것도, 또 나만큼 어둠의 세계에 가까운 것도 아니라고 느꼈다. 누나들은 부모님과 마찬가지로 마땅히 아낌과 존중을 받아야 할 대상이었다. 누나들과 무슨 일인가로 다툰 경우에도, 늘 나중에 가면, 나는 스스로를 꾸짖으며 잘못이 내게 있는 것으로, 그래서 용서를 구해야 할 사람은 바로 나 자신이라고 생각하곤 했다. 누나를 욕되게 하는 것은 부모님의 선과 질서를 욕되게 하는 것과 같은 일이었기 때문이다. 그래선지 나는 내 누나들보다는 오히려 비천한 거리의 건달들과 마음을 터놓고 지냈다. 날씨가 화창하고 나의 양심이 나를 괴롭히지 않는 그런 날에는 누나들과 즐겁게 놀기도 했다. 누나들은 늘 그렇듯 온화하고 선량했으며 그럴 때면 나 또한 고귀한 빛에 비추어 나 자신을 바라보았다. 천사처럼 고결해진다는 것은 바로 이러한 순간을 이르는 것이리라! 이것이야말로 우리 인간이 상상할 수 있는 가장 고상한 정신의 상태일 것이다. 하지만 그런 순간이 인생에 있어 몇 번이나 찾아올 수 있겠는가! 가끔 악의 없이, 놀이에 지나치게 빠진 나머지 나는 나도 모르게 고집불통이 되어 누나들에게 너무 심하게 굴었고, 결국에 가서는 어김없이 싸움과 불행을 몰고 오곤 했다. 그럴 때면 나는 분노에 사로잡힌 끔찍한 인간이 되어 누나들에게는 말할 것도 없고 말하고 있는 나 자신에게조차 상처가 될 만한 심한 말들을 마구 내뱉었다. 그러고 나면 후회와 회한의 어두운 시간이 온다. 다음엔 용서를 비는 고통의 순간이, 그리고 다시금 고요하고 감사하는 마음으로 가득한, 분리되지 않은 기쁨의 빛에 싸인, 평온의 시간이 찾아왔다.

나는 라틴어 학교에 다니고 있었다. 시장 아들과 산림관 아들이 우리 학급에 있었는데 때때로 우리집으로 놀러오곤 했다. 두 녀석 다 꽤나 제멋대로에다 거칠었지만, 그럼에도 그들은 선과 질서의 세계에 속해 있는 아이들이었다. 이렇게 말하긴 했지만, 사실 나는 사람들이 흔히 깔보는 공립학교에 다니는 이웃집 아이들과도 어울렸다. 그들 중 한 아이에 관해서 나는 이야기를 시작해야겠다.

내가 열 살이 채 되지 않았던 어느 날, 수업이 끝나고 나는 이웃집의 두 소년과 함께 여기저기를 쏘다니고 있었다. 그때 우리보다 훨씬 몸집이 크고 거칠어 보이는 열세 살쯤 된 듯한, 공립학교에 다니는 양복점 아들이 우리에게 다가왔다. 그의 아버지는 주정꾼이었고, 그의 가족들 모두가 평이 좋지 못했다. 이 프란츠 크로머라는 아이에 대해 잘 알고 있던 나는 그를 두려워해서 그가 우리 일행에 끼게 되었을 때는 기분이 썩 좋지 않았다. 크로머는 벌써 어른 티를 냈고, 젊은 공장 직공의 걸음걸이와 말투를 흉내냈다.

우리는 그의 지휘 아래 다리 옆 강둑으로 내려가, 사람들에게 보이지 않도록 첫 번째 다리 아래에 숨었다. 아치형 다리 벽과 완만하게 흐르는 강물 사이로 난 좁은 강둑에는 온갖 쓰레기와 파편들, 뒤엉킨 녹슨 철사줄과 그 밖의 잡동사니들로 가득했다. 가끔 거기서 쓸 만한 물건을 찾을 수도 있었다. 우리는 프란츠 크로머의 지시 아래 그 지역을 샅샅이 찾아보고 우리가 발견한 것을 그에게 보여 주었다. 그러면 그는 그것을 받아 챙기거나 강물에 내던졌다. 그는 우리에게 납이나 놋쇠, 아연으로 된 물건이 있는지를 주의해서 보라고 명령하면서 뿔로 된 빗까지도 받아 넣었다. 나는 그의 무리 속에 끼여 있는 것이 꺼림칙했다. 만약 아버지가 이 사실을 안다면 당장 교제를 금지할 거라고 생각해서가 아니라, 프란츠에 대해 내가 가지고 있는 불안감 때문이었다. 그러나 그가 나를 한몫 끼게 해서 다른 애들과 같이 취급해 주는 것은 기뻤다. 그와 함께 있는 것은 이번이 처음이었지만 그가 명령하고, 그의 명령에 복종하는 것이 오래된 습관마냥 익숙했다.

드디어 우리는 땅바닥에 앉았다. 프란츠는 강물에 침을 뱉었다. 그는 어른처럼 보였다. 그는 잇새로 침을 뱉어 그가 원하는 장소에 맞혔다. 이야기가 시작되자 소년들은 저마다 학교에서 벌인 온갖 영웅적 행동과 나쁜 장난을 자랑스레 떠벌리고 위대한 행동처럼 뽐냈다. 나는 잠자코 있었지만, 나의 침묵이 눈에 띄어 크로머의 분노를 불러일으킬까 봐 두려웠다. 두 친구는 처음부터 나를 등지고 그에게 붙어 있었다. 나는 그들 가운데서는 이방인이었다. 나는 내 옷과 행동이 그들에게 도전적인 인상을 줄 거라 생각했다. 프란츠가 라틴어 학교 학생이며 양갓집 자식인 나를 좋아할 리가 없었고, 다른 아이들도 그가 반응하는 것에 따라 곧 나를 배반할 거라는 사실을 나는 잘 알고 있었다.

드디어 나도 불안해져서 이야기를 하기 시작했다. 나는 어마어마한 도둑질 이야기를 꾸며내고 나를 그 주인공으로 만들었다. 나는 말하길, 어느 날 밤에 한 친구와 함께 물방앗간 옆에 있는 과수원에 숨어들어 사과를, 그것도 보통 사과가 아닌 최고 품종의 사과를 한 자루씩이나 훔친 적이 있노라고 했다. 나는 순간적인 위험에서 빠져나오기 위해 이야기 속으로 도피한 것이다. 이야기가 곧잘 생각나고 말도 술술 흘러나왔다. 이야기가 빨리 끝나거나 또는 더욱 곤란한 처지가 될까 봐 나는 온갖 노력을 기울였다. 우리 중 하나가 나무에 올라가 사과를 여기저기에 던지는 동안 나머지 한 사람은 계속 망을 봐야 했으며, 사과를 담은 자루가 너무 무거워 결국은 자루를 열어 반을 쏟고 옮긴 다음, 30분 뒤에 다시 와서 나머지도 모두 가져갔노라고 자신 있게 말했다.

나는 이야기가 끝났을 때 그들이 손뼉을 치지 않을까 기대했으며, 마지막엔 열이 올라 그 이야기에 스스로 도취되었다. 두 아이는 기대에 차서 침묵하고 있었으나, 프란츠 크로머는 의심에 찬 실눈을 뜨고 뚫어져라 나를 쳐다보더니 위협하는 듯한 목소리로 물었다.

"정말이냐?"

"물론이지."

"정말 사실이란 말이지?"

"물론, 사실이야."

나는 속으로는 불안에 짓눌려 있으면서도 고집스럽게 딱 잘라 말했다.

"맹세할 수 있어?"

나는 좀 겁이 났지만 곧 대답했다.

"응."

"그렇다면 '하느님을 걸고'라고 말해 봐."

"하느님을 걸고."

"좋다."

프란츠는 얼굴을 돌렸다.

나는 이것으로 모든 일이 잘되었다고 생각했으며, 그가 곧 일어나 집으로 향하자 기뻤다. 우리가 다리 위에 다다르자, 나는 겁먹은 듯이 이제 집으로 가야 된다고 말했다.

"그렇게 먼저 법석 떨지 마."

프란츠는 웃으며 덧붙였다.

"우리는 같은 방향이잖아. 맞지?"

그는 천천히 건들거리며 계속 걸었고 나는 감히 도망치지 못하고 있었는데, 그는 정말로 우리집 쪽을 향하여 걷고 있었다. 우리집에 도착했을 때, 나는 우리집 문들과 뭉툭한 놋쇠 손잡이들, 창문에 비친 햇빛, 어머니 방의 커튼을 보자 마음이 놓여 깊은 한숨을 내쉬었다.

'아, 돌아왔구나! 아, 집으로, 밝은 세계로, 티없이 평화로운 세계로 돌아왔구나!'

내가 문을 열고 재빨리 들어가 문을 닫으려 할 때 프란츠 크로머가 집 안으로 후닥닥 뛰어 들어왔다.

바깥의 빛줄기가 비치지 않는 차갑고 어둠침침한 타일이 깔린 복도에서 그는 내 팔을 붙들고 작은 소리로 말했다.

"야, 그렇게 서둘지 마."

나는 겁이 나서 그를 쳐다보았다. 내 팔을 움켜잡고 있는 그의 손이 무쇠처럼 단단했다. 그가 무슨 생각을 하고 있을까, 혹시 나를 괴롭히려는 게 아닐까 하고 나는 놀랐다. 내가 지금 크게 소리친다면, 나를 구하기 위해 누가 먼저 저 위층에서 빨리 내려올 것인지를 생각했다. 그러나 나는 그러기를 포기했다.

"뭐야, 왜 그래?"

"아무것도 아냐. 그냥 뭘 좀 물어볼 게 있어. 다른 놈들이 들을 필요는 없지."

"그래? 좋아, 네게 무얼 더 말하란 말이야? 너도 알다시피 나는 들어가야만 해."

프란츠는 조용히 말했다.

"넌 물방앗간 모퉁이 과수원이 누구네 것인지 알겠지?"

"몰라, 난 몰라. 글쎄, 아마 물방앗간집 것이겠지."

"뭐?"

프란츠가 한쪽 팔로 나를 휘어감아 확 끌어당겼기 때문에, 나는 바로 코앞에서 그의 얼굴을 바라봐야만 했다. 그의 눈은 사악해 보였고, 심술궂은 미소를 띤 그의 얼굴은 잔인함과 억센 힘으로 충만해 보였다.

"인마, 그것이 누구네 것인지 확실히 말해 주지. 나는 벌써 오래전에 사과를 도둑맞았다는 걸 들었어. 그리고 그 주인이 누가 사과를 훔쳐갔는지를 말해 주는 사람에게는 2마르크를 준다고 말한 것도 알고 있단 말이야."

"뭐라고! 그렇지만 넌 그에게 일러바치진 않겠지?"

그의 양심에 호소해 봤자 소용없는 일임을 나는 느꼈다. 그는 나와 다른 곳에 속해 있으며, 그에게 있어선 배반이라는 것이 죄라고 느껴질 리가 없었다. 나는 그것을 똑똑히 느꼈다. 이런 일에 있어서 '다른' 세계의 사람들은 우리와 같지 않았다.

"말하지 않는다고?" 크로머는 웃었다. "너는 우리집에 화폐 찍어내는 기계라도 있어서 2마르크짜리를 만들어 낼 수 있다고 생각하니? 나는 가난한 놈이야, 너처럼 부자 아버지를 갖지 못했어. 2마르크를 벌 수 있다면 나는 벌어야 된단 말이야. 과수원 주인은 더 많이 줄지도 몰라."

그는 갑자기 나를 놓아 주었다. 우리집 현관에 감돌던 평화와 안전의 분위기는 이미 사라진 지 오래고, 나를 둘러싼 세상이 모두 무너져 내리고 있었다. 그는 나를 고자질할 테고, 사람들은 이 사실을 아버지에게 말할 것이며, 어쩌면 경찰이 오는지도 모른다. 모든 무질서의 공포가 나를 위협했고, 온갖 흉측스럽고 위험스러운 일들이 나에게 몰려들었다. 내가 도둑질을 하지 않았다는 것은 전혀 중요하지가 않았다. 거기다가 나는 맹세까지 했다!

눈물이 나왔다. 나는 대가를 치르고서라도 이 상황에서 벗어나고 싶은 마음에 절망적으로 내 주머니를 뒤져 보았다. 사과도, 주머니칼도, 아무것도 없었다. 그때 시계 생각이 났다. 그것은 그냥 지니고 있던 낡은 시계로, 가지는 않았지만 할머니가 주신 것이었다. 나는 그걸 재빨리 꺼냈다.

"크로머, 제발. 이르진 않겠지. 이른다고 네게 좋을 것도 없잖아. 내 시계를 줄게, 여기 있어. 미안하지만 그것밖에 없어서 그래, 이걸 줄게. 은으로 만든 거야. 제품은 좋은 건데 조금 고장이 나서 고쳐야 돼."

그는 엷은 웃음을 띠면서 커다란 손으로 시계를 받았다. 나는 그 손을 바라보며 그 손이 얼마나 나에게 난폭하고 적의에 찬 것인가를, 얼마나 내 생애와 평화를 억세게 잡을 것인가를 느꼈다.

"은으로 된 거야."

나는 주뼛주뼛 말했다.

"은 같은 건 중요하지 않아. 그리고 네 고물딱지 같은 시계는 문제도 아니야. 너나 가서 고쳐 보렴."

그는 경멸에 차서 말했다.

"하지만 프란츠! 잠깐 기다려 줘. 시계를 제발 받아 줘, 이건 은이란 말이야, 정말이야, 갖고 있는 게 없어서 그래."

나는 그가 달아날까 봐 불안에 떨면서 외쳤다.

그는 나를 차갑게 멸시하면서 바라다보았다.

"물론 넌 내가 누구에게 가는지 알겠지. 아니면 나는 그걸 경찰에게 말할 수도 있어. 난 경찰을 잘 알고 있으니까."

그는 정원 쪽으로 몸을 돌렸다. 나는 뒤에서 그의 소매를 잡았다. 그렇게 되면 안 된다. 그가 그렇게 사라진 뒤 앞으로 닥쳐올 일을 겪느니 차라리 죽어 버리는 게 더 나았다.

"프란츠, 그런 어리석은 짓은 제발 그만둬, 응! 그건 농담이지?"

나는 흥분해서 쉰 목소리로 간청했다.

"그래, 그렇게 생각해라. 하지만 아주 값비싼 대가를 치르게 할 농담이지."

"제발 내가 무얼 해야 되는지 말해 줘. 뭐든지 할게."

그는 사악한 눈을 뜨고는 나를 살펴보며 웃었다.

"어리석게 굴지 마. 너도 알겠지만, 나는 2마르크를 벌 수 있어. 알다시피 나는 그걸 마다할 부자는 아니란 말이야. 그렇지만 넌 부자야. 시계까지 있잖아. 나에게 단지 2마르크만 주면 모든 일이 다 잘될 거야."

그는 선심 쓰듯 말했다.

나는 그의 논리를 알 수 있었다. 그러나 2마르크! 그것은 나에게 있어선 10마르크나 백 마르크 또는 천 마르크만큼이나 엄청난, 절대 구할 수 없는 금액이었다. 나는 돈이 없다. 어머니 방에는 저금통이 있지만 거기에는 아저씨가 오셨을 때나 그와 비슷한 기회로 생긴 10페니히와 5페니히짜리 동전이 몇 개 들어 있을 뿐이었다. 그것 말고는 돈이 없다. 아직 용돈을 받을 나이가 아니었기에.

"내겐 돈이 없는걸." 나는 슬프게 말했다. "내겐 정말 돈이 없어. 그러나 그것 말고 뭐든지 줄 수 있어. 나는 미대륙 인디언 책과, 병정과 컴퍼스를 갖고 있어. 그걸 네게 갖다 줄게."

크로머는 건방지고 심술궂어 보이는 입을 씰룩거리더니 땅바닥에 침을 뱉었다. 그러고는 명령하듯이 말했다.

"그런 헛소리 마. 그딴 건 너나 가져. 컴퍼스? 내 비위를 더 거스르지 마, 알아들었어? 돈만 내란 말이야."

"그렇지만 돈이 한 푼도 없는걸. 또 돈을 얻을 수도 없어. 어떻게 하지?"

"아무튼 내일 2마르크 가져와. 학교가 끝난 뒤 저 아래 시장에서 기다릴 테니까. 이제 됐어. 만약 돈을 가져오지 못하면 호되게 당할 줄 알아!"

"그래, 그렇지만 어디서 그걸 구하지? 만약 돈을 구하지 못하면?"

"너희 집에는 돈이 얼마든지 있어. 그건 네 사정이야. 그럼 내일 학교 끝나고다. 다시 말하겠는데 만약 안 가지고 오면……." 그는 무서운 눈으로 나를 쳐다보고는 다시 한 번 침을 뱉고 그림자처럼 사라졌다.

나는 위층으로 올라갈 용기가 없었다. 모든 게 끝장이었다. 나는 달아나서 집에 다시 돌아오지 않거나 물에 빠져 죽어 버릴 생각까지 했다. 그렇지만 생각은 뚜렷하게 형태를 이루지 못했다. 나는 어둠 속에서 우리집 제일 아래 계단 위에 앉아 몸을 웅크린 채 절망에 몸을 맡겼다. 이윽고 리나가 바구니를 들고 장작을 가지러 가다가, 그곳에서 울고 있는 나를 발견했다.

나는 리나에게 아무 말도 하지 말라고 애원한 뒤에 2층으로 올라갔다. 유리문 오른쪽에는 아버지의 모자와 어머니의 양산이 걸려 있어 새삼 우리집에 와 있다는 아늑한 느낌에 뭉클했다. 나는 마치 탕자가 옛 고향집의 방을 보고 냄새를 맡을 때처럼 감사함을 느끼며 그 물건들에게 인사했다. 그러나 그 모든 것은 이미 나의 것이 아니었으며, 그 모든 것은 아버지와 어머니의 밝은 세계일 뿐이었다. 나는 무거운 죄로 가득 차서 낯선 물결 속에 가라앉았고, 모험과 죄에 휘말려 위험과 불안, 그리고 치욕이라는 적의 위협 앞에 놓여 있었다. 모자와 양산, 사암(砂岩)으로 된 고풍스런 바닥, 복도, 장롱 위의 커다란 그림, 안방에서 들려오는 누나의 목소리, 이 모든 것은 그 어느 때보다도 사랑스럽고 정답게 느껴졌으나 더 이상은 위안도, 의지할 수 있는 안식처도 될 수 없었다. 오히려 그것들은 나를 향한 노골적인 비난처럼 느껴졌다. 이 모든 것은 더 이상 나의 것이 아니었고, 나는 그것의 즐거움과 평온함에 동조할 수 없었다. 더러운 죄악의 진창에 빠진 발을 우리집 매트에 닦을 수는 없었다. 나는 우리집이 전혀 아는 바 없는 어둠의 그림자를 집 안으로 들인 셈이었다. 내가 그동안 얼마나 많은 비밀을 가졌으며, 얼마나 많은 공포를 가졌던가 하는 것은, 오늘 이 방에 갖고 온 것에 비하면 하나의 장난거리요, 농담에 지나지 않았다. 나는 끔찍한 불행의 운명에 사로잡히고 말았다. 이번만큼은 어머니도 나를 지켜주시진 못할 것이다. 왜냐하면 어머니가 이 일에 대해 아시면 절대 안 되기 때문이다.

지금 나의 죄가 도둑질인지 거짓말인지는—나는 하느님에 대해 거짓 맹세를 하지 않았던가? —중요치 않았다. 진정한 나의 죄는, 이것도 저것도 아니고 내가 악마와 손을 잡았다는 데 있었다.

나는 왜, 지금까지 아버지에게 한 것보다 크로머에게 더 복종했던가? 왜 나는 거짓말로 도둑의 이야기를 했던가? 왜 나는 영웅적 행위인 듯이 그런 범죄를 뽐냈던가? 지금 악마가 내 손을 잡았고, 원수가 내 뒤에서 다가오고 있다.

잠깐 나는 내일 일어나게 될 일이 아니라, 무엇보다도 나의 길은 이제부터 저 아래로, 어둠 속으로 향하게 되었다는 무시무시한 확신에 대한 두려움을 느꼈다. 나는 확실히 내 잘못에 새로운 잘못이 뒤따르리라는 것, 내가 나의 누나들과 함께 있는 것도 부모님께 인사와 입맞춤을 하는 것도 모두 거짓이 될 것이며, 내 안 깊숙한 곳에 운명과 비밀을 숨긴 채 살아가야 하리라는 것을 분명하게 느꼈다.

아버지의 모자를 보았을 때, 내 마음속에는 순간 믿음과 희망이 솟아올랐다. 나는 아버지에게 모든 것을 털어놓고, 심판과 형벌을 달게 받음으로써 아버지를 나의 고해신부로 나의 구원자로 삼으리라고 생각했다. 그것은 단지 내가 가끔 고백했던 것과 같은 하나의 속죄에 지나지 않으며 무겁고 마음 아픈 시간, 무겁고 후회에 찬 용서를 비는 것에 불과하다는 생각이 들었다.

그러한 생각은 얼마나 감미롭고 유혹적으로 들렸던가. 그러나 그건 부질없는 생각이었다. 나는 내가 그런 일을 하지 않으리라는 걸 알고 있었기 때문이다. 나는 비밀을 지녔으며, 나 혼자서 해결해야 하는 죄를 갖고 있음을 알고 있었다. 나는 이제 확실히 갈림길에 서 있으며, 이 시간부터 영원히 악의 세계에 속하고 악한 자들과 비밀을 나누며 그들에게 종속되고, 그들에게 복종하며 그들과 똑같이 되어야만 하리라고 생각했다. 나는 어른이나 영웅처럼 행세했는데, 이제 그런 행세가 초래한 결과를 떠안고 살아갈 수밖에 없었다.

나는 아버지가 진흙 묻은 내 신발에 대해 나무라셨을 때 오히려 기쁨을 느꼈다. 그럼으로써 진짜 잘못으로부터 아버지의 주의를 돌릴 수 있었고, 나는 나대로 아버지의 꾸중을 내가 저지른 보다 심각한 죄악에 대한 비난으로 바꿔 생각할 수 있었기 때문이다. 그런데 바로 그 순간, 마음을 날카롭게 찌르는 어떤 기묘한 감정이, 처음으로 느껴보는 어떤 은밀한 즐거움이 나를 덮쳐왔다. 나는 아버지에 대해 우월감을 느꼈던 것이다! 그 순간만큼은 아무것도 모르고 있는 아버지가 한심하게 생각될 정도였고, 더럽힌 신발에 대한 아버지의 꾸중은 그저 하찮은 소리로만 들렸다. '만약 아버지가 이 사실을 아신다면!' 나는 살인했음을 고백해야 되는 데 훔친 빵을 갖고 심문당하는 범죄자가 된 기분이었다. 그 감정은 혐오스럽고 끔찍했지만, 또한 대단히 강렬하고 유혹적이었다. 그것은 다른 어떤 생각보다도 나를 비밀과 죄라는 사슬로 더욱 단단히 묶어 놓고 있었다. 아마 지금쯤 크로머는 경찰서에 가서 나를 고발하고 있을지도 모른다. 지금 내 머리 위에서는 폭풍우가 일어나고 있음에도, 여기선 모두 나를 어린아이처럼 보고 있다고 나는 생각했다. 이 순간은 그 뒤 내 인생 전체에 영향을 끼친 가장 중요한 순간이라 할 수 있었다.

이것은 성스러운 아버지의 세계에 생긴 최초의 균열이었고, 나의 어린시절을 떠받치고 있던 기둥, 누구든 자기 자신이 되기 위해서는 가장 먼저 파괴해야 하는 그 기둥에 새겨진 최초의 칼자국이었다. 우리 내면의 본질적인 운명의 끈은 이러한 보이지 않는 경험들로 엮어진다. 마음에 생긴 이러한 생채기와 균열은 끊임없이 생성되고 아물며 잊히지만, 우리 마음속 가장 깊숙한 비밀의 공간에 그것들은 여전히 살아 있으며, 계속해서 피를 흘리는 것이다.

나는 곧 그 새로운 감정에 대해 두려움을 느꼈고, 아버지 앞에 엎드려 발 등에 입맞추며 용서를 구하고 싶었다. 그러나 근본적으로 잘못을 빌 수 없는 일이 있음을, 아이는 현인들만큼이나 분명히 느끼고 이해하는 법이다.

나는 내 문제를 생각해 보고 내일에 대한 대비책을 궁리할 필요성을 느꼈다. 그러나 그럴 수 없었다. 그날 밤 내내 우리집 거실의 달라진 공기에 익숙해지려고 무던히 애를 써야 했기 때문이다. 벽시계와 책장, 성경책과 거울, 책꽂이와 벽화가 마치 내게 이별을 고하는 것 같았다. 나는 심장이 얼어 붙는 듯한 오싹함을 느끼며 나의 세계와 훌륭하고 행복했던 지금까지의 생애가 과거의 것이 되고, 내게서 떨어져 나가는 모습을 보고 있어야만 했으며, 동시에 내 몸에 칭칭 감겨드는, 외부세계로, 낯선 어둠의 세계로 파고드는 새로운 뿌리의 존재를 느껴야만 했다. 나는 태어나서 처음으로 죽음을 맛봤다. 그 죽음의 맛은 씁쓸하기 그지없었다. 왜냐하면 죽음은 곧 탄생이고, 새로운 삶에 대한 불안과 공포에 다름 아니기 때문이다.

마침내 잠자리에 들었을 때 나는 기뻤다. 그보다 앞서 기도가 최후의 죄를 가라앉히는 연옥불로서 나에게 주어졌다. 우리는 그것에 덧붙여서 내가 가장 좋아하는 찬송가를 불렀다. 아, 나는 함께 노래를 부르지 않았다. 모든 음조는 나에게 있어서 담즙이었고 독이었다.

아버지가 축복을 빌고 "우리 모두와 함께 계시옵소서"라는 말로 끝을 맺었을 때, 내 안의 무언가가 부서졌고, 그로써 나는, 가족이라는 이 친밀함의 세계로부터 영원히 추방되었다. 신의 은총은 그들 모두와 함께 있었으나, 나와는 더 이상 함께 있지 않았다. 차디찬 깊은 피곤을 느끼며 나는 그 자리에서 나왔다.

침대에 누워 있는 동안 잠시나마 따뜻함과 안도감이 나를 감싸 주었다. 그러나 이내 나의 마음은 다시금 불안 속을 헤매며 공포에 싸여 부나비처럼 지난 일의 주위를 떠돌았다.

어머니는 언제나처럼 나에게 "잘자거라" 인사를 하셨고, 어머니의 발소리가 방 안에서 울렸으며, 불빛이 아직도 문틈으로 비쳐들었다. 금방이라도 어머니가 다시 와주실 것만 같았다. 어머니는 내 마음을 느끼고 나에게 입맞춰 준 뒤 친절하게 호의적인 말투로 물으실 것이다. 그러면 나는 울 수 있고 내 목구멍 속의 돌멩이가 녹아내려 어머니를 껴안고 그것을 말하리라, 그러고 나면 모든 일은 해결되고 나는 구원을 받으리라! 문틈이 깜깜하게 어두워졌을 때도, 나는 귀를 기울이며 틀림없이 그렇게 되리라, 어머니가 다시 나를 보러 들어오시리라 생각하고 있었다.

그런 뒤 나는 다시 그 일로 되돌아와서 적의 눈을 들여다보았다. 나는 그를 분명히 보았는데 한쪽 눈을 사악하게 뜨고 입은 거칠게 웃고 있었다. 내가 그를 바라보고 마음속에 그 피할 수 없는 일을 곱씹고 있는 동안에 그는 더욱 커지고 증오스럽게 되었으며 그의 악한 눈은 악마처럼 빛났다. 그는 내가 잠들 때까지 내 옆에 꼭 달라붙어 있었으나 나는 그의 꿈도, 오늘 있었던 일에 대한 꿈도 꾸지 않고 부모님과 누나들과 보트를 타고 여행하는 꿈을 꾸었는데, 휴일의 평화와 광채만이 우리를 둘러싸고 있었다. 밤중에 나는 잠에서 깨어나 그때까지도 축복의 여운을 느끼며 햇빛에 빛나는 누나들의 흰 여름옷을 그려 보았다. 하지만 이렇게 낙원으로부터 현실로 되돌아오기가 무섭게 적은 심술궂은 눈을 하고 맞은편에 서 있었다.

아침에 어머니가 급히 들어오셔서 벌써 시간이 늦었다고 하시며, 왜 아직도 누워 있느냐고 큰 소리로 물었을 때 나는 얼굴색이 좋지 않았다. 어머니가 어디 불편하냐고 했을 때 나는 토악질을 하고 말았다.

그것으로 뭔가 상황이 나아진 듯했다. 나는 잔병에 걸리는 것을 무척 좋아했는데, 그럴 때면 아침 내내 침대에 누워 있을 수 있었기 때문이다. 따뜻한 캐모마일 차를 마시기도 하고, 어머니가 옆방 치우는 소리와 리나가 현관에서 고기장수를 맞이하는 소리에 귀 기울이기도 하면서. 수업을 빼먹는 오전은 무엇인가 매혹적인 것, 동화 속 세계와 같은 것이 있었다. 그런 날 내 침실 바닥에 희롱하듯 일렁이는 햇빛은 해가 높아져 그늘이 짧아지면 커튼을 내려 막아야 하는, 학교 교실에서 보는 그런 햇빛과는 달랐다. 그러나 그런 것까지도 오늘은 조금도 즐겁지 않았고 거짓의 음향만이 울려왔다.

정말로, 내가 죽는다면! 그러나 단지 몸이 조금 아픈 것만으로는 아무 일도 해결되지 않았다. 덕분에 학교엔 가지 않게 됐지만, 그렇다고 크로머와 11시에 시장에서 만나기로 한 약속이 없어진 건 아니었기 때문이다. 어머니의 친절도 이번에는 위안이 되지 않았다. 단지 짐스럽고 고통스러울 뿐이었다. 나는 다시 잠자는 체하며 생각해 보았다. 아무런 소용이 없었다. 나는 11시에는 시장에 가야만 했다. 그래서 나는 10시쯤 천천히 일어나 다시 괜찮아졌다고 말했다. 그런 때는 대개 다시 침대에 눕든지 아니면 점심때 학교에 가라는 말을 듣는다. 그래서 나는 학교에 가고 싶다고 말했다. 하나의 계획을 세웠기 때문이다.

돈도 없이 크로머에게 갈 수는 없었다. 내 작은 저금통을 가져가야만 했다. 그 속에는 충분한 돈이 있지 않다는 것을, 또 도저히 셈이 맞지 않는다는 것을 나는 알고 있었다. 그러나 없는 것보다는 낫고, 적어도 크로머를 달래 놓기라도 해야 한다는 생각이었다.

양말을 신은 뒤, 어머니 방에 살금살금 걸어들어가 어머니의 책상에서 내 저금통을 꺼냈을 때, 내 마음은 언짢았다. 그러나 어제 일만큼 기분 나쁘지는 않았다. 심장 박동 소리가 목을 죄는 듯했다. 나는 계단 밑에서 처음으로 저금통을 살펴보았는데 그것은 열쇠로 잠겨 있었다. 그러나 그것은 아무런 걸림돌이 되지 않았다. 그 저금통을 여는 것은 매우 쉬웠다. 단지 얇은 양철 격자를 찢어내면 되었다.

그러나 그것을 잡아당겨 찢는다는 것은 곧 도둑질을 하는 것이므로 마음이 고통스러웠다. 사탕 조각이나 과일을 몰래 꺼내먹는 일은 있었지만, 비록 내 돈이라 해도 이번처럼 돈을 훔치는 건 처음이었다. 나는 내가 다시금 한 발짝 크로머에게로, 또 그의 세계로 가까이 갔으며 또 얼마나 멋지게 그것을 차츰차츰 실행해 가고 있는지를 느꼈다. 마음을 다잡았다. 만약 악마가 나를 데려간다 해도 이젠 되돌아갈 길이 없다. 나는 불안스럽게 돈을 세어 보았다. 저금통에서는 제법 꽉 찬 듯이 소리가 났었는데 막상 손안에 든 것은 비참할 정도로 적었다. 65페니히가 있었다. 나는 저금통을 아래층 복도에 감춘 뒤, 손안에 돈을 꼭 움켜쥐고 집을 나섰다. 그 문을 지나던 여느 때와는 아주 다른 기분이었다. 누군가 2층에서 나를 부르는 것만 같아 걸음을 서둘렀다.

11시까지는 아직 시간이 많이 남아 있었다. 나는 구름 낀 하늘 아래, 처음 와본 것처럼 변해 버린 마을의 좁은 골목길을 따라 의혹의 눈초리로 나를 바라보는 집들과 사람들 곁을 지나쳐 걸어갔다. 도중에 학급친구 하나가 언젠가 가축 시장에서 1탈러를 주웠다는 이야기가 떠올랐다. 신이 기적을 행해서 나도 그런 발견을 할 수 있도록 해주십사고 빌고 싶었다. 그러나 나는 빌 자격이 없다. 기도를 한다 해도 저금통은 다시 본모습으로 될 수는 없다고 생각했다.

프란츠 크로머는 멀리서 나를 보았지만 아주 천천히 나를 향해 걸어왔으며, 나를 안중에 두고 있는 것 같지도 않았다. 가까이 왔을 때, 그는 내게 따라오라는 눈짓을 보내고는 한 번도 돌아보지 않고 밀짚이 쌓인 좁은 길을 걸어내려가, 다리를 건너 동네 끄트머리 집들 옆 새로 지은 집 앞까지 걸어가서는 멈췄다. 주위엔 아무도 없었고, 벽만 앙상하게 서 있을 뿐 대문도 창문도 비어 있었다.

크로머가 주위를 돌아보고 문 안으로 들어서자 나도 따라 들어갔다. 그는 벽 뒤로 가더니, 나에게 눈짓을 하며 손을 내밀었다.

"돈 가지고 왔어?"

그는 쌀쌀하게 물었다.

나는 주머니에서 동그랗게 움켜쥔 손을 꺼내 돈을 그의 넓적한 손안에 내려놓았다.

그는 최후의 5페니히짜리가 미처 땡그랑 소리를 내고 떨어지기도 전에 그것을 세기 시작했다.

"65페니히군."

그는 이렇게 말하고 나를 바라보았다.

"응."

나는 주뼛주뼛하며 말했다.

"내가 가진 건 이뿐이야. 너무 적다는 건 나도 알아. 그렇지만 이게 전부야. 더 이상 가진 게 없어."

"나는 네가 좀더 똑똑한 줄 알았는데 말이야."

그는 거의 부드럽게 타이르는 말투로 나를 나무랐다.

"신사 사이에는 질서가 있어야지. 넌 내가 너한테서 옳지 않은 것은 아무것도 받으려 하지 않는다는 걸 알 텐데. 이따위 니켈일랑은 치워. 다른 사람은, 누굴 말하는 건지는 너도 알 테지, 돈을 깎으려고 하진 않을 거야. 그 사람이 내게 돈을 줄 거야."

"하지만 난 더 이상 가진 게 없어. 이건 내가 저금한 돈이야."

"그건 네 사정이야. 그러나 난 너를 불행하게 만들고 싶지는 않아. 넌 내게 아직도 1마르크 35페니히의 빚이 있어. 그걸 언제 받을 수 있을까?"

"응, 확실히 받을 수 있을 거야, 크로머! 지금은 모르겠어, 아마 곧 더 구할 수 있을 거야. 내일 아니면 모레. 하지만 내가 그걸 우리 아버지에게 이야기할 수 없다는 건 알아줘."

"그거야 내 알 바 아니지. 난 뭐 어쩔 생각이 있는 건 아니야. 내가 그럴 맘만 있었으면 오늘 오전 중에라도 내 돈을 받을 수 있었다고. 너도 알다시피 나는 가난해. 너는 좋은 옷을 입었고 나보다 점심때면 훨씬 좋은 음식을 먹을 수 있잖아. 그러나 얼마 동안 아무에게도 말하지 않겠어. 좀 기다려 줄게. 모레 오후 네게 휘파람을 불 테니 그때 꼭 갖다 줘. 내 휘파람 소리는 알지?"

그는 내 앞에서 휘파람을 불었는데 때때로 들어본 일이 있는 것이었다.

"그래, 알겠어."

나는 말했다.

볼일이 끝나자 그는 우리가 언제 봤냐는 듯이 무심한 표정으로 떠나갔다. 우리 둘 사이엔 용무가 있었을 뿐 그 이상 아무것도 없었다.

지금도 갑자기 크로머의 휘파람 소리를 다시 듣는다면 나는 깜짝 놀랄 것이다. 나는 그 뒤에도 가끔 그 소리를 들었고, 언제나 계속해서 연달아 들려오는 것 같았다. 어떠한 장소에서도, 놀 때도, 일할 때도, 사색할 때도 이 휘파람 소리가 따라다니지 않는 곳은 없었다.

나는 그 소리의 노예가 되었으며, 그것은 이제 내 운명이 되었다. 때로 부드럽게 단풍이 든 가을날 오후에 내가 무척이나 좋아하는 꽃밭이 있는 우리 집 정원에 나와 있으면, 이상한 충동이 일어나 지난 시절의 아이들 놀이를 다시 해보곤 했다. 그러면 나는 보다 어리고, 착하며, 자유롭고, 죄를 모르며, 숨김 없는 소년이 되는 것이었다. 그러나 그러는 동안에 얘기한 대로 엄청나게 나를 흥분시키고, 놀라게 하는 크로머의 휘파람 소리가 어디에선가 들려와 기억의 실마리를 끊어 버리고, 공상을 흩뜨려 놓고 말았다.

그럴 때면 나는 정당하지 못하고 혐오스러운 장소로 가야만 했으며, 나를 괴롭히는 크로머한테로 가서 그에게 변명을 하고 돈 재촉을 받아야만 했다.

이러한 것이 아마 몇 주일 동안 계속되었지만 나에겐 그것이 몇 년이나 되는 것처럼 생각되었다. 때때로 나는 리나가 시장바구니를 조리대 위에 놓아 두었을 때, 거기서 몰래 집어온 5페니히나 1그로쉔짜리 돈을 가지고 갔었다. 그럴 때마다 크로머는 나를 나무라며 경멸했다. 그리고 그럴 때마다 나는 그를 속이는 사람이며, 당당한 권리를 빼앗으려는 사람이었고, 그를 불행에 빠뜨리려는 사람이 되어 버리는 것이었다. 내 생애에서 그 시절만큼 고통스럽고, 심하게 희망을 잃고, 누구에게 매여 있다는 두려움을 느껴 본 적은 없었다.

나는 저금통을 장난감 돈으로 채워서 제자리에 놓았는데, 아무도 거기에 대해 묻지 않았다. 그러나 그 일로 언제 추궁을 당할지 몰랐다. 어머니가 조용히 나에게 걸어오실 때면, 그 저금통에 관해서 물으러 오시는 것은 아니었지만, 나는 크로머의 야성적인 휘파람 소리보다 어머니를 더 두려워하기까지 했다.

그 무렵 대부분 돈 없이 그 악마 앞에 나타나는 나를, 그는 다른 방식으로 괴롭히고 이용하기 시작했다. 나는 그를 위해 일해야만 했다. 그는 자기 아버지가 시키는 여러 가지 심부름을 해야 했었는데, 나는 그를 위해 그 심부름을 대신 했다. 그렇지 않으면 무엇인가 어려운 일을 수행하든가 10분간 다리를 들고 한 발로 뛰든가, 길가는 사람의 윗도리에 종이쪽지를 붙이든가 하는 일을 명령받곤 했다.

여러 날 밤, 꿈속에서도 이 괴로움이 계속되었고 나는 가위에 눌려 식은땀을 흘렸다. 한동안 나는 아팠다. 때때로 토했고 으슬으슬 추웠으며 밤에는 열이 올라 온몸이 땀으로 흠뻑 젖었다. 어머니는 내 상태가 심상치 않다는 걸 느끼시곤 지극 정성으로 돌봐 주셨으나, 그러면 그럴수록 어머니를 솔직하게 대할 수 없는 내 마음은 아프고 괴로울 뿐이었다.

어느 날 저녁, 내가 일찌감치 침대에 들었을 때 어머니는 초콜릿 하나를 가져다주셨다. 전에도 어머니는 가끔씩 그러셨다. 그것은 내가 밤에 얌전하게 굴면 잠잘 때 상으로 과자를 받았던 일을 생각나게 했다.

어머니는 침대가에 서서 나에게 초콜릿을 내밀었다. 나는 마음이 너무 아팠기 때문에 겨우 머리를 흔들 수 있을 뿐이었다. 어머니는 어디가 아프냐고 묻고는 내 머리를 쓰다듬어 주셨다.

"싫어요, 싫어요. 아무것도 먹고 싶지 않아요."

나는 단지 이렇게 소리 지를 뿐이었다.

어머니는 초콜릿을 머리맡 탁자 위에다 놓고 나가셨다. 다음 날 아침, 어머니가 어젯밤의 내 행동에 대해 물으려 하셨을 때, 나는 아무것도 알지 못하는 듯이 행동했다. 언젠가는 어머니가 의사를 부르셨는데, 그는 진찰을 하고 나더니 나에게 아침마다 냉수욕을 하도록 지시했다.

그 시절 나의 상태는 어떤 정신착란이었다. 우리집의 정돈된 평화 가운데서 나는 유령처럼 겁을 먹어 고통을 받으며 살았고, 다른 이의 생활에 끼어들지 못했으며, 한시도 나 자신을 잊고 지낼 수 없었다. 아버지는 때때로 화가 나서 나에게 답변을 요구하셨지만, 나는 마음을 닫고 냉정한 태도를 보였다.

2 카인

나의 고민에 대한 구원은 전혀 기대하지 않았던 방향으로부터 왔고, 그리고 그것과 함께 어떤 새로운 것이 내 생활에 들어왔다. 그것은 오늘날까지도 내 삶에 영향을 주고 있다.

우리 라틴어 학교에 그 무렵 신입생 하나가 전학왔다. 그는 이 도시에 이사 온 부자 미망인의 아들이었는데, 옷소매에 상장(喪章)을 달고 있었다. 그는 나보다 상급반이었고 나이도 많았으나, 모두가 그랬던 것처럼 나 역시 저절로 그에게 관심이 갔다. 이 유별난 소년은 실제보다 훨씬 더 나이가 들어 보여서 사실 전혀 소년 같은 인상을 주지 않았다. 우리 어린애들 사이에서 그는 낯설게, 어른처럼 엄숙하게, 아니 오히려 신사처럼 행동했다. 그는 전혀 호감을 받지 못했고 놀이에도 참가하지 않았으며, 더군다나 누군가와 다투는 일은 거의 없었다. 단지 선생님에게 대답할 때의 자신 있고 확고한 그의 목소리가 다른 애들의 마음을 끌었다. 그는 막스 데미안이라고 불렸다.

우리 학교에서는 이따금 있던 일이지만, 어느 날 어떤 이유에선지 교실이 큰 우리반에 다른 반이 합반을 했다. 데미안의 학급이었다. 우리는 성경 이야기를, 상급생들은 작문을 공부했다.

우리가 카인과 아벨에 관한 이야기를 배우고 있는 동안, 나는 자주 나를 독특하게 매혹시켰던 데미안의 얼굴을 바라보았다. 그 영리하고 밝고 예사롭지 않은 야무진 얼굴이 주의 깊게 온 정신을 모아 공부에 집중하는 것을 바라보았다. 그는 학과 공부를 하는 학생처럼 보이지 않고, 그 자신의 문제를 추구하는 탐구자처럼 보였다.

처음부터 그가 내 마음에 든 것은 아니었다. 오히려 나는 그에게 어떤 반감을 갖고 있었다. 그는 나보다 우월해 보였고 주변과 거리를 두는 것처럼 보였으며 그의 거동은 약이 오를 정도로 확고했다. 그의 눈은 어른의 표정을 지었는데, 그런 표정을 아이들은 좋아하지 않았다. 그런 표정 가운데는 얼마간 슬픈 듯하면서도 장난기가 깃들어 있었다. 그러나 내가 그를 좋아하는지 싫어하는지 그런 문제와는 상관없이 나는 끊임없이 그를 쳐다볼 수밖에 없었다. 그러다 그와 눈이 마주치기라도 하면 깜짝 놀라 급히 고개를 돌리곤 했다. 그가 학생으로서 그때 어떻게 보였나를 오늘날 생각해 보면 이렇게 말할 수 있다. 그는 모든 면에서 다른 아이들과 완전히 달랐고 자기만의 개성을 갖고 있어서 그것 때문에 저절로 눈에 띄었다. 그는 남의 눈에 띄지 않기 위해 애썼지만, 마치 농부의 아이들 사이에서 그들과 같이 어울리려고 온갖 노력을 다하는 변장한 왕자처럼 보였다. 학교에서 돌아오는 길에 그는 내 뒤를 따라왔다. 다른 애들이 나와 헤어져 가버리자 그는 나에게 와서 인사를 했다. 이 인사조차도, 물론 우리 또래 학생들의 말씨를 흉내내었지만, 어른같이 점잖고 아주 공손했다.

"같이 갈까?"

그가 다정스럽게 물었다. 나는 왠지 우쭐해지고 기분이 좋아서 고개를 끄덕였다. 그러고는 그에게 내가 사는 곳이 어딘지를 설명해 주었다.

"아, 거기야?"

그가 미소 지으며 대답했다.

"그 집이라면 나는 벌써부터 알고 있었어. 너의 집 문에는 아주 묘한 것이 붙어 있더군. 꽤 흥미로웠어."

나는 그가 말하는 것이 무언지 곧 알 수 있었다. 그리고 그가 우리집을 나보다 더 잘 알고 있는 듯해서 놀랐다. 틀림없이 우리집 아치대문 위 쐐기돌에 새겨져 있는 문장(紋章)을 말하는 것 같았는데, 그것은 세월이 감에 따라 평평해져 때때로 색을 다시 칠하기도 했지만, 내가 알고 있기로는 우리집이나 우리 가족과는 아무 관련이 없는 물건이었다.

"그것에 관해선 나도 아는 게 없어." 나는 망설이며 말했다. "한 마리의 새이거나 그렇지 않으면 무언가 그와 비슷한 것인데, 아주 오래되었어. 우리집은 한때 수도원에 속해 있었대."

"그럴 수 있지."

그는 고개를 끄덕였다.

"언제고 한번 찬찬히 살펴봐. 그런 것은 가끔 굉장히 흥미로울 때가 있거든. 내가 생각하기로는 그건 매 같아."

우리는 계속해서 걸어갔다. 나는 아주 당황했다. 갑자기 무엇인가 재미있는 생각이라도 떠오른 듯이 데미안이 웃었다.

"참, 아까 너희 수업 시간에 나도 같이 있었잖아. 이마에 표적을 가지고 다니는 카인 이야기를 했었지? 그 이야기가 마음에 들었니?"

그는 쾌활하게 웃으며 말했다.

난 마음에 들지 않았다. 사실 우리가 그곳에서 배워야 하는 모든 것 가운데 마음에 드는 것은 거의 없었다. 나는 마치 어른과 이야기하는 것 같아서 차마 사실대로 말할 수 없었다. 그래서 그 이야기가 아주 마음에 들었다고 대답했다.

데미안은 내 어깨를 쳤다.

"나한테까지 거짓말할 필요는 없어. 그렇지만 사실 그 이야기는 아주 놀랄 만한 가치가 있다고 생각해. 수업에서 배우는 대부분의 이야기들보다도 더 주의해 볼 가치가 있어. 물론 선생님은 거기에 관해선 많이 설명하지 않으셨고, 단지 신이나 죄악 등에 대한 일상적인 이야기를 하셨을 뿐이야. 내가 알기로는." 그는 말을 멈추고 웃으며 물었다. "그런데 이 이야기, 재미있니?"

"응."

그는 말을 계속했다. "카인 이야기는 아주 다르게 해석할 수가 있지. 우리가 배우는 대부분의 것들은 사실이고 옳지만 선생님이 말씀하신 것과는 아주 다르게 볼 수 있고, 또 그런 식으로 볼 때 보다 나은 의미를 발견할 수 있어. 이를테면 카인을 가지고 말하더라도, 그리고 그의 이마의 표적을 가지고 말하더라도 선생님이 우리에게 설명해 주시는 것만으론 아주 만족할 수 없어. 너도 그렇게 생각했니? 누군가가 자기 형제를 돌로 때려죽이고 나서 그 죄책감으로 고통받고 두려움에 떤다는 건 충분히 있을 수 있는 이야기지. 하지만 그가 자신의 비겁함으로 말미암아 특별한 표식을 얻게 되고, 신의 분노를 상징하는 그 표식 덕분에 그의 존재가 다른 사람들을 두려움에 떨게 만든다는 식의 얘기는 너무 이상하지 않니?”

“물론이야. 그렇지만 달리 어떻게 그 이야길 해석할 수 있겠니?”

나는 흥미를 느끼면서 말했다. 그 이야기가 나를 매혹시키기 시작했다.

그는 내 어깨를 두드렸다.

“아주 간단해! 사실 이야기의 발단이 된 것은 그 표식이야. 다른 사람을 두려움에 떨게 만드는 어떤 것이 깃들어 있는 얼굴을 가진 남자가 있었던 거지. 사람들은 감히 그를 건드리지 못했어. 그와 그의 자식들도 세상 사람들에게 같은 인상을 주었지. 아마도, 아니 확실히 그 표식은 우표 소인과 같이 실제로 볼 수 있는 건 아니야. 그런 것은 생길 수 없지. 그것은 오히려 사람들이 평소에 보던 그런 눈빛과는 달리 희미하게 사악한 기운이 감돌고, 어딘가 지적이고 대담해 보이는 그런 눈빛 같은 것이었을 가능성이 높아. 이 남자는 강력한 힘을 가졌지. 그에게 다가가는 사람이라면 누구든 두려움을 느낄 만큼. 그는 ‘징표’를 가진 거야. 그리고 그것에 대해 사람들은 자기 식대로 설명하려 들지. 사람이란 늘 자기 입맛에 맞는 것만을 옳다고 여기는 법이니까. 사람들은 카인의 자식들을 두려워했어. 그들도 ‘징표’를 지닌 존재들이니까. 그렇게 해서 사람들은 그 징표를 그 본디 의미—곧 그가 가진 고유성의 표지—로 해석하지 않고, 엉뚱하게 정반대로 해석했던 거야. 사람들은 말했지. ‘이 표식이 얼굴에 새겨진 자는 우리를 위협하는 이방인이다.’ 그리고 사실이 그래. 용기 있고 개성이 넘치는 사람은 다른 평범한 사람들의 눈에는 어딘가 두렵고 불길해 보이는 법이지. 두려움을 모르고, 어딘가 불길해 보이는 자들이 자유롭게 세상을 활보하고 다닌다는 건 어떤 추문과 같은 거였을 거야. 그래서 사람들은 그들에게 복수하고, 자신들이 겪어야 했던 공포에 대해 조금이라도 보상을 받기 위해 그들에게 별명을 붙이고 근거 없는 신화를 지어내어 덧씌운 거지. 무슨 말인지 알겠니?”

"알겠어. 하지만 그렇다면 카인은 결코 악한 사람이 아니었다는 거야? 그럼, 성경 속 모든 이야기가 사실은 진짜가 아니란 말이니?"

"그렇기도 하고 아니기도 하지. 그런 옛날이야기는 언제나 참된 것이지만, 그렇다고 해서 꼭 올바르게 기록되거나 해석되는 건 아니야. 간단히 말해서, 카인은 뛰어난 인간이었을 거라고 생각해. 그리고 사람들은 그가 두려웠기 때문에 그런 이야길 지어 붙인 거야. 다만 카인과 그의 후예들이 실제로 어떤 징표를 갖고 있었고 보통 사람들과는 확실히 다른 존재들이었다는 점만큼은 사실이라고 생각해."

"그렇다면 너는 카인이 아벨을 죽였다는 것도 사실이 아니라고 생각하는 거야?"

나는 깜짝 놀라고 감동이 되어 물었다.

"아니, 그건 확실한 사실이야. 강한 카인이 약한 아벨을 죽였던 거야. 그들이 정말로 형제였는지는 의문이지만. 하지만 그건 중요치 않아. 결국 인간은 모두 형제니까. 약한 자들은 그들이 불안에 휩싸여 한탄할 때, 만약 누군가 그들에게 '왜 당신들은 그자와 맞붙어 싸우지 않느냐'고 물으면 '우리가 겁쟁이이기 때문이다'라고 말하지 않고, '그럴 순 없다. 그는 징표를 가지고 있다. 신이 그에게 내린 것이다!'라고 말하지. 이렇게 해서 속임수는 생겨난 거야. 참, 너무 오래 서 있게 했구나. 그럼 잘 가라."

그는 오래된 작은 골목으로 꺾어 들어갔다. 나는 혼자 남게 되었다. 이때만큼 그 무엇에 당혹해했던 적은 없었다. 그가 사라지자 그가 말한 모든 것이 전혀 믿을 수 없는 것처럼 생각되었다. 카인은 고귀한 사람이고, 아벨은 겁쟁이라고! 카인의 징표는 하나의 특성이라고! 터무니없는, 불경스럽고 사악한 이야기다. 그렇다면 도대체 하느님은 어디 계셨는가? 하느님은 아벨의 제물을 받으셨고 아벨을 사랑하지 않으셨던가? 아니다, 어리석은 소리다. 나는 데미안이 나를 조롱하고 차가운 구렁텅이로 유혹하려 한다고 생각했다. 그는 굉장히 총명하고 말을 잘했다. 하지만 나한테는 안 될걸, 난 안 속는다고!

어쨌든 나는 지금까지 성서나 그 밖의 어떤 다른 이야기를 그렇게 깊게 생각해 본 적이 없었다. 그리고 프란츠 크로머를 그렇게 완전히 몇 시간 동안, 온 저녁 내내 잊어 본 것도 처음이었다. 집에 와서 나는 다시 한 번 성서에서 그 이야기가 쓰여 있는 곳을 통독했는데 그것은 간단하고 분명해서, 거기서 어떤 특별한 주관적인 의미를 찾아내는 것은 미친 짓이었다. 그렇다면 살인자들은 모두 신의 총아라고 주장할 수 있다는 말인가? 아니! 미친 소리다. 다만, 그와 얘기하면서 기뻤던 것은 그토록 우아하게, 마치 모든 것이 자명하다는 듯이 말하던 그의 자신만만한 태도와 눈빛이었다.

물론 나 자신도 질서가 안 잡혔을 뿐만 아니라 아주 무질서한 상태에 있었지만, 나는 밝은, 그리고 깨끗한 세계에 살고 있었으며 한 사람의 아벨이었다. 그러나 지금 나는 대단히 깊게 '다른 세계' 속에 틀어박혔고, 떨어지고 가라앉았다. 그렇지만 근본적으로 그건 내 잘못이 아니었다. 어떻게 그렇게 되었던가? 그렇다. 그때 하나의 기억이 나에게 떠올랐는데 그것은 잠깐 나를 숨 막히게 했다. 내가 비참하게 된 바로 그 운 나쁜 밤에 아버지에 대해 그런 생각을 했었다. 나는 한순간 아버지와, 아버지의 밝은 세계와 지혜를 한 번에 꿰뚫어보고는 경멸했었다. 그렇다! 그때 카인의 징표를 가졌던 나는 수치스러워한 것이 아니라 오히려 사악함과 불행을 통하여 나의 아버지보다도, 선인이나 경건한 사람들보다도 내가 더 우월하다고 생각했었다.

그 무렵 내가 경험한 것은 이와 같이 분명한 형태의 사고는 아니었으나 이 모든 것이 그 속에 포함되어 있었다. 그것은 나를 괴롭히면서도 자부심으로 나를 채워 줬던 감정과 이상한 흥분으로 타오르는 불길이었다.

생각해 볼 때, 두려움을 모르는 사람과 비겁한 자에 대해서 데미안은 얼마나 이상한 소리를 했던가! 카인의 이마 표지를 얼마나 이상하게 해석했던가! 그때 그의 눈, 어른과 같은 독특한 그의 눈이 어떻게 빛났던가! 그러자 다음과 같은 질문이 섬광처럼 내 뇌리를 스쳐갔다. 데미안 그 자신이 바로 카인과 똑같은 존재가 아닐까? 카인과 동질성을 느꼈기 때문에 그렇게 카인을 변호하려 든 것이 아닐까? 그 꿰뚫을 듯한 시선은 무엇일까? 왜 그는 신이 선택한 사람들, 경건하고 온순한 '다른 보통 사람들'에 대해 그토록 경멸하듯이 얘기한 걸까? 이런 생각을 하니까 끝이 없었다. 그것은 샘 위에 떨어진 돌멩이였으며, 그 샘은 내 어린 영혼이었다. 그 뒤로 아주 오랫동안 카인, 형제살해, '징표'의 문제는 나의 모든 인식과 회의, 비판의 출발점 구실을 했다.

나와 마찬가지로 다른 아이들에게도 데미안은 매혹의 대상이었다. 나는 카인에 대하여 그와 나눈 얘기를 아무에게도 말한 적이 없었지만, 그런 얘기를 듣지 않았더라도 다들 그에게 흥미를 느끼는 듯했다. 어쨌거나 이 '새로 온 전학생'에 관한 온갖 소문이 떠돌고 있었다. 내가 만일 그 시절의 모든 소문을 기억해 낼 수 있다면, 그리하여 그 하나하나의 소문들로 그의 존재를 비추어볼 수 있다면 그에 대하여 좀더 많은 것을 이해할 수 있으리라. 데미안의 어머니가 부자이고, 또 그녀도 그녀의 아들도 교회에 나가지 않는다는 소문을 처음으로 전해 들었을 때가 생각난다. 어떤 이는 그들이 유대인이라고 주장했으며, 어떤 이는 그들이 사실 이슬람교도인데 신분을 감추고 있을 뿐이라고 얘기했었다. 또 다른 소문으로는 데미안의 놀라운 완력에 관한 것도 있었다. 데미안이 그에게 걸려 온 싸움을 거절하자 그를 비겁자라고 불렀던, 그 학급에서 가장 힘센 녀석을 여지없이 굴복시켰던 일은 사실이다. 그 장면을 지켜봤던 아이들의 말에 따르면 데미안이 한 손으로 그 녀석의 목덜미를 움켜쥐고 비틀자 녀석은 반항 한번 못해 보고 축 늘어져 버리더라는 것이었다. 결국 녀석은 꽁무니를 뺐고 그 뒤 일주일간 팔을 쓸 수 없었다고 한다. 어느 날 밤에는 그가 죽었다는 소문까지 떠돌았다. 온갖 말이 나돌았고 또 믿어졌다. 한동안은 그것으로 충분했다. 하지만 오래가지 않아 다시 새로운 소문이 퍼졌다. 데미안이 여자애들과 친하며, 또 그는 '모르는 게 없다'는 것이었다.

그러는 동안에도 나와 프란츠 크로머와의 관계는 계속됐다. 나는 그에게서 헤어날 수가 없었다. 그가 나를 며칠 동안 편안히 내버려둔다 해도 나 자신은 계속 그에게 얽매여 있었다. 내 꿈속에서 프란츠는 그림자처럼 같이 살았으며, 그가 나에게 실제로 실행하지 않는 것을 내 환상이 그에게 행동하도록 시켰다. 꿈속에서 나는 완전무결한 그의 노예였다. 나는 현실에서보다 꿈속에서—나는 늘 아주 강렬한 꿈을 꾸는 사람이었다—더 많이 살았고, 이런 내게서 크로머의 어두운 그림자는 힘과 생기를 앗아갔다. 어떤 꿈속에선 가끔 크로머가 나를 학대하고, 나에게 침을 뱉고 나를 잡아탔는데, 더욱 나쁜 것은 그가 아주 무서운 범행으로 나를 유혹했다는 점이다. 가장 무서웠던 꿈은 내가 나의 아버지를 살해하는 발작적인 내용이었다. 이런 꿈을 꿀 때의 나는 정신이 반쯤 나가서 미친 듯한 상태를 보이는 것이었다. 크로머는 칼을 갈아서 내 손에 쥐어 주었으며, 우리는 어떤 골목의 나무 뒤에 서서 누군가를 노리고 있었는데, 나는 그게 누군가를 알지 못했다. 그러나 어떤 사람이 나타났을 때 크로머가 내 팔을 누름으로써 찔러 죽여야 될 자라는 것을 알려 주었다. 그는 나의 아버지였다. 그 순간 나는 깨어났다.

이런 일에 관련해서 나는 카인과 아벨의 일을 곧잘 생각하게 되었다. 데미안에 대해선 이젠 거의 생각하지 않았다. 그가 처음으로 나에게 다시 가까이 온 것은 이상하게도 역시 꿈속이었다. 곧 나는 학대와 폭행의 꿈을 다시금 꾸었는데, 이번에 나를 잡아탄 것은 크로머가 아니라 데미안이었다. 그리고 그것은 새로이 나에게 깊은 인상을 주었다. 내가 크로머로부터 고통과 괴로움을 견디며 당했던 모든 일을 나는 데미안으로부터는 기꺼이, 그리고 두려운 황홀감을 느끼며 받아들였던 것이다. 이런 꿈을 두 번 꾼 뒤에 크로머가 다시 제 위치로 돌아왔다.

꿈속에서 겪은 일과 현실에서 경험한 일을 나는 여러 해 동안 분명히 구분할 수가 없었다. 어쨌든 크로머와의 좋지 않은 관계는 계속되었고, 내가 여러 번의 작은 도둑질로 빚진 돈 전부를 그에게 다 갚아 주었을 때도 그것은 끝나지 않았다. 그는 이런 나의 도둑질을 알고 있었다. 왜냐하면 언제나 이 돈이 어디서 생겼느냐고 물었기 때문이다. 그 어느 때보다도 나는 그의 손아귀 안에 단단히 붙잡혀 있었다. 때때로 그는 나의 아버지에게 이르겠다고 위협을 했는데, 그럴 때면 스스로가 애초부터 그 일을 저지르지 않았더라면 하는 뼈저린 후회가 두려움마저 압도하곤 했다. 그 전까지만 해도 나는 비록 비참함을 느끼긴 했어도 모든 것을 후회하지는 않았고, 적어도 늘 후회하지는 않았다. 때로는 처음부터 이렇게 되게끔 정해져 있었다는 식으로 체념할 때도 있었다. 하나의 불길한 운명이 내 위에 덮여 있었고, 그것에서 헤어나려는 것은 소용없는 일이었다.

아마도 부모님은 이런 나의 상태 때문에 적잖게 고통을 받으셨으리라. 낯선 영혼이 나에게 덮친 뒤로 나는 더 이상 그토록 친밀했던 우리 가족의 한 사람으로 어울릴 수가 없었고, 잃어버린 낙원으로 돌아가고픈 격렬한 열망에 자주 시달려야 했다. 특히 어머니는 나를 악동이 아닌 환자로 대해 주셨으나, 가족들에게 내 모습이 실제로 어떻게 비치는지는 나를 대하는 누나들의 태도를 통해 알 수 있었다. 누나들은 내 건강을 돌봐 주었으나, 그들의 행동은 내가 어떤 마귀에 홀렸다고 생각하고 있음을 분명히 느끼게 해줬다.

이런 애는 꾸중보다는 동정을 해줘야 하며, 이 아이 안에는 지금 악이 자리 잡고 있다는 것이었다. 나는 모두가 나를 위해 기도하고 있다는 것도, 이러한 기도가 소용없으리라는 것도 알았다. 짐을 벗고 가볍게 되고 싶은 소망과, 고해를 하고픈 미칠 듯한 갈망을 나는 가끔 느꼈지만, 동시에 아버지에게도 어머니에게도 모든 것을 올바르게 말하고 설명할 수 없으리라는 것도 이미 잘 알고 있었다. 사람들은 호의에 차서 그것을 받아 주고 나를 잘 살펴 주고 참 안됐다고는 생각하지만, 나를 완전히 이해할 수는 없을 것이다. 그리고 그것이 내게 주어진 운명이었음에도, 가족들은 그저 일시적인 탈선쯤으로 여기리라는 것도 나는 알고 있었다.

나는 많은 사람이 아직 열한 살도 안 된 어린애가 이렇게 느끼리라고 믿지 않는다는 것을 알고 있었다. 그런 사람들에게 내 이야기를 들려줄 생각은 없다. 나는 인간을 더욱 잘 아는 사람들에게 이야기하는 것이다. 어른은 자신의 감정을 생각으로 표현할 줄 알지만, 아이는 같은 감정을 갖더라도 아직까지는 그것을 어떻게 표현해야 할지 모른다. 그래서 어른들은 흔히 아이들이 어른 겪는 것과 같은 경험을 하지 않을 거라고 믿게 된다. 그러나 내 생애에 있어서 그때처럼 그렇게 깊이 느끼고 괴로워했던 시기는 거의 없었던 것이다.

어느 비오는 날, 크로머는 나에게 성 앞 광장으로 나오라고 명령했다. 나는 거기 서서 그를 기다리며, 비에 젖은 검은 나무에서 떨어져 내리는 밤나무 잎을 발끝으로 뒤적였다. 돈을 가져오지는 못했지만 크로머에게 뭐라도 주어야 할 것 같아서 과자 두 조각을 주머니에 넣어 가지고 왔다. 나는 오랫동안 이렇게 어느 모퉁이에 서서, 때로는 오랜 시간 동안 그를 기다리는 데 익숙해 있었다. 나는 인간들이 어쩔 수 없는 것을 참고 받아들이듯이 그것을 받아들였다. 드디어 크로머가 왔다. 그는 오래 머무르지 않았다. 그는 내 갈비뼈를 손가락으로 몇 번 찌르더니 웃고 과자를 받았다. 내가 받지는 않았지만 그는 축축한 여송연 한 대를 내밀기까지 했고 여느 때보다 한층 더 친절했다.

"참……," 헤어지려 할 때 그가 말했다. "잊지 않게 미리 말하는데, 다음 번에는 네 큰누나를 데리고 나와. 이름이 뭐지?"

나는 그의 말을 이해할 수 없어서 대답하지 않았다. 다만 놀라서 그를 쳐다볼 뿐이었다.

"무슨 말인지 모르겠니? 네 누나를 데리고 오란 말이야."

"알았어, 크로머. 하지만 그건 있을 수 없는 일이야. 누나도 절대로 함께 오지 않을 테고……."

나는 그것이 또다시 하나의 술책이요 핑계란 것을 알아챘다. 그가 가끔 쓰는 수법이었다. 어떤 불가능한 일을 요구하여 내게 두려움과 모멸감을 안기고는 슬쩍 봐주겠다는 핑계로 협상을 거는 식이었다. 그러면 나는 돈이나 다른 물건을 주고서 자유를 얻을 수밖에 없었다.

그러나 이번엔 아주 달랐다. 내가 거절했는데도 전혀 화를 내지 않았다.

"그럼 좋다. 그걸 생각해 봐. 나는 네 누나와 사귀고 싶단 말이야. 뒷날 틀림없이 잘될 때가 있겠지. 넌 누나를 데리고 산책을 나오기만 하면 돼. 내가 그리로 갈 테니까. 내일 내가 휘파람을 불 테니, 그때 좀더 얘기해 보자고."

크로머가 떠나갔을 때, 나는 그의 요구가 어떤 의미를 띤 것인가를 어렴풋이 짐작할 수 있었다. 나는 아직 철부지였으나 소년 소녀들이 좀 나이가 들면 비밀을 가지며, 서로 혐오스럽고 금지된 일을 한다는 것에 대해 주워들은 소리로 알고 있었기 때문이다. 그런데 지금, 그것은 얼마나 괴상한 일인지가 갑자기 내게 뚜렷해진 것이다. 그런 일은 안 하리라는 내 결심은 곧 확고해졌다.

그러나 그 다음에 어떤 일이 일어날 것이며 크로머가 나에게 어떻게 복수를 할 것인가에 대해서는 감히 생각할 엄두가 나지 않았다. 그러한 생각은 내게 새로운 고통만 안겨다 줄 게 뻔했기 때문이다.

주체할 수 없는 슬픔에 잠겨, 손을 주머니에 찔러 넣은 채 나는 텅 빈 광장을 서성거렸다. 나를 기다리는 건 오직 더욱더 무겁고 끔찍한 고통뿐이로구나!

그때 갑자기 우렁차고 활기찬 목소리가 나를 불렀다. 나는 놀라서 뛰기 시작했다. 누군가가 쫓아 달려오더니 한 손으로 뒤에서 나를 살며시 붙잡았다. 막스 데미안이었다. 나는 잡힌 대로 내버려두었다.

"난 또 누구라고." 나는 불안스레 말했다. "깜짝 놀랐잖아."

그는 나를 내려다보았다. 이때처럼 어른스럽고 우월하며 나를 꿰뚫어보는 듯한 눈길을 다시는 그에게서 본 적이 없었다. 오랫동안 서로 입을 떼지 않았다.

"미안하다. 그렇다고 그렇게까지 놀랄 건 없잖아." 그는 다정하면서도 단호한 태도로 말했다.

"그래, 그렇지만 놀랄 수도 있지."

"그럴는지도 몰라. 하지만 알아둬. 네게 아무 짓도 하지 않은 사람 앞에서까지 그렇게 위축된다면, 그 사람은 왜 그럴까 하고 생각해 보기 시작하지. 이상하게 여기고 호기심을 갖게 돼. 그 사람은 네가 유별나게 놀라기를 잘한다고 생각하고는, 이어서 사람은 겁에 질려 있을 때에만 그런 식으로 놀라는 법이라는 결론을 내릴 거야. 너는 본디 겁쟁이가 아니었잖아? 그렇지? 물론 영웅도 아니지만. 네가 두려워하는 어떤 것이, 어떤 사람이 있는 거야. 그따위 감정은 절대 가져선 안 돼. 누구 앞에서도 두려워해서는 안 돼. 설마 내가 무서운 건 아니겠지? 그렇지 않니?"

"응, 아냐, 전혀 아냐."

"그래, 봐! 그러나 네게 두려움을 주는 사람이 있어."

"나는 모르겠는데…… 제발 그냥 날 내버려둬."

그는 나와 함께 걸었다. 나는 도망칠 생각을 하고 더욱 빨리 걸었다. 나는 그의 시선이 옆에 꽂히는 것을 느꼈다.

"내가 너에게 호의를 가지고 있다고 가정해 보자." 그는 다시 말을 이었다. "어쨌든 넌 나 때문에 불안에 떨 필요는 없어. 나는 네게 한 가지 실험을 해보고 싶어. 그것은 재미있기도 하고 네가 뭔가 배울 만한 점도 있을 거야. 그럼 잘 들어, 나는 가끔 사람들이 독심술(讀心術)이라 부르는 기술을 연습하지. 마법은 아니야. 그렇지만 독심술이 무엇인지를 알지 못하는 사람에게는 아주 묘하게 보이거든. 이걸로 사람들을 깜짝 놀라게 할 수 있어…… 자, 우리 한번 시험해 보자. 나는 네가 마음에 들어, 아니면 적어도 네게 흥미가 있어. 그리고 나는 지금 네 마음속이 어떤가를 알아내고 싶어. 거기에 대해 나는 첫 한 발짝을 벌써 내디뎠지, 나는 너를 놀라게 했거든. 너는 불안해하고 있어. 그러니까 너는 어떤 물건이나 사람을 두려워하고 있다는 말이야. 우리는 어느 누구에 대해서도 두려움을 느낄 필요는 없어. 만약 누군가를 두려워한다면, 그 사람에게 두려움을 느낄 만한 약점을 잡혔기 때문에 그런 일이 생긴 거야. 이를테면 나쁜 일을 했는데 그걸 다른 사람이 알고 있다, 그러면 그는 너에 대해 힘을 갖게 되는 거야. 이해하겠니? 아주 간단하지, 안 그래?"

나는 언제나처럼 진지하고, 영리해 보이며, 호의에 찬 그의 얼굴을 넋이 나간 듯 바라보았다. 그의 얼굴은 부드러움이라곤 없이 오히려 엄격해 보였다. 그 속엔 올바른 것이거나 또는 그와 유사한 것이 있었다. 나는 나에게 어떤 일이 일어났는지 몰랐다. 그는 마술사처럼 내 앞에 서 있었다.

"무슨 말인지 알겠지?"

그는 다시 한 번 물었다.

나는 고개를 끄덕였다. 아무 말도 할 수 없었다.

"나는 물론 그 독심술이란 게 좀 괴상하게 보인다고 말했지만, 그것은 아주 자연스럽게 되는 거야. 예컨대 내가 전에 카인과 아벨에 대해 이야기했을 때, 네가 나에 관해서 무엇을 생각했는지를 꽤 자세히 말할 수 있어. 그것은 지금 일과는 관계없지만…… 나는 네가 언젠가 내 꿈을 꾸었으리라는 건 있음직한 일이라고 생각해. 그러나 그런 것은 걷어치우자! 대부분의 사람들은 멍텅구리인데 너는 아주 총명한 애야. 나는 너같이 영리하고 믿을 수 있는 친구와 가끔씩 얘기를 나누는 걸 좋아하지. 어때, 그래도 괜찮겠니?"

"아, 그야 물론이지. 난 이해가 잘 안 가긴 하지만……"

"그럼 실험을 계속해 보자. 우리는 다음과 같은 걸 알게 됐지. 그 소년은 잘 놀란다—그는 누군가를 두려워하고 있다—그는 확실히 이 다른 누구와 관계된, 대단히 그의 마음을 불편하게 하는 어떤 비밀을 가지고 있다. 어때, 이 말이 맞니?"

마치 꿈속인 듯 나는 그의 목소리와 영향력에 고분고분 따랐다. 나는 그저 고개를 끄덕일 뿐이었다. 그 목소리는 바로 내 안에서 들려오는 것만 같았다. 그리고 그것은 모든 것을 알고 있는 듯싶었다. 그가 나 자신보다 더 잘, 더 분명히 모든 것을 알고 있단 말인가? 데미안이 힘차게 내 어깨를 두드렸다.

"역시 맞군. 그럴 거라 짐작했지. 그럼, 몇 마디 더 묻겠어. 아까 저쪽으로 사라진 녀석이 누군지 넌 알지?"

나는 몹시 놀랐고, 나의 침해당한 비밀이 내 속에서 고통스럽게 꿈틀거리고 있었다. 그것은 밝은 빛 쪽으로 나오려고 하지 않았다.

"어떤 애? 나 말고는 아무도 없었는데……."

"자, 어서." 그가 웃었다. "그 애 이름이 뭔지 말해 봐."

나는 속삭였다. "프란츠 크로머 말이야?"

그는 기쁜 듯이 고개를 끄덕였다.

"좋아, 훌륭해. 우리는 곧 친한 친구가 될 거야. 그렇지만 지금은 너에게 이야길 좀 해야겠어. 크로머인가 뭔가 하는 녀석은 나쁜 놈이야. 그의 얼굴을 보고 금방 알 수 있었지. 네 생각은 어때?"

"응, 맞아! 나쁜 놈이야, 악마야! 그가 이런 걸 알아선 안 돼! 절대로 알아선 안 돼! 너는 걔를 아니? 걔도 너를 알고 있고?"

나는 한숨을 내쉬었다.

"진정해. 그는 가고 없어. 그리고 그는 나를 몰라, 아직은. 하지만 난 그 놈을 알고 싶은데, 공립학교 학생이니?"

"응."

"몇 학년?"

"5학년, 하지만 그에게는 아무 말 말아 줘. 제발 아무것도 말하지 말아 줘!"

"걱정하지 마. 네겐 아무 일도 생기지 않아. 아마 너는 나에게 크로머에 대해 좀더 이야기해 줄 생각이 없는 모양이지?"

"할 수 없어! 안 돼. 날 내버려둬."

그는 잠시 침묵을 지켰다.

"유감이군. 실험을 좀더 계속할 수 있었을 텐데. 그러나 난 너를 괴롭힐 생각은 없어. 그렇지만 그 애에 대한 너의 두려움은 전혀 옳지 않다는 걸 너는 알고 있겠지? 그런 것은 우리를 아주 망쳐 놓는 일이란 말이야. 그런 것에서 벗어나야 돼. 만일 네가 괜찮은 사람이 되려고 한다면 넌 거기서 벗어나야 돼. 알아듣겠니?"

"그래, 네 말이 옳아…… 하지만 그건 안 돼. 너는 정말 몰라……."

"너는 네가 생각했던 것보다 더 많은 것을 내가 알고 있다는 사실을 알았겠지. 그에게 혹시 빚을 졌니?"

"응, 빚도 졌지. 하지만 그건 큰 문제가 아니야. 난 말할 수 없어. 말할 수 없단 말이야!"

"네가 그에게 빚진 만큼의 돈을 네게 주어도 아무 소용이 없을까? 그 정도는 충분히 네게 줄 수 있어."

"아냐, 아냐, 그게 아냐. 지금 들은 얘기는 아무에게도 말하지 말아 줘, 아무 말도! 알았지?"

"싱클레어, 나를 믿어, 그리고 언제든 네가 그러고 싶을 때 그 비밀을 얘기해 줘도 좋아."

"아니야, 절대로 말 못 해."

나는 소리쳤다.

"너 하고 싶은 대로 해. 나는 그저 네가 언젠가는 이야기해 주리라고 생각해, 자발적으로. 설마 내가 크로머처럼 행동하리라고 생각지는 않겠지?"

"응, 그렇지 않아. 그렇지만 넌 그 일에 관해선 아는 게 하나도 없잖아."

"전혀 아무것도 몰라. 나는 단지 거기에 대해 열심히 생각하고 있을 뿐이야. 그리고 내가 크로머처럼 행동하지 않으리라는 것을 믿어 줘. 정말로 너는 아무것도 내게 빚진 게 없어."

우리는 잠시 침묵을 지켰다. 나는 조금씩 마음의 안정을 되찾았다. 그러나 데미안이 알고 있는 것이 무엇인지에 대해서는 갈수록 수수께끼였다.

"이제 집에 가야겠어." 그는 말하고는, 빗속에서 외투 깃을 바싹 여몄다. "여기까지 말이 나왔으니, 마지막으로 네게 꼭 한 가지만 더 말하고 싶어. 너는 그놈에게서 벗어나야 돼! 만약 다른 방법이 없으면 그를 죽여 버려! 네가 그렇게만 한다면 나는 무척 기쁘고 감명을 받을 거야. 물론 내가 도와 줄 수도 있어."

나는 새로운 불안에 싸였다. 카인의 이야기가 갑자기 생각났다. 무서웠다. 나는 조용히 울기 시작했다. 이해할 수 없는 너무나 많은 일들이 나를 둘러싸고 있었다.

"자, 좋아." 막스 데미안은 미소를 지으며 말했다. "이제 집에 가봐. 우리는 틀림없이 방법을 찾을 수 있을 거야. 물론 죽여 버리는 것이 가장 간단하긴 하지만. 이런 문제에 있어서는 가장 단순한 방법이 언제나 가장 좋은 법이야. 크로머라는 친구는 사귈 만한 놈이 못 돼."

나는 집으로 돌아왔다. 1년 동안이나 타향에 있다가 돌아온 것처럼 느껴졌다. 모든 것이 다르게 보였다. 나와 데미안 사이엔 무언가 미래와 같은, 희망과 같은 것이 있었다. 나는 더 이상 혼자가 아니다! 그리고 지금에서야 나는 주일마다 비밀을 가지고 얼마나 지독하게 외로이 지냈던가 하는 것을 깨달았다. 그리고 곧 내가 여러 번 곰곰이 생각했었던 일이 머리에 떠올랐다. 부모님께 고해하는 것이 나를 죄로부터 가볍게 해주거나, 나를 완전히 구제해 줄 수는 없으리라는 생각이었다. 하마터면 지금 나는 다른 사람에게, 낯선 사람에게 고해할 뻔했다. 구제에 대한 예감이 신선한 미풍처럼 느껴졌다.

하지만 여전히 내 불안은 극복되지 않았고 나는 적과의 기나긴 두려운 싸움을 각오했다. 그래서인지 모든 일이 그렇듯 고요하게, 별다른 일 없이 평온하게 지나간다는 것이 더욱더 이상하게 느껴졌다.

하루, 이틀, 사흘, 그렇게 일주일이 지나가도록 우리집 근처에서 크로머의 휘파람 소리는 들려오지 않았다. 나는 감히 그 상황을 믿을 수가 없어서, 그가 예기치 않게 갑자기 나타날 순간을 계속 기다렸다. 그러나 그는 멀리 사라졌다! 이 새로운 자유를 믿을 수가 없어, 나는 늘 거기에 대해 의혹을 품었다. 어느 때인가 드디어 내가 프란츠 크로머를 만나기 전까지는 그랬다. 그는 나를 보자 움찔 경련을 일으키며 얼굴을 사납게 찡그리더니 나를 만나지 않으려고 곧 돌아서 가버렸다.

그것은 내가 처음 겪는 일이었다. 나의 적이 내 앞에서 도망쳤다. 나의 악마가 내가 두려워 불안감을 느끼게 된 것이다! 행복한 경이감이 내 몸을 휘감았다.

그즈음 어느 날, 데미안이 다시 나타났다. 그는 학교 앞에서 나를 기다리고 있었다.

"안녕." 내가 말했다.

"좋은 아침이야, 싱클레어. 네가 어떻게 지내나 꼭 한 번 보고 싶었어. 크로머는 이제 너에게 집적대지 않지?"

"네가 그렇게 한 거야? 하지만 대체 어떻게? 도무지 이해가 안 돼. 그는 전혀 나타나질 않아."

"잘됐어. 만약 그가 다시 오거든—내가 생각하기로는 나타나지 못할 거야. 그러나 철면피인 놈이니까—그땐 그에게 그저, '데미안을 잊은 건 아니겠지?'라고만 말해 줘."

"그런데 무슨 일이 있었니? 네가 그와 싸워서 그를 호되게 갈겨 주었니?"

"아니, 난 싸움은 좋아하지 않아. 나는 다만 너와 이야기했던 것처럼, 그와 이야기하고는 그가 너를 편안히 놔둘 때 그 자신에게 이익이 된다는 점을 확실히 해주었을 뿐이야."

"오, 그렇지만 넌 그에게 돈을 주진 않았겠지?"

"아니, 너도 그런 방법을 벌써 시험해 보았잖니."

내가 더 캐물으려고 하자 그는 가버렸다. 나는 전부터 그에게 느껴왔던 고마움과 부끄러움, 놀라움과 불안, 애착과 내적 반항이 한데 뒤엉킨 복잡하고 기묘한 감정으로 그곳에 우두커니 서 있었다.

나는 곧 그를 다시 만나려고 결심했다. 그리고 그때 나는 그와 함께 그 모든 것에 관해서, 카인의 문제에 관해서까지도 좀더 이야기해 보고 싶었다. 그러나 그것은 내 바람대로 되지 않았다. 감사란 결코 내가 믿는 미덕이 아니다. 더구나 아이들에게 그것을 요구하는 것은 위선적인 일이라고 생각된다. 그래서 그때의 내가 막스 데미안에게 그토록 아무런 감사함을 못 느꼈다는 것에 대해서도 놀라지 않는다. 오늘날 내가 확실하게 믿는 바는, 만일 그가 그때 나를 크로머의 발톱으로부터 해방시켜 주지 않았다면, 나는 평생 병들고 타락했으리라는 사실이다. 나는 그 무렵에조차도 이 해방이 내 평생의 가장 중요한 경험이 되리라는 걸 느끼고 있었다. 그러나 해방을 시켜 준 자가 그 기적을 이루기가 무섭게 나는 그를 외면해 버렸던 것이다.

앞에서 말했듯이 은혜를 저버리는 것은 나에게는 이상한 일이 아니다. 돌이켜 보건대, 나를 놀라게 한 것은 바로 호기심의 결핍이다. 어떻게 데미안이 나를 감동시킨 그 비밀에 좀더 가까이 다가가지 않고, 단 하루라도 평온하게 계속해서 살아나갈 수 있었을까? 어떻게 나는 카인에 대해서 좀더 듣는 것을, 또 크로머와 독심술에 대해서 좀더 듣고 싶은 호기심을 억누를 수 있었을까?

참으로 믿기지 않는 일이었지만 그것은 사실이었다. 나는 어느새 악마의 미로를 빠져나온 나 자신을 깨달았다. 밝고 쾌활한 세상이 다시 내 앞에 펼쳐졌다. 발작처럼 찾아오던 그 숨 막히는 공포는 이제 더 이상 없다. 내게 걸렸던 고통의 저주는 풀렸다. 나는 다시 평범한 학생이 되었고, 나의 온 존재는 본능적으로 지난날의 평온을 되찾기 위해, 그동안 겪었던 온갖 추하고 위험스러운 일들을 잊기 위해 노력했다. 내 죄와 두려움의 역사는 내게 아무런 마음의 상처도 인상도 남기지 않았고, 거짓말처럼 기억에서 흔적도 없이 사라져갔다.

그러나 이제 나는 왜 그 시절의 내가 구원자의 존재를 그토록 빨리 잊어버리려고 애썼는지 알고 있다. 내 상처받은 영혼은 온 힘을 다해 슬픔의 골짜기로부터, 나를 속박하는 끔찍한 크로머의 사슬로부터 벗어나, 다시 내 앞에 열린 낙원으로, 빛으로, 고뇌 없는 어머니와 아버지의 세계로, 누나들에게로, 청결함의 향기와 경건한 아벨의 세계로 도망쳤다.

데미안과 짧은 대화를 나눈 다음 날, 되찾은 자유를 완전히 확신하고 더 이상 다시 잃을 것을 두려워하지 않게 되었을 때, 나는 그렇게나 자주 갈망하며 바라던 그 일, 즉 고해를 했다. 어머니에게 장난감 돈으로 채워진 저금통을 보여 드린 다음, 내가 저지른 죄로 말미암아 그동안 얼마나 오랜 시간을 사악한 학대자의 손아귀에 놓여 있었는가를 이야기했다. 어머니는 내 얘기를 전부 다 이해하시지는 못했지만 저금통과 나의 달라진 눈빛을 보시고, 또 내 달라진 목소리를 들으시고는 내가 회복되어 다시 당신 품으로 돌아왔다는 것을 아셨다.

곧 돌아온 탕아를 위한 축제가 시작됐다. 어머니는 나를 아버지에게로 데려가 그 이야기를 되풀이하셨으며, 물음과 놀라움과 환호성이 이어졌고, 부모님은 내 머리를 쓰다듬어 주시며 오랜 시름에서 놓여난 안도의 한숨을 쉬셨다. 그저 놀라웠다. 모든 일이 동화 속 이야기처럼 진행되었고 하나로 녹아들어 아름다운 조화를 이루었다.

나는 마음의 평화와 부모님과의 친밀한 관계를 되찾았다는 만족감에 한껏 빠져들었고, 모범적인 아이가 되어 누나들과 그 어느 때보다 사이좋게 어울려 놀았으며, 과거를 뉘우친 자로서, 그리고 구원받은 자로서 평소에 좋아했던 온갖 찬송가들을 부르며 하느님을 찬미했다. 그 모두는 한 점의 거짓도 없는, 내 마음에서 우러나온 진실한 행동이었다.

그렇지만 모든 것이 다 제자리로 돌아온 것은 아니었다. 그리고 바로 이 사실이야말로 내가 데미안을 외면하려 했던 참된 이유를 설명해 준다. 나는 그에게 고해해야 했다. 그 고해는 더 열정적이지도, 감동적이지도 못했겠지만 그로부터 나는 많은 걸 얻을 수 있었을 것이다. 지금 나는 예전의 낙원과 같은 나의 세계로 돌아왔다. 그러나 데미안은 절대로 이 세계에 속하지 않았고 어울리지도 않았다. 또한 그는 유혹자이며, 두 번째 세계, 곧 다시는 겪고 싶지 않은 악의 세계와 연결되어 있었다. 나 자신이 다시금 아벨이 된 지금, 아벨을 희생하여 카인을 찬미하고 싶지는 않았다.

표면적인 이유는 그러했다. 그러나 내적인 이유는 다음과 같았다. 나는 크로머와 악마의 손길로부터 구제되었으나 나 자신의 힘과 행동에 의한 것은 아니었다. 나는 세상의 미궁을 빠져나오려고 애썼지만 그 길은 너무나 복잡했다. 우정의 손이 나를 잡아서 구제해 준 지금, 더 이상 한눈팔지 않고 어머니 품으로, 울타리를 둘러친 경건한 유년 시절의 안전 속으로 되돌아왔다. 나는 예전의 나보다 더 어리고, 더 의존적이며 더 어린애 같이 행동했다. 나는 크로머를 대신하여 새로이 복종할 대상을 찾아야 했다. 왜냐하면 나는 혼자서 세상을 살아갈 수 없었기 때문이다. 그래서 나는 맹목적으로 아버지와 어머니에게 예속되는 것을, 옛날의 사랑하던 '밝은 세계'에 예속되는 것을 선택했다. 그렇지만 나는 그 세계가 유일의 세계가 아님을 알고 있었다. 만약 그렇게 하지 않았다면, 데미안에게 나 자신을 맡겼을 것이다. 그 무렵 내가 그렇게 하지 않은 것은 그의 기묘한 사상이 왠지 두렵고 의심스러웠기 때문이었으리라. 데미안은 부모님이 요구했던 것보다 더 많은 것을, 훨씬 더 많은 것을 내게 요구했을 테고 자극과 충고로써, 조롱과 비꼼으로써 나를 독립적인 인간으로 만들려 했을 것이다. 오늘에 이르러서야 나는 깨달았다. 자기 자신에게 이르는 길을 따르는 것만큼 피하고 싶은 힘든 일은 세상에 없다는 사실을.

그로부터 반년이 지난 어느 날 나는 유혹을 이겨내지 못하고 산책 중에 아버지에게, 많은 사람들이 카인을 아벨보다 더 낫다고 설명하는 데 대해 어떻게 생각하는가를 물었다.

아버지는 이 질문을 듣고 매우 놀라시더니 단호한 태도로 그것은 전혀 새로울 게 없는 해석이라고 말씀하셨다. 그런 류의 해석은 이미 원시기독교시대부터 떠돌았던 것으로, 이를 주장하는 여러 종파들 가운데 '카인파'라 불리던 종파도 있었다고 하셨다. 또한 이 미친 교의는 우리의 믿음을 파괴하려는 것이며 악마의 유혹일 뿐인데, 왜냐하면 카인이 옳고 아벨이 틀렸다면, 결국 하느님이 실수를 저질렀다는 말이 되고, 이는 곧 성경 속 하느님이 가짜라는 뜻이기 때문이라는 것이었다. 실제 카인파는 이와 유사한 주장을 했고 이러한 이단은 오래전에 인류 역사에서 자취를 감추었다고도 하셨다. 마지막으로 아버지는 나의 학교 친구가 그런 것에 대해 무엇인가를 알고 있다는 사실이 놀랍다고 하시며, 나에게 이런 생각을 버리라고 엄하게 경고하셨다.

3 도둑

내 유년시절—부모님 곁에서 느꼈던 아늑한 안정감, 다정다감했던 마음, 온화한 환경, 놀이로 가득했던 소박한 행복의 나날들—에 대해서라면 얼마든지 여러 가지 달콤했던 순간들을 떠올릴 수 있다. 하지만 나의 관심사는 이런 것들이 아니라 나 자신에게 이르기 위해 그동안 내가 걸어왔던 발자취를 더듬어보는 것이다. 내가 느꼈던 고요의 순간들, 마법과도 같은 섬의 평화는 저 매혹적인 아득히 먼 거리에 그대로 두려 한다. 나는 다시 그곳에 닿기를 소망하지도 않는다.

그러므로 내 소년 시절에 관한 한 나는 나의 내면을 파고들었던, 외부에서 온 새로운 충동, 나를 앞으로 몰아대고 끌고 갔던 그 힘에 대해서만 이야기하겠다. 이러한 충동은 언제나 저 '다른 세계'에서 왔으며, 그것이 찾아올 때마다 어김없이 불안과 두려움, 양심의 가책을 느꼈다. 그것은 늘 혁명적이었기 때문에 내가 즐거이 누리고 싶었던 평화를 위태롭게 했다.

그렇게 몇 년이 흘러감에 따라, 나는 빛의 세계로부터 되도록 숨기고 억제해야만 할 어떤 충동이 내 안에 존재한다는 것을 인정할 수밖에 없었다. 모든 사람에게처럼 나에게도 천천히 깨어나는 성(性)에 대한 감정이 하나의 적으로서, 파괴자로서, 금지된 것으로서, 죄악으로서 습격해 왔다. 나의 호기심이 찾은 것, 꿈과 쾌락, 불안이 나에게 창조해 준 것, 그리고 야릇한 사춘기의 비밀, 이런 것들은 울타리로 둘러싸인 내 소년 시절의 평화라는 행복에는 어울리지 않았다. 나는 다른 사람들과 똑같이 행동했다. 나는 더 이상 아이가 아니면서도 아이인 체하는 이중의 삶을 살아갔다. 나의 의식은 가정과 허용된 것 속에서 살았고, 내면에 움터오는 새로운 세계를 부정했다. 그러나 동시에 나는 비현실적인 꿈의 세계, 욕망과 충동의 세계에서 살았다. 내 의식은 절박하게 이 두 세계 사이에 다리를 놓으려고 애썼다. 내 안에서 유년기가 산산조각 나고 있음을 느끼며. 대부분의 다른 부모들처럼 내 부모님도 사춘기의 새로운 문제들을 해결하는 데는 아무런 도움도 주지 못하셨다. 그분들이 해주실 수 있는 일이라곤, 애써 현실을 부정하면서 갈수록 비현실적으로 되어가는 유년기에 머무르려는 나의 가망 없는 노력을 안쓰러운 마음으로 지켜봐 주시는 것 정도였다. 부모가 자식의 이러한 문제에 대해 어떤 도움을 줄 수 있을 거라고는 생각지 않기에 나는 그분들을 탓할 생각이 전혀 없다. 나를 완성하고 나의 길을 찾아내는 것은 나 자신의 일이다. 그리고 남부러울 것 없는 가정환경에서 부족함 없이 자라난 아이들이 대부분 그러하듯이 나 역시 그 같은 일에 서툴렀다.

누구나 이러한 위기를 거치기 마련이다. 보통 이 시기에, 사람들은 자신만의 고유한 삶을 바라는 내면의 요구에 따라 주위 세계와 첨예하게 대립하게 되고 나아갈 길을 찾기 위해 쓰디쓴 투쟁을 벌여야만 한다. 많은 이들이 평생에 단 한 번, 바로 이 시기에 죽음과 부활—이것이 곧 우리의 운명이다—을 경험한다. 유년기가 점차 무너지고 희미해져갈 때, 그리하여 사랑했던 모든 것이 자신을 떠나갈 때 사람들은 갑작스럽게 세상에 홀로 남겨진 듯한 차디찬 외로움을 느낀다. 많은 사람들이 이 같은 감정에 사로잡혀 다시는 돌아갈 수 없는 과거에, 가장 무자비한 최악의 꿈인 잃어버린 낙원에 평생 집착하며 매달리게 된다.

이제 화제를 나의 이야기로 되돌리자. 내 소년 시절에 마침표를 찍게 한 감정과 환영(幻影)들은 너무나 많고 다양해서 이 자리에서 그 모두를 설명하는 것은 불가능하다. 중요한 것은 그 '어두운 세계', '다른 세계'가 다시금 나타났다는 사실이다. 일찍이 프란츠 크로머였던 것이 지금은 나 자신의 일부가 되었다.

크로머와의 사건이 있고 나서 몇 해가 흘러갔다. 내 생애의 그 극적이고 죄악에 찬 시절은 잠에서 깨자마자 금세 잊어버린 짧은 악몽과 같았다. 프란츠 크로머는 이미 오래전에 내 생활로부터 사라져 버렸다. 가끔 그와 마주치는 일이 있어도 나는 아무렇지 않았다. 그러나 내 비극의 다른 중요한 인물은 막스 데미안으로, 그는 나의 둘레에서 완전히 사라지지 않았다. 오랫동안 그는, 보이기는 하지만 어떠한 작용도 할 수 없는 먼 변두리에 서 있었다. 그러던 그가 다시금 힘과 영향력을 발휘하여, 천천히 내게로 다가오고 있었다.

그 무렵의 데미안에 대한 기억을 더듬어 보려 한다. 나는 1년 동안, 또는 그보다 더 오랫동안 단 한 번도 그와 이야기를 하지 않았는지 모른다. 나는 그를 피했고, 그는 강제로 내게 접근하려고 하지 않았다. 한번 만났을 때, 그는 나에게 눈인사를 했다. 그러고 나서는 때때로 그의 우정 속에는 찬웃음과 어떤 미묘한 비난의 울림이 있는 듯했으나, 그것은 지나친 억측이었는지도 모른다. 그와 함께 경험했던 사건과 그때 그가 나에게 준 그 이상한 영향력은, 내가 그렇듯 그도 잊었던 것 같았다.

나는 지금도 그의 생김새를 떠올릴 수 있다. 그리고 이제 옛 기억을 떠올리기 시작하자, 그가 결국 내게서 그리 멀지 않은 곳에 있었고, 나 역시 늘 그의 존재를 의식하고 있었다는 걸 깨닫는다. 혼자서, 때로는 같은 또래 학생들과 함께 학교에 가던 그의 모습을 떠올린다. 낯설고, 외롭고, 고요한, 마치 저 자신의 법칙에 따르는 외따로 떨어진 행성처럼 후광에 에워싸여 걸어가던 그 모습을. 아무도 그를 좋아하지 않았고 그 누구도 그와 친숙해지지 못했다. 오직 그의 어머니만이 예외였는데, 이 두 사람은 어머니와 어린 자식 사이가 아니라 동등한 위치에서 우정을 나누는 친구 사이처럼 보였다. 선생님은 가능한 한 그를 간섭하지 않았다. 그는 훌륭한 학생이었다. 그러나 그는 누구의 마음에도 들려고 애쓰지 않았다. 그가 선생님에게 조롱이 담긴 말을 했다거나 무례한 태도를 보였다는, 확인할 길 없는 소문이 가끔 돌기도 했다.

눈을 감자 그의 모습이 그림처럼 떠오른다. 어딜까? 그렇다. 그것도 다시 생각난다. 우리집 앞 골목이었다. 그곳에서 어느 날 노트를 손에 들고 스케치하는 그를 본 적이 있었다. 그는 우리집 문 위에 있는, 새가 새겨진 옛 문장을 그리고 있었다. 나는 창가에 선 채로 커튼 뒤에 숨어서 그를 바라다보았다. 나는 문장을 향하고 있는 그의 주의 깊고 서늘하고 맑은 얼굴을 바라보며 크게 놀랐다. 그것은 우월하고 결의에 차 있으며 기이할 정도로 명료하고 고요한 어른의 얼굴, 꿰뚫어 보는 눈빛을 지닌 과학자나 예술가의 눈이었다.

그리고 나는 다시금 그를 만났다. 그로부터 몇 주 뒤 거리에서였다. 학교에서 돌아오는 길에 우리 모두는 쓰러진 말 주위에 모여 서 있었다. 그 말은 여전히 멍에에 매인 채, 농부의 마차 앞에 누워 있었으며, 콧구멍을 벌름거리며 애처로이 하늘로 콧숨을 내쉬고 있었다. 보이지 않는 상처에서 피가 흘러내려 길바닥 한쪽을 붉게 물들였다. 내가 속이 메스꺼워 그 광경으로부터 얼굴을 돌렸을 때, 데미안의 얼굴이 눈에 들어왔다. 그는 앞으로 밀고 나오지 않고 가장 뒤쪽에서 언제나처럼 평온하고 고상하게 서 있었다. 그는 말의 머리를 뚫어져라 바라보고 있었다. 예전에 봤을 때와 마찬가지로 열광적이면서도 침착함을 잃지 않는, 깊고 고요한 눈빛이었다. 나는 쉽사리 그의 얼굴에서 눈을 뗄 수가 없었다. 그리고 그 순간 무어라 설명할 수 없는 독특한 감정을 느꼈다. 데미안의 얼굴은 소년이라기보다는 어른의 얼굴이었고, 아니 그저 어른의 얼굴이기만 한 것이 아니라 어딘가 여성적인 특성이 깃든 얼굴이었다. 그때 내 눈에 비친 그의 얼굴은 남성적이지도, 아이 같지도 않았고, 늙지도 젊지도 않았으며, 어떻게 보면 천 살은 먹은 듯했고, 또 어떻게 보면 시간을 초월하여, 우리가 아는 역사와는 전혀 다른 세월의 흔적이 새겨져 있는 듯했다. 마치 동물이나 나무 혹은 행성처럼—그때 이러한 인상들은 의식적인 것은 아니었다. 지금의 내가 묘사하고 있는 것처럼 그렇게 정확하게 느끼지는 못했었다. 다만 그와 비슷한 어떤 느낌이었다는 것뿐이다. 아마도 그는 잘생겼던 것 같고, 나는 그를 좋아했던 것 같다. 아니 어쩌면 그를 역겨워했을 수도 있다. 어느 쪽이 맞는지 나는 확신할 수 없었다. 다만 내가 이해한 사실은 그가 우리와는 다르다는 것, 동물이나 정령, 또는 그림처럼 우리와는 완전히 다른 세계의 존재라는 점뿐이었다.

그 무렵의 데미안에 대한 추억은 이것뿐이다. 그리고 어쩌면 이것조차도 부분적으로는 뒷날의 인상이 덧붙여진 것일 수도 있다.

그로부터 또 몇 년이 흐른 뒤에야 비로소 나는 다시 그와 가까워졌다. 데미안은 교회에서 관습에 따라 그의 나이 또래에게 베푸는 견진성사를 받지 않았고, 그리하여 다시 한 번 그에 관한 온갖 소문들이 떠돌기 시작했다. 학교에서는 다시 그가 본디 유대교도이거나 이교도일 거라고들 말했고, 또 어떤 이들은 그가 어머니와 마찬가지로 아무 종교도 믿지 않거나, 아니면 어떤 터무니없는 사악한 종파에 속해 있을 거라 믿고 있었다. 이와 관련해서 심지어는 그가 자기 어머니의 애인이 아닌가 의심하는 목소리도 있었다. 추측컨대 그는 자라오면서 어떠한 신앙 교육도 받지 않았던 것 같았고 이것은 여러 면에서 그의 앞날에 불길한 그림자를 드리웠던 듯싶다. 어쨌든 그의 어머니는 그를 또래보다 2년 늦게 견진성사를 받도록 했다. 그래서 그는 한 달 동안 나와 함께 견진성사 수업을 들었다.

한동안 나는 그로부터 아주 물러나 있었다. 나는 그와 친분관계를 맺지 않으려고 했다. 그는 너무나 많은 소문과 비밀에 둘러싸여 있었고, 특히 크로머의 사건 뒤로 내 안에 남아 있던 빚을 졌다는 마음이 나를 혼란에 빠뜨렸다. 그즈음 나는 나 자신의 비밀스러운 문제와 씨름하기에 여념이 없었다. 견진성사 수업을 받고 있던 시기에 나는 성에 대해 본격적으로 눈떠가고 있었던 것이다. 그리하여 선량한 의지에도, 종교교의에 대한 나의 관심은 크게 떨어질 수밖에 없었다. 신부님의 말씀은 대단히 성스러우나 현실과는 거리가 먼 얘기로 들릴 뿐이었다. 아름답고 소중한 가르침임에는 의심의 여지가 없었지만 그때 내가 고민하던 새로운 생각들만큼 시기적절하거나 흥미롭다고 말하기는 어려웠다. 이러한 상황으로 인해 나는 수업에 점점 더 흥미를 잃어갔고, 그럴수록 내 마음은 점점 더 데미안에게로 이끌려갔다. 우리를 한데 이어주는 어떤 끈 같은 것이 존재했다. 이제부터 나는 최대한 면밀하게 이 끈의 정체를 밝혀 보고자 한다. 내가 기억하는 바로는, 그것은 어느 날 교실에 아직 불이 켜져 있던 이른 아침 시간에 시작되었다. 우리를 가르치던 성경선생님, 곧 신부님이 카인과 아벨 이야기를 꺼내려는 참이었다. 나는 졸음에 겨워 건성으로 듣고 있었다. 하지만 신부님이 소리 높여 카인의 징표에 대하여 얘기하던 그 순간, 나는 마치 실제로 누군가가 내 몸을 건드린 것처럼 강렬한 경고를 느끼고 고개를 들었다. 앞쪽 줄에 앉은, 반쯤 고개를 돌려 나를 바라보고 있던 데미안의 얼굴이 눈에 들어왔다. 반짝거리는, 무언가 깊은 생각에 잠긴 듯한, 한편으로는 비웃음을 가득 머금은 듯한 눈빛이었다. 그가 나를 바라본 것은 아주 잠깐일 뿐이었지만, 나는 그 순간부터 카인과 그 징표에 관한 신부님의 말씀을 주의 깊게 들었다. 그러는 동안 어느샌가 내 안 깊은 곳에서, 신부님이 지금 가르치고 있는 것은 여러 가지 해석 가운데 하나일 뿐이며, 얼마든지 다르게 볼 수도 있을 거라는 생각이 꿈틀대기 시작했다.

　나와 그를 이어주는 끈이 다시 생겨난 것은 바로 그 순간이었다. 정신적인 공감을 느낀 그 순간에 곧바로 신체적인 감응이 나타난다는 것은 얼마나 기묘한 일인가. 그가 의도한 것인지, 아니면 우연히 벌어진 일인지 확신할 수는 없지만―그때 나는 우연히 일어난 일이라고 굳게 믿고 있었다―며칠 뒤 데미안은 갑자기 자리를 옮겨 내 바로 앞자리에 앉았다. (지금도 생생히 기억난다―비참한 구빈원 풍경을 연상시키는, 아이들로 가득 찬 교실의 그 갑갑한 공기 속에서 맡았던, 그의 목에서 풍겨오던 신선한 비누냄새를 나는 얼마나 좋아했던가.) 또 며칠 뒤에는 다시 자리를 옮겨 바로 내 옆자리에 앉았고, 이후로는 겨울 봄 내내 그 자리를 떠나지 않았다.

그때부터 나의 아침시간은 완전히 달라졌다. 나는 더 이상 졸리거나 지겹지 않았다. 수업시간이 기다려지기까지 했다. 때로는 신부님의 말씀을 한껏 집중하여 듣기도 했는데, 데미안이 슬쩍 한 번 쳐다보는 것만으로도 그 대목에서 평범치 않은 놀라운 이야기를 찾아내기도 하고, 또 의미심장한 그의 눈짓 한 번에 신부님의 말씀에 대해 비판적이 되기도, 회의적이 되기도 했다.

하지만 실제로는 수업내용보다는 딴짓에 정신을 파는 경우가 훨씬 많았다. 나는 한 번도 데미안이 수업 중에 시시한 장난을 치거나 크게 웃고 떠들거나 선생님의 꾸중을 들을 만한 짓을 하는 걸 본 적이 없다. 매우 조용히, 속삭인다기보다는 몸짓과 눈짓만으로, 그는 자신이 하는 일에 내가 가담하도록 유도했는데, 그 일은 때때로 기묘한 것이었다.

이를테면 데미안은 학생 가운데 자신의 흥미를 끄는 아이가 누구인지, 그리고 그 아이에 대해 자신이 얼마나 많은 것을 알고 있는지 말하곤 했다.

실제로 그는 여러 아이들의 특징이나 성향을 정확하게 알고 있었다. 수업이 시작되기 전에 그는 이렇게 말하곤 했다.

"만약 내가 너에게 엄지손가락으로 신호를 하면, 저 애하고 저 애가 우리를 돌아보거나 아니면 목을 긁을 거야."

수업이 한창 진행 중이고 내가 그 일에 대해 거의 잊어가고 있을 무렵에 막스가 갑자기 엄지손가락을 움직여 보였다. 나는 재빨리 지목된 학생을 바라보았고, 매번 아이가 줄에 묶인 꼭두각시처럼 요구된 행동을 하는 것을 보았다. 나는 막스에게 선생님에게도 한번 시험해 볼 것을 졸랐으나, 그는 싫다고 했다. 딱 한 번인가는, 그에게 오늘 예습을 안 해와서 신부님이 나에게 질문하지 않기를 바란다고 했더니 그가 나를 도와준 적이 있다. 신부님이 교리문답의 한 구절을 외게 할 학생을 찾고 있었는데, 그의 방황하던 시선이 죄지은 듯한 내 얼굴 위에 머물렀다. 신부님은 천천히 내게로 다가와서는 나를 손가락으로 가리켰고 곧 그의 입술이 내 이름을 발음하려는 찰나였다. 그런데 갑자기 그 순간, 신부님은 혼란에 빠진 듯 망설이더니 목 옷깃을 한 번 당기고는, 무언가 물어볼 것이 있는 듯이 자신을 빤히 바라보는 데미안에게로 다가가는 것이었다. 그러고는 그에게 무엇인가 물으려 하는 것 같더니 갑자기 다시 목을 돌리고 몇 번 헛기침을 한 뒤 다른 학생을 지명했다.

그런 장난들은 나를 즐겁게 했지만 내 친구가 때때로 나에게도 똑같은 장난을 하고 있다는 것을 점차 알게 되었다. 학교 가는 길에 갑자기 데미안이 좀 떨어져 내 뒤에서 오고 있다는 생각이 들었다. 그래서 돌아보았더니 정말로 그가 거기에 있었다.

"너는 정말로 네가 원하는 대로 다른 사람의 생각을 조종할 수 있는 거니?" 나는 그에게 물었다.

그는 침착하고 요령 있게 어른과 같은 태도로 대답을 했다.

"아니, 그런 일은 할 수 없어. 비록 신부님이 우리에게 그렇게 믿으라고 하지만 사람은 자유의지를 갖지 못했어. 사람은 남이 뭘 원하는지 생각할 수도 없고, 내가 원하는 그 무언가를 그 사람이 생각하도록 만들 수도 없어. 그러나 어떤 사람들을 잘 관찰할 수는 있을 거야. 그러면 그가 무슨 생각을 하고, 무엇을 느끼고 있는지를 제법 자세하게 말할 수가 있고, 그가 다음 순간에 무슨 일을 할 것인지를 대부분 예측할 수도 있지. 그것은 아주 간단해. 단지 사람들이 그것을 모르고 있을 뿐이지. 물론 연습이 필요해. 예컨대 나비 중에 암컷이 수컷보다 아주 드문 나방종(種)이 있어. 이 나방도 번식 방법은 다른 곤충과 똑같아. 수컷이 암컷에게 수정시킨 다음 암컷이 알을 낳지. 만약 너한테 지금 말한 암컷 나방이 한 마리 있다면—이것은 자연과학자가 때때로 시험하는 일이지만—밤에 이 암컷에게 수컷들이 날아와. 물론 몇 시간씩 걸리는 먼 곳에서도! 생각해 봐! 몇 킬로미터 떨어진 곳에 있는 모든 수컷이 그 지방에 있는 단 한 마리의 암컷을 알아내는 거야. 사람들은 이 현상을 설명하려고 하지만 그것은 어려운 일이야. 훌륭한 사냥개가 눈에 보이지 않는 발자국을 발견하고 쫓아갈 수 있는 것처럼 그것은 어떤 후각이거나, 혹은 그와 비슷한 것임에 틀림없어. 알겠니? 자연은 이런 일들로 가득 차 있어. 그리고 아무도 그것들을 설명할 수는 없어. 그러나 지금 나는 다음과 같이 말하고 싶어. 만약 나비 가운데 암컷이 수컷만큼 흔했다면 수컷들은 날카로운 후각을 갖지 못했을 거야. 결국 필요에 의해서 후각을 발달시켜야만 했던 거지. 동물이나 사람이나 그의 온 주의력과 의지를 하나의 목적에 두면, 마침내는 거기에 도달하지. 그게 전부야. 이 정도면 네 질문에 대한 답이 된 것 같은데. 네가 어떤 사람을 아주 자세히 살펴본다면 너는 그 자신보다 그에 관해서 더 많이 알게 될 거야."

하마터면 '독심술'이란 말을 입 밖에 내어, 지금은 옛일이 되어 버린 크로머와 있었던 일을 상기시킬 뻔했다. 이것 역시 우리 관계의 묘한 점이었다. 그가 내 생활에 그토록 진지하게 끼어들었던 여러 해 전의 일에 대해서는 그도 그렇고 나도 그렇고 절대로 얘기를 꺼내는 법이 없었다. 마치 아무 일도 없었던 것처럼, 혹은 서로 상대방이 그 일에 대해 잊어버렸기를 바라는 것처럼. 한두 번인가는 같이 길거리를 걷다가 크로머와 마주친 적도 있었다. 하지만 우리는 서로를 건너다보는 법도 없이 계속 걸어가면서 그에 대한 이야기는 단 한 마디도 꺼내지 않았다.

"그러면 의지는 어떻게 되지? 너는 인간이 자유의지를 가지고 있지 않다고 말했어. 하지만 또, 의지를 한 목적에 집중하면 무슨 일이든 이룰 수 있다고도 했지. 이건 말이 안 돼. 자기 의지를 통제할 수 없다면, 그것을 내가 바라는 어떤 목적에 끌어들일 수도 없다는 얘기잖아."

그는 내 등을 두드렸다. 내가 그를 기쁘게 할 때마다 언제나 하는 행동이었다.

"좋은 질문이야. 사람은 자주 질문해야 되고 의심해야 돼. 그러나 사실은 간단해. 예를 들어 만약에 나방이 별까지 날아간다거나 그 비슷한 불가능한 목표에 의지를 집중한다 해도 그렇게는 할 수 없어. 애초에 그런 일은 하지도 않을 테지만. 부나비는 단지 자기에게만 의미 있고 가치 있는 것, 그에게 소용되는 것, 그가 무조건 가져야 하는 것만을 찾아. 바로 그럴 때에 믿을 수 없는 일까지도 그는 달성할 수 있지. 그들은 그들 말고 다른 동물들이 갖지 못한 마술 같은 육감을 발달시키는 거야. 우리 인간들은 확실히 동물보다 활동 범위도 넓고 관심사도 다양하지. 그렇지만 우리 역시 좁은 범위 안에 갇혀 그 이상으로 벗어날 수는 없어. 내가 만약 무슨 일이 있어도 꼭 북극에 가보고 싶다고 상상한다면, 나는 그것을 이루기 위해 나의 온 존재가 그 염원에 지배당할 만큼 강하게 그것을 욕망하게 될 테지. 이런 경우 너는 너 자신의 내면이 명령하는 대로 무언가를 하게 되고, 결국 그 일을 이루게 되지. 이로써 너는 너의 의지를 순한 말처럼 부릴 수 있게 되는 거야. 만약 내가 지금 우리 신부님이 앞으로는 안경을 쓰지 못하시도록 기도한다면 그것은 쓸데없는 짓이야. 단순한 하나의 장난일 뿐이지. 그러나 예를 들어 가을에 내가 앞자리로 자리를 옮기려는 확고한 의지를 가졌을 때는 아주 쉽게 이루어졌지. 알파벳 순서로 이름이 나보다 앞에 오는 한 아이가 갑자기 아파서 그날부터 학교에 나오지 않게 됐거든. 그래서 그 애가 앉을 자리를 누군가 대신 채워야 했지. 물론 그 자리는 결국 내 차지가 됐어. 그만큼 그때 나의 의지는 언제든 기회를 붙잡을 준비가 되어 있었으니까."

"그래, 그때는 나도 아주 이상한 느낌이 들었어. 우리가 서로 흥미를 갖게 된 순간부터 너는 내게 점점 가까이 왔지. 그런데 어떻게 된 일이야? 처음에 넌 바로 내 옆에 앉지 않고 두세 번째 내 앞 의자에 앉았지? 왜 그랬어?"

"내가 처음에 앉았던 자리를 떠나려고 했을 때, 내가 어디로 가려는지 스스로도 잘 알지를 못했기 때문이야. 나는 단지 좀 뒤로 가고 싶다고 생각하고 있었지. 너에게 가는 것이 내 의지였지만 그것을 나는 미처 의식하지 못했던 거야. 동시에 너 자신의 의지가 나를 끌어 주고 도왔어. 내가 네 앞에 앉았을 때 비로소 내 소망이 반쯤 채워졌다고 생각했어. 나는 본디부터 네 옆에 앉는 것 말고 다른 어떤 곳에 가 앉기를 바라지 않았다는 걸 알았어."

"하지만 그때는 새로 들어온 학생이 없었는걸."

"없었어. 그러나 나는 내가 원하는 그대로 했고, 이렇게 네 옆자리에 앉게 된 거야. 나와 자리를 바꾸게 된 아이는 약간 놀라는 듯했지만 그냥 내가 하는 대로 내버려두더군. 물론 신부님도 뭔가 바뀐 점이 있다는 걸 금세 아셨을 거야. 요즘도 매번 나를 상대할 때마다 속으로 무언가 찜찜한 기분을 느끼시는 것 같아. 왜냐하면 그분은 내 이름이 데미안인 걸 알고 있으니까. 이름이 D자로 시작되는 줄에 앉아 있어야 할 내가 S자로 시작되는 줄에 가 앉아 있으니 무언가 잘못됐다고 생각하실 거야. 하지만 그러한 생각이 의식의 표면 위로 떠오르는 경우는 절대 없어. 내 의지가 그것에 대항했고 또 앞으로도 계속해서 사고의 통로를 막는 장애물 구실을 하게 될 테니까. 뭔가 잘못된 게 있다는 걸 아는 신부님은 나를 보시며 그 문제를 풀어 보려고 애쓰시지. 하지만 그땐 아주 간단한 해결책이 있어. 눈이 마주칠 때마다 시선을 피하지 않고 신부님의 눈을 골똘히 응시하는 거야. 거의 대부분의 사람들이 그것을 견디지 못해. 사람들은 모두 불안해지지. 만약 네가 누구에게 무엇인가를 하려고 한다면 갑자기 그의 눈을 응시해 봐서, 그가 전혀 불안해하지 않으면 그 일을 포기하도록 해. 그에게 너는 아무것도 할 수 없을 테니까! 그러나 그것은 대단히 드문 일이야. 나는 사실 그 방법이 통하지 않는 사람을 딱 한 명 알고 있지."

"그게 누구야?"

나는 재빨리 물었다.

그는 언제나 생각에 잠길 때처럼 살며시 실눈을 뜨고 나를 바라보았다. 그 다음에 그는 시선을 돌리고 대답하지 않았다. 나는 강렬한 호기심을 느꼈지만 다시 물어볼 수는 없었다.

그러나 그때 나는 그가 자신의 어머니를 마음속에 두고 있었으리라고 믿는다. 그는 어머니와 매우 친밀한 듯했으나 나에게 어머니에 대해서 얘기한 적이 없었고 자기 집에 나를 데리고 간 적도 없었다. 나는 그의 어머니가 어떤 분인지 거의 알지 못했다.

가끔씩 나도 데미안을 흉내내어 무언가 이루고 싶은 것에 내 의지를 집중시켜 보았다. 내게 있어 충분히 절박한 그런 소망이라 생각했다. 하지만 아무 일도 일어나지 않았다. 조금도 효과가 없었다. 그 사실을 데미안에게 얘기할 수는 없었다. 내 소망이 무엇인지를 고백할 수도 없었다. 그리고 그 또한 묻지 않았다.

그러는 동안에 내 신앙심에는 균열이 생겨나기 시작했다. 어디까지나 데미안으로부터 받은 영향 탓이 컸다. 이러한 나의 회의는, 종교는 새빨간 거짓말이라고 떠벌리고 다니는 허풍쟁이 아이들의 의심과는 매우 달랐다. 그들은 때때로 하나의 신을 믿는 것은 우스운 일이고 인간답지 못하며, 삼위일체나 예수의 동정 탄생에 관한 이야기는 단지 웃음거리이고, 사람들이 오늘날까지도 이런 말도 안 되는 얘기를 붙들고 있는 건 창피한 일이라는 따위의 말을 했다. 나는 그렇게 생각하지 않았다. 설령 회의를 느꼈다고 할지라도 나는 내 어린시절의 온갖 경험으로부터 내 부모님이 살아가시는 모습과 같은 경건한 생활이 실재하고 있다는 것, 또 이것은 가치 없거나 위선적인 일이 아니라는 것을 알고 있었다. 오히려 종교적인 것 앞에서 여전히 가장 깊은 경외감을 느꼈다. 하지만 데미안이 나로 하여금 성경 이야기와 교리를 보다 자유롭고 개인적이며 유희적이고 환상에 가득 찬 것으로 바라보고 해석하는 데 익숙해지도록 만들었다. 나는 언제나 그가 제시하는 해석을 기꺼이 만족스럽게 받아들였다. 그러나 그러한 해석들—카인 이야기도 그중 하나였다—가운데 상당수는 내가 제대로 소화하기에 버거운 것들이었다. 그리고 한번은 견진성사 수업 중에 더 대담한 해석을 해서 나를 놀라게 했다. 선생님은 골고다에 관해서 말씀하셨다. 구세주의 고난과 죽음에 관한 성경 이야기는 아주 오래전부터 나에게 깊은 인상을 주었다. 내가 어렸을 적에 때때로 성 금요일—예수 수난일—에 아버지가 고난의 이야기를 낭독하신 뒤엔 진정으로 감동하여, 고난으로 가득 차고, 아름답고, 유령처럼 창백하지만 동시에 굉장히 활기에 찬 세계에서, 곧 겟세마네에서, 그리고 골고다에서 나는 살았다. 또한 바흐의 〈마태 수난곡〉을 들을 때엔 이 비밀스러운 세계의 어둡고 힘찬 고난의 광채가 신비한 전율로 나를 가득 채웠다. 나는 오늘날에도 이 음악 속에서 그리고 '비극적 행동(Actus tragicus)' 속에서 모든 시와 예술적 표현의 정수(精髓)를 발견한다.

그런데 데미안은 그 수업 시간 막바지에 명상에 잠겨 나에게 말했다. "무언가 마음에 들지 않는 점이 있어, 싱클레어. 다시 한 번 그 이야기를 읽고 입속에서 음미해 보면 거기엔 김빠진 맛이 나는 무엇인가가 있어. 두 도둑놈에 대한 일 말이야. 세 개의 십자가가 언덕 위에 나란히 서 있다는 것은 굉장해! 그러나 이 정직한 도둑에 대한 감상적인 성경 이야기를 좀 봐! 맨 처음엔 그는 범죄인이었고 수치스러운 짓을 범했다는 걸 모르는 사람이었는데, 지금 그 말 한 마디에 녹아나서 별안간 착하게 되고 이내 후회한다는 그 따위 일이 어디 있어! 무덤을 단 두 발 앞둔 곳에서의 그런 후회가 무슨 의미를 갖고 있지? 그것은 달콤하고 부정직하고 감동적인 면과 기껏해야 교화적인 배경을 갖는 목사의 이야기일 뿐이야. 만약 네가 그 두 도둑 가운데 하나를 친구로, 혹은 믿을만한 자로 선택해야 한다면, 절대로 이 울기 잘하는 개종자(改宗者)는 아니야. 아니지, 네가 선택해야 할 쪽은 다른 한 사람이야. 그는 기개가 있는 자야. 그는 자신의 처지에 비추어 봤을 때 그저 달콤한 이야기로밖에 들리지 않는 개종을 문제삼지도 않고, 최후까지 자신의 길을 가며, 마지막 순간에도 그때까지 그를 도와주었던 악마와 비겁하게 절교하지 않는단 말이야. 그는 기개가 있는 자야. 용기 있는 사람은 성경 이야기에선 손해를 보지. 아마 그도 카인의 후예일 거야. 너도 그렇게 생각하지 않니?"

나는 몹시 당황했다. 나는 이 십자가 고행의 이야기에 있어서 아주 잘 안다고 믿었었는데 비로소 이제 얼마나 비개성적으로, 그리고 상상력과 환상이 거의 없이 그것을 듣고 읽었는지를 알았다. 그렇지만 데미안의 새로운 사상은 내게는 치명적이었다. 그것은 계속하여 진리라고 믿어 왔던 이제까지의 내 생각을 단번에 뒤엎으려고 위협했다. 아니, 안 돼, 모든 걸 가벼이 다루어서는 안 된다. 특히 이처럼 성스러운 이야기인 경우에는.

그는 언제나처럼, 아직 내가 미처 입을 열고 말하기도 전에 나의 반감을 곧 알아챘다.

"알았어, 알았다고." 그는 체념한 듯 말했다. "그냥 옛이야기야. 너무 심각하게 생각할 필요는 없다고! 그러나 네게 꼭 말해 주고 싶은 게 있어. 이종교의 결점을 뚜렷하게 볼 수 있는 점 가운데 하나가 여기에 있어. 구약과신약 성서에서 보이는 하느님은 확실히 대단히 훌륭한 존재지만 그가 대변한다고 주장하는 그런 존재는 아니라는 것이 문제의 초점이야. 하느님은 선한 것, 고귀한 것, 아버지와 같은 것, 아름다운 것, 그리고 고결하며 다정다감한 것이기도 하지. 아주 옳아! 하지만 세상은 다른 것으로도 구성되어 있어. 그런데 그것을 모두 악마의 세계로만 돌려 버렸기 때문에 세상의 그런부분의 전체, 그 절반 전체가 은폐되고 묵살되고 있어. 그들은 하느님을 생명의 아버지로서 숭배하지. 그러나 거기에서 생명의 근원을 이루는 모든 성적 생활을 간단하게 묵살하고, 가능하면 악마의 것으로 그리고 죄악으로 치부해 버리고 있단 말이야! 나는 사람들이 이 여호와 신을 숭배하는 것에 대해 반대하지는 않아, 추호도. 그러나 나는, 우리는 모든 것을 숭배하고 마땅히 성스럽게 해야 된다고 생각해. 단지 인위적으로 나눈 공인된 반쪽 세상뿐만 아니라 온 세상을! 그러니까 우리는 신을 섬기는 것과 마찬가지로 악마를 섬겨야 해. 나는 그것이 옳다고 생각해. 그렇지 않으면 사람들은 악마까지도 포함하는 하느님을 창조해야 돼. 그런 하느님 앞에서라면 세상에서 일어나는 가장 자연스러운 일들에 대해서 사람들이 더 이상 눈감을 필요가 없어지겠지."

그는 그답지 않게 격렬하게 자신의 생각을 토로하더니 곧 다시 미소짓고는 더 이상 나에게 강요하지 않았다.

그러나 이 이야기는 내 마음속에 늘 머물러 있던, 누구에게도 말한 적 없는 내 소년 시절의 수수께끼를 직접 건드린 셈이었다. 데미안이 그때 하느님과 악마에 대해서, 그리고 공인된 신성한 세계와 묵살된 악마적인 세계에 관해 이야기한 것은 두 개의 반쪽—빛과 어둠—으로 나뉜 세계라는 자신의 개념, 생각, 신화와 정확히 대응하는 것이었다. 내 문제가 모든 사람의 문제이며, 삶과 사색의 문제라는 판단이 갑자기 성스러운 그림자처럼 나를 스쳐 지나갔다. 그리고 나 자신의 개인적인 삶과 견해가 위대한 이념의 영원한 흐름 위에 얼마나 깊이 참여하고 있는가를 갑자기 느꼈을 때, 두려움과 경외감이 나를 엄습했다. 그 깨달음은 물론 내게 확증과 만족감을 선사했지만 그렇다고 해서 마냥 기쁘기만 한 것은 아니었다. 왜냐하면 그것은 내게 더 이상 어린애로 살 수 없다는 무거운 책임감을 주기 때문이다.

나는 처음으로 이렇게 깊은 비밀을 털어놓으면서, 아득한 유년 시절부터 있어 온 '두 개의 세계'에 대한 생각을 내 친구에게 이야기했다. 이 말을 듣고 내 친구는, 내 마음 깊숙이 있는 감정이 그와 통하여 이렇게 털어놓고 있다는 것을 곧 알아차렸다. 그러나 그와 같은 점을 이용하는 것은 그의 기질이 아니었다. 그는 이제까지 내게 전혀 보이지 않던 주의 깊은 태도로 귀를 기울였다. 그리고 내 눈을 들여다보았으므로 나는 눈을 피해야만 했다. 왜냐하면 나는 그의 시선 속에서 다시금 이상한, 동물적인 시간의 초월성과 상상할 수도 없는 나이를 보았기 때문이다.

"우리 거기에 대해서는 다른 때 언제 더 이야기해 보자." 그는 하고 싶은 말을 삼키며 다시 덧붙였다. "나는 너의 생각이 네가 표현할 수 있는 것 이상으로 깊을 거란 걸 알아. 그리고 만약 내 말이 맞는다면 너는 네가 생각하는 것 전부를 결코 생활해 보지 못했다는 뜻이지. 그건 좋은 일이 아니야. 우리가 생활로 경험할 수 있는 생각만이 가치가 있는 거야. 너는 너의 허용된 세계가 단지 세계의 절반이라는 사실을 알고 있어. 그리고 너는 신부님이나 선생님이 행동하듯, 그 두 번째 반쪽을 은폐하려고 노력해 왔어. 그러나 그것은 뜻대로 되지 않을걸! 일단 사색하기 시작한 사람에겐 불가능한 일이야."

그 말은 내 가슴에 깊숙이 파고들었다.

"그렇지만 이 세상엔 추악하고 금지된 것들이 엄연히 존재해." 나는 거의 외치다시피 말했다. "그건 너도 부정할 수 없겠지. 그것들이 금지되어 있는 이상 우리는 그것을 단념할 수밖에 없어. 세상엔 살인을 비롯한 온갖 죄악들이 있어. 그건 누구나 아는 사실이지. 그러나 그런 것이 존재한다고 해서 우리도 거기에 휘말려들어가 범죄인이 되어야 할 이유는 없잖아?"

"오늘 당장 그 문제를 해결할 순 없어." 그는 나를 위로했다. "너는 확실히 살인을 하거나 소녀를 강간해서는 안 돼. 그러나 너는 아직 '허용된 것'과 '금지된 것'이라 불리는 것을 분별할 수 있는 데까진 이르지 못했어. 넌 겨우 진리의 한 조각을 감지했을 뿐이야. 이제 다른 것도 차츰 알게 될 거야. 그것을 기대해! 이를테면 넌 지금 1년 전부터 네 안에 있는 모든 다른 것보다 더욱 강한 하나의 충동을 가지고 있어. 그것은 금지된 것으로 생각되는 거야. 그리스인들과 다른 여러 민족들은 반대로 이 충동을 신성한 것으로 여겨서 축제를 열어 이를 찬양했지. 그러므로 '금지된 것'은 영원하지 않아. 그것은 변할 수 있어. 우리나라에선 누구든 신부 앞에서 결혼하면 당장에 그 여자와 잘 수 있지. 하지만 그런 게 허용되지 않는 민족도 있어, 지금 이 시대에도. 그러니까 우리는 저마다 무엇이 허락되어 있고 무엇이 금지되었나를—자신에게 금지된 것을—스스로가 찾아야 돼. 사람은 금지된 것을 전혀 범하지 않고서도 악한이 될 수 있어. 그리고 똑같이 그 반대의 경우도 있지. 사실 그건 하나의 편의상 문제야! 게으른 사람은 스스로 생각하거나 자기 재판관이 되지 못하는데, 그런 사람은 이때까지 있어 온 것과 같은 금제(禁制)에 복종하게 마련이지. 그는 그것을 힘들이지 않고 행해. 또 어떤 사람들은 스스로 그들 내부에서 계명을 느끼기 때문에 신사들이 매일같이 하는 일이 그들에게 금지되기도 하고 보통은 경멸받는 다른 일들이 그들에게 허용되기도 하는 거야. 모든 사람은 자기 자신에 대해 책임을 져야만 해."

그는 갑자기 너무 많이 이야기한 것을 후회하는 듯 말을 멈췄다. 나는 이미 그때 그가 무엇을 느끼고 있는지 눈치챌 수 있었다. 그는 자기 생각을 기분 좋게, 그리고 그다지 심각하지 않게 얘기했지만, 언젠가 그가 말한 대로 '단지 지껄이기 위한' 이야기는 한사코 싫어했다. 반면에 나의 경우—대화 주제에 대해 갖는 흥미 말고도—재치 있고 장난기 어린 대화 그 자체에 커다란 즐거움을 느낀다는 것을 그는 알고 있었다. 말하자면 내게서 '완전한 진지성'의 결여를 느꼈던 것이다.

'완전한 진지성'이라는 어구를 보니 아직 소년티를 다 벗지 못했던 그 시절 막스 데미안과 함께한 가장 감동스러웠던 기억 하나가 문득 떠오른다.

견진성사를 가까이 앞둔 무렵이었다. 우리는 최후의 만찬을 주제로 수업을 듣고 있었다. 신부님은 이것을 매우 중요한 주제라 생각하셨는지 열성을 다해 설명하셨다. 그 마지막 가르침의 몇 시간 동안 교실은 엄숙한 분위기로 가득했다. 그러나 그럴수록 내 마음은 더욱더 수업에서 멀어졌으니, 그 시간 내내 나는 내 친구 데미안에 대한 생각에 온통 사로잡혀 있었다. 교회 공동체에 입회하는 엄숙한 의식인 견진성사를 준비해 온 동안 나는 종교 수업에서가 아니라 오히려 막스 데미안에게서, 그의 곁에서 그의 영향을 받음으로써 많은 걸 배웠다는 생각을 떨칠 수 없었다. 내가 받아들여지기를 희망한 곳은 교회가 아니라 그와는 완전히 다른 곳, 틀림없이 이 세상 어딘가에 있을 사상과 개성의 교단이었고, 또한 그 교단의 대변자이자 전달자는 바로 내 친구 데미안일 것이었다.

나는 이런 생각을 억누르려고 애썼다. 비록 내가 품게 된 새로운 사상과는 들어맞지 않지만 그래도 견진성사를 품위 있고 엄숙하게 치르고 싶었다. 내가 무엇을 했든 이러한 바람은 진심이었고, 견진성사가 가까워져 올수록 점점 더 확고해져 갔다. 그리고 내가 치를 의식은 다른 아이들의 의식과는 다른 것이었다. 그것은 내게 데미안을 통해 알게 된 사상의 세계로 입문하는 것을 기리는 의식이었다. 이 무렵의 어느 날, 우리는 수업 시작을 앞두고 토론을 벌이고 있었다. 내 친구는 입을 굳게 닫고서 내 얘기가 달갑지 않다는 태도를 보였다. 아마도 그때 나는 또래 아이들은 이해하지 못하는 조숙한 대화를 나누는 나 자신에 대해 은연중에 기고만장해 있었던 것 같다.

"우리는 너무 많이 지껄여." 그가 평소와 다르게 정색하며 말했다. "영리한 말은 아무런 가치도 없어. 그런 말을 지껄이는 동안 자기 자신을 망각해 버리고 말아. 자신을 잃어버리는 것은 죄악이야. 완벽히 자신의 내면으로 들어가 머물 수 있어야 해. 껍질 속으로 몸을 웅크린 거북이처럼."

그러고 나서 우리는 교실로 들어갔다. 수업이 시작되었고 나는 수업내용에 집중하려고 노력했다. 데미안은 나를 방해하지 않았다. 잠시 뒤 나는 그가 앉은 옆자리에서 무언가 낯선 느낌을 받았다. 공허함, 혹은 싸늘함과 같은. 옆자리가 갑자기 텅 빈 듯한 느낌이었다. 나는 압박감에 못 이겨 그쪽을 돌아보았다.

내 친구는 여느 때와 같이 꼿꼿한 자세로 그 자리에 앉아 있었다. 그렇지만 그는 평소와는 아주 다르게 보였다. 한 번도 느껴본 적 없는 낯선 분위기가 그에게서 흘러나와 그의 주위를 감싸고 있었다. 나는 그가 눈을 감았다고 믿었으나 그는 눈을 뜨고 있었다. 그러나 그 눈은 아무것도 보고 있지 않았다. 초점 없는 눈동자, 아마도 내면을, 또는 아득히 먼 어딘가를 응시하고 있는 듯했다. 그는 전혀 움직임 없이 거기 앉아 있었고, 숨조차 쉬지 않는 것 같았으며, 그의 입은 나무나 돌로 조각해 놓은 듯했다. 그의 얼굴은 돌처럼 창백했다. 유일하게 살아 있는 것처럼 보이는 것은 그의 갈색 머리칼뿐이었다. 앞 의자 위에 놓인 두 손은 사물처럼 고요했고, 돌이나 과일처럼 창백했으며, 움직임은 없으나 축 늘어진 것이 아니라 감춰진 강렬한 생명을 감싸고 있는 껍질처럼 팽팽해 보였다.

나는 부르르 몸을 떨었다. 하마터면 그가 죽었어, 하고 큰 소리로 외칠 뻔했다. 내 눈은 홀린 듯이 그의 얼굴을, 돌처럼 창백한 그 가면과 같은 얼굴을 들여다보았다. 나는 이 얼굴이야말로 데미안의 본모습이라고 느꼈다. 나와 나란히 걷고 이야기하던 평소의 데미안은 세상에 순응하여 남들처럼 공손하게 행동하고 자신의 역할을 연기하던 반쪽에 지나지 않았다. 이 얼굴이야말로 진짜 데미안이다. 원초적인, 동물 같은, 대리석 같은, 아름답고 차가운, 죽은 듯 보이나 은밀하고 커다란 생명력으로 충만한. 그리고 그의 주위를 둘러싸고 있는 이 적막한 공허, 이 커다란 대기, 별과 별 사이의 광대한 거리, 이토록 고독한 죽음!

이제 그가 완벽하게 자기 자신 속에 잠겨 있음을 나는 느끼고 전율했다. 이렇게 고독했던 적은 없었다. 나는 그와 완벽히 분리되어 있었다. 그는 닿을 수 없는 존재였다. 세상에서 가장 멀리 떨어진 섬에 있는 사람보다 더 먼 곳에 가 있었다.

나 말고는 아무도 그런 그를 알아차리지 못한다는 것이 믿기 어려웠다! 누구든 지금의 그를 본다면 몸을 떨지 않을 수 없으리라. 하지만 그를 눈여겨보는 사람은 아무도 없었다. 그는 그곳에 석상처럼, 우상(偶像)처럼 당당하게 앉아 있었다! 파리 한 마리가 그의 이마에 가볍게 앉더니 코를 지나 입술로 내려갔지만, 여전히 그의 얼굴은 근육 하나 움직이지 않았다.

그는 지금 어디에 있는 것일까? 무슨 생각을 하고 있는 걸까? 어떤 느낌일까? 천국인가, 지옥인가?

나는 그에게 아무것도 물을 수 없었다. 마침내 그런 상태가 끝나고 그는 생기를 되찾아 숨을 쉬고 자신을 바라보는 나와 눈을 마주쳤다. 그는 다시 여느 때의 모습으로 돌아와 있었다. 그는 어디에서 왔는가? 어디에 있었는가? 그는 지쳐 보였다. 그의 얼굴은 더 이상 창백하지 않았으며, 그의 손은 다시 움직이기 시작했다. 반대로 그의 갈색머리는 아까의 광채를 잃고 더 이상 생기로워 보이지 않았다.

그 뒤 며칠 동안 나는 내 방에서 새로운 연습에 몰두했다. 즉 나는 의자에 꼿꼿이 앉아 눈을 고정시키고 완벽한 부동자세를 취했다. 내가 이 상태를 얼마나 유지할 수 있을지 그리고 무엇을 느끼게 될지 알고 싶었다. 그러나 내가 얻은 건 단지 엄청난 피로감과 따끔거리는 눈꺼풀뿐이었다.

그 뒤 곧 견진성사 날이 왔다. 그날의 의식에 대해서는 어떤 중요한 추억도 나에게 남아 있지 않다.

이제는 모든 것이 변해 있었다. 나의 소년 시절은 산산이 부서져 내 주위에 파편으로 뒹굴었다. 부모님은 나를 당혹스러운 심정으로 바라보셨다. 누나들도 어느덧 낯설어졌다. 내게 일어난 깨달음이 그동안의 익숙했던 감정과 기쁨들을 거짓된 것으로 보이게 했다. 정원엔 향기가 없었고, 숲은 더 이상 매력적이지 않았으며, 세상은 마치 재고정리를 앞둔 중고품처럼 따분했다. 책은 한 무더기 종이더미에 지나지 않았고, 음악은 단지 소음일 뿐이었다. 나는 낙엽 지는 가을 나무, 가지 양쪽으로 흘러내리는 빗방울도, 쏟아지는 햇살도, 서리도, 끝없이 안으로만 파고드는 생명도 느끼지 못하는 메마른 가을 나무와 같았다. 그러나 나무는 죽지 않는다. 나무는 기다린다.

나는 방학이 끝나면 기숙학교에 들어가기로 예정되어 있었다. 내 생애 처음으로 집을 떠나 살게 되는 것이다. 가끔씩 어머니는 마치 작별의 날에 앞서 미리 이별을 고하려는 것처럼, 내 마음속에 벌써부터 사랑과 향수(鄕愁)를 불러일으키려는 것처럼, 잊을 수 없는 추억을 남기려는 것처럼 유난스러울 만큼 정답게 나를 대하셨다. 데미안은 여행을 떠나고 없었다. 나는 고독했다.

4 베아트리체

마침내 방학이 끝나고 나는 내 친구를 다시 보지 못한 채 xx시로 출발했다. 부모님이 함께 가셨고 그분들은 나를 예비학교 출신 교사가 운영하는 어느 소년기숙학교에 맡기셨다. 뒷날 나를 보낸 학교가 어떤 곳이었는지 아셨더라면 그분들은 큰 충격을 받으셨을 것이다.

내 문제는 여전히 풀리지 않은 상태였다. 나는 결국 모범적인 아들이요 사회에 쓸모 있는 시민이 되는 길을 걷게 될 것인가? 아니면, 나의 본성이 내게 다른 삶의 길을 가리키고 있는 것일까? 부모님의 그늘 아래서 행복을 구하고자 했던 내 마지막 시도는 꽤 오랫동안 이어졌었고, 가끔은 거의 성공할 뻔했으나, 결국엔 완벽한 실패로 돌아간 바 있었다.

견진성사를 치른 뒤 난생처음 느꼈던 그 커다란 공허와 고독감은(아, 뒷날 나는 이런 황량한 감정에 얼마나 익숙해졌던가!) 오랫동안 내게서 사라지지 않았다. 집에 작별을 고할 때는 놀라울 만큼 쉬웠다. 별다른 감정이 생기지 않았기에 그런 나 자신의 무심함에 창피함을 느낄 정도였다. 누나들은 아무 이유 없이 울었다. 내 눈은 내내 마른 채였다. 나는 나 자신에게 충격을 받았다. 나는 언제나 다정다감하고 착한 아이였다. 이제 나는 너무나 변해 버렸다. 나는 외부세계에 대해 전혀 무관심한 태도로 온종일 내면의 목소리에만 귀를 기울이고 마음속 깊이 흐르는 금지된 어두운 강물 소리를 듣는 데만 몰두했다. 이 반년 동안에 나는 아주 빨리 성장했으며 키는 크고 몸은 야위었다. 몸은 아직 성숙치 않았으나 세상을 보는 눈은 달라졌다. 소년의 상냥함도 내게서 사라졌다. 나는 사람들이 나를 사랑할 수 없으리라는 것을 느꼈다. 나 자신도 결코 나를 사랑하지 않았다. 때때로 나는 말할 수 없을 만큼 막스 데미안이 그리웠다. 그러나 나는 또한 그를 싫어했고 정신적으로 메말라가는 내 생활의 책임을 그에게로 돌렸다.

들어간 기숙사에서 나는 호감을 얻지도 존중을 받지도 못했다. 처음에는 괴롭힘을 당했고, 나중에는 따돌림을 당했다. 모두가 날 재수 없는 놈, 별종으로 여겼다. 그런데 이런 대접이 마음에 들었기 때문에 나는 한층 그 태도를 과장했고 나 자신을 저주하며 스스로 외톨이가 되려 했다. 이런 내가 남의 눈에는 거칠고 남자다우며 세상을 비웃는 것처럼 보였을 테지만, 사실은 남몰래 우울과 절망의 깊은 늪에 빠져들곤 했다. 학교수업은 예전에 배운 지식으로 그럭저럭 해결했다. 그곳은 전에 내가 다닌 학교—라틴어 학교—에 비해 좀 뒤떨어진 편이었다. 그래서인지 나는 내 또래 아이들을 어린애 취급하고 경멸하기 시작했다.

1년 동안이나, 아니 그 이상을 그렇게 지냈다. 처음 몇 번인가의 귀향도 얼어붙은 내 마음을 녹이진 못했다. 나는 집을 떠나오는 걸 기뻐하며 기꺼이 학교로 돌아왔다.

11월 초순이었다. 나는 날씨와는 상관없이 생각에 잠겨 가까운 거리를 산책하곤 했다. 산책 중에는 가끔씩 우울과 세상에 대한 멸시와 나 자신에 대한 증오로 물든 어떤 희열이 찾아오기도 했다. 어느 날 저녁, 나는 도시를 가로질러 안개 낀 해거름 속을 거닐고 있었다. 인적 없는 공원의 넓은 가로수 길이 나를 유혹했다. 길은 흩어진 나뭇잎으로 덮여 있었다. 나는 분명치 않은 어떤 쾌감을 느끼면서 그 나뭇잎을 발로 파헤쳤다. 축축하고 쌉쌀한 냄새가 올라왔다. 먼 곳에선 나무들이 안개 속에서 유령처럼 크고 어슴푸레하게 드러났다.

나는 가로수 길 끝에 서서 검은 나뭇잎을 바라보며 썩고 죽어가는 것들의 축축한 향기를 욕심스레 들이마셨다. 내 안에서 무언가가 그것에 인사로 화답했다. 아! 인생이란 얼마나 무의미한 것인가!

옆길에서 외투자락을 바람에 나부끼며 한 사람이 다가왔다. 내가 다시 발걸음을 옮기려 할 때 그 사람이 나를 불렀다.

"이봐, 싱클레어!"

그는 내게로 다가왔다. 우리 기숙사에서 제일 나이가 많은 알폰스 벡이었다. 나는 언제나 그를 보는 게 즐거웠다. 비꼬기를 잘하고 자신이 어른이라도 되는 양 거드름을 피운다는 점만 제외하고는, 그에 대해 나는 조금도 반감을 갖지 않았다. 그는 곰처럼 힘이 세고 기숙사 선생님마저 자기 마음대로 움직일 수 있다는 둥, 학생들 사이에서 떠도는 온갖 소문의 주인공이었다.

"여기서 뭐하고 있니? 내가 맞춰 볼게. 너 시를 짓고 있었지?" 그는 나이 많은 선배들이 어린 우리에게 말할 때와 같은, 점잔 떠는 말투로 부드럽게 물었다.

"아니, 그런 생각 안 했어." 나는 무뚝뚝하게 대답했다.

그는 큰 소리로 웃고 내 옆으로 와서 나와 나란히 걸으면서 지껄였다. 이런 일은 전혀 익숙하지 않은 일이었다.

"싱클레어, 내가 널 이상하게 여기지는 않을까 불안해할 필요는 없어. 이렇게 저녁 안개 속을 걸어가며 가을의 상념에 잠겨 있을 때는 각별한 마음이 들기 마련이지. 그럴 땐 누구든 시를 쓰고 싶어 한다고. 물론 죽어가는 자연에 관해서, 그리고 그와 비슷한 사라져가는 청춘에 관해서 시를 짓는단 말이야. 하인리히 하이네의 시 같은."

"나는 그렇게 감상적인 사람이 아니야." 나는 항변했다.

"그래, 아무럼 어때. 이런 날씨엔 조용한 곳을 찾아 포도주나 한잔하는 게 최고지. 같이 가지 않을래? 마침 혼자라서 그래, 싫으니? 뭐, 모범생이 되어야겠다면 굳이 너를 유혹하고 싶진 않아."

잠시 뒤 우리는 교외에 있는 조그만 술집에 앉아 두꺼운 잔을 서로 부딪치며 싸구려 포도주를 들었다. 처음엔 그리 달갑지 않았지만, 어쨌든 적어도 새로운 경험임엔 틀림없었다. 술에 익숙지 않은 나는 곧 말이 많아지기 시작했다. 내 속에서 하나의 창문이 열리는 것 같았다. 세계가 그 안으로 비쳐 들어왔다. 오랫동안, 굉장히 오랫동안 나는 실질적으로 누구와도 이야기하지 않았다. 상상력이 자유롭게 흐르기 시작했다. 나는 급기야 카인과 아벨 이야기까지 꺼내기에 이르렀다.

벡은 즐겁게 내 이야기에 귀 기울였다. 드디어 나는 무언가 이야기할 수 있는 사람을 만났다. 그는 내 어깨를 두드리며 굉장한 놈이라고 했다. 오랫동안 억눌러왔던 대화의 욕구를 마음껏 채울 기회를 맞았고 게다가 나이 많은 선배에게서 인정받는 말을 듣기까지 하자 내 마음은 기쁨으로 부풀어 올랐다. 그가 나를 영리한 놈이라 불렀을 때 그 말은 달콤한 와인처럼 내 영혼에 흘러들어 왔다. 세상은 새로운 빛깔로 빛나기 시작했고 갖가지 생각들이 수많은 영감의 샘으로부터 콸콸 솟구쳐 올랐다. 열광의 불길이 내 안에서 타올랐다. 우리는 학교 선생님들에 대해, 반 아이들에 대해 이야기했으며, 나는 우리가 서로를 완전히 이해하고 있다고 생각했다. 우리는 그리스인들과 이교도들에 대해 토론했고, 벡은 내게 여자와 잤던 얘기를 털어놓으라고 성화를 부렸다. 그건 내 영역이 아니었다. 나는 그런 쪽으로는 아무런 경험도 없었기 때문에 얘기할 건더기가 없었다. 그리고 내가 상상 속에서 느꼈던 것, 남몰래 아파하던 그런 내면의 감정들은 누군가에게 털어놓은 적도 없고 술의 힘을 빌려 애기할 수 있는 종류의 것도 아니었다. 벡은 여자에 대해 나보다 훨씬 더 많은 것을 알고 있었다. 그래서 나는 아무 말도 못한 채 그의 모험담을 경청했다. 믿기 힘든 애기도 있었다. 실제로 있으리라고는 결코 생각해 본 적 없는 그런 일들이 그의 이야기 속에서는 너무나 평범한 일처럼 들렸다. 열여덟 살이었던 알폰스 벡은 이미 그런 쪽으로 풍부한 경험과 지식을 쌓은 듯했다. 그런 그의 말로는, 어린 여자애들은 유혹을 꿈꾸지만 비현실적이라 실제 그런 일이 일어나는 경우는 많지 않고, 훨씬 가능성이 높은 것은 부인들 쪽이라는 것이다. 부인은 어린 여자애보다 훨씬 더 이성적이라고 한다. 이를테면 문방구를 운영하는 야겔트 부인은 제법 말이 통하는 여자인지라, 책에 실리기 적합지 않은 그런 온갖 일들이 그녀의 가게 카운터 뒤에서 벌어지곤 한다는 것이다.

나는 매혹되어 멍하니 앉아 있었다. 확실히 나는 야겔트 부인을 사랑할 수는 없을 것이다. 어쨌든 그런 일은 들어 본 적도 없었다. 적어도 어른들의 세계에는 내가 한 번도 꿈꾸어 본 적 없는 또 다른 쾌락의 샘이 흐르고 있는 것 같았다. 어쩐지 옳지 않다고 느껴지는 점도 있었고, 적어도 내가 그동안 상상해 왔던 사랑에 비하면 그리 매력적이지도, 특별해 보이지도 않았다. 그러나 어쨌든 그것은 사실이었고, 생활이었으며, 모험이었다. 그것을 실제로 경험했고, 그것을 당연하다고 생각하는 사람이 내 옆에 앉아 있었다.

화제가 여기까지 이르자 우리의 대화는 조금씩 줄어들어 갔다. 나는 더 이상 그가 말한 영리한 놈이 아니고, 단지 어른의 말을 귀담아듣는 작은 소년이었다. 그러나 지난 몇 달 간의 내 생활과 비교해 본다면 여전히 지금 이 순간은 달콤한 천국이나 마찬가지였다. 게다가 나는 차츰 우리가 술집에 앉아 있는 것부터 또한 이야기하고 있는 내용 모두가 아주 엄하게 금지되어 있는 것임을 깨닫고 있었다. 아무튼 나는 그 속에서 살아 있는 감정과 반항을 맛보았다.

그날 밤의 일은 아직도 놀라울 만큼 선명하게 기억하고 있다. 우리는 늦은 밤 기숙사로 돌아오는 길에 희미하게 불 밝힌 가스등 곁을 지나 축축한 밤공기를 가르며 걸어갔다. 나는 태어나 처음으로 술에 취해 있었다. 그리 유쾌한 기분은 아니었다. 아니, 사실 무척 고통스러웠다. 하지만 그러면서도 나는 무언가 다른 것, 말하자면 어떤 흥분감, 반항적인 일탈행위의 달콤함을,

즉 살아 있음의 도취된 감각을 느꼈다. 벡은 '빌어먹을 애송이'라 투덜거리면서도 반쯤은 끌고 반쯤은 업다시피 하여 나를 기숙사까지 데려갔다. 그러고는 복도 창을 통해 나를 건물 안으로 밀어 넣는 데 성공했다.

죽은 듯이 잠들었다가 얼마 되지 않아 깨어났다. 의식이 현실로 돌아오자마자 쓰라린 고통과 견디기 힘든 우울이 한꺼번에 밀어닥쳤다. 침대에 일어나 앉았다. 셔츠를 그대로 입은 채였다. 나머지 옷들은 바닥에 아무렇게나 내팽개쳐져 있었다. 담배 냄새와 토사물 냄새가 코를 찔렀다. 두통과 구역질, 타는 듯한 목마름 속에서, 문득 오랫동안 보지 못한 풍경이 마음속에 떠올랐다. 부모님의 집, 나의 고향, 아버지와 어머니, 누나들, 우리집 정원 풍경이 눈앞에 펼쳐졌다. 낯익은 내 방과 학교, 마을 시장, 데미안, 그리고 견진성사수업 광경이 그림처럼 생생하게 그려졌다. 모든 것이 아름다웠고 순수한 빛에 싸여 있었다. 그리고 이 모든 것은—그때서야 나는 깨닫고 있었다—어제까지도, 아니 바로 몇 시간 전까지도 내게 속해 있었으며, 다시 찾아줄 나를 기다리고 있었던 것이다. 그러나 지금, 지금 이 순간에 그것들은 깨어지고, 저주받았다. 그것들은 더 이상 내 것이 아니고 나를 추방했으며, 혐오스럽다는 듯이 나를 바라보고 있다! 사랑스럽고 친밀했던 모든 것, 아득한 황금빛 소년시절의 정원에서 부모님으로부터 경험했던 것들, 어머니의 키스, 해마다의 크리스마스, 경건한 빛으로 가득했던 주일 아침, 정원의 꽃 한 송이 한 송이, 이 모든 것이 나로 말미암아 황폐해지고 말았다. 나는 두 발로 모든 것을 밟아 버렸다. 만약 지금 경찰이 와서 나를 포승에 묶어 끌고 간다 해도, 사회의 쓰레기, 신전을 모독한 놈으로서, 교수대로 끌고 간다고 해도 나는 반항하지 않고 기꺼이 따를 것이며 그것이 옳고 정당하다고 생각할 것이다.

그것이 바로 나란 인간의 모습이다! 떠돌아다니며 세상을 업신여겼던 나! 오만하게도 데미안의 생각에 공명했던 나! 그게 나였다, 인간쓰레기, 역겨운 돼지, 술 취한 추잡한 애송이, 천박한 탐욕의 노예, 타락한 짐승. 모든 것이 깨끗함이요 빛이요 따스함이었던 순수의 정원에서 자랐던 나, 바흐의 음악과 아름다운 시를 사랑했던 나. 이제는 구토와 분노 속에서, 내 인생이 걷잡을 수 없이 취해 비틀거리고 식식거리며 백치 같은 웃음소리를 내는 것을 듣는다. 이것이 나다.

그러나 이런 모든 감정에도, 이처럼 고통받는 것이 내게는 또한 하나의 향락이 되기도 했다. 오랜 시간 무감각하게 장님처럼 살아왔기에, 너무나 오랫동안 헐벗은 내 마음은 움츠러든 채 침묵을 지켜왔기에 이와 같은 자책과 온갖 끔찍한 감정마저도 반가웠다. 적어도 그 안에는 살아 있음의 불길이, 심장의 두근거림이 있었다. 비참함 가운데서 나는 당혹스럽게도 어떤 해방감을 느꼈던 것이다.

그러는 동안 겉으로 본 내 모습은 급격히 타락해가고 있었다. 난생처음 술에 취한 그날 이후로도 폭음은 계속되었다. 우리 학교에는 술집에 다니며 흥청망청 술을 들이붓는 학생들이 꽤 있었고 그들 가운데서도 나는 가장 나이가 어린 축에 속했다. 하지만 얼마 지나지 않아, 나는 마지못해 술자리에 받아들여지는 한낱 애송이가 아니라 술자리의 우두머리요, 스타로 대접받았다. 어둠과 악마의 세계에 다시 몸담은 이래로 나는 그 세계에서 멋진 놈으로 통했다.

그러나 내 마음은 이루 말할 수 없이 비참했다. 나는 자기 파괴적인 방탕에 몸을 맡겼고, 친구들은 그런 나를 두목이니 재밌고 멋진 놈이니 하고 치켜세워 주었지만 내 영혼은 심연에 잠겨 남몰래 신음하고 있었다. 어느 일요일 아침 주점을 나와 머리를 곱게 빗고 교회 나들이옷으로 잘 차려입은 아이들이 거리에서 신나게 뛰어노는 모습을 보았을 때 왈칵 흐르던 눈물을 나는 아직도 기억한다. 맥주거품으로 얼룩진 더러운 탁자를 끼고 앉아 세상을 조롱하는 신랄한 풍자로 친구들을 웃기고 또 놀라게 하면서도, 정작 마음 깊은 곳에서는 세상 모든 것을 두려워했다. 나는 내 영혼 앞에, 나의 과거, 나의 어머니, 나의 하느님 앞에 엎드린 채 흐느껴 울고 있었다.

내가 진심으로 친구들과 어울리지 못하고, 그들 속에서도 늘 외로움을 느끼며 그토록 괴로워했던 데는 다 그만한 이유가 있었다. 나는 거칠고 난폭한 자들의 취향을 만족시키는 주검의 영웅이요 독설가였다. 나는 교사들과 학교, 부모와 교회에 관한 재치 있고 대담한 생각들을 토로했으며 가장 추잡한 음담패설이라도 참고 들었을 뿐만 아니라, 심지어는 나 자신이 직접 그런 얘기를 할 때도 있었다. 그러나 내 친구들이 여자에게 갈 때엔 절대로 함께 가지 않았다. 나는 고독했고, 뻔뻔한 향락주의자라고 해도 이상하지 않을 그런 이야기를 마구 지껄여대면서도 실제로는 사랑을 향한 불타는 갈망을, 그 기약 없는 희망을 가슴 가득 안고 있었다. 아무도 나보다 더 상처받기 쉽고, 수줍어하는 사람은 없었다. 때때로 내 앞을 지나가는 예쁘고 깨끗하며 순결하고 우아한 소녀들은 나 따위가 범접할 수 없는 순수한 꿈의 존재들처럼 보였다. 알폰스 벡이 한 얘기가 떠올라 얼굴이 붉어질까 봐 한동안 야겔트 부인의 문방구에 들어갈 엄두조차 내지 못할 정도였다.

나는 새 친구들 사이에서도 나 자신이 언제까지나 이질적이고 외로운 존재로 남으리라는 사실을 날이 갈수록 분명히 깨달아 갔으며, 그럴수록 더욱더 그들로부터 벗어나기가 어려웠다. 폭음과 독설이 정말로 나에게 만족을 준 때가 있었는지는 사실 알지 못한다. 더구나 나는 술에 익숙지 않았기 때문에 매번 당혹스러운 숙취에 시달렸다. 이 모두는 거의 강박에 가까운 행위들이었다. 그렇게 하지 않으면 안 될 것 같았기에 그렇게 했다. 달리 무엇을 해야 할지 몰랐기 때문이다. 오랫동안 혼자 있으면 나는 공포를 느꼈다. 그리고 부드럽고 순수한 기분이 들까 봐, 사랑에 대해 생각하게 될까 봐 불안했다.

내가 무엇보다도 바랐던 건 바로 친구였다. 동급생 가운데 두서너 명 정도 마음에 드는 아이가 있었다. 하지만 그들은 이른바 모범생에 속했고 내가 벌이고 다니는 못된 짓은 이미 공공연한 비밀이 된 지 오래였다. 그들은 나를 피했다. 모두가 나를 희망 없는 악동이라 생각했다. 선생님들 또한 나에 관한 소문을 잘 알고 있었다. 나는 여러 번 학교 처벌을 받은 바 있었으며, 그 시기가 언제인가만이 문제될 뿐, 퇴학은 이미 정해진 일처럼 느껴졌다. 나의 생활은 갈수록 궁핍해져 갔고 힘겹게 한 학기 한 학기를 넘겼지만, 이렇게는 오래 못 버틸 거라는 사실을 스스로도 잘 알고 있었다.

하느님은 다양한 방식으로 인간을 고독에 빠뜨림으로써 그를 다시 자기 자신과 대면하도록 이끈다. 그 무렵 내게 닥친 상황도 이와 비슷했다. 그건 말하자면 한 편의 악몽과도 같았다. 그 악몽 속에서 나는 보았다, 어디에도 머물지 못하고 끊임없이 떠도는 술 취한 몽유병자, 냉소적인 취기(醉氣)의 밤들을 지나, 끔찍하고 구역질나는 길을, 부서진 맥주잔 조각들이 뒹구는 더럽고 끈적거리는 바닥을 꿈틀꿈틀 기어가는 나 자신의 모습을. 공주를 찾아가는 도중에 끔찍한 악취와 쓰레기로 가득한 어느 뒷골목 진창 속에 빠져 허우적거리는 꿈. 그것이 그때의 내 모습이었다. 이토록 암울한 기분에 싸여 나는 외톨이가 되었고, 어느덧 나 자신과 내 유년시절 사이에 놓인, 번쩍번쩍 빛나는 냉혹한 파수꾼 무리가 지키는 에덴동산으로 가는 잠긴 입구 앞에 서 있었다. 그것은 노스탤지어의 시작, 예전의 나로 돌아가고픈 갈망의 첫 눈뜸이었다.

처음으로 아버지가 사감 선생님의 편지로 경고를 받고 xx시에 오셔서 별안간 내 앞에 나타나셨을 때는 두려움으로 온몸이 얼어붙는 듯했다.

그해 겨울 두 번째로 아버지가 오셨을 때는 어떤 것도 내 마음을 동요시킬 수 없었다. 아버지는 나를 꾸짖으셨고 네가 이러면 어머니 마음이 어떨지 생각해 보라며 간청하시기도 했지만 나는 그저 무덤덤하게 듣고만 있었다. 그런 내 모습을 보시고는 결국 아버지는 몹시 화가 나셔서 지금처럼 개선의 여지가 보이지 않는다면 학교를 그만두게 하고 감화원에 보내 버리겠다고 말씀하셨다. 좋을 대로 하시라지! 아버지가 집으로 돌아가신 뒤에야 나는 미안한 마음이 들었다. 아버지는 나에 대해 아무것도 하실 수 없었다. 아버지는 내게로 다가가는 길을 찾지 못하셨다. 그리고 가끔씩 나는 그게 당연하다는 생각이 들었다.

내 인생이야 어찌 되든 상관없었다. 괴팍하고 위악적인 태도로 술집에 앉아 오만한 독설을 지껄이며 탕진하는 삶—그것이 내 나름의 세상에 저항하는 방식이었다. 나는 나 자신을 망치고 있었다. 그리고 그런 생각이 들 때마다 나는 다음과 같은 식의 결론을 내리는 것이었다—세상이 나 같은 사람을 필요로 하지 않는다면, 나 같은 인간에게 맞는 직분이 이 세상에 없다면 결국 내겐 파멸의 운명이 있을 뿐이다, 그리고 그렇게 되면 결국 세상도 그만큼의 손실을 입게 되는 것이다, 라고.

그해 크리스마스 휴가는 전혀 즐겁지 않았다. 집으로 돌아갔을 때 어머니는 나를 보고 무척 놀라셨다. 나는 몰라보게 초췌해져 있었다. 야윈 얼굴은 술에 찌들어 거무스름했고 표정은 멍했으며 눈은 충혈되어 있었다. 처음 나기 시작한 몇 가닥 수염과 얼마 전부터 쓰기 시작한 안경 때문에 더욱 낯설게 보였다. 누나들은 뒤로 물러나서 킥킥대고 있었다. 모든 게 불쾌했다. 아버지와 서재에서 대화할 때도 기분이 언짢고 씁쓸했다. 몇몇 친척들과 인사를 나누는 것도 달갑지 않았고, 무엇보다도 크리스마스이브 자체가 끔찍했다. 어렸을 때 크리스마스는 우리집에선 굉장한 날이었다. 크리스마스 전날 밤은 축제와 사랑과 감사의 밤이었으며 부모님과 나와의 유대를 새롭게 해주는 밤이었다. 그런데 이번 크리스마스에는 모든 것이 나를 옥죄고 당혹스럽게 했다. 평소대로 아버지는 '양떼를 지키는' 들판의 목자에 관한 성경구절을 큰 소리로 낭독하셨고 누나들은 전과 같이 눈을 빛내면서 그들의 선물이 놓인 테이블 앞에 서 있었다. 그러나 아버지의 목소리는 왠지 언짢게만 들렸으며 얼굴도 늙고 어딘가 굳어 있는 것처럼 보였다. 어머니는 슬퍼 보였다. 모든 게 부자연스럽기만 했다. 선물 꾸러미도, 크리스마스 인사도, 성경 읽기도, 불 밝힌 크리스마스트리도. 향긋한 생강쿠키의 냄새가 감미로운 추억을 불러일으켰다. 크리스마스트리의 은은한 향기는 이제는 사라진 한 세계를 떠올리게 했다. 나는 어서 이브날 밤이 지나가기를 바랐다.

겨울 내내 이런 상태가 계속되었다. 바로 얼마 전에도 나는 교사회로부터 심한 경고를 받고, 제명하겠다는 위협을 받았다. 이제 오래가지는 못할 것이다. 하지만 어찌 되든 상관없었다.

나는 막스 데미안에게 마음속 깊이 노여움을 느끼고 있었다. 벌써 오랫동안 그를 보지 못했다. 나는 xx시에 있는 나의 학교 시절 초기에 그에게 두 번 편지를 썼지만 한 번도 답장을 받지 못했다. 그래서 나는 휴가 동안에도 그를 찾아가지 않았다.

가시 울타리에 새 움이 트기 시작한 초봄, 지난 가을에 알폰스 벡을 만났던 그 공원에서 한 소녀가 내 눈에 들어왔다. 불쾌한 생각과 근심에 가득 차서 혼자 산책하고 있을 때였다. 나는 건강이 나빠졌고, 더구나 계속 빚에 쪼들리고 있었다. 친구들에게서 빌린 돈의 액수는 불어만 갔고 집에서 돈을 타내기 위해 끊임없이 거짓 지출 항목을 생각해 내야만 했다. 담배 따위를 사느라 여러 가게에 외상을 지기도 했다. 그렇다고 이 문제로 심각하게 고민한 것은 아니다. 머지않아 나의 삶이 끝장난다면, 이를테면 강물에 투신하거나 감화원에 끌려가게 된다면, 이런 몇 가지 사소한 일들은 아무런 문제도 안 된다. 그러나 나는 아직도 그런 아름답지 못한 자질구레한 문제들과 눈을 맞대고 살아야 하며, 그것 때문에 고통 받고 있었다.

그러던 어느 봄날 공원에서 몹시 마음을 끄는 젊은 여인을 만난 것이다. 그녀는 키가 크고, 날씬했으며, 우아한 옷차림에 지적이고 어딘가 소년 같은 인상이었다. 나는 한눈에 그녀가 마음에 들었다. 그녀는 내가 바라던 여성상이었고, 곧 그녀에 대한 상상으로 내 머릿속은 가득 채워졌다. 그녀는 나보다 나이가 그리 많아 보이지는 않았지만, 나이보다 훨씬 더 성숙하고, 윤곽이 뚜렷하며, 어엿한 성인 여성처럼 보였다. 또한 얼굴에는 소년과 같은 활기가 감돌았는데, 이 점이 특히 내 마음을 끌었다.

나는 이제까지 단 한 번도 반한 이성에게 다가가 본 적이 없었다. 이번에도 마찬가지였다. 하지만 그녀에게서 받은 인상은 갈수록 깊어져만 갔으며, 지금까지 그 어떤 소녀도 내게 그토록 강렬한 인상을 남긴 적이 없었다. 그녀를 향한 마음의 열병은 내 삶에 심오한 영향을 끼쳤다.

갑자기 새로운 형상이 내 앞에 솟아올랐다. 드높고 고귀한 형상이. 그리고 내 안에서는 그 형상을 찬탄하고 숭배하고자 하는 욕망이 다른 어떤 욕망이나 충동보다도 훨씬 더 강렬하게 타올랐다. 나는 그녀에게 베아트리체라는 이름을 붙였다. 아직 단테는 읽지 않았지만 내가 갖고 있던 영국화가가 그린 베아트리체 복제화를 통해 그 존재를 알고 있었기 때문이다. 그 그림 속에는 라파엘로 이전 시대 화풍으로, 팔다리가 길고 얼굴이 갸름하며 손과 이목구비가 천상의 존재인 양 섬세하고 가냘픈 한 소녀가 그려져 있었다. 나의 이 아름다운 어린 소녀와 그림 속 여인이 아주 많이 닮았다고 볼 수는 없었지만 그림 속 여인에게서도 내가 좋아하는 그 날씬하고 소년 같은 인상과 얼굴에 서린 천상의 영혼과도 같은 기운을 느낄 수 있다는 점에서 비슷했다.

나는 베아트리체와 단 한 마디도 말을 한 일이 없었지만 그럼에도 그녀는 그때에 내게 가장 깊은 영향력을 미치는 존재였다. 그녀는 내 앞에 자신의 형상을 세우고, 내게 신성한 제단으로 나아갈 기회를 주었으며, 나를 그 사원의 숭배자로 변모시켰다.

나는 점차 술집과 밤 외출을 멀리하게 되었다. 나는 다시 홀로 지낼 수 있었고 즐거운 마음으로 책을 읽거나 긴 산책을 다니곤 했다.

처음엔 이토록 갑작스러운 개심에 나 자신이 우습게만 느껴졌다. 그러나 나는 사랑하고 존경할 무엇을 가졌고 이상을 되찾았으며, 생은 다시 새벽에의 예감으로 감싸인 신비스러운 어둠으로 가득 차게 되었다. 그래서 나는 나 자신의 비웃음에 무감각할 수 있었고, 다시 나 자신의 모습으로 돌아올 수 있었다. 고귀한 형상의 노예이자 하인으로서.

나는 어떤 감동 없이는 그 시대를 생각할 수 없다. 나는 다시 절실한 노력으로 파괴된 생의 한 시대의 잔해로부터 '밝은 세계'를 세우려고 노력했다. 나는 다시 내 안으로부터 암흑과 악을 제거하고 신 앞에 무릎을 꿇고 완전한 밝음 속에 서려는 유일한 갈망 속에 살고 있었다. 그러나 현재의 이 '밝은 세계'는 어느 정도 나 자신의 창조물이었다. 그것은 이미 더 이상 어머니에게로 또는 무책임한 보호 속으로 도피해 가는 것, 또는 기어들어가는 것이 아니었다. 그것은 책임감과 자제력을 갖고서 자발적으로 떠맡은 새로운 의무였다. 내가 늘 회피하려 했고 끊임없이 괴로워했던 성의 문제는, 이 성화(聖火)에 의해서 영성과 헌신으로 승화되어야만 했다. 어둡고 추악한 모든 것, 신음하며 지새던 밤, 부도덕한 그림을 보았을 때의 흥분, 금단의 문을 기웃거리던 일, 음란한 욕구 같은 것은 이제 더 이상 있어서는 안 되었다. 이 모든 것을 대신하여 나는 베아트리체의 형상을 위한 나만의 제단을 세웠다. 그리고 어둠의 힘으로부터 빛의 힘으로 옮겨 온 내 삶의 부분을 희생함으로써 그녀에게, 그리고 영혼과 신에게 나 자신을 바쳤다. 나의 목표는 기쁨이나 행복에 있는 게 아니라 순수와 아름다움, 그리고 영성에 있었다.

베아트리체에 대한 이러한 숭배는 내 삶을 송두리째 바꿔 놓았다. 어제의 조숙한 냉소주의자였던 내가 오늘에는 성인(聖人)을 목표로 삼는 사원 시종이 되어 있었다. 나는 그동안 익숙했던 타락한 삶을 멀리했을 뿐만 아니라 내 삶의 모든 측면을 순수와 고결함으로 길들이려 노력함으로써 나 자신을 변형시키고자 했다. 나는 이러한 의식 아래에 나의 식습관과 말씨, 옷차림 등을 살폈다. 나는 아침마다 찬물로 목욕을 하기 시작했는데, 처음에는 매우 힘겨웠다. 내 행동은 진지하고 고상해졌으며 걸음걸이도 느릿느릿하고 진중하게 바뀌었다. 다른 이가 볼 때 그런 내 모습이 우스꽝스러웠을지 모르지만 이 모두는 진심어린 숭배의 열정에서 우러나온 행동이었다.

나의 새로운 신념을 표현하기 위해 행한 이 모든 노력 가운데 내게 진실로 중요한 한 가지가 있었다. 그림을 그리기 시작한 일이 바로 그것이었다. 내가 가진 영국화가의 복제화가 베아트리체와 충분히 닮지 않았다는 점이 계기가 되었다. 내 손으로 직접 그녀의 초상화를 그리고 싶었다. 새로운 기쁨과 희망에 차서 나는 아름다운 종이와 물감, 붓을 사서 내 방으로 가져왔고—이제 막 나만의 방을 얻었던 참이었다—팔레트와 유리컵, 도자기 접시와 연필을 준비했다. 조그만 튜브에 담긴 템페라 물감들은 얼마나 나를 기쁘게 했던가. 특히, 진초록 물감을 처음으로 작고 하얀 접시 위에 짜놓았을 때의 그 선명하고 강렬하던 빛깔이 지금도 생생히 떠오른다.

나는 매우 조심스럽게 시작했다. 얼굴을 닮게 그리는 일은 어려웠다. 그래서 처음엔 다른 것을 그려 보려고 했다. 장식무늬나 꽃 또는 예배당 옆에 서 있는 나무, 사이프러스가 있는 로마의 다리 같은 상상 속 풍경을 그려 보기도 했다. 때때로 나는 이러한 유희적인 작업에 폭 빠져서 물감 상자를 가진 어린 애처럼 행복해했다. 그러고 나서야 마침내 베아트리체를 그리기 시작했다.

몇 장은 실패해서 버렸다. 길거리 이곳저곳에서 마주쳤던 그 소녀의 얼굴을 생각해 내려고 애쓰면 애쓸수록 그림은 점점 더 그려지지 않았다. 마침내 나는 그리는 것을 포기하고 이미 시작한 그림으로부터 물감과 붓에서 저절로 생겨난 환상과 안내를 따라서, 그저 어떤 얼굴을 그리기 시작했다. 그리하여 생겨난 것은 몽상적인 얼굴이었고, 그것은 그것대로 만족스러웠다. 그러나 나는 곧 다시 새롭게 시도했다. 한 장 한 장 그려갈수록 형태는 더욱 뚜렷해졌고 실제 생김새와는 달랐지만 내가 바라는 이상형에 점점 가까워졌다.

나는 점점 몽상적인 붓놀림으로 선을 긋고, 평면을 채우는 일에 습관이 되어갔다. 그것들은 따로 모델을 두지 않고서 손이 가는 대로 그리는 잠재의식적인 유희였다. 그러던 어느 날 거의 무의식적으로 어떤 얼굴을 그렸는데, 그 얼굴은 전에 그린 것들보다 훨씬 강하게 나에게 호소하는 듯했다. 그 소녀의 얼굴은 아니었다. 물론 그 얼굴일 수가 없었다. 그것은 다른 무엇, 비현실적인 어떤 것이었지만 내게는 대단히 귀중한 가치가 있었다. 그것은 소녀의 얼굴이라기보다는 소년의 얼굴처럼 보였다. 머리카락은 나의 아름다운 소녀의 머리처럼 옅은 금발이 아니라 불그스름한 갈색이었다. 턱은 억세고 단호해 보였으며 입술은 타는 듯 붉었다. 전체적으로 약간 뻣뻣하고 가면 같았으나 대단히 인상적이고 그 자신만의 신비로운 생명력으로 충만해 있는 듯했다.

완성된 그림 앞에 앉았을 때 나는 이상한 느낌을 받았다. 그것은 반은 남자, 반은 여자 같았고, 나이를 가늠할 수 없는, 몽상적이면서도 어딘가 결의에 차 있는 듯한 얼굴이었다. 생기로 넘치면서도 엄숙해 보이는 것이 마치 어떤 신의 형상, 또는 성스러운 가면을 연상시켰다. 그 얼굴은 내게 무언가 전할 말이 있는 것처럼, 내게 무언가를 요구하고 있는 것처럼 보였다. 그리고 그것은 누군가와 닮은 듯도 싶었으나 그것이 누군지는 확실치 않았다.

한동안 그 그림은 내 모든 생각을 따라다니며 내 생활을 지배했다. 나는 그것을 서랍 속에 감춰 두었다. 아무도 그것을 몰래 보고 나를 조롱할 수 없도록 하기 위해서였다. 그러나 방에 혼자 있을 때면 그림을 꺼내 들여다보며 교감을 나누었다. 저녁이면 침대 위 벽에 그것을 핀으로 꽂아두고 잠들 때까지 바라보았으며, 아침에 눈을 떴을 때도 가장 먼저 그것에게로 눈길을 보냈다.

내가 다시 어렸을 때처럼 꿈을 많이 꾸게 된 것도 바로 이 무렵부터였다. 지난 몇 년 동안은 꿈을 꾸지 않았던 것 같다. 이제 꿈은 완전히 새로운 형상으로 내게 다가왔다. 그런데 내가 그린 그림이 꿈속에 자주 모습을 보였다. 그것은 생생히 살아 있는 모습으로 때로는 다정했고 때로는 험상궂었으며, 얼굴은 잔뜩 찌푸려 기괴해 보이는가 하면, 말할 수 없이 아름답고 조화로우며 고귀해 보일 때도 있었다.

어느 날 아침 이러한 꿈에서 깨어났을 때, 나는 갑자기 깨달았다. 그림 속 얼굴이 정답게 나의 이름을 부르고 있는 듯했다. 그것은 마치 어머니처럼 내가 누군지 알고 있는 듯했고 그 눈은 태초부터 나를 바라보고 있던 것처럼 보였다. 떨리는 마음으로 나는 그 그림을, 그 숱 많은 갈색 머리를, 반쯤은 여성적인 입을, 기이한 광채가 서린 도드라진 이마(그것은 자연스럽게 종이의 물기가 마른 결과였다)를 바라보았으며 그럼으로써 점점 더 하나의 인식에, 재발견에, 앎에 다가가고 있었다.

나는 침대에서 벌떡 일어나 그림 속 얼굴 앞으로 다가가 바로 몇 인치 앞에서 그 크고 초록빛이 도는 엄숙한 눈을, 왼쪽보다 약간 더 위로 올라간 오른쪽 눈을 골똘히 들여다보았다. 그런데 갑자기, 그 오른쪽 눈이 희미하게 꿈틀거렸다. 알아차리기 힘들 만큼 섬세하고 작은 움직임이었지만 절대 잘못 본 것은 아니었다. 그리고 그 순간 나는 알아볼 수 있었다……

어째서 이제야 깨닫게 된 걸까? 그것은 바로 데미안의 얼굴이었다.

그 뒤로 나는 가끔 그림 속 얼굴과 내가 기억하는 데미안의 실제 이목구비를 비교해보곤 했다. 결코 똑같다고는 볼 수 없을지라도 분명히 닮은 점이 있었다. 그것은 틀림없는 데미안이었다.

이른 여름의 어느 날이었다. 기울어가는 햇빛이 서쪽 창으로 붉게 비쳐들고 있었다. 땅거미가 내 방 안을 조금씩 점령해 들어오고 있었다. 나는 무심코 베아트리체, 혹은 데미안의 그 그림을 유리창 창살에 핀으로 꽂아 놓고 그것이 저녁 햇살에 물들어 빛나는 모습을 바라보았다. 그림 속 얼굴 윤곽은 흐릿하게 번졌으나 붉은 눈언저리와 밝은 이마, 선명한 붉은 입술은 깊고 강렬하게 불타올랐다. 나는 그렇게 한참을 그림을 응시하며 앉아 있었다. 햇빛이 완전히 사그라지고 나서까지도. 그러면서 점차 그 얼굴이 베아트리체나 데미안이 아닌 바로 나 자신의 얼굴임을 느끼고 있었다. 겉보기에 나와 닮았다는 얘기가 아니다—그런 느낌은 들지 않았다—하지만 그 얼굴은 나의 삶을 결정짓는 어떤 것, 내 안의 자아, 나의 운명, 혹은 나의 악마, 바로 그것이었다. 그것은 내가 다시 친구를 얻게 되었을 때 그에게서 보게 될 모습이었다. 어떤 여인을 내가 사랑하게 된다면 그녀의 얼굴이 바로 그와 같을 것이었다. 그것은 내 삶과 죽음의 모습, 내 운명의 음조와 리듬이었다.

그 무렵 몇 주 동안, 나는 전에 읽은 그 어느 책보다 내게 오랫동안 강한 인상을 남긴 어떤 책을 읽고 있었다. 내 생애에 그처럼 강렬한 책과의 만남은, 아마도 니체를 제외하고는 거의 없었을 것이다. 그것은 노발리스의 편지와 잠언을 엮은 책이었는데, 비록 조금밖에 이해할 수 없었지만 무어라 설명할 수 없을 만큼 매혹적이었다. 나는 문득 떠오른 그의 잠언 가운데 하나를 그림 뒷면에 적었다. '운명과 기질은 동일한 하나의 개념을 표현하는 단어이다.' 그때서야 나는 그 말뜻을 분명히 이해할 수 있었다.

이후로도 내가 베아트리체라고 불렀던 그 소녀를 거리에서 가끔 마주치곤 했지만 더 이상 예전처럼 설레는 감정이 생기지 않았다. 다만 어떤 부드러운 조화를, 너와 내가, 아니 너 자신이 아니라 너의 그림과 내가, 연결되어 있다는, 너는 내 운명의 일부라는, 어렴풋한 예감을 느낄 뿐이었다.

막스 데미안을 향한 그리움이 다시 간절해졌다. 몇 년 동안 그에 대한 소식을 듣지 못하고 있었다. 딱 한 번 방학 기간에 그를 만난 적이 있다. 이제야 그 사실이 떠오른다. 그리고 이 짧은 해후에 대해 그동안 숨기고 있었던 까닭이 내 수치심과 허영 때문임을 깨닫는다. 이제 그 부분을 써야 한다.

그러니까 술집 출입을 즐기던 시절, 휴가를 맞아, 예의 심드렁하고 피곤한 표정으로, 예전과 조금도 다를 바 없는 경멸스러운 속물들을 흘끔거리며, 내 고향 마을 거리를 거닐고 있었을 때 나의 옛 친구가 나를 향해 걸어오고 있었다. 그를 보자마자 나는 움찔 놀랐다. 그리고 그와 동시에 내 의사와는 관계없이 프란츠 크로머에 대한 일이 머릿속에 떠올랐다. 아, 제발 데미안이 그 일을 잊어 주었으면! 그에게 마음의 빚을 지고 있다는 건 참으로 불쾌한 일이었다. 실제로는 바보 같은 어린시절의 이야기일 뿐이지만, 그럼에도 빚은 빚이었다.

그는 내가 인사하기를 기다리고 있는 것 같았다. 내가 최대한 자연스러워 보이도록 애쓰며 인사를 하자 그는 손을 내밀었다. 그래, 예전 그의 손길 그대로다! 확고하고, 따뜻하며, 그러면서도 서늘하고 활력이 넘치는!

그는 내 얼굴을 유심히 살피더니 입을 열었다. "많이 자랐구나, 싱클레어." 그는 예전과 다름없이 나이를 가늠할 수 없이 늙어 보였고, 또 젊어 보였다.

그는 나와 함께 걸었다. 우리는 산책을 하면서 대수롭지 않은 일들에 대해서만 이야기를 나눴다. 그러다 문득 전에 내가 그에게 여러 번 편지를 썼었고 그에 대해서 한 번도 답장을 받지 못했던 일이 떠올랐다. 그가 그 멍청한 편지 따위 역시 잊었기를! 그는 편지 얘기는 꺼내지 않았다.

그때는 아직 베아트리체를 알기 전이었고, 그러니 당연히 그녀의 초상화도 없던 시기였다. 말하자면, 술에 절어 살던 시절의 나였다. 마을 근교에 다다랐을 때 나는 그에게 한잔하러 가자고 말했고 그는 두말없이 응했다. 나는 호기롭게 포도주 한 병을 통째로 주문하고는 그의 잔에 포도주를 가득 따라준 다음 그와 잔을 부딪쳤다. 그리고 단숨에 잔을 비움으로써 내가 또래 아이들의 술 마시는 관습에 무척 익숙하다는 점을 과시하려 했다.

"너 술집에 자주 다니니?" 그가 물었다.

"어, 그렇긴 해." 내가 대답했다. "달리 할 일이 없잖아? 그나마 제일 재밌는 게 이거니까."

"그렇게 생각해? 어쩌면 그럴지도 모르지. 분명 좋은 점도 있으니까. 취기, 그 도취감 말이야. 하지만 내 생각에 사람들은 술집에 너무 자주 가는 나머지 도리어 술의 좋은 점을 완전히 잊어버린 것 같아. 술집에 드나드는 행위에는 확실히 천박한 면이 있어. 그래, 하룻밤 정도야 하얗게 불태우며 진탕 마시는 것도 나쁘지 않겠지! 하지만 그런 밤들이 되풀이되고, 한 잔 또 한 잔 습관적으로 마셔댄다면 거기에 좋은 점이 뭐가 있겠어? 매일 밤

술집에 웅크리고 앉아 있는 파우스트를 상상할 수나 있겠니?"

나는 술잔을 들어 쭉 들이켜고 나서 적개심에 찬 눈초리로 그를 바라보았다.

"글쎄, 하지만 우리 모두가 파우스트인 건 아니지." 내가 퉁명스레 말했다.

그는 조금 놀란 듯이 나를 바라보았다.

그러고는 예전과 다름없는, 예의 그 생기로 가득한, 우월함이 느껴지는 웃음을 터뜨렸다.

"뭐, 그 얘기는 관두자. 어쨌든 술 취한 자의 인생이 품행방정한 평범한 일반인의 인생보다는 떠들썩할 것도 같으니. 쾌락주의자로서의 한 시절이 신비주의자가 되기 위한 최상의 준비단계라는 말도 있잖아. 성 아우구스티누스 같은 사람이 그런 부류지. 그 역시 과거엔 둘째가라면 서러울 정도의 탕아에다 쾌락주의자였다고."

나는 그를 불신했다. 또다시 예전처럼 그에게 휘둘리는 일이 없기를 바랐다. 그래서 나는 거만한 태도로 말했다. "그래. 누구든 제 입맛대로 사는 법이니까! 나로 말하자면 예언자 따위가 될 생각은 눈곱만큼도 없어."

데미안은 반쯤 감은, 마음을 꿰뚫어보는 듯한 눈빛으로 잠깐 동안 나를 바라보았다.

"친애하는 싱클레어," 그가 천천히 말을 이었다. "네 기분을 상하게 하려는 의도는 아니었어. 더구나 네가 어쩌다 술을 마시게 되었는지 그 이유는 너도 나도 알지 못해. 네 내면에 있는, 너의 인생을 이끌어가는 어떤 존재는 이미 모든 걸 알고 있을 테지만. 우리 내면에 우리 자신보다 더 훌륭하게 모든 걸 알고, 욕구하며, 실행하는 이러한 누군가가 존재한다는 걸 깨닫는 것은 좋은 일이야. 뭐 어쨌거나, 이만 실례하겠어. 집에 가봐야 해."

우리는 짤막하게 작별인사를 나눴다. 나는 우울한 기분에 잠겨 그곳에 머물며 포도주병을 마저 비웠다. 그만 떠나려 할 때 데미안이 이미 계산을 하고 갔다는 사실을 알게 되자 나는 더욱 비참한 기분이 들었다.

그 뒤로 나의 생각은 데미안과의 이 사소한 사건에 온통 집중됐다. 그를 잊을 수가 없었다. 그리고 마을 변두리 술집에서 그가 내게 했던 말들이 기이하도록 생생하고 또렷하게 마음속에 떠오르는 것이었다. '우리 내면에 모든 걸 아는 누군가가 존재한다는 걸 깨닫는 것은 좋은 일이야.'

나는 데미안을 얼마나 그리워했던가. 나는 그가 어디에 있는지 몰랐고 그에게 연락을 취할 방법도 없었다. 다만 그가 아마 어느 대학에서 공부하리라는 것과 예비학교 졸업 뒤에 어머니와 함께 우리 마을을 떠났다는 것만 알고 있었다.

나는 막스 데미안에 관해서, 크로머와 있었던 일까지 포함하여 기억할 수 있는 모든 것을 끌어모으려고 노력했다. 그가 내게 했던 말들이 지난 수년간 얼마나 자주 마음속에 떠오르곤 했던가! 그 말들은 그때까지도 얼마나 시의 적절하고 의미심장하게 들렸던가! 그리고 우리가 마지막으로 만났던 그 불유쾌한 자리에서 그가 얘기했던, 탕아의 삶이 성인의 삶으로 이어질 수 있다는 그 말이 갑작스럽게 내 앞에 중대한 의미로 다가왔다. 그것이 바로 정확히 내게 일어났던 일이 아니던가? 내가 방향을 잃고 표류하며 술과 진창 속에 빠져 살지 않았더라면, 그 정확히 반대편의 것들이 삶에 대한 새로운 의욕과 더불어 내 마음에 생생히 되살아났을 때, 과연 나는 순수와 신성에 대한 열망을 품을 수 있었을까?

나는 그런 식으로 끊임없이 지난 기억들을 되새기고 있었다. 밤이 깊은 지는 이미 오래였고 밖에는 비가 내리고 있었다. 나의 추억 속에서도 비가 내리고 있었다. 데미안이 프란츠 크로머에 대해서 내게 꼬치꼬치 캐물으며 내 최초의 비밀을 추리해 내던 그 밤나무 아래에서의 시간이었다. 이어서 추억의 사건들이 꼬리에 꼬리를 물며 떠오른다. 학교 가는 길에 나누던 대화, 견진성사 수업시간, 그리고 그와의 첫 만남의 마지막 순간에 대한 기억. 그때 우리는 무슨 얘기를 나눴던가? 잘 떠오르지 않았다. 하지만 나는 참을성을 갖고 기억해 내려 온 정신을 집중했다. 그리고 마침내 그 장면이 떠오른다. 카인에 대한 그의 생각을 듣고 나서, 우리는 내 부모님의 집 앞에 나란히 서 있었다. 그리고 그때 그는 우리집 대문의 쐐기돌에 박혀 있는 낡고 빛바랜 문장(紋章)에 대해 얘기했었다. 자신은 그런 물건들에 흥미가 있다고, 그리고 우리는 좀더 그런 물건들에 주의를 기울일 필요가 있다고.

그날 밤 나는 데미안과 그 문장에 대한 꿈을 꾸었다. 문장은 계속해서 형태와 빛깔이 변해 갔다. 데미안이 그것을 손에 쥐고 있었다. 그것은 아주 작은 크기의 잿빛이었다가 크고 다양한 빛깔로 무수히 변신했는데, 데미안은 그것이 언제나 똑같은 하나라고 설명했다. 그러고는 마침내 내게 그 문장을 삼키라고 명령하는 것이었다! 그것을 삼키는 순간, 문장에 새겨져 있던 새가 내 안으로 파고들어와 부풀어 오르며 내 안의 모든 것을 먹어치우기 시작했고 나는 아찔한 공포를 느꼈다. 나는 죽음과도 같은 두려움에 휩싸여 침대에서 몸부림치다 벌떡 몸을 일으키며 눈을 떴다.

잠기운이 싹 달아나고 정신은 완전히 깨었다. 한밤중이었고 방으로 들이치는 빗소리를 들을 수 있었다. 일어나 창문을 닫을 때 바닥에 떨어져 있는 밝게 빛나는 무언가가 발에 밟혔다. 아침에야 그것이 내가 그린 그림이란 것을 알았다. 그것은 축축하게 젖어서 방바닥에 붙어 있었다. 펴서 말리기 위해, 그것을 압지 사이에 끼워서 무거운 책갈피 속에 넣어 두었다. 다음 날다시 보았을 때 그림은 마르긴 했지만 어딘가 변해 있었다. 붉은 입술은 핏기를 잃었고 좀 가늘어져 있었다. 그렇게 되고 보니 이제는 완전히 데미안의 입처럼 보였다. 나는 새로이 문장 속의 새를 그리는 일을 시작했다. 하지만그 새가 어떻게 생겼는지 뚜렷하게 기억나지 않았다. 하기는, 직접 찾아가 가까이 들여다본다 해도 너무 낡고 여러 번 덧칠 된 물건이어서 그 세부적인 윤곽을 알아보기는 힘들 것이었다. 새는 어떤 것 위에, 아마도 꽃이거나 바구니, 아니면 둥지이거나 나무 꼭대기 같은 곳 위에 앉아 있었다. 나는 그런 세부적인 것에는 신경 쓰지 않고 우선 명확히 떠오르는 부분부터 시작했다. 알 수 없는 충동에 휩싸여 망설임 없이 강렬한 색채를 사용했고 새의 머리부분은 황금빛 노란색으로 칠했다. 그런 식으로 기분이 내킬 때마다 작업을 계속하여 며칠 지나지 않아 그림이 완성되었다.

그림 속 새는 매부리코처럼 굽은 부리를 가진, 거만한 매의 머리를 한 맹금류였다. 그것은 커다란 알을 닮은, 어둠에 잠긴 둥근 물체에 몸이 반쯤 잠긴 채, 거기서 빠져나오려 몸부림치고 있었다. 푸른 하늘이 배경을 가득 채웠다. 그림을 곰곰이 살피면 살필수록 다채로운 빛깔로 변화하던 꿈속 문장과 점점 더 비슷해 보였다.

설사 주소를 알았더라도 데미안에게 편지를 쓸 수는 없었다. 하지만 나는 전달되지 않을지도 모를 그 매 그림을 그에게 보내기로—그즈음 내가 하던 모든 행동이 그러했지만, 마치 꿈을 꾸는 듯한 예감에 싸여—결정했다. 덧붙이는 글도, 이름도 쓰지 않았다. 조심스레 종이 가장자리를 가지런히 자르고, 그 위에 내 친구의 예전 주소를 적었으며, 그것을 우편으로 부쳤다.

학과 시험이 가까워오고 있었다. 평소보다 공부해야 할 것이 많았다. 그동안의 불량한 생활태도를 버리고 하루아침에 달라진 나를 선생님들은 다시금 호의로 받아주셨다. 비록 뛰어난 모범생으로 거듭난 건 아니지만 이제는 나 자신을 포함하여 그 누구도 내가 퇴학당할 거라 생각지 않았다. 반년 전만 해도 학교에서 쫓겨나는 건 시간문제라고 여겼건만.

아버지가 보내는 편지 역시 예전의 어조를 되찾아 이제는 거기서 꾸짖음 이나 협박하는 내용은 찾아볼 수 없었다. 하지만 내가 갑작스럽게 바뀌게 된 사연에 대해 아버지에게 굳이 설명하고 싶은 마음은 들지 않았다. 나의 그러 한 변화가 부모님과 선생님들의 바람과 맞아떨어진 것은 다만 우연의 일치 였을 뿐이다. 또한 그 변화를 통해 내가 남들과 좀더 가까워지고 잘 어울리 게 된 것도 아니었다. 오히려 나는 예전보다 더 고독해졌다. 나의 변혁은 데 미안이 있는 방향을 가리키는 듯했다. 그러나 그것은 여전히 멀리 떨어진 운 명의 길이었다. 나는 나 자신을 잘 몰랐다. 그때의 나는 나 자신에 지나치게 밀착되어 있었기 때문이다. 변화는 베아트리체와 더불어 시작되었다. 그러 나 얼마 지나지 않아 내가 그린 그림을 계기로 나는 비현실적인 세계에 빠져 들었고 또 데미안에 대해 생각하게 되면서 그녀에 대해서는 까맣게 잊어버 리고 말았다. 나는 그 누구에게도, 그러기를 원하는 때조차, 나의 꿈이나 예 감, 내면의 변화에 대해서 단 한 마디도 할 수 없었다. 하지만 나는 어떻게 그러기를 바랄 수 있었던 것일까?

5 새는 알을 깨고 나오려 투쟁한다

내가 그린 꿈의 새는 날아가서 내 친구를 찾아냈다. 그리고 가장 신비스러 운 방식으로 답장이 왔다.

교실 내 자리에서 나는 쉬는 시간에 책장에 쪽지가 끼워져 있는 것을 발견 했다. 수업 중에 반 아이들이 서로 몰래 얘기를 전할 때 돌리는 쪽지와 완전 히 같은 모양으로 접혀져 있었다. 누가 그 쪽지를 보냈을까 하고 의아하게 생각했다. 왜냐하면 나는 반 친구 누구와도 그런 것을 주고받은 적이 없었기 때문이다. 그래서 그것이 자기들 장난에 참가하라는 쪽지인 줄만 알았다. 나 는 그런 장난엔 가담하지 않을 것이므로 그 쪽지를 읽지 않은 채 책 앞에 놓 아두었다. 그런데 수업 도중에 다시 그 쪽지가 눈에 들어왔다.

잠시 만지작거리다가 무심코 펼쳤다. 짤막하게 몇 마디가 적혀 있었다. 단지 슬쩍 보는 것만으로 충분했다. 눈에 들어온 한 단어가 마음을 싸늘히 얼어붙게 했다. 나는 차가운 두려움으로 오그라드는 심장을 느끼며 쪽지를 읽었다. '새는 알을 깨고 나오려 투쟁한다. 알은 세계다. 태어나려는 자는 하나의 세계를 파괴해야만 한다. 새는 신에게로 날아간다. 그 신의 이름은 아브락사스이다.'

나는 그 글을 되풀이 읽으며 깊은 생각에 잠겼다. 의심할 여지가 없었다. 그것은 데미안의 답장이었다. 그와 나를 제외하고는 내 그림에 대해 알고 있는 이는 아무도 없었다. 그는 그림의 의미를 이해했고, 나로 하여금 그것을 해석하도록 도와준 것이다. 그러나 이 모든 일이 어떻게 서로 관련되는 것일까? 그리고―이것이 내 마음을 가장 무겁게 짓누른 질문이었다―아브락사스란 무엇일까? 어디선가 들은 적도, 읽은 적도 없는 이름이었다. '그 신의 이름은 아브락사스이다.'

선생님의 말씀은 한 마디도 귀에 들어오지 않았고, 그렇게 그 수업시간은 흘러갔다. 이어서 다음 수업, 그날의 오전 마지막 수업이 시작되었다. 그 수업은 젊은 조교 선생님이 가르쳤는데, 이제 막 대학을 졸업한 폴렌스라는 분이었다. 아이들 모두 젊은 데다 권위의식도 없는 그를 좋아했다.

폴렌스 선생님은 헤로도토스를 가르치셨고, 그것은 내가 좋아하는 몇 안 되는 수업 중 하나였다. 그렇지만 그날만큼은 헤로도토스조차 내 관심을 끌 수 없었다. 책은 펼쳤으나 선생님의 설명은 듣지 않고 여전히 나만의 생각에 깊이 빠져 있었다. 덧붙여 말하자면 나는 데미안이 견진성사 수업 시절에 했던 얘기가 사실임을 가끔씩 실제로 경험하곤 했다. 즉, 절실하고 강렬하게 바라면 어떤 일이든 이룰 수 있다는 얘기 말이다. 이를테면 수업 시간에 나 자신의 생각에 완벽히 몰입해 있을 때면 선생님이 내 이름을 부르지 않을까 걱정할 필요가 없다. 하지만 생각이 흐트러지거나, 집중력이 그만큼 부족하면, 어느 순간 자신 곁에 다가와 있는 선생님을 발견하게 되는 것이다. 그런 경우는 이미 직접 겪은 바 있었다. 그러나 진실로 집중했을 때, 나 자신의 생각으로 완벽하게 둘러싸여 있을 때 나는 안전했다. 한편으로 데미안이 얘기했던 누군가를 빤히 바라보는 기술을 실험해 보기도 했는데, 그것이 실제 효과가 있음을 알게 됐다. 예전에 데미안과 함께 있을 때 내가 했던 시도들은 모두 실패로 돌아갔지만, 이제는 날카롭게 한번 바라보거나, 아니면 그런 생각을 하는 것만으로도 많은 것들을 마음먹은 대로 이룰 수 있겠다는 느낌이 들었다.

그리하여 나는 이제 헤로도토스나 학교 따위와는 거리가 먼 나만의 공간에 있었다. 그런데 별안간 선생님의 목소리가 내 의식 속을 벼락처럼 파고들어오는 게 아닌가. 게다가 선생님은 바로 내 곁에 서 있었다. 내 이름을 불렀다고 생각할 정도였다. 하지만 선생님은 나를 보고 있지 않았다. 그제야 안심이 되었다.

그리고 그 순간 나는 다시 선생님의 목소리를 들었다. 크고 분명하게 "아브락사스"라고 말하는 소리를.

내가 앞부분을 놓친 폴렌스 선생님의 긴 설명이 이어졌다. "우리는 그들 교파의 세계관과 신비주의적 사회체제를 우리의 합리주의적 잣대를 들이대어 원시적이라고 재단해서는 안 됩니다. 지금 우리가 갖고 있는 것과 같은 의미로서의 학문은 고대에는 존재하지 않았습니다. 그 대신 그들에겐 고도로 발달된 철학적 신비주의적 진리들이 있었습니다. 이로부터 더러는 시시한 마술과 속임수가 생겨나 이따금 사기와 범죄로 이어지는 경우도 분명 있었습니다. 그러나 이러한 마술도 또한 고귀한 근원과 깊은 사상을 가지고 있습니다. 내가 아까 예를 든 아브락사스 같은 것도 그중 하나입니다. 그리스의 마법 주문과 관련이 있는 이 이름은 오늘날까지도 야만족들이 믿고 있는, 주술적인 도움을 주는 어떤 것으로 여겨지고 있습니다. 하지만 내 생각으로는, 아브락사스는 훨씬 더 깊은 의미를 담고 있습니다. 다시 말해 그 이름을 신적인 것과 악마적인 것을 통합하는 어떤 상징적 역할을 하는 신의 이름으로 생각해 볼 수도 있지요."

"신적인 것과 악마적인 것을 통합한다"라는 말이 내 마음속에서 울려 퍼졌다. 나는 이것에 매달려 생각했다. 이러한 생각은 데미안과 이야기를 주고받았기 때문에 내게는 친숙한 것이었다. 우리가 친구로 지내던 기간 중 마지막 시기에 데미안은 다음과 같이 말했었다. 우리는 임의적으로 분리된 절반의 세계를 나타내는 하나의 신만을 섬겨 왔다(이 세계는 공인되고 인가받은 밝은 세계였다). 그러나 우리는 세계 전체를 숭배할 수 있어야 한다. 이것은 악마이기도 한 신을 갖거나 또는 신에 대한 예배와 더불어 악마에 대한 예배도 드려야 함을 의미한다. 아브락사스는 신이면서 악마이기도 한 신이다.

이 박식한, 조그만 몸집의 선생님은 지성과 열의를 다해 설명했지만 그의 말에 열심히 귀 기울이는 학생은 아무도 없었다. 아브락사스라는 이름이 다시 거론될 기미가 보이지 않자, 어느새 내 생각도 다시 나 자신의 문제로 돌아가고 있었다.

한동안 이 문제를 열심히 고민했지만 아무런 진척이 없었다. 아브락사스에 관해 언급한 온갖 책을 섭렵하기도 했다. 그러나 나의 기질은 이런 의식적이고 직접적인 조사 연구에는 별로 맞지 않았다. 이러한 모색을 통해 발견하게 되는 진실은 소화해 내기에 버거운 것들뿐이다.

내가 얼마 동안, 그처럼 친숙하고 열정적으로 빠져 있었던 베아트리체의 모습은 서서히 가라앉아 갔다. 아니, 차라리 나로부터 멀어져 점점 지평선에 가까워지고 그림자같이 멀고 창백해졌다고 해야 하리라. 그녀는 더 이상 내 영혼을 만족시키지 못했다.

자발적인 고립 속에서 몽유병자처럼 살아가는 동안 내 안에서는 새로운 성장이 조금씩 그 윤곽을 드러내고 있었다. 이를테면 내 마음속에 생에 대한 동경이 피어났다. 아니, 그것은 사랑에 대한 동경, 성의 충동이었다. 한동안은 베아트리체에 대한 숭배에 의해서 융해시킬 수 있었으나, 지금 그것은 새로운 형상과 대상을 요구하고 있었다. 여전히 나의 욕망은 충족되지 않았으며, 내 또래 남자들이 여자들에게 자신의 운을 시험해 보듯이 나 역시 그녀들에게서 무언가를 바라고 있다는 엄연한 사실을 더 이상 외면할 수 없었다. 나는 다시 많은 꿈을 꾸기 시작했다. 그것도 밤보다는 낮에 더 많이 꾸었다. 온갖 형상과 그림, 욕망이 내 안에서 자유로이 떠오르면서 나를 외부 세계로부터 끌어당겼기에 나는 현실 세계보다 오히려 내가 창조한 내면 세계의 이러한 형상들, 그림자들과 보다 더 생생하고 실질적인 교감을 나누었다.

어떤 특수한 꿈, 또는 환상의 유희가 자꾸 되풀이되어 나에게 찾아왔고 그것은 내게 큰 의미가 있었다. 내 생애에 있어서 가장 중요하고 오랜 기간 의미를 지녔던 꿈은 대강 다음과 같았다. 나는 집으로 돌아갔다—대문에는 파란 바탕에 노란 빛깔인 문장의 새가 빛나고 있었다—집 안에서 어머니가 나를 향해 걸어왔다. 집에 들어서서 어머니를 안으려고 하자 그것은 어머니가 아닌 한 번도 보지 못한 다른 모습이었다. 키가 크고 힘 있게 생겼으며 막스 데미안과 닮았고 내가 그린 그림과 비슷하면서도 아주 달랐고, 힘있게 생겼는데도 매우 여성적인 모습이었다. 그 모습은 나를 끌어당겨 깊고 전율이 이는 포옹을 했다. 나는 쾌락과 공포를 동시에 느꼈다. 그 포옹은 신성한 숭배의 행위이자 범죄의 행위였다.

나를 껴안은 이 모습 속에는 어머니에 대한 추억과 내 친구 데미안에 대한 추억이 뒤섞여 있었다. 그 여자의 포옹은 온갖 외경심에 모순되는 불순한 것이면서도 동시에 그 이상 더할 수 없는 행복을 뜻했다. 이러한 꿈에서 깨어나면서 나는 때로 깊은 행복감을 느꼈고, 때로는 끔찍한 죄를 저지른 것 같은 양심의 가책과 죽음의 공포를 느꼈다. 아주 천천히 그리고 무의식적으로, 이러한 꿈의 형상이 찾아야 할 신에 관한 외부 세계에서 온 암시와 연결되었다. 그 결합은 갈수록 가깝고 친밀해졌으며, 나는 내가 바로 이 예감의 꿈속에서 아브락사스를 부르고 있음을 느끼게 되었다. 쾌락과 공포, 남자와 여자가 뒤섞이고 성스러운 것과 추악한 것이 서로 얽힌, 그리고 가장 섬세한 순수성 속에서 나타나는 깊은 죄악—이러한 것이 내 사랑의 꿈의 모습이었고 또한 아브락사스의 모습이었다. 사랑은 내가 처음에 두려워하며 느낀 것 같은 야수적인 어두운 본능도 아니었고, 내가 베아트리체의 모습 속에서 구현시켰던 바와 같은 경건하고 정신적인 숭배의 감정도 아니었다. 사랑은 그 두 가지를 다 포함한 것이었다. 그 두 가지를 다, 그리고 더 많은 것을 사랑은 포함하고 있었다. 사랑은 천사의 모습이면서 악마였고, 여자와 남자를 한 몸 속에 가지고 있었으며, 인간이면서 짐승이었고, 최선과 최악이었다. 나의 운명은 이 모든 것을 살도록 미리 정해져 있었다는 생각이 들었다. 나는 그것을 동경하면서도 공포를 느꼈다. 그러나 그것은 언제나 내 곁에, 내 머리 위에 있었다.

이듬해 봄이면 예비학교를 졸업하고 대학에 진학할 예정이었지만 나는 아직도 어느 대학에 무엇을 공부하러 갈까를 정하지 못하고 있었다. 내 입술 위에는 어느덧 거뭇거뭇 콧수염이 자랐고 내 키는 다 컸으나, 내 마음은 갈피를 못 잡고 목적 없이 헤매고 있었다. 오직 한 가지만이 또렷했다. 내면의 목소리와 꿈의 형상이 바로 그것이었다. 나는 그것의 인도를 맹목적으로 따라야 한다는 의무감을 느꼈다. 그러나 그렇게 하는 것이 나에게는 어려웠으며 나는 날마다 그것에 저항했다. 내가 미친 게 아닐까 의심한 적도 있었다. 나는 다른 사람과 다른 걸까? 하지만 다른 사람들이 할 수 있는 일은 나도 전부 다 할 수 있었다. 조금만 노력하면 나도 남들처럼 플라톤을 읽을 수 있고, 삼각함수를 풀 수 있으며, 화학 분석을 이해할 수 있었다. 다만 한 가지만을 할 수 없었다. 내 안에 숨겨져 있는 목적을 끄집어내어 다른 사람들이 하듯이 명확히 그려내는 일. 다른 사람들은 그들이 교수나 판사나 의사 또는 예술가가 되겠다는 것을 정확하게 알고 있었으며, 얼마 동안 그 일을 하리라는 것도, 그것이 주는 이익도 알고 있었다. 그러나 나는 그것을 알 수가 없었다. 어쩌면 나도 언젠가는 그와 비슷한 사람이 될지 모르지만 어떻게 내가 그것을 지금 알 수 있을까. 어쩌면 나는 몇 년 동안 노력하고 또 노력해도 아무것도 되지 못하고 아무 목표에도 이르지 못할지도 몰랐다. 또는 어떤 목표에 다다르더라도 그것이 나쁘고 위험하며 끔찍한 목적일 수도 있지 않은가.

나는 다만 나의 참된 자아가 바라는 대로 살고 싶을 뿐이었다. 왜 그것은 그다지도 힘든 일이었을까?

내 꿈속에 등장하는 유령과 같은 강력한 사랑의 존재를 여러 번 그려 보려고 했으나 한 번도 성공하지 못했다. 만약 성공했다면 나는 그 그림을 데미안에게 보냈을 것이다. 그가 어디에 있는지는 몰랐다. 다만 그와 내가 연결되어 있다는 사실만은 알고 있었다. 나는 언제 그를 다시 볼 수 있을까?

베아트리체에게 빠져 있던, 몇 주일, 몇 달을 지배하던 다정한 고요는 사라진 지 오래였다. 그즈음 나는 섬에 도착했으며 평화로운 나날을 보내고 있다고 느꼈다. 그러나 언제나 그렇듯 새로운 희망을 주었던 꿈조차 금세 익숙해지기 마련이며, 그렇게 낯익은 것이 되어 버리는 순간, 그것은 이미 시들고 쓸모없는 것으로 변모해 버렸다. 이미 사라져 버린 것을 애통해해도 소용없었다. 나는 이제 가끔 나를 걷잡을 수 없는 감정의 폭발로 몰아간, 충족되지 않는 욕망과 긴장된 기대감의 불길 속에 살고 있었다. 나는 꿈속의 사랑스러운 유령의 존재를 현실 세계의 대상보다 더 생생하게, 심지어 나 자신의 손보다 더 뚜렷하게 느꼈다. 나는 그 존재와 대화하고 그 앞에서 울며 또 저주했다. 나는 그 모습을 어머니라고 불렀다. 그 앞에 무릎을 꿇고 울었다. 나는 그것을 애인이라고 불렀으며 그것의 성숙하고 모든 욕망을 채워 줄 입맞춤을 예감했다. 나는 그것을 악마, 매춘부, 흡혈귀 또는 살인자라고 불렀다. 그것은 나를 가장 섬세한 사랑의 꿈으로 매혹하는가 하면, 황폐하고 파렴치한 행위로 유혹했다. 그것에는 지나치게 좋은 것도 고귀한 것도 없었으며 또 나쁘고 저속한 것도 없었다.

그해 겨울 내내 나는 설명하기 어려운 내적인 폭풍우 속에 살았다. 고독은 이제 나에게 습관이 된 지 오래였다. 고독은 나를 압박하지 않았다. 나는 데미안과 또 문장의 새와 내 운명이며 연인인 저 커다란 꿈의 존재와 함께 살았다. 그것들 속에 사는 것만으로도 충분했다. 왜냐하면 그 모든 것이 광활한 공간을, 아브락사스를 가리키고 있었기 때문이다. 그러나 이러한 꿈들 가운데 어떤 것도, 또 내 생각 가운데 어떤 것도 내 말을 듣지 않았으며 오히려 그것들은 내게로 다가와 나를 차지했다. 나는 그들에게 지배당했고 그들의 종으로 살았다.

하지만 현실 세계에 대해서는 나는 잘 무장되어 있었다. 나는 인간에 대해서는 아무 두려움도 느끼지 않았다. 내 동급생들도 그것을 알고 은연중에 내게 존경을 보였는데, 그런 모습을 보노라면 나도 모르게 웃음이 툭 터져 나오곤 했다. 마음만 먹으면 나는 그들 대부분을 매우 잘 꿰뚫어 볼 수가 있고, 그럼으로써 그들을 이따금 놀라게 했다. 그러나 그런 일은 하고 싶지 않았다. 나는 언제나 나에 대한 생각에 잠겨 있었다. 진정한 삶을 살 수 있기를, 내 안의 존재를 실현시키기를, 그렇게 이 세상과 교감하고 또 투쟁하는 참된 삶을 살기를 간절히 바랐다. 때로는 마음의 안정을 찾지 못해 한밤중까지 거리를 배회하며 나는 생각했다. 지금 바로 내 애인이 나를 만나기 위해서 저 길모퉁이를 돌고 있으며 유리창에서 나를 부르고 있다고. 이 모든 일이 참을 수 없을 만큼 고통스럽게 느껴질 때도 있었다. 그래서 자살할 각오까지 했다.

그 무렵 나는 기이한 피난처를—사람들이 흔히 말하듯 '우연'의 힘으로— 찾았다. 그러나 나는 우연이라는 것은 없다고 믿는다. 무언가를 절대적으로 필요로 하고 있는 사람이 그 필요한 것을 찾은 경우, 그것은 우연이 아니다. 그의 욕망과 필연성이 그를 이끄는 것이다. 나는 걸어다니는 동안 두서너 번 시내의 끝에 있는 교회로부터 파이프오르간 소리가 나는 것을 들은 일이 있었다. 그러나 멈춰서서 듣지는 않았다. 그 뒤 내가 그 앞을 지나갔을 때 또 그 오르간 소리가 났다. 나는 바흐의 곡이 연주되고 있음을 알았다. 그래서 문간으로 갔으나 문이 닫혀 있었다. 골목에 거의 사람이 없었으므로 나는 교회 옆의 도로 경계석 위에 앉아 외투 깃을 세운 채 귀를 기울였다. 대형 오르간은 아닌 듯했지만 꽤 훌륭한 음색이었다. 연주가 대단히 개성적이었는데 마치 기도하는 듯한 강렬한 의지와 완강한 표정을 지니고 있었다. 마치 이 연주자는 음악 속에 숨겨진 보물의 존재를 알고서 그것을 얻기 위해 필사적으로 호소하고 건반을 두들기며 투쟁하고 있는 듯했다. 나는 기술적인 의미로서의 음악은 잘 모르지만, 영혼의 바로 이러한 표현을 어려서부터 본능적으로 이해했고 음악적인 것을 당연하고 자연스러운 것으로 내 안에 느끼고 있었다.

연주자는 바흐에 이어서 어떤 근대 작곡가의 곡을 연주했다. 막스 레거의 곡인 것 같았다. 교회는 거의 완전히 어둠에 싸여 있었다. 다만 아주 가느다란 한 줄기 불빛만이 내가 서 있는 데서 가장 가까운 곳 유리창에서 새어나오고 있었다. 나는 음악이 끝날 때까지 기다렸다. 근방을 왔다 갔다 거닐고 있으려니, 그 오르간 연주자가 나왔다. 상당히 젊은 남자였다. 그러나 나보다는 나이가 더 많았으며 키가 작고 네모진 체격의 소유자였다. 그는 어딘가 머뭇거리는 듯하면서도 빠르고 힘찬 걸음걸이로 걸어갔다.

그날 이후 나는 저녁이면 가끔 교회 앞을 거닐거나 그 주변을 어슬렁거리곤 했다. 어떤 때에는 문이 열려 있는 것을 보고 30분쯤 추위에 떨면서도 행복하게 교회 의자에 앉아, 위에서 오르간 연주자가 희미한 가스등 밑에서 연주하는 소리를 들었다. 나는 그가 연주하는 음악을 통해 그의 성격을 짐작할 수 있었고 또한 연주곡들 간에 어떤 신비로운 연관성이 있음을 깨달았다. 그가 연주하는 모든 곡은 신앙심에 넘쳤으며 헌신적이고 경건했다. 그것은 교회 신자들이나 목사에게서 볼 수 있는 경건함이 아니라 중세의 순례자나 수도사들에게서 느껴지는 경건함, 다시 말해 모든 종교를 초월하는 어떤 보편적인 감정에 대하여 무조건적으로 순종하는 그러한 경건함이었다. 그는 바흐 말고도 그 이전 시대 대가들의 작품이나 옛 이탈리아 작곡가들의 작품도 연주했다. 그리고 이 모두가 똑같은 것을 표현하고 있었다. 음악가의 영혼에 존재하는 것, 갈망, 세상에 대한 가장 내밀한 인식, 세상과의 고통스러운 단절, 자신의 어두운 영혼에 대한 절실한 귀 기울임, 복종의 매혹, 그리고 경이로움에 대한 호기심 같은 것들을.

한번은 오르간 연주자가 교회를 나와 집으로 가는 것을 몰래 따라가다가 그가 변두리 작은 술집에 들어가는 것을 보았다. 궁금증을 이길 수 없어 나도 그의 뒤를 따라 들어갔다. 처음으로 그를 똑똑히 볼 수 있었다. 그는 작은 실내의 구석 테이블에 앉아서 검은 펠트 모자를 머리에 쓰고 포도주 한 잔을 앞에 놓고 있었다. 그의 얼굴은 바로 내가 기대했던 바와 똑같았다. 못생긴 데다 거칠고, 탐구자 같으면서도 완고하고 변덕스러우며 결의에 찬 인상이었다. 그러면서도 입가는 어린아이의 그것처럼, 부드러워 보였다. 남성적이고 강한 요소는 눈과 이마에 전부 깃들어 있었고 얼굴 아랫부분은 예민하고 미성숙하여 연약해 보일 만큼 부드러웠다. 결단력이 조금도 없어 보이는 턱은 이마와 눈에 비하여 소년다운 느낌을 풍겼다. 내 마음에 든 것은 오만함과 적의로 가득한 그의 흑갈색 눈이었다.

나는 말없이 그와 마주 앉았다. 술집에는 우리 둘밖에 없었다. 그는 꺼져 달라는 눈빛으로 나를 쏘아보았다. 나는 이에 굴하지 않고 빤히 마주 보았다. 마침내 그가 불쾌한 듯이 중얼거렸다. "왜 나를 그렇게 째려보는 거지? 나한테 뭐 바라는 거라도 있나?"

"아무것도. 그렇지만 벌써 많은 것을 당신으로부터 얻었습니다."

그는 이마를 찌푸렸다.

"그럼 음악 애호가이겠군. 나는 음악을 좋아한다는 것들을 보면 구역질이나."

나는 조금도 놀라지 않았다.

"당신이 연주하는 것을 자주 들었어요. 저 뒤쪽의 교회에서요. 당신을 귀찮게 할 생각은 없습니다. 나는 그저 무언가 특별한 어떤 것을 찾을 수 있지 않을까 생각했습니다. 그것이 무엇인지는 잘 모르겠지만요. 그렇다고 나에 대해 신경 쓸 필요는 없습니다. 그냥 교회에서 당신이 연주하는 음악을 듣는 것뿐이니까요."

"나는 언제나 문을 잠그는데."

"최근엔 잠그는 걸 잊으셨더군요. 덕분에 안으로 들어가 앉아서 들을 수 있었죠."

"그래? 그럼 다음 번엔 안으로 들어오게. 그 편이 덜 추우니까. 문을 노크하라고. 내가 연주하고 있는 동안에는 좀 세게 두드려야 할 거야. 자, 그럼 이제 말해 보게. 내게 무슨 말을 하고 싶은 건가? 상당히 어려 보이는데, 고교생이거나 대학생 정도로밖에 안 보여. 음악가인가?"

"아닙니다. 다만 음악을 듣는 것이 좋습니다. 특히 당신이 연주하시는 것처럼 거리낌 없이 모든 걸 쏟아붓는 그런 음악을 좋아합니다. 천국과 지옥을 뒤흔들어 놓는 듯한 음악. 내 생각으로는 아마 그것이 가장 도덕적인 면을 적게 가지고 있기 때문인 것 같아요. 다른 모든 것은 도덕적인데. 나는 그렇지 않은 무엇을 찾고 있습니다. 도덕이라는 건 어쩐지 구역질이 나요. 나 자신을 잘 표현할 수가 없습니다만—동시에 신과 악마일 수 있는 신이 반드시 있어야 한다는 것을 아십니까? 그런 신이 전에는 있었대요. 나는 그런 말을 들은 일이 있어요."

음악가는 넓은 모자를 약간 뒤로 밀고, 눈을 가리는 검은 머리카락을 쓸어 넘겼다. 그러는 동안에도 그는 계속 나를 쳐다보았다. 그는 테이블 너머로 얼굴을 낮추었다.

부드럽고 뭔가를 기대하는 듯한 목소리로 그가 물었다. "네가 말하는 그 신의 이름이 뭐지?"

"유감스럽게도 그 신에 관해서는 나도 거의 아는 게 없어요. 내가 알고 있는 건 이름뿐입니다. 아브락사스, 그게 그 신의 이름이죠."

음악가는 마치 누가 엿듣기라도 할까 봐 의심하는 태도로 주위를 살폈다. 그러고는 내게 가까이 다가오더니 속삭이듯이 말했다. "그럴 줄 알았어. 너는 누구지?"

"예비학교 학생입니다."

"어떻게 아브락사스에 관해 알게 된 거야?"

"우연히……"

그는 테이블을 내리쳤다. 잔에서 술이 흘러넘쳤다. "우연이라고! 엉터리 같은 수작을…… 젊은 친구, 아브락사스는 우연히 알 수 있는 그런 게 아니야, 안 그래? 그 신에 대해 내가 좀더 말해 주지. 나도 조금은 알고 있거든."

그는 입을 다물고 의자를 뒤로 밀었다. 내가 기대 어린 표정으로 보고 있으려니까 이내 얼굴을 찡그렸다.

"안 돼, 여기서는! 다음번에. 자, 이거나 먹어!"

그러면서 그는 여태 입고 있던 외투 호주머니 속에 손을 넣고 군밤 몇 개를 꺼내어 나에게 던졌다.

나는 말없이 흡족한 마음으로 그것을 받아 먹었다.

"좋아." 잠시 뒤 그가 속삭였다. "어디서 그에 대해 들었지?"

나는 주저하지 않고 대답했다.

"나는 혼자였고 절박했어요. 그때 예전부터 알고 있던, 그리고 매우 많은 것을 알고 있다고 믿고 있던 어떤 친구가 생각났죠. 나는 무언가를 그렸습니다. 새였어요. 알같이 생긴 구체에서 빠져나오려 애쓰는. 그림을 그 친구에게 보냈지요. 그로부터 얼마 뒤, 한 장의 쪽지가 내 손에 들어왔습니다. 거기엔 이렇게 적혀 있었어요. '새는 알을 깨고 나오려 투쟁한다. 알은 세계다. 태어나려는 자는 하나의 세계를 파괴해야만 한다. 새는 신에게로 날아간다. 그 신의 이름은 아브락사스이다'."

그는 아무 말도 하지 않았다. 우리는 군밤을 쪼개서 포도주와 함께 먹었다.

"한 잔 더 하겠나?" 그가 물었다.

"감사합니다만 그만 마시겠어요. 나는 술을 좋아하지 않아요."

그는 약간 실망한 듯이 웃었다.

"좋으실 대로. 난 술이 좋아. 난 더 있을 거니까 넌 가고 싶으면 가."

이후 오르간 연주를 마친 그를 다시 만났을 때 그는 나를 이끌고 어느 골목에 있는 한 낡고 인상적인 건물 안으로 들어서더니 약간 어둡고 어질러진 널찍한 방으로 올라갔다. 한 대의 피아노를 제외하고 방주인이 음악가임을 알려주는 물건은 아무것도 없었다. 커다란 책장과 책상 덕분에 오히려 학자의 방을 연상시켰다.

"책이 참 많군요!" 나는 감탄하여 말했다.

"일부는 아버지의 서재에서 가져온 거야. 아버지는 이 집에 사셔. 맞아, 젊은 친구, 나는 부모님과 함께 살고 있어. 하지만 그분들께 널 인사시킬 생각은 없어. 내 친구라 하면 그리 좋게 보지 않으시거든. 난 이 집안의 골칫덩이지. 아버지는 이 마을에서 꽤 존경받는 유명한 목사야. 그리고 나는—너도 금세 눈치챘겠지만—그분의 재능 있고 전도유망한 아드님이었으나 탈선했고 이제는 약간 돌아 버린 놈이지. 나는 신학도였는데 국가시험 직전에 대학을 때려치워 버렸지. 내 개인적인 연구에 관해서 말하자면 나는 아직도 신학도인 셈이지만, 사람들이 저마다 제 입맛대로 고안해 낸 신들의 면면을 살펴보는 건 여전히 내겐 가장 중요하고 흥미로운 문제거든. 그 부분만 제외하고 본다면 나는 음악가야. 뭐 어디 작은 데서라도 오르간 연주자 자리를 구할 수 있겠지."

나는 탁자 램프의 희미한 불빛에 의지하여 책 제목을 훑어보았다. 그리스어, 라틴어, 헤브라이어 책 제목들이 눈에 띄었다. 그러는 동안 내 친구는 방바닥에 누워 부산스럽게 움직이고 있었다.

"이리 와봐." 잠시 뒤 그가 불렀다. "철학 수련을 좀 하자고. 입을 닫고 배를 바닥에 대고 명상에 잠기는 거야."

그는 큰 대(大)자로 누운 채 성냥을 그어 종이에 불을 붙이고는 머리맡의 벽난로에 집어넣어 장작에 불을 붙였다. 불꽃이 높이 치솟았다. 그는 열심히 불붙은 장작더미를 들쑤시며 불길을 살렸다. 나는 그의 곁 낡은 양탄자 바닥에 누웠다. 한 시간 남짓 우리는 배를 바닥에 깔고 조용히 누워 있었다. 어른거리는 불길의 그림자, 불길이 사납게 치솟다 가라앉고 둘로 갈라지고, 경련하듯 꿈틀거리고, 마침내 고요히 이글거리며 불그스름하게 꺼져드는 모습을 지켜보며.

"배화교(拜火教)는 결코 어리석은 게 아냐." 그가 혼잣말처럼 중얼거렸다. 그 밖에는 우리 둘 다 아무 말도 하지 않았다. 나는 똑바로 불을 응시하며 몽상과 정적 속으로 빠져들었다. 나는 연기 속에서, 재 속에서 꿈의 형상들을 보았다. 나는 부르르 몸을 떨었다. 그가 송진을 한 덩어리 잉걸불 속에 던져 넣자 가느다랗고 작은 불길이 솟아올랐다. 나는 그 불길 속에서 노란색 매의 머리를 한 새를 보았다. 사위어가는 잉걸불이 노란색 붉은색 실들의 그물을 펼쳤다. 그것들은 언뜻 글자를 이루고, 추억의 얼굴을 이루고, 짐승, 식물, 벌레, 뱀의 형상을 이루었다. 몽상에서 깨어나 친구를 바라보았다, 뺨을 주먹 위에 괸 채 홀린 듯 재를 응시하고 있는 그의 얼굴을.

"가봐야겠어요." 내가 나지막이 말했다.

"그래. 잘 가."

그는 일어서지 않았다. 램프는 꺼져 있었다. 어두운 방과 복도를 더듬어 도깨비굴 같은 그 집을 빠져나왔다. 밖에서 걸음을 멈추고 그의 집을 올려다보았다. 불이 켜진 창문은 없었다. 현관문 위에 매달린 작은 청동접시가 가로등 불빛을 받아 은은히 빛났다. 접시에 글자가 적혀 있었다. '주임 사제, 피스토리우스'

집에 돌아와 저녁을 먹고 내 작은 방 책상 앞에 앉았을 때에야 그에게서 아브락사스에 관하여 아무것도 듣지 못했다는 게 생각났다. 우리가 나눈 대화는 채 열 마디도 되지 않았다. 하지만 그날 방문은 충분히 만족스러웠다. 그는 옛 오르간 음악의 특별히 우수한 작품인 디트리히 북스테후데(^{1637~1707. 독일의 작곡가·오르간 연주자})의 파사칼리아(Passacaglia : ^{바로크 시대 3박자의 대표적 변주곡})를 들려주겠다고 약속했다.

그때는 전혀 의식하지 못했지만, 그날 은둔자의 방 벽난로 앞에 누워 있던 경험은 오르간 연주자에게서 내가 받은 첫 번째 수업이었다. 불을 지켜본 것은 내 안에 늘 존재해 왔지만 한 번도 분명히 의식한 적 없던 여러 경향들을 확인하는 계기가 되었다. 그중 일부는 이제 분명한 실체로 내게 다가오고 있었다. 어릴 때부터 나는 언제나 자연의 신비한 형상을 바라보는 걸 좋아했다. 나는 그것을 관찰한다기보다는 그것의 마법에, 그것의 혼란스럽고 깊은 언어에 나 자신을 내맡겼다.

구불구불한 긴 나무뿌리, 바위에 새겨진 색색깔의 실금들, 물 위에 뜬 기름, 반짝이는 유리 조각. 이와 같은 모든 것이 한때 내게 크나큰 매혹으로 다가왔었다. 특히 물과 불, 연기와 구름, 먼지 같은 것들. 무엇보다도 눈을 감았을 때 보이는 색색가지의 소용돌이치는 얼룩들. 내가 처음으로 피스토리우스를 방문한 뒤 며칠 동안 나는 다시 이 모든 것을 돌이켜 생각했다. 왜냐하면 내가 그 뒤로 느낀 어떤 특수한 활기와 기쁨, 새로운 자각으로 말미암아 고양된 기분 같은 것이 활활 타는 불을 오래 응시한 데서 온 것임을 알고 있었기 때문이다. 그것은 놀라울 만큼 평화롭고 유익한 경험이었다.

내가 여태까지 나 자신의 인생 목표로 가는 도중에 발견했던 얼마 안 되는 경험에 또 하나의 경험이 와서 끼어들었다. 그런 형상을 관찰하는 것, 자연의 비합리적이고 꾸불꾸불하며 이상스러운 모습을 넋을 잃고 받아들이는 것은, 우리 속에 이 형상을 만든 의지와 우리 내면과의 일치감을 낳게 해주는 것이었다—우리는 얼마 안 있어서 그것을 우리 자신의 기분으로, 우리 자신의 창조로 간주하려는 유혹을 느낀다—우리는 우리와 자연 사이의 경계가 흔들리고 녹아 사라지는 것을 보고 망막에 와 닿는 현상이 외부에서 온 인상인지 우리 내부에서 온 인상인지 분간할 수 없는 그런 상태를 경험한다. 이러한 경험을 거듭할수록 우리는 너무나 간단하게 우리가 창조자라는 사실을 찾아내고, 우리의 영혼이 세계의 끊임없는 창조에 얼마나 부단하게 참가하고 있는가를 깨닫는다. 왜냐하면 우리 안에 있는 신과 자연 속에서 활동하고 있는 신은 동일한 불가분의 신이기 때문에. 바깥세상이 파괴된다 할지라도 우리 가운데 한 명이 그것을 다시 세울 수가 있다. 산과 강물과 나무와 이파리와 뿌리와 꽃과 자연의 모든 형상은 우리 내면의 영혼으로부터 나온다. 그 영혼의 본질은 영원이고, 그 영원의 본질을 우리는 알지 못하지만 우리에게는 그것이 때때로 사랑의 힘 또는 창조의 힘처럼 친숙하게 느껴진다.

몇 년 뒤에 나의 이러한 고찰이 어떤 책 속에 증명되어 있는 것을 발견했다. 그것은 레오나르도 다빈치가 쓴 것이었다. 그는 많은 사람들이 침을 뱉었던 담벼락을 보는 것이 얼마나 유쾌하고 얼마나 깊은 자극이 되는 일인지 모른다고 썼다. 그는 젖은 담벼락의 얼룩 앞에서, 나와 피스토리우스가 불 앞에서 느낀 것과 똑같은 것을 느꼈으리라.

우리가 다음번에 만났을 때 오르간 연주자는 나에게 이렇게 설명했다. "우리는 언제나 우리 인격의 범위를 너무나 좁게 규정하고 있어. 파악 가능한 개인의 성격적 특성이나 정상적인 것이라 여기는 기준에 맞춰서만 파악한단 말이지. 하지만 우리를 이루는 것은 이 세상을 구성하는 모든 것이야. 우리 몸만 하더라도 물고기나 심지어 그보다 훨씬 오래전의 생명으로까지 거슬러 올라가는 진화 역사의 흔적을 고스란히 지니고 있어. 마찬가지로 우리의 영혼엔 모든 것이 다 담겨 있어. 그동안의 인류 영혼에 깃들어 있던 그 모든 것이 말이야. 이 세상에 존재해 온 모든 신과 악마, 그들이 그리스의 신이나 악마든, 중국 혹은 줄루족의 신이나 악마든 모두 다 우리 내면에 하나의 가능성으로, 희망으로, 대안으로 존재한다는 거지. 보통 수준의 재능을 갖춘, 교육받지 않은 단 한 명의 아이만을 남기고 인류 전체가 이 지상에서 멸망하여 사라진다 해도, 그 남은 아이는 진화의 모든 과정을 재발견해 낼 거야. 모든 것을 다시 만들어 낼 거야, 신, 악마, 천국, 계율, 구약과 신약을."

"그래, 좋아요." 내가 대꾸했다. "하지만 그런 경우에 개인의 가치는 사라지는 게 아닐까요? 모든 게 우리 내면에 이미 완전무결한 형태로 준비되어 있다면 굳이 애써가며 살 이유가 없잖아요?"

"잠깐!" 피스토리우스가 소리쳤다. "네가 세계를 네 안에 그저 간직하고 있는 것과 그것을 깨닫는 것 사이에는 엄청난 차이가 있어. 미친 사람이 플라톤을 연상시키는 사상을 생각해 낼 수도 있고, 헤른후트 형제단 (친첸도르프가 창설한 경건주의의 교단)의 어느 독실한 젊은 신학생이 그노시스파나 조로아스터교에서 발견할 수 있는 것과 같은 심오한 고대의 이념을 새로이 떠올릴 수도 있겠지. 하지만 그것들을 스스로 깨닫지는 못해. 의식적이지 않다면, 인간은 나무나 돌 아니면 기껏해야 짐승에 지나지 않아. 내면에 인식의 첫 불꽃이 당겨질 때에야 비로소 진정한 인간이 되는 거야. 거리를 지나며 보이는 두 발로 걷는 모든 존재를 인간으로 여겨선 안 돼. 똑바로 걷는다고, 혹은 9개월째 새끼를 배고 있다는 이유로 말이지! 그중엔 물고기나 양도 있고 벌레나 천사도 있으며, 개미나 벌도 있다고! 물론 누구나 인간이 될 가능성을 품고 있지. 하지만 그러한 가능성을 인지하고, 그 일부나마 스스로 깨우칠 수 있을 때에만 그 가능성이 자신의 것이 될 수 있는 거야."

우리가 나눈 대화의 내용은 대강 이러한 것이었다. 그것은 경악스럽다거나 나의 견해를 뒤집을 만큼 완벽히 새롭다거나 할 만한 얘기는 아니었지만, 그 말 한 마디 한 마디가, 가장 일상적인 문제를 거론할 때조차도, 집요하게 계속되는 부드러운 망치질처럼 나의 영혼을 두드리는 것이었다. 그것은 내가 나 자신을 형성하도록, 덧입고 있던 겉가죽을 벗겨내고 나를 둘러싼 껍데기를 깨뜨리도록 도와주었다. 한 번의 망치질이 가해질 때마다 나는 조금 더 높이, 조금 더 자유롭게 내 머리를 들어 올렸고, 마침내 나의 황금빛 새는 세계라는 알의 부서진 껍데기 밖으로 그 아름다운 매의 머리를 드러냈다.

우리는 서로에게 자신이 꾼 꿈을 얘기해 주기도 했다. 피스토리우스는 꿈을 해석하는 법을 알고 있었다. 이를테면 이런 경우였다. 나는 공중을 나는 꿈을 꾼 적이 있었다. 마치 무언가에 의해 공중으로 쏘아 올려진 것처럼 꿈속의 나는 움직임을 통제할 수가 없었다. 공중을 나는 느낌은 미칠 듯 황홀했다. 하지만 나의 의지를 벗어나 계속해서 높이높이 올라가자 덜컥 겁이 났다. 그리고 그 순간 문득 숨을 참고 내쉬고 하는 것으로 높낮이를 조절할 수 있다는 걸 깨달았다.

이런 나의 꿈에 대하여 피스토리우스는 이렇게 말했다. "널 날게 한 그 힘은 우리 인간이 가진 위대한 재산이야. 모든 사람이 그걸 갖고 있지. 그건 에너지의 근원에 연결될 때의 느낌이야. 하지만 그러한 감정은 두려움을 불러일으키지. 그건 몹시 위험한 거거든! 그래서 사람들 대부분은 자신의 날개를 꺾고 지상의 법을 따르며 걷는 걸 선택하지. 하지만 넌 아니야. 너는 계속해서 날고 있어. 보라고! 넌 나는 법을 조금씩 터득해가고 있는 거야. 너를 위로 끌어올리는 그 강력한 힘 말고도 작고 섬세하게 작용하는 너 자신의 힘을, 비행을 조절하는 힘을 발견한 거야. 정말 경이롭지! 그 조절하는 힘이 없으면 넌 무력하게 까마득한 허공 속으로 한없이 빨려 들어가고 말거야. 그게 바로 광인들에게서 일어나는 일이지. 그들은 지상에 묶여 있는 보통 사람들보다 더 깊은 감응 능력을 갖고 있지만, 비행을 조절할 수 있는 키가 없는 사람들이야. 그래서 노호하는 무한의 소용돌이에 잡아먹히고 말지. 하지만 싱클레어, 넌 옳은 방향으로 가고 있어. 그걸 어떻게 아냐고? 넌 너 자신을 잘 모를 거야. 너는 지금껏 몰랐던 네 존재의 새로운 기관을 사용하고 있는 거거든. 이전엔 한 번도 써본 적 없는, 숨을 조절하는 기관을 말이야. 이쯤 되면 너도 깨달았겠지, 가장 깊은 차원의 의미에서 보자면 우리 영혼이 얼마나 '비개인적인' 것인지 말이야. 왜냐하면 그 기관은 너 자신이 창조해 낸 것이 아니니까! 그건 새로운 것이 아니야! 단지 빌려온 것일 뿐. 그것은 이미 수억 년 전부터 존재해 왔어. 물고기도 이 기관을 이용해 몸의 균형을 유지하지. '부레'라고 부르는 게 바로 그거야. 그리고 현재에도 남아 있는 몇몇 기이한 원시 어종들은 이 부레를 허파처럼 사용한다고 해. 호흡기처럼. 네가 꿈속에서 비행용 부레로 썼던 그 기관과 마찬가지로 말이지."

그는 나에게 동물학 책을 한 권 주면서 물고기의 이름과 그림을 가르쳐 주었다. 나는 이상스러운 전율을 느끼면서 내 안에, 초기의 진화 단계 이래로 아직까지 남아 있는 어떤 기관이 생생히 살아 있는 것을 느꼈다.

6 야곱의 투쟁

내가 아브락사스에 관해서 그 이상스러운 음악가 피스토리우스로부터 들은 내용을 이 지면에 짤막하게 간추려 옮기는 건 불가능하다. 중요한 것은 그에게서 배운 것을 통해 내가 나 자신으로의 길에 한 걸음 더 다가가게 됐다는 점이다. 나는 그때 열여덟 살가량의 괴짜 청년이었다. 나는 몇 가지 점에서 조숙했으나, 또 다른 여러 가지 점에서는 매우 늦되어 갈피를 못 잡고 있었다. 나는 나 자신을 남과 비교할 때면 언제나 가끔씩 오만과 자만심을 느꼈으나 동시에 우울과 모멸감을 느끼기도 했다. 나는 가끔 나 자신을 천재라 생각했고 또 어떤 때는 반미친놈이라고 생각했다. 나는 내 또래 청년들의 생활과 기쁨을 같이 나눌 수가 없었다. 때로는 내가 절망적으로 그들과 분리되어 있으며, 생(生)의 문이 나에게는 닫혀져 있는 것같이 느껴져 근심과 자책으로 나 자신을 괴롭히기도 했다.

나와는 다르게 이미 어른이었던 또 다른 괴짜 피스토리우스는 스스로에 대한 존경과 용기를 간직해야 한다고 가르쳤다. 그는 내 말과 꿈과 환상과 사상 속에서 언제나 가치 있는 무엇을 발견하고 그것을 진지하게 받아들이며, 그것에 대해서 토론함으로써 나에게 모범을 보여 주었다.

"넌 언젠가 이렇게 말했었지. 음악을 사랑하는 것은 그것이 도덕과 관련이 없어서라고 말이야. 그럴 수도 있겠지. 하지만 중요한 건 너 자신도 도덕가여서는 안 된다는 거야. 남과 비교해서는 안 돼. 자연이 널 박쥐로 만들었는데, 자신을 타조로 만들려고 해서는 안 되는 거야. 너는 이따금 자신을 이상하다고 여기고 다른 사람들과 다른 길을 가는 너 자신을 비난하곤 하지. 그런 생각을 하지 않는 법을 배워야 해. 불을, 구름을 들여다봐. 그래서 예감이 떠오르고 영혼의 목소리가 말을 시작하면 그것에 몸을 맡겨 버려. 그것이 선생님이나 아버지 또는 어떤 신의 마음에 들까 어떨까를 물어선 안 돼. 그런 물음은 널 망쳐 놓을 거야. 지상에 비끄러매어 무기력한 식물이 되고 말거야.

싱클레어, 우리의 신은 아브락사스야. 그는 신이면서도 악마이고, 밝은 세계와 어두운 세계를 모두 품고 있지. 아브락사스는 어떤 생각에도 어떤 꿈에도 반대하지 않아. 그걸 잊지 마. 네가 만약 세상 사람들의 입맛에 맞는 정상적인 인간이 되는 순간, 그는 널 떠나고 말거야, 자신의 사상을 끓여 낼 새로운 그릇을 찾아서."

나의 모든 꿈 가운데 가장 생생했던 건 어두운 사랑의 꿈이었다. 자주, 매우 자주 나는 그 꿈을 꾸었다. 내가 대문의 새 문장 아래를 지나 우리집으로 들어가 어머니를 안으려고 하면, 그 대신 키가 크고 반은 남성적이며 반은 모성적인 여자가 품에 안겼다. 나는 두려움을 느끼면서도 그녀에게 격렬하게 끌렸다. 그리고 이 꿈을 나는 내 친구에게 말할 수가 없었다. 나는 그에게 무엇이든 얘기했지만 이것만큼은 남겨 두었다. 그 꿈은 나만의 숨겨진 구석이고 비밀이며 피난처였다.

우울할 때면 피스토리우스에게 디트리히 북스테후데의 파사칼리아를 연주해 달라고 청했다. 나는 어스름에 잠긴 어두운 교회 안에 앉아서 이상하리만큼 친숙하고, 마치 스스로에게 빠진 듯한, 자기 자신에게 귀 기울이고 있는 듯한 그 음악을 듣곤 했다. 그 음악을 들을 때마다 마음이 평온해지고 나의 내면에서 들려오는 목소리를 보다 잘 들을 수 있게 되었다.

때때로 우리는 오르간 소리가 사라지고 난 뒤에도 얼마 동안 교회 안에 그대로 앉아, 희미한 불빛이 높은 고딕식 창문으로 스며들고 또 사라지는 것을 바라보았다.

"한때는 내가 신학생이었고 목사가 될 뻔했다는 사실을 떠올리면 참 묘한 기분이 들어." 피스토리우스가 말했다. "하지만 사실 그건 형식상의 실수를 범했던 것에 지나지 않아. 나의 사명이자 목표는 여전히 성직자가 되는 것이거든. 다만 그때는 내가 너무 일찍 만족해서 여호와에게 나 자신을 바치려 했어. 아브락사스를 알기 전에. 아, 정말이지, 모든 종교가 다 나름의 아름다움을 갖고 있어. 기독교 공동체에 들어가든, 메카로 성지순례를 떠나든 그런 건 중요치 않아. 종교는 영혼이니까."

"그렇다면 목사가 됐었어도 상관없는 일이었잖아요." 내가 끼어들었다.

"그건 아니야, 싱클레어. 그랬다면 난 거짓말을 해야 했을 거야. 오늘날 우리 종교는 더 이상 종교라 할 수 없을 만큼 완전히 쓸모없는 것으로 변질됐어. 최악의 경우라 하더라도 나는 가톨릭신자가 됐으면 됐지, 기독교 목사라니, 아, 안될 말이지. 몇몇 광신적인 신자들—그런 사람을 몇 명 알고 있지—은 곧이곧대로 문자적 해석을 선호하지. 그런 사람들에게, 이를테면 그리스도는 인간이 아니라 영웅이고 신화이며, 인간은 이 탁월한 허상을 통해 영원이라는 벽에 제 자신의 모습을 그려온 것이라고는 도저히 말할 수 없는 거야. 그리고 몇 마디 영리한 경구를 들으러 오거나, 혹은 단순히 의무감으로 또는 무슨 손해라도 입을까 봐 교회에 오는 그런 사람들에게 내가 무슨 말을 할 수 있을까? 그들을 개종시킬까? 그런 걸 생각한 거야? 난 그러고 싶지 않아. 성직자란 개종시키기를 원하는 사람이 아니야. 다만 자신과 같은 믿음을 가진 사람들과 더불어 살기를 희망할 뿐이지. 성직자는 우리로 하여금 신을 창조하도록 만든 그 감정을 담는 도구이자 그 표현이길 원하는 자야."

그는 잠시 멈췄다가 다시 말을 이었다. "이것 봐, 친구. 아브락사스라는 이름으로 선택한 우리의 새로운 종교는 아름다워. 우리가 가진 최상의 것이지. 하지만 아직은 어린 새에 지나지 않아. 아직은 날개가 충분히 자라지 않았어. 게다가 고독한 종교는 옳은 게 아냐. 그것은 공동체를 갖춰야 하고 예배와 도취, 축제와 신비가 필요해……."

그는 생각에 잠겨 자기 안으로 침잠해 갔다.

"혼자서, 혹은 몇몇 사람들만으로는 그런 일이 불가능할까요?" 나는 망설이면서 물었다.

"너는 할 수 있어." 그는 고개를 끄덕였다. "나는 벌써 오래전부터 그렇게 해왔으니까. 내가 하는 의식들이 세상에 알려지기라도 한다면, 난 적어도 몇 년 동안은 감옥에서 썩어야 할 거야. 그러나 나는 그것이 올바른 방법이 아니라는 것을 알고 있어."

그가 갑자기 내 어깨를 치는 바람에 나는 움찔 놀랐다. "젊은 친구." 힘 있는 목소리로 그가 말했다. "너도 너 자신만의 신비가 있겠지. 내게 말하지 않은 꿈이 있다는 걸 알고 있어. 나는 그 꿈을 알고 싶진 않아. 하지만 이건 말해 줄 수 있어. 그 꿈을 살아야 해. 그 꿈을 즐겨. 그 꿈을 위해 제단을 세워야 해. 그것은 완전한 것은 아니지만 하나의 길이 되어 줄 거야. 우리가, 너와 나 같은 몇몇 사람들이 언젠가 이 세상을 혁신할 수 있을지는 두고 보아야 알 수 있는 일이야. 그러나 적어도 우리 내부의 세계는 매일매일 새롭게 태어나야 해. 그렇지 못하다면, 우리는 결코 이 세상을 진지하게 사는 게 아니야. 잊지 마. 싱클레어, 넌 이제 겨우 열여덟 살이고 유곽을 드나들거나 하지는 않지. 너는 사랑의 꿈을, 욕망을 가져야 해. 어쩌면 넌 그런 걸 두려워하고 있을지도 모르지. 그래선 안 돼. 그것이 네가 얻을 수 있는 최고의 것이니까. 날 믿어. 나는 너만 한 나이에 사랑의 꿈을 짓밟아 버림으로써 많은 것을 잃었어. 그래서는 안 돼. 아브락사스에 대해 조금이라도 알고 있다면 더 이상 그럴 수는 없는 거야. 그 무엇도 두려워해선 안 돼. 영혼이 원하는 것은 그 어떤 일도 금지해서는 안 돼!"

나는 깜짝 놀라 반문했다. "하지만 뭐든지 자기가 하고 싶은 대로 할 수는 없어요! 그럼 자기 마음에 들지 않는다고 누군가를 죽여도 된다는 건가요?"

그는 내게로 좀더 가까이 다가왔다.

"어떤 특정한 상황에서라면, 그것도 가능해. 하지만 대개의 경우엔 잘못된 행동이지. 내 말은 머릿속에 떠오르는 일이면 뭐든지 닥치는 대로 해야된다는 뜻이 아니야. 절대 그렇지 않아. 하지만 도덕의 잣대를 들이대어 네가 가치 있다고 생각하는 그런 생각들을 마음속에서 내쫓거나 훼손시켜서는안 되는 거야. 스스로를 혹은 다른 누군가를 십자가에 못 박을 수도 있지만,그 대신 성배(聖杯)에 담긴 포도주를 마시며 희생의 신비에 대해 명상할 수도 있는 법이지. 심지어 그런 과정 없이도 인간은 자신의 마음속에 찾아오는충동과 유혹을 존중과 사랑으로 대할 수 있어. 그리고 그럴 때 욕망은 제 숨은 의미를 드러내게 되지. 모든 욕망엔 의미가 숨어 있거든. 네가 만약 진정으로 광기 어린 생각이나 사악한 생각을 하게 된다면, 혹은 누군가를 죽이고싶다거나 극악무도한 짓을 저지르고 싶어진다면 싱클레어, 바로 그 순간은아브락사스가 네 안에서 환영을 만들어 내고 있는 거라고 생각해! 네가 없애고 싶어하는 대상은 결코 현실의 아무개 씨가 아니야. 그건 단순히 가장된것에 지나지 않아. 네가 누군가를 싫어한다면, 그건 그에게서 네가 싫어하는, 너에게 속한 어떤 부분을 보았기 때문이야. 우리 존재에 속하지 않는 것은 그 무엇도 우리의 마음을 거슬리게 할 수 없는 법이거든."

그때까지 피스토리우스의 얘기를 들으며 이토록 깊은 감동을 느꼈던 적은없었다. 나는 아무 말도 할 수 없었다. 하지만 무엇보다도 그 얘기가 내 인상에 강렬하게 남았던 이유는 기묘하게도 그의 말에서 내가 여러 해 동안 마음속에 간직해 온 데미안의 말과 거의 똑같은 울림을 느꼈기 때문이다. 그들은 서로를 몰랐겠지만 같은 말을 하고 있었다.

"우리가 보는 사물은……" 피스토리우스는 낮은 목소리로 말했다. "우리의 내부에 있는 것과 똑같은 거야. 우리가 우리 내부에 가지고 있는 것 말고의 다른 현실이란 없어. 그토록 많은 사람들이 비현실적인 삶을 사는 이유가바로 여기에 있는 거야. 외부 형상을 실재로 여기며 자신의 내면 세계를 결코 인정하려 들지 않으니까. 그런 식으로 살더라도 행복할 순 있어. 하지만그 반대되는 해석을 알게 되는 순간, 더 이상 군중의 방식을 따를 수 없게되지. 싱클레어, 다수의 길은 쉬운 길이지만, 우리의 길은 어려운 길이야."

그날 이후 두 번인가 그를 기다리다 허탕을 쳤다. 그를 다시 만난 건 그로부터 며칠이 지난 늦은 밤이었다. 마치 차가운 밤바람에 떠밀려 나온 것처럼 길모퉁이에서 그가 술에 잔뜩 취해 비틀거리며 나타났다. 나는 그를 부르고 싶지 않았다. 그는 나를 보지 못하고 혼란스러운 듯한 번뜩이는 눈으로 앞만을 노려보며 나를 지나쳐 걸어갔다. 무언가 알 수 없는 세계의 부름에 이끌려가는 것처럼. 그의 뒤를 따라 한 블록 정도를 걸었다. 보이지 않는 실에 묶인 사람처럼 집요하면서도 비틀거리는 걸음걸이로, 그는 그렇게 유령처럼 거리를 떠돌고 있었다. 나는 슬픔에 잠겨 집으로, 이루지 못한 나의 꿈에게로 돌아왔다.

그런 모습이 그가 말한 내면세계의 혁신이란 말인가! 그것이 내 머릿속에 떠오른 생각이었다. 하지만 동시에 그런 생각이 도덕적 잣대를 들이댄 유치한 것이라고 느꼈다. 그의 꿈에 대해 나는 무엇을 알고 있단 말인가? 그는 술에 취해 있지만, 꿈속을 헤매는 나보다 오히려 더 확실한 길을 걸어가고 있는 건지도 몰랐다.

학교수업 사이 쉬는 시간에 그동안 한 번도 주의해 본 적 없던 동급생 하나가 나에게 접근하려고 하는 것을 알아차렸다. 그는 섬세하고 연약해 보이는 소년으로서 붉은빛이 도는 금발머리를 가졌고, 시선과 태도 속에 독특한 무엇을 지니고 있었다. 어느 날 저녁 집으로 돌아가는 길에 그가 나를 기다리고 있었다. 그는 내가 지나갈 때까지 잠자코 있더니, 곧 내 뒤를 따라왔고 내가 집 앞에 이르러서야 걸음을 멈추었다.

"나한테 무슨 볼일이라도 있니?" 나는 물었다.

"그냥 너랑 한번 얘기해 보고 싶었을 뿐이야. 나하고 좀 걷지 않겠어? 괜찮다면……." 그가 수줍게 말했다.

나는 그를 따라가면서 그가 몹시 흥분해 있고 기대에 차 있음을 알아차렸다. 그의 손은 떨리고 있었다.

"너는 심령론자(心靈論者)지?" 그는 느닷없이 그렇게 물었다.

"아니야, 크나우아. 그런 건 조금도 몰라. 어째서 그런 생각을 했니?" 나는 웃으면서 말했다.

"그럼, 신지(神智)론자구나?"

"아니."

"아, 그렇게 감추려 들 것 없어! 나는 너한테 아주 특별한 것이 있다는 걸 잘 알고 있으니까. 네 눈 속에는 무언가 특별한 것이 있어…… 너는 틀림없이 혼령들과 어떤 교제를 하고 있을 거야. 그저 값싼 호기심으로 묻는 게 아니야. 싱클레어, 조금도 그렇지 않아! 나는 진리의 길을 찾고 있어. 그리고 나는 너무나 고독해."

"네 얘기를 계속해 봐." 내가 말했다. "나는 유령에 대해서는 잘 몰라. 나는 내 꿈속에서 살고 있어. 네가 내게서 뭔가를 느꼈다면 바로 그것 때문일 거야. 다른 사람들도 꿈속에 살긴 하지만 그것은 그들 자신의 꿈이 아니야. 그것이 차이야."

"그래, 아마 그럴 거야." 그는 속삭였다. "네가 살고 있는 그 꿈들이 어떤 종류인가는 중요치 않아. 너는 백마법에 대해 들어 본 적 있니?"

나는 들어보지 못했다고 말했다.

"그건 자신을 통제하는 법을 터득하는 걸 뜻해. 그러면 인간은 영원한 생명을 가진 마법사가 될 수 있지. 한 번도 그런 연습을 한 일이 없어?"

이 연습에 대한 나의 호기심에 넘친 질문에 대해서 그는 대단히 비밀스러운 태도를 지키다가 내가 가려고 돌아섰을 때야 말을 꺼냈다.

"예를 들면 나는 잠이 들고 싶거나 자기 집중을 하고 싶을 때 그런 연습을 해. 나는 무엇이든지 한 가지를 생각해 내. 이를테면 한 단어, 한 이름, 또는 어떤 기하학적인 형태를. 나는 될 수 있는 대로 그것을 강하게, 내 머릿속에 그것이 가득 찰 때까지 생각하지. 그 다음엔 그것이 목 안을 가득 채울 때까지 계속해. 그런 식으로 마침내는 내 전체가 그것으로 꽉 차게 되어 나는 아주 굳어 버리지. 아무것도 나를 동요시킬 수 없게 되는 거야."

나는 그가 무슨 말을 하는지 어렴풋이 이해할 수 있었다. 나는 그가 다른 할 말이 있다는 것을 느꼈다. 그는 이상하게 흥분해 있었고 다급해 보였다. 나는 그가 질문을 쉽게 할 수 있도록 해주려고 노력했다. 곧 그는 자신의 진짜 관심사를 꺼냈다.

"너도 금욕하고 있지?" 그는 머뭇거리며 물었다.

"무슨 의미지? 성에 대한 것 말이야?"

"그래, 그래. 나는 2년 전부터 금욕하고 있어. 내가 이 학설을 안 뒤부터. 그전에는 나도 부도덕한 짓을 했어. 그게 무슨 의미인지는 알지? 너는 한 번도 여자하고 잔 일이 없니?"

"없어. 내가 찾는 여자를 발견 못했어." 나는 말했다.

"네가 만약에 그 여자를 발견한다면, 너는 그 여자와 잘 거야?"

"그럼, 물론이지. 그 여자가 반대만 안 한다면." 나는 약간 조롱조로 말했다.

"아, 그래선 안 돼! 우리는 완전히 금욕 생활을 할 때만 내면의 힘을 형성할 수 있어. 나는 그것을 2년 동안이나 해왔지. 2년하고 한 달 조금 넘었어. 참 힘들어. 때때로 더 이상 참을 수 없다고 느낄 때도 있어."

"이것 봐, 크나우아. 나는 금욕이 그렇게 중요한 일이라고는 생각되지 않아."

"나도 알아. 누구나 그렇게 말하니까. 그렇지만 네가 그런 말을 할 줄은 몰랐어. 보다 높은 정신적인 길을 가려는 사람은 순결해야 해. 절대로!"

"그럼, 그렇게 하도록 해! 그러나 나는 성을 억제한다 해서 그 사람이 다른 사람보다 순결하다고 볼 수는 없다고 생각해. 너는 그럼 성적인 모든 생각을 꿈에서 추방했단 말이야?"

그는 절망에 차서 나를 보았다.

"그래, 바로 그게 문제야! 맙소사, 그러나 꼭 지켜야 했어. 나는 밤마다 차마 스스로에게조차 말하기 힘든 그런 꿈을 꾸곤 해. 정말이지 너무나 끔찍한 꿈을."

피스토리우스가 내게 했던 말이 생각났다. 비록 그의 말이 옳다고 여겼지만 그것을 다른 이에게 전할 수는 없었다. 나는 나 자신의 체험에서 비롯되지 않은, 스스로도 따를 힘이 없는 그런 충고는 할 수 없었다. 나는 침묵을 지킬 수밖에 없었고, 조언을 구하는 누군가에게 아무 말도 해줄 수 없는 나 자신의 무력함에 부끄러움을 느꼈다.

"나는 모든 것을 시도해 보았어!" 크나우아가 옆에서 신음하듯 말했다. "해볼 수 있는 건 다 해봤다고. 냉수마찰, 눈밭에서 체조하기, 달리기…… 그러나 아무것도 소용이 없었어. 매일 밤 나는 내가 생각해서는 안 되는 꿈들만 꾸다가 깨어나. 그리고 가장 끔찍한 것은 그런 꿈 때문에 내가 정신적으로 배운 것이 점점 없어져 버린다는 사실이야. 나는 집중을 하거나 잠드는 일도 마음대로 할 수 없게 됐어. 밤새도록 깨어 있을 때가 많아. 정말 더 이상 못 견디겠어. 내가 이 투쟁을 끝까지 이겨내지 못한다면, 나는 전혀 한 번도 투쟁을 안 한 사람보다 더 나쁜 사람이 되는 거야. 너도 알겠지?"

나는 고개를 끄덕였다. 그러나 뭐라고 말해야 될지는 몰랐다. 그는 나를 권태롭게 만들었다. 나는 그의 노골적인 괴로움과 절망이 나에게 조금도 깊은 인상을 주지 않는 것에 놀랐다. 내가 느낀 것은 다만 '나는 너를 도울 수 없다'는 것뿐이었다.

"그래, 너는 나에게 할 말이 없니? 무슨 방법이 있을 텐데…… 너는 어떻게 하고 있니?" 그는 마침내 지친 듯이 슬프게 말했다.

"난 아무 말도 해줄 수 없어, 크나우아. 우리는 이 문제에 있어서는 서로 도울 수가 없어. 나도 도와준 사람이 아무도 없었어. 너는 너 자신과 대화해야 해. 그리고 네 마음의 가장 깊은 곳에서 들려오는 목소리를 따라야 해. 그것 말고는 아무 방법도 없어. 네가 스스로를 찾아내지 못한다면 너는 혼령도 발견하지 못할 거야."

그 작은 친구는 실망한 듯이 말없이 나를 바라보았다. 그러더니 갑자기 그의 시선에서 증오의 불길이 타올랐다. 그는 얼굴을 찡그리고 소리쳤다. "아, 너는 참 멋진 성자다. 너도 부도덕하지? 나는 잘 알아. 그러면서도 넌 마치 현자인 척하고 있어. 나와 모든 인간과 마찬가지로 뒷구멍으로는 더러운 것에 매달려 있으면서! 넌 돼지야, 나와 다를 게 없는. 우린 모두 돼지야!"

나는 그를 혼자 세워둔 채 그 자리를 떠났다. 그는 두세 걸음 나를 따라오더니 이내 돌아서서 뛰어가 버렸다. 나는 동정과 혐오의 마음 때문에 구역질을 느꼈다. 내 방으로 돌아와 내가 그린 그림 서너 장을 주위에 세워놓고서 나만의 꿈속으로 빠져들고 나서야 그런 기분을 떨쳐낼 수 있었다. 내 꿈은 곧 다시 나타났다. 대문과 문장, 어머니와 미지의 여인의 꿈이었다. 그 여자의 모습이 어찌나 또렷했는지 나는 바로 그 밤 안으로 그 여자의 모습을 그리기 시작했다.

몽상적인 짧은 시간을 몇 번인가 거치며 무의식적으로 그려진 이 그림이 며칠 뒤에 완성되었을 때, 나는 그것을 내 방 벽에 걸고 스탠드를 그 앞에 갖다 놓고, 마치 끝장을 볼 때까지 싸워야 하는 유령 앞에 서듯 그 앞에 가서 섰다. 그것은 내가 전에 그린 얼굴과 비슷했고 몇몇 부분은 나 자신과도 닮았다. 한쪽 눈이 다른 한쪽 눈보다 두드러지게 위쪽에 붙어 있었는데, 나를 지나 저 너머를 응시하고 있는 그 시선은 자신만의 세계에 빠져 있는 듯 엄격하고 운명으로 가득 차 있었다.

그 앞에 서서 그것을 응시하는 동안 한기가 들어 몸이 얼어붙는 듯했다.

나는 그림에게 질문했고 그것을 애무했으며 그것에 기도를 올렸다. 그리고 나는 그것을 어머니라고 불렀고 매춘부라고 불렀으며, 나의 애인이라고 불렀고 또 아브락사스라고 불렀다. 그러는 동안 피스토리우스의―또는 데미안 의―말이 떠올랐다. 그 말을 둘 중 누가했는지는 정확히 기억나지 않으나 그 말을 다시 듣는 것같이 느껴졌다. 그것은 하느님의 천사와 야곱과의 투쟁에 관한 말이었다. '만약 당신이 나를 축복하지 않으면 나는 당신을 놓아 주지 않으리라.'

등불에 비친 그림 속 얼굴은 내가 부를 때마다 다른 얼굴이 되었다. 그것은 밝아지고 빛났다가, 또 검고 어두워졌다. 퀭한 죽은 눈 위에 눈꺼풀이 덮였다가 다시 눈을 뜨고 타는 듯한 시선을 빛냈다. 그것은 여인, 남자, 소녀, 어린애, 짐승이었고 작은 점으로 사라졌다가 다시 커지고 뚜렷해졌다. 마침내 나는 강한 내면적 욕구에 따라서 눈을 감고 이번에는 내 안의 그림을 바라보았다. 예전보다 더 강하고 힘차 보이는 그 그림 앞에 무릎을 꿇고 싶었다. 그러나 그것은 이미 나의 일부로 존재했기에 도저히 따로 떼어놓고 생각할 수 없었다. 마치 그 그림이 나 자신의 자아로 변신한 듯했다.

그때 나는 마치 봄의 폭풍우가 몰아닥칠 때처럼 검고 무거운 바람 소리를 들었고, 무어라 설명할 수 없는 낯선 느낌에 전율했다. 수많은 별이 내 앞에서 떠올랐다가 꺼져갔다. 잊어버렸던 최초 유년기까지의 추억, 아니 탄생 이전과 생성 초기 단계까지의 추억이 몰려와 내 곁을 흘러 지나갔다. 하지만 내 삶의 가장 비밀스러운 부분까지 파고들며 되풀이되는 이러한 기억들은 과거와 현재에만 그치지 않았다. 그것은 시간의 한계를 뛰어넘어 미래를 비추며 현재의 나를 뜯어내어 눈이 멀 만큼 눈부시게 빛나는 삶의 새로운 형태들―깨어났을 땐 분명히 기억나는 게 아무것도 없었다―속으로 던져 넣었다.

밤중에 나는 깊은 잠에서 깨어났다. 옷도 벗지 않은 채 그대로 침대에 비스듬히 누워 잠들었던 것이다. 나는 램프를 켜며 무언가 중요한 어떤 일을 기억해 내야 한다고 느꼈다. 불과 몇 시간 전의 일인데도 아무것도 기억나지 않았다. 불은 켜졌고 점점 뭔가가 짚이기 시작했다. 나는 그림을 찾았다. 그것은 이미 벽에 걸려 있지 않았고 책상 위에도 놓여 있지 않았다. 어렴풋이 내가 그것을 태웠던 것이 생각났다. 아니면 그것을 내 손으로 태우고 재를 먹었던 것은 꿈이었을까?

극심한 불안이 나를 덮쳐왔다. 나는 모자를 쓰고 집에서 나와, 마치 누가 나에게 강요라도 하는 것처럼 골목을 지나서 폭풍에 휘몰리듯이 셀 수도 없이 많은 거리와 광장들을 뛰어갔다. 그리고 내 친구의 어두운 교회 앞에서 잠시 귀를 기울이며 절박한 심정으로 찾고 또 찾았다. 나는 매춘부들의 집이 즐비한 구역을 걸었다. 그곳에는 아직 여기저기에 불빛이 보였다. 더 가다 보니 건물을 신축하는 공사현장이 나왔다. 벽돌 더미가 쌓여 있고 어느 곳이나 조금씩 잿빛 눈에 덮여 있었다. 마치 몽유병자처럼 미지의 힘에 밀려 거리를 쏘다니던 나는 내 고향 도시의 신축건물이 생각났다. 언제나 날 괴롭히던 크로머는 내게 첫 상납금을 뜯어내려고 나를 그곳으로 끌고 갔다. 그와 비슷한 건물이 잿빛 어둠 속에 지금 내 앞에 가로놓여, 시커먼 문이 나를 향해 입을 벌리고 있었다. 나는 그곳에 이끌렸다. 빠져나오려고 하다가 모래와 돌조각에 걸려서 넘어질 뻔했다. 들어가고 싶은 욕망이 나가고 싶은 욕망보다 강했다. 나는 들어가야만 했다.

판자와 부스러진 벽돌을 넘어서 나는 어떤 음침한 방으로 들어갔다. 시멘트에서 나는 습하고 냉랭한 냄새가 코를 찔렀다. 모래 더미와 밝은 회색 판자조각이 보일 뿐 다른 것은 모두 어두웠다.

그때 어떤 무서운 목소리가 나에게 소리를 질렀다. "아니, 이게 웬일이야. 싱클레어, 어떻게 여기에 왔어?"

내 옆에서 한 형체가 일어나더니 유령같이 어둠 속에서 모습을 드러냈다. 작고 말라빠진 소년을 보고, 나는 머리칼이 주뼛하면서도 그것이 급우인 크나우어라는 것을 알았다.

"어떻게 여기에 왔어?" 그는 너무나 흥분되어서 미친 듯한 어조로 물었다. "어떻게 나를 찾아냈어?"

나는 이해가 가지 않았다.

"나는 너를 찾은 게 아냐." 나는 당황해서 말했다. 한 마디 한 마디가 무겁게 얼어붙은 입술 사이에서 너무나도 힘들게 더듬거리며 새어나왔다.

그는 나를 응시했다.

"찾지 않았다고?"

"그래. 뭔가가 이곳으로 나를 오게 했어. 네가 나를 불렀니? 네가 나를 불렀을 거야. 틀림없어. 그런데 여기서 뭘 하고 있어? 한밤중인데."

그는 여윈 팔로 경련하듯이 나를 안았다.

"그래, 밤이야. 곧 아침이 될 거야. 나를 용서할 수 있어?"

"무얼 용서해?"

"아, 내가 너무 못되게 굴었었어."

그제야 비로소 우리의 대화가 기억 속에 떠올랐다. 4, 5일 전이었을까? 그때로부터 한평생이라도 지나간 것 같았다. 그런데 갑자기 모든 것을 깨달았다. 나는 우리 사이에 일어났던 일뿐 아니라 내가 왜 여기까지 왔으며, 크나우아가 여기 이러한 데서 무엇을 하려고 했는지를 다 알 수 있었다.

"너는 죽으려고 했구나, 크나우아!"

그는 추위와 공포 때문에 몸을 부르르 떨었다.

"그래, 그러려고 했어. 그러나 그걸 할 수 있었을는지는 몰라. 나는 아침까지 기다리려고 했었어."

나는 그를 밖으로 데리고 나갔다. 냉랭하고 생기 없는 여명의 빛이 이제 막 지평선을 넘어 잿빛 새벽 속을 희미하게 비추고 있었다.

얼마 동안 나는 크나우아의 팔을 잡고 걸어갔다. 내 쪽에서 먼저 말이 나왔다. "이제는 집에 가, 그리고 아무 말도 하지 말아! 너는 잘못된 길을 걸은 거야! 우리는 네가 생각하는 것처럼 돼지가 아니라 인간이야. 우리가 신(神)들을 만들어 내고 그것들과 씨름하는 거야. 그리고 신들은 우릴 축복하지."

우리는 말없이 걸었고 말없이 헤어졌다. 집에 왔을 때는 날이 밝아 있었다.

내게 남아 있던 몇 주일 동안 ××가(街)에 있으면서 가장 좋았던 것은 오르간이나 벽난로 앞에서 피스토리우스와 보낸 시간들이었다. 우리는 아브락사스에 관해 그리스어로 쓰인 글을 같이 읽었다. 그는 《베다》(바라문교의 기본 경전)의 번역문 중에서 몇 구절을 읽어서 들려주었고, 성스러운 '옴(마술적인 힘을 가지고 있는 음절)'이라는 말의 발음을 가르쳐 주었다. 그러나 그 신비한 내용들이 내게 내면적인 자양분이 되었던 것은 아니었다. 나에게 활기를 불어넣어 준 것은 나 자신을 발견해 가는 과정, 나 자신의 꿈과 생각과 예감을 점점 믿게 된 것, 내 안에 간직하고 있는 힘을 점점 알아가는 것 등이었다.

피스토리우스와 나는 온갖 방법으로 서로를 이해했다. 나는 그를 생각하기만 하면 되었다. 그러면 틀림없이 그가 또는 그의 편지가 왔다. 마치 데미안과의 경우처럼, 그가 실제로 나와 같이 있지 않아도 나는 그에게 무엇을 물어볼 수 있었다. 나는 그를 강렬하게 상상하기만 하면 되었다. 그리고 내 질문을 긴장된 사고로써 그에게 향하게 하기만 하면 되었다. 그러면 질문 속에 주어진 모든 영혼의 힘이 대답으로 되어서 나에게 돌아왔다. 그러나 내가 상상하고 말을 건 것은 피스토리우스나 막스 데미안뿐만 아니라 내가 꿈꿔 왔고 그려왔던 그림, 반은 남자고 반은 여자인 꿈속의 모습 그대로 나타난, 나의 데몬이었다. 그것은 더 이상 내 꿈속에 갇혀 있거나, 오직 종이 위에서만 그려지고 마는 존재가 아니었다. 그것은 나의 이상, 또는 강해진 나의 모습을 하고 내 안에 살고 있었다.

독특하고, 가끔 우습기도 한 것은 자살 미수자 크나우아와 나와의 관계였다. 내가 그에게 보내졌던 그날 밤 이래 그는 충실한 하인이나 개처럼 나를 따랐고, 자신의 생을 나의 생과 연결시키려 했으며 맹목적으로 나에게 복종했다. 아주 이상스러운 질문과 소망을 가지고 그는 나를 찾아왔다. 그는 유령을 보고 싶어했고 카발라(중세 유대교의 신비주의)를 배우고 싶어했다. 내가 그에게 그 모든 것에 관해서 전혀 알지 못한다고 아무리 얘기해도 그는 믿으려고 하지 않았다. 그는 나에게 모든 힘이 있다고 믿었다. 그러나 기묘했던 일은, 그가 수수께끼 같고 바보 같은 질문들을 가지고 자주 나를 찾아왔었는데, 그때마다 나는 마침 나만의 수수께끼들을 풀지 못하고 있다가, 그의 그 비현실적인 생각과 요구들을 가지고 문제해결의 실마리와 원동력으로 삼을 수 있었다는 사실이다. 가끔 그가 귀찮게 느껴질 때도 있었다. 그래서 나는 건방진 태도로 그를 쫓아보냈다. 그러나 나는 내가 그에게 보내졌던 것처럼 그도 나에게 보내졌음을 느꼈다. 내가 그에게 준 것이 두 배로 늘어서 나에게 돌아왔고, 그도 나에게 지휘관이나, 아니면 최소한 이정표인 것같이 여겨졌다. 그가 자기를 구원해 줄 거라고 생각하며 나에게 가져오는 신비에 넘친 책과 글들은 내가 알 수 있던 것보다 더 많은 것을 가르쳐 주었다.

나중에 크나우아는 나도 모르는 사이에 내 삶에서 자취를 감추어 버렸다. 우린 한 번도 싸운 적이 없었다. 그럴 이유가 없었던 것이다. 그러나 피스토리우스와는 그렇지 않았다. ××가(街)에서의 내 고등학생 시절이 끝날 무렵, 나는 이 친구와 묘한 일을 체험했다.

가장 악의 없는 사람도 일생에 한 번 또는 몇 번은 경건과 감사라는 미덕을 거스르기 마련이다. 누구나가 머잖아 그의 아버지나 스승과 헤어지는 발걸음을 내디뎌야 하며 누구나가—대부분의 사람들은 그것을 참지 못하고 다시 움츠러져 들어가고 말지만—고독의 냉혹감을 느껴야만 한다. 나는 부모님과 그들의 세계, 내 아름다웠던 어린 시절의 '밝은 세계'와 격렬한 투쟁 속에서 헤어진 것이 아니다. 나는 그들과 서서히, 거의 눈에 안 띄게 멀어졌고 낯설어진 것이다. 내가 슬펐던 것은, 그런 방식일 수밖에 없었던 점과 고향을 찾을 때면 상당히 괴로운 시간들을 보낸다는 사실이었다. 하지만 그 감정은 내게 깊은 상처를 내지 못했다. 말하자면 견딜 만한 것이었다.

그러니 우리가 습관에서가 아니라 자기 자신의 내적 욕구로 사랑과 공경을 바쳤을 때, 우리가 마음속에서부터 제자이고 친구였을 때 우리 내부에 있는 경향이 갑자기 우리가 지금까지 가장 소중하게 여겼던 사람으로부터 우리를 분리시키려는 것을 인식한다는 사실은 괴롭고 끔찍한 순간일 수밖에. 그런 경우에 친구나 스승을 배척하는 모든 생각은 독기 서린 날카로운 비수가 되어서, 우리 자신의 양심을 찌른다. 그런 뒤에 그 온갖 타격은 방어태세를 갖추고 우리의 얼굴을 갈기며, 맞은 사람은 '배신'이나 '배은망덕' 같은 말들을 도의적으로 야유나 낙인처럼 느끼게 된다. 이때 우리의 놀란 마음은 어린 시절의 진실을 간직한 마법 같은 골짜기로 겁을 내며 도망친다. 그러나 그것과도 이미 우리가 이별했으며, 그 유대도 끊어져야 할 성질의 것임을 믿지 못한 채.

시간이 흐름에 따라 내 마음속에서는 천천히 친구 피스토리우스를 그처럼 절대적인 지도자로 인정하기를 거부하는 감정이 생겨나기 시작했다. 내가 청년 시절의 가장 중요한 몇 달 동안에 체험했던 것은 그와의 우정이었으며, 그의 충고와 위안과 그와 가깝게 지내는 것이었다. 그를 통해서 신(神)은 나에게 얘기를 했다. 그의 입을 통해 내 꿈은 나에게 다시 돌아왔고 설명되었으며 해석되었다. 그는 나에게 나 자신에 대한 용기를 주었다. 그런데 나는 이제 점점 그에 대한 반발이 늘어가는 것을 느꼈다. 그의 말속에는 설교가 너무 많이 들어 있었고, 부분적으로밖에는 그가 나를 완전히 이해하지 못한다고 느껴졌다.

우리 사이에는 싸움도 불쾌한 장면도 절교도 청산도 없었다. 나는 그에게 사실은 별로 중요하지도 않은 단 한 마디를 말했을 뿐이었다. 그러나 그것은 바로 우리 사이에서 망상이 색색의 조각으로 부서지는 순간이었다.

어렴풋한 예감이 이미 얼마 동안 나를 짓누르고 있었다. 하지만 그것이 뚜렷한 감정으로 된 것은 어느 일요일, 그의 서재에서였다. 우리는 벽난로를 앞에 두고 방바닥에 누워 있었다. 그는 자기가 연구하고 있다는 신비주의적 교의와 종교적 양식을 밝히고, 그것들이 가지고 있는 미래의 잠재성에 몰두하고 있다고 말했다. 그러나 나에게는 그 모든 것이 삶에 불가피하게 중요한 일이라기보다는, 신기하긴 하지만 부수적인 일로만 생각되었고 어렴풋하게 현학적인 무언가도 느껴졌다. 그의 말은 구시대의 폐허 속에서 뭔가를 찾아보겠다고 장황한 탐색을 벌이는 것처럼 들렸다. 갑자기 나는 이 모든 방식에 대한 반감, 신비주의에 대한 반감, 그가 신앙형식의 중간 형태를 가지고 장난친 그 짜깁기에 불과한 게임에 대한 반감이 솟아올랐다.

"피스토리우스!" 나는 갑자기, 그리고 나 자신에게도 의외였으며, 깜짝 놀랄 만큼 폭발적인 악의를 가지고 말을 시작했다. "꿈에 대해서 한번 얘기해 보는 게 어때요? 당신이 밤중에 꾸는 진짜 꿈 말이에요. 지금처럼 골동품 냄새가 나는 얘기 말고."

그는 내가 그런 투로 말하는 것을 아직까지 들어본 일이 없었다. 그리고 나 자신도, 그 순간에 내가 그에게 쏜 화살, 그의 심장을 찌른 그 화살이 그 자신의 무기 창고에서 끄집어 낸 것임을 번개처럼 재빨리, 수치와 두려움을 가지고 느꼈다. 그가 때때로 심술궂은 어조로 스스로에게 하던 비난, 난 그때 악의 있는 날카로운 형태로 그에게 던졌던 것이다.

그는 그것을 당장에 알았다. 그래서 그는 곧 조용해졌다. 나는 마음속에 공포를 느끼면서 그를 바라보았고, 그가 몹시 창백해지는 것을 보았다.

한참 동안 무거운 침묵이 흐른 뒤에 그는 불 위에 새로 장작을 얹고 조용히 말했다. "네 말이 맞는 것 같아, 싱클레어. 넌 영리한 녀석이지. 이제는 더 이상 골동품 냄새 나는 말은 하지 않을게." 그는 매우 조용하게 말했으나 나는 상처입은 아픔을 그의 목소리에서 들을 수 있었다. 아, 나는 무슨 짓을 한 걸까!

눈물이 나올 것만 같았다. 나는 그에게 다정한 태도를 취하고 싶었고, 용서를 빌고 싶었으며, 나의 애정과 따뜻한 감사를 보이고 싶었다. 감동적인 말이 내 머리에 떠올랐으나 나는 그것을 말할 수가 없었다. 나는 단지 누운 채 불을 바라보며 침묵을 지켰다. 그도 침묵했다. 그렇게 우리는 누워 있었고 불은 다 타서 떨어지고 사그라졌다. 소리를 내면서 타고 꺼지는 불을 볼 때마다 나는 다시는 돌아오지 않을 아름답고 다정한 그 무엇이 꺼지는 것을, 사라져 버리는 것을 느꼈다.

"내 말을 오해했을까 봐 하는 말인데……" 나는 메마르고 쉰 목소리로 겨우 말을 꺼냈다. 이 어리석고 무의미한 말은, 마치 신문 소설을 소리내서 읽듯이 내 입술에서 기계적으로 새어나왔다.

"아니, 무슨 말인지 알아들었어." 피스토리우스는 낮은 목소리로 말했다. "네 말이 옳아." 나는 기다렸다. 그가 천천히 다시 말을 이었다. "인간이 다른 인간에 대해서 정당할 수 있는 한도 내에서, 네 말은 정당했어."

아니, 아니야! 나는 속으로 부르짖었다. 잘못 말했어! 그러나 나는 말할 수 없었다. 나는 내가 말한 대수롭지 않은 단 한 마디가 그의 본질적인 약점과 그의 고뇌와 상처를 찌른 사실을 알았다. 나는 그 자신이 회의하고 있을 바로 그 점을 건드린 것이었다. 그의 이념은 '케케묵었다.' 그는 과거로 향한 탐구자였으며 낭만주의자였다. 갑자기 나는 깊이 느꼈다. 피스토리우스가 가지고 있었고 내게 주었던 것은 이제 그에게 있지도 않으며, 자기 자신한테도 줄 수 없는 것임을 말이다. 지금껏 그가 이끌어 주었던 여정은 이젠 지도자인 그를 초월하고 심지어 지도자를 버리고 떠나야만 하는 것이 되어 있었다.

어떻게 해서 그런 말을 했는지는 정말로 알 수가 없다. 나는 조금도 나쁜 의미로 한 말이 아니었고 또 파국이 오리라는 것은 예상하지도 못했었다. 나는 말하고 있는 순간에도 내가 무엇을 말하는지 전혀 알지 못한 채 말을 했다. 나는 대수롭지 않은, 약간 재치 있고 심술궂은 생각이 문득 떠오르는 대로 말한 것뿐이었는데, 그것이 운명이 되어 버린 것이었다. 내가 부주의하여 얼마간 거칠긴 했지만 사소한 과오를 저질렀을 뿐인데, 그는 그것을 하나의 심판으로 보았다.

그때 나는, 그가 화내며 자신을 변호하고 내게 소리쳐 주기를 얼마나 바랐는지 모른다! 그러나 그는 전혀 그렇게 하지 않았다. 그 모든 것을 나는 혼자서 내 안에서 해야만 했다. 그는 할 수 있었다면, 미소를 지어 보였으리라. 하지만 그가 미소를 지을 수 없는 것을 보고 나는, 내가 그에게 얼마나 큰 상처를 입혔는가를 알 수 있었다.

피스토리우스는 그의 배은망덕하고 건방진 제자인 나로부터 받은 타격을 그렇게 소리 없이 받아들임으로써, 그리고 잠자코 내 말이 옳다고 인정함으로써, 그리고 내 말을 운명으로 받아들임으로써 나의 무분별을 천배나 확대했고, 나로 하여금 내 스스로를 증오하게 만들었다. 그에게 한 방 먹였을 때 나는 내가 강자를, 그리고 충분히 방어할 수 있는 자를 공격한 거라고 생각했다. 그러나 그는 조용하고 수동적이며 무장해제된 사람같이 되어 버려, 적에게 항거 한번 하지 않고 영토를 내어주고 있었다.

우리는 오랫동안 꺼져가는 불 앞에 누워 있었다. 타오르는 불꽃의 형상과 몸부림치는 잔가지들 하나하나에서 우리의 풍부했던 대화가 떠올랐고 피스토리우스에게 많은 것을 빚졌다는 사실에 대해 죄의식이 쌓여갔다. 마침내 나는 더 이상 견딜 수 없어졌다. 나는 일어서서 나갔다. 오랫동안 나는 방문 앞에서, 어두운 계단에서, 그리고 대문 앞에서까지, 그가 혹시 나를 따라나오지 않을까 하고 그를 기다리고 서 있었다. 그런 뒤에 나는 다시 걸었다. 몇 시간 동안이나 시내와 교외와 공원과 숲 속을 밤이 될 때까지 돌아다녔다. 그때 나는 처음으로 카인의 표적을 내 이마 위에서 느꼈다.

천천히 나는 반성해 보았다. 내 생각은 나를 고발하고 피스토리우스를 변호할 모든 의도를 가지고 있었다. 그러나 모든 것이 반대로 끝났다. 나는 내가 빨리 나와 버린 것과 나의 말을 후회하고 취소할 마음이 천 번이나 있었지만 내 말은 진실이기도 했던 것이다. 이제야 비로소 나는 피스토리우스를 완전히 그리고 제대로 이해할 수 있었으며 그의 꿈 전부를 내 앞에 세워볼 수가 있었다. 그 꿈은 성직자가 되는 것, 새로운 종교를 선언하는 것, 숭고와 사랑과 예배의 새로운 형식을 주고 새로운 상징을 세우는 일이었다. 그러나 그것은 그에게는 벅찬 일이었으며 그가 해야 할 일도 아니었다. 그는 과거 속에 너무 포근히 잠겨 있었고, 과거의 지식에 지나치게 해박했으며, 이집트와 인도와 미트라스^(아리안계의)와 아브락사스에 관해서 너무 많이 알고 있었다. 그의 사랑은 지상에 나타났던 이미지들에 사로잡혀 있었다. 그러면서도 그는 그의 가장 깊은 내면에서 새로운 세계는 새롭고 달라야 한다는 사실을 알고 있었으며, 그것은 새로운 토양에서 솟아나는 것이지 결코 박물관이나 도서관에서 끌어올 수 없다는 사실을 알고 있었다. 그의 천직은 어쩌면 나에 대한 경우와 마찬가지로 인간을 자기 자신의 길로 가도록 도와주는 데 있었는지도 몰랐다. 인간에게 미지의 것을, 새로운 신을 주는 것은 그의 천직이 아니었다.

여기서 나에게 갑자기 밝은 불길 같은 깨달음이 타올랐다. 우리 누구에게나 '천직'이 있다. 그러나 아무도 그것을 임의로 선택하고 변화시키고 마음대로 관리할 수는 없다. 새로운 신을 원하는 것은 잘못이었다. 세계에 무언가를 주려는 것은 완전히 잘못이었다. 계몽된 인간에게 주어진 임무란 오직하나, 자기 자신을 찾고 자기 자신 속에 확고해지는 자기 자신의 길을, 그것이 어디로 가는 길이든, 더듬어 전진한다는 그런 한 가지 일밖에는 없는 것이었다. 그 깨달음은 나에게 깊은 감동을 주었다. 그리고 그것을 인식할 수 있었던 것이 그 체험이 나에게 준 결실이었다. 나는 가끔 미래의 모습들을 떠올려 보았다. 시인이나 예언자나 화가, 또는 그런 비슷한 무엇이든지간에 나에게 주어질 역할에 관해서 공상했다.

그 모든 것은 쓸데없는 일이었다. 나는 시를 쓰거나 설교하거나 그림을 그리기 위해 존재하는 게 아니었다. 나도 그렇고 다른 어떤 사람도 마찬가지였다. 그 모든 것은 다만 부수적으로 생겨난 것이었다. 누구에게나 진정한 천직은 다만 자기 자신에 다다르는 것 한 가지뿐이었다. 인간은 시인, 광인, 예언자 또는 범죄인으로 끝날 수도 있다. 그러나 그것은 그의 일이 아니며, 결국 중대사가 아닌 것이다. 인간의 과제는 자기 자신의 운명을 발견하는 것이지 제멋대로 사는 것이 아니다. 또한 자신의 운명을 완전히 받아들여 의연하게 살아내야만 하는 것이다. 그 밖의 모든 것은 유보된 일, 도피의 시도, 대중의 이상 속으로의 퇴보, 적응, 그리고 자기 자신의 내면에 대한 공포였다. 끔찍하고도 성스럽게 새로운 형상이 내 앞에 떠올랐다. 나는 그것을 이미 몇백 번은 예감했고, 어쩌면 말을 하기도 했으나 이제서야 비로소 체험한 것이다. 나는 자연의 일부에서 이루어진 하나의 실험이었다. 불확실 속에서의 시도, 어쩌면 새로운 것에의, 또 어쩌면 무(無)에의 시도였다. 그리고 깊고 깊은 심연에서 나온 이 시도를 작용시키고, 그것의 의지를 내 안에서 느끼고, 그것을 완전히 내것으로 만드는 것, 그것만이 나의 과제였다.

나는 이미 많은 고독을 맛보았다. 그런데 이제 나는 보다 더 깊은 고독이 있다는 것과 그것으로부터 달아날 수 없다는 것을 예감했다.

나는 피스토리우스와 화해하려고 애쓰지 않았다. 우리는 친구로 남았으나 이제 관계는 달라졌다. 단 한 번 우리는 그 문제에 관해서 말을 했다. 사실은 그 말을 한 것은 피스토리우스였다. 그는 말했다.

"내가 성직자가 되고 싶어한다는 걸 너도 알지. 우리가 그처럼 많은 예감을 갖고 있는 새로운 종교의 성직자가 되는 게 나의 가장 큰 소망이었어. 그러나 나는 그렇게 될 수 없을 것 같아. 나는 그것을 깨달았고, 인정하지 않으려 했지만 벌써 오래전부터 이미 알고 있었어. 그래서 이젠 다른 방식으로 찾아볼 거야. 어쩌면 오르간이나 또는 다른 방법으로. 하지만 나는 언제나 내가 아름답고 성스럽다고 느끼는 것들—오르간, 음악, 신비, 상징, 신화—에 에워싸여 있어야 해. 난 그것을 필요로 하고 그것을 떠날 수 없거든. 그것이 내 약점이야. 싱클레어, 나도 그런 욕망을 가져서는 안 된다는 걸 알고 있어. 그것은 나약함과 사치임을 아니까 말이야. 내가 아무것에도 기대지 않고 운명에 온전히 내 전부를 맡겼더라면 보다 위대하고 보다 당당해질 수 있었겠지. 그러나 난 그럴 수가 없어. 내겐 그럴 힘이 없어. 어쩌면 넌 언젠가 그것을 할 수 있을지도 모르지. 그것은 어려운 일이야. 이 세상에서 진정으로 어렵다고 할 수 있는 유일한 것이지. 나는 가끔 그것을 꿈꾸곤 해. 하지만 나는 불가능해. 생각만으로도 소름이 끼쳐. 나는 그렇게 완전히 나체로 고독하게 서 있을 수가 없어. 나 역시 가엾고 약한 개에 불과해. 약간의 따스함과 먹이를 필요로 하고 때때로 나와 같은 존재가 가까이에 있음을 느끼고 싶어하지. 자기 운명 말고는 아무것도 원하지 않는 사람은 더 이상 동료를 가질 수 없고, 단지 차가운 공간밖엔 주변에 아무것도 없게 되는 거야. 거기서 그는 완전히 혼자가 되는 거지. 겟세마네 동산에서 예수가 그랬던 것처럼. 기꺼이 십자가에 못 박힌 순교자들은 셀 수도 없이 많았어. 하지만 그들조차 자유로운 정신을 가진 영웅은 아니었어. 그들 역시 사랑하고 친숙해질 어떤 것을 구했고, 또 삶의 모델이, 이상이 있었으니까. 진정으로 자기 운명의 길을 추구하는 사람은 아무런 모델도, 이상도 없어. 어떠한 애착도 위안거리도 찾지 않아! 그게 우리가 걸어야 할 진짜 길이지. 너와 나 같은 사람들은 참 외로운 존재들이지만 여전히 우리는 서로를 갖고 있어. 우리는 자신이 남과 다르다고, 또 자신이 반항적이라고 느끼는 데서, 그리고 자신이 무언가 유별난 것을 바란다는 데서 은밀한 만족감을 느끼지. 하지만 우리가 찾는 길의 종착점에 다다르려면 그런 것도 던져버려야 해. 우리는 혁명을,

이를테면 순교자 같은 걸 꿈꿔선 안 돼. 참된 길은 그런 환상을 넘어선 곳에 있으니까……."

정말로 상상을 뛰어넘는 일이었다. 그러나 그것을 꿈꿀 수 있고, 미리 감지할 수 있으며, 느낄 수는 있는 일이었다. 나는 아주 고요한 시간에 몇 번인가 그것을 느낀 적이 있었다. 그때 나의 내부를 응시하고, 내 운명의 모습을 마주볼 수 있었다. 그것의 눈은 지혜에 넘칠 수도, 광기에 넘칠 수도 있으며, 사랑에 빛나거나 깊은 악의에 차 있을 수도 있었다. 어떤 것이든 모두 같은 것이었다. 우리는 그중 어떤 것도 선택할 수 없고 소망할 수도 없다. 우리는 다만 자기 자신을, 운명을 소망해야 했다. 이 수준까지 오르는 것에 피스토리우스는 나에게 지도자 역할을 한 것이었다.

그 시절에 나는 맹인인 것처럼 걸어다녔다. 마음속에서는 폭풍우가 울부짖었고 한 걸음 한 걸음이 새로운 위험을 품고 있었다. 내 눈앞엔 아무것도 보이지 않았으며, 다만 깊이를 헤아릴 수 없는 암흑만이 이제껏 내가 걸었던 모든 길을 그 어둠 속으로 빨아들여 사라지게 하고 있을 뿐이었다. 그리고 내 안에서 지도자의 모습을 보았다. 그 모습은 데미안과 비슷했으며, 그의 눈에는 내 운명이 어리어 있었다.

나는 종이에다 썼다. '어떤 지도자가 나를 버렸다. 나는 완전히 암흑 속에서 있다. 나는 한 발짝도 걸을 수가 없다. 도와다오.'

나는 이 종이를 데미안에게 보내려고 했으나 그만두었다. 모든 일은 내가 그것을 하려고만 하면 바보 같고 무의미한 짓으로 보였다. 그러나 나는 내가 이 짧은 기도문을 마음속으로 암송하며 가끔 나 자신에게 들려준다는 것을 알았다. 그 기도문은 온종일 나와 함께 있었다. 나는 어렴풋이 기도가 무엇인가를 느끼기 시작했다.

나의 고등학교 시절은 끝났다. 나는 방학 동안 여행을 할 예정이었다. 그것은 아버지의 생각이었다. 그리고 그 뒤에는 대학에 입학할 예정이었다. 무엇을 전공할 것인가는 아직 정하지 못했다. 내 희망대로 한 학기 동안 철학 공부를 하게 되었다. 하지만 다른 어떤 과목이었더라도 나는 그 과목을 들었을 것이다.

7 에바 부인

  방학 동안에, 나는 몇 년 전 데미안이 그의 어머니와 함께 살고 있던 집에
한번 가보았다. 어떤 나이 많은 부인이 마당을 거닐고 있었다. 나는 그 부인
에게 말을 걸어 그 집이 그녀의 소유임을 알았다. 나는 데미안의 가족에 관
해서 물었다. 그 부인은 데미안의 가족을 잘 기억하고 있었지만 어디에 살고
있는지는 모른다고 했다. 그 부인은 내가 데미안에 대해 관심이 많다는 것을
짐작하고 나를 집으로 데리고 들어갔다. 그리고 가죽 앨범을 꺼내더니 데미
안 어머니의 사진을 보여 주었다. 나는 그 얼굴을 기억할 수는 없었다. 그러
나 사진을 보았을 때 내 심장의 고동은 멎는 듯했다. 그것은 바로 내 꿈의
모습이었다! 바로 그 여자였다. 키가 크고 거의 남성적인 여자의 모습, 아
들과 비슷하고, 모성의 특징과 엄격함, 정열이 모두 담긴 모습이었다. 아름
답고 유혹적인 동시에, 아름답지만 가까이 갈 수 없는, 악령과 모성, 운명과
애인의 모습을 가지고 있었다. 분명 잘못 본 것이 아니었다!

  내 꿈의 모습이 지상에 존재한다는 것을 이런 식으로 발견했다는 사실에
나는 충격을 받았다. 마치 기적 같았다. 하지만 이렇게 생긴 여자가, 내 운
명의 모습을 그대로 지닌 여자가 있는 것이다! 그리고 그 여자는 데미안의
어머니였다. 그분은 어디에 있을까?

  그 뒤 곧 나는 여행을 떠났다. 참으로 별난 여행이었다! 나는 그 여인을
찾기 위해서 쫓기듯이 이곳에서 저곳으로 영감이 떠오르는 곳을 찾아 돌아
다녔다. 어떤 때는 내가 만나는 모든 사람의 얼굴에 그녀의 얼굴이 남아 있
고, 그녀의 목소리가 들리는 것만 같은 날들도 있었다. 그럴 때면 나는 그녀
와 비슷해 보이는 사람을 따라 마치 얽히고설킨 꿈속에서처럼, 낯선 도시의
거리들을 지나고, 기차역을 지나며, 전차 속으로 뛰어들기도 했다. 또 다른
때는 나의 수색작업이 얼마나 헛된 일인가를 깨닫게 되는 날도 있었다. 그러
면 나는 아무 공원이나 호텔 정원, 아니면 대합실에 멍하니 앉아서 내 안에
있는 모습을 그려보려고 노력했다. 그러나 그 모습은 이제는 수줍은 듯했고
사라져 가는 듯이 느껴졌다. 나는 전혀 잠을 잘 수가 없었다. 다만 처음 보
는 풍경 속을 기차로 달리는 동안 잠깐 졸 수 있는 기회를 잡을 수 있었을
뿐이었다. 한번은 취리히에서 어떤 여자가 나를 따라왔다. 예쁘게 생긴 좀
뻔뻔스러운 여자였다. 나는 그 여자를 보지도 않고 마치 그 여자가 공기인

양 무시한 채 그냥 걸어갔다. 다른 여자에게 단 한 시간이라도 흥미를 가질 바에는 나는 차라리 당장에 죽음을 택했으리라.

나는 내 운명이 나를 잡아당기는 것을 느꼈고, 그것이 실현될 날이 멀지 않은 것을 느꼈다. 어떻게 할 수 없을 정도로 초조한 나머지 미칠 것 같았다. 언젠가는 어느 역에서, 아마 인스부르크에서였던 것 같은데, 막 떠난 기차의 창가에서 그 여자로 연상되는 모습을 보고 온종일 속을 태웠다. 그리고 갑자기 그 모습이 밤에 내 꿈속에 다시 나타났다. 나는 내 추적이 무의미하다는 것에 수치스럽고 실망스런 느낌으로 잠에서 깨어, 집으로 가는 다음 기차를 탔다.

몇 주일 뒤에 나는 H대학에 등록했다. 모든 것이 나를 실망시켰다. 내가 수강한 철학사 강의나 대학생들의 행동이나 마찬가지로 영감도 부족하고 판에 박힌 것이었다. 누구나가 똑같은 행동을 했으며, 열띤 명랑한 소년들의 얼굴 표정은 답답하도록 공허하고 진부해 보였다. 그러나 나는 최소한 자유로웠다. 내겐 온종일이란 시간이 있었고, 성곽 근처의 오래된 집에서 조용하고 쾌적하게 살았다. 내 책상 위에는 니체의 책이 몇 권 놓여 있었다. 나는 그와 함께 살았다. 나는 그의 영혼의 고독을 느꼈고, 그를 쉴 새 없이 몰아간 운명을 이해했으며, 그와 함께 괴로워했다. 나는 그처럼 가차없이 자기 길을 간 사람이 한 사람 있었다는 것을 행복하게 생각했다.

어느 날 저녁 늦게, 나는 시내로 산책을 나갔다. 불어오는 가을 바람에 선술집에서 모임을 갖는 학생들의 떠들썩한 소리가 실려왔다. 열어 놓은 창으로 담배연기가 구름같이 피어오르고 있었으며 노랫소리가 터져 나오고 있었다. 소리 높여 박자를 맞추긴 하지만, 일률적으로 영감도 없고 생명력도 없이 부르는 노랫소리였다.

나는 길모퉁이에 서서 귀를 기울였다. 두 곳의 술집에서 기계적으로 정확하게 연습된 쾌활한 젊은이들의 목소리가 흘러나와서 밤 공기 속에 울려 퍼졌다. 어디를 보나 겉치레뿐인 친목을 나누고, 운명의 책임을 벗어던지려 하고 있으며, 따뜻함을 느끼기 위해 군중 속으로 도망치는 사람들뿐이었다.

내 뒤로 두 남자가 천천히 걸어오고 있었다. 나는 그들이 하는 대화의 한 토막을 들었다.

"이건 꼭 아프리카 원주민 마을의 젊은이들 집 같지 않습니까? 모든 점에서 똑같습니다. 심지어는 문신(文身)까지도 유행이랍니다. 보십시오. 바로 이것이 젊은 유럽입니다."

그 목소리는 나에게 이상하게도 경고하듯이 들렸고, 귀에 익은 목소리같이 들렸다. 나는 어두운 골목 속으로, 그 두 사람을 따라갔다. 그중 하나는 자그마하고 품위 있게 생긴 일본인이었다. 나는 가로등 밑에서 빛을 받은 그의 노란 얼굴이 미소 짓는 것을 보았다.

그때 또 한 사람이 말을 이었다.

"당신네 나라 일본도 이보다 낫지는 않을 겁니다. 군중을 따라가지 않는 사람은 어디서나 희귀한 법입니다. 여기에도 그런 사람이 없는 건 아닙니다."

그의 한 마디 한 마디에 놀라움과 기쁨이 한데 섞여 가슴속으로 밀려들었다. 나는 말하고 있는 사람이 누군지 알았다. 그는 데미안이었다. 나는 그와 일본인을 뒤쫓아 바람이 몰아치는 거리를 걸어갔다. 나는 그들의 대화에 귀를 기울여 데미안의 목소리를 음미했다. 그는 내 귀에 익숙한 그 낭랑한 목소리를 아직 간직하고 있었다. 데미안의 목소리에는 옛날 같은 아름다운 고요와 안정이 있었으며, 나를 사로잡는 힘이 있었다. 이제는 만사형통이었다. 그를 찾은 것이다.

교외의 어떤 길 끝에서 일본인은 작별 인사를 하고 대문을 열었다. 그러자 데미안은 왔던 길을 향해 다시 돌아섰다. 나는 길 한복판에 멈추어 서서 그를 기다렸다. 나는 심장을 두근거리면서, 고무로 된 갈색 비옷을 입은 그가 가느다란 지팡이를 팔에 걸고 탄력 있는 걸음으로 내가 있는 쪽으로 걸어오는 것을 보았다. 그는 그의 규칙적인 걸음걸이를 바꾸지 않고 바로 내 앞에까지 와서 멈추었다. 그리고 모자를 벗었다. 결단력 있어 보이는 입매와 유별나게 빛을 발하는 넓은 이마와 함께 그의 맑은 얼굴이 보였다.

"데미안!" 나는 소리를 질렀다.

그가 손을 내밀었다.

"너로구나, 싱클레어! 너를 기다리고 있었어."

"내가 여기 있는 것을 알고 있었어?"

"정확하게 알고 있지는 않았지만 너였기를 바란 것은 확실해. 너를 본 것은 오늘 밤이 처음이야. 너는 우리를 내내 따라오더구나!"

"나를 금방 알 수 있었어?"

"물론이지. 너는 좀 변하기는 했지만 표적을 가지고 있으니까."

"표적이라고? 무슨 표적?"

"우리는 전에 그것을 카인의 표적이라고 불렀었지. 아직 기억할지 모르지만, 그것은 우리의 표적이야. 너는 그것을 언제나 가지고 있었어. 그래서 내친구가 된 거야. 그런데 이제는 그것이 더 뚜렷해졌어."

"나는 몰랐어. 아니, 어쩌면 알고 있었는지도 몰라. 언젠가 나는 네 그림을 그린 일이 있어, 데미안. 그리고 그 그림이 나하고도 닮은 데 놀랐어. 그것이 표적이야?"

"그것이 표적이야. 네가 여기 있어서 잘됐다! 우리 어머니가 기뻐하실 거야."

나는 깜짝 놀랐다.

"너의 어머니? 여기 계시니? 그런데 나를 모르시잖아!"

"너를 알고 있어. 네가 누구라는 것을 내가 말하지 않더라도 어머니는 너를 알 거야. 우리 소식이 끊긴 지 오래됐구나."

"아, 가끔 편지 쓰려고 했지만 되지를 않았어. 얼마 전부터 나는 너를 꼭찾아야 한다는 것을 느꼈어. 나는 날마다 그날을 기다렸어."

그는 내 팔 밑으로 파고들어 자기 팔을 끼더니 나를 따라 걸었다. 고요한후광 같은 것이 그로부터 발산되어 내게까지 전해졌다. 우리는 곧 전과 마찬가지로 얘기했다. 우리는 학교 시절과 교리문답 시간과 또 방학 동안의 그불행했던 공동생활을 회상했다. 그러나 우리의 지난 시간 중에서 가장 오래되고, 우리를 가장 밀접하게 묶어 주는 프란츠 크로머의 사건에 관해서만은얘기하지 않았다.

어느덧 우리는 이상스럽고 예감에 넘친 대화의 한가운데로 빠져들어가 있었다. 우리는 데미안이 일본인과 나눈 대화 이야기를 하다가 대학 생활에 관해서 얘기를 했는데 그러다가 다시 다른 화제로 옮겨갔다. 어떤 것은 동떨어져 별로 상관없는 이야기같이 보이기도 했다. 그러나 데미안의 말 속에서 모든 것이 긴밀하게 연관되고 있음이 확실해지기 시작했다.

그는 유럽의 정신에 관해서, 그리고 이 시대의 상징에 관해서 말했다. 그는 곳곳에 결합과 군중이 지배하고 있지만 자유와 사랑은 아무 곳에도 없다고 말했다. 이 모든 단체는, 대학생들의 조직과 합창대에서부터 국가의 연맹에 이르기까지 모두가 다 강제로 조직된 것이며, 불안과 공포와 당혹감에서 나온 공동체이며, 내부는 썩고 낡아 무너지기 일보 직전이라는 것이다.

"진정한 공동체란," 데미안은 말했다. "아름다운 거야. 그러나 지금 곳곳에 생겨나고 있는 것들은 전혀 그런 게 아니야. 참된 정신은 서로가 나누는 지식에서 나와야만 해. 그것은 얼마간 세계를 변화시킬 거야. 현재의 공동체 정신은 다만 군중의 본능적인 표현에 지나지 않아. 사람들은 서로에 대해 두려움을 갖기 때문에 서로 다른 이의 손을 잡는 거야. 상류 계급은 상류 계급끼리, 노동자는 노동자끼리, 학자는 학자끼리! 그런데 왜 그들은 두려움을 느끼는 걸까? 우리는 우리 자신과 일치할 수 없을 때만 두려움을 갖게 되지. 그들은 한 번도 스스로의 입장을 지킬 결심을 표명한 일이 없기 때문에 두려움을 느끼는 거야. 자기 자신 속에 있는 미지의 것에 대해서 두려움을 가지고 있는 사람들로만 구성된 단체인 거야! 그들은 모두 그들의 규칙이 이미 효과가 없음을 느끼고 있어. 케케묵은 계율에 따라서 살고 있음을 느끼고 있는 거지. 그들의 종교도, 그들의 윤리도 그 어느 것도 현 시대가 필요한 것과는 들어맞지 않아. 백 년이 넘도록 유럽은 단지 연구만 하고 공장만 세웠어! 그들은 한 사람을 죽이기 위해서는 몇 그램의 탄약이 필요한가는 정확히 알고 있으나, 신에게 어떻게 기도해야 하는지는 모르지. 아니 그들은 한 시간을 어떻게 즐겁게 보낼 수 있는지조차 몰라. 학생들이 다니는 술집을 좀 봐! 아니면 부자들이 모이는 오락장도 좋아. 정말로 어찌할 수가 없을 지경이야. 싱클레어, 이 모든 것에서는 제대로 된 게 나올 수 없어. 저런 식으로 벌벌 떨면서 같이 어울리는 사람들은 공포심과 악의에 넘쳐 있어서 아무도 다른 사람을 믿지 않아. 그들은 이미 이상도 아닌 이상에 매달려 있으면서 새로운 이상을 세우려는 자에게 돌팔매질을 하고 있어. 난 투쟁이 다가오는 것을 느낄 수 있어. 그런 일이 있을 거야. 내 말을 믿어! 곧 일어날 거야! 물론 그렇다고 세계가 '개선'되지는 않아. 노동자가 공장주를 죽이거나 러시아와 독일이 서로 총질을 하거나 지배자가 바뀌거나 하는 것뿐이야. 그러나 그것은 헛된 일이 아닐 거야. 그것은 오늘날의 이상이 파국을 맞았다는 것을 폭로할 테고 석기시대의 신들을 쓸어버릴 거야. 틀림없이 지금과 같은 세계는 죽어야 하고 몰락해야 하지. 그리고 아마도 그렇게 될 거야."

"그러면 우리는 어떻게 되는 거지?"

"우리? 어쩌면 우리는 같이 몰락하거나 저격당할지도 몰라. 그러나 중요한 것은 그렇다고 해서 우리가 그렇게 쉽게 사라지는 것은 아니라는 사실이야. 우리로부터 남는 것, 또 살아남는 우리 속의 무언가를 중심으로 미래의 의지가 모일 거야. 인류의 의지도 나타날 거야. 우리 유럽이 얼마 동안 기술과 과학이라는 시장(市場)으로 인류의 의지를 압도해 왔지만, 그렇게 되면 인류의 의지가 오늘날 공동체의 의지나 국가와 국민들의 의지 또는 연맹과 교회의 의지와 조금도, 아무것도 같지 않다는 게 드러날 거야. 자연이 인간에게 원하는 것은, 개개인 속에 그리고 너와 내 안에 씌어 있어. 예수의 경우에도 니체의 경우에도 그랬지. 물론 날마다 다른 양상을 띤다고 가정할 순 있겠지만, 유일하게 중요하다고 할 수 있는 이러한 의지는 지금의 사회들이 무너지고 나면 비로소 숨 쉴 수 있는 공간을 갖게 될 거야."

우리는 상당히 늦은 시간에 강가의 집 앞에서 걸음을 멈추었다.

"우리는 이 집에 살고 있어. 곧 우리집에 와! 진심으로 기다리고 있겠어." 데미안이 말했다.

나는 기쁜 마음을 안고 더욱 쌀쌀해진 밤공기를 마시면서 먼 귀로에 올랐다. 여기저기서 학생들이 소리를 지르고 비틀거리며, 자기들 숙소로 가고 있었다. 나는 가끔 그들의 유쾌하고 우스꽝스러운 태도와 나의 고독한 생활 사이에서 대립을 느꼈었다. 그것은 내게 어떤 때는 조롱당하는 느낌으로, 어떤 때는 박탈감으로 다가왔었다. 그러나 나는 그날까지 아직 한 번도 고요와 신비한 힘을 가지고 모든 것이 나하고 얼마나 상관없는 일인가를, 그리고 이 세계가 나에게는 얼마나 멀리 사라진 세계인가를 느낀 적이 없었다. 나는 고향 도시에 있는 한 관리를 기억했다. 늙고 위풍 있는 신사인 그는 술집에서 보낸 그의 대학시절의 추억이 마치 낙원에서 가져온 기념품이거나 한 것처럼 집착하며, 시민이나 낭만주의자들이 어린 시절을 부풀려 말하듯이 이제 '사라진' 자신이 학창시절을 예찬하는 말을 늘어놓고 있었다. 어디서나 마찬가지였다! 그들은 어디서나 '자유'와 '행복'을, 지난 자취 어느 곳에서나 찾았다. 책임감으로 그들의 어깨를 짓누르는 현재와 다가올 미래가 있는, 두려운 궤도에서 벗어나서 말이다. 사람은 몇 년 동안 술을 마시고 즐기고는 움츠리고 주저앉아서 국가 공무를 보는 성실한 신사가 되어 도망쳐 버렸다. 정말로 우리 사회는 부패했다. 그리고 이 대학생들의 어리석은 짓들은 생각해 보면, 백 년 전에 비해 조금도 개선되지 않았다.

그런데 내가 도심지에서 떨어진 내 집에 와서 침대에 들어가자, 이런 생각들이 다 없어져 버렸다. 내 모든 정신은 그날이 나에게 선사해 준 커다란 약속에만 신경쓰고 있었다. 내가 원하기만 한다면 곧 내일이라도 나는 데미안의 어머니를 볼 수 있는 것이다. 학생들이 주막에서 살든, 얼굴에 문신을 파든, 세계가 썩었든, 몰락을 기다리든, 나하고는 상관없는 일이었다. 나는 다만 내 운명이 새로운 모습으로 나를 향해 올 것만을 기다렸다.

나는 아침 늦게까지 깊은 잠을 잤다. 다시 밝은 날은 나에게 마치 소년 시절 성탄절 때 체험해 본 뒤로 처음 느끼는 엄숙한 축제의 날 같았다. 나는 불안으로 가득 찼지만, 두렵지는 않았다. 나에게 있어서 중요한 날이 시작되었음을 나는 느꼈고, 내 주위의 세계가 변모하여 의미심장하고 엄숙하게 대기하고 있음을 보고 체험했다. 소리 없이 내리는 가을비마저도 아름다움을 지니고 있었으며, 고요하면서도 축제 같은 대기는 행복하고 성스러운 음악으로 가득 찼다. 처음으로 외부 세계가 나의 내부 세계와 순수하게 일치했다. 그것은 살아 있다는 기쁨이었다. 집도, 가게 진열장도, 길거리를 가는 어떤 얼굴도 나에게 방해가 되지 않았다. 모든 것은 마땅히 있어야 하는 그대로였다. 그러면서도 날마다 보던 단조롭고 지루한 모습을 하고 있지 않았다. 모든 것은 자연의 일부였고, 기다리는 듯한 태도였으며, 경외하는 태도로 운명을 마주할 준비가 되어 있었다. 어린 시절 성탄절이나 부활절 같은 대축제일 아침이면 나는 세계를 바로 이렇게 보았다. 나는 이 세계가 아직도 이토록 아름다울 수 있다는 사실을 잊고 있었다. 나는 나 자신의 내부로 향해서 사는 것에 습관이 되어 있어, 바깥세상의 의미가 나에게는 상실되어 버렸다는 것, 빛나는 색채의 사라짐이 유년기의 상실과 뗄 수 없는 관계라는 것, 그리고 우리는 영혼의 자유와 성숙을 이 고귀한 감동의 여운을 포기하는 것으로 지불해야 한다는 생각을 받아들이고 있었다. 하지만 그때는 너무나 기뻤다. 묻혀 있거나 탁하게 가려져 있기만 했던 그 모든 것을 나는 보았던 것이다. 자유로워져서 어린 시절의 행복과 단절되었더라도 빛나는 세계를 보는 것이 아직 가능하다는 사실을, 그리고 어린 시절에 가졌던 상상력의 달콤한 전율을 맛보는 것이 아직 가능하다는 사실을 알았던 것이다.

드디어 지난 밤 내가 막스 데미안과 작별 인사를 나누었던 교외의 정원을 다시 찾아가는 시간이 왔다. 촉촉하게 비에 젖은 높은 나무 뒤에 밝고 쾌적한 작은 집이 가려져 있었다. 판유리 뒤에 꽃나무가 보였고, 투명한 유리창 뒤에 그림과 책장이 있는 어두운 색깔의 벽이 보였다. 대문은 난방을 한 자그마한 현관으로 곧장 연결되어 있었다. 검은 옷에 흰 앞치마를 두른 늙은 하녀가 말없이 나를 안으로 안내하고는 내 외투를 받아서 걸었다.

그 여자는 나를 현관에 혼자 남겨두었다. 나는 주위를 둘러보았다. 곧 나는 내 꿈의 한가운데로 들어갔다. 색이 짙은 목재 패널로 된 문 위쪽의 벽에 낯익은 그림이 걸려 있었다. 그것은 지상의 껍데기를 깨고 나오는 노란 황금빛 매의 머리를 한 나의 새였다. 나는 가슴속 깊이 감동받아 꼼짝도 하지 못하고 서 있었다. 난 기쁨과 고통을 한꺼번에 느꼈다. 마치 내가 체험하고 행동한 모든 것이 그 순간 대답과 실현의 형태를 띠고 나에게 돌아온 것 같았다. 나는 한 무리의 영상이 번개 같은 속도로 내 마음의 눈을 지나가는 것을 보았다. 문 위에 가문의 문장이 달린 고향의 부모님 집, 그 문장의 도안을 그리던 소년 데미안, 나를 못살게 굴었던 크로머의 소행을 두려워하는 소년 상태의 나, 학생 방의 조용한 책상을 앞에 놓고 내 동경의 새를 그리던, 자기 자신의 그물에 사로잡힌 영혼이었던, 청년인 나였다. 그리고 바로 그 순간까지의 모든 것이 내 안에 다시 울려오자, 그것들은 나로 인해 확인되고, 답을 얻고, 인정되었다.

나는 눈물에 젖어 내 그림을 응시했으며 내 마음속을 읽었다. 그때 내 시선을 아래로 가져갔다. 새의 그림 밑에서 문이 열리더니 거기 어두운 색의 옷을 입고 키가 큰 부인이 서 있었던 것이다. 바로 그녀였다.

나는 한 마디도 할 수 없었다. 아들의 얼굴과 마찬가지로 시간도 나이도 없고 영혼에 넘친 의지만을 담고 있는 얼굴, 그 아름다운 부인은 나에게 위엄 있게 미소를 지었다. 그녀의 시선은 실현이었고, 그녀의 인사는 귀향이었다. 말없이 나는 그 부인에게 두 손을 내밀었다. 그녀는 따뜻하고도 단단한 손으로 내 두 손을 잡아주었다.

"당신이 싱클레어군요! 나는 당신을 곧장 알아봤어요. 환영합니다!"

그녀의 목소리는 깊고 따스했다. 나는 달콤한 포도주를 마시듯 그 목소리를 마셨다. 그러고는 고개를 들고 그녀의 조용한 얼굴, 검고 신비스러운 눈, 발랄하면서도 원숙한 입매, 표적을 지니고 있는 넓고 위엄 있는 이마를 보았다.

"나도 얼마나 기쁜지 모르겠어요." 나는 그녀에게 그렇게 말하고 손에 키스했다. "나는 이제까지 일생 동안 떠돌아다닌 것 같습니다. 그리고 지금에야 집에 돌아온 것 같아요."

그녀는 어머니 같은 미소를 띠며 다정하게 말했다.

"집으로 돌아온 것 같다고야 할 수 없겠지요. 하지만 길을 가다 눈에 익은 길을 만나면 얼마 동안은 온 세계가 고향처럼 보이는 법이랍니다."

그녀는 내가 그 부인에게 오는 동안 나 혼자 느낀 것을 말했다. 그녀의 목소리와 말씨는 아들과 비슷하면서도 완전히 달랐다. 모든 것이 보다 성숙했고 따뜻했으며 뚜렷했다. 예전에 막스가 누가 보아도 소년의 인상 같지 않았던 것처럼 그의 어머니도 다 큰 아들의 어머니같이 보이지 않았다. 그만큼 그녀의 얼굴과 머리카락 위에는 젊고 사랑스러운 빛이 감돌았고, 그만큼 그녀의 금빛 피부는 팽팽하고 매끄러웠다. 그만큼 그녀의 입매는 생기가 넘쳤다. 내가 꾼 꿈속의 모습보다 더 위엄 있는 모습으로 그 부인은 내 앞에 서 있었다.

이것은 바로 내 운명이 스스로를 나에게 보여 주는 새로운 모습이었다. 나는 이제 붙임성이 없지도, 고립되어 있지도 않았다. 아니, 기운차고 기쁨에 넘쳐 있었다. 나는 결심을 하지도 않았으며 맹세를 하지도 않았다. 나는 목적지에, 내 여정의 정점에 가 닿은 것이다. 그곳에서부터 여정의 다음 단계는 약속된 땅을 향해, 구속받지 않고 신기하게 보이는 길로 이어져 있는 것이다. 나는 내가 어떻게 되든 상관없었고, 황홀경에 빠져 있었다. 나는 이 부인이 이 세상에 있음을 아는 것만으로도 행복했다. 그녀의 목소리를 마시고 그녀의 가까이에서 숨 쉬는 게 행복했다. 그 부인이 나에게 어머니가 되든 애인이 되든 여신이 되든 아무튼 그녀가 있기만 하다면! 내가 가는 길이 그녀가 가는 길과 가깝기만 하다면!

그 부인은 내가 그린 매의 그림을 가리켰다.

"막스가 당신한테서 이 그림을 받았을 때만큼 기뻐한 적은 없었어요." 그 여자는 생각에 잠겨서 말했다. "그리고 나도, 우리는 당신을 기다렸어요. 그림이 왔을 때 우리는 당신이 우리에게로 오고 있다는 것을 알았지요. 당신이 어린 소년이었을 때, 싱클레어, 어느 날 아들이 학교에서 돌아와서 말했지

요. '이마에 표적이 있는 아이가 있어요. 그 아이는 내 친구가 되어야 해요'
라고. 그게 바로 당신이었어요. 당신의 길은 평탄치 않았지만 우리는 당신을
믿었어요. 당신은 언젠가 방학이라 집에 있을 때 막스하고 다시 만났지요.
그때 당신은 열여섯 살쯤 되었을 거예요. 막스가 나에게 그때 얘기를 해주었
어요."

나는 그 부인의 말을 막았다. "막스가 그 이야기까지 했나요? 그때는 나
의 가장 비참한 시절이었습니다."

"네, 막스는 나에게 말했어요. '지금 싱클레어는 가장 어려운 시기를 맞고
있어요. 그는 또 한 번 다른 사람들 속으로 도망가려 하고 있어요. 심지어는
술집에도 가기 시작했지만, 그는 끝까지 그러지는 못할 거예요. 그에게 있는
표적의 낙인은 가려져 있긴 하지만 몰래 그의 살을 지지고 있으니까요'라고.
그렇지 않았나요?"

"네, 바로 그랬어요. 그리고 나는 베아트리체를 발견했고, 마침내는 지도
자도 찾아냈습니다. 그의 이름은 피스토리우스입니다. 그때야 비로소 나는
어째서 나의 어린 시절이 그처럼 막스와 가까이 맺어져 있고, 나 자신이 그
로부터 자유로울 수 없는지를 깨달았죠. 어머니, 나는 그때 이따금 내가 나
의 삶을 거두어야 한다고 생각했습니다. 길은 누구에게나 이렇게 어려운가
요?"

그녀는 내 머리카락을 쓰다듬었다. 그 손길은 산들바람처럼 가볍게 느껴
졌다.

"태어난다는 일은 언제나 어려운 거예요. 병아리가 알을 깨고 나오는 것
을 알고 있죠? 돌이켜 생각하고 물어봐요! 길이 그렇게도 어려웠나? 그저
어렵기만 했었나? 아름답기도 하지 않았나? 보다 아름답고 보다 쉬운 길을
생각할 수 있어요?"

나는 고개를 흔들었다.

"어려워요." 나는 잠꼬대를 하듯이 말했다. "어려웠어요. 그 꿈이 나타났
을 때까지는."

그녀는 고개를 끄덕이고 나를 뚫어지게 바라보았다.

"네, 그렇지만 당신은 당신의 꿈을 찾아야 해요. 그러면 길은 쉬워질 거예
요. 그러나 영원히 계속되는 꿈은 없어요. 또 다른 꿈이 따라오게 됩니다.

우리는 어떤 꿈도 붙잡아 두려고 해서는 안 돼요."

나는 너무 놀라 무서웠다. 이 말은 경고일까? 아니면 거절하는 것일까? 그러나 아무래도 좋았다. 나는 목적지를 묻지 않고 그녀의 안내를 받을 준비가 되어 있었다.

"모르겠어요." 나는 말했다. "얼마 동안 내 꿈이 계속될는지. 나도 그것이 영원하길 바라지만요. 이 새 그림 밑에서 마치 연인처럼, 또 사랑받는 사람처럼 내 운명이 나를 받아들였습니다. 나는 그 운명에 속해 있을 뿐 그 밖에는 아무것에도 속해 있지 않아요."

"그 꿈이 당신의 운명일 동안은 당신은 꿈에 충실해야 해요." 그 여자는 진지하게 확인해 주었다.

어떤 슬픈 느낌, 그리고 이 매혹된 시간에 죽고 싶은 갈망이 나를 사로잡았다. 나는 눈물이—나는 얼마나 오랫동안 울 수가 없었는가! —끊임없이 내 속에서 솟아나고 나를 지배하는 것을 느꼈다. 나는 갑자기 그녀로부터 돌아서서 창가로 갔다. 그리고 눈물에 가려진 눈으로 저 먼 곳을 바라보았다.

내 뒤에서 그녀의 목소리가 들려왔다. 차분하면서도 잔에 부어진 포도주같이 부드러웠다.

"싱클레어, 당신은 어린애로군요. 당신의 운명은 당신을 사랑하고 있어요. 당신이 그것에 충실하기만 하면 그것은 언젠가는 완전히 당신의 것—꿈속에서처럼—이 될 거예요."

나는 억지로 돌아서서 다시 그녀를 쳐다보았다. 그녀는 나에게 손을 내밀었다.

"나에게는 친구가 몇 명 있어요." 그녀는 미소를 띠면서 말했다. "아주 적지만 무척 가까운 친구들인데, 그들은 나를 에바 부인이라고 부릅니다. 당신도 원한다면 그렇게 불러도 좋아요."

그녀는 나를 문께로 데리고 가서 문을 열더니 정원을 가리켰다. "저 밖으로 가면 막스를 만날 수 있을 거예요."

키가 큰 나무 밑에서 나는 마비되고 감동에 뒤흔들린 채 서 있었다. 보통 때보다 깨어 있는 상태인지, 꿈꾸는 상태인지를 알 수 없었다. 나뭇가지에서 빗방울이 부드럽게 떨어졌다. 나는 강가를 따라서 뻗어 있는 정원 속으로 천천히 걸어 들어갔다. 마침내 나는 데미안을 발견했다. 그는 문을 열어 놓은 여름 별장 안에서 웃통을 벗고, 모래주머니 앞에서 권투 연습을 하고 있었다.

나는 멈추었고 깜짝 놀랐다. 데미안은 멋있게 보였다. 넓은 가슴, 단단하고 남성적인 이목구비, 팽팽한 근육을 가진 올려진 팔은 튼튼하고 힘차게 보였다. 동작은 엉덩이와 어깨와 손목으로부터 장난스럽고 부드럽게 솟아났다.

"데미안! 거기서 뭐 하는 거야." 내가 소리쳤다.

그는 행복하게 웃었다.

"연습중이야. 일본인과 권투 시합을 하기로 약속했어. 그 조그마한 사람은 고양이처럼 재빠르고 교활해. 하지만 난 맞고만 있지는 않을 거야. 아직은 약간 그에게 뒤지고 있지만."

그는 셔츠와 외투를 입었다.

"어머니에게 갔었니?" 그가 물었다.

"그래, 데미안. 너는 어쩌면 그렇게 훌륭한 어머니를 갖고 있니! 에바 부인! 그 이름은 그분에게 완벽하게 어울려. 그분은 모든 이의 어머니와도 같으니까."

그는 내 얼굴을 짧은 순간 주의 깊게 바라보았다.

"벌써 어머니의 이름을 알고 있어? 자랑스럽게 생각해도 좋아. 네가 처음이야, 처음 만난 날에 어머니가 자신의 이름을 말해 준 사람은."

그날부터 나는 그 집을 에바 부인의 아들처럼, 동생처럼 그리고 사랑에 빠진 사람처럼 드나들었다. 그 집 문을 닫자마자, 그리고 정원의 키 큰 나무가 보이자마자 나는 풍요로워지고 행복했다. 밖에는 현실이 있었고 거리와 집, 인간과 제도(制度), 도서관과 강의실이 있었다. 그러나 이 안에는 사랑이 있었고, 전설과 꿈이 살고 있었다. 그럼에도 우리는 바깥세상과 단절된 채 살았던 것은 아니다. 우리는 생각과 대화를 통해서 가끔씩 세계의 한가운데서 살았다. 하지만 그곳은 완전히 다른 분야였다. 우리와 대부분의 인간들은 경계선에 의해서 나뉘어져 있는 것이 아니라 단지 사물을 보는 관점의 차이에 의해서 분리되어 있었다. 우리의 과제는 이 세상에 하나의 섬, 아마도 본보기, 또는 적어도 다른 생활 방법의 가능성을 알려 주는 일이었다. 오랫동안 고독하게 지내온 나는, 완전한 고독을 맛본 사람들 사이에만 있을 수 있는 친구를 사귀었다. 나는 이제 운 좋은 사람들의 식탁이나 축복받은 자들의 축제를 부러워하지 않을 것이다. 다른 무리들의 단란한 풍경을 보았을 때도 선망과 향수(鄕愁)가 나를 엄습하지 않았다. 그리고 나는 서서히 표적을 자기 몸에 지니고 있는 사람들의 비밀을 알게 되었다.

우리 표적을 가진 사람들이 세상에서 '이상하게' 보이는 것은 마땅하다. 심지어 미쳤거나 위험한 사람들로 통하는 것도. 우리는 깨어난 자 또는 깨어나고 있는 자들로서 우리의 노력은 더욱더 완전하고 지속적으로 깨어 있는 상태를 지향하고 있다. 반면에 다른 사람들의 행복 추구는 그들의 의견과 이상과 의무와 생활과 행복을 점점 더 좁게 그들의 무리에 묶어 놓고 있다. 그곳에도 노력이 있고, 힘과 위대함이 있다. 그러나 우리 표적을 가진 자들은 자연의 의지를 새로운 것으로, 또는 미래의 개인주의로 믿는 반면 다른 사람들은 현상태를 영원히 유지시킬 방법을 추구하며 살고 있다. 그들에게도— 우리와 마찬가지로 사랑하고 있는—인류는 유지되고 보호되어야 하는 어떤 완성품이다. 우리에게 있어서 인류는 모든 인간이 움직이고 있는 목표 쪽에서 먼 존재이고, 어떤 모습을 지니게 될지 어떤 법칙이 쓰이게 될지 알 수 없는 존재였다.

에바 부인과 막스와 나 말고도 그 무리에 좀더 가깝게 다가가거나 좀더 멀어지려는 다른 사람들이 있었다. 그들 가운데 많은 사람들은 독특한 길을 걷고 있었고, 이상야릇한 목적을 향하고 있었으며, 특별한 의견과 의무에 매달려 있었다. 그중에는 점성학자와 신비주의자도 있었고, 톨스토이 백작의 숭배자도 있었으며, 온갖 부류의 부드럽고 수줍고 상처받기 쉬운 사람들, 새로운 종파(宗派)의 신봉자, 인도의 금욕주의자, 채식주의자 등이 있었다. 사실 우리와 정신적으로 공통적인 것은 다만 각자가 저마다의 비밀인 이상을 존중한다는 점뿐이었다. 신과 이상에 대해서 지난날 인간이 추구했던 바와 관련된 사람들은 우리와 보다 가까웠는데, 그들의 연구는 이따금 피스토리우스의 연구를 연상시켰다. 그들은 책을 가져왔고 고대어로 된 원전을 번역했으며, 고대의 상징과 의식의 그림을 가리키면서 인류가 여태까지 이상에 대해서 가졌던 전 재산이, 무의식적 영혼의 꿈, 인류가 그 속에서 미래의 가능성을 더듬어 따라가야 하는 꿈에서 생겨난 것임을 우리에게 가르쳐 주었다. 그렇게 해서 우리는 고대세계의 머리가 수천 개 달린 괴상한 신의 무리 속을 뚫고 나와 그리스도교의 전환에까지 이르렀다. 고독한 신자의 고백을 알게 되었고 민족으로부터 민족에의 종교 변화를 알게 되었다. 우리가 수집

한 모든 것에서 우리 시대와 현 유럽에 대한 비판이 나왔다. 유럽은 엄청난 노력으로 인류의 새로운 무기를 창조했으나 그 끝은 노골적으로 절규하는 정신의 황폐 속에 빠져 버렸다. 유럽은 자신의 영혼을 잃음으로써만 온 세상을 정복할 수 있었다.

이 문제에 있어서도 특정한 소망이나 구원론의 신자와 신봉자들이 있었다. 유럽을 개종시키기를 원하는 불교도가 있었고, 톨스토이 신자와 또 다른 신앙이 있었다. 우리, 제일 가까운 사람들은 다만 그들의 의견을 듣고만 있었으며 그들의 이론을 다만 그들의 상징으로만 받아들였다. 우리 표적을 가진 사람들은 미래가 어떻게 형성될 것인가에 대해서 근심하지 않았다. 우리에게는 모든 신앙과 모든 구원론이 진작부터 소용없는 것으로, 또는 죽은 것으로 생각되었기 때문이다. 우리가 의무와 운명이라고 인정하고 있는 것은 단 한 가지뿐이었다. 곧 우리 저마다가 완전히 자기 자신이 되고, 그 속에 심어진 자연의 활발한 씨앗을 완전히 믿으며, 그 씨앗이 자라나는 곳 밖에서 다가올 불확실한 모든 것에 대해 준비해 두도록 하는 것이었다.

비록 우리가 표현하지 않을지라도, 우리는 모두 지금 존재하는 세계가 무너지는 가운데 새로운 탄생이 가까워졌음을 이미 보고 알 수 있었으며, 뚜렷이 느끼고 있었다. 데미안은 가끔씩 나에게 말하곤 했다. "무엇이 다가올지는 상상할 수 없어. 유럽의 영혼은 끝없이 긴 시간 동안 족쇄가 채워져 있던 한 마리 짐승이야. 그것이 자유로워질 때, 그것의 첫 번째 움직임은 온순할 리가 없지. 하지만 만약 영혼의 참된 욕망—너무나 오랫동안 되풀이해서 성장을 방해받고 마비되었던 것—이 밝혀진다면 그 의미는 중요하지 않아. 그러면 우리의 날이 다가올 거야, 그리고 우리는 필요한 존재가 될 테지. 지도자나 입법자—우리는 새로운 법률을 더 이상 보길 바라지 않아—로서가 아니라 기꺼이 스스로 무엇인가 하려는 자로서, 또 운명이 부르는 곳이라면 어디든지 가서 서 있을 준비가 되어 있는 자로서 말이야. 있잖아, 모든 인간은 그들의 이상이 위협받고 있을 때면 믿을 수 없을 만한 일을 할 준비를 하고 있어. 그러나 새로운 이상이나, 새롭고 어쩌면 위험한 또는 불길한 충동이 스스로 문을 두드릴 때는 정작 아무도 없어. 그때 준비하고 있다가 함께 가게 될 몇몇 사람이 바로 우리야. 그래서 우리에게 표시가 되어 있는 거지—카인처럼—. 공포와 증오를 일으키기 위해서, 그리고 인간을 좁은 전원에서 벗어나 좀더 위험한 지대로 몰아내기 위해서. 인류 역사의 과정에서 활약했던 모든 사람은 예외 없이, 피할 수 없는 것들을 받아들일 준비가 되어 있었기 때문에 가능했고 효과가 있었던 거지. 그것은 모세나 부처나 나폴레옹이나 비스마르크의 경우에서도 마찬가지야. 우리가 어떤 흐름에 봉사하는가, 또는 어떤 극(極)으로부터 지배받는가는 우리의 선택권 안에 놓여 있지 않은 문제야. 만약 비스마르크가 사회민주당원들을 이해했고 그들 편을 들었다면, 그는 영리한 주인은 되었을지 몰라도 운명의 사나이는 되지 못했을 거야. 나폴레옹, 시저, 로욜라 또 기타 모든 경우도 마찬가지지! 우리는 이것을 언제나 생물학적으로, 진화론적으로 생각해야 돼. 지구 표면이 뒤집혀서 물짐승을 육지로, 육지의 짐승을 물속으로 던졌을 때에는 새로운 것, 이제까지 들어본 적이 없는 것을 완수하여 그들의 운명을 받아들일 준비가 되어 있었던 종족이었어. 그 종족이 전에는 보수적이고 현상유지적인 성격이 특징이었는지 또는 기인들이나 혁명가들이었는지는 알 수 없지만, 그들이 마음의 준비가 되어 있었고 그래서 새로운 발전 단계를 넘어서 그들의 종족을 살릴 수 있었다는 사실을 우리는 알고 있지. 그러니까 우리도 준비되어 있어야 해."

그런 대화를 할 때면 에바 부인도 가끔 함께 있었으나 부인 자신은 이런 태도로 얘기를 하지는 않았다. 그녀는 들어주는 사람이었다. 자신의 생각을 설명하는 누구에게나 다 귀를 기울였고, 이해와 신뢰에 가득 차 있었다. 마치 모든 생각이 그녀에게서 나와서 그녀에게로 돌아가는 것같이 느껴졌다. 그녀 옆에 앉는 것, 때때로 그녀의 목소리를 듣는 것, 그녀를 에워싸고 있는 성숙과 영혼의 분위기에 참여하는 것이 나의 행복이었다.

그녀는 내 속에서 어떤 변화나 우울이나 혁신이 진행되고 있으면 곧 그것을 느꼈다. 내 생각으로는 내가 잘 때 꾸는 꿈도 그녀에게 영감을 얻어서 생겨나는 것 같았다. 나는 그녀에게 자주 내 꿈을 얘기했다. 그럴 때마다 그녀는 내 꿈을 모두 당연하게 생각했고 이해했다. 그녀의 명확한 감각으로 따라갈 수 없는 기묘한 일이란 없었다. 나는 얼마 동안 우리가 낮에 나누는 대화의 복사판 같은 꿈을 꾸었다. 나는 온 세상에 소동이 났고 내가 혼자서 또는 데미안과 함께 긴장해서 커다란 운명을 기다리고 있는 꿈을 꾸었다. 운명은 가려져 있었으나 어딘지 에바 부인의 모습을 하고 있었다. 그녀로부터 선택

받든가, 또는 내던져지든가, 그것이 운명이었다.

때때로 그녀는 웃으며 말했다. "당신의 꿈은 완전하지 않아요, 싱클레어. 당신은 최상의 것을 잊고 있어요." 그러면 나는 다시 그것이 생각났는데, 도대체 어떻게 내가 그것을 잊을 수 있었는지를 이해할 수 없었다.

이따금 나는 불만을 느꼈고 욕망에 괴로워했다. 나는 그녀 옆에 앉아서 팔로 그녀를 끌어안지 않는 것을 더 이상 견딜 수 없다고 생각했다. 이런 마음을 그녀는 당장에 눈치챘다. 한번은 내가 여러 날 동안 가지 않고 있다가 혼란된 마음으로 다시 찾아가니, 그녀는 나를 구석으로 데리고 가서 말했다. "당신 자신이 믿고 있지 않은 욕망에 몸을 맡기지 말아요. 나는 당신이 무엇을 바라는지 알고 있어요. 당신은 이 욕망들을 포기할 수 있거나, 완전히 정당하게 느낄 수 있어야 합니다. 그것이 분명하게 이루어지도록 요구할 방법을 찾게 되면 정말로 실현될 수 있어요. 그러나 당신은 욕망과 후회 사이를 오가게 되고 그동안 두려움을 느낄 테죠. 그 모든 것을 극복해야 해요. 내가 이야기를 하나 해줄게요."

그러면서 그녀는 별을 사랑했던 젊은이에 관해서 얘기해 주었다. 그는 바닷가에 서 있었다. 그리고 팔을 내밀고 별을 숭배했으며 별을 꿈꾸었다. 그의 생각은 별을 향했다. 그러나 그는 별이 인간으로부터 포옹받을 수 없다는 사실을 알고 있었다. 또는 알고 있다고 믿었다. 그는 실현될 희망 없이 별을 사랑하는 것이 그의 운명이라고 생각했다. 그리고 그는 이 생각으로부터 그를 보다 순수하게 해줄, 말없는 성실한 고뇌와 포기에 관한 철학 체계를 세웠다. 하지만 여전히 그의 모든 꿈은 별에게로 갔다. 어떤 날 밤에 그는 다시 바닷가의 높은 절벽 위에 서서 별을 바라보면서 별과의 사랑에 불타올랐다. 그리고 이 커다란 그리움의 순간에 '이것은 불가능한 일'이라는 생각이 다시 한 번 그의 뇌리를 번쩍 스쳐 갔고, 그는 발밑에 있는 해안으로 떨어져 산산이 부서져 죽고 말았다. 그는 사랑할 줄을 몰랐던 것이다. 그가 뛰어내리던 순간에 '내 사랑은 이루어질 것이다'라고 확실하게 믿을 만한 영혼의 힘을 가졌더라면, 그는 위로 날아가서 별과 하나가 되었으리라.

"사랑은 구걸해서는 안 돼요." 그녀는 말했다. "또 요구해서도 안 되고. 사랑은 자기 안에서 확신할 수 있는 힘을 가져야 해요. 그러면 사랑은 이끌려가는 게 아니라 이끄는 것이 되죠. 싱클레어, 당신의 사랑은 나에 의해서 이끌려진 것이에요. 언제든지 그 사랑이 나를 이끈다면 나는 따라가겠어요. 나는 선물을 주고 싶은 게 아니라 나를 뺏어가기를 바라고 있어요."

그녀는 다른 날, 아무 희망도 없이 사랑을 하고 있는 한 사람의 이야기를 해주었다. 그는 완전히 자기 영혼 속으로 파고들어가 너무나 뜨거운 사랑 때문에 타 버릴 것같이 느껴졌다. 세상은 점점 그를 잊어갔고, 그는 더 이상 푸른 하늘과 초록 수풀에 관심을 가지지 않았으며, 그에게는 더 이상 개울의 속삭임도 들리지 않았다. 그의 두 귀는 하프 소리를 듣지 못할 만큼 어두워졌다. 그에게는 아무것도 중요하지 않았다. 그는 가난하고 비참해졌다. 그래도 그의 사랑은 점점 커졌고, 그는 이 아름다운 여인을 갖지 못할 바에야 차라리 망하거나 죽는 편이 더 나으리라고 여겼다. 그러고 나서 그는 그의 열정이 그의 안에 있는 모든 것을 남김없이 다 태워 버렸음을 느꼈다. 그의 사랑은 더욱 강렬해지고 더욱 강하게 자석처럼 끌어당겨서, 아름다운 그녀는 따라갈 수밖에 없었다. 그녀는 그에게 왔고, 그는 그녀를 안을 준비가 되어 있던 두 팔을 뻗었다. 그 앞에 그녀가 섰을 때, 그녀는 완전하게 변신했다. 그는 예전에 잃어버렸던 그의 모든 것이 다시 그에게로 돌아와 있다는 사실을 알고 전율했다. 그녀는 그의 앞에 서 있었고, 그녀 자신을 그에게 주었으며, 하늘과 숲과 개울이 새롭고 눈부시게 빛나는 색깔로 그를 향해 모두 돌아왔다. 그 모든 것이 그에게 속했고, 그 자신의 언어로 그에게 속삭였다. 그리고 그는 한 여자를 얻는 대신 완전한 세상을 품에 안았으며, 천국의 모든 별이 그의 안에서 빛나고 그의 영혼에서 기쁨으로 불꽃을 일으키고 있었다. 그는 사랑했고 자기 자신을 발견했다. 하지만 거의 모든 사람은 자기 자신을 잃는 것을 사랑한다.

에바 부인에 대한 나의 사랑은 내 삶의 전부로 여겨졌다. 그러나 그것은 매일 다르게 보였다. 때때로 나는 내 본질이 이끌려가고 있는 것은 살아 있는 그녀가 아니라고 생각했다. 그녀는 다만 내 안에 있는 하나의 상징에 지나지 않으며, 나를 보다 깊숙한 내 속으로 이끌고 들어가려는 것이 틀림없다고 느끼는 때가 있었다. 때때로 나에게는 그녀의 말이, 나를 뒤흔들고 있는 다급한 문제에 대한 내 무의식의 대답처럼 들렸다. 어떤 때 나는 그녀가 만진 물건에 키스를 할 때도 있었다. 그리고 점차 관능적인 사랑과 정신적인 사랑, 현실과 상징이 서로 뒤섞였다. 그래서 내가 집에서 방에 앉아 조용하고 다정스런 마음을 가지고 그녀를 떠올릴 때, 그녀의 손을 내 손 안에, 그리고 그녀의 입술을 내 입술 위에 느낀다고 생각하기도 했었다. 또 내가 그녀 집에 있었으며 그녀의 얼굴을 보고 그녀와 말을 하고 목소리를 들으면서도, 그녀가 정말로 거기 있는 것인지 또는 꿈인지를 알 수 없을 때가 있었다. 나는 인간이 어떻게 하면 사랑을 끊임없이 그리고 영원히 소유할 수 있는가를 어렴풋이 깨닫기 시작했다. 책을 읽다가 하나의 새로운 인식을 발견했을 때, 나는 에바 부인의 키스를 받은 것과 똑같은 감정을 맛보았다. 그녀가 내 머리를 쓰다듬고 다정한 미소를 지었을 때, 나는 나 자신 안으로 한 걸음 더 나아간 것 같은 기분을 느꼈다. 나에게 있어서 중요한 모든 운명은 그녀의 모습을 띠고 있었다. 그녀는 나의 모든 생각 속에서 변신할 수 있었고 나의 모든 생각도 그녀 속에서 변신했다.

나는 부모님 집에서 보낼 크리스마스를 두려워하고 있었다. 왜냐하면 그것은 두 주일 동안 에바 부인 없이 지내는 고통을 뜻하는 것이었기 때문이다. 그러나 그것은 고통이 아니었다. 집에 있으면서 그녀를 생각하는 것은 참 멋진 일이었다. 내가 H로 돌아갔을 때 나는 그녀의 육체적인 현존으로부터 나의 안전과 독립을 즐기기 위해서 이틀 동안 그녀의 집에 가지 않았다. 또한 나는 꿈에서 그녀와 나의 결합이, 새로운 비유적인 방법으로 이루어지는 것을 보았다. 그녀는 바다였고 나는 그 속에 흘러들어갔다. 그녀는 별이었고 나 또한 그녀에게 가는 별이었으며 우리는 원을 그리며 서로의 주변을 맴돌았다. 나는 그녀를 다시 찾은 첫날 이 꿈을 그녀에게 얘기했다.

"그 꿈은 아름다워요."

그녀는 조용히 말했다. "그 꿈을 이루어 보세요!"

이른 봄의 어느 날이었다. 나는 이날을 절대 잊지 못한다. 나는 현관으로 들어갔다. 창문은 열려 있었고, 따스한 바람이 히아신스의 짙은 향기를 방 안에 뿌리고 있었다. 아무도 보이지 않았으므로 나는 계단을 올라가서 막스 데미안의 서재로 갔다. 나는 가볍게 노크를 한 다음, 늘 그랬던 것처럼 대답을 기다리지 않고 들어갔다.

방은 어두웠고 커튼은 모두 내려져 있었다. 막스가 화학 실험실로 쓰고 있는 옆방으로 가는 문이 열려 있었다. 거기서부터 비구름을 뚫고 태양의 밝고 흰 빛이 흘러 들어왔다. 나는 아무도 없는 줄 알고 커튼을 열었다.

그때 나는 커튼을 내린 유리창 옆 의자 위에 막스가 앉아 있는 것을 보았다. 그는 웅크리고 있었고, 이상스럽게 달라져 있었다. 순간 무엇이 내 속에서 말했다. '너는 이것을 전에 본 적이 있어!' 그는 팔을 빳빳이 늘어뜨리고 손을 무릎에 올려놓고 있었다. 앞으로 조금 기울인 얼굴은 죽은 것 같았고, 뜨고 있는 눈의 동공에는 작고 날카로운 한 줄기 빛이 마치 한 조각의 유리처럼 힘없이 빛나고 있었다. 창백한 얼굴은 완전히 자기 자신 속에 가라앉아 아주 굳어진 표정밖에는 갖고 있지 않았으며, 마치 사원의 문간에 있는 아주 먼 옛날의 짐승 탈처럼 보였다. 그는 숨을 멈추고 있는 것같이 보였다.

공포에 사로잡혀서, 나는 소리없이 방을 빠져나와 계단을 내려갔다. 현관에서 나는 에바 부인을 만났다. 그녀는 내가 여태까지 본 적이 없는 창백하고 피곤한 얼굴을 하고 있었다. 그늘이 창밖을 지나갔다. 눈부시게 흰 태양이 갑자기 사라졌다.

"막스한테 갔었어요." 나는 빠른 어조로 속삭이듯 말했다. "무슨 일이 있었나요? 그는 잠자고 있어요. 아니면 자기 안에 잠겨 있든지. 잘 모르겠어요. 나는 전에 한번 그가 그런 모습을 하고 있는 것을 보았어요."

"그를 깨우지는 않았겠지요?" 그녀는 재빨리 물었다.

"네. 그는 내가 오는 소리를 듣지 못했어요. 나는 곧 다시 밖으로 나왔으니까요. 에바 부인, 말해 주세요. 그에게 무슨 일이 있나요?"

그녀는 손등으로 이마를 문질렀다.

"걱정하지 말아요, 싱클레어. 그에게는 아무 일도 안 일어나요. 그는 그저 틀어박힌 거예요. 얼마 안 갈 거예요."

그녀는 일어섰다. 그리고 비가 오기 시작했는데도 정원으로 나갔다. 나는 그녀가 혼자 있고 싶어한다는 것을 느꼈다. 그래서 나는 현관에서 왔다 갔다 하면서 히아신스의 진한 향기를 맡았고, 문 위에 걸린 나의 새 그림을 응시했다. 이 집은 그날 아침에 숨 막힐 듯한 분위기에 휩싸여 있었다. 그것은 무엇일까? 무슨 일이 일어난 걸까?

에바 부인은 얼마 안 있어 돌아왔다. 빗방울이 그녀의 검은 머리에 매달려 있었다. 그녀는 안락의자에 앉았다. 그녀는 지쳐 보였다. 나는 그녀 옆으로 가서 고개를 숙이고 그녀의 머리에 맺힌 빗방울에 입맞추었다. 그녀의 눈은 밝고 조용했으나, 빗방울은 눈물 같은 맛이 났다.

"그에게 가볼까요?" 나는 속삭이듯 물었다.

그녀는 살짝 미소를 지어 보였다.

"어린애같이 굴지 말아요, 싱클레어." 그녀는 마치 자기 자신 속에 있는 둑을 무너뜨리기라도 하려는 듯이 큰 소리로 나를 타일렀다. "지금은 그냥 돌아가요. 그리고 나중에 다시 와요. 지금은 당신과 얘기할 수가 없어요."

나는 절반을 걸었고, 절반은 집과 마을에서 벗어나 산을 향해 달렸다. 가는 빗줄기가 내 얼굴에 비스듬히 내렸다. 공포의 무게로 낮은 구름이 스쳐 지나갔다. 땅에서 가까운 곳에는 숨을 쉴 공기가 거의 없었지만 저 높은 곳에서는 사나운 폭풍우가 일어나고 있는 것처럼 보였다. 강철 같은 잿빛 구름을 들어 올리면서 몇 번이나 야단스럽고 강렬한 태양이 잠깐 비추었다.

그때 하늘에 느슨한 노란구름이 흘러왔다. 그 구름은 잿빛 구름에 막혔다. 바람이 몇 초 동안 노랑과 파랑으로부터 커다란 새 한 마리를 만들었다. 그 새는 파란빛의 혼돈으로부터 몸을 풀고 날개를 크게 펄럭거리면서 하늘 속으로 사라져 버렸다. 그러고는 폭풍우 소리가 들렸다. 비가 우박과 섞여서 쏟아져 내렸다. 실제 같지 않게 짧고 무서운 벼락 소리가 비에 젖은 풍경 위에 떨어졌다. 곧 또다시 태양이 구름을 풀고 나왔고, 가까운 산의 갈색 위에서는 흐리고 비현실적인 창백한 눈이 빛나고 있었다.

몇 시간 뒤에, 내가 바람에 날리고 비에 젖어서 돌아왔을 때 데미안이 직접 문을 열어 주었다.

그는 나를 자기 방으로 데리고 올라갔다. 실험실에는 가스등이 타고 있었으며, 종이가 여기저기 널려 있었다. 그는 연구를 하고 있었던 모양이었다.

"피곤할 테니까 앉아. 날씨가 아주 나빴지. 널 보면 누구든지 네가 밖에 있었다는 것을 알겠군. 홍차가 곧 올 거야."

"오늘은 뭔가 좀 이상해." 나는 머뭇거리면서 말을 꺼냈다. "이까짓 폭풍우 때문만은 아닐 거야."

그는 살피듯이 나를 보았다.

"뭔가를 보았니?"

"응, 나는 구름 속에서 잠시 동안 뚜렷이 한 그림을 보았어."

"무슨 그림?"

"새였어."

"그 매야? 네 꿈의 새?"

"그래, 내 매였어. 노란빛이었고 아주 커다란 새였고, 검푸른 하늘 속으로 날아 들어갔어."

데미안은 크게 숨을 쉬었다.

노크 소리가 났다. 늙은 하녀가 홍차를 가져왔다.

"마셔, 싱클레어. 난 네가 그 새를 우연히 본 것이 아니라고 생각해."

"우연? 그런 것을 우연히 볼 수 있는 사람이 있을까?"

"바로 그거야. 아무도 그럴 순 없어. 그 새는 무엇을 뜻하고 있어. 그게 뭔지 알겠어?"

"몰라. 나는 다만 그것이 어떤 절박한 감동을, 운명에 한 걸음 다가간 것을 뜻하는 게 아닐까 하고 느꼈어. 내 생각으론 우리 모두와 관련이 있는 것 같아."

그는 힘찬 걸음으로 왔다 갔다 했다.

"운명에의 한 걸음!" 그는 소리쳤다. "그와 똑같은 꿈을 나는 어젯밤에 꾸었어. 그리고 어머니는 어제 그런 예감을 느끼셨고. 어머니도 똑같은 말을 하셨지. 내가 나무둥치나 탑으로 사다리를 타고 올라가는 꿈을 꿨어. 꼭대기에 올라갔을 때 불타고 있는 풍경을 봤지. 수많은 도시와 마을이 펼쳐진 커다란 평야였어. 나는 아직 모든 것을 말할 수 없어. 아직도 뭔가 혼란스럽거든."

"너는 그 꿈을 너 자신에 관해서 풀이했니?"

"나에 관해서? 물론이지. 사람은 절대로 자기 자신과 관계없는 것을 꿈꾸지 않으니까. 하지만 그것은 나 한 사람에게만 관계되지 않아. 네 말이 옳아. 나는 나 자신의 영혼 속 움직임을 나타내는 꿈과 다른 것을 꽤 정확하게 구별해. 그리고 아주 드물긴 해도, 인간의 운명 전체를 암시하는 꿈도 식별하지. 나는 좀처럼 그런 꿈을 꾼 적이 없고 더구나 예언이었다고 말할 수 있는 꿈을 꾼 일은 한 번도 없었어. 꿈의 해석은 너무나 불확실해. 그러나 내가 확실하게 말할 수 있는 것은 나 혼자만 관계되지 않는 어떤 꿈을 꾸었다는 사실이야. 그 꿈은 내가 전에 꾼 적이 있는 다른 꿈들의 일부였고, 다른 꿈들은 계속되고 있어. 내가 너에게 얘기한 일이 있는 불길한 예감을 받은 게 바로 이 꿈들이야. 싱클레어, 우리의 세계가 꽤 부패해 있다는 것은 누구나 다 알고 있어. 하지만 그것만으로는 세계의 몰락, 또는 그와 비슷한 무엇을 예언할 아무 근거도 되지 않아. 그러나 나는 몇 년 동안 꿈을 꾸었어. 그 꿈에서 나는 결론을 얻거나 느끼고 있어. 어쨌든 나는 낡은 세계의 붕괴가 다가오는 것을 느껴. 처음에는 아주 약하고 먼 예감이었지만 그것들은 점점 더 뚜렷해지고 강해졌어. 나는 아직도 나와 관계되는 어떤 끔찍하고 커다란 일이 다가오고 있다는 사실밖에는 알지 못해. 싱클레어, 우리는 우리가 가끔 말했던 것을 겪게 될 거야. 세계는 새로워지려고 해. 공기에서 죽음의 냄새가 나. 죽음 없이는 아무것도 태어날 수 없어. 그것은 내가 생각했던 것보다 더 끔찍한 일이야."

나는 겁에 질려서 그를 응시했다.

"네 꿈의 나머지 부분은 얘기해 줄 수 없니?" 나는 조심스럽게 부탁했다.

그는 고개를 흔들었다.

"그럴 수 없어."

문이 열리고 에바 부인이 들어왔다.

"슬퍼하고 있는 것은 아니겠지?"

그녀는 생기를 되찾았고, 전혀 피곤해 보이지도 않았다. 데미안은 그녀를 보고 웃었다. 그녀는 마치 겁먹은 아이들 곁에 오는 어머니처럼 우리 옆으로 왔다.

"슬프지는 않아요, 어머니. 우리는 다만 이 새로운 징조에 대해서 조사해 본 거죠. 하지만 그것은 아무 소용이 없어요. 갑자기 무슨 일이 일어나게 되면, 우리는 우리가 알았어야 할 것을 곧 배우게 될 테니까요."

그러나 나는 기분이 좋지 않았다. 작별 인사를 하고 혼자서 복도를 지나갈 때 히아신스에서 나던 냄새가 시체처럼 느껴졌다. 그림자는 이미 우리 위에 떨어져 있었다.

8 끝의 시작

나는 부모님을 설득해서 여름학기에도 H시에 머물 수 있도록 허락을 받았다. 내 친구들과 나는 집 대신에 강가의 정원에서 거의 모든 시간을 보냈다. 권투 시합을 하기로 했던 일본인은 떠나고 없었다. 톨스토이 숭배자도 가 버렸다. 데미안은 날마다 오랫동안 말을 탔다. 나는 그의 어머니와 자주 둘이

서 함께했다.

나는 단지, 내 삶이 이토록 평화롭게 흘러가고 있다는 사실에 깜짝 놀라곤 했다. 나는 아주 오랫동안 혼자 지내는 것에, 자기부정(自己否定)의 삶에 이끌리는 것에, 내 고통스러운 어려움들과 열심히 싸우는 것에 익숙해 있었다. 이런 나에게 H시에서 보낸 몇 달 동안은, 나를 편안하게 해주고, 아름답고 활기찬 환경 속에서 황홀하게 존재하도록 해준 마법의 꿈의 섬나라처럼 생각되었다. 나는 이것이 우리가 자주 짐작하곤 했던 새롭고 높은 공동체의 맛보기라는 것을 예감하고 있었다. 그런데도 이 행복한 순간들에 나는 깊은 우울감에 빠져들었다. 이것이 마지막일지도 모른다는 사실을 알고 있었기 때문이다. 나에게는 깊고 편안하게 숨 쉬는 일이 허락되지 않았다. 나는 서둘러서 고통을 추구해야 했다. 나는 언젠가 이 아름답고 사랑스러운 환상에서 깨어나서, 고독과 투쟁만 남겨진 채 아무것도 없는—휴식이나 평화도 없고, 함께 살아가기도 쉽지 않은—차가운 세상 속에 다시 홀로 서야만 하리라는 것을 느꼈다.

그럴 때면 나는 내 운명이 아직도 아름답고 조용한 모습을 간직하고 있음을 기뻐하면서 곱절의 애정을 가지고 에바 부인에게 다가갔다.

여름의 몇 주일은 특별한 일 없이 빠르게 흘러갔다. 학기는 벌써 끝나가고 이별이 다가오고 있었다. 그러나 나는 그것을 생각할 용기가 없었고, 달콤한 꽃에 매달린 나비같이 이 아름다운 날들에 매달리고 있었다. 이것이 나의 행복한 시간이며 내 삶의 첫 번째 실현이고 동맹 속에 받아들여졌음을 뜻했다. 다음에는 무엇이 올까? 나는 다시 나 자신과 싸워나가야 하며, 오래된 갈망에 괴로워하고 꿈을 꾸면서 혼자 있을 것이다.

그런 날들 가운데 어느 날, 나의 이런 예감이 강하게 다가와 에바 부인에 대한 나의 사랑이 갑자기 타올랐다. 아, 얼마나 잠깐 동안인가! 나는 곧 그녀를 더 이상 못 보게 되고, 소중한 그녀의 곧은 발소리를 집 안 곳곳에서 듣지 못하게 되며, 내 책상 위에 그녀가 갖다 놓은 꽃을 발견하지 못하게 될 것이다. 그런데 나는 무엇을 이룬 걸까? 나는 그녀를 얻고 그녀를 위해서 투쟁하며 그녀를 영원히 내 곁에 끌어오는 대신, 꿈을 꾸었고 그 꿈과 만족감을 느긋하게 즐기고만 있었던 것이다! 그녀가 진실한 사랑에 관해서 했던 말들이 내 머리에 떠올랐다. 그것은 수백 개의 섬세한 충고의 말, 수백 개의 나직한 유혹, 어쩌면 약속의 말들이었다. 그런데 나는 그 말을 어떻게 따라야 하는가? 아무것도, 전혀 아무것도 못한 것이다.

나는 방 한가운데 서서 모든 의식을 집중하여 에바 부인을 생각했다. 나는 그녀에게 나의 사랑을 느끼게 하려고, 또 그녀를 나에게로 끌어당기기 위해서 내 영혼의 힘을 집중하려고 했다. 그녀는 와야 했고, 내 포옹을 바라야 했으며, 나의 키스는 그녀의 성숙한 사랑의 입술을 끝없이 파헤쳐야 했다.

나는 서서 손가락과 발가락이 싸늘해질 때까지 모든 에너지를 집중했다. 나는 힘이 빠져나가는 것을 느꼈다. 불쑥 내 안에서 무언가가 줄어들었다. 내 가슴속에 크리스털처럼 밝고 차가운 무언가를 품고 있다는 느낌이 들었다. 나는 그것이 나의 자아(自我)임을 알았다. 차가움이 가슴에까지 올라왔다.

끔찍한 긴장에서 깨어났을 때 나는 무엇이 오고 있는 것을 알았다. 나는 죽을 듯이 피로했으나 에바 부인이 방에 들어오는 모습을 보려고 타오르는 정열을 느끼며 기다리고 있었다.

말발굽 소리가 길을 따라 달가닥거리더니 가까운 곳에서 갑자기 멎었다. 나는 창문 쪽으로 뛰어갔다. 밑을 내려다보니 데미안이 말에서 내리고 있었다. 나는 뛰어 내려갔다.

"무슨 일이 있어, 데미안?"

그는 내 말을 듣지 않았다. 그는 매우 창백했고 땀이 두 뺨으로 흘러내리고 있었다. 그는 달려온 말의 고삐를 정원 울타리에 매고 내 팔을 잡고 나와 함께 길을 걸어 내려갔다.

"벌써 소식을 들었니?"

나는 아무것도 몰랐다.

데미안은 내 팔을 누르고 나에게 얼굴을 돌리며 침울하고 동정에 넘치는 이상한 시선으로 나를 보았다.

"그래, 이제 시작한 거야. 러시아와의 긴장 관계를 너도 알고 있었잖아."

"뭐라고? 전쟁이야?"

가까이에 아무도 없는데도 그는 낮은 목소리로 말했다.

"아직 선전포고는 안 내려졌어. 그러나 곧 전쟁이 있을 거야. 내 말을 믿어도 좋아. 난 너를 걱정시키고 싶지 않는데, 사실은 그 뒤로도 세 번이나 그런 징조를 봤어. 그것은 세계의 종말도, 지진도, 혁명도 아니고 전쟁이었어. 너는 전쟁이 얼마나 엄청난 일을 일으킬지 보게 될 거야! 사람들은 전쟁을 사랑하게 될 테고, 벌써부터 죽음이 시작되기만을 기다리며 초조해하고 있어. 그들의 삶은 그처럼 따분했던 거야! 두고 봐, 싱클레어, 이건 단지 시작에 지나지 않아. 아마 아주 커다란 전쟁이, 어마어마한 규모의 전쟁이 있을 거야. 하지만 그것 또한 단지 시작에 불과해. 새로운 세상이 시작되고, 그 새로운 세상은 낡은 것에 집착하는 사람들에게는 끔찍한 곳이 될 거야. 너는 어떻게 할 거야?"

나는 어안이 벙벙했다. 모든 게 너무 낯설고 너무 비현실적으로 들렸다.

"모르겠어…… 너는?"

그는 어깨를 추켜세웠다.

"소집 영장이 나오면 나는 나가겠어. 나는 중위야."

"네가 중위? 나는 전혀 몰랐는데."

"그래. 그것은 내가 세상과 타협하는 방법 가운데 하나야. 너도 알지만, 나는 남의 눈에 띄는 것을 좋아하지 않아. 그래서 늘 올바른 인상을 주려고 남보다 더 많은 노력을 해왔어. 나는 아마 일주일 안에 전선에 가 있을 거야."

"맙소사."

"이제 감상에 빠지면 안 돼. 물론 살아 있는 인간에게 총탄을 쏘라고 명령하는 게 유쾌한 일은 아니지만 중요한 일도 아니야. 우리는 누구나 커다란 수레바퀴 속에 들어가게 돼. 너도 마찬가지야. 너에게도 분명 영장이 나올 거야."

"그럼 데미안, 너의 어머니는?"

비로소 나는 15분 전에 있었던 일이 생각났다. 그동안 세계는 얼마나 달라졌는가! 나는 달콤한 모습을 떠올리기 위해서 온갖 힘을 다 불러일으켰었는데, 지금은 운명이 위협적이고 무시무시한 가면을 쓰고 갑자기 나를 보고 있었다.

"우리 어머니? 아, 어머니에 대해서는 조금도 걱정할 필요가 없어. 어머니는 안전해. 아마 지금 이 세상의 누구보다도 안전할 거야. 너는 어머니를 그렇게 많이 사랑하니?"

"너는 그걸 알고 있었니?"

그는 마음 놓고 밝게 웃었다.

"물론 알고 있었지. 어머니와 사랑에 빠지지 않고 어머니를 에바 부인이라고 부른 사람은 여태까지 한 명도 없었어. 너는 오늘 어머니, 아니면 나를 불렀지?"

"그래, 나는 그녀를 불렀어."

"어머니는 그것을 느꼈어. 어머니가 갑자기 나를 보냈거든, 너에게 가보라고. 나는 마침 어머니에게 러시아에 관한 얘기를 하고 있었어."

우리는 돌아섰다. 그리고 별로 말을 하지 않았다. 데미안은 말고삐를 풀고 올라탔다.

나는 2층 내 방에 와서야 비로소 내가 데미안이 전해 준 소식 때문에, 그 얘기를 듣기 전부터 긴장하고 있었던 것 때문에 얼마나 피곤한지를 깨달았다. 그러나 에바 부인이 내 마음속의 소리를 들었다! 내 생각이 그녀 가슴에 다다른 것이다. 만약에 그녀가 직접 왔다면……. 이 모든 것은 얼마나 이상하고, 얼마나 아름다운가! 이제 전쟁이 일어날 것이다. 우리는 전쟁이 시작될 거라는 이야기를 꽤 자주 했었다. 데미안은 이미 너무 많은 것을 알고 있었다. 세상의 흐름이 더 이상 우리 곁을 멀리 돌아가지 않는다는 것이, 이제 우리의 심장 한가운데를 곧바로 뚫고 지나간다는 것이, 그리고 지금 또는 곧 세계가 스스로 변모하며 우리가 바라던 세상이 우리에게 다가오는 순간이 일어나리라는 것이 얼마나 이상한가. 데미안이 옳았다. 감상에 빠질 일은 아니었다. 단지 놀랄 만한 것은 내 운명에 대한 아주 개인적인 문제를, 많은 사람들 그리고 현실 세계와 함께 나누어야 한다는 점이다. 음, 그럼 그렇게 하자!

나는 준비가 되어 있었다. 내가 저녁 무렵 모든 거리의 와글와글하는 모퉁이를 걷고 있을 때, 어디서나 전쟁이라는 말이 들렸다.

나는 에바 부인의 집에 갔다. 우리는 정원에 있는 정자에서 저녁을 먹었다. 내가 유일한 손님이었다. 아무도 전쟁에 관해서 말하지 않았다. 다만 뒤에, 내가 떠나오기 직전에 에바 부인이 말했다. "싱클레어, 당신은 오늘 나를 불렀어요. 내가 왜 직접 가지 않는지를 당신은 알고 있죠? 하지만 잊지 말아요. 이제는 당신이 부를 줄 안다는 것을, 그리고 표적을 가진 누군가가 필요할 때는 언제든지 다시 불러요."

부인은 일어서서 땅거미가 진 정원을 앞장서서 걸어갔다. 키가 크고 위엄 있는 부인은 말없는 나무들 사이를 성큼성큼 걸어갔다.

내 이야기의 끝에 거의 다다랐다. 모든 일이 그 뒤로 아주 빠르게 진행되었다. 곧 전쟁이 일어났고, 데미안은 이상하게도 낯선 그의 군복을 입고 우리를 떠났다. 나는 그의 어머니를 집에 바래다주었다. 얼마 안 있어 나 또한 그녀 곁을 떠났다. 그녀는 내 입술에 키스를 하고 잠시 동안 나를 그녀 품에 안아 주었다. 그녀의 커다란 두 눈은 내 눈 가까이에서 확고하게 불타고 있었다.

모든 사람이 형제가 된 것 같았다―밤새도록. 그들은 '조국'과 '명예'에 대해 말했지만 아주 잠시 동안 드러난 그들 자신의 운명을 본 것에 지나지 않았다. 젊은이들은 병영을 떠나 기차에 올랐다. 나는 많은 얼굴 위에서 표적―우리의 것이 아닌―을 보았다. 사랑과 죽음의 의미가 없음에도 위엄 있고 아름다운 표시였다. 나 또한 전에 한 번도 본 적이 없는 사람들에게서 포옹을 받았고, 이런 행동을 이해하고 나도 그들을 안아 주었다. 그들이 그런 행동을 한 것은 운명에 대한 갈망이 아니라 도취였다. 그러나 그 도취는 그들의 운명의 눈 속에 불안스러운 짧은 눈길을 던지고 있었기 때문에 성스러웠다.

내가 전쟁터에 갔을 때는 그럭저럭 겨울이었다. 처음에 끊임없는 사격으로 흥분했음에도 나는 모든 것에 환멸을 느꼈다. 전에는 왜 인간이 어떤 이상을 위해서 살지 못하는가를 많이 생각했었다. 그러나 지금 나는 많은 사람들, 아니 모든 사람이 이상을 위해서 죽을 수 있음을 보았다. 그렇지만 그것은 개인적이고, 자유롭게 선택한 이상이어서는 안 되며, 공통적으로 받아들여질 수 있는 이상이어야 했다.

시간이 지남에 따라서 나는 내가 인간을 과소평가했음을 깨달았다. 공통적인 임무와 위험이 그처럼 그들을 하나로 만들어 주고 있었음에도, 나는 살아 있는 사람과 죽어가는 사람들 중에서 많은 사람들이 운명의 의지에 가까이 가는 것을 보았다. 많은 사람들, 굉장히 많은 사람들이 공격할 때만이 아니라 언제나 약간 광기를 띤 단호하고도 먼 시선을 보내고 있었다. 그 시선은 목적을 모르고 있었으며, 끔찍한 것에의 완전한 헌신을 나타내고 있었다. 그들이 무엇을 믿고 무엇을 생각하든지간에 그들은 각오가 되어 있었고, 쓸모가 있었으며, 그들로부터 미래가 만들어지고 있었다. 세계가, 전쟁과 영웅

주의와 명예와 낡아빠진 이상을 향해 응결되어 있으면 있을수록, 또 가상적인 인류의 목소리가 그만큼 멀고 비현실적으로 들리면 들릴수록 모든 것은 전쟁의 외적이고 정치적인 목적에 관한 질문과 마찬가지로 다만 피상적인 것에 지나지 않았다. 깊은 곳에서 무엇이 생성되고 있었다. 그것은 새로운 인류와도 같은 무엇이었다. 나는 많은 사람을 볼 수 있었고 그 가운데 많은 사람이 내 옆에서 죽어갔다. 그들은 증오와 분노, 살해와 파괴가 그들 자신과 연결되어 있지 않다는 사실을 감각적으로 깨닫고 있었다. 대상도 목적과 마찬가지로 완전히 우연한 것이었다. 가장 사나운 본디 감정조차도 적에게로 향하지 않았다. 그 피비린내 나는 작업은 새로운 탄생을 위해서 미친 듯이 날뛰며 죽이고 파괴하는 분열된 영혼과 내부의 발로에 지나지 않았다. 커다란 새가 알에서 뛰쳐나오려고 안간힘을 쓰고 있었다. 알은 세계였다. 세계는 파괴되어야만 했다.

어느 이른 봄 밤에 나는 우리가 점령했던 어느 농가 앞에서 보초를 섰다. 힘없는 바람이 변덕스럽게 불었고 높은 플랑드르의 하늘에는 떼구름이 흐르고 있었다. 달은 그 구름 뒤의 어딘가에 숨어 있으리라. 그날, 나는 하루 내내 불안했다. 뭔가 깊이 나를 걱정시켰다. 지금 내 어두운 초소에서 나는 여태까지의 나의 생활과 에바 부인, 그리고 데미안을 절실히 생각했다. 나는 포플러에 기대 서서 움직이는 하늘을 바라보고 있었다. 살며시 꿈틀거리는 밝은 하늘이 곧 커다랗게 솟아나는 일련의 그림으로 바뀌었다. 나는 맥박이 이상하게 엷어지고 비바람에 무감각해진 나의 피부와 번뜩이는 내면의 맑게 깬 의식에서 지도자가 내 근처에 있다는 것을 느꼈다.

구름 속에 커다란 도시가 보였다. 그 도시에서는 수백만 명의 사람들이 쏟아져 나와서 넓은 풍경으로 흩어져 갔다. 그들의 한복판에 커다란 신의 모습이 반짝거리는 별을 머리에 달고 산처럼 크게 에바 부인의 표정을 띠고 걸어갔다. 사람들은 그녀의 모습 속으로 마치 동굴 안으로 사라지듯 들어가선 없어졌다. 여신(女神)은 땅에 몸을 구부렸고, 그녀의 이마 위의 점이 밝은 빛을 발했다. 어떤 꿈이 그녀를 억누르는 것 같았다. 그녀는 눈을 감았고 그녀의 얼굴은 고통에 일그러졌다. 갑자기 그녀는 크게 소리를 질렀고 그녀의 이마로부터 수천 개의 빛나는 별이 쏟아져 나와 아름다운 곡선과 반원을 그으면서 검은 하늘을 날았다.

그 별들 중에서 한 개가 밝게 울리면서 곧바로 나에게로 날아왔고, 나를 찾는 것 같았다. 그리고 그것은 소리를 내면서 수천 개의 불꽃으로 갈라지며 나를 끌어당기고는 다시 땅바닥에 내던져졌다. 내 위에서 세계가 요란한 소리를 내면서 무너졌다.

나는 포플러 옆에서 흙에 파묻힌 채 많은 상처를 입고 발견되었다.

나는 지하실에 누워 있었다. 총탄이 내 위를 날았다. 나는 차에 실려서 텅 빈 들판 위를 덜그럭거리면서 갔다. 나는 거의 언제나 자고 있거나 의식을 잃고 있었다. 그러나 깊이 자면 잘수록 나는 무엇이 나를 끌어당기고 있다는 것, 내가 나를 지배하고 있는 어떤 힘을 따라가고 있다는 것을 느꼈다.

나는 마구간의 밀짚 위에 누워 있었다. 마구간 안은 어두웠다. 누가 내 손을 밟았다. 그러나 나의 내면적인 것은 더 멀리 가고 싶어했으며 나를 보다 강하게 끌고 갔다. 나는 다시 차에 실렸고 나중에는 들것인지 들것 대용품인 사다리인지에 실려서 갔다. 나는 점점 강하게 어디론가 갈 것을 명령받은 듯이 느꼈고, 마침내 그곳에 가 닿을 욕망 말고는 아무것도 느끼지 못했다.

드디어 나는 목적지에 닿았다. 밤이었고 나는 완전히 의식이 깨어 있었다. 내 안에서 강하게 끌어당기는 충동을 느꼈다. 나는 기다란 복도의 바닥에 눕혀져 있었다. 내가 불려온 곳이 바로 여기라는 것을 느꼈다. 나는 고개를 돌렸다. 내 매트리스 바로 옆에는 또 하나의 매트리스가 놓여 있었고 누군가 고개를 앞으로 내밀고 나를 쳐다보았다. 그는 이마에 표적을 갖고 있었다. 그는 막스 데미안이었다.

나는 말을 할 수 없었으며 그도 말을 못하거나 또는 안 했을는지도 모른다. 그는 다만 나를 바라보았다. 그의 얼굴에 벽에 걸린 등불의 빛이 비쳐 흘렀다. 그는 웃어 보였다.

끝없이 긴 시간 동안 그는 계속 내 눈 속을 들여다보았다. 그는 천천히 그의 얼굴을 나에게 가까이 들이댔다. 마침내 우리 얼굴은 거의 부딪칠 만큼 가까워졌다.

"싱클레어!" 그는 속삭이듯 말했다.

나는 그에게 그의 말을 알아듣는다는 표시로 눈짓을 했다.

그는 마치 불쌍하다는 듯한 표정으로 다시 웃음지었다.

"꼬마!" 그는 미소를 띠며 말했다.

그의 입은 내 입 바로 옆에 있었다. 그는 낮은 목소리로 말을 계속했다.

"아직도 프란츠 크로머가 생각나니?" 나는 눈짓으로 그에게 대답을 했고 미소지을 만한 여유도 있었다.

"꼬마 싱클레어, 내 말 잘 들어. 나는 가야만 해. 너도 언젠가 다시 내가 필요하게 될 거야. 크로머에 대해서 또는 다른 일로. 그때는 이미 네가 나를 불러도 이제까지처럼 말을 타거나 기차를 타고 와줄 수는 없어. 그때엔 너 자신의 목소리에 귀를 기울여야 해. 그러면 네 마음속에 내가 있다는 걸 알게 될 거야. 알겠어? 그리고 또 한 가지. 에바 부인의 부탁인데, 나에게 키스를 해주면서 말했어. 언제든지 싱클레어가 불행하게 되거든 어머니가 해주는 거라고 말하고 이 키스를 해주라고…… 눈을 감아, 싱클레어!"

나는 시키는 대로 눈을 감았다. 데미안이 내 입술—전혀 멎을 성싶지 않은 조금 신선한 피가 줄곧 흐르는 내 입술—에 가볍게 키스하는 것을 느꼈다. 그리고 곧 잠이 들어 버렸다.

다음 날 아침에 누군가 나를 깨웠다. 나는 붕대를 갈아야 했다. 가까스로 잠에서 깨어나자마자 얼른 옆자리를 돌아다보았다. 거기에는 한 번도 본 적이 없는 낯선 사람이 누워 있었다.

붕대를 감는 것은 고통스러웠다. 그 뒤 나에게 일어난 일들도 모두 고통스러웠다. 그러나 때때로 나는 열쇠를 발견하고 나 자신의 깊숙한 곳으로 간다. 어두운 거울 속에 운명의 영상이 어른거리는 것을 들여다본다. 그러면 그 검은 거울 위에 나 자신의 모습이, 내 형제이며 스승이었던 그와 이제는 꼭 닮은 나 자신의 모습이 보이는 것이다.

Narziss und Goldmund

지와 사랑

주요인물

나르치스 마리아브론 수도원의 조교사. 정신에 봉사하고 지(知)에 사는 학자로 뒤에 수도원장이 된다.

골드문트 아버지의 권고로 수도원 학교에 들어갔으나 젊은 선생 나르치스로부터 예술에 봉사할 운명을 타고났다는 말을 듣고 방랑생활에 들어가 많은 변화 끝에 조각가로 생을 마친다. 지(知)에 사는 나르치스와 사랑에 사는 골드문트의 우정이 이 이야기의 주제가 된다.

다니엘 수도원장. 신앙심 깊은 경건한 사람.

리제 집시 여자. 골드문트에게 처음으로 사랑을 가르쳐 주고 애욕의 길로 몰아넣는다.

리디아 기사의 큰딸. 동생과 함께 골드문트의 애인.

아그네스 총독의 애인. 골드문트는 그녀와 애욕에 빠지고 결국 체포되어 교수대에 보내지려 한다.

니클라우스 조각가. 골드문트의 스승.

지와 사랑

1

마리아브론(성모의 샘) 수도원 입구, 두 개의 원기둥이 나란히 받치고 있는 둥근 아치형 문 앞 길가에 밤나무 한 그루가 서 있었다. 옛날, 로마의 순례자 한 사람이 가지고 온 유일한 남국의 기념품으로 둥치가 단단한 밤나무였다. 휘영청한 가지를 길 위에 부드럽게 드리우고 바람 속에서 가슴 가득히 숨을 쉬며, 주위 모든 나무가 파릇파릇해지고 수도원의 호두나무까지 벌써 불그스레한 어린 잎사귀를 달고 있는 때에도, 이 나무는 여전히 오랫동안 잎이 돋기를 기다렸다가 밤이 가장 짧을 무렵이 되면 가냘프고 희끄무레한 푸른 이삭 같은 색다른 꽃을 무성한 잎사귀 사이로 내미는 것이었다. 그런데 그 꽃은 사람에게 무언가를 경고하듯이 가슴을 죄일 듯한 짙고 역한 향기를 풍겼다. 10월이 되어 과일 수확이 끝나면 가을 바람 속에 노랗게 물든 가지에서 밤송이가 떨어졌다. 그러나 해마다 완전히 익은 밤을 따지는 못했다. 수도원 소년들이 익기도 전에 그것을 서로 다투어 따거나, 이탈리아 근방 출신인 부원장 그레고르가 자기 방 난롯불에다 그 밤을 구워 먹기 때문이다. 이 아름다운 나무는 수도원 현관 앞 가득히 이국적인 우아한 모습으로 가지를 하늘거렸다. 원산지가 다르므로 예민하고 추위에 약한 먼 곳에서 온 손님이었으나, 정문에 늘어선 화사한 사암석 기둥과, 아치형 창문, 처마 장식, 기둥들의 석조 장식과는 은근히 조화롭게 보였다. 특히 이탈리아 사람이나 라틴계 사람들에게서 사랑을 받았으나, 이 고장 사람들에게도 희귀한 진품으로 아낌을 받고 있었다.

이 도입종 밤나무 밑을, 벌써 몇 세대의 수도원 학생들이 지나다녔다. 석판을 옆에 끼고 떠들다가 웃고 장난치다 다투기도 하면서, 계절에 따라 맨발이 되었다가 신을 신기도 하고, 또 꽃을 입에 따서 물기도 하고 호두를 까먹기도 하고 손에 눈덩어리를 들기도 하면서. 이렇듯 새로운 학생들이 쉴새없

지와 사랑 151

이 오고갔다. 얼굴들은 2, 3년마다 변해도 대개는 비슷했다. 다만 금발이냐 고수머리냐 하는 차이뿐이었다. 대부분은 여기 남아서 수도사가 되거나 보좌신부가 되었다. 다들 머리를 빡빡 깎이고 수도복에 노란 띠를 매는 것은 물론, 책도 읽고 학생들도 가르친다. 그러다가는 늙어서 죽어 간다. 나머지 학생들 중에는 학창시절이 지나면 그네들 기사의 성이나, 상인 집이나, 직공 집이나, 부모님이 계신 집으로 저마다 찾아간다. 그러다가 곧 세상에 나가 즐기거나 사업들을 한다. 한번쯤은 수도원을 찾아올 때도 있다. 어른이 된 뒤에는 누구나 아직 어린 아들을 학생이랍시고 데리고 와서는 신부에게 맡긴다. 그러고는 잠시 쓴웃음을 지으며 생각에 잠긴 듯 밤나무를 쳐다보다가는 곧 사라져 버린다. 수도원의 기도실과 집회실 안 둥근 아치형의 묵직한 창문과 석조로 된 두 겹의 단단한 기둥이 서 있는 이 사이에서, 생활은 물론 수업이나 연구가 이루어졌고, 관리와 지배가 착실히 계속되어 갔다. 온갖 예술과 학문을 이곳에서 했고, 세대에서 세대로 그것을 전해 주었다. 종교적인 것, 세속적인 것, 밝은 것, 어두운 것에 대한 책들이 저술되었으며, 주석들이 덧붙여졌다. 체계가 세워지고 고인들의 문헌이 수집되었다. 장식 문자가 그려지고, 민족 신앙을 보호하거나 비웃기도 했다. 지식과 신앙, 심원과 교활, 복음서의 지혜와 그리스 사람들의 지혜, 이른바 상도(常道)의 하얀 마술과 요괴를 부리는 검은 마술, 아무튼 이 온갖 것이 여기서는 번창해 갔다. 이것들을 착실히 쌓아 둘 자리도 있었다. 은둔 생활과 참회 생활은 물론이요, 사교 생활을 위한 자리도 마련되어 있었다. 이것이 우위를 차지하느냐! 저것이 지배적이냐! 이 두 가지 가운데 결정의 초점은 원장의 됨됨이나 지배적인 시대의 흐름에 따르고 있을 뿐이었다. 이 수도원이 마귀를 쫓아내는 사람이나 악령 들린 자 때문에 유명해질 때도 있었고, 더러는 방문도 받았다. 때로는 뛰어난 음악가 때문에, 때로는 치료와 기적을 베푸는 신부님 때문에, 때로는 잡아온 잉어 수프나 사슴 간(肝) 만두 때문에 그때마다 조금씩 유명해져 갔다. 수사나 학생들 가운데는 믿음이 강한 사람, 태도가 흐리터분한 사람, 단식하는 사람, 살이 피둥피둥 찐 사람 등, 별별 사람들이 다 있었다. 여기 와서 생활하고 또한 죽어 간 많은 사람들 가운데는 언제든지 누구든 하나는 고립된 사람이 있다. 누구는 사랑을 받고 누구는 미움을 받는다. 누구는 선택된 사람같이 보이고, 누구는 같은 시대 사람들의 기억에서 사라졌더라도 그 뒤에는 오래도록 사람들의 입으로 전해 내려간다.

　이번에도 또 마리아브론 수도원에는 고립된 다른 사람이 둘 있었다. 하나는 늙은이요, 하나는 젊은이다. 수많은 수도자들의 무리가 기숙사나 성당이나 교실 등을 가득 채우고 있었지만, 그중에서도 누구 하나 모르는 사람이 없으며 누구에게든지 주목을 받고 있는 사람이 둘 있었다. 늙은이는 원장 다니엘이요, 젊은이는 그의 제자 나르치스였다. 나르치스는 얼마 전에 수습수도사가 되었지만, 재주가 뛰어나 모든 관례를 깨고 벌써 교사의 일을 맡아보고 있었다. 특히 그리스어에서 뛰어난 면모를 발휘했다. 한 사람은 원장이요, 한 사람은 수도사로, 이 두 사람은 수도원 안에서 세력도 가졌거니와 주목도 받았고, 호기심도 일으켰으며, 흠모도 받았고, 또한 부러움도 샀다. 이와 동시에 뒤에서는 이러니저러니 하는 비방도 받았다.

　원장을 좋아하지 않는 사람은 별로 없었다. 원장은 상냥함과 소박함과 겸손을 한데 뭉친 사람이었다. 다만 수도원의 학자들만은 그에 대한 사랑 속에 멸시감도 조금 있었다. 다니엘 원장은 성자였는지 모르지만 학자는 아니었기 때문이다. 지혜라 해도 좋을 소박함을 가지고 있었지만, 라틴어는 그렇게 잘한다고 할 수 없었고 그리스어는 전혀 하지 못했다.

　이따금 원장의 소박함에 대해 비웃기까지 하는 몇몇 사람은 그만큼 나르치스에게 매력을 느꼈다. 그는 기품 있는 그리스말을 하는 영재에, 예의범절도 어디 하나 나무랄 데가 없었으며, 사색가 같은 눈매는 조용하면서도 사물을 날카롭게 뚫어보는 듯하고, 아름답고 가느스름한 입술을 가지고 있었다. 그리스말을 놀랍게 잘할 수 있다는 점에서 이 젊은이는 학자들로부터 사랑을 받았다. 그리고 매우 고귀하고 우아한 점에서, 그는 거의 모든 사람으로부터 사랑을 받았다. 많은 사람이 이 청년에게 반했다. 그러나 그의 조용한 태도나 그의 자제력이 너무 지나쳤기 때문에, 또한 그의 예의범절이 너무나 깍듯해서 아니꼽게 생각하는 사람도 적지 않았다.

　원장이나 수습수도사 둘 다 선택된 자의 운명을 짊어지고 있었거니와 자기들 나름대로 지배도 하고 괴로워하기도 했다. 둘 다 수도원의 다른 어떤 사람들보다도 서로를 가깝게 느끼고 끌어당기고 있었다. 하지만 아직 상대의 존재에서 안락함을 느끼는 다른 길을 찾은 것은 아니었다. 원장은 이 젊은이를 더할 수 없는 염려와 관심을 가지고 대하며 형제로서 마음을 썼다.

곧 이 청년을 귀하고 연약하며 너무 이른 나이에 성숙한, 그리하여 위험에 자신을 드러낸 형제로서 대했다. 젊은이는 원장의 온갖 명령이나 충고나 칭찬을 겸허한 태도로써 받아들였거니와 결코 거역하지도 않았고 또한 불쾌하게 생각한 적도 없었다. 만약 그 청년에 대해 내린 원장의 판단이 옳고, 또한 그의 유일한 결점이 오만이라면, 이 젊은이는 이 결점을 훌륭히 감출 수 있는 방법을 알고 있었다. 이 청년에 대해서는 할 말이 하나도 없었다. 완전하며 모든 사람보다 뛰어난 청년이었다. 다만 학자들을 빼놓고 정말로 그의 친구가 되는 사람은 적었다. 그의 고귀한 품성이 냉각된 공기처럼 그를 둘러막고 있었다.

참회 뒤에 원장은 그에게 입을 열었다. "나르치스. 자네한테 심한 판단을 내린 죄를 고백하겠네. 나는 가끔 자네가 거만하다고 생각했었는데 아마 부당한 생각이었을지도 모르네. 자네는 정말 외로워. 젊은 형제여! 자네는 고독하네. 흠모자를 가지고 있지만 친구는 없네. 이따금 자네를 나무라기 위해 기회를 찾아볼 마음이 들긴 하나 기회가 없단 말일세. 자네 또래의 젊은 친구들이 으레 그렇듯 자네도 가끔은 좀 버릇없이 굴어 주었으면 하는 희망을 가졌단 말일세. 자네가 어디 그런 일이 한 번이라도 있었나! 나는 말일세, 가끔 자네가 조금 걱정되네, 나르치스."

젊은이는 까만 두 눈을 노인에게 돌리며 말했다.

"원장 선생님, 저는 무엇보다도 심려를 끼치고 싶지 않습니다. 선생님, 제가 오만한지도 모릅니다. 소망입니다. 그 점에 대해 벌을 내려 주십시오. 때로는 자신을 벌주고 싶은 마음도 있습니다. 저를 은자의 암자로 보내 주십시오. 아니면 천한 봉사를 하게 해주십시오."

"그 무엇을 하든 자네는 아직 젊다, 형제여." 원장은 말했다. "더구나 자네는 언어와 사색의 능력을 골고루 가지고 있거든. 그런 자네에게 천한 봉사를 하게 한다면, 하느님의 은혜를 남용하는 결과가 될 걸세. 아마 자네는 교사나 학자가 될 테지. 자네 자신이 그렇게 바라지 않는가!"

"선생님, 황송한 말씀이오나 저는 소망하는 것에 그다지 자세한 분별을 가지고 있지 않습니다. 저는 언제나 학문을 기쁨으로 삼으리라 생각하고 있습니다. 어째서 거기에 딴마음이 있겠습니까. 그러나 학문이 저의 유일한 영역이라고는 믿기지 않습니다. 한 인간의 운명이나 사명을 결정하는 것은 바람이 아니고, 오히려 미리 정해진 숙명이 아닐는지요."

원장은 귀를 기울이더니 심각해졌다. 그러나 늙은 얼굴에 웃음을 띠우며 이렇게 말했다. "내가 인간을 알고 있는 범위로 우리는, 특히 젊을 때는 모두 약간씩 하느님의 뜻과 우리의 소망을 혼동하기 쉬운 경향을 가지고 있다네. 그런데 자네는 천직을 미리 짐작하고 있는 것 같으니 그 점에 대해 한마디 해주게나. 대체 자네는 자신이 어떤 천직을 가지고 있노라 믿고 있는 건가?"

나르치스가 까만 두 눈을 지그시 감아 버렸으므로 두 눈은 기다란 까만 속눈썹 밑에 숨어 버리고 말았다. 나르치스는 아무 말이 없었다.

"나르치스, 말해 보게." 오래 기다린 뒤에 원장이 입을 열었다.

목소리를 나지막이 하고, 눈을 아래로 내리깐 채 나르치스는 말하기 시작했다. "저는 뭐니뭐니해도 수도원 생활을 하도록 정해져 있는 듯합니다. 수도사가 되고 주교가 되고, 부원장이 되고, 아마 원장이 될지도 모릅니다. 제 소망이라고 해서 이렇게 믿는 것은 아닙니다. 저의 소망은 관직에 목표를 두는 것은 아닙니다. 하지만 그것이 저에게 맡겨지리라는 생각이 듭니다."

오래도록 두 사람은 말이 없었다.

원장은 주저하면서 물었다. "어떻게 자네는 그런 것을 믿는 거지? 자네에게 학식을 빼놓고 무슨 재능이 있어서 그런 믿음을 나타낼 수 있다는 말인가?"

나르치스는 떠듬떠듬 말했다. "저 자신의 숙명뿐만 아니라 다른 사람들의 특성과 숙명에 대해서도 느낄 수 있는 능력을 지녔기 때문입니다. 이런 특성이 저를 강요해 다른 사람을 지배함으로써 그들에게 봉사하는 것입니다. 제가 수도원 생활을 하기 위해 태어나지 않았다면 법관이나 정치가가 되었을 겁니다."

"그럴지도 모르지." 원장은 머리를 끄덕였다. "인간과 그 인간의 운명을 안다는 자네의 능력을 실제로 시험해 보았는가?"

"시험해 보았습니다."

"그 실례를 나에게 말해 줄 용의가 있는가?"

"네, 있습니다."

"좋아. 형제들이 모르는 곳에서 그들의 비밀을 거론하는 것은 좋지 않으

니까 자네의 원장 다니엘, 나에 대해서 알고 있다고 생각하는 것을 말해 주
겠나?"

나르치스는 속눈썹을 치켜뜨며 원장의 두 눈을 바라보았다.

"원장 선생님, 그것은 명령하는 말씀입니까?"

"내 명령일세."

"원장 선생님, 말씀드리기 어렵습니다."

"억지로 자네 입을 열게 한다는 것은 나로서도 힘든 일일세. 하지만 나는
지금 그 일을 하고 있다네. 말해 보게나!"

나르치스는 머리를 숙이고 속삭이듯 말했다. "제가 원장 선생님에 대해
알고 있는 것은 별로 없는 듯합니다. 혹시 알고 있다면 선생님께서는 하느님
의 종이고 염소를 지키거나 은둔자의 암자에서 종을 치거나 주민들의 참회
를 들으시는 것이, 커다란 수도원을 지배하는 것보다 즐기시는 일이라 믿습
니다. 원장 선생님께서는 성모께 특별한 사랑을 가지시고 기도드리심을 알
고 있습니다. 그러기에 선생님께서는 이 수도원에서 장려되는 그리스어나
그 밖의 다른 학문이, 당신을 의지하는 자들의 영혼에 혼란이나 위험을 가지
고 오지 않길 때때로 기도드립니다. 그레고르 부원장에 대해서도 관용을 잃
지 않으시기를 가끔 기도드립니다. 또 가끔은 고요한 죽음을 맞게 되길 기도
드립니다. 하느님께서 그 기도를 들어주시어 고요한 죽음을 내리시리라 생
각합니다."

원장의 아담한 응접실 안은 조용했다. 이윽고 원장이 입을 열었다.

그는 다정스럽게 말했다.

"자네는 몽상가인 데다 환상을 품고 있군. 경건하고 악의가 없어도 환상
이란 착각을 일으키는 법이라네. 내가 그런 것을 믿지 않듯이 자네도 그걸
믿지 말도록 하게. 몽상가인 형제여, 내가 방금 그것에 대해서 마음속에서
어떻게 생각하고 있는지 자네는 아는가?"

"원장 선생님께서 매우 호의를 가지고 생각하고 계시다는 것은 알고 있습
니다. 원장 선생님께서는 이렇게 생각하고 계십니다. '이 젊은 제자는 약간
위험에 빠져들어 있다. 환상을 가지고 있어. 아마 명상이 지나친 탓이겠지.
참회를 시켜도 좋으리라, 그에게 해를 주지는 않겠지. 하지만 그에게 시키는
참회를 나 자신도 짊어지자.' 이것이 지금 원장 선생님께서 생각하고 계시는

것입니다."

원장은 일어섰다. 얼굴 전체에 미소를 띠며 수습수도사에게 물러가라는 눈짓을 했다.

"좋아." 원장이 말했다. "자네는 환상을 지나칠 정도로 심각히 생각지 말게나. 젊은 형제여, 하느님은 환상을 갖는 것 말고도 또 다른 많은 것을 우리에게 요구하고 계시다네. 자네가 한 노인에게 편안한 죽음을 약속해서 그를 즐겁게 만들었다고 해두세. 잠깐 동안 그 노인이 그 약속을 듣고 기뻐했노라고 해두세나. 이제 충분하네. 자네는 내일 아침 미사를 드린 뒤에 묵주를 헤아리며 기도를 드리게나. 경건하게 자신의 몸을 다 맡기고 빌어야 하네. 형식적이지 않도록 말일세. 나도 하겠네. 자, 물러가게나. 나르치스, 이야기는 실컷 하였네."

그 뒤 어느 날 다니엘 원장은, 교사를 하고 있는 제일 젊은 신부와 나르치스가 어떤 교안에 대해서 의견이 맞지 않았기 때문에 그들 사이에서 중재해야만 했다. 나르치스는 매우 열의를 가지고 수업에 어떤 변화를 시도할 것을 주장했다. 그는 확신시킬 수 있는 근거를 가지고 있었던 데다 그것을 정당화하는 방법도 알고 있었다. 그러나 로렌츠 신부는 일종의 질투심에서 거기에 동의하려고 하지 않았다. 다시 새로운 문제를 내걸 때마다 무뚝뚝한 침묵과 얼굴을 잔뜩 찌푸리는 날이 며칠이나 계속되었다. 나르치스는 끝까지 자기 주장의 정당성을 믿고 또 그 문제를 끄집어내었다. 마지막 판에 가서 로렌츠 신부는 좀 감정이 상해서 말했다. "이봐, 나르치스, 말다툼은 그만두세. 자네도 알다시피 결정권은 내게 있고 자네에게는 없는 거야. 자네는 내 동료가 아니라 조수야. 그러니 나를 따라야 할 거 아냐. 그러나 이 문제를 자네는 진지하게 생각하고 있고 내가 자네 약점을 잡고 있는 건 직권에서일 뿐이지 지식이나 재주에서는 아니네. 그러니 내가 결정을 지을 게 아니라 원장님께 결정지어 달라고 말씀드리세."

두 사람은 그렇게 하기로 했다. 다니엘 원장은 문법수업의 해석에 대한 이 두 학자의 말다툼을 호의를 가지고 꾸준히 들었다.

이들 두 사람이 저마다의 의견을 자상하게 진술하고 논증까지 마치자 노원장은 두 사람을 쳐다보았다. 그리 언짢은 얼굴색은 아니었다. 하얀 머리칼의 머리를 약간 흔들어 보이며 말했다. "형제들, 내가 이 건에 대하여 자네들과 마찬가지로 이해하고 있다고 믿지는 말게. 나르치스가 학교 일에 지대한 관심을 가지고 있는 것은 물론이고, 교안을 고쳐 보겠다는 노력은 기특한 일일세. 하지만 윗사람이 다른 의견을 가지고 있다면 나르치스는 거기에 대해서 잠자코 복종해야 할 걸세. 만약 그 때문에 이 수도원의 질서와 복종이 흐트러진다면 학교를 개선하려는 어떤 노력도 바람직하지 못한 일이네. 나르치스가 양보할 줄 모른다는 점에서 나는 그를 나무라는 거라네. 자네들 젊은 두 학자를 위해서 나는 자네들보다 어리석은 상관이 언제든지 자네들 위에 있길 바라는 마음일세. 교만을 고치는 데 그 이상 좋은 약은 없을 테니까." 이런 쾌활한 농담으로 원장은 두 사람을 내보냈다. 그러나 이 노인은 그 뒤에도 며칠 동안, 두 교사의 사이가 화목해졌는지 어떤지에 대해 주시하기를 게을리하지 않았다.

또 이런 일이 있었다. 그 많은 얼굴들이 오가는 수도원에 새 얼굴이 나타났다. 이 새 얼굴은 주목받지 못하고 금세 잊히고 마는 얼굴과는 다른 유형의 얼굴이었다. 벌써 오래전부터 그의 아버지한테서 신청을 받았던 젊은이로, 수도원 내의 학교에서 공부하기 위해 어느 봄날 도착했다. 아버지와 젊은이는 우리가 잘 아는 그 밤나무에 말을 매었다. 문지기가 큰 현관에서 마중을 나왔다.

소년은 아직도 겨울 모습을 아련하게 드러내고 있는 앙상한 나무 한 그루를 쳐다보며 말했다. "이런 나무는 처음 보는걸. 희귀하고 아름다운 나무로군! 이름이 무엇인지 알고 싶은데"

고생을 좀 한 데다 나이가 들어 뵈고 거기다가 얼굴까지 찌푸린 아버지는 아들의 말에 별 상관하지 않았으나, 문지기는 곧 소년이 마음에 들어 나무 이름을 가르쳐 주었다. 그에게 감사의 인사를 하는 소년은 어딘지 다정스러워 보였다. 소년은 그에게 악수를 청하며 말했다. "골드문트라고 합니다. 여기 학교에 들어오게 됐습니다." 문지기도 정답게 미소를 던지며 신입생보다 앞서 큰 현관을 지나 폭이 넓은 돌계단을 올라갔다. 골드문트는 아무 거리낌 없이 수도원에 발을 들여놓았다. 이곳에서 벌써 두 가지, 아까 그 나무와 문지기를 만나서 친구가 되었다는 생각을 가지고.

두 사람은 먼저 교장을 맡아보고 있는 신부를 만났고, 저녁에는 친히 원장과도 면회했다. 그 두 곳에서, 황제의 밑에서 일하는 아버지는 아들 골드문트를 소개했다. 아버지는 수도원의 손님으로서 잠시 묵고 가도록 초대받았다. 하지만 아버지는 하룻밤만은 손님 대접을 받겠지만 내일은 꼭 떠나야 하는 사정을 이야기했다. 그러면서 두 마리 말 가운데 한 마리를 수도원에 선물하고 싶다고 제의했다. 그 제의는 받아들여졌다. 성직에 있는 사람들과의 대화는 내내 정중하지만 쌀쌀한 바람이 이는 것같이 진행되었다. 그러나 원장도 신부도 공손하게 말없이 앉아 있는 골드문트를 기쁨에 싸여 바라보고 있었다. 곱상하게 생긴 붙임성 있는 이 소년은 곧 그들 마음에 들었다. 그들은 이튿날 아버지를 아무 미련 없이 보내고 아들을 기꺼이 맡았다. 골드문트는 선생들에게 소개되어 학생들이 쓰는 넓은 침실에 침대 하나를 얻었다. 말을 타고 떠나는 아버지와 이별하는 골드문트의 태도는 정중했으나 얼굴에는 서글픈 그림자가 역력했다. 그냥 제자리에 멍하니 서서 아버지가 수도원 바깥마당의 좁다란 아치 정문을 돌아 곡물창고와 물방앗간 사이로 사라질 때까지 바라보고 있었다. 몸을 돌렸을 때, 기다란 그의 금빛 속눈썹 가에는 눈물이 한 방울 맺혀 있었다. 그때 문지기가 그의 어깨를 툭툭 치며 달래듯 말했다.

"여, 학생 친구. 그런 슬픈 표정을 짓지 말라고. 처음에는 부모님들이나 형제들을 보고 싶어들 하지. 그러나 여기도 살아 볼 만한 곳이고 그다지 나쁘지 않은 곳임을 이내 알게 될 걸세."

"문지기 형제, 고마워요." 골드문트가 대답했다. "나는 형제도 어머니도 없어요, 오직 아버지뿐이에요."

"그 대신 여기에는 친구와 학문, 음악, 그리고 학생이 아직 모르는 새로운 놀이도 있는걸. 이것저것 곧 다 알게 돼. 만약 속시원하게 털어놓고 이야기하고 싶은 사람이 필요하거들랑 나한테 와."

골드문트는 웃으면서 말했다. "정말 고맙습니다. 만약 날 기쁘게 해주시겠다면 아버지가 놓고 가신 말을 얼른 보여 주세요. 그 녀석이 잘 있는지 보고 싶어요."

문지기는 곧 그를 데리고 곡물창고 옆의 마구간으로 갔다. 후텁지근한 어둠 속에는 말·말똥·보리 냄새가 범벅이 되어 코를 찔렀다. 골드문트는 쭉 이어져 있는 칸막이 어느 한 군데서 그를 태우고 온 갈색 말이 서 있는 것을 발견했다. 벌써 그를 알아차리고 머리를 쭉 뽑고 있는 말의 목을 두 손으로 부둥켜안아 하얀 얼룩이 있는 넓적한 이마에 뺨을 갖다대고 살금살금 비비면서 그는 말의 귀에 대고 속삭였다. "블레스, 안녕. 나의 용감한 블레스, 어때! 넌 아직 날 좋아하지? 여물은 있어? 아직 집 생각을 하니? 블레스, 요 녀석, 네가 남아 줘서 얼마나 좋은지 몰라. 가끔 널 보러 올게." 골드문트는 소매깃 속에서 아침식사 때 남겨 둔 빵 한 조각을 끄집어냈다. 그것을 작게 잘라서 말에게 먹였다. 그러고는 헤어져서 문지기를 따라 안마당을 지나갔다. 안마당은 큰 도시의 장터처럼 넓었고 한구석에는 보리수가 심어져 있었다. 안쪽 입구에서 문지기에게 고맙다는 인사를 한 다음 악수를 했다. 그때 골드문트는 어제 알아 두었던 교실로 가는 길을 벌써 잊어버린 것을 깨닫고, 얼굴이 빨개져서 쓴웃음을 지으며 문지기에게 안내를 부탁했다. 문지기는 쾌히 안내해 주었다. 그래서 그는 겨우 교실에 들어갔다. 열두 명가량의 소년들과 청년들이 긴의자 위에 앉아 있었다. 준교사인 나르치스가 얼굴을 돌렸다.

"신입생인 골드문트입니다." 그는 말했다.

나르치스는 미소조차 없이 약간 고개를 갸우뚱하며 뒤에 있는 긴의자에 자리를 정해 주고는 이내 수업을 계속했다.

골드문트는 자리를 잡고 앉았다. 그리고 자기보다 두세 살 나이가 많을까 말까 한 젊은 선생을 보고 놀랐다. 게다가 이 젊은 선생이 어찌나 아름답고 고상하며 진실한지, 또 어찌나 사람의 마음을 끌어당기고 상냥한지 놀라왔다. 마음속에서 기쁨이 샘솟아 올랐다. 문지기는 그에게 상냥했고 또 원장도 그에게 친절하게 대해 주었다. 저쪽 마구간에는 한 토막 고향의 향취를 생각나게 해주는 블레스가 있었다. 지금 여기에는 학자같이 진중하고 왕자같이 우아한 놀랄 만큼 젊은 선생이 있다. 냉정하기도 하고 자제력도 있는 데다 사무적임에도 감탄을 보낼 수밖에 없는 목소리다! 무슨 말을 하고 있는지 얼른 이해는 가지 않았지만, 그는 감사한 마음으로 경청했다. 흐뭇한 마음이었다. 친절하고 선량한 사람들한테 온 것이다. 골드문트는 이 사람들을 사랑하고 그 우애를 구할 마음의 준비가 되었다. 아침에 침대에서 눈을 떴을 때는 답답한 생각이 들었다. 무엇보다 기나긴 여행에 지쳐 있었다. 아버지와 헤어졌을 때 얼마간 울기도 했다. 그러나 지금은 잘되어 가는 것이 만족스럽다. 오랫동안 자꾸 젊은 선생의 얼굴만 쳐다보았다. 야무지고 날씬한 자태, 쌀쌀하게 반짝이는 눈, 또렷하고 앙칼지게 한 마디 한 마디 말하는 그의 야무진 입술 등을 바라보며, 하늘을 나는 듯한 목소리, 피로를 모르는 소리를 듣고 나니 한결 마음이 즐거웠다.

그러나 수업시간이 끝나서 학생들이 떠들썩하게 자리를 뜰 때 골드문트는 깜짝 놀라 일어섰다. 오랜 시간 잠을 자고 있었던 걸 알고 약간 부끄러워졌다. 자기 자신도 그것을 알았을 뿐 아니라 옆자리에 앉았던 학생도 그걸 보고 있다가 소곤소곤 친구들에게 알리고 있었다. 젊은 선생이 교실에서 나가자 학생들은 골드문트를 사방에서 잡아당기고 쿡쿡 찔렀다.

"다 잤냐?" 한 녀석이 이를 드러내고 활짝 웃으며 물었다.

또 한 녀석이 놀려대기 시작했다. "대단한 학자야! 교단(敎團)의 훌륭한 선구자가 될 거야. 첫시간부터 잠을 자다니!"

"이 아기를 침대에 갖다 눕혀라." 한 녀석이 입을 열기가 무섭게 모두들 그의 팔과 다리를 하나씩 붙들고서는 호들갑을 떨며 그를 떠메고 가려 했다.

골드문트는 놀랐고 화가 났다. 그는 닥치는 대로 마구 후려치고 빠져나오려고 했으나 몇 대 얻어맞고서는 결국 바닥에 내동댕이쳐지고 말았다. 한 녀석이 아직도 그의 발목을 꼭 쥐고 있었다. 그는 그것을 호되게 걷어차 버리고 손에 잡히는 대로 노리던 놈에게 덤벼들었다. 대뜸 그 녀석과 심한 격투에 휩쓸려 들어갔다. 그와 상대한 녀석은 힘깨나 쓰는 놈이었다. 모두가 이두 녀석의 싸움에 재미가 난 듯 구경하고 있었다. 골드문트가 지지 않고 센 놈에게 주먹을 몇 대 먹였을 때, 그는 아직 이름은 알지 못했지만 학생들 사이에 벌써 친구를 만들었다. 별안간 다들 달아나 버렸다. 모두 없어지자 곧 교장 마르틴 신부가 들어왔다. 그는 혼자 남아 있는 소년 앞에 와서 섰다. 괴이하게 생각한 교장은 소년을 바라보았다. 푸른 눈이 빨개지고 얼굴에 상처가 난 채 쩔쩔매는 소년을 보고 그는 깜짝 놀랐다.

"도대체 어떻게 된 건가?" 그는 물었다. "너 골드문트 아니냐? 녀석들이 네게 무슨 짓을 한 게로구나?"

소년이 말했다. "아닙니다, 아니에요. 제가 그를 쳤습니다."

"누구를?"

"모르겠습니다. 저는 아직 아무도 모릅니다. 그들 가운데 한 명이 저와 맞붙었습니다."

"그가 먼저 시작했나?"

"모르겠습니다. 아닙니다, 제가 먼저 시작한 것 같습니다. 모두 저를 깔봐서 화가 났습니다."

"그래, 시작한 거는 좋아. 하지만 한 번 더 이 교실에서 심한 주먹다툼을 했다가는 벌을 줄 거야. 그럼 저녁이나 먹으러 가! 자, 앞으로!"

골드문트가 부끄러운 듯 그곳에서 빠져나가며 헝클어진 황금빛 머리칼을 손가락으로 부지런히 쓸어올리는 것을 바라보면서 교장은 미소를 지었다.

골드문트는 자신도 수도원 생활의 처음을 장식하는 이 행동이 정말로 버릇없었고, 또한 어리석었다고 생각했다. 꽤 후회를 느끼면서 급우들을 찾아 헤매다가 저녁식사 테이블에서 발견했다. 그들은 골드문트를 존경과 우애로써 반겨 주었다. 싸움의 상대방과는 신사답게 화해를 했다. 그때부터 그는 이 분위기 속에 자신이 쾌히 맞아들여졌다는 걸 느꼈다.

2

그럭저럭 지내는 사이 그는 모두와 좋은 친구가 되었지만 진정한 친구는 얼른 찾아낼 수가 없었다. 동급생들 가운데는 특별히 친근하게 또는 마음이 끌리는 듯 느껴지는 벗은 없었다. 그 주먹다짐으로 처음엔 그를 난폭한 평화를 좋아하는 친구라고 생각했던 이들은, 그가 학문에서 영광을 얻는 데 힘쓰는 듯한 모범생인 것을 알고 놀라워했다.

골드문트가 마음이 끌리고, 머릿속을 가득 채우며, 존경하고 숭배하는 사람이 수도원 안에 두 사람 있었다. 원장 다니엘과 준교사 나르치스였다. 골드문트는 원장을 성자라고 생각하곤 했다. 그의 소박함과 친절함, 그의 맑고 자애 넘치는 눈초리, 명령과 지배를 경건하게 봉사로써 실행하는 그의 태도, 조용하고 선량한 그의 행동, 이 온갖 것이 커다란 힘을 갖고 골드문트를 끌어당겼다. 되도록이면 이 경건한 이에게 혼자만의 종이 되고 싶었다. 언제나 그의 곁에 머물러서 시키는 일을 따르고 또한 받들고 싶었다. 복종과 헌신에의 소년다운 모든 소망을 끊임없는 희생의 제물로 바치고 싶었다. 그리고 밝고 고귀하며 성자다운 생활을 그에게서 배우고 싶었다. 왜냐하면 골드문트는 수도원의 학교를 졸업하는 것만이 아니라 가능하다면 언제까지나 쭉 그대로 수도원에 남아서 일생을 하느님에게 바치고 싶었기 때문이었다. 그것은 자신의 의지이기도 하고 아버지의 소망이며 분부였다. 또한 하느님 스스로의 정한 바이기도 하며 요구이기도 했다. 아무도 이 아름답고 빛나는 소년을 보고 그렇게 생각지 않는 것 같았으나 어떤 무거운 짐이 그를 누르고 있었다. 혈통의 부담, 속죄와 희생의 불가사의한 운명이 그를 누르고 있었다. 원장도 거기까지는 눈이 가지 않았다. 골드문트의 아버지가 원장에게 얼마간 암시적인 언질을 주고 아들을 언제까지나 여기 수도원에 두고 싶다는 소망을 분명히 표시했었다. 무슨 보이지 않는 오점이 골드문트가 날 때부터 달라붙어 있는 듯이 뭔가 무언의 속죄를 요구하고 있는 것처럼 보였었다. 그러나 아버지는 원장에게 호감을 주지는 못했다. 원장은 아버지의 말씨와 잘난 척하는 태도 전체에 겸손한 냉담함을 가지고 대했을 뿐, 그의 암시에는 대단한 뜻을 두지 않았다.

골드문트의 사랑을 눈뜨게 한 또 다른 사람은 보다 날카롭게 보고 보다 많이 예감하고 있었으나, 드러내지 않고 얌전히 물러서 있었다. 나르치스는 얼마나 사랑스런 황금새가 날아 들어왔는가를 잘 알고 있었다. 자신의 고귀한 성품 때문에 고립되어 있었던 나르치스는 골드문트가 모든 점에 있어서 그와 반대인 것같이 보였음에도 자기와 동지라는 걸 이내 알게 되었다. 나르치스는 어둡고 야윈 반면에, 골드문트는 눈부셨고 꽃다웠다. 나르치스는 사색가요 분석가였는데, 골드문트는 몽상가요 동심의 소유자인 것 같았다. 그러나 이 대립을 이어 주는 공통점이 있었다. 둘 다 고귀한 성품을 가진 인간이었다. 둘 다 두드러진 재능과 특징을 지녔으며, 운명의 특별한 표적이 되어 있었다.

나르치스는 곧 이 젊은 영혼의 성질과 운명을 꿰뚫어 보고 타는 듯한 관심을 보냈다. 골드문트는 아름답고 누구보다 총명한 선생에게 열렬한 찬사를 보냈다. 하지만 그는 내성적이었다. 골드문트는 조심성 있고 교양 있는 학생처럼 지쳐 쓰러질 때까지 노력하는 것 말고는 나르치스의 관심을 받는 다른 방법을 알지 못했다. 그러나 그를 망설이게 한 것은 부끄럼만이 아니었다. 나르치스가 자기에게 위험하다는 느낌도 그를 주저하게 만들었다. 골드문트는 겸손하고 선량한 원장과, 너무도 영리하고 학식이 높으며 슬기로운 나르치스를 동시에 따라갈 수는 없었다. 그럼에도 골드문트는 그의 청춘의 온갖 힘을 기울여서 양립하기 힘든 두 개의 이상을 향하여 노력했다. 이것이 때때로 그를 괴롭혔다. 입학 무렵 여러 달 동안 골드문트는 가끔 가슴속이 마구 흐트러진 것 같아서 거기서 도망치든가 아니면 친구들을 통해 괴로움과 마음속의 분노를 발산시켜 버리자는 강한 유혹에 빠져들었다. 선량한 골드문트는 자주, 무슨 일에 있어 약간 놀림을 받거나 또는 학생들 간에 흔히 있을 수 있는 무례한 말을 듣게 되면 단번에 머리끝까지 화가 치밀어오르기 때문에 보기에 딱할 정도로 가까스로 자신을 억제하며 두 눈을 딱 감고, 얼굴은 송장처럼 창백해진 채, 아무 말 없이 얼굴을 딴 곳으로 돌리는 것이었다. 그러다가는 마구간으로 블레스를 찾아가서 그의 목에 키스를 하며 머리를 기대고 울어 버리곤 했다. 그의 괴로움은 차츰 늘어갔다. 그리고 그것이 눈에 띌 정도까지 되었다. 뺨은 수척해지고 눈은 빛을 잃었으며 움푹 들어갔다. 모든 사람에게서 귀염을 받던 웃음마저 드물어져 갔다.

골드문트는 지금 자신의 상태가 어떤지 알지 못했다. 그의 성실한 소망과 의지는 선량한 학생이 되고, 곧 수도사로 채용되어 신부들의 경건하고 조용한 형제가 되는 것이었다. 그의 힘과 재능은 모두 다 이 경건하고 순탄한 목표를 향해서 노력하고 있다는 것을 믿고 있을 뿐 다른 노력에 대해서는 전혀 알지 못했다. 그렇기 때문에 이 단조롭고 아름다운 목표가 이다지도 다다르기 어려운 것인지를 알아야 한다는 것은 얼마나 이상한 일인가! 이따금 그는 자신에게서 혐오스러운 기분과 경향을 인지하고 당황하며 낙담했다. 이를테면 수업시간 중에 마음이 흐트러진다든가 싫증이 나는 것, 수업 중에 꿈을 꾼다거나 공상에 빠진다거나 졸고 있는 것, 라틴어 선생에 대한 갑작스러운 반항과 기피, 동급생들에 대한 짜증이라든가 조바심 등…… 그의 마음을 가장 어지럽힌 것은 나르치스에 대한 사랑과 다니엘 원장에 대한 사랑이 서로 조화를 이룰 수 없다는 사실이었다. 더욱 골드문트는, 나르치스도 그를 사랑하고 동정을 보내며 그에게 기대를 걸고 있음을 뚜렷한 확신을 가지고 느낄 때가 많았다.

소년이 생각하는 것보다도 훨씬 더 많이 나르치스의 생각은 소년에게 기울어지고 있었다. 나르치스는 이 예쁘장하고 밝은 소년을 친구로 삼고 싶었다. 이 소년에게서 자신과 반대되는 점, 자신을 보완하는 점을 어렴풋이 느끼고 있었다. 나르치스는 이 소년을 받아들여 그를 인도하고 계발시켜 주고 또한 향상시켜 꽃을 피우게 해주고 싶었다. 그러나 자신을 억제했다. 그것은 여러 가지 이유에서였다. 그는 그것을 어렴풋이 깨닫고 있는 정도였다. 무엇보다도 그를 저지하고 있는 것은, 학생이나 수도사한테 반해 있는 교사나 신부들에 대해 골드문트가 느끼고 있는 혐오감이었다. 그 자신도 역겨울 정도로, 나이 먹은 사람들의 욕정을 품은 눈초리가 자신에게 쏠려 있는 것을 느낄 때가 가끔 있었다. 그들의 유혹과 달콤한 말에 무언의 방위로써 대항할 때도 있었다. 지금 그는 그 사람들의 기분을 이해할 수 있을 듯했다. 자신도 그 귀여운 소년을 사랑하고 웃게 만들며 애정이 깃든 손으로 밝은 황금색 머리칼을 어루만져 주고 싶은 충동을 느꼈다. 그러나 그는 결코 그렇게 하지는 않으리라, 결코. 또한 그는 교사의 직권이나 권위는 아니어도 준교사로서 특별한 주의와 경계심을 갖는 버릇이 붙어 있었다. 그는 두세 살밖에 많지 않았는데도 마치 스무 살이나 더 나이를 먹은 것같이 행동했다. 어느 한 사람의 학생을 특히 두둔해 준다는 것은 일체 엄하게 금하고 있으며, 반면에 밉살스런 학생도 모두 다 특별히 공평하게 돌보아 주는 버릇이 있었다. 그의 봉사는 정신에의 봉사이며, 그의 엄격한 생활은 정신에 바쳐진 것이었다. 다만 남몰래, 그가 가장 방심한 사이 스스로에게 오만함이 주는 쾌감만을 허락했다. 아니, 골드문트와의 우정은 매우 유혹적이기는 했으나 위험한 일이었다. 그러한 것을 자기 생활의 핵심에 연관시켜서는 안 되었다. 그의 생활의 핵심과 의미는 정신에의 봉사, 언어에의 봉사였다. 자신의 이익을 단념하고 자신의 학생들을—자신의 학생들뿐만 아니라—조용히, 훌륭하게 고도의 정신적인 목표를 향하여 이끄는 것이었다.

골드문트가 마리아브론 수도원 학생이 된 지 벌써 1년이 넘었다. 수백 번이나 안마당의 보리수와 아름다운 밤나무 밑에서 친구들과 장난을 하고 놀았다. 달리기, 공치기, 도둑잡기, 눈싸움 등. 이제 봄이 되었으나 골드문트는 지쳐서 몸이 쇠약한 것같이 느껴졌다. 때때로 골치가 아프고 수업시간에는 졸지 않도록 조심하느라고 애를 먹었다.

그러던 어느 날 저녁 아돌프가 그에게 말을 붙여 왔다. 처음으로 만났을 때 대뜸 주먹다툼을 한 그 학생이었다. 아돌프와 골드문트는 올겨울에 유클리드 기하학 공부를 시작했다. 저녁식사 뒤 자유시간이었다. 그 시간에는 기숙사에서 노는 것도, 자습실에서 잡담을 하는 것도, 수도원 바깥마당에서 산책하는 것도 모두 허락되어 있었다.

그를 끌고 계단을 내려가면서 아돌프가 말했다. "골드문트. 재미난 이야기를 해줄게. 그런데 네가 모범생이라는 게 탈이거든. 아마 너는 머잖아 주교가 될 테지. 아무튼 친구와의 의리를 지켜서 선생한테 고해바치지 않는다는 약속부터 해줘."

골드문트는 곧장 약속하고 말았다. 수도원의 명예만 있는 것이 아니라 학생의 명예도 있었다. 양자 간에 가끔 충돌이 있었다. 그는 그것을 알고 있었다. 그러나 어디서든지 불문율은 성문율보다 강했다. 그가 학생인 한은 학생의 규율과 명예 관념에 배반한다는 것은 있을 수 없는 일이었다.

아돌프는 소곤소곤 말하면서 현관을 빠져나와 그를 나무 밑으로 데리고 가 속삭였다. 그가 속해 있는 '용감한 친구들'이라는 꽤 괜찮은 모임은, 그들이 수도사가 아니라는 점을 일깨우는 학생들의 오랜 전통을 이어오고 있었다. 그들은 가끔씩 저녁이면 수도원에서 몰래 빠져나가 마을에 갔다. 그것은 평범한 남자들이 즐기는 장난이나 모험의 하나로 빠질 수 없었는데, 밤이 다 가기 전에 몰래 수도원으로 돌아왔다.

"그렇지만 그때는 벌써 문이 닫혀 있을걸." 골드문트가 이의를 달았다.

물론 그것들은 잠겨 있었다. 꼼꼼하게. 하지만 그것이 재미난 일이었다. 아무도 알아채지 못하도록 안으로 들어가는 은밀한 방법이 있었다. 뭐 처음 있는 일도 아니다.

골드문트는 '마을에 간다'는 표현을 들은 적이 있었다. 그러고 보니 남모르는 여러 가지 향락이나 모험을 한다는 것은 학생들의 밤 소풍을 뜻하는 것이었다. 그것은 수도원의 규칙으로는 중한 벌로써 금하고 있었다. 골드문트는 얼어붙고 말았다. 대담하게 이런 위험한 짓을 한다는 것은 '평범한 남자' 사이에서 학생의 명예로 간주된다는 것, 이 모험에 가담을 요구받는다는 것은 어떤 우대를 의미한다는 것을 그는 잘 알고 있었다.

그는 싫다고 말한 뒤 돌아가 침대에 드러눕고 싶었다. 몹시 지치고 비참한 생각이 들어 오후에는 자꾸 골치만 아팠다. 그러나 아돌프의 앞이라서 좀 부끄러운 생각이 들었다. 밖에 나가 모험을 해보면 아름답고 새로운 무엇이, 그 때문에 두통이나 무거운 슬픔이나 그 밖에 여러 가지 비참한 것을 잊어버릴 수 있는 그 무엇이 있을지도 몰랐다. 그것은 속세로의 소풍, 금지되고 남이 모르는 것, 그다지 명예스럽지 않은 것이었으나 그래도 결국은 하나의 해방, 체험이 될지도 몰랐다. 아돌프가 골드문트를 설득하는 동안 골드문트는 망설이며 서 있었으나, 갑자기 하하 웃다가 승낙했다.

남의 눈에 뜨이지 않게 골드문트는 아돌프와 함께 벌써 어두워진 넓은 안마당의 보리수 아래로 빠져나갔다. 마당의 바깥문은 그 시간이면 벌써 닫혀 있다. 아돌프는 그를 수도원의 물방앗간 속으로 데리고 들어갔다. 거기는 어두컴컴하고 물레바퀴 소리가 쉬지 않고 나기 때문에 다른 사람 모르게 빠져나가는 것쯤이야 쉬운 일이었다. 완전히 짙은 어둠 속에서 창문을 넘어 축축하고 미끌미끌한 두꺼운 널빤지 더미 위에 뛰어내렸다. 두꺼운 널빤지를 한장 빼내서 개울 위에 걸친 다음 건너가야 했다. 그래야 창백하게 반짝이는 한길에 나설 수 있었다. 길은 새까만 숲 속으로 들어가 사라져 버렸다. 모든 일이 다 신비스럽고 가슴을 두근거리게 하며 골드문트의 마음을 흡족하게 했다. 숲 가장자리에는 벌써 친구 콘라트가 서 있었다. 한참 기다리고 있으려니 또 하나가 요란하게 발소리를 내며 왔다. 키가 큰 에버하르트였다. 네명의 소년들은 숲을 빠져나갔다. 머리 위에서 밤새들이 날갯짓 소리를 내었다. 별 몇 개가 구름이 걷힌 조용한 밤하늘에 야릇하게 빛을 던지고 있었다. 콘라트는 호들갑을 떨며 익살을 부렸다. 때때로 다른 친구들도 따라 웃었다. 그러나 밤의 엄숙한 불안이 그들 위에 걸려 심장박동을 빠르게 했다.

한 시간쯤 지나서 숲 반대쪽 마을에 도착했다. 그곳 사람들은 벌써 모두 잠들어 있는 것 같았다. 까만 지붕마루와 대들보 사이에서 나지막한 박공지붕이 어슴푸레 빛을 던지고 있었으나 아무 데도 불빛은 없었다. 아돌프는 앞장서 걸어갔다. 아무 말도 없이 살금살금 몇 집을 돌아서 울타리를 넘고, 정원에 내려서 화단의 부드러운 흙을 밟고, 계단에선 발을 헛디뎌 넘어져 가면서 어느 집의 벽 앞에서 걸음을 멈추었다. 아돌프가 들창을 두드렸다. 한참 기다리다가 또 두드리자 그제야 안에서 소리가 났다. 곧 불빛이 환히 비치더니 들창이 열렸다. 한 사람씩 들창을 넘어 까만 굴뚝이 있는 흙바닥의 부엌으로 들어갔다. 부뚜막 위에 조그만 석유 등잔이 놓여 있어 가느다란 심지에 가냘픈 불이 바람에 흔들흔들하며 타오르고 있었다. 처녀 하나가 거기 서 있었다. 농가의 깡마른 식모였는데, 그녀는 침입자들과 악수를 나누었다. 처녀 뒤 어둠 속에서 또 한 명의 처녀가 얼굴을 내밀었다. 까만 긴 머리를 땋은 나이 어린 처녀였다. 아돌프는 선물을 가지고 왔다. 수도원의 하얀 빵 반 조각과 무엇인가를 싼 종이 봉지였다. 골드문트는 몰래 가지고 온 향(香)이나 밀초겠거니 하고 추측했다. 머리를 땋은 처녀는 등잔을 들지도 않고 더듬어서 문을 빠져나가 오래도록 돌아오지 않았다. 들어온 그녀는 푸른 꽃무늬가 있는 잿빛 점토 주전자를 가지고 와서 콘라트에게 내밀었다. 콘라트는 그 자리에서 좀 따라 마시다가 다음 차례로 넘겼다. 모두들 마셨다. 독한 사과주였다.

조그만 등불 빛을 받으며 그들은 자리를 잡았다. 처녀 둘은 딱딱하고 조그만 의자 위에 앉고 학생들은 처녀들을 빙 둘러싸고 바닥에 주저앉았다. 소곤소곤 이야기를 하며 틈틈이 사과주를 마셨다. 아돌프와 콘라트가 계속 이야기를 끌고 나갔다. 가끔 한 친구가 일어서서 말라깽이 처녀의 머리칼과 목덜미를 어루만지며 귀에다 대고 무언지 속삭였다. 조그만 처녀는 가까이하지 않았다. 아마 키 큰 처녀는 식모이고, 예쁘장한 조그만 처녀는 이 집의 딸일 거라고 골드문트는 짐작했다. 그러나 아무래도 좋았다. 그는 두 번 다시 이런 데 오지 않을 테니까. 몰래 빠져나와서 밤에 숲 속을 걷는 일은 멋있기도 하고, 신기하고 자극적이어서 가슴이 두근거리기도 하며, 신비스럽기도 했다. 그러면서도 위험하지 않았다. 또한 금지되어 있어도 그것을 깨뜨리는 일에 그다지 양심의 가책을 받지 않았다. 하지만 밤에, 이렇게 처녀들을 만난다는 것은 단순히 규칙을 어기는 것뿐 아니라 죄악이라고 느껴졌다. 물론 딴 사람들이야 약간 옆길에 뛰어든 데 불과하지만, 수도자의 금욕적인 삶이 운명이라고 의식하고 있는 그로서는 소녀들과의 희롱은 허용될 수 없는 일이었다. 아니, 이제 두 번 다시 같이 오지 않으리라. 하지만 그의 가슴은 하잘것없는 부엌에 달린 등불 밑 어둠 속에서 불안에 싸여 몹시 고동치고 있었다.

그의 친구들은 소녀들 앞에서 으스대기도 하고 이야기하는 틈틈이 라틴어 숙어를 집어넣어 가면서 신바람을 내고 있었다. 셋 다 식모한테 호감을 갖고 있는 모양이었다. 가끔 그녀 앞에 가서 서툴고 짤막한 애무를 보냈다. 가장 노골적인 것이 수줍은 키스 정도였다. 그들은 여기서 어디까지 허락되어 있는지를 잘 알고 있는 것 같았다. 이야기를 모두 다 귓속말로 해야 돼서 이 장면은 사실 조금 익살스런 데가 있었다. 하지만 골드문트는 그렇게 생각지 않았다. 그는 가만히 바닥에 웅크리고 앉아 등잔의 조그만 불을 쳐다보며 한 마디도 하지 않았다. 때때로 조금 갈망하는 듯 옆을 흘깃거리며 다른 이들이 주고받는 애무를 보곤 했다. 그는 완고하게 앞만 바라보았다. 그러나 무엇보다도 머리를 땋은 키가 조그만 처녀를 보고 싶어 못 견딜 지경이었다. 하지만 그래서는 안 된다고 자신에게 명령했다. 그러나 그의 의지가 탁 풀려서, 그의 눈길이 아담하고 고요한 처녀의 얼굴을 향해서 헤맬 때마다 그녀의 까만 두 눈도 그를 향해 붙박여 있음을 알았다. 처녀는 매혹된 듯 그를 바라보고 있었다.

아마 한 시간이나 지났을까—골드문트는 이렇게 기나긴 한 시간을 경험한 적이 없었다—학생들의 대사도 애정행위도 모두 끝나 버렸다. 그들은 어색한 침묵 속에 앉아 있었다. 에버하르트가 하품을 하기 시작했다. 그러자 식모가 일어나서 가라고 재촉했다. 모두들 일어서서 식모와 악수를 나누었다. 골드문트는 맨 마지막으로 악수를 했다. 그 다음에는 나이 어린 처녀와 악수를 나누었다. 역시 골드문트는 맨 마지막으로 악수를 했다. 그리고 콘라트가 먼저 창에서 바깥으로 뛰어내렸다. 에버하르트와 아돌프가 뒤따랐다. 골드문트가 밖으로 뛰어내릴 때, 그는 누군가가 손으로 어깨를 붙잡는 것을 느꼈다. 멈출 수가 없어 바깥으로 뛰어내려 섰을 때 그는 비로소 망설이면서 뒤를 돌아보았다. 창문에서 머리 땋은 처녀가 상반신을 내밀었다.

"골드문트!" 소녀가 속삭였다. 그는 선 채로 기다렸다.

"또 오시는 거죠?" 소녀가 물었으나 수줍은 그 목소리는 입김에 지나지 않았다.

골드문트는 고개를 살래살래 저었다. 소녀가 두 손을 뻗어 그의 머리를 잡자 소녀의 조그만 두 손을 관자놀이에서 따스하게 느낄 수 있었다. 소녀는 까만 눈이 그의 눈 바로 앞에 닿을 때까지 허리를 굽혔다.

"또 오세요!" 소녀는 속삭였다. 소녀의 입술이 그의 입술에 닿으면서 아이들과 같은 키스를 했다.

그는 얼른 다른 친구들의 뒤를 좇아 아담한 뜰을 달렸다. 그러다가 화단에서 돌부리에 채어 넘어지기도 했다. 이슬에 젖은 흙냄새와 거름 냄새를 맡았다. 장미꽃 덩굴에 손을 찔려 상처가 나기도 했으나 울타리에 기어올라가서는 뛰어내려 다른 친구들을 뒤따라 마을을 빠져 숲으로 향했다. '두 번 다시 안 와!' 그의 의지는 명령하듯 말했다. '내일 다시!' 그의 가슴이 애원했다.

밤놀이꾼들은 아무에게도 들키지 않고 또한 방해도 받지 않고, 마리아브론으로 돌아왔다. 개울을 건너고 물방앗간을 빠져나가 보리수가 있는 광장을 지나, 비밀통로를 쭉 따라가서 지붕을 넘고, 회랑과 기숙사 사이에 있는 창문 주위의 기둥을 탔다.

이튿날 아침, 키다리 에버하르트는 몇 대 얻어맞고서야 겨우 자리에서 눈을 떴다. 그만큼 곤히 잠이 들었다. 그들은 모두 아침미사나 아침식사, 강당에도 늦지 않게 나갔다. 그러나 골드문트는 얼굴색이 말이 아니었다. 혈색이 너무나 좋지 않아서 마르틴 신부는 어디가 아프냐고 물었다. 아돌프가 경고하는 눈초리를 그에게 던졌기 때문에 골드문트는 아무렇지 않다고 대답했다. 그러나 점심때쯤, 그리스어 시간에 나르치스는 그에게서 눈을 떼지 않았다. 나르치스는 골드문트가 병이 났다고 짐작했으나 아무 말도 하지 않고 주의 깊게 그를 관찰하고 있었다. 수업이 끝나자 나르치스는 골드문트를 불렀다. 다른 학생들이 눈치채지 못하게 하기 위해 심부름을 시켜 도서실에 보냈다. 그리고 그의 뒤를 따라갔다.

그는 말했다. "골드문트, 도와줄 일 없니? 네게 무슨 곤란한 일이 일어난 것 같구나. 아마 병이 난 것 같은데? 그렇다면 널 침대에 누울 수 있게 해주고 환자들이 마시는 수프와 포도주를 한 잔 보내 주마. 오늘은 그리스어도 머리에 안 들어갔을 거야."

한참 동안 나르치스는 대답을 기다렸다. 창백해진 소년은 어쩔 줄 모르는 눈으로 그를 쳐다보며 고개를 숙였다가는 다시 들고, 입술을 실룩실룩하며 말을 하려고 했으나 하지 못했다. 그러고는 갑자기 옆으로 쓰러지더니 책상에 머리를 처박았다. 독서대 가장자리에 장식된 두 개의 작은 참나무 천사 머리 사이에 고개를 처박고 울음을 터뜨리는 바람에 나르치스는 어찌 할 바를 몰라 잠시 눈길을 딴 데로 돌려 버렸다. 한참 뒤에야 겨우 흐느껴 울고 있는 소년을 일으켜 세웠다.

"괜찮아." 골드문트가 여태껏 들어 본 적 없는 다정스런 나르치스의 말투였다. "괜찮아, amicus meus(내 친구여), 울려무나. 금방 좋아질 거야. 자, 앉아. 아무 말 안 해도 좋아. 네게 힘겨운 일이란 걸 알 수 있으니 말이다. 아마 너는 오전중에는 줄곧 아무도 눈치채지 못하게 하려고 무진 애를 쓴 것 같아. 참 잘했다. 자, 이제는 울어. 네가 지금 할 수 있는 가장 좋은 방법은 우는 것뿐이야. 안 울어? 다 울었니? 벌써 다 나았어? 자, 자, 그럼 병실에 가보자. 침대에 누워 있어. 오늘 저녁이면 말짱하게 나을 거야. 자, 이리와!"

나르치스는 학생들 방을 피해 딴 길로 해서 그를 병실로 데리고 갔다. 그리고 비어 있는 두 침대 중 하나에 그가 누울 수 있도록 해주었다. 골드문트가 순순히 옷을 벗기 시작하자 나르치스는 교장에게 골드문트가 아프다는 것을 알리기 위해서 밖으로 나갔다. 약속한 대로 나르치스는 그를 위해 수프와 환자용 포도주 한 잔을 주방에 주문시켜 놓았다. 환자들에게 으레 허락되는 수도원의 두 가지 특별 대우는 상태가 심하지 않은 환자들을 즐겁게 해주었다.

골드문트는 환자용 침대에 드러누워서 뒤죽박죽이 된 혼란에서 빠져나오려고 애썼다. 한 시간 전만 하더라도 오늘 무엇이 그를 그다지도 피곤하게 했으며 얼마나 하염없는 마음의 긴장이 그의 머리를 공허하게 하고, 그의 두 눈을 타오르게 하는지 명백히 캐낼 수가 있었다. 그것은 어제저녁의 사건을 잊기 위해 잠시도 쉬지 않고 애를 쓴 탓이었다. 아니, 그 사건을 잊어버리려고 한 게 아니다. 오히려 잊고 싶은 것은, 굳게 잠긴 수도원에서의 어리석고도 즐거운 탈출도, 숲 속에서의 산책도, 물방앗간에 이르는 거무죽죽한 물이 흐르는 개울을 건너기 위해 임시로 걸쳐 놓은 미끌미끌한 다리도, 울타리나 창문이나 골목길 등을 건너뛰어 오가던 것도 모두 아니었다. 오직 하나 있다면 어두컴컴한 그 부엌의 창가에 기대었던 한순간, 소녀의 숨결을 느끼며 듣던 말과 소녀와의 악수, 소녀의 입맞춤이었다.

그러나 지금 또 어떤 새로운 충격이, 또 다른 경험이 일어났다. 나르치스가 그의 시중을 들어 주었다. 나르치스가 그를 사랑하고, 그를 위해 수고를 해준 것이다. 그 세련되고 기품 있는 나르치스가, 비웃음을 띠기 쉬운 가느다란 입술을 한 그 영리한 나르치스가. 자신은 그 나르치스 앞에서 울음을 터뜨리고 말았다. 나르치스 앞에 서서 더듬거리며 쑥스러워하다가 결국에는 통곡을 하고 말았다. 그리스어나 철학이나 정신적인 사나이다움과 품위가 높은 스토아적 평정(平靜), 이처럼 고귀한 무기로 그 훌륭한 인물을 자신의 것으로 만드는 대신 수치스럽고 나약하게도 그의 앞에서 쓰러지고 만 것이다. 스스로도 그것을 용서할 수 없으리라. 창피해하지 않고 결코 나르치스의 눈 속을 들여다볼 수는 없으리라.

그러나 울어댄 덕에 팽팽하던 긴장이 풀렸다. 병실의 고요한 고독과 편한 잠자리는 썩 기분 좋았다. 절망은 반 이상이나 사라져 버렸다. 한 시간쯤 지나 수도사가 들어와서 귀리 수프와 흰 빵 한 조각을 먹여 주었다. 거기다가 명절날 말고는 얻어먹지 못하는 빨간 포도주를 조그만 잔에 부어 주었다. 골드문트는 먹고 마셨다. 반쯤 먹고는 쟁반을 옆에다 밀쳐 놓고 또 생각하기 시작했다. 그러나 생각을 할 수 없자 다시 쟁반을 가져다가 숟갈로 몇 술 떴다. 얼마쯤 시간이 흐르자 문이 살짝 열리며 나르치스가 환자를 보기 위해 들어왔다. 그때 골드문트는 잠이 들어 있었다. 뺨에는 벌써 생기가 돌고 있었다. 나르치스는 한참 동안 사랑과 호기심, 얼마간의 질투심을 가지고 그를 내려다보았다. '골드문트는 병이 아니다, 이제 내일은 그에게 포도주를 보낼 필요가 없다'고 느꼈다. 그러나 나르치스는 자기들을 가로막던 얼음이 깨지고 그들이 친구가 되리라는 것을 알았다. 오늘은 골드문트가 그를 필요로 하고 그의 봉사를 받고 있지만, 그 자신이 약해져서 골드문트의 도움과 사랑을 필요로 할 때가 있는지 모르는 일이다. 그런 일이 있다면, 그는 이 소년에게서 그것을 받을 수 있으리라.

3

나르치스와 골드문트 사이에 시작된 우정은 기묘한 것이었다. 그것에 호감을 갖는 사람은 드물었다. 때로는 두 사람 자신들에게도 못마땅하게 생각되기도 했다.

이 일로 먼저 괴로워한 사람은 사색가 나르치스였다. 그에게는 온갖 것이, 사랑까지도 지성이었다. 아무것도 생각하지 않고 끌려가는 대로 몸을 맡긴다는 것은 그로서는 불가능한 일이었다. 그는 이 우정의 참뜻에 대한 길잡이였다. 운명과 넓이와 의미를 스스로 깨닫고 있었던 사람은 오랫동안 나르치스뿐이었다. 오랜 시간 그는 사랑하면서도 고독했다. 그가 골드문트로 하여금 스스로 알아차리도록 해주었을 때 비로소 그의 친구로서 완전히 그에게만 속하게 될 것임을 알고 있었다. 골드문트는 명랑하고도 무책임하게 새로운 생활에 자신을 바쳤다. 나르치스는 자각과 책임을 가지고 운명을 받아들였다.

골드문트에게 있어서 그것은 먼저 구원과 완쾌였다. 사랑에 대한 그의 청춘의 요구는 예쁜 처녀를 보았다는 것과 키스를 했다는 것에 의해서 크게 눈이 떠졌다. 그리고 그와 동시에 절망적으로 위협을 느끼는 상태에 빠졌던 것이다. 왜냐하면 이때까지의 자기 인생의 꿈도, 자신이 믿고 있었던 모든 것도, 자신의 운명과 모든 소명도 창가에서의 그 키스와 까만 눈동자에 의해서 뿌리서부터 위태로워졌음을 마음속에 느끼고 있었기 때문이다. 그는 아버지에 의해 수도사의 삶을 살도록 인도되었고, 그 자신의 의지로 이 결정을 받아들였다. 청춘의 첫 번째 정열의 불꽃은 경건하고 금욕적인 영웅의 이미지로 불타올랐다. 그리고 생애 처음으로 그의 감각을 일깨운 첫 번째 은밀한 조우는 여성성으로의 첫 유혹의 손짓으로서 그는 거기서 여자라는 적, 악마, 위험을 느꼈다. 그러나 지금 운명은 그에게 구원의 손을 뻗쳤다. 절박한 위기에 이 우정이 그를 맞이하여 그의 소망에는 꽃이 활짝 핀 화원을, 그의 공경하는 마음에는 새로운 제단을 마련해 주었다. 거기서는 사랑이 허락되고 죄를 범하지 않고도 자신을 바칠 수 있었다. 나이도 그렇거니와 지혜로도 자기보다 월등하고 흠모의 대상인 친구에게 그의 마음을 줄 수 있으며, 관능적인 것에의 위험스런 불꽃을 고귀한 희생에의 불꽃으로 또 영혼의 불길로 바꿀 수 있었다.

하지만 이 우정의 첫봄부터 벌써 그는 낯선 장애와 뜻하지 않은 수수께끼 같은 냉담, 또 위협적인 요구에 부닥쳤다. 이 친구를 자신과 모순되는 반대 인물로 생각한다는 것은 생각할 수도 없는 일이었다. 두 개를 하나로 하여 차이를 없애고, 차이에 다리를 놓아 주기 위해서는 사랑과 성실한 헌신만 있으면 되리라고 생각했다. 그러나 엄격하고 똑 부러진 나르치스는 얼마나 무자비하고 가차없는지! 그는 천진난만하게 몸을 바친다든가 또는 우정의 땅을 감사한 마음으로 같이 걸어가는 일은 알지 못하는지, 바라지도 않는 듯싶었다. 목표가 없는 길이라든가 몽상적인 방랑 같은 것을 그는 모르는 듯했고, 참을 수도 없는 것 같았다. 물론 그는 골드문트가 아픈 모습을 보였을 때는 걱정하며 보살펴 주었고, 학교나 학문에 대해 온갖 점에서 충실하게 도와주고 충고도 해주었다. 책들의 어려운 대목을 설명해 주었으며, 문법이나 논리학이나 신학의 세계에 눈을 뜨게 해주었다. 하지만 한 번도 그는 친구에게 정말로 만족한 태도를 보인 적도, 인정해 준 적도 없는 것 같았다. 뿐만 아니라 친구를 비웃거나 대수롭지 않게 상대해 버린다는 것은 흔한 일인 듯 싶었다. 골드문트는 이것이 단순히 학자인 척하는 것, 더 똑똑하고 더 나이 든 사람으로서 생색내기가 아님을 느꼈다. 더욱 깊은 다른 무엇이, 더욱 중 요한 것이 그 뒤에 있는 것이라고 여겼다. 그러나 깊숙이 있는 그것의 정체 를 알지 못했으므로 이 우정은 그를 이따금 슬프게도 했고 방황하게도 했다.

사실 나르치스는 그 친구의 특성을 잘 알고 있었다. 그는 꽃봉오리의 아름 다움이나 그 안의 생명력, 활짝 핀 꽃의 화려함에 눈이 멀어 있지는 않았다. 그는 불타오르는 듯한 젊은 혼을 그리스어로 채워 주고, 천진한 사랑에 논리 학으로 답하는 그런 선생은 절대 아니었다. 오히려 그는 금발의 소년을 지나 칠 정도로 사랑하고 있었다. 그로서는 위험한 짓이었다. 사랑한다는 것은 그 에게 자연적인 상태가 아니라 기적이었으니까. 사랑에 빠져서는 안 되는 것 이었다. 그는 이 아름다운 눈을 흐뭇하게 바라보는 것에, 이 밝은 금발의 꽃 향기 가까이에 있는 것에 만족해서는 안 되었다. 이 사랑 때문에 한순간이라 도 관능적인 것에 머물러서는 안 되는 것이었다. 왜냐하면 골드문트가 그 자 신이 수도사의 고행을 하고, 평생 신성을 위해 애쓰는 것을 운명이라고 느꼈 다는 점 때문이었다. 나르치스는 물론 그런 생활을 하게끔 정해져 있었다. 그에게는 오직 하나 최고 형태의 사랑만이 허락되어 있었다. 그러나 수도사 가 된다는 골드문트의 소명을 나르치스는 믿지 않았다. 나르치스는 딴 사람 보다 인간의 마음을 똑똑히 읽을 줄 알았다. 더욱이 사랑은 그를 더 명석하 게 했다. 정반대인데도 마음속까지 이해하고 있었던 골드문트의 성질이 그 에게는 잘 보였다. 그것은 나르치스가 잃어버린 다른 성질의 절반이었으니 까. 나르치스는 그 성질이 공상이나 교육의 과오나 아버지의 훈계 등 딱딱한 껍데기에 싸여 있다고 보고, 이 젊은 생명의 단순한 비밀을 훨씬 전부터 모 두 예감하고 있었다. 그의 임무는 뚜렷했다. 말하자면 그것은 이 비밀을 당 사자에게 폭로하고, 그 껍데기에서 해방시켜 본디 성질을 도로 찾아 주는 것 이었다. 물론 그것은 괴로운 일이리라. 가장 괴로운 점은 그 때문에 이 친구 를 잃어버리지나 않을까 하는 것이었다.

아주 느릿느릿 그는 목표를 향하여 다가갔다. 여러 달이 지났으나 진지하 게 이야기할 수도, 심오한 이야기를 나눌 수도 없었다. 그들은 우정을 맺었 음에도 멀리 떨어져 있어, 둘 사이의 활시위는 매우 팽팽히 당겨져 있었다.

눈뜬 사람과 눈먼 장님이 나란히 걸어갔다. 장님이 자기 자신의 눈이 멀었음을 전혀 눈치채지 못한다는 것은 장님 자신을 위해서는 편한 일이었다. 나르치스가 먼저 돌파구를 열었다. 소년이 약해졌던 순간 자신과 가까워졌던 경험에서 일을 전개해 보기로 했다. 캐내는 일은 생각한 것보다 쉬웠다. 골드문트는 오래전부터 그날 밤의 경험을 참회하고 싶은 기분을 느끼고 있었다. 하지만 충분히 신뢰할 수 있는 사람이 원장 말고는 없었다. 그런데 원장은 그의 고해신부가 아니었다. 그래서 그들이 서로 간에 유대를 맺고 친밀해지게 된 비밀을 건드리기에 좋은 때라고 생각하며, 나르치스가 친구에게 이를 상기시키자마자 골드문트는 이렇게 말했다. "당신이 아직 서품을 받지 않아서 참회를 들을 수 없다니 안타까운 일입니다. 저는 참회를 하고 그 사건에서 해방되고 싶었어요. 그 때문에 벌을 받는 것도 마다하지 않았을 겁니다. 하지만 제 고해신부에게 말을 할 수는 없었습니다."

나르치스는 신중하고 빈틈없이 파고들어 광맥을 찾아냈다. 나르치스가 조심스럽게 말했다. "네가 병이 난 것같이 보이던 그날 아침을 기억하니? 잊어버리진 않았을 테지. 우리는 그때 친구가 되었으니 말이야. 나는 가끔 그때 일을 생각할 수밖에 없다. 아마 너는 눈치채지 못했을 테지만 나는 그때 너무나 무력했어."

믿을 수 없다는 듯이 골드문트는 소리치듯 물었다. "당신이 무력했다고요? 아니, 무력했던 건 저였지요! 뻣뻣이 선 채 콧물을 삼키며 한 마디 말도 하지 못하고, 결국 어린애처럼 울음보를 터뜨리기 시작한 건 저지요! 으, 저는 아직도 그때 일이 부끄러워요. 저는 두 번 다시 당신 앞에 나타날 수 없으리라 생각했다고요. 당신 앞에서 꼴사납게 맥없이 쓰러졌다는 걸 생각하면요!"

나르치스는 실마리를 더듬어가며 앞으로 나아갔다.

그는 말했다. "네가 불쾌했다는 것을 알고 있어. 너같이 야무지고 용감한 애가 낯선 사람 앞에서, 더욱이 선생 앞에서 운다는 건 사실 어울리지 않는 일이었단 말이야. 아니, 그날 아침 나는 네가 병이 들었다고 생각했어. 신열이 오르면 하다못해 아리스토텔레스라도 이상하게 행동할 수 있는 거야. 그러나 그때 너는 병이 아니었지! 열도 전혀 없었어! 그래서 너는 수치스럽게 생각하는 거야. 열에 진다고 부끄러워하는 사람은 없어, 안 그래? 너는 무슨 다른 일에 졌기 때문에 부끄러워한 거야. 무엇이 널 압박했니? 무슨 특별한 일이라도 있었니?"

골드문트는 순간 망설이다가 천천히 말했다. "네, 어떤 특별한 일이 생겼던 겁니다. 당신이 제 고해신부라고 생각하게 해주십시오. 늦든 빠르든 언젠가는 말해야 되는 겁니다."

그는 고개를 숙이며 친구에게 그날 밤의 사건을 이야기했다.

미소를 지으며 나르치스는 말했다. "글쎄, '마을에 간다'는 것은 사실 금지되어 있는 게 맞다. 하지만 금지된 것들은 모두 우리가 행할 수 있는 것들인걸. 그냥 웃어서 날려 버리거나 참회하면 돼. 그걸로 된 거야. 더 이상 걱정할 필요가 없지. 어째서 너는 다른 학생들처럼 이런 사소한 어리석은 짓을 저지르면 안 되는 거니? 그게 그다지도 나쁜 일인가?"

화가 나서, 망설일 틈도 없이 골드문트는 버럭 소리를 질렀다. "정말 선생님 같은 말씀을 하시는군요! 뭐가 문제인지 충분히 알고 있으면서요! 물론 저는 수도원의 규칙을 한 번쯤 어기고 학생 같은 장난에 가담했다고 해서 그게 커다란 죄악이라고는 생각지 않습니다. 물론 그것이 수도원 생활에서 수업의 예습이 되는 것은 아니지만요."

"잠깐만, 친구!" 나르치스가 날카로운 목소리로 외쳤다. "많은 경건한 신부들에게 그런 수업의 예습이 필요했다는 걸 모르나! 탕자의 삶이 성자의 삶으로 가는 가장 짧은 길인 걸 몰라?"

"설교하지 마세요!" 골드문트는 말을 막았다. "제 양심을 짓누른 것은 그렇게 사소한 규칙위반이 아님을 말하려 한 겁니다. 다른 것이었습니다. 소녀였습니다. 당신에게 설명할 수 없는 기분이었습니다! 이 유혹에 따른다면, 소녀를 만져 보려고 손이라도 뻗는 날에는 두 번 다시 돌아오지 못할 것 같았어요. 죄가 지옥의 심연처럼 저를 삼키고 영영 놓아 주지 않으리라는 기분이었습니다. 모든 아름다움의 끝이고, 모든 미덕, 신과 선함에 대한 모든 사랑의 끝 같았어요."

나르치스는 깊은 생각에 잠긴 채 고개를 끄덕였다.

"하느님의 사랑은," 단어를 신중히 골라가며 그는 천천히 말했다. "반드시 선에 대한 사랑과 일치하지는 않아. 그 정도로 간단한 것이라면 얼마나 좋겠니! 무엇이 선인지 우리는 알고 있다. 십계명에 씌어 있지. 그러나 하느님이 십계명 속에만 계시다고는 할 수 없어. 십계명은 하느님의 아주 작은 부분에 지나지 않아. 십계명은 지키면서도 하느님에게서 멀리 떨어져 있을 수도 있어.”

“이해 못하시겠어요?” 골드문트는 탄식하듯 말했다.

“확실히 이해하고 있어. 너는 여자와 성(性)이 네가 ‘속세’나 ‘죄’라고 부르는 모든 것의 정수라고 느끼고 있어. 너는 너 자신이 그 밖의 다른 죄들은 저지르지 않으리라고 생각해. 아니면 저지르더라도 그것들이 너를 짓밟진 못하리라 생각하지. 고해하기만 하면 다 괜찮아지리라고 생각해.”

“그래요. 그게 바로 제가 느끼는 거예요.”

“그거 봐. 나는 너를 이해하고 있어. 네 생각은 전부 틀리지는 않았어. 이브와 뱀 이야기가 완전히 쓸데없는 우화는 아니야. 그렇지만 소중한 친구야, 너는 옳지 않아. 만일 네가 다니엘 원장님의 위치에 있거나 네 세례 성자이신 성 크리소스토무스, 아니면 주교, 그것도 아니면 신부, 하다못해 일개 수도사만 되어도 네 생각이 옳을 테지. 하지만 너는 그런 사람이 아니야. 너는 학생이지. 비록 네가 평생 수도원에 있고 싶어하고, 네 아버지가 그렇게 되기를 바란다 하더라도 너는 아직 서원을 한 것도, 성직을 받은 것도 아니야. 이를테면 네가 오늘이나 내일, 예쁘장한 처녀의 유혹에 졌다 하더라도 어떤 맹세도 깨뜨린 게 아니라는 거지.”

“문서로 써둔 맹세는 없습니다!” 골드문트는 매우 흥분해서 소리 질렀다. “그러나 씌어지지 않은 맹세, 가장 신성한 맹세가 제 안에 담겨 있단 말입니다. 다른 많은 사람들에게는 통용될지도 모르는 것이 저에게는 통용되지 않는다는 걸 모르십니까? 당신 역시 성직을 받지 않았고, 서원한 것도 아닙니다. 그렇지만 당신은 결코 여자에게 손대는 짓을 하지는 않을 것 아닙니까! 아니면 제가 잘못 생각했습니까? 그렇지 않은가요? 당신은 제가 생각했던 그런 사람이 아닌가요? 당신은 아직 윗사람들 앞에서 말로 서원한 것은 아니지만, 이미 오래전에 가슴속으로 맹세를 했고, 거기에 영원히 묶였음을 느끼지 않습니까? 당신은 저와 완전히 다르기라도 합니까?”

“그래, 골드문트, 나는 너와 달라. 네가 생각하는 그런 부류도 아니야. 물론 나는 입 밖에 내지 않은 맹세를 지키고 있어, 그 점에 있어서는 네 말이 옳아. 그러나 너 같은 부류는 아니야. 언젠가는 내가 지금 네게 하는 말을 떠올리게 될 거야. 우리 우정은 너와 내가 완전히 다르다는 걸 보여 주는 것 밖엔 아무 목적도 이유도 없어."

골드문트는 한 대 얻어맞은 듯이 멍청하게 서 있었다. 나르치스의 표정과 말투는 반박을 허락하지 않는 것이었다. 그는 침묵했다. 왜 나르치스가 그런 말을 했을까? 왜 나르치스가 입 밖에 내지 않은 맹세는 그의 것보다 신성하다는 걸까? 그의 이야기를 진지하게 받아들이지 않은 것일까? 그를 어린아이로밖에 보지 않는 걸까? 이 이상한 우정이 주는 혼란과 슬픔이 또다시 시작되고 있었다.

나르치스는 이제 골드문트의 비밀이 어떠한 것인지 의심하지 않았다. 그 이면에 있는 것은 최초의 어머니 이브였다. 하지만 저렇게 아름답고 건강하며 꽃처럼 피어나는 소년이 성에 눈뜨게 되는 것에 대해 어째서 그토록 지독한 적개심을 품을까? 이 훌륭한 인간의 영혼 안쪽에 그의 자연적 욕구에 반항하라고 그를 변하도록 조종하는 은밀한 적이 있는 게 틀림없다. 그래, 그렇다면 이 악령을 찾아내야 한다. 모습을 드러내게 만들어 알아볼 수 있게 하면 무찌를 수 있을 것이다.

그러는 동안 골드문트는 친구들에게서 차츰 무시당하고 있었다. 아니, 오히려 친구들이 골드문트한테 무시당하고 배반당한 것같이 느끼게 되었다. 누구 하나 그와 나르치스의 우정을 반기는 사람은 없었다. 비방하는 자들은 두 사람이 자연에 배반하는 거라고 나쁜 소문을 퍼뜨렸다. 특히 두 청년 가운데서 어느 하나에게 호감을 가졌던 사람은 더욱 그랬다. 그들 사이가 어떤 악덕에 대한 의심도 살만 한 것이 아님을 알고 있는 이들조차 머리를 가로저었다. 누구도 두 사람을 함께 보고 싶어하지 않았다. 그들은 이 우정과 오만함으로 다른 사람들로부터 떨어지려고 하는 것처럼 보였다. 마치 그들 자신이 다른 사람들과 어울리지 않는 귀족적인 사람들인 양 보였던 것이었다. 그들은 형제답지 않고, 수도원의 참뜻과는 어울리지 않았으며, 기독교도가 아닌 것 같았다.

두 사람에 대한 온갖 이야기가 다니엘 원장 귀에 들어갔다. 소문이나 고발이나 비난이……. 원장은 40년이 넘는 수도원 생활에서 청년의 우정을 수없이 보아 왔다. 그것은 수도 생활에 속하는 것으로서 아름다운 전통이었으며, 때로는 재미있고 때로는 위험했다. 원장은 한 발짝 뒤로 물러서서 주시하고 있었으나 간섭은 하지 않았다. 이만큼 과격하게 배타적인 우정은 드물었다. 위험한 것이 아니라고는 할 수 없었으나 그들의 순결함을 한순간도 의심하지 않았기에, 원장은 일이 되어 가는 대로 보고만 있었다. 만약 나르치스가 교사라는 예외적 지위에 있지 않았더라면 원장은 주저하지 않고 두 사람의 사이를 끊는 조처를 취했으리라. 골드문트가 나이 많은 교사와만 유독 친한 관계를 갖는다는 것은 그 자신에게 좋지 않은 일이었다. 하지만 모든 교사가 자기들과 같거나 아니면 더 우수하다고 여기는 비범하고 천재적인 나르치스를 방해해도 될까? 그런 그의 천분과 교사로서의 위치를 빼앗아도 되는 것일까? 나르치스가 교사로서의 모습을 보여 주지 않고, 그 우정으로 말미암아 편파적이 되고 태만해졌다면 원장은 곧장 그를 강등시켰으리라. 그러나 소문과 다른 사람들의 질투 어린 의심 말고는 그를 나쁘게 볼만 한 점은 아무것도 없었다. 더욱이 기묘할 만큼 날카로우며, 어쩌면 조금은 주제넘기까지 한, 사람을 꿰뚫어 보는 나르치스의 특별한 능력을 원장은 의심하지 않았다. 그는 이 능력을 과대평가한 것은 아니었으며 차라리 나르치스가 다른 능력을 가지고 있었더라면 좋았으리라고 여겼다. 그러나 그는 나르치스가 골드문트에게 어떤 색다른 점이 있다는 것을 알아챘음을, 수도원장인 자신이나 어느 누구보다도 훨씬 그를 잘 알고 있음을 의심하지 않았다. 원장 자신은 골드문트에서 어떤 특별한 점도 알아볼 수 없었다. 다만 사람의 마음을 끄는 천성과 아마도 어떤 열망, 그를 그답게 처신하게 만드는 약간 아이 같지 않은 열성, 아직 학생이자 기숙생에 지나지 않으면서도 마치 자신이 수도원에 속해 있으며 형제들 중 하나라고 느끼고 있다는 것을 아는 게 전부였다. 골드문트를 위해서는 오히려 나르치스가 어떤 정신적인 자만과 학자적인 오만을 전염시키지나 않을까 걱정될 뿐이었다. 그러나 그런 위험성은 바로 이 학생에게는 그다지 크지 않은 듯싶었다. 되어 가는 대로 맡겨 두는 편이 나았다. 훌륭하고 강한 인간을 지배하는 것보다 평범한 인간을 지배하는 것이 감독자에게는 얼마나 간단하고 평화로우며 수월한지를 생각하면 원장도 탄식과 동시에 미소를 지을 수밖에 없었다. 아니 나까지 불신에 전염돼서는 안 된다. 두 사람의 특출한 인간을 자신에게 맡겨 준 것을 감사히 여겨야하리라 생각했다.

나르치스는 그의 친구에 관해서 여러모로 생각했다. 인간의 천성이나 운명을 보고 인식하는 그의 특수한 능력은 골드문트에 대해서 벌써 오래전에 해답을 내려 주었다. 이 청년의 온갖 약동적인 것과 눈부신 것은 분명히 이같이 말해 주었다. 그는 감각도 영혼도 풍부하게 부여받은 강한 인간의 모든 특징을, 말하자면 예술가의 특징을 가지고 있다. 어쨌든 사랑을 위한 커다란 잠재력을 지닌, 성취와 행복이 불붙기 쉽고 헌신할 수 있는 자질의 인간이었다. 사랑을 위해 태어난 존재인 것이다. 그는 섬세하고 풍부한 감성을 타고나 꽃향기나 아침 햇살, 말이나 새의 비상, 음악 같은 것을 무척 깊이 경험하고 사랑할 줄 알았다. 그러면 왜 이토록 풍부하고 직관적인 감각을 지니고도 정신적 고행의 삶을 따르려고 결심한 걸까? 나르치스는 그것에 대해 오래도록 생각해 보았다. 그는 골드문트의 아버지가 아들의 결심에 찬성했음을 알고 있었다. 아버지가 그런 영향을 줄 수 있었을까? 무슨 마법 주문을 외웠기에 그의 아들로 하여금 그것이 자신의 운명이자 의무라고 믿게 만든 걸까? 그의 아버지는 어떤 인간일까? 나르치스는 일부러 이야기를 아버지에 대한 화제로 자주 이끌곤 했다. 그리고 골드문트도 아버지의 이야기를 뻔질나게 했다. 그런데도 나르치스는 그의 아버지를 그려 내거나 눈으로 볼 수 없었다. 그것은 기묘하고 이상스런 일이었다. 골드문트가 어릴 적에 잡은 송어 이야기를 하고 나비를 묘사하며 새소리를 흉내 낼 때, 친구나 개나 거지에 대해서 이야기할 때, 그럴 때는 생생한 장면이 눈앞에 그려졌다. 그러나 아버지 이야기를 하면 아무것도 떠오르지 않았다. 아니, 그의 아버지가 골드문트의 삶에서 정말로 그렇게 중요하고 강력한 권력을 지니고 있었다면 그는 아버지를 달리 묘사할 수도 있었을 것이고, 아버지에 대해 선명한 이미지를 떠올렸을 텐데! 나르치스는 이 아버지를 그리 높이 평가하지는 않았다. 그의 마음에 들지 않는 인물이었다. 그가 정말 골드문트의 아버지인지 나르치스는 가끔 의심스러웠다. 그의 아버지는 공허한 우상에 지나지 않았다. 그러나 그 힘을 어디에서 얻었을까? 어떻게 골드문트의 영혼에 그렇게 이질적인 꿈을 채워 넣는 데에 성공할 수 있었을까?

골드문트 역시 상당히 골몰해 있었다. 친구의 마음속 사랑을 굳게 믿고 있었음에도 이따금 친구가 자신을 진지하게 받아들이지 않고 어린애처럼 취급한다는 불쾌한 기분을 느끼곤 했다. 친구가 자꾸만 자신은 너와 다르다고 암시하는 것은 무슨 의미일까?

그렇지만 골드문트는 이런 생각으로만 시간을 보내지 않았다. 오랫동안 생각에 잠겨 있는 것은 그에게는 불가능한 일이었다. 하루 동안 해야 할 일이 많았다. 그는 사이가 꽤나 좋은 문지기 수도사를 자주 만나러 갔다. 간청하거나 잘 구슬려서 한 시간이나 두 시간쯤 그의 말 블레스를 탈 기회를 얻기도 했다. 그는 수도원 가까이 사는 몇몇 주민들, 특히 물방앗간집에서 평판이 매우 좋았다. 가끔 골드문트는 그 집 하인과 함께 물개를 놀리거나, 아니면 골드문트가 눈을 감은 채 냄새만으로 여러 종류의 밀가루 가운데서 알아낼 수 있는, 질 좋은 고급 밀가루로 팬케이크를 굽기도 했다. 나르치스와 함께 있을 때도 많았지만, 그래도 옛 습관이나 즐거움에 젖어 볼 시간은 많이 남았다. 대개 그에게는 예배도 즐거움이었다. 학생 합창단에 들어가 같이 노래도 불렀다. 또 좋아하는 제단 앞에서 묵주를 돌리며 기도를 드리고 미사의 아름답고 엄숙한 라틴어를 듣고, 향초의 연기 속에서 금빛으로 반짝이는 그릇들과 장식품들, 기둥 위에 서 있는 평온하며 덕망 있는 성자들의 상을 즐겨 보았다. 그것들은 동물들을 데리고 있는 복음서 사도들이며 모자를 쓰고 순례자 가방을 멘 성 야곱의 모습들이었다.

그는 이 나무와 돌로 된 상들에게 이끌렸다. 그리고 이들 돌이나 나무의 모습들이 자신과 신비적인 연관성을 갖고 있는 듯하다고 생각하기를 좋아했다. 이를테면 불사(不死)의 전지전능하신 교부로서, 자기 생활의 보호자로서, 이정표로서 생각하기를 좋아했다. 창문과 출입문의 기둥과 기둥머리들, 제단 장식들, 빗장과 화환의 아름다운 윤곽, 기둥 석재 사이로 생생하고 열정적으로 순잎을 터뜨리며 펼쳐 낸 꽃과 덤불들에게도 그는 똑같은 비밀스런 유대와 사랑을 느꼈다. 그것은 그만의 은밀한 비밀로서 가치 있게 여겨졌다. 자연의 바깥에도 제2의 동식물, 고요하고 인공적인 자연이 존재하는데, 돌과 나무로 만든 인간들과 동식물들이었다. 이런 입상이나 동물 머리와 잎사귀 다발을 묘사하면서 자유로운 한 시간을 보내는 일도 가끔 있었다. 때로는 실제의 꽃이며 말이며 인간의 얼굴을 그리기도 했다.

찬송가, 특히 성모 마리아의 찬미가를 골드문트는 몹시 좋아했는데, 이들 노래의 빈틈없고 엄격한 구절을 거듭 되풀이하는 리듬과 찬양이 좋았다. 그는 기도하는 마음으로 그 경건한 의미를 따를 수 있었다. 또는 그 노래의 장엄한 리듬에 몰두하게 되어 그것들의 의미를 잊고 그 시구의 장엄한 운율을 사랑하면서 긴 호흡의 심오한 음조와 모음의 가득 찬 음색, 반복 구절의 경건한 후렴 등으로 마음의 충만을 얻을 수도 있었다. 그의 마음 한가운데서는 학식이나 문법, 논리학을 사랑하고 있지 않았다. 거기에는 거기대로 독특한 아름다움이 있는데도, 그것보다 골드문트는 예배 의식의 시각적이고 청각적인 세계를 사랑했다.

골드문트는 그와 동급생 사이에 벌어진 거리를 잠시 동안은 지울 수 있었다. 하지만 시간이 지날수록 주위에 있는 자들에게서 배척을 당하고 냉대를 받고 있다는 것에 불쾌하기도 했고 지루하기도 했다. 그래서 그는 이따금 옆 책상에 앉아 있는 잔소리깨나 할 듯한 동급생을 웃기기도 하고 옆 침대에 드러누워 자는 말없는 동급생에게 잡담을 늘어놓기도 했다. 한 시간가량이나 무진 애를 써서 몇 명의 눈초리와 얼굴과 마음을 잠시 동안이나마 자신을 위해 돌리게 했다. 정말 그의 본심은 아니었으나 그와 같은 접근에 의해서 골드문트는 같이 '마을에 가자'고 두 번이나 권유를 받게까지 되었다. 그러나 권유를 받으면 깜짝 놀라서 재빨리 물러났다. 아니, 이제 그는 마을에 가지 않았으며 머리를 땋은 소녀를 두 번 다시, 아니 거의 한순간도 생각하지 않게 되었다.

4

나르치스의 포위 공격은 오랫동안 골드문트의 비밀을 알아내지 못하고 있었다. 그의 잠을 억지로 깨워서 비밀이 드러날 만한 이야기를 끄집어내려고 한동안 벼르던 것이 헛일로 돌아간 듯싶었다.

골드문트가 자신의 내력이나 고향에 관해서 그에게 이야기한 것은 도무지 선명히 그려지지가 않았다. 거기에 나타난 것은 존경받으면서도 그림자와 같이 형태가 없는 아버지였다. 그 다음은 벌써 훨씬 오래전에 없어졌거나 또는 죽어 버린 어머니의 전설이었다. 어머니라고 하더라도 퇴색해 버린 이름에 불과했다. 사람의 마음을 읽어내는 데 뛰어났던 나르치스는 차츰 그의 친구가 어떤 고통에 짓눌려 생활의 한 조각을 잃어버렸거나 마력의 압박 밑에서 과거의 일부를 잊어버린 사람 가운데 하나임을 알게 되었다. 그리고 이런 사람에 대해서는 단지 물어보거나 가르쳐 주는 것만으로는 아무 소용이 없음을 깨달았다. 또 자신이 이성의 힘을 지나치게 믿어서 무익한 소리를 늘어놓았다는 걸 알게 되었다.

　그러나 그를 친구와 묶어 준 사랑과 가끔씩 같이 시간을 보낸 습관도 헛된 일은 아니었다. 두 사람의 본성이 여러 가지로 너무나 다른데도, 둘은 서로에게서 많은 점을 배웠다. 그들 사이엔 이성의 말과 함께 차츰 영혼의 언어가 생겼다. 마치 두 주택 사이에 마차나 승마하는 사람이 달릴 수 있는 한길이 있을지도 모르지만, 그 옆에는 놀기 위한 조그만 길이나 골목이나 샛길이 수없이 생기는 것과 마찬가지로, 어린이들을 위한 조그만 길이나 애인들을 위한 오솔길이나 거의 눈에 띄지 않는 개나 고양이의 길이 생기는 것처럼, 골드문트의 활발한 상상력은 차츰 마술 같은 길을 지나서 친구의 생각과 두 사람의 말 속으로 빠져 들어갔다. 그의 친구 또한 골드문트의 마음과 성질의 여러 가지를 침묵으로도 이해하고 공감하는 방법을 배웠다. 사랑의 따스한 빛 속에 영혼과 영혼의 새로운 관계가 점차 익어 가서 비로소 말[언어]이 찾아왔다. 그러던 어느 날, 누구도 예상하지 않았는데 두 친구 사이에 대화가 이루어졌다. 수업이 없는 날 도서실에서, 대뜸 두 사람을 우정의 핵심과 의미의 한가운데 갖다 놓고 멀리까지 새로운 빛을 던지는 것과 같은 대화였다.

　두 사람은 수도원에서는 연구조차 금지되어 있었던 점성술에 관해 이야기를 했다. 점성술이라는 것은 여러 가지 다른 인간과 천성과 운명에 질서와 조직을 갖다주는 시도라고 나르치스가 말했다. 여기서 골드문트가 반박을 하고 나왔다. "언제나 당신은 차이에 대해서 말을 합니다. 그것이 당신의 지론이라고 마침내 나는 인정했어요. 이를테면 당신과 나 사이의 커다란 차이에 대해서 당신이 말할 때, 나에게는 이 차이라는 것이 당신의 이상한 투지가 확고하게 만드는 것 말고는 아무것도 아니라고 여겨집니다."

　나르치스가 말했다. "확실히 초점을 뚫었어. 사실 차이라는 것이 네겐 그다지 중요하지 않아. 하지만 나에게는 그것이 중요한 단 한 가지라고 생각된단 말이야. 나는 나의 천성으로는 학자이고, 나의 소명은 학문이지. 학문이라는 것은 네 말을 인용해 본다면, '차이를 확고히 하겠다는 투지' 말고는 다른 아무것도 아니란 말이야. 이보다 더 학문의 본질을 잘 내세울 수는 없을 거야. 우리처럼 학문적인 인간에게 있어서는 차이의 확인보다 더 중요한 것은 없어. 학문이라는 것은 차이의 기술이거든. 이를테면 한 사람 한 사람에 대해서 그 사람을 다른 사람들과 구별하는 특징을 찾아내는 것이, 그 사람을 인식하는 것이지."

골드문트가 말했다. "그거야 그렇습니다. 어떤 사람은 농부의 신발을 신고 있기 때문에 농부이고, 어떤 사람은 왕관을 쓰고 있기 때문에 왕이지요. 그것은 확실히 차이입니다. 그러나 그런 것쯤은 학문을 전혀 마음속에 두지 않는 사람이라도 또 어린아이라도 알고 있는 겁니다."

"그러나 농부와 왕이 둘 다 같은 차림을 하고 있다면, 어린아이도 그때는 구별할 수가 없잖아."

"학문도 그런 구별을 할 수는 없을 겁니다."

"아니, 아니, 될 거야. 물론 학문은 어린아이보다는 영리하지 못하지. 그것은 인정할게. 하지만 학문은 더 끈덕지단 말이야. 학문은 가장 뚜렷한 특질 못지않은 것들을 보다 더 기억하거든."

"그것은 영리한 아이라면 누구든지 하는 거죠. 어린애도 눈짓이나 태도로 왕을 알아낼 수 있을 겁니다. 한마디로 말하면, 당신들 학자들은 오만하다는 겁니다. 당신들은 늘 우리 같은 타인을 당신들보다 어리석다고 생각합니다. 그러나 학문은 모르더라도 매우 영리한 사람일 수 있습니다."

"네가 그걸 깨달아 가기 시작했다는 것은 기쁜 일이야. 그래서 내가 너와 나 사이의 차이에 대해서 말할 때, 현명함에 대해 이야기하고 있지 않다는 것도 너는 곧 깨닫게 될 거야. 나는 말이야, 네가 영리하다느니 바보라느니 또는 좋다느니 나쁘다느니 하는 말은 안 해. 나는 단지, 너와 내가 다르다는 것을 말하고 있을 뿐이야."

"그것을 이해하는 것은 별로 어렵지 않습니다. 그러나 당신은 특징의 차이는 물론이고 운명과 숙명의 차이에 대해서도 가끔 말합니다. 예를 들어서 당신은 왜 나와 다른 숙명을 가지고 있다고 합니까? 당신이나 나나 똑같이 기독교도이고, 나와 마찬가지로 수도원 생활을 할 결심을 하고 있습니다. 나와 똑같이 하늘에 계신 아버지의 아들입니다. 우리 두 사람의 목표는 똑같습니다. 영원한 지복이죠. 우리의 숙명은 똑같습니다. 하느님께 돌아가는 거죠."

"대단히 좋은 말이야. 교리학 책에는 물론 인간은 모두 똑같다고 쓰여 있지. 그러나 인생은 그런 게 아니야. 구세주를 가슴에 품고 있는 사랑하는 제자와 구세주를 배반한 다른 제자, 이 두 사람은 아마 같은 숙명을 가지고 있지는 않았으리라고 나는 생각해."

"당신은 궤변가입니다, 나르치스. 이러다가는 우리는 같은 길을 갈 수 없어요."

"우리가 함께할 수 있는 길은 없어."

"그렇게 말하지 마세요."

나르치스가 그 말에 대꾸했다. "나는 진지해. 우리가 함께할 수 없다는 건 해와 달이, 바다와 육지가 서로 접근할 수 없는 것과 똑같아. 친구, 우리 두 사람은 해와 달, 바다와 육지란 말이야. 우리의 목표는 서로 어울리는 게 아니라 서로 인식하고 상대방을 보완하면서 서로 다른 쪽을 보고 존경하는 걸 배우는 거야."

골드문트는 당혹스러워 고개를 숙였다. 그는 슬픈 표정이 되었다.

그는 가까스로 말했다. "당신이 내 생각을 그렇게 진지하게 받아 주지 않는 것은 그 때문입니까?"

나르치스는 대답에 약간 망설였다. 조금 있다가 그는 좀 딱딱하지만 맑은 목소리로 말했다. "맞아, 그 때문이야. 이봐 골드문트, 내가 너라는 인간 자체만을 진지하게 받아들인다는 것에 익숙해져야 해. 네 목소리의 억양, 네 모든 몸짓과 모든 미소를 진실로 받아들이고 있다는 걸 믿어 줘. 하지만 너의 생각을 나는 그다지 심각하게 받아들이지 않아. 너의 본질적이고 필연적이라고 생각하는 점을 나는 진지하게 받아들이는 거야. 왜 너는 그렇게 많은 다른 재능을 가지고 있으면서도 네 생각에만 특별한 주의를 기울이길 바라는 거니?"

골드문트는 쓰디쓴 미소를 지었다. "내가 그렇게 말했었지요. 당신은 언제나 나를 어린아이로 생각하고 있다고!"

나르치스는 꼼짝하지 않았다. "네 생각의 일부를 나는 어린아이의 생각이라고 보는 거야. 아까 우리가 이야기했듯이 영리한 아이가 박식한 학자보다 덜 영리할 필요는 없어. 그러나 어린아이가 학문에 대해서 말하려고 한다면, 학자는 그것을 진지하게 받아들이지 않을 거야."

골드문트는 날카롭게 소리 질렀다. "학문에 대해서 이야기하지 않을 때도 당신은 나를 비웃습니다! 예를 들어 당신은 언제나 내 신앙심을, 학업을 발전시키려는 내 노력을, 수도사가 되기 위한 내 바람을 매우 어린아이 같은 공상인 것처럼 여기며 비웃습니다."

나르치스는 진지하게 그를 바라보았다. "나는 네가 골드문트일 때만 너를 진지하게 받아들이는 거야. 그러나 너는 골드문트가 아닐 때가 많아. 나는 네가 완전한 골드문트가 되기를 원할 뿐이야. 너는 학자도 아니고 수도사도 아니야. 학자나 수도사는 아주 보잘것없는 사람도 될 수 있어. 너는 박식이나 논리나 경건함에서 내게 못 미친다고 생각하고 있어. 그것은 당치 않은 생각이야. 오히려 너는 네 스스로에게 못 미치고 있는 거야."

당혹스러워진 데다 마음이 아프기까지 해서 골드문트는 이 대화에 움츠러들고 말았다. 그리고 며칠 뒤에는 자신이 앞장서서 대화를 계속할 의향을 보였다. 이번에는 나르치스가 두 사람의 성격 차이에 관해서 구체적인 관념을 제공하는 데 성공했다. 골드문트도 그것을 이전보다 더 잘 받아들였다.

나르치스는 열심히 이야기를 했다. 그는 골드문트가 오늘은 전보다 마음을 터놓고 자발적으로 자신의 이야기를 받아들이고 있으며 자신이 골드문트를 지배하고 있다는 것을 느꼈다. 성공하게 되자 그는 자신이 의도한 이상으로 이야기를 많이 했고, 또 스스로의 이야기에 도취되어 버렸다.

나르치스가 말했다. "자, 보렴. 내가 너보다 우월한 것은 단지 한 가지 점밖에 없어. 네가 눈을 지그시 감고 졸거나 때로는 완전히 잠들어 있는데도, 나는 깨어 있다는 것뿐이야. 내가 말한 깨어 있는 사람은, 자신의 의식 속에서 가장 내밀하고 부당한 힘이나 충동 그리고 약점을 어떻게 다뤄야 할지를 아는 사람이야. 네가 나를 만나는 데 숨겨진 이유가 있다면 네가 스스로를 위해 그것들을 배우기 위함이겠지. 골드문트, 너에게는 정신과 본성, 의식과 꿈의 세계가 아주 멀리 떨어져 있어. 너는 네 유년 시절을 잊어버리고 있어. 그 시절이 네 영혼 깊숙한 곳에서 너를 소리쳐 부르고 있어. 네가 그것을 들어 줄 때까지 너는 괴로워할 거야.

하지만 이 정도로 하자! 아까도 말했지만 깨어 있다는 점에서 나는 너보다 강해. 그 점은 너보다 뛰어나. 그러니까 네게 쓸모가 있는 거야. 다른 모든 점에 있어서는 네가 나보다 우월해. 네가 너 자신을 발견한다면 너는 나보다 우월해질 거야."

골드문트는 놀라면서 귀를 기울이고 있었으나, '너는 네 유년 시절을 잊어버리고 있다'는 말을 듣자, 화살에 맞기라도 한 듯 온몸을 움츠렸다. 나르치스는 미처 눈치를 채지 못했다. 그는 언제나처럼 이야기를 하는 동안 그렇게 하는 것이 더 잘 이해되기라도 하듯이, 자주 한참 동안 눈을 감거나 먼 곳을 보고 있었기 때문에, 골드문트의 얼굴이 갑자기 경련을 일으키며 창백해진 것도 몰랐다.

"우월하다고요, 당신보다 내가!" 골드문트는 무엇인가를 말하려고 했으나 말을 더듬었다. 온몸이 뻣뻣이 굳은 환자가 된 것 같았다.

"물론이야." 나르치스는 말을 이어갔다. "너 같은 유형의 사람들, 그러니까 강렬하고도 섬세한 감각을 지녀서 영혼으로 느낄 줄 아는 몽상가나 시인들 또는 사랑하는 사람들은 거의 언제나 우리 같은 정신적 존재들보다 훨씬 뛰어나지. 너희는 모성으로부터 존재를 부여 받았어. 너희는 풍요롭게 살고, 사랑의 힘과 체험의 능력을 타고났지. 하지만 우리는 이성의 존재들로서 충만하게 살지 못해. 우리가 가끔 너희를 이끌고 규제하는 것처럼 보일지라도 메마른 대지에서 사는 것뿐이야. 너희 삶의 충실함은 열매들의 과즙, 열정의 뜰, 예술의 아름다운 풍경이지. 너희의 고향은 대지이고 우리의 고향은 관념의 세계야. 너희는 감각의 세계에서 익사할 위험이 있지만, 우리는 바람 없는 공동(空洞)에서 질식할 위험이 있지. 너는 예술가이고 나는 생각하는 사람이야. 너는 어머니의 가슴에 안겨 잠들고, 나는 황야에서 깨어 있어. 햇빛은 나를 위한 것이고 달과 별은 너를 위한 것이지. 네 꿈에는 소녀가 있고, 내 꿈에는 소년이 있지……."

골드문트는 두 눈을 똑바로 뜨고 나르치스가 웅변가처럼 자기도취에 빠져서 이야기하는 소리에 귀를 기울이고 있었다. 그 말의 대부분이 칼처럼 그를 찔렀으나 마지막 말을 듣자 더욱 얼굴이 창백해져 눈을 감았다. 나르치스가 알아채고 놀라서 물어보자 몹시 창백해진 골드문트는 힘없는 목소리로 말했다. "언젠가 내가 당신 앞에 쓰러져 마구 울던 것을 기억하겠죠. 그런 일이 두 번 다시 일어나선 안 됩니다. 나는 나 자신을 절대 용서하지 않을 겁니다, 당신한테도! 당장 가 주세요. 나 혼자 있게 해주세요. 당신은 제게 끔찍한 말을 했습니다."

나르치스는 몹시 망설였다. 그는 말에 이끌려 다른 때보다 더 잘 이야기하고 있다는 느낌이 들었다. 그런데 지금 그 말의 어떤 점이 친구에게 이렇게도 빠르게 사무치는 영향을 주었는지 깜짝 놀랐다. 이런 때 그를 혼자 놔두기는 어려웠다. 그는 잠시 망설였으나 골드문트의 찡그린 표정이 그를 재촉하고 있었다. 그는 친구에게 혼자 있을 시간이 필요하다고 인정하여 혼란스러우면서도 얼른 나가 버렸다.

이번에는 골드문트의 영혼에 치솟아 오른 극도의 긴장이 눈물로 터져 나오지도 않았다. 친구가 불시에 그의 가슴 한복판에 칼이라도 꽂은 것처럼, 아주 깊고 절망적인 상처를 받은 감정을 가지고 겨우 숨을 내쉬며 장승처럼 서 있었다. 심장은 죽을 것처럼 죄어들고 얼굴은 밀랍같이 창백해졌으며 두 손은 감각을 잃고 있었다. 그때의 비참한 상태가 되살아났으며 그것도 몇 배나 강한 것이었다. 안에서부터 숨이 막혀 오는 듯했고 어떤 끔찍한 것을, 도무지 참을 수 없는 것을 똑바로 쳐다봐야 하는 기분이었다. 그러나 이번에는 구원의 손길인 흐느낌조차 그 비참한 상태를 극복하는 데 도움이 되지 않았다. 오, 성모 마리아여, 이제 어떻게 되는 겁니까? 무슨 일이 일어났을까요? 그가 살해당하기라도 했나요? 그가 누군가를 죽이기라도 한 거예요? 무슨 무서운 말을 한 거죠?

그는 헐떡이며 숨을 내쉬었다. 자신 속에 깊이 숨어든 어떤 치명적인 것에서 자신을 구출해야 한다는 감정에 가득 차서, 마치 독약을 마신 사람처럼 가슴이 찢어질 것 같았다. 헤엄치는 듯한 동작으로 그는 방에서 뛰쳐나가 수도원의 제일 조용하고 사람 그림자 하나 보이지 않는 곳으로 무의식중에 달려갔다. 복도를 빠져나가 계단을 지나, 지붕이 없는 곳으로, 하늘이 보이는 곳으로. 그는 수도원의 가장 구석진 피난처, 안마당을 둘러싼 회랑으로 들어갔다. 몇 개 안 되는 생기 넘치는 화단 위로 깨끗하고 화창한 하늘이 길게 펼쳐져 있었다. 달콤함 속에서 빠져나오기를 망설이던 장미 향기가 돌처럼 서늘한 공기를 뚫고 풍겨왔다.

이때 나르치스는 알지 못하는 동안 벌써 오래전부터 하려고 애태우던 일을 한 것이었다. 그의 친구에게 달라붙어 있는 악마의 이름을 불러내어 밖으로 끄집어내고 만 것이다. 골드문트의 마음속 비밀은 그의 말 가운데 하나에 의해 흐트러지고, 미칠 듯한 고통 때문에 일어난 것이었다. 나르치스는 오랫동안 수도원 안을 헤매고 다니면서 골드문트를 찾았으나 어느 곳에서도 발견할 수 없었다.

골드문트는 회랑의 아담한 안마당으로 통하는 둥글고 묵직한 아치 밑에서 있었다. 아치 기둥에서 동물의 머리 세 개가 저마다 그를 뚫어지게 노려보고 있었다. 돌로 만든 그 형상은 개 같기도 하고 늑대 같기도 했다. 아픔이 그의 마음속을 흉악스럽게 긁어 헤치고 있었다. 빛이나 이성에 이르는 길이 끝내 나타나지 않은 채, 죽고 싶은 괴로움이 그의 목구멍과 가슴을 죄고 있었다. 기계적으로 위를 쳐다보니 머리 위에 동물의 머리 셋이 붙은 기둥머리 하나가 보였다. 그러자 그의 안에 머리 셋이 자리를 잡고 앉아서 노려보며 짖어대는 듯 느껴지기 시작했다.

'나는 금방이라도 죽고 만다'는 생각이 들어 오싹해졌다. 그는 바로 다음 순간에는 불안에 떨면서 이렇게 느꼈다. '나는 미쳐 버리겠지. 저 짐승들이 나를 삼켜 버릴 거야.'

벌벌 떨며 그는 기둥뿌리에 주저앉고 말았다. 고통이 너무나 커서 극한에 이르고 있었다. 실신 상태가 되어 그는 못내 마음속에 두고 있던 무(無)의 세계에 빠져 버렸다.

다니엘 원장한테는 꽤나 못마땅한 하루였다. 나이깨나 든 수도사 둘이 그에게 와서 흥분하여 서로 화를 내며 비난을 해댔다. 오래전의 사소한 질투를 끄집어내어 하찮은 일로 옥신각신한 것이었다. 원장은 두 사람의 이야기를 한참 듣고는 둘을 나무랐으나 아무 소용이 없었다. 할 수 없이 꽤나 엄하게 속죄하게 한 다음 엄숙히 물러가라 했다. 그러나 소용없는 짓을 했다 싶은 감정이 가슴속에 남아 있었다. 원장은 맥이 풀린 채 아래채 성당의 예배실에 들어가서 기도를 드렸으나 무거운 마음으로 다시 일어섰다. 가물거리듯 풍겨 들어오는 장미꽃 향기에 이끌리어 잠시 향기를 들이마시고 회랑으로 들어갔다. 그리고 포석 위에 골드문트가 실신한 채 쓰러져 있는 것을 발견했다. 평소에는 그다지도 아름답고 젊음에 넘치던 얼굴이 창백해서 까무러져 있는 것을 보고 놀라 원장은 슬픈 얼굴로 그를 바라보았다. 좋은 날이 아닌 건 분명하구나, 지금 이 일이 정점이야! 원장은 소년을 안아 일으키려고 했으나 무거워서 들 수가 없었다. 이 노인은 깊이 한숨을 쉬면서 좀더 젊은 수사 둘을 불러 소년을 옮겨 놓도록 시키고 그 자리를 떠나 수도원 의사인 안젤름 신부를 그곳에 보냈다. 동시에 나르치스를 부르러 사람을 보냈다. 나르치스는 곧 원장에게로 왔다.

"들었나?" 원장은 그에게 물었다.

"골드문트 말씀입니까? 네, 원장 선생님, 병이 났는지 다쳤는지 아무튼 업혀 왔다는 소리를 지금 막 들었습니다."

"그렇다네, 그가 회랑에 쓰러져 있는 걸 내가 발견했다네. 그런 데서 볼일이 있지는 않았을 텐데. 다치지는 않았는데, 기절했어. 좋지 않은 일이야. 이 일에는 자네가 관련 있거나 아니면 뭔가를 알고 있을 거라고 짐작되네만. 그는 자네와 절친한 사이니까 말이야. 그래서 자네를 부른걸세. 말해 보게나."

나르치스는 여느 때와 마찬가지로 스스로를 억제한 태도와 말로써 골드문트와 나눈 대화에 대해, 또 그것이 골드문트에게 뜻밖에 얼마나 격렬한 영향을 주었는가에 대해서 간단히 들려주었다. 원장은 언짢은 기색을 보이지 않고 고개를 흔들었다. 그리고 억지로 진정하려고 애쓰면서 말했다.

"이상한 대화로군. 자네 설명을 들어 보면, 그것은 다른 사람의 영혼에 대한 간섭이라고도 할 수 있는 대화이네. 고해신부와 나눠야 할 대화라고도 말할 수 있을 정도야. 하지만 자네는 골드문트의 고해신부가 아니네. 무엇보다 자네는 고해신부가 아니네. 아직 성직을 받고 있지 않단 말일세. 그의 고해신부밖에 관계할 수 없는 문제에 어떻게 자네가 조언자로서 학생에게 중요한 일을 논할 수 있는가? 자네도 알다시피, 결과가 저토록 해롭지 않은가."

나르치스는 부드럽지만 단호한 목소리로 말했다. "원장 선생님. 결과는 아직 모릅니다. 심한 충격을 받았다는 것에 대해서 저도 꽤 놀랐습니다만, 우리 대화가 골드문트를 위해서 좋은 결과가 되리라 믿습니다."

"곧 알게 되겠지. 지금 나는 결과에 대해서가 아니라 자네의 행동에 대해서 이야기하고 있는 중일세. 무슨 연유로 자네는 골드문트와 그런 대화를 하게 되었는가?"

"알고 계시겠지만 그는 저의 친구입니다. 저는 그에게 특별한 애정을 가지고 있고, 제가 그를 특히 잘 이해한다고 믿습니다. 선생님께서는 그에 대한 저의 태도를 고해신부 같다고 하셨습니다. 저는 성직자의 권위를 침범해 본 적은 한 번도 없습니다. 단지 그가 자기 자신을 알고 있는 것보다 어느 정도 제가 그를 더 잘 알고 있다고 믿었을 뿐입니다."

원장은 어깨를 으쓱했다.

"그것이 자네의 특기라는 것은 나도 알고 있네만, 자네가 한 행동이 나쁜 결과를 일으키지 않기를 바랄 뿐이네. 골드문트는 병인가? 어디 안 좋은 데라도 있는가? 몸이 허약한가? 잠을 잘 이루지 못하는가? 잘 먹지 못하는가? 무슨 질병이라도 있는가?"

"아닙니다. 오늘까지 건강한 몸이었습니다. 몸에는 아무 문제가 없습니다."

"다른 데는?"

"영혼은 확실히 병들었습니다. 아시다시피 그는 정욕과의 싸움이 시작되는 나이입니다."

"알고 있다네. 열일곱이지?"

"열여덟입니다."

"열여덟, 그렇구먼. 그럴 때가 넉넉히 되었을 테지. 그러나 그 싸움은 누구나 거쳐야만 하는 자연스런 것이야. 그러니 그의 영혼이 병들었다고는 말할 수 없네."

"아닙니다, 원장님. 그것만이 아닙니다. 골드문트는 벌써 오랫동안 영혼에 병이 들어 있었습니다. 그러니 이 싸움은 그에게는 다른 사람보다 위험한 것입니다. 제가 알기로는 그는 과거의 일부를 잊어서 괴로워하고 있습니다."

"그래? 어떤 부분 말인가?"

"그의 어머니 일입니다. 어머니한테 관계되는 모든 것입니다. 그것에 대해서는 저도 아무것도 모릅니다. 틀림없이 거기에 병의 원인이 있다는 것만 알 뿐입니다. 이유를 말씀드리자면 골드문트 자신도, 어머니를 일찍 잃었다는 것 말고는 어머니에 대해 한 가지도 모르기 때문입니다. 저는 그가 어머니를 부끄러워하는 듯한 인상을 받았습니다. 더욱이 그의 재능 대부분은 어머니한테서 받은 게 틀림없습니다. 왜냐하면 그가 아버지에 대해서 말하는 것을 들어 보면, 아버지는 저런 매력적이고 재주 좋으며 독특한 아들을 둘 만한 사람이라고는 보이지 않기 때문입니다. 저는 이런 것을 들어서 알고 있는 게 아니라 징조에서 추론했을 뿐입니다."

처음에 원장은 이 올되고 오만하게 들리는 이야기를 약간 비웃으며, 이 사건 전체를 성가신 일에 불과하다고 여겼으나 차츰 생각에 잠기기 시작했다. 원장은 골드문트의 아버지를 기억했다. 약간 불안정하고 믿음이 가지 않는 남자였다. 이것저것 생각하다가 골드문트의 어머니에 대해서 그때 아버지가 원장한데 이야기해 주던 일이 갑자기 떠올랐다. 골드문트의 어머니가 아버지에게 치욕스런 행동을 한 뒤 도망쳐 버렸다는 이야기였다. 아버지는 조그만 아들의 마음속에서 어머니에 대한 기억과 어머니한테서 이어받았을지도 모르는 악덕을 짓밟아 없애려고 갖은 애를 썼다. 그것은 아마 성공한 듯했다. 소년은 어머니가 저지른 과실의 보상을 위해서 한평생을 하느님한데 바칠 작정이었기 때문이었다.

나르치스가 오늘만큼 원장을 기분 나쁘게 한 적은 없었다. 그렇지만, 이 생각 깊은 사람은 얼마나 훌륭하게 추측을 했는가! 실제로 얼마나 정확하게 골드문트를 알고 있단 말인가!

마지막으로 오늘 일어난 일에 대해서 거듭 질문을 받자 나르치스는 말했다. "오늘 골드문트가 빠져든 격정은 제가 의도한 바는 아니었습니다. 제가 그에게 일깨운 것은 그가 자기 자신을 인식하지 못한다는 것, 자신의 유년 시절과 자신의 어머니를 망각했다는 것입니다. 제 이야기 가운데 어느 하나가 그에게 충격을 주고 제가 오랫동안 싸움의 목표로 하고 있었던 어둠을 꿰뚫은 것이 틀림없습니다. 그는 넋이 나간 것처럼 보였습니다. 마치 더 이상 자기 자신이나 저를 알지 못하는 것처럼 저를 바라보더군요. 저는 그에게 자주 말해 주었습니다. 너는 잠들어 있고 실제로는 깨어 있지 않다고 말입니다. 지금 그는 깨어났습니다. 그것을 저는 의심치 않습니다."

그는 훈계를 받지 않고 물러났으나 얼마 동안 골드문트를 찾아가는 것은 금지당했다.

그 사이에 안젤름 신부는 기절한 소년을 침대에 눕히고 옆에 앉았다. 무리한 수단을 써서 의식을 돌아오게 하는 것은 좋은 방법이 아닌 듯했다. 소년의 상태는 너무나 나빠 보였다. 노인은 인정 어린 주름살 가득한 선량한 얼굴로 소년을 내려다보았다. 먼저 맥을 짚어 보고 심장에 귀를 갖다대었다. 이 소년은 무슨 어처구니없는 것을, 산시금치 다발을 먹었거나 아니면 다른 무슨 못 먹는 풀을 먹었다고 생각했다. 그런 일이 이따금 일어났던 것이다. 소년이 입을 굳게 다물고 있어 혓바닥을 확인해 볼 수는 없었다. 안젤름 신부는 골드문트를 좋아했으나 그의 친구인 그 조숙한 너무 젊은 교사는 좋아하지 않았다. 결국 큰일을 저지르고야 말지 않았나. 나르치스가 이 바보 같은 사건의 공범이라는 것은 확실했다. 이다지도 매력적이고 총명한 눈매를 한 소년이, 이렇게도 귀여운 자연의 아들이, 하필이면 저 거만한 학자, 이 세상의 어떤 생명체보다도 그리스어를 소중히 여기고 있는 저 자만심 강한 문법학자를 무엇 때문에 상대할 필요가 있을까!

한참 지난 뒤에 문이 열리며 원장이 들어왔을 때도 안젤름 신부는 여전히 자리를 지킨 채 기절한 소년의 얼굴을 가만히 바라보고 있었다. 얼마나 귀엽고 앳되며 사심 없는 얼굴인가! 할 수 있는 한 옆에 앉아 쾌유를 기대해 보겠지만 아마 도와줄 수는 없으리라. 확실히 원인은 복통일 것이다. 따뜻하게 데운 포도주를 주고 아마 대황(大黃)을 달여먹여야 할 것이다. 그러나 푸르데데하게 창백한 얼굴을 오래 보고 있으면 있을수록, 그의 의심은 한층 더 염려되는 다른 방향으로 기울어져 갔다. 안젤름 신부도 그의 기나긴 일생 동안 몇 번이나 악마에 홀린 인간을 본 적이 있었다. 그는 그 의심을 입에 담기를 망설였다. 좀더 기다리면서 관찰해야지, 하지만 가엾은 이 소년이 정말 저주에 걸렸다면 범인은 멀리 있지 않으리라, 그냥 두지는 않으리라, 하고 그는 씁쓸하게 생각을 하고 있었다.

원장은 한 걸음 다가서서 환자를 가만히 들여다보다가 한쪽 눈꺼풀을 살짝 젖혀 보았다.

"깨워도 괜찮은가?" 원장이 물었다.

"좀 기다려 보는 게 좋을 듯합니다. 심장은 걱정 없습니다. 아무도 그를 보러 오게 해서는 안 됩니다."

"위험하지는 않겠지?"

"그렇게는 생각지 않습니다. 아무 데도 상처가 없고, 맞았거나 어디서 떨어진 흔적도 보이지 않습니다. 기절했습니다. 아마 복통일 겁니다. 괴로움이 너무 심하면 의식을 잃는 겁니다. 중독을 일으켰다면 열이 날 것입니다. 아니, 다시 눈을 뜰 것입니다. 생명에는 별 지장이 없습니다."

"영혼에 대한 문제라고 생각지는 않소?"

"그것을 배제할 수도 없겠군요. 아는 것이 없습니까? 아마 심하게 놀랐거나, 누군가 죽었다는 소식을 들었거나, 심한 싸움을 했거나, 모욕을 받았거나 한 것이 아닐까요? 만일 그런 일이 있었다면 모든 것이 설명됩니다."

"몰라. 아무도 가까이하지 못하게 조심을 하게. 눈뜰 때까지 곁에 있어 주도록 하고, 위독해질 것 같을 때는 밤중이라도 상관없으니 나를 부르게나."

나가기 전에 노원장은 한 번 더 환자 위로 허리를 굽혔다. 원장은 이 소년의 아버지에 대해서, 그가 이 예쁘장하고 밝은 금발의 소년을 수도원에 데리고 온 그날에 대해서, 모두가 그를 얼마나 좋아하게 되었는지에 대해서 여러 가지 생각을 더듬어 보았다. 원장도 이 소년을 보는 것이 즐거웠다. 그러나 한 가지 면에서 나르치스가 말한 이야기는 사실 옳았다. 아무리 보아도 이 소년에게서 그의 아버지를 떠올릴 수는 없었다. 아, 사방에 얼마나 많은 근심걱정들이 있는가, 우리의 노력은 모두 얼마나 부족한 것인가! 이 가엾은 소년에게 태만하게 군 점이 내게는 없었는가! 그는 적당한 고해신부를 가지고 있었을까? 수도원 안에서 이 학생에 대하여 아무도 나르치스만큼 사정을 알고 있지 못했는데 괜찮은 일이었나? 아직 수습수도사의 처지에 있는 사람이, 수도사도 아니고 또한 성직도 얻지 못한 사람이 그를 도울 수 있었다는 말인가? 사물을 보고 생각하는 데도 불쾌한 우월감, 아니 적개심 같은 것까지도 가지고 있는 사나이가? 그 나르치스가 지금껏 잘못된 대접을 받고 있었는지 아닌지 누가 보증할 수 있단 말인가? 나르치스가 복종이란 가면 뒤에서 악의를 숨기고 있는 것은 아닌지, 혹 쾌락주의자가 아닌지 누가 알겠는가? 이 두 젊은이가 장차 어떠한 사람이 되든지, 거기 대해서는 원장 자신도 책임이 있었다.

골드문트가 정신을 차렸을 때에는 벌써 날이 어두웠다. 머리는 텅 비고 어질어질했다. 침대에 누워 있다는 느낌은 들었지만 여기가 어딘지는 알 수가 없었다. 어딘지 생각해 보려고도 하지 않았다. 아무래도 괜찮았다. 그러나 대체 어딜 갔다 왔을까? 온갖 것을 보고 부딪쳤던 그 낯선 땅은 어디였을까? 그는 어딘가 매우 먼 곳에 있었다. 거기서 무언가를, 무슨 놀라운 것을, 무슨 숭고한 것을, 무슨 끔찍한 것을, 잊을 수 없는 것을 그는 보았다. 그러나 그것을 잊어버렸다. 어디였나? 거기서 그의 앞에 그다지도 크고, 괴롭고, 더없이 행복하게 나타났다가는 또 사라져 버리고 만 것은 무엇이었을까?

오늘 무언가가 터져나온 곳으로, 무언가가 생겨난 곳으로 그는 자신의 내면 깊숙이 귀를 기울였다. 그것은 무엇이었나? 이리저리 헝클어진 온갖 이미지가 솟아올랐다. 개의 머리가 세 개 보였다. 장미꽃 향기가 났다. 아, 얼마나 괴로웠던가! 그는 눈을 감았다. 아, 얼마나 끔찍한 고통이었던가! 그는 다시 잠이 들어 버렸다.

그는 다시 눈을 떴다. 꿈나라가 미끄러져 떠나가는 순간에 그는 그것을 보았다. 그 모습을 또다시 발견하고 고통과 기쁨으로 몸을 떨었다. 그는 보았다. 그 여인을 보았다. 키가 크고 눈부신 여인을, 꽃이 활짝 핀 듯한 입술과 빛나는 머리칼을 가진 여인을 보았다. 그는 자신의 어머니를 보았다. 동시에 '너는 너의 유년 시절을 잊어버렸구나' 하는 소리를 또렷이 들은 것 같았다. 그러나 그것은 누구의 소리였나? 그는 귀를 기울이고 생각하고 깨달았다. 그것은 나르치스였다. 나르치스? 일순간에, 단숨에 온갖 것이 다시 나타났다. 기억이 났다. 알게 되었다. 아, 어머니, 어머니! 쓰레기의 산, 망각의 바다는 사라져 버렸다. 말로 다할 수 없을 만큼 사랑하는, 잃어버린 여인이 당당하고 엷푸른 눈으로 다시 그를 바라보고 있었다.

침대 곁, 안락의자에 기대어 졸고 있던 안젤름 신부는 눈을 떴다. 소년이 움직이며 숨을 내쉬는 소리가 들렸다. 그는 조심스레 일어섰다.

"방에 누가 있나요?" 골드문트가 물었다.

"나다, 무서워하지 마라. 불을 켜마."

그는 걸어 놓은 등잔에 불을 켰다. 주름살뿐인 친절한 얼굴 위에 빛이 떨어졌다.

"제가 아팠습니까?" 소년이 물었다.

"기절해 있었단다, 골드문트. 손을 내밀어 봐, 맥을 좀 짚어 보자꾸나. 기분은 어때?"

"좋습니다. 안젤름 신부님, 감사합니다. 이젠 아무 데도 아프지 않습니다. 좀 피곤할 뿐입니다."

"물론 피곤할 테지. 곧 잠이 들겠지만 그전에 미리 따뜻한 포도주를 한 잔 마시려무나. 여기 준비한 게 있어. 같이 한 잔 마시자꾸나. 자, 우정의 표시로 말이야."

그는 준비된 따뜻한 와인을 작은 항아리에 부었다.

"우리 둘 다 낮잠을 잘 잤지." 의사는 껄껄 웃었다. "멋진 야간 간호사지, 허, 깨어 있지를 못하는 간호사 말이야. 글쎄, 우리는 모두 인간이잖니. 이제 이 마법의 물약을 마실 거야. 밤중에 몰래 조금씩 마시는 것만큼 기분 좋은 일은 없단 말이야. 자, 건배!"

골드문트는 웃으며 컵을 서로 부딪치고 맛을 보았다. 포도주는 계피와 정향, 설탕으로 양념이 되어 있었다. 이런 것은 아직 한 번도 맛본 일이 없었다. 지난번 그가 앓아누워 있었을 때는 나르치스가 그를 돌봐 주었던 일이 떠올랐다. 이번에는 안젤름 신부가 보살펴 주는 것이었다. 희미한 등잔불 밑에 드러누워서 한밤중에 늙은 신부와 함께 달콤하고 따뜻한 포도주를 마시니 매우 즐겁고도 이상한 기분들이었다.

"너 배가 아프냐?" 노신부가 물었다.

"아뇨."

"그래? 나는 네가 배앓이를 하는 거라고 생각했지 뭐냐. 그런 게 아니었군. 혀를 내밀어 봐. 아니 좋아, 이 늙은 안젤름이 또 멍청한 짓을 한 걸 들켜 버렸구나. 내일도 가만히 누워 있어야 한다. 와서 볼 테니. 포도주는 다 마셨지? 그래야지, 틀림없이 효과가 있을 거다. 어디 보자, 얼마나 남았나? 사이좋게 나누면 서로 반 잔씩은 더 마실 수 있겠구나, 골드문트! 넌 정말 우릴 놀라게 했다! 어린아이 시체처럼 회랑에 쓰러져 있었으니 말이야. 정말 배는 아프지 않은 거냐?"

두 사람은 킬킬대고 웃으며 남은 환자용 포도주를 사이좋게 나누었다. 신부는 농담을 늘어놓았고 골드문트는 고맙기도 하고 즐겁기도 해서 다시 밝아진 눈으로 그를 쳐다보았다. 그러고는 노인은 잠자리에 들러 가기 위해 자리를 떴다.

골드문트는 잠시 동안 눈을 좀더 뜨고 있었다. 천천히 여러 모습이 또 마음속에서 일어났다. 친구의 말이 다시금 떠올랐으며 영혼 속에서 금발로 반짝거리는 여인이, 어머니가 또 나타났다. 그 모습은 따스한 남풍처럼 그를 휩쓸고 지나갔다. 생명, 따뜻함과 다정함, 내면 깊숙한 유혹의 구름과도 같았다. "아, 어머니! 아, 내가 어떻게 해서 어머니를 잊어버릴 수 있단 말입니까!"

5

이때까지 골드문트는 그의 어머니에 대해서 조금 알고 있기는 했으나 다른 사람한테서 들은 게 전부였다. 어머니의 모습은 그의 기억 속에서 거의 빛바래 있었다. 어머니에 대해서 알고 있는 몇몇 이야기도 나르치스한테는 거의 말하지 않았다. 그에게 어머니는 입에 올리는 게 금지된 주제였다. 수치스런 존재였다. 어머니는 댄서였다. 품위는 있으나 좋지 못한 이교도 출신의 아름답고 야성적인 여인이었다. 골드문트의 아버지는 그 여인을 빈곤과 굴욕 속에서 구출해 냈다고 늘 이야기했다. 아버지는 그 여인이 이교도인지 몰랐으므로 어머니에게 세례를 받게 하고 종교를 가르쳤다. 결혼을 하고 훌륭한 여인으로 만들어 놓았다. 어머니는 몇 년 동안 가정적이고 정돈된 생활을 했으나 지난날의 생활과 습관이 다시 머리에 떠올랐음인지 추문을 일으켰다. 사나이들을 유혹한다, 며칠이나 몇 주일씩 집을 비운다, 마녀라는 평판을 얻고 몇 번이나 남편한테 붙들려 돌아왔다가 끝내는 영영 모습을 감추고 말았다. 어머니에 대한 소문은 그 뒤에도 가실 줄을 몰랐다. 악평은 혜성의 꼬리처럼 하늘하늘하다가는 꺼져 버렸다. 그 여인의 남편은 불안과 공포와 굴욕으로, 그 여인이 뒤집어 놓고 간 그칠 줄 모르는 놀라움의 몇 해가 지난 다음에야 차츰 회복되어 갔다. 교화시키지 못한 아내 대신 이번에는 아들을 가르쳤다. 아들은 이목구비와 몸집이 어머니를 매우 닮았다. 아버지는 더욱더 잔소리를 해댔고, 편견이 아주 심해졌다. 골드문트의 마음속에는 어머니의 죄악을 보상하기 위해 일생을 하느님한테 바쳐야만 한다는 신앙심을 심어 주었다.

골드문트의 아버지는 그것에 대해서 말하기를 좋아하지 않았지만 행방을 감춘 아내에 대해 이야기한 것은 늘 이런 내용이었다. 그것은 골드문트를 떠맡길 때 원장한테도 암시한 것이었다. 이 일은 무시무시한 전설로서 아들도 알고 있었다. 그러나 그는 그런 것은 마음속에 두지 않고 잊어버리려고 애써 왔다. 어머니의 참다운 모습은 완전히 망각해 버린 상태였다. 그것은 아버지나 하인들의 이야기나 어둡고 터무니없는 소문에서 비롯된 게 아니라 다른, 아주 다른 모습이었다. 그 자신의 실제 어머니, 체험한 어머니의 추억을 그는 잊고 있었다. 하지만 지금 그 모습이 그가 아주 어렸을 때의 별이 되어 다시 떠올랐다.

"어떻게 잊어버릴 수 있었는지 이해가 안 됩니다." 골드문트가 친구에게 말했다.

"내 인생에서 내가 어머니만큼 사랑한 사람은 없어요. 그만큼 무조건으로 열렬히 사랑한 사람은 없습니다. 누구도 그만큼 존경하고 흠모한 사람은 없어요. 어머니는 나에게 있어 태양이며 달이었습니다. 어떻게 내 영혼 속에 빛나는 이 모습을 어둡게 하고, 점점 흐릿하고 형편없는 나쁜 어머니로 만들어 버렸는지, 아버지나 나나 어머니를 몇 년 동안이나 그러한 어머니로 어떻게 만들어 버릴 수 있었는지, 알 수가 없네요."

그 뒤 얼마 안 되어 나르치스는 수습수도사 기간을 마치고 수도복을 입을 수 있게 되었다. 골드문트에 대한 그의 태도는 두드러지게 달라졌다. 골드문트는 전에는 나르치스의 주의나 조언을 귀찮은 우월감과 앞뒤 꽉 막힌 깐깐함이라며 거부하고 있었으나, 그때의 커다란 체험 이래로 친구의 현명함에 대한 흠모로 마음이 온통 가득 찼다. 친구의 말 가운데서 얼마나 많은 부분이 예언처럼 실현되었던가! 이 통찰력 있는 인간은 그의 생활의 비밀이나 그의 보이지 않는 상처를, 얼마나 정확하게 추측했던가! 얼마나 솜씨 좋게 치유시켜 주었던가!

사실 소년은 완쾌한 것같이 보였다. 그 일은 나쁜 결과를 남기지 않았다. 그러나 골드문트의 성격 가운데 미성숙하고 가식적인 부분과, 부득이 신에게 특별한 봉사를 해야 한다고 생각한 믿음, 그가 잘못 판단한 수도사로서의 사명감은 왠지 차츰차츰 사라졌다. 소년은 자기 자신에의 길을 발견하고 나서부터는 한층 더 젊어지는 동시에 점잖아진 것처럼 보였다. 그 모든 게 나르치스 덕분이었다.

그러나 나르치스는 며칠 전부터 친구에 대해 이상하게 조심스러운 태도를 취하게 되었다. 골드문트는 그를 매우 존경하고 있는데도 나르치스는 대단히 겸손하게, 더 이상 우월감을 가지고 가르치는 듯한 눈초리로 친구를 바라보지 않았다. 그는 골드문트가 그 자신이 접근할 수 없는 비밀스러운 원천에서 자양분을 얻고 있음을 알았다. 나르치스가 그 비밀들에 관여하지 않고도 그것들의 성장을 촉진시킬 수 있었다. 친구가 자기 지도에서 벗어나는 모습을 그는 기쁘게 바라보는 동시에 때로 슬픔을 느꼈다. 그는 자신을, 밟아 넘은 계단, 완전히 벗은 껍데기라고 느꼈다. 그에게 있어서 너무나 의미 깊던 우정도 종말에 가까워오는 것 같았다. 지금도 그는 골드문트에 대해서는, 그가 자기 자신을 알고 있는 이상으로 알고 있었다. 왜냐하면 골드문트는 자신의 영혼을 거듭 발견하고 그의 부름에 따라갈 준비는 되어 있어도, 그것에 의해서 어디로 이끌려 갈지 아직 예상을 못 하고 있었기 때문이다. 나르치스는 그것을 예상하고 있었으나 힘이 없었다. 사랑하는 친구의 길은 나르치스 자신이 결코 밟고 들어가지 않을 나라로 통하고 있었던 것이다.

학문에 대한 골드문트의 열의는 아주 줄어들었다. 친구들과 대화를 할 때 논쟁하는 버릇도 없어졌다. 옛날에 하던 대화, 그 대화의 여러 가지를 생각할 때마다 그는 부끄러워했다. 한편 나르치스의 마음속은 얼마 전 수습수도사를 끝낸 탓인지, 또는 골드문트와의 체험 탓인지 은거와 금욕과 종교적 수련에의 욕구가 눈을 떠서 단식이나 기나긴 기도나 빈번한 참회나 자발적인 고행을 하는 버릇이 생겼다. 이런 경향을 골드문트도 잘 알고 있었거니와 같이할 때도 있었다. 기운을 회복하고서부터 그의 직감은 아주 예민해졌다. 자신의 장래 목표에 대해서는 아직 손톱만큼도 알고 있지 않았으나 그래도 그는 강한, 가끔 불안할 만큼 뚜렷하게 이제 자신의 운명이 구체화하고 있음을 느꼈다. 그리고 천진스러움과 평온함, 말하자면 어떤 금욕 생활은 지나가 버리고 그의 몸속에 있는 온갖 것이 긴장되어 다른 것을 향해 준비 태세를 갖추고 있음을 느끼게 되었다. 그 예감은 가끔 마음을 들뜨게 하여 달콤하게 연애하는 심정과도 같이 오랜 밤중까지 그를 잠들지 못하게 했다. 다른 때면 그것들은 어둠과 숨 막히는 것들로 가득 찼다. 어머니가, 오래오래 잊고 있던 어머니가 다시 그를 찾아온 것이었다. 그것은 강렬한 행복이었다. 그러나 어머니가 유혹하는 목소리는 어디로 통하고 있었던가? 확실치 못한 것 속으로, 덫 속으로, 괴로움 속으로, 아마 죽음 속으로 통하고 있었다. 고요함과 부드러움과 안전함과 기도실과 공동 수도원 생활과는 통하고 있지 않았다. 어머니가 목놓아 부르는 소리는 그가 그다지도 오랫동안 자신의 본디 소망이라고 잘못 생각하고 있었던, 아버지의 명령과 공통점은 하나도 가지고 있지 않았다. 골드문트의 신앙심은 이 감정을 먹고살았다. 이 감정이란 격렬한 신체감각 못지않게 이따금 열렬하고 뜨거운 것이었다. 그는, 성모 마리아를 향한 기나긴 기도를 되풀이 하면서, 그 자신의 어머니 쪽으로 그를 끌어당기는 감정의 물결이 넘쳐흐르도록 내버려 두었다. 그러나 그의 기도는 가끔 그가 이제 실컷 누리고 있는 그 이상하고도 근사한 꿈속에서 끝나고 말았다. 그것은 잠이 덜 깬 의식 속의 백일몽, 그의 모든 감각이 관계되어 있는 어머니의 꿈이었다. 어머니의 세계는 그를 향기로 감싸 안고, 사랑이 깃든 정체

모를 눈길로 음울하게 바라보았으며, 바다나 낙원처럼 깊은 곳에서 속삭였다. 또 뭔가를 중얼거리며 달래 주거나 무의미한 애정표현, 또는 오히려 달콤함과 짠맛을 맛보는 것으로 그의 감각을 충족시키는 애정표현을 하고, 비단결 같은 머리칼로 그의 굶주린 입술과 눈을 스쳐 지나가기도 했다. 그의 어머니에게는 사랑스러운 모든 점이 빠짐없이 있었다. 온화하고 다정한 푸른 눈빛과 행복을 약속하는 부드러운 미소, 애정 어린 위로가 있었다. 그러나 이 유혹적인 겉모습 밑 어딘가에는 오싹한 어둠이, 탐욕스럽고 무시무시하며, 죄스럽고 슬픔이 어린 것들이, 탄생과 모든 죽음이 주는 이 모든 것이 커다랗게 깔려 있었다.

소년은 이 꿈속에, 영혼의 눈을 뜨게 해준 감각의 몇 겹이나 되는 실꾸러미 같은 꿈속에 깊이 빠져들어갔다. 그 속에서는 황금빛 눈부신 생명의 아침인 유년 시절이나 어머니의 사랑과도 같이 그리운 과거가 매혹적으로 되솟아나는 것이 전부가 아니었다. 그 속에는 미래 또한 떠돌고 있었다. 가끔은 이 꿈에서 어머니나 성모 마리아, 정부가 모두 하나로 결합되곤 했다. 나중에 이것은 그에게 무서운 범죄이자 신성모독, 치명적이며 용서할 수 없는 죄악처럼 여겨졌다. 다른 때엔 그는 그 안에서 조화와 해방 말고는 아무것도 찾지 못했다. 생명이 비밀에 가득 차서 그를 응시하고 있었다. 또한 어두침침하고 이해할 수 없는 세계가, 동화적인 위험에 가득 찬 가시덤불이 많은 숲이 그를 쳐다보고 있었다. 그러나 그것은 어머니의 신비였다. 어머니에게서 오고 어머니한테로 통하고 있었다. 어머니의 맑은 눈 속에 있는 조그만 어두운 흑점, 아주 작고 위협적인 심연이었다.

이 어머니의 꿈속에 잊어버리고 있었던 유년 시절이 자꾸 나타났다. 끝없는 깊이와 망각 속에서 수많은 조그만 추억의 꽃이 피어, 황금빛 무늬를 그리며 가득한 예감을 실은 향기를 풍겼다. 그 꿈은 유년 시절 감정에의, 아마도 체험에의, 꿈속에의 추억이었다. 이따금 그는 물고기 꿈을 꾸었다. 까맣거나 은빛인 물고기들은 그를 향해 헤엄쳐 와 시원하고도 부드럽게 그의 안으로 들어갔다가 통과해 나갔다. 그것들은 더 우아하고 더 아름다운 실재와 소멸의 기쁜 소식을 전하는 전달자처럼 다가와 꼬리를 튕겨대다가 그림자처럼 가버렸는데, 무언가를 전하기보다는 새로운 수수께끼를 가져오는 것이었다. 가끔 그는 헤엄치는 물고기나 날아가는 새를 꿈꾸었다. 물고기와 새는 그가 만든 창조물이어서 그에게 의지했다. 그의 호흡처럼, 그가 마음 내키는 대로 그가 조종하는 대로였다. 그것들은 그의 눈빛이나 생각처럼 비추고 그의 안으로 돌아왔다. 그는 가끔 마법의 정원을 꿈꾸었다. 우화 속 나무들과 엄청나게 큰 꽃들과 깊고 검푸른 동굴이 있는 기괴한 뜰을 꿈꾸었다. 풀들 사이에는 이름조차 모르는 동물들의 전등불 같은 눈초리가 노려보고 있었다. 가지마다 미끌미끌하고 억센 뱀이 기어다니고 있었다. 덩굴이나 덤불에는 커다란 딸기들이 이슬을 머금어 햇빛에 반짝이며 달려 있었다. 그 딸기는 따서 손바닥 위에 올려놓자 곧 부풀어올라 피처럼 따뜻한 즙을 쏟았다. 또는 눈을 지니고 있어 그 눈이 애타는 듯 빈틈없이 움직였다. 그는 더듬어서 어느 한 나무에 기대어 가지를 하나 휘어잡았다. 그러자 줄기와 가지 사이에서 뒤얽힌 두툼하고 곱슬곱슬한 털이 달라붙어 있는 것이 보이기도 했고 느껴지기도 했다. 어느 날 그는 자기 자신이거나 아니면 같은 이름을 가진 성자의 꿈을 꾸었다. 골드문트, 즉 크리소스토무스(둘 다 '황금의 입'이라는 뜻)가 꿈에 나타났다. 그 성자는 '황금의 입'을 가지고 있었다. 그 황금의 입으로 이야기를 했다. 그 말은 작은 새가 되어 날개를 파닥거리며 떼지어 날아가 버렸다.

어떤 때는 또 이런 꿈도 꾸었다. 그는 커서 어른이 되어 있었으나 어린아이처럼 땅바닥에 주저앉아 점토를 앞에다 쌓아 놓았다. 어린애처럼 그것을 가지고 조그만 말이나 황소, 조그만 남자나 여인 같은 여러 형상을 빚고 있었다. 흙장난이 재미있어서 동물이나 사나이들의 성기(性器)를 우스꽝스럽게 크게 만들었다. 꿈속에서는 그것이 매우 익살맞게 보였다. 마지막에는 그 장난도 싫증이 나서 자리를 떴다. 그러자 자기 뒤쪽에 어떤 살아 있는 것이, 아무 소리도 내지 않는 큼직한 것이 가까이 다가옴을 느끼고 뒤를 돌아보았다. 거기에서 조그만 점토 형상이 살아서 커진 것을 보고 심한 놀라움과 크나큰 공포감을 느꼈다. 하지만 그 공포에 기쁨이 없는 것도 아니었다. 온갖 형태가 벙어리 거인이 되어서 압박하듯 당당하게 그의 옆을 지나갔다. 한층 더 커지면서 탑처럼 거룩하고, 묵묵히 높다랗게 앞만 보고 나아가 속세로 들어가고 말았다.

그는 현실세계에서보다도 이 꿈의 세계에서 사는 때가 더 많았다. 강당, 수도원의 뜰, 도서실, 침실, 교회 등, 현실세계는 꿈으로 가득한 초현실적인 세계의 이미지에 지나지 않았다. 이 엷은 껍질에 구멍 정도 뚫는 것은 아무것도 아니었다. 따분한 수업 도중에 울려나오는 그리스어 소리 속에서의 어떤 예감에 충만된 것, 식물 채집을 하는 안젤름 신부의 약초 주머니 속에서 풍기는 향기의 물결, 아치형 창문 기둥에서 위로 불쑥 솟은 돌기둥의 담쟁이 덩굴을 내려다보는 일. 그런 보잘것없는 자극들이 벌써 표피를 뚫고 평화롭고 메마른 현실의 등 뒤에, 저 영혼의 사납게 날뛰는 형상 세계의 심연과 격류와 은하수를 풀어헤쳐 놓기에 충분했다. 라틴어의 머리글자 하나가 어머니의 향기로운 얼굴이 되었다. 성모의 기도 속에서 길게 나는 음은 낙원으로 가는 문이 되었다. 그리스어의 자모(字母)는 달리는 말이 되고 곧추선 뱀이 되더니, 그것은 몰래 꽃잎 밑으로 사라져 버리고 그 대신에 문법책의 뻣뻣한 책장이 나타났다.

그것에 대해서 이야기하는 것은 그다지 흔한 일이 아니었다. 단지 몇 번 그는 나르치스한테 이 꿈의 세계에 대한 암시를 주었을 뿐이다.

어느 날, 그는 말했다. "나는 꽃잎 한 장이나 길 위의 조그만 벌레 한 마리가 도서실 전체의 모든 책보다도 훨씬 더 많은 이야기를 하며 내용도 더 풍부하다는 생각이 듭니다. 문자나 말로서는 아무것도 말할 수가 없어요. 나는 가끔 델타라든지 오메가라든지 그리스 문자의 어떤 것을 씁니다. 펜을 약간 돌리기만 해도 문자는 꼬리를 치며 물고기가 되지요. 대뜸 세계의 크고 작은 시내나, 온갖 시원한 것이나, 눅눅한 것이나, 호메로스의 바다나, 베드로가 걸어다닌 물을 떠올려요. 또 그 문자는 새가 되기도 하고 꼬리를 치기도 하며, 깃을 곧추세우기도 하고, 몸을 부풀리다가는 웃으며 날아가 버립니다. 나르치스, 당신은 그런 문자를 그다지 별난 것이라고는 생각하지 않겠지요? 그러나 그런 문자로 하느님은 세계를 쓰셨다고 나는 말하고 싶습니다."

"나도 그것은 대단한 거라고 생각해." 나르치스는 슬프게 말했다. "그것은 마법의 문자야. 그 문자를 가지고 모든 악마를 불러낼 수가 있거든. 물론 학문을 하는 데는 적합하지 않아. 정신은 고정된 것을, 형체를 가진 것을 사랑하거니와 그 기호를 신뢰하기를 바라. 또 생성되는 것이 아니라 존재하는 것을 사랑하고, 가능한 것이 아니라 현실의 것을 사랑하지. 오메가라는 글자는 뱀이나 새가 되기를 허락하지 않아. 정신은 자연 속에서는 생존할 수 없지. 정신은 자연을 거역해야만, 자연의 반대물이어야만 생존할 수가 있어. 골드문트, 이제 네가 절대 학자가 될 수 없다는 것을 믿을 수 있겠지?"

정말 그 말대로 골드문트는 오래전부터 그것을 믿고 동의하고 있었다.

"나는 더 이상 당신들처럼 고집스럽게 정신을 추구할 생각은 없어요." 방긋이 웃으며 그는 말했다. "나의 정신이나 학문에 대한 태도는 아버지에 대한 태도와 같습니다. 말하자면 나는 아버지를 대단히 사랑하고 아버지를 닮았다고 생각했죠. 아버지가 말씀하신 것은 절대적으로 믿었어요. 그러나 어머니가 다시 나타나자 비로소 나는 사랑이 무엇인지 알게 되었습니다. 어머니의 모습과 나란히 선 아버지의 모습은 갑자기 조그마하고 가련한 존재가 되어 거의 불쾌하게 여기게 되었습니다. 지금 나는 모든 정신적인 것을 부성적인 것, 모성적이지 않은 것, 모성에 적대적인 것으로 생각하며, 또한 그것에 조금 경멸을 느끼기까지 하는걸요."

그는 농담 비슷하게 말했으나 친구의 슬픈 얼굴을 명랑하게 해줄 수는 없었다. 나르치스는 잠자코 그를 바라보았다. 그의 눈길은 마치 어루만져 주는 것 같았다. 드디어 그는 말했다. "나는 널 아주 잘 이해하고 있어. 우리는 다시 말싸움을 할 필요가 없어. 너는 깨어났어. 지금은 너도 너와 나의 차이를, 어머니 혈통과 아버지 혈통의 차이를, 영혼과 정신과의 차이를 깨달았다. 결국 이제는 수도원에 있어서의 네 생활이나 수도사의 생활을 지향하는 너의 노력이 과오였다는 것을, 그리고 그것이 네 아버지의 조작이었다는 것을 알겠지? 너의 아버지는 그것으로 네 어머니의 기억을 씻게 하든가 그렇지 않으면 최소한 어머니한테 복수만이라도 해보겠다는 결심이었던 거야. 그렇지 않다면 일평생 수도원에 있는 것이 너의 운명이라고 여전히 믿고 있니?"

생각에 잠긴 골드문트는 친구의 두 손을 내려다보았다. 연약하고 앙상한 하얀 두 손을. 이것이 금욕주의자의 손, 학자의 손이라는 것은 누구도 의심할 수가 없었다.

"나는 모릅니다." 그의 말소리는 노래를 부르듯, 망설이며 하나하나의 음절에 오래오래 머무르는 듯한 목소리였다. 조금 전부터 그는 그런 투로 이야기했다. "나는 정말 모릅니다. 당신은 내 아버지에 대해서 약간 냉혹한 판단을 내리시네요. 아버지는 큰 슬픔을 겪으셨습니다. 그러나 아마 이 점에 있어서는 당신의 말이 옳을 겁니다. 내가 이 수도원에 온 지 3년이 넘었지만, 아버지는 나를 한 번도 찾아 주지 않았습니다. 내가 영원히 여기 있길 아버지는 바라고 있습니다. 그렇게 하는 것이 아마 최선일 겁니다. 나 자신도 그것을 원한다고 생각했지요. 하지만 오늘 와서 보니 내가 실제로 무엇을 원하고 있는지 이제 알 수가 없어졌습니다. 전에는 모든 게 간단했어요. 교과서에 있는 문자나 마찬가지로 간단했습니다. 지금은 아무것도 그렇게 단순하지가 않아요. 문자조차도 그렇게 간단하지가 않습니다. 온갖 것이 많은 의미와 얼굴들을 갖게 되었습니다. 내가 어떻게 되어야 할지 모르겠습니다. 지금은 그런 것을 생각할 수가 없어요."

나르치스가 말했다. "어려워할 필요는 없어. 너의 길이 어디를 향하는지 꼭 알게 될 거야. 너의 길은 너를 어머니한테 데리고 가기 시작했어. 너를 어머니와 더욱 가깝게 해줄 거야. 너의 아버지에 대해서는, 나는 지나치게 냉혹한 판단을 내리지는 않아. 너는 아버지한테 돌아가고 싶으니?"

"아뇨, 나르치스. 절대 그렇지 않아요. 그러나 학교를 마치면 이내 그렇게 하겠죠. 지금 당장이라도. 나는 학자가 될 것도 아니니까 라틴어나 그리스어, 수학 같은 것은 이제 충분합니다. 아뇨. 아버지한테 가고 싶지는 않아요
……."

생각에 잠겨 먼 곳을 쳐다보고 있다가 갑자기 그는 소리쳤다. "당신은 도대체 어떻게 그럴 수가 있죠? 당신은 내 안에 빛을 비추고 내가 스스로를 명확하게 알도록 몇 번이나 내게 이야기하거나 문제를 제기했어요. 지금도 당신이 그저 아버지에게 가고 싶으냐고 물은 것이 갑자기 내게 사실은 가고 싶지 않음을 알게 했어요. 어떻게 그런 게 가능하죠? 당신은 뭐든지 다 아는 것처럼 보이네요. 당신은 많은 이야기를 해주었죠. 들을 땐 완전히 이해할 수 없었는데, 나중에는 그것들이 내게 정말 중요해졌어요! 내가 어머니에게서 재능을 이어받았다고 말한 사람은 당신이었어요. 내가 어떤 마력의 지배를 받고 있으며, 어린 시절을 잊어버리고 있다는 것을 발견한 사람도 당신이었습니다. 어째서 당신은 인간을 그다지도 잘 압니까? 나도 그것을 배울 수 없나요?"

나르치스는 빙그레 웃으며 고개를 저었다.

"안 돼, 골드문트. 너는 할 수 없을 거야. 많은 것을 배울 수 있는 인간도 있지만 너는 그렇게 할 수 없어. 너는 절대 학자는 못 될걸. 또 무엇 때문에 그런 걸 배워야 한다는 거지? 너는 그럴 필요도 없는데 말이야. 너는 다른

재능을 가지고 있어. 너는 나보다 더 뛰어난 재능을 가졌고 나보다 더 풍부한 동시에 나보다 약해. 너는 나보다 아름답고 어려운 길을 가게 될 거야. 너는 나를 이해하려고 하지 않았지. 가끔은 망아지처럼 발길질을 해댔어. 너를 달래는 것이 늘 쉽지는 않았지. 나는 가끔 너에게 고통을 줬어. 나는 또 너를 잠에서 깨워야 했어. 네 기억에서 어머니를 끄집어낸 것도 처음엔 네게 상처를 줬지, 아주 큰 상처를. 너는 수도원 뜰에서 시체처럼 쓰러진 채 발견됐어. 그렇게 되어야 했어. 아니, 내 머리를 쓰다듬지 마. 아니, 그만 둬! 싫다고!"

"그럼, 나는 배울 게 없다는 말입니까? 늘 어리석고, 어린아이인 채로 남아 있어야 하는 겁니까?"

"너에게 가르쳐 줄 다른 사람이 나타나겠지. 나한테서 배울 수 있는 것은 이제 이걸로 끝이야, 아이야."

골드문트는 소리쳤다. "아니에요. 이렇게 끝내려고 우리가 친구가 된 것은 아니라고요! 이렇게 짧은 길을 지난 다음, 목표에 이르고는 간단하게 끝나 버리는 것이 도대체 어떤 종류의 우정입니까? 당신은 벌써 나한테 싫증이 난 겁니까? 당신은 내가 싫어졌단 말입니까?"

나르치스는 눈길을 바닥에 떨어뜨린 채 맹렬한 걸음걸이로 서성거렸다. 그러다가 드디어 친구 앞에 걸음을 멈추었다. 나르치스는 부드럽게 말했다. "이 정도로 그쳐 줘. 내가 너한테 싫증이 난 것이 아니라는 건 네가 잘 알고 있지 않나."

이상하다는 듯이 나르치스는 친구의 얼굴을 빤히 바라보다가는 다시 서성거렸다. 또 걸음을 멈추고 서서는 핼쑥하고 긴장한 얼굴에 확고한 눈빛으로 골드문트를 응시했다. 그는 낮은 목소리로, 그러나 냉정하고 단호하게 말했다. "들어 봐, 골드문트! 우리의 우정은 유용한 것이었어. 목표가 있었고, 거기 다다랐단 말이야. 네가 눈을 떴기 때문이지. 나도 우정이 끝나지 않길 바라. 그것이 한 번 더, 그리고 자꾸자꾸 소생되고 새로운 목표로 이끌어 주길 바라. 그러나 지금은 목표가 없어. 너의 목표는 확실치가 않아. 나는 너를 거기에 인도할 수도 없거니와 따라갈 수도 없어. 네 어머니께 물어 봐! 어머니의 이미지에게 물어 봐! 어머니한테 귀를 기울여 봐! 하지만 내 목표는 확실해. 그것은 여기 수도원에 있고 매일 매시간 나를 요구하고 있단 말이야. 나는 너와 친구는 될 수 있지만 사랑에 빠질 수는 없어. 나는 수도사야. 맹세를 했거든. 나는 성직을 얻기 전에 교직에서 물러나 몇 주일 동안 칩거하면서 단식을 하고 예배를 드릴 거야. 그동안 세속적인 것에 관해서는 일체 말해선 안 돼, 너하고도 안 돼."

골드문트는 이해했다. 그는 슬픔에 잠겨 말했다. "내가 영원히 교단에 들어갔다면 나도 했을지 모르는 것을 당신은 하게 되는군요. 당신의 수련이 끝나고 단식도 기도도 철야도 완전히 끝맺는다면, 당신은 무엇을 목표로 할 겁니까?"

"너도 알고 있을 텐데?" 나르치스가 말했다.

"아, 그렇군요. 당신은 2, 3년 안에 교무주임, 아니 꼭 교장이 될 테지요. 교수법을 개선하고 도서실을 넓히겠지요. 아마 책도 쓰겠지요. 아니라고요? 그래요, 그렇다고 합시다. 그러나 목표는 어디에 있을까요?"

나르치스는 엷게 미소지었다. "목표? 나는 교장으로 죽을지도 모르고 수도원장 또는 주교로서 죽을지도 모르지. 그것은 아무래도 마찬가지야. 내 목표는 이래. 내가 제일 잘 봉사할 수 있는 곳에, 나의 재능과 자질이 최상의 지반과 최대의 활동 분야를 발견할 수 있는 곳에 늘 나 자신을 갖다 놓는 것이야. 그 밖에 다른 목표는 없어."

골드문트가 말했다. "수도사들에게 다른 목표는 없습니까?"

"그래, 목표는 그걸로 충분해. 수도사한테는 헤브라이어를 배우는 것, 아리스토텔레스를 주석하는 것, 또는 수도원의 성당을 꾸미는 것, 혹은 들어앉아서 명상을 하거나 그 밖에도 여러 가지 일을 하는 것이 생활의 목표일 수 있는 것이지. 내게 있어서는 그것이 목표가 아니야. 나는 수도원의 재산을 늘리려거나 교단이나 교회를 개혁하려거나 하지는 않아. 나에게 가능한 범위 안에서 내가 이해하려는 대로 정신에 봉사하려는 것뿐이고, 그 밖에는 아무것도 바라지 않는단다. 그것은 목표가 아닐까?"

골드문트는 오랫동안 대답을 생각했다.

"당신이 옳아요. 당신이 목표를 향해 가는 데 내가 너무 방해가 됐나요?"

"방해를 했다니? 아, 골드문트, 너만큼 내 길을 재촉해 준 사람은 없었단다. 너는 나한테 여러 어려운 고비를 맛보게 해주었지만, 나는 어려운 고비를 싫어하는 사람이 아니야. 나는 어려운 고비를 겪으면서 배웠고 때로는 그걸 정복했어."

골드문트는 상대의 말을 가로채 반농담조로 말했다. "당신은 아주 훌륭하게 곤란을 극복했습니다. 그렇지만 나를 돕고 이끌며 해방시켜 주고 또한 나의 정신을 건강하게 해줬다면, 그것으로 당신은 정말 정신에 봉사했다는 말입니까? 그것으로 아마 당신은 열의가 있고 선한 마음을 가진 한 사람의 수도사를 수도원에서 빼앗고 정신에 대해서는 한 사람의 적을, 당신이 좋다고 생각하는 것과는 정반대의 것을 행하고, 믿으며, 노력하는 적을 하나 양성한 셈이 될 겁니다!"

아주 심각하게 나르치스는 말했다. "왜 안 되니? 친구야, 너는 여전히 나를 제대로 이해하지 못하고 있어! 나는 장차 수도사가 될 너를 망쳤을지 모르지만, 그 대신 비범한 운명에의 길을 네 마음속에 터놓았다. 이를테면 내일 네가 우리의 아름다운 수도원을 송두리째 태워 없애 버린다 하더라도, 혹은 미치광이 같은 무슨 사교를 세상에 퍼뜨린다 하더라도 내가 너를 도와서 그 길을 향하게 한 것을 한순간도 후회하지는 않을 거야."

그는 다정스레 친구의 어깨에 두 손을 얹었다.

"이봐, 골드문트. 이것도 나의 목표야. 말하자면 내가 교사거나 원장이거나 고해신부거나 다른 무엇이거나간에, 강하고 가치가 있는 특별한 인간을 만나서 그 사람의 이해력을 터줄 수도 없고 촉진시켜 줄 수도 없는 그런 상태에 빠지기는 싫어. 네게 이런 말을 해둘게. 너와 내가 무엇이 되든, 우리가 이렇게 되든 저렇게 되든, 네가 나를 진지하게 부르고 필요하다고 생각하는 순간에 나는 결코 너를 모르는 척하지 않겠어, 절대로."

그것은 작별 인사같이 들렸다. 사실 그것은 이별의 전주곡이었다. 골드문트는 친구 앞에 서서 친구를, 그 확고한 얼굴을, 목표로 향한 눈을 보면서 두 사람은 이미 형제도 친구도 또는 그 비슷한 것도 아니요, 두 사람의 길은 벌써 갈라져 버렸다는 것을 확실히 느꼈다. 여기에 있는 사람, 그의 앞에 서 있는 이 사람은 몽상가도 아니고 운명의 무엇을 기다리고 있는 사람도 아니었다. 그는 수도사였고, 맹세도 끝내 버린 사람, 굳은 질서와 의무에 얽매인 사람, 교단과 교회와 정신의 봉사자요, 병사였다. 이와 반대로 자기 자신은 여기에 예속된 일원이 아니라는 것이 오늘 확실해졌다. 그에게는 고향도 없었고, 미지의 세계가 그를 기다리고 있었다. 지난날 그의 어머니도 마찬가지

신세였다. 어머니는 가정을, 남편과 아들을, 공동생활과 질서를, 의무와 명예를 버리고 정처없는 세계로 뛰쳐나가 아마 오래전에 그 속에 빠져들어가고 말았으리라. 어머니도 그와 마찬가지로 목표를 가지지 않았다. 목표를 가진다는 것은 다른 사람한테 주어진 일이고 그에게 주어진 것은 아니었다. 아, 나르치스는 이 모든 것을 벌써 아득한 옛날부터 얼마나 잘 통찰하고 있었던가! 그가 말하는 소리는 얼마나 정당했던가!

이런 일이 있고 난 며칠 뒤 나르치스는 사라져 버렸다. 갑자기 보이지 않게 되었다. 다른 선생이 대신 수업에 들어왔다. 도서실에 있는 그의 책상은 빈 채였다. 그는 아직 있기는 했다. 그가 완전히 보이지 않는 것은 아니었다. 회랑을 지나가는 그의 모습을 가끔 볼 수 있었다. 교회 한편 돌바닥 위에 무릎을 꿇고 앉아 중얼거리고 있는 소리를 들을 때도 있었다. 그가 중대한 수련을 시작했다는 것을, 단식을 하고 밤중에 세 번 예배를 드리기 위해 일어난다는 것을 모두 알고 있었다. 그는 다른 세계로 옮겨가고 있었다. 이따금 그를 볼 수 있었지만 그에게 가까이 갈 수도, 무엇을 같이할 수도, 말을 걸 수도 없었다. 나르치스가 다시 나타나 책상과 식당에 있는 의자를 차지하고 다시 이야기하게 되리라는 것을, 그러나 지나간 것은 두 번 다시는 돌아오지 않거니와 또 나르치스도 이제는 그의 것이 되지 않으리라는 것을 골드문트는 알고 있었다. 그런 것을 생각해 보니 수도원이나 수도사의 신분, 문법이나 논리학, 연구나 정신 등이 그에게 중요하고 또한 좋게 여겨졌던 것은 오직 나르치스 덕분이었음이 확실해졌다. 나르치스는 그가 다다르고자 했던 본보기였으며 이상이었다. 물론 원장도 있었다. 그는 원장을 존경하고 사랑하며 고귀한 모범으로서도 보고 있었다. 그러나 다른 사람들, 교사와 학생, 침실과 식당과 학교, 수업과 예배, 수도원 전부가 나르치스가 없고서는 그에게 아무런 의미가 없었다. 내가 더 이상 여기 있어서 무엇을 한다는 거야? 어디 처마 끝이나 나무 밑에 걸음을 멈추어서 비를 피해 가야 할 길도 모르는 나그네처럼, 그는 수도원 처마 끝에 서 있는 것이었다. 다만 기다리기 위해, 다만 손님으로서, 다만 타향의 낯섦이 불안하기 때문에. 이때의 골드문트 생활은 이별을 앞두고 망설이는 나날에 지나지 않았다. 그에게 있어서 친숙하거나 의미 깊었던 곳은 어디든지 찾아다녔다. 그리고 그가 작별을 말했을 때 헤어지는 것을 섭섭하게 생각하는 사람들이 적은 것을 알고 그는 충격을 받았다. 나르치스와 다니엘 노원장과 선량하고 다정스런 안젤름 신부와, 또 친절한 문지기와 쾌활한 이웃 제분업자도 있었다. 그러나 이런 사람들도 벌써 그림자처럼 되어 버리고 있었다. 그들보다도 교회에 있는 커다란 돌로 만든 성모 마리아나 현관문의 사도들과 헤어지는 일이 훨씬 괴로웠으리라. 오랫동안 그는 걸음을 멈추고 그들 앞에 서 있었다. 합창대석 의자의 아름다운 조각품 앞에서, 회랑의 샘물 앞에서, 세 개의 동물 머리를 가진 기둥 앞에서 걸음을 멈추었다. 안마당 보리수에, 밤나무에 기대어 섰다. 그 모든 것이 그에게 있어서는 어느 때든 한 번은 추억으로, 그의 가슴속에 조그만 그림책이 되리라. 아직까지 그 한복판에 존재하는 현재 속에서 벌써 그것이 그에게서 떨어져 나가기 시작하여 현실성을 잃고 도깨비처럼 과거의 것으로 변하고 말았다. 그를 가까이 두기를 좋아하는 안젤름 신부와 그는 약초를 캐러 나갔다. 수도원의 물방앗간에서 하인들을 쳐다볼 때도 있었고, 가끔 포도주나 생선구이를 대접받기도 했다. 하지만 모든 일이 벌써 추억처럼 서먹서먹하고 어슴푸레해져 갔다. 저쪽에서는 황혼의 성당과 참회실 안을 친구인 나르치스가 걸으며 살고 있었으나, 그에게 있어서는 그림자가 되어 있었다. 수도원에서는 지금 현실이 빠져나가 버리고 가을과 순간만이 나타난 것처럼 보였다.

현실에 생생하게 존재하고 있는 것은 그의 내부에 있는 생명, 심장의 불안스런 고동, 그리움의 아픈 가시, 그의 꿈의 기쁨과 불안뿐이었다. 그는 그들의 것이 되어 그들에게 몸을 맡겼다. 책을 읽거나 공부를 하는 도중에 학생들 가운데서 그는 자신 속에 가라앉아 온갖 것을 잊고, 그를 싣고 가버리는 그 안의 흐름이나 소리에만 몸을 맡길 수 있었다. 아직도 어두운 선율에, 출렁출렁한 깊은 샘물에, 동화 같은 체험에 충만한 알록달록한 심연에 빠져들어갈 수가 있었다. 이 소리는 모두 다 어머니의 목소리같이 울리고, 그 수를 헤아릴 수 없는 눈은 모두 어머니의 눈이었다.

6

어느 날, 안젤름 신부는 골드문트를 그의 약제실로 불렀다. 뭐라 말할 수 없이 좋은 향기가 풍기는 아담한 약제실이었다. 골드문트는 이 방 구석구석까지 다 알고 있었다. 신부는 그에게 책상 사이에 깨끗이 보존되어 있는 바싹 마른 식물을 보이며, 이 식물을 아는가, 들판에 피어 있을 때는 어떤 모양으로 보이는가 정확하게 설명할 수 있느냐고 물었다. "네, 할 수 있습니다." 골드문트는 대답했다. 식물의 이름은 고추나물이었다. 그는 그 나물의 특징을 하나도 빠짐없이 자세하게 설명했다. 늙은 신부는 만족해하며 오후에 그 식물을 한 다발 잔뜩 모으도록 그에게 부탁하고 그것이 많이 자라는 곳을 가르쳐 주었다.

"그 대신 오후 수업은 쉬게 해주마. 거절하지는 않겠지. 별달리 손해를 보는 것도 아니니까 말이야. 얼빠진 문법뿐만 아니라, 자연의 지식도 학문이란 말이야."

골드문트는 학교에 앉아 있는 대신에 두세 시간 꽃을 모은다는 매우 고마운 명령에 감사드렸다. 그 기쁨을 만끽하기 위해 그는 마구간지기 수도사에게 그의 말 블레스를 빌려 달라고 했다. 식사를 끝내자 골드문트는 그를 매우 반겨 주는 말을 마구간에서 끌어내 올라타고 아주 흐뭇한 기분으로 따스한 햇볕 속으로 달려 나갔다. 한 시간쯤을, 또는 더 오랜 시간을 할 일 없이 타고 다니며 대기와 들판의 향기를, 그리고 무엇보다도 승마 그 자체를 즐겼다. 그런 다음 부탁받은 것이 생각나서 신부가 그에게 일러준 장소를 찾았다. 거기서 말을 그늘이 많이 진 단풍나무 밑에 매어 두고, 말과 장난을 하다가 말에게 빵을 먹이고 나서 식물 채집을 하기 시작했다. 몇 뙈기의 밭두렁에 일손이 가지 않은 탓인지 갖가지 잡초들이 무성하게 자라 있었다. 시들어 가는 살갈퀴와 하늘빛 치커리, 색이 바랜 마디풀 사이에 불그스름하게 익은 꼬투리를 풍성히 매단 채 꽃잎이 거의 다 떨어져 버린 작고 쭈글쭈글한 양귀비가 서 있었다. 두 밭 사이에 차곡차곡 쌓인 경계석에는 도마뱀이 살고 있었다. 거기에는 벌써 노란 꽃이 피어 있는 한 무더기의 고추나물이 보였다. 골드문트는 그것을 뽑기 시작해서 한 아름 잔뜩 모은 다음 돌 위에 앉아 쉬었다. 더웠다. 먼 숲 기슭의 어둡게 그늘진 곳을 건너다보고는 가 보고 싶은 충동이 들었으나, 고추나물이나 말에서 멀리 떨어지기가 싫었다. 여기서라면 말도 잘 볼 수 있었다. 뜨듯해진 작은 돌 위에 앉은 채, 숨을 들이켜며 달아난 도마뱀이 또 나오지 않나 하고 가만히 살피고 있었다. 또 고추나물의 냄새를 맡으며, 그 조그만 잎사귀들을 햇빛에 갖다대고 바늘구멍처럼 송송 뚫린 조그만 점을 한번 보려고 했다.

그는 이상하다고 생각했다. 헤아릴 수 없는 조그만 잎사귀 하나하나에 눈 곱만한 별 하늘이 자수처럼 곱게 수놓아져 있었다. 모든 것이 이상하고 기이했다. 도마뱀, 풀, 돌, 온갖 것이. 그를 좋아하는 안젤름 신부는 이제 몸소 고추나물을 따러 나올 수 없었다. 다리가 아파서 옴짝달싹할 수 없는 날이 많았다. 그의 의술로도 그것을 고칠 수가 없었다. 아마 머잖아 죽게 되겠지. 약제실의 약초는 계속 냄새를 풍기겠지만 노신부는 이제 거기에 있지 않게 되리라. 어쩌면 오래 생명을 지켜 나갈지도 모른다. 아마 10년이나 20년쯤. 그리고 여전히 똑같은 가느다란 백발을 한 채 두 눈가에 똑같은 익살맞은 주름을 짓고 있겠지. 그러나 그 자신은, 20년이 지나면 골드문트 자신은 어떻게 될까?

아, 아무것도 이해할 수 없었으며 정말 슬펐다. 사람은 아무것도 모른다. 사람은 생활하고, 지상을 뛰어다니거나 숲속으로 말을 타고 달리기도 한다. 여러 가지를 재촉하듯이, 약속하듯이, 그리움을 불러일으키듯이 사람을 쳐다본다. 초저녁 별이라든가, 파란 물복숭아라든가, 파란 갈대가 자란 호수라든가, 인간이나 황소의 눈이라든가, 하는 그런 것을. 이때까지 한 번도 보지 못했으나 아득한 먼 옛날부터 그리워하고 있었던 것이 대뜸 나타날 것임에 틀림없으리라는 듯이, 모든 것에서 너울이 떨어질 것임에 틀림없으리라는 듯이 생각될 때가 많았다. 그러나 그것뿐, 아무 일도 일어나지 않았다. 수수께끼는 풀리지 않고 숨은 마력은 없어지지 않았다. 마지막에는 모두 나이가 들어 안젤름 신부처럼 교활하거나 다니엘 원장처럼 현명한 얼굴이 되지만, 아마 여전히 아무것도 모르고 기다리며 자꾸 귀를 기울일 터였다.

그는 속이 텅 빈 달팽이 껍데기를 주워들었다. 그 껍데기에는 돌이 끼어 희미한 소리가 났으며, 햇볕을 받아 속까지 따뜻해져 있었다. 껍데기의 굴곡, 잔금이 새겨진 나선형, 변덕맞게 줄어드는 조그만 왕관, 진주처럼 반짝반짝 비치는 텅 빈 구멍 등의 관찰에 그는 마음을 빼앗겼다. 그는 손가락으로 더듬대서 형태를 느껴 보려고 눈을 감았다. 그것은 오랜 습관이기도 하고 장난이기도 했다. 힘을 뺀 손가락 사이에서 달팽이를 돌리면서 누르지 않고 굴려가며 어루만지듯 형태를 더듬으며, 그 형태의 기묘함과 물질의 매력에 행복을 느꼈다. 이것이야말로 학교나 학식의 단점의 하나라고 그는 꿈꾸듯 생각했다. 말하자면 모든 것이 편평하고 두 개의 차원밖에는 갖지 않는 것처럼 보이거나 표현하거나 하는 것만이 정신적인 경향의 하나인 듯싶었다. 어쨌든 그것으로 지성적 존재 전체의 결함과 무가치가 뚜렷이 드러난 것 같았다. 그러나 그는 그 생각을 확실히 파악할 수는 없었다. 달팽이는 그의 손가락 사이에서 미끄러져 떨어졌다. 그는 피로와 나른함을 느꼈다. 조금씩 시들면서 진한 향내를 풍기기 시작한 약초 위에 고개를 숙이고, 그는 햇빛 속에서 잠이 들었다. 그의 신발 위를 도마뱀이 기어가고, 무릎 위에서는 약초가 시들며, 단풍나무 밑에서 기다리고 있는 말은 초조해하고 있었다.

누군가가 저 멀리 숲에서 걸어왔다. 색이 바랜 파란 치마를 입은 젊은 여인으로 까만 머리에 빨간 수건을 쓰고 있었다. 여름 햇볕에 그을린 갈색 얼굴이었다. 여인은 손에 보퉁이를 들고 빨갛게 타는 듯한 조그만 카네이션을 입에 문 채 다가왔다. 그녀는 앉아 있는 사람을 보고는 얼마간 멀찍이서 호기심과 의심을 가지고 관찰했다. 그러다가 잠이 든 것을 알자 햇볕에 탄 맨발로 조심스레 가까이 가서 골드문트 바로 앞에 걸음을 멈추고 그를 바라보았다. 여인의 의심은 사라졌다. 자고 있는 예쁜 청년은 위험해 보이지 않았으며 여인의 마음에 썩 들었다. 그가 어떻게 해서 이런 경작되지 않은 곳에 찾아왔을까? 그가 꺾은 꽃이 반쯤 시든 것을 보자 여인은 생긋 웃었다.

골드문트는 꿈의 숲 속에서 제정신으로 돌아와 눈을 떴다. 그의 고개는 부드럽게 모로 젖혀져 있었다. 그는 여인의 무릎을 베고 누워 있었던 것이다. 잠이 덜 깨어 어리둥절해하는 낯선 눈을, 갈색 눈이 바로 가까이에서 따스하게 들여다보고 있었다. 골드문트는 두려움을 느끼지는 않았다. 따뜻한 갈색 별이 빛나는 곳에 위험은 없었다. 그 여인은 놀라는 그의 눈길과 마주치자 생긋이 웃었다. 매우 정다운 미소였다. 그도 차차 입가에 미소를 띠어 가기 시작했다. 생긋 웃는 그의 입술 위에 그 여인의 입술이 내려왔다. 둘은 조심스럽게 키스를 하며 서로 인사를 나누었다. 골드문트는 문득 마을에서의 그날 저녁과 머리를 땋은 조그만 처녀를 떠올렸다. 그러나 키스는 아직 끝나지 않았다. 여인의 입술은 그의 입술을 떠나지 않고 자꾸 희롱을 이어가며 장난치고 유혹하더니, 나중에는 탐욕스럽고 폭력적일 정도로 마구 덤벼들어 그의 피를 불태우고 그의 혈관 속에 고동을 울리게 했다. 기나긴 무언의 희롱 속에서 갈색 여인은 소년에게 천천히 가르치듯 몸을 맡기고, 그가 찾아내고 발견하는 대로 맡겨 버리고, 그를 불타오르게 하는가 하면 정열의 불을 식혀 주기도 했다. 사랑의 매혹적이며 짧은 환희는 그의 위에 뭉게뭉게 피어 올라 황금빛으로 붉게 탔다간 기울어지며 꺼져 버렸다. 그는 두 눈을 감고, 얼굴을 여인의 가슴 위에 얹고 누워 있었다. 말은 한 마디도 할 수 없었다. 여인은 몸을 움직이지 않고 그의 머리칼을 살짝 어루만지며, 그가 천천히 제정신으로 돌아오기를 기다렸다. 얼마 뒤 그는 두 눈을 떴다.

"당신 말이야!" 그는 말했다. "당신! 누구지?"

"나, 리제야." 그녀가 대답했다.

"리제." 그는 그 이름을 음미하면서 그대로 따라 불렀다. "리제, 당신 귀여워."

여인은 입술을 그의 귀에 갖다대고 소곤거렸다. "말해 봐. 당신, 처음이었어? 아무도 사랑한 사람이 없었어?"

그는 고개를 설레설레 저었다. 그러다가는 얼른 일어나서 주위를 둘러본 뒤 들판을 바라보고 하늘을 쳐다보았다.

그는 소리쳤다. "아! 벌써 해가 졌구나. 가야겠다."

"어딜?"

"수도원으로, 안젤름 신부한테로."

"마리아브론? 당신 그곳에 살아? 나와 함께 더 있고 싶지 않아?"

"있고 싶어."

"그럼 가지 마!"

"아니, 그건 안 돼. 약초를 더 많이 모아야 해."

"수도원에 살아?"

"응, 난 학생이야. 하지만 나는 거기 있을 수 없어. 내가 당신한테 가도 좋아, 리제? 당신은 어디 살아? 집이 어디야?"

"나는 아무 데도 살고 있지 않아. 당신 이름도 가르쳐 줄래? 그래, 골드문트라고? 한 번 더 키스해 줘, 예쁜 골드문트. 그러면 가도 좋아."

"아무 데도 살고 있지 않다고? 그럼 어디서 자니?"

"당신만 좋다면, 당신하고 같이 숲 속이나 마른풀 위에서 자지. 오늘 저녁에 올 테야?"

"응, 그래. 어디, 어디서 만나니?"

"조그만 부엉이처럼 소리 낼 수 있니?"

"한 번도 해본 일 없는걸."

"한 번 해봐."

그는 해보았다. 그녀는 킬킬대며 흐뭇해했다.

"그럼, 오늘 저녁 수도원에서 나와서 조그만 부엉이처럼 소리 내. 난 가까운 데 있을게. 내가 마음에 들어? 골드문트, 사랑스러운 사람."

"응, 당신이 정말 마음에 들어, 리제, 꼭 나올게. 안녕, 난 가야 돼."

재촉해서 말을 달려 골드문트는 해질 무렵에 수도원으로 돌아왔다. 안젤름 신부가 매우 분주해 보인 것은 고마운 일이었다. 수도사 가운데 한 사람이 맨발로 개울을 거닐다가 발에 파편이 박힌 것이었다.

이제 나르치스를 찾아내는 일이 중요했다. 식당에서 시중을 드는 한 수도자한테 물어보았다. 아니, 나르치스는 저녁 먹으러 오지 않는다, 단식하는 날이고 밤에는 예배를 보기 때문에 지금쯤은 잠자고 있을 거라는 이야기였다. 골드문트는 달려갔다. 기나긴 수양의 기간 동안, 나르치스의 침실은 수도원 안쪽 고해실의 하나였다. 주저하지도 않고 달려갔다. 문에 귀를 갖다대고 아무 소리도 들을 수 없자 가만가만 들어갔다. 이런 방문이 엄격히 금지되어 있다고 해도 지금 달라지는 것은 없었다.

좁다란 나무 침대에 나르치스는 누워 있었다. 어둠 속에서 창백하고 수척한 얼굴에 두 손을 가슴 위에 포갠 채 가만히 드러누워 있는 품이 마치 송장 같았다. 눈은 뜨고 있었지만 잠들어 있지는 않았다. 그는 말없이 골드문트를 쳐다보았다. 비난도 하지 않거니와 꼼짝도 하지 않고 분명히 다른 시간과 세계에 들어가 있는 것처럼, 친구를 알아보고 그의 말을 이해하는 데 애를 먹고 있었다.

"나르치스! 용서해 줘요. 당신을 방해한 것을 용서해 줘요. 분별 없이 부탁드리는 것은 아닙니다. 당신이 나와 이야기를 해서는 안 된다는 것을 알고 있습니다. 그러나 내 이야기를 들어 줘요. 제발 소원입니다."

나르치스가 반응을 보였다. 잠시 동안 그의 눈이 세차게 깜박이고, 마치 잠에서 깨어나듯 몸부림을 쳤다.

"꼭 필요해?" 그는 힘없는 목소리로 물었다.

"네, 꼭 필요합니다. 당신에게 작별을 고하러 왔습니다."

"그럼, 필요하군. 네가 온 것을 헛되이 할 수는 없겠지. 이리 와서 내 옆에 앉아. 첫 번째 철야기도 전에 15분쯤 시간이 있어."

그는 수척한 몸을 일으키고 아무것도 깔지 않은 나무 침대 위에 앉았다. 골드문트도 그 옆에 나란히 앉았다.

"제발 용서해 줘요!" 골드문트는 죄진 것처럼 말했다. 골방, 아무것도 깔지 않은 나무 침대, 수면 부족으로 핼쑥한 나르치스의 얼굴, 반쯤 멍한 눈초리 등, 모든 것이 그가 얼마나 방해하고 있는가를 똑똑히 보여 주고 있었다.

"아무것도 용서할 것은 없어. 날 걱정할 필요 없어. 나는 괜찮으니까. 너는 방금 작별을 고하러 왔다고 했지? 그럼, 여기를 떠나는 거냐?"

"오늘 당장 갑니다. 아, 어떻게 말해야 될지 모르겠어요. 갑자기 모든 것이 결정나고 말았습니다."

"네 아버지가 왔어? 아니면 아버지한테서 전갈이라도 왔니?"

"아녜요. 아무것도 아녜요. 삶 그 자체가 내게 왔습니다. 나는 아버지와 상관없이, 허락도 없이 떠나요. 나는 당신을 수치스럽게 할 거예요. 달아날 거예요."

나르치스는 그의 기다랗고 하얀 손가락을 내려다보았다. 넓은 수도복 소맷자락에서 손가락이 가느다랗게 유령처럼 삐져나와 있었다. "시간이 조금밖에 없어. 중요한 것만 말해 줘. 알기 쉽고 간단하게. 아니면 네 신상에 일어난 일을 내가 말해 볼까?" 이렇게 말했을 때 그의 준엄하고 지친 얼굴에서는 미소를 느낄 수 없었으나, 그 목소리 가운데서는 느낄 수 있었다.

"말해 주세요." 골드문트는 간청했다.

"너는 사랑에 빠졌구나. 여자를 알았어."

"어떻게 당신은 언제나 이런 것들을 알죠?"

"네가 그걸 내게 쉽게 풀어 주고 있지. 너의 모습은, 친구여, 사랑이라고 불리는 도취 상태의 특징을 모두 보이고 있는걸. 자, 말해 보렴."

골드문트는 망설이면서 친구의 어깨 위에 손을 얹었다.

"당신이 말한 대로입니다. 하지만 이번에는 제대로 맞히지 못했어요. 나르치스, 맞지 않습니다. 전혀 달라요. 나는 들판에 나가서 따스한 햇볕 아래 잠이 들었습니다. 눈을 떠보니 내 머리는 아름다운 어느 여인의 무릎 위에 눕혀져 있었죠. 나는 곧장 내 어머니가 이제야 나를 데리러 왔나 보다고 생각했습니다. 그러나 그 여인은 갈색 눈과 까만 머리칼을 가지고 있었어요.

어머니는 나와 마찬가지로 금발이었기 때문에 전혀 달랐죠. 그러나 아무튼 어머니였습니다. 어머니의 부름이었고, 어머니의 심부름꾼이었습니다. 내 마음의 꿈속에서 찾아온 것처럼 갑자기, 낯선 아름다운 한 여인이 찾아와서 내 머리를 그의 무릎 위에 얹고 나를 향해 꽃처럼 생긋 웃으며 나를 기분 좋게 해주었어요. 맨 처음 키스를 할 때, 나는 예민한 면에 상처를 입고 내 안에서 뭔가가 녹아내리는 것을 느꼈습니다. 이때까지 내가 느낀 바 있는 모든 그리움, 모든 꿈, 달콤한 모든 불안, 내 마음속에 잠자고 있던 모든 비밀, 그 모든 것이 눈뜨고 모든 것이 변하고 모든 것이 마법에 걸려 모든 것이 의미를 얻었습니다. 그 여인은 나에게 여자의 본질과 그녀가 갖고 있는 어떤 비밀을 가르쳐 주었어요. 그 여인은 겨우 30분 동안 몇 년만큼이나 나를 성숙하게 했습니다. 이제 나는 많은 사실을 알았어요. 이제 이 수도원에 단 하루도 머물러 있을 수 없다는 것을 아주 갑자기 깨달았습니다. 밤이 되면 곧 떠날 거예요."

나르치스는 귀를 기울이며 끄덕였다.

"갑자기 일어난 거였군. 그러나 거의 내가 예상하고 있었던 일이야. 나는 가끔씩 너를 생각할 거야. 너는 내가 옆에 있어 주었으면 할 테고. 친구여, 내가 너를 위해 할 수 있을 만한 일이 있니?"

"할 수 있다면 원장님께 말씀을 드려서, 그가 나를 부적격자로 완전히 선고하지 않게 해줘요. 이 수도원에서 내게 무관심하지 않았던 사람은 그분과 당신뿐입니다."

"알았다. 다른 소원은?"

"네, 하나 있습니다. 나중에 내가 생각나거든 나를 위해 기도라도 한번 드려 줘요! 그리고…… 고마워요."

"뭐가 골드문트?"

"당신의 우정에 대해서, 당신의 인내에 대해서, 모든 것에 대해서. 또한 지금 어려운 상황에서도 내 이야기를 들어 준 것에 대해서도. 그리고 나를 붙잡아 두려고 하지 않는 데 대해서도."

"어째서 내가 너를 붙잡아 두길 원한다고 생각하지? 내가 어떻게 생각하고 있는지는 너도 알 거야. 그러나 어디로 가지, 골드문트? 목적지가 있니? 그 여인한테 가?"

"네, 그 여인과 같이 가겠습니다. 목적지는 없어요. 그 여인은 이방인, 유랑자입니다. 아마도 집시인 것 같아요."

"그렇구나. 하지만 골드문트, 그 여인과 가는 길이 극히 짧으리라는 건 알고 있지? 그 여인을 너무 의지해서는 안 되리라고 생각해. 어쩌면 일행이나, 그렇지 않으면 남편이 있을지도 몰라. 거기 가면 너를 어떻게 맞아 줄지 누가 알겠니?"

골드문트는 친구에게로 몸을 숙였다. 그는 말했다.

"알고 있습니다. 이때까지 거기에 대해선 생각지 않았지만, 나한테는 목적지가 없다고 당신에게 말했죠. 그 여인이 나에게 아무리 잘해 준다 하더라도 내 목표는 아닙니다. 그 여인한테 가기는 하지만 그 여자 때문에 가는 것은 아니에요. 갈 수밖에 없기 때문에, 무언가가 나를 부르기 때문에 갑니다."

그는 입을 다물고 한숨을 쉬었다. 둘은 어깨와 어깨를 나란히 기대앉았다. 슬픔에 잠겨, 그러나 변함없는 우정을 가졌다는 느낌에 행복한 마음으로 앉아 있었다. 잠시 뒤 골드문트는 이야기를 이어 나갔다. "내가 완전히 장님이고 아무것도 눈치채지 못한다고는 생각지 말아 줘요. 그렇지는 않거든요. 그렇게 해야만 한다는 것을 느끼기 때문에, 오늘 실로 놀라운 일을 겪었기 때문에 기꺼이 가는 겁니다. 그러나 내가 기쁨과 즐거움밖에 없는 곳으로 간다고 생각지는 않습니다. 이 길은 어려우리라고 생각해요. 그렇지만 아름다우리라고도 기대하고 있죠. 어느 여인의 것이 되고 당신 자신을 준다는 것은 대단히 아름다운 겁니다! 내 이야기가 어리석게 들리더라도 나를 비웃지는 말아요. 하지만 어느 여인을 사랑하며 그 여인에게 몸을 맡기고 완전히 빠져드는 동시에 그 여인에게 빠져들어 있음을 느낀다는 것은, 당신이 조금 농담을 해서 '사랑에 빠져 있다'고 말하는 것과 같지 않습니다. 그것은 내게 있어서는 인생에의 길, 인생 의미에의 길입니다. 아, 나르치스, 나는 당신한테서 떠나야만 해요! 나는 당신을 사랑합니다. 나르치스, 당신이 오늘 나를 위해 잠잘 기회를 희생해 준 것에 감사해요. 당신을 떠나는 것은 가슴 아픈 일입니다. 당신은 나를 잊어버리겠지요?"

"서로의 마음을 괴롭히지 말자! 나는 절대 너를 잊지 않아. 너는 돌아올 거야. 그렇게 해줘. 기다리고 있을 테니. 형편이 안 좋을 때는 내게 오든가,

나를 부르든가 해. 잘 가, 골드문트. 하느님이 너와 함께 하시옵기를!"

그는 일어섰다. 골드문트는 친구를 안았다. 그는 친구가 애무하는 것을 싫어한다는 걸 알고 있었으므로 키스하지 않고 다만 두 손을 어루만지기만 했다.

밤이 되었다. 나르치스는 골방을 나서서 문을 닫고 성당 쪽으로 건너갔다. 신발이 포장된 돌 위에 덜그럭거리며 소리를 냈다. 골드문트는 애정을 담뿍 실은 눈초리로 수척한 친구의 뒷모습을 좇았다. 친구의 모습은 드디어 회랑의 저 끝머리에서 그림자같이 사라져 성당 현관의 어둠 속으로 삼켜지고 말았다. 수양과 의무와 덕에 흡수되고 재촉받아서. 아, 이 모든 것은 얼마나 이상하고 끝없이 기묘하며, 혼란스러운가! 친구가 명상에 잠기고 단식과 밤샘에 초췌해지고, 청춘과 정신과 감각을 희생의 제물로서 십자가에 매달아 괴로워하는 바로 그 순간에 꽃피는 사랑에 취해 용솟음쳐 흐르는 가슴을 안고 찾아오다니. 그의 친구가 가장 엄격한 순종에 따라 오직 복종하며 섬기겠노라고 서약하고 오로지 말씀의 봉사자가 되어 있는 바로 그 순간에! 이것은 또 얼마나 기묘하고 놀라운 일인가! 거기에 그는 바짝 여위어 죽은 듯 지친 채로 누워 있었다. 그의 창백한 얼굴과 앙상한 손은 시체 같았다. 그럼에도 그는 또렷한 의식과 호의적인 태도로 친구의 이야기를 들어 주었다. 여전히 여인의 향취를 풍기며 사랑에 취한 친구에게 귀를 기울여 주고, 참회 중간의 짧은 휴식시간을 희생해 주었다! 이토록 사심 없고 완전히 정신적인 사랑이 있다니, 기묘하고도 거룩한 아름다움이다. 오늘 햇볕이 내리쬐는 들판에서 도취되었던 무분별한 관능의 유희와는 얼마나 다른가! 그렇지만 둘 다 사랑이었다. 아, 나르치스는 다시 한 번 확실히, 그들 서로가 완전히 다르며 비슷하지도 않음을 마지막으로 일깨운 뒤 그에게서 떠나갔다.

지금 나르치스는 제단 앞에 피로한 무릎을 꿇고 앉아 기도와 명상으로 지새울 밤을 위해 몸가짐을 가지런히 하고 있을 것이다. 그에겐 두 시간 이상의 잠이 허락되지 않는 데 반해, 골드문트는 나무 아래 어딘가에서 리제를 찾아 달아나 그녀와 함께 다시 한 번 달콤하고 동물적인 유희를 즐기리라. 나르치스는 여기에 대해 주목할 만한 이야기를 해줄 수도 있었다. 그러나 그는 나르치스가 아니라 골드문트였다. 골드문트는 이 멋지고 놀랄 만한 수수께끼와 복잡함의 근원에 다가가 그것들에 대해 중요한 이야기를 할 필요가 없었다. 그에겐 자신에게 주어진 것을 사랑하는 일만이 전부였다. 그를 기다리고 있을 아름답고 따스한 젊은 여자만큼이나, 어두운 밤의 교회 안에서 기도하는 친구를 사랑하는 것이다.

그가 수도원 보리수나무 밑을 살금살금 도망쳐서 방앗간을 통해 밖으로 나왔을 때, 그의 가슴은 수많은 감정들이 뒤얽혀 무척이나 두근거렸다. 그는 '마을에 가기' 위해 콘라트와 함께 똑같은 샛길을 지나서 수도원을 빠져나온 그날 밤 생각이 퍼뜩 머리에 떠올라 웃음을 삼킬 수밖에 없었다. 그때는 얼마나 흥분하고 남몰래 두려워하며 금지된 조그만 소풍에 나선 것이었던가. 그러나 오늘 그는 영원히 나가 버리는 것이었다. 훨씬 더 엄격하게 금지되고, 훨씬 더 위험한 길을 가는 것이었다. 더욱이 조금의 두려움도 없이, 문지기도 원장도 선생도 생각하지 않았다.

지금은 개울에 널빤지가 놓여 있지 않았다. 다리가 없는 대로 건너가야 했다. 그는 옷을 벗어서 건너편 둑 쪽으로 던졌다. 그리고 발가벗은 채로 가슴까지 차올라 깊숙이 세차게 흘러가는 차가운 개울을 건넜다.

둑을 건너 옷을 입고 있으려니 생각은 다시 나르치스한테로 돌아갔다. 지금 그는 자신이 나르치스가 예견한 것을 그대로 따르고, 그를 인도한 곳을 향하여 걸어가고 있다는 것 말고는 다른 아무런 일도 이 시간에 하고 있지 않다는 사실을 아주 분명히 깨닫자 수치스런 감정이 들었다. 저 영리하고 약간은 비웃는 듯한 얼굴의 나르치스가 눈부실 만큼 똑똑히 그의 눈앞에 떠올랐다. 그가 하는 아주 어리석은 이야기를 들어 준 나르치스, 결정적인 순간 고통 가운데서 그의 눈을 뜨게 해준 나르치스, 그때 나르치스가 그에게 이야기해 준 두세 마디의 말이 지금도 똑똑히 들렸다. '너는 어머니의 품에서 잠들지만 나는 황야에서 눈을 뜨고 있다. 너는 소녀를 꿈꾸지만, 나는 소년을 꿈꾼다.'

잠시 동안 그의 가슴은 얼어붙을 듯이 죄어들었다. 그는 완전히 홀로 어둠 속에 서 있었다. 뒤에는 수도원이 있었다. 보기에는 수용시설에 지나지 않았으나 그래도 역시 그가 사랑하고 친숙하게 여기는 집이었다.

동시에 그는 또 다른 것을 느꼈다. 이제 나르치스는 우월한 안내자이자 선각자로서 그에게 주의를 줄 수 없었다. 오늘 그는 스스로 자신의 길을 찾아야만 하며, 나르치스가 이끌어 줄 수 없는 나라에 발을 들여놓았음을 느꼈다. 그는 이것을 깨닫게 된 것을 기뻐했다. 독립하지 않았던 시절을 되돌아본다는 것은 답답하기도 하고 부끄럽기도 했다. 이제 그는 알아차리게 되었다. 더 이상 그는 어린아이도 학생도 아니었다. 그것을 안다는 것은 참 좋은 일이었다. 그렇지만 이별을 고하기란 얼마나 어려운 일인가! 그가 건너편 성당에 무릎을 꿇고 있는 것을 알면서도 그에게 아무것도 줄 수 없고, 도울 수 없으며, 그한테는 아무것도 아닐 수 있다는 것, 그리고 이제부터 기나긴 세월을 아마 영원히 그와 헤어져서 살고, 그에 관한 소식은 하나도 듣지 못하며, 그의 목소리도 듣지 못하고, 그의 고귀한 눈도 볼 수 없다는 것은, 그 얼마나 괴로운 일인가!

그는 체념한 듯이 자갈밭 오솔길을 더듬어 나아갔다. 수도원 벽에서 백여 발짝쯤 걸어간 뒤 그는 멈추어 서서 깊은숨을 쉬고 있는 힘을 다해서 부엉이 우는 소리를 내었다. 똑같은 부엉이 울음소리가 저 멀리 하류 쪽에서 대답했다.

'동물처럼 서로를 부르기로 해요' 하던 말이 떠올랐다. 그리고 서로를 희롱하던 오후의 한때를 더듬어 보았다. 그는 리제와 함께 있으면서 애무가 끝날 때에야 겨우 말이, 하찮은 몇 마디 말이 오갔을 뿐이라는 사실이 그제야 생각났다. 반면에 나르치스와는 얼마나 기나긴 대화를 나누었던가! 그러나 지금은 이야기를 하는 게 아니라 부엉이의 울음소리로 서로를 부르는, 언어가 아무런 뜻을 갖지 않는 세계에 들어온 것 같았다. 그는 준비가 다 되어 있었다. 오늘 그에게는 더 이상의 말이나 생각이 필요하지 않았다. 오직 리제만이, 침묵과 비논리, 말없는 손길과 탐색, 탄식과 녹는점만이 필요했다.

리제는 거기에 있었다. 그녀가 숲 속에서 그를 맞으러 나왔다. 그는 여인을 안기 위해 두 팔을 벌렸다. 애정에 넘친 두 손을 더듬으며 여인의 머리와 머리칼, 목, 목덜미, 날씬한 몸뚱이, 가느다란 허리와 탱탱한 엉덩이를 안았다. 그는 한 팔로 여인의 몸을 감싸안고는, 아무 말도 않고 어디를 가느냐고 묻지도 않은 채 여인을 따라 앞으로 자꾸자꾸 걸어갔다. 여인은 위험한 길을 서슴지 않고 밤의 숲 속으로 들어갔다. 발걸음을 맞추어 나가는 데 진땀이 흘렀다. 여인은 마치 여우나 담비처럼 밤눈이 밝은지 부딪히지도 않고 걸리지도 않고 걸어갔다. 그는 어둠 속으로, 숲 속으로 언어도 생각도 없는 신비가 가득 찬 나라로 끌려가는 대로 자신을 맡기고 있었다. 그는 이미 생각한다는 것조차 잊어버렸다. 버리고 온 수도원도, 나르치스도 생각하지 않았다.

때로는 쿠션처럼 부드러운 이끼 위를, 때로는 광대뼈같이 불거진 딱딱한 뿌리 위를 두 사람은 아무 말도 없이 어두운 숲길을 달려갔다. 때로는 높다란 데 다보록한 잎사귀 사이로 밝은 하늘이 보였다. 때로는 새까만 어둠이었다. 떨기나무들이 얼굴에 부딪히기도 하고 나무딸기 덩굴이 옷에 걸려 그를 붙잡아 놓기도 했다. 어디를 가든지 리제가 알고 있는 길이어서 어려움 없이 길을 열어주었다. 멈추어 서거나 망설일 때는 거의 없었다. 한참 뒤 두 사람은 소나무들이 멀리 떨어져서 드문드문 서 있는 빈터에 이르렀다. 멀리 어슴푸레한 밤하늘이 트여 있었다. 숲은 끝나고 초원이 있는 골짜기가 두 사람을 맞이했다. 달콤한 마른풀 냄새가 났다. 그들은 소리도 없이 흘러가는 개울을 건너갔다. 활짝 트인 이곳은 숲 속보다 한층 더 고요했다.

떨기나무들의 속삭임 소리도, 밤짐승이 팔짝 뛰넘는 소리도, 마른 나뭇가지가 제풀에 부러지는 소리도 나지 않았다.

커다란 마른풀 더미 옆에서 리제는 멈췄다.

"여기서 쉬자." 리제는 말했다.

두 사람은 마른풀에 주저앉아 먼저 가쁜 숨을 몰아쉬고 휴식을 즐겼다. 둘 다 조금 피곤했다. 두 사람이 팔다리를 뻗고 정적에 귀를 기울이고 있으려니 이마의 땀이 마르고 얼굴도 차츰 식는 것이 느껴졌다. 골드문트는 흐뭇한 피로 속에 웅크리고 앉아 장난삼아 무릎을 끌어당겼다가 또 폈다가 했다. 깊숙이 심호흡을 하며 밤과 마른풀 냄새를 들이마시기도 했다. 그는 과거도 미래도 생각하지 않았다. 천천히 여인의 향기와 따스함에 이끌리고 매혹당할 뿐이었다. 때때로 여인의 애무에 답하기도 하며 여인이 차츰 열이 오르기 시작하여 자꾸 몸을 밀어붙이는 데 그만 녹아 버렸다. 그랬다. 여기서는 언어도 생각도 소용이 없었다. 그는 중요하고 아름다운 온갖 것을, 여체의 발랄한 기운과 단순하고도 건강한 아름다움을, 흥분과 욕정이 일어나는 것을 똑똑히 느꼈다. 또 이번에는 그 여인이 첫 번째와는 다른 방법으로 사랑받고 싶어하는 것을, 이번에는 그를 유혹하거나 가르치는 게 아니라 그의 공격과 욕망을 기대하고 있다는 것을 똑똑히 알 수 있었다. 그는 거센 물결이 그를 통과하여 흐르는 대로 내버려두었다. 끝없이 타오르는 불이 두 사람 마음속에 살아서, 두 사람의 작은 은신처를 말없는 온 밤이 호흡하고 타오르는 중심으로 만들어 주는 것을 느끼고 행복에 젖었다.

리제의 얼굴 위에 허리를 굽히고 어둠 속에서 리제의 입술에 키스하자 갑자기 리제의 눈매와 이마가 부드러운 빛 속에서 흔들리는 게 보였다. 점점 강한 빛이 되어 밝아지는 것에 놀라서 그는 그 모습을 바라보았다. 나중에야 그 까닭을 알고 그도 뒤돌아보았다. 기다랗게 줄지어 있는 까만 숲 위에 달이 뜬 것이었다. 하얗고 보드라운 빛이 리제의 이마와 볼 위에, 둥그스름한 하얀 목 위에 흐르는 것을 보고 정신이 아득해졌다. 환희에 넘쳐 그는 부드럽게 말했다. "당신은 얼마나 아름다운지!"

리제는 선물이라도 받은 것처럼 방긋이 웃었다. 그는 리제를 반쯤 일으키고 가만히 리제의 옷 단추를 풀어 주면서 옷 벗는 것을 도와주었다. 리제는 어깨와 가슴이 차디찬 달빛 속에 드러나 반짝일 때까지 옷을 벗었다. 그는 도취되어 눈과 입술로 더듬어 보기도 하고 입도 맞추며 보드라운 그림자를 쫓아갔다. 리제는 마법에 걸린 것처럼 눈길을 내리깐 채 엄숙한 표정으로 가만히 있었다. 그녀 자신조차 자신의 아름다움을 이 순간 처음으로 발견하고 드러내기라도 한 듯이.

7

들판이 서늘해지고 달이 시시각각 하늘 한가운데를 향하는 동안, 두 연인은 사랑의 희롱에 빠져들어가 함께 졸고 잠자며, 부드럽게 빛이 비치고 있는 침대에서 쉬고 있었다. 눈을 뜨면 또다시 마주 누워 서로 불꽃을 튀기며 부둥켜안았다. 그러다가는 다시 잠들었다. 마지막 포옹을 한 뒤 두 사람은 지칠 대로 지쳐 드러누웠다. 리제는 마른풀에 깊이 몸을 파묻고 이따금 소리내어 숨을 쉬고 있었다. 골드문트는 반듯이 드러누워 꼼짝도 하지 않고 희멀건 달과 하늘을 언제까지나 보고 있었다. 두 사람의 마음속에 크나큰 슬픔이 솟아올라 두 사람은 그것을 피해 잠을 청했다. 절망에 싸여 깊이깊이 잠들었다. 그들은 아주 깊고도 필사적이며 게걸스럽게, 마치 마지막인 것처럼 잠들었다. 마치 영원히 깨어 있어야 하는 선고를 받아 이 최후의 시간 동안 세상에 있는 모든 잠을 들이켜야 하는 것 같았다.

골드문트가 눈을 뜨니, 리제는 까만 머리를 빗고 있었다. 그는 멍청하게 겨우 반쯤 뜬 눈으로 잠시 리제를 쳐다보고 있었다.

"일어났어?" 골드문트가 마침내 말했다.

그녀는 깜짝 놀라 고개를 돌렸다.

"난 지금 가야 해." 그녀는 당황하고 약간 슬픈 듯 말했다. "널 깨우고 싶지 않았어."

"벌써 일어났는걸. 우리는 또 계속 걸어가야 되나? 하기야 우리는 갈 데도 없는 신세니까."

리제는 말했다. "난 그렇지만 당신은 수도원으로 돌아갈 사람이잖아."

"난 더 이상 수도원 소속이 아니야. 나도 당신과 같아. 아주 외로운 몸이고 목적지도 없거든. 당신하고 같이 갈래. 정말이야."

리제가 그를 돌아보았다.

"골드문트, 당신은 나하곤 같이 못 가. 나는 내 남편한테 가야 해. 밤에 집을 비웠으니 남편한테 두들겨 맞을 거야. 길을 잃었다고 말하겠지만, 그이는 그런 말을 안 믿어."

순간 골드문트는 나르치스가 이 사실을 그에게 예고해 준 것이 생각났다. 정말 그렇게 되었구나.

그는 일어서서 여인에게 악수를 청하며 말했다. "내가 실수를 했군. 우리는 같이 있을 거라고 믿었는데. 그런데 당신은 내가 자는 동안 헤어지자는 인사도 없이 달아날 작정이었어?"

"당신이 화내면서 나를 때릴 거라고 생각했어. 남편한테 맞는 건, 뭐, 그거야 할 수 없는 일이잖아. 으레 그런 거니까. 하지만 당신에게 맞는 것은 싫었어."

그는 리제의 손을 꽉 잡고 말했다.

"리제. 난 당신을 안 때려. 오늘도, 그리고 다음에도 절대 안 때릴 거야. 당신을 그렇게 때리는 남편 대신 차라리 나와 같이 안 갈래?"

리제는 손을 빼내려고 힘껏 잡아당겼다.

"아니, 안 돼, 안 돼." 그녀는 금방 울 듯한 목소리로 소리 질렀다. 여인의 마음이 그에게서 떠나려 하면서 그한테서 다정스런 말을 듣는 것보다는 차라리 남편에게 맞고 싶어하는 것을 짐작한 그는 손을 놓아 주었다. 그러자 그녀는 울음을 터뜨렸으나, 이내 가버렸다. 젖은 눈에 두 손을 갖다대고 달아나 버렸다. 그는 아무 말도 않고 여인을 바라보았다. 베어 낸 풀밭 위를 무슨 힘의 부름을 받고 끌려가듯 달아나는 리제가 가엾었다. 그 미지의 힘이 무엇인가 그는 생각하지 않을 수 없었다. 그 여인이 가엾어 보였으나 동시에 자기 자신도 약간은 측은해 보였다. 아무래도 운수가 좋지 못한 것 같았다. 그는 홀로 얼마동안 약간은 버림을 받고 남겨진 채 망연자실하게 마른풀 더미에 주저앉아 있었다. 그 사이에도 그는 여전히 몸은 지치고 졸음이 왔다. 이렇게 기진맥진한 적은 한 번도 없었다. 불운에 처해지는 것은 뒷날이라도 좋았다. 또 잤다. 겨우 제정신이 돌아왔을 때는 벌써 중천에 떠오른 태양이 따갑게 그를 내리쬐고 있었다.

이제 휴식은 충분했다. 얼른 일어나서 개울로 달려가 얼굴을 씻고 물을 마셨다. 기억들이 되살아났다. 어제저녁의 갖가지 유희 장면과 온화하고 부드러운 감정이 낯선 꽃향기처럼 풍겨 왔다. 기운차게 걸어 나가면서 그는 그 생각을 되풀이하고 모든 것을 다시 느껴 보았다. 모든 것을 되씹어 맛보고 향기를 느끼며 더듬어 보았다. 저 낯선 갈색 여인은 얼마나 많은 꿈을 이루어 주었던가! 얼마나 많은 봉오리를 꽃피게 하고, 얼마나 많은 호기심과 갈망을 가라앉혀 주고, 또한 얼마나 많은 호기심과 갈망을 일깨워 준 것인가!

그의 눈앞에는 들판과 황야가, 바짝 마른 휴간지와 어두컴컴한 숲이 펼쳐져 있었다. 너머에는 농가나 물방앗간이나 마을이나 도시가 있을지도 몰랐다. 처음으로 낯선 세계가 그의 눈앞에 아득히 넓게 기다리고 있었다. 그를 맞이하여 그를 즐겁게 하고, 괴롭혀 줄 준비를 잔뜩 한 채. 그는 이젠 창에서 세상을 내다보고 있는 학생이 아니었다. 그의 방랑은 이제 결국에는 싫든 좋든 돌아가야만 했던 이전의 산책은 아니었다. 이 크나큰 세계가 지금은 현실이 되었다. 그는 세계의 일부가 되었다. 그의 운명은 그 속에서 휴식을 취하고 있으며, 그 하늘은 그의 하늘이었으며, 그 날씨는 그의 날씨였다. 이 커다란 세계 안에서 그는 작았다. 토끼처럼, 딱정벌레처럼 작았다. 푸름과 무한의 세계를 그는 달렸다. 여기서는 기상과 예배와 수업과 점심때를 알리는 종은 울리지 않았다.

그는 배가 너무나 고팠다. 보리빵과 우유 한 사발과 귀리수프, 얼마나 맛있는 기억인가! 그의 위장이 잠에서 깨어나고 있었다. 이삭이 설익은 옥수수 밭을 지나갔다. 그는 손가락과 이로 껍질을 벗기고, 조그마하고 미끌미끌한 옥수수 알을 부지런히 비벼 가며, 이것저것을 따서는 호주머니에 이삭을 가득 채웠다. 그러다가 개암을 발견했다. 아직 파랬지만 그는 즐거이 와작하고 껍질을 깨물었다. 이것도 주머니에 집어넣었다.

또 숲이 시작되었다. 떡갈나무와 물푸레나무가 섞인 전나무 숲이었다. 여기서는 산앵두나무가 무성했다. 그는 여기서 쉬면서 먹고 더위를 피했다. 가느다랗고 딱딱한 풀 사이에 파란 실잔대들이 피어 있었고, 반짝반짝 빛나는 갈색 나비가 이리저리 날다가 저 멀리로 사라져 버렸다. 성녀 게노베바는 이런 숲 속에 살고 있었을 것이다. 그는 언제나 성녀 이야기를 좋아했다. 아, 성녀 게노베바를 만날 수 있다면! 어쩌면 숲 속에 은둔자의 암자 같은 곳이 있어 수염이 허연 노신부가 동굴이나 나무 오두막집에 살고 있을지도 모른다. 어쩌면 이 숲 속에는 숯 굽는 사람이 살고 있을지도 모른다. 있기만 한다면 기쁘게 인사할 텐데. 도적이 살고 있을지라도 그에게는 아무짓도 안 할 것이다. 어떤 사람이라도 좋다. 사람을 만난다면 기쁘겠다. 그러나 그는 알고 있었다. 오랫동안, 오늘도 내일도 또 그다음 며칠까지도 숲 속을 자꾸 걸어가기만 할 뿐 아무도 만날 수가 없으리라는 것을. 그것도 그의 운명이라면 그것을 견뎌야만 한다. 이렇다 저렇다 생각하지 않는 편이 나았다. 뭐든지 되는대로 내버려둘 수밖에 없었다.

딱따구리 소리를 듣고 그놈을 잡아 보려고 했다. 딱따구리가 있는 데를 찾아내느라고 오랫동안 애쓰다가 기어이 찾아냈다. 딱따구리 한 마리가 나무 둥치에 달라붙어서 나무를 쪼느라고 부지런히 고개를 움직이는 모습을 그는 잠시 바라보았다. 동물과 이야기를 나눌 수 없다는 것이 유감이었다! 딱따구리를 불러내어 친밀하게 말을 걸어서 나무 속 생활이나 그의 일이나 기쁨에 대해서 무슨 말을 들을 수 있다면 좋을 텐데. 아, 변신을 할 수 있다면 오죽 좋으랴!

그는 한가할 때 자주 스케치를 즐기며, 석필로 석판에다 꽃이나 잎사귀나 나무나 사람의 머리 등 온갖 그림을 그리던 생각이 떠올랐다. 그렇게 놀면서 오랜 시간을 보냈던 것이다. 때때로 그는 작은 하느님처럼, 마음 내키는 대로 창조물을 만들었다. 꽃잎에는 눈이나 입을 그려 넣고 가지에서 봉오리를 내고 있는 잎사귀 다발을 손가락 모양으로 만들고 나무 위에 머리를 만들어 놓았다. 이런 장난을 하며 몇 시간 동안을 즐겁게 보내곤 했다. 그는 마술을 부릴 수 있었다. 선을 그어 시작된 형태가 나뭇잎이 될 것인지, 물고기의 주둥이가 될 것인지, 여우의 꼬리가 될 것인지, 사람의 눈썹이 될 것인지, 자신으로서도 알지 못할 뜻밖의 형태가 되는 것이었다. 그때 조그만 널빤지 위에 장난삼아 그어진 선이 그러했듯이 변신할 능력이 있어야 한다고 그는 지금 생각했다. 골드문트는 하루나 한 달쯤 딱따구리가 되고 싶었다. 그리고 언제나 나뭇가지에 살며 매끄러운 줄기를 높이 올라가서 강한 주둥이로 나무껍질을 쪼며, 꼬리 깃으로 온몸을 곧추세우고, 딱따구리의 말을 하며 나무껍질 속에서 맛있는 것을 빼내 먹으며 지내고 싶었다. 잘 울리는 나무 속에서 딱따구리의 치는 소리가 달콤하고 날카로운 음향으로 들려왔다.

골드문트는 숲 속을 거닐고 있는 도중에 온갖 동물을 만났다. 덤불 속에서 불쑥 튀어나온 토끼도 많이 보았다. 그가 가까이 가자 토끼들은 그를 쳐다보다가는 방향을 돌리고 귀를 숙이며 쏜살같이 달아나 버렸다. 꼬리 밑이 빨갰다. 조그만 빈터에서는 기다란 뱀을 보았다. 그 뱀은 도망치지 않았다. 살아 있는 뱀이 아니고 속이 텅 빈 허물이었다. 그것을 손에 들고 살펴보니 아름다운 회색과 갈색 무늬가 햇빛에 비쳐 거미줄처럼 보였다. 노란 주둥아리를 한 검은새도 보았다. 검은새들은 불안에 찬 까만 눈동자로 가만히 모여들어서 쳐다보고 있다가 땅바닥에 닿을락 말락 나직이 떠서 포르르 날아가 버렸다. 울새와 방울새들도 많이 있었다. 짙은 초록색 물이 가득 찬 물웅덩이도 있었다. 그 위를 다리가 기다란 거미가 이상한 장난에 도취되어 미친놈처럼 부지런히 뒤엉키며 달리고 있었다. 그 뒤를 진한 물색의 날개를 가진 잠자리 몇 마리가 날아다녔다. 벌써 저녁때가 가까워졌다. 그때 그는 뭔가를 보았다. 더 정확히 말해서 보았다기보다도, 보인 것은 짓밟혀서 흐트러진 나뭇잎뿐이었다. 나뭇가지가 꺾이고 젖은 흙덩어리가 떨어지는 소리가 들렸다. 보이지 않아 잘 알 수 없는 커다란 짐승이 맹렬한 기세로 덤불을 꺾으며 돌진해 갔다. 사슴이거나 멧돼지였을 테지만 그는 알 수 없었다. 그는 오랫동안 무서움에 떨며 장승처럼 서 있었다. 그리고 그 짐승이 달려간 쪽으로 귀를 기울였다. 벌써 전과 같이 만물은 고요해졌는데도 아직 가슴을 두근거리며 살피고 있었다.

숲에서 나가는 길을 찾을 수가 없었다. 숲 속에서 밤을 새워야만 했다. 그는 잠자리를 찾고 이끼로 침대를 만들면서 정말 숲 속에서 빠져나갈 수 없어서 언제까지나 이 속에 있어야 한다면 어떻게 될 것인가 여러 가지로 생각해 보았다. 그것은 엄청난 불행이 될 것이다. 딸기로 연명한다는 것은 사실 불가능하지 않았다. 이끼 위에서 자는 것조차도—그 밖에도 오두막을 짓는다든가, 불을 피우는 것까지는 틀림없이 해낼 수 있으리라. 그러나 언제까지나 혼자 있다는 것, 고요히 잠든 나무줄기 사이에서 살고, 사람을 피해 달아나는 동물, 이야기도 나눌 수 없는 동물 사이에서 산다는 것은 참을 수 없을 만큼 슬픈 일일 것이다. 인간이라고는 얼굴도 볼 수가 없고 아무와도 낮 인사나 저녁 인사를 나눌 수 없으며 얼굴이나 눈도 들여다볼 수 없고, 처녀도 여인도 볼 수 없으며, 키스도 할 수 없고, 입술과 손발의 사랑스럽고 은밀한 유희도 할 수가 없다는 것은 아, 아무래도 상상해 볼 수도 없는 일이다! 그런 신세가 될 몸이라면 차라리 곰이나 사슴 같은 동물이 되는 편이 나으리라. 이를테면 그 때문에 내세의 행복을 단념하는 한이 있더라도, 곰이 되어 암곰을 사랑하는 것은 나쁜 일도 아니리라. 적어도 이성이나 언어 등 온갖 것을 가지고 있으면서도 혼자 쓸쓸히 사랑받지 못하고 생을 이어 나가기보다는 훨씬 나을 것이다.

이끼로 만든 침대에서 잠들기 전에, 그는 뜻 모를 수수께끼 같은 밤의 숲 속 온갖 이야기를 호기심과 불안한 마음으로 듣고 있었다. 지금은 그들이 그의 친구들이었다. 그들과 함께 살고 그들의 습성에 따르며, 그들과 경쟁하고, 화합해 나가지 않으면 안 되었다. 이 시간부터 그는 여우나 작은 사슴이나, 전나무나 노송나무의 친구였다. 그들과 같이 살며 그들과 같이 대기와 태양을 나누고 그들과 함께 점심때를 기다리며 함께 굶주리고, 그들의 손님이 되어야 했다.

그러다가 그는 잠이 들었다. 동물과 인간의 꿈을 꾸었다. 꿈속에서 곰이 되어 애무를 한창할 때 리제를 잡아먹었다. 한밤중에 소스라치게 놀람과 동시에 그는 눈을 떴다. 왜 그런지 알 수 없었으나 가슴은 한없이 불안감에 싸이고 오랫동안 어지러운 마음속에서 곰곰이 깊은 생각에 빠지고 말았다. 어제도 오늘도 밤에 기도를 드리지 않고 잠이 들었다는 사실이 떠올랐다. 그는 일어나서 무릎을 꿇고 어제와 오늘 못한 기도를 합해서 두 번이나 저녁기도를 드렸다. 그러고는 이내 또 잠이 들었다.

아침이 되자 놀란 채로 그는 숲 속을 두리번거렸다. 자신이 지금 어디 있는지조차 잊고 있었다. 그러나 숲에 대한 그의 불안은 가시기 시작했다. 새로운 기쁨을 가지고 숲의 생활에 몸을 맡기고, 해가 뜨는 곳을 향하여 길을 잡으며 자꾸자꾸 걸어갔다. 그러다 아주 편평한 장소를 발견했다. 가지가 없는 대단히 두껍고 곧은 전나무만 자라는 곳이었다. 그 기둥들 사이로 잠시 걸어가고 있으니 수도원 대성당의 기둥들이 생각나기 시작했다. 며칠 전에 어두운 문을 통해 사라져 버린 그의 친구 나르치스를 보았던 바로 그 교회의 기둥들 말이다. 그게 언제였을까? 정말 불과 이틀 전의 일이었을까? 이틀 밤과 이틀 낮이 지나고 나서야 겨우 그는 숲 속에서 빠져나왔다. 인간이 가까이 있는 기척을 느끼게 되니 기뻤다. 갈아 놓은 토지, 밀이나 귀리가 나 있는 기다란 밭이랑, 초원 등, 여기저기에 그다지 멀리까지는 안 보이지만 사람이 지나다니는 좁다란 오솔길도 나 있었다. 골드문트는 밀이삭을 꺾어서 입에 넣고 씹었다.

손질된 밭들이 정답게 그를 바라보았다. 황량한 숲 속에서 오랫동안 지내 온 그에게는 오솔길도, 귀리도, 꽃이 시들어서 하얘진 밀깜부기도, 모두 다 사람처럼 훈훈하고 친근한 기분을 던져 주는 듯했다. 이제 곧 사람들이 살고 있는 데로 갈 수 있겠지. 한참 뒤에야 밭이랑 옆을 지나갔는데 그 옆에 십자가가 서 있었다. 그는 무릎을 꿇고 기도를 드렸다. 불쑥 튀어나온 언덕 중턱을 돌아 그늘이 많은 보리수 앞에 섰다. 그는 황홀한 마음으로 샘물의 멜로디에 귀를 기울였다. 그 물은 나무 틈으로 해서 기다란 나무통에 떨어졌다. 그는 차갑고 맛있는 물을 마셨다. 딱총나무 사이에서 두세 개의 초가지붕이 솟아 있는 것을 보자 한없이 기뻤다. 딱총나무 열매는 벌써 까맣게 익어 있었다. 이런 그리운 특징보다도 한결 더 깊숙이 그의 마음을 움직인 것은 암소의 울음소리였다. 그 소리는 반갑게 환영의 인사라도 해주는 듯 유쾌하고 따뜻한 울음소리를 바람에 실어 그의 귀에 울려 주었다.

그는 이곳저곳을 두리번거리며 암소의 울음소리가 들리는 오두막집으로 걸음을 옮겼다. 빨간 머리칼과 담청색 눈을 한 조그만 사내아이가 먼지투성이가 되어 문 앞에 앉아 있었다. 사내아이는 옆에 물이 가득 든 옹기를 놓고 흙에 물을 섞어 가루 반죽을 만들고 있었다. 그의 맨발은 벌써 반죽으로 범벅이 되어 있었다. 두 손으로는 반죽을 한 진흙을 행복하고 진지하게 치대고 있었다. 손가락 사이에서 진흙이 불쑥 삐져 솟아올랐다. 사내아이는 그것을 가지고 공을 만들고 있었다. 짓누르고 형체를 만들어 나가는 데 무릎도 한몫 거들고 있었다.

"꼬마야, 안녕!" 골드문트는 매우 정답게 말을 건넸다. 그러나 꼬마는 얼굴을 쳐들고 웬 낯선 사람을 발견하자 입을 벌리고 통통한 얼굴을 찌푸리더니 울상이 되어 기어서 집 안으로 들어가고 말았다. 골드문트는 뒤를 좇아서 부엌으로 들어갔다. 그곳은 너무 어두침침해서 한낮의 햇빛 속에서 들어선 그로서는 처음에 아무것도 볼 수가 없었다. 만일을 위해 그는 정중한 인사말을 했다. 대답은 없었다. 그런데 놀란 사내아이의 울음소리가 연방 들리는 곳에서 꼬마를 달래고 있는 노인의 가냘픈 목소리가 들려왔다. 한참이 지난 다음에야 키가 조그만 노파가 어둠 속에서 일어서더니, 그의 가까이에 와 한 손을 눈 위에 얹고 손님을 쳐다보았다.

골드문트는 소리쳤다. "실례합니다, 할머니. 성자들이 당신의 선량한 얼굴을 축복하여 주옵기를! 사흘 전부터 저는 사람의 얼굴을 통 보지 못했습니다."

조그만 노파는 나이 들어 잘 안 보이는 눈으로 이상한 듯 그의 얼굴을 빤히 쳐다보았다.

"대체 무슨 일이시오?" 노파는 불안스레 물었다.

골드문트는 악수를 청하여 노파의 손을 쓰다듬었다.

"인사를 좀 하려고 그랬어요, 할머니. 그리고 잠시 쉴 자리를 얻고 불을 피우는 심부름이나 해드리려고요. 빵을 한 조각 얻을 수 있다면 좋겠습니다. 서둘지 않으셔도 돼요."

그는 벽에 붙여 놓은 긴의자를 보고 거기 앉았다. 노파는 꼬마에게 주려고 빵을 한 조각 잘랐다. 지금 꼬마는 긴장한 채로 호기심을 가지고, 그러나 금방이라도 울며 달아날 태세를 갖추고 낯선 사람을 바라보았다. 노파는 빵을 한 조각 더 잘라서 골드문트에게 가져왔다.

그는 말했다. "참 고맙습니다. 하느님의 은총이 있으시길!"

"배가 고프오?" 노파는 물었다.

"아뇨, 그렇지는 않아요. 산앵두로 가득 채웠습니다."

"우선 들어요! 어디서 왔소?"

"마리아브론 수도원에서요."

"수도사인가요?"

"아뇨, 학생입니다. 여행하는 중입니다."

노파는 반쯤은 책망하고, 반쯤은 그냥 멍한 것처럼 그를 보았다. 그리고 길고 주름살투성이인 목으로 머리를 살래살래 흔들었다. 노파는 그의 앞에 빵을 놓아두고 꼬마를 햇볕이 내려쬐는 바깥으로 데리고 나갔다. 그리고 돌아왔다. 호기심 때문이었다. 노파는 물었다. "무슨 소식이라도 알고 있소?"

"뭐 그다지. 안젤름 신부를 아시나요?"

"모르오. 그 사람이 뭐 어떻다는 거요?"

"앓고 있어요."

"앓아? 죽게 됐소?"

"몰라요. 다리가 상했어요. 잘 걷지 못하시는걸요."

"죽을까요?"

"모르겠어요. 아마 죽을 테죠."

"그럼, 죽게 두구려. 수프를 끓여야겠소. 나무 쪼개는 걸 도와줘요."

노파는 아궁이 옆에서 그에게 바싹 마른 전나무 장작과 칼을 내주었다. 그는 노파가 시키는 대로 땔나무를 쪼개 주었다. 그리고 노파가 그걸 타다 남은 불 속에 집어넣은 뒤 그 위에 허리를 구부리고 불이 붙을 때까지 연방 입김으로 부는 것을 바라보았다. 노파는 단정하고 독특한 배열로 전나무와 너도밤나무를 차곡차곡 쌓았다. 아궁이에서는 불이 활활 타올랐다. 그을음 낀 사슬에 걸려 굴뚝 속에서부터 늘어져 있는 커다랗고 까만 솥을 불꽃 위에서 빙빙 돌렸다.

골드문트는 노파가 하라는 대로 샘물에서 물을 길어 오기도 하고 우유 그릇에서 거품을 떠내기도 하며, 연기가 자욱한 노을 속에 앉아서 불꽃의 희롱이나, 그 위로 광대뼈가 튀어나오고 주름살투성이인 노파의 얼굴이 빨간 불빛을 받아서 나타났다가 도로 사라지는 것을 보기도 했다. 널빤지 벽 저쪽에서 암소가 죽통을 파헤치기도 하고 밀어붙이기도 하는 소리가 들렸다. 모든 것이 흐뭇했다. 보리수와 샘물, 가마솥 밑에서 일렁이는 불꽃, 암소가 여물을 씹으며 코를 킁킁거리는 소리와 벽에 둔탁하게 부딪치는 소리, 테이블과 긴의자가 있는 어두컴컴한 방, 부지런히 몸을 놀리는 조그만 노파, 그 모든 것이 아름답고 선량하며 음식과 평화, 인간미와 온정, 고향 등의 냄새를 풍기고 있었다. 염소도 두 마리 있었다. 집 뒤에 돼지우리도 있다는 것을 노파한테서 듣고 알았다. 노파는 농부의 할머니로서 꼬마의 증조할머니였다. 꼬마의 이름은 쿠노라고 하며 가끔 안에 들어왔다. 한 마디 말도 하지 않고 조금 두려워하는 눈치였으나 이제 울지는 않았다.

농부가 아내와 같이 돌아왔다. 그들은 낯선 사람이 집 안에 있는 것을 보고 몹시 놀랐다. 농부는 대뜸 욕이라도 퍼부을 기세였다. 그리고 의심스러워하면서 청년의 팔을 붙들고 문간으로 끌고 나가 햇빛에서 얼굴을 자세히 들여다보았다. 그러더니 웃으며 청년의 어깨를 정답게 툭툭 치고 식사에 초대했다. 그들은 앉아서 자기 몫의 빵을, 공동으로 쓰는 우유그릇에 넣어서 적셨다. 드디어 우유는 밑바닥을 보이고 농부가 나머지를 훌쩍 마셔 버렸다.

골드문트는 내일까지 여기 한 지붕 밑에 머물러 있어도 좋은지 물었다. 안 된다, 그럴 장소는 없다, 그러나 바깥에 나가면 마른풀이 얼마든지 있을 테니 잠자리 정도야 쉽게 발견할 수 있을 거라고 농부는 말했다.

농부의 아내는 꼬마를 데리고 옆에 앉아 있었다.

그녀는 이야기에 끼어들지 않았으나, 식사를 하는 동안 호기심 가득 찬 눈초리로 젊은 나그네를 붙들고 놓지 않았다. 그의 고수머리와 눈이 그녀의 마음을 끌었다. 그리고 깨끗한 그의 하얀 목과 품위 있어 뵈는 그의 매끈한 손, 그 손의 자유롭고 아름다운 동작도 그녀의 마음에 들었다. 나그네이면서도 훌륭하고 품위 있는 사람이었다. 거기다가 정말 젊었다. 그러나 그녀의 마음을 제일 강하게 끌어당기고 반하게 한 것은 나그네의 목소리였다. 나직하고 노래를 부르는 듯, 따스하게 빛나는 듯, 부드러이 사랑을 구하는 듯한 젊은 남자의 목소리는 애무처럼 들렸다. 좀더 오래 이 목소리를 듣고 싶었다.

저녁식사가 끝난 뒤, 농부는 외양간일로 분주했다. 골드문트는 집을 나와 샘에서 손을 씻고 나지막한 물통 위에 앉아서 몸을 식히며 물소리에 귀를 기울였다. 마음을 정하지 못하고 있었다. 여기서는 이제 아무것도 구할 것이 없는 데다 벌써 여기를 떠나야 한다는 것도 서운했다. 그때 농부의 아내가 물통을 들고 나와 철철 흐르는 물 밑에 갖다놓고 물을 받기 시작했다. 그녀는 나지막한 소리로 말했다. "오늘 밤에 멀리 안 가거들랑 내가 먹을 것을 갖다줄게요. 저기 기다란 보리밭 뒤에 마른풀 더미가 있어요. 저건 내일 날라올 거예요. 거기 있겠어요?"

그는 주근깨 박힌 여인의 얼굴을 쳐다보았다. 여인의 굵직한 팔이 물통을 드는 것을 보았다. 여인의 맑고 커다란 눈은 열기를 띠고 있었다. 그는 여인에게 방긋이 웃어 주며 고개를 끄덕였다. 그러자 여인은 물이 출렁출렁 넘치는 물통을 가지고 걸어가다가 문간의 그늘 속으로 사라져 버렸다. 그는 고맙고 만족스러운 마음으로 앉아서 흐르는 물에 귀를 기울였다. 조금 있다가 안에 들어가 농부를 찾았다. 농부와 할머니와 악수를 나누고 고마운 마음을 전했다. 오두막 안에서는 연기와 그을음과 우유 냄새가 났다. 조금 전까지도 이 오두막은 밤이슬을 피하는 피난처요 고향이었는데 지금은 서먹서먹한 타향이 되고 말았다. 그는 인사를 하고 밖으로 나왔다.

오두막 건너편에 교회가 보였다. 그 근처에 아름다운 숲이 있고 굵직굵직한 나이 든 참나무 한 무리가 있었다. 그 밑에는 짤막한 풀이 나 있었다. 그는 그 그늘 밑에 발걸음을 멈추고 두툼한 나무둥치 사이를 할 일 없이 왔다 갔다 했다.

여인과의 사랑이란 것은 얼마나 이상한가! 거기에는 참으로 언어가 필요하지 않았다. 아까 그 여인은 그에게 밀회의 장소를 가르쳐 줄 때만 말을 필요로 했다. 다른 것에는 일체 언어를 쓰지 않았다. 대관절 뭘로 말하나? 눈으로, 그렇다. 그리고 약간 쉰 목소리 섞인 억양, 그리고 또 다른 것, 아마 냄새로, 피부에서 미묘하고도 그윽하게 풍기는 것으로, 남녀가 서로를 원하게 될 때 그 발산으로 냉큼 알아차릴 수가 있었다. 그것은 마치 미묘한 밀어처럼 야릇한 것이었다. 그는 얼마나 빠르게 그 언어를 배웠는가! 그는 그날 밤을 즐거움 속에서 기다리고 있었다. 그 커다란 금발 여인이 어떠한 모습인가에, 어떠한 눈매와 소리와 팔다리와 움직임과 키스를 가지고 있을까, 호기심이 잔뜩 생겼다. 확실히 리제와는 딴판이었다. 지금쯤 리제는 어디 있을까? 리제, 단정하고 까만 머리칼과 갈색 살결과 짤막한 한숨을 쉬는 리제, 남편한테 아프도록 얻어맞았을까? 지금도 나를 생각하고 있을까? 내가 오늘 새로운 여인을 발견한 것같이 리제도 지금쯤 새로운 애인을 찾아냈을까? 왜 모든 게 그다지도 빨리 지나갔을까? 왜 행복은 그렇게 길가 여기저기에 뒹굴고 있는 걸까? 왜 그리 아름답고 뜨겁게, 그리고 왜 그리 야릇하고 덧없는 것일까! 이것은 죄악이요 간음이었다. 며칠 전만 하더라도 그런 죄악을 저지르는 것보다는 차라리 맞아죽기를 바랐다. 그러나 지금 그는 벌써 두 번째 여인을 기다리고 있는 터였다. 그의 양심은 고요하고 평화로웠다. 하지만 정말 평온한 걸까. 그의 양심이 이따금 침착함을 잃고 중압감과 근심을 갖는 것은 간통이나 성욕 때문이 아니었다. 무엇이라고 이름 지을 수 없는 것이었다. 그것은 그가 저지른 죄의 감정이 아니라 타고날 때부터 가지고 있었던 죄의 감정이었다. 어쩌면 문학에서 말하는 원죄와 같은 걸까? 그럴는지 몰랐다. 사실 삶 자체가 죄와 같은 무엇을 속에 간직하고 있었다. 그렇지 않다면 나르치스 같은 순결하고 지혜로운 인간이 무엇 때문에 심판받는 인간처럼 참회의 수양에 따랐을까? 골드문트 자신도 마음속 깊은 어딘가에서 그 죄를 느껴야 했을까? 그가 행복하지 않았단 말인가? 젊고 튼튼하지 않다는 말인가? 하늘을 나는 새와 같이 자유롭지 못했단 말인가? 여인들이 그를 사랑하지 않았단 말인가? 여인이 그에게 갖게 하는 심오한 기쁨을 여인에게 주도록 허락 받았다고 느끼는 것이 아름답지 못하단 말인가? 그러면 그는 왜 완전히 행복하지 못했을까? 왜 나르치스의 덕과 지혜 속으로 들어가는 것과 같이 그의 젊은이다운 기쁨 속으로 때때로 그 낯선 고통이나 미묘한 공포나 덧없는 슬픔이 꿰뚫고 들어올 수 있었을까? 그는 사색가가 아님을 알고 있는데도 왜 그다지도 자주 명상에 잠겨야 했을까?

아무튼 살아 있다는 것은 즐거웠다. 그는 숲 속에 있는 조그만 보랏빛 꽃을 따서 눈 가까이에 갖다대었다. 조그맣고 좁은 줄기 속을 들여다보았다. 머리카락같이 가느다랗고 아주 작은 기관이 거기 살고 있었다. 생명이 마치 여인의 자궁 속, 사색가의 뇌 속에서처럼 고동치고 욕망으로 흔들리고 있었다. 아! 왜 이다지도 무지했을까? 왜 이 꽃과 이야기를 나눌 수 없었을까? 하긴, 인간조차 다른 인간과 이야기를 나눈다는 것이 무척 어려운 일이긴 하다. 거기에는 행운과 특별한 우정과 준비가 필요했다. 그렇다, 사랑이 언어를 필요로 하지 않는다는 것은 고마운 일이었다. 만약 사랑이 언어를 필요로 했다면 오해와 어리석음만이 충만했을 테지. 아, 리제의 실눈은 황홀경의 절정에서 거의 눈을 감은 듯 보였었지! 사르르 떨리는 눈꺼풀 틈새로 흰자위가 보이던 모습은 천 가지의 지식이나 감상적인 언어로도 표현할 수 없었다! 아무것도, 아, 그 어떤 것도 그 모습을 표현할 수 없었다. 그럼에도 자꾸만 사람은 말하고 싶은 충동을 느끼고, 생각하고 싶은 충동을 느끼는 것이다.

그는 조그만 식물의 잎이 줄기 둘레로 아름답게 또 기묘하고도 영리하게 가지런히 줄지어 나 있는 것을 관찰했다. 베르길리우스의 시는 아름다웠다. 그는 그 노래가 좋았다. 그러나 베르길리우스 속에는 나선형으로 가지런히 줄지은 이 줄기의 조그만 잎사귀 반만큼도 분명하거나 총명하지 못했고, 반만큼도 아름답거나 의미 있어 뵈지도 않는 시구가 얼마든지 널려 있었다. 이런 꽃을 하나만이라도 만들어 낼 수 있다면 얼마나 즐겁고 행복하며 매혹적이고 고귀하며 의미가 깊은 행위일는지. 그러나 그런 것은 아무도 할 수 없었다. 어떠한 영웅도, 황제도, 교황도, 성자도 할 수 없었다.

해가 기울자 그는 자리를 떠나 농부의 아내가 일러 준 장소를 찾아서 그곳에서 기다렸다. 이렇듯 한 사람의 여인이 오직 사랑만을 가지고 찾아온다는 사실을 알고 기다리는 것은 흐뭇한 일이었다.

여인은 리넨 보자기를 가지고 왔다. 그 보자기 안에는 커다란 빵 하나와 베이컨 한 토막이 있었다. 여인은 그것을 그에게 내밀었다.

여인이 말했다. "당신 거예요. 먹어요!"

골드문트가 말했다. "나중에. 내가 바라는 것은 빵이 아니라 바로 당신이야. 당신이 얼마나 아름다운 것을 가지고 왔는지 보여 줘!"

여인은 아름다운 것을 많이 가지고 왔다. 목마름에 허덕이는 힘찬 입술, 불꽃을 일으키는 단단한 이, 힘찬 팔은 햇볕에 그을려 빨갰으나 목에서 아래쪽으로 내려가니 속 살결은 하얗고 보드라웠다. 여인은 언어로 기쁨을 표현하지는 않았지만 목구멍 속에서는 유혹적인 소리를 냈다. 그녀가 한 번도 느껴 보지 못한 보드랍고 섬세하며 애정과 감정이 담뿍 어린 두 손이 자기 목에 닿자 여인의 살결은 전율했고, 여인의 목구멍은 가르랑거리는 고양이같이 울렸다. 그녀는 기교를 잘 몰랐다. 리제만큼은 몰랐다. 그러나 그녀는 연인의 목이라도 부러뜨릴 것처럼 힘차게 껴안았다. 그녀의 사랑은 순진하고도 탐욕스러웠으며, 단순하고 꾸밈이 없었다. 그러면서 무척 수줍어했다. 골드문트는 그녀와의 시간이 무척 행복했다.

그 다음, 여인은 한숨을 쉬면서 가버렸다. 그를 떠나는 것이 괴로웠지만 언제까지나 있을 수는 없었다. 골드문트는 행복과 슬픔에 잠겨 혼자 뒤에 남았다. 나중에야 비로소 그는 빵과 베이컨이 머리에 떠올라 혼자서 먹었다. 이제 완전히 어두워져 있었다.

8

골드문트의 방랑은 꽤 오랫동안 계속되었다. 같은 장소에서 연거푸 밤을 보내는 일은 드물었다. 곳곳에서 여인들의 환영을 받으며 행복했다. 피부는 햇볕에 그을리어 갈색이 되고, 방랑과 소박한 음식 때문에 수척해졌다. 수많은 여인들이 이른 아침에 그에게 이별을 고하며 떠났다. 눈물을 흘리며 헤어지는 여인이 많았다. 그는 몇 번이나 이런 생각을 해보았다. '왜 아무도 내 곁에 머무르지 않는가? 사랑의 하룻밤을 위해 간통을 저지를 정도로 그들이 나를 사랑했다면, 왜, 왜, 다들 남편한테로 이내 돌아가는 걸까? 다들 호되게 맞을 것을 두려워하면서도.' 한 사람도 가지 말라고 진심으로 그를 붙들지는 않았다. 단 한 명의 여인도 같이 데려가 달라고 간청하지 않았다. 방랑의 기쁨과 괴로움을 나눌 만큼 그를 사랑하는 사람은 없었다. 물론 골드문트가 그렇게 하자고 꾀지도 않았다. 어떤 여인에게도 그런 생각을 일깨워 주지는 않았다. 자신의 마음을 들여다보았을 때, 그는 자신이 그 자유로움을 소중히 여기고 있음을 알았다. 다음 여자의 팔에 안겼을 때 먼젓번 애인에 대한 그리움이 남아 떠오르지는 않았다. 그럼에도 그가 가는 어디에서나 사랑은 너무나도 짧고, 그 자신의 사랑도 여인들의 사랑과 마찬가지라는 것이, 그리고 빠르게 불붙었듯 빠르게 싫증이 나는 것이 조금 이상하고 슬프게 여겨졌다. 그렇게 되어야만 했을까? 어떻게 언제 어디서나 그렇게 된 걸까? 아니면 그 자신 때문이었을까? 어쩌면 여인들은 그를 탐내며 감미롭다고 생각할지 모르지만, 마른풀 속이나 이끼 위에서 짧은 순간의 말없는 교제는 원하나 그와 함께 살기는 바라지 않도록 운명이 정해진 게 아닌가? 한곳에 정착해서 사는 사람들이란 방랑자의 삶에 두려움을 갖고 있기 때문일까? 아니면 전적으로 그 자신에게 뭔가가 있기 때문일까, 그의 인격 때문에 그런 걸까? 여인들은 예쁜 인형을 바라듯 그를 열망하고 가슴에 품는다. 그러고 나선 매 맞을 것이 뻔한 데도 나중엔 그들의 남편에게로 되돌아가 버리는 것이다. 그는 납득할 수가 없었다.

그는 여자들에게서 배우는 일에 싫증이 나지 않았다. 사실 그는, 아직 남편이 없어 아무것도 모르는 나이 어린 소녀들에게 더 이끌렸다. 그녀들과는 더 오랫동안 사랑에 빠질 수 있었다. 그러나 어린 소녀들 대부분은 가까이 하기 힘들었다. 그들은 수줍고 겁이 많았으며, 잘 보호받았다. 그러나 그는 부인들에게 배우는 것도 즐겼다. 어느 여자나 그에게 뭔가를 남겨 주었다. 몸짓이라든가, 키스방법이라든가, 특별한 기교라든가, 몸을 맡기거나 망설일 때의 독특한 방법들이 그것들이었다. 골드문트는 무엇이든지 받아들였다. 그는 탐욕스럽고 유순한 아이처럼, 모든 유혹에 대한 문을 열어 놓았다. 바로 그러한 이유만으로 그는 매우 유혹적이었다. 그의 아름다움이 전부였다면 여자들이 그토록 쉽게 이끌려가지 않았을 것이다. 그의 아이다운 개방성과 욕망에 대한 순수한 호기심, 여자들이 그에게 바라는 것은 무엇이든 가리지 않고 따르려는 자세가 그녀들을 잡아끌었기 때문이었다. 그는 스스로 깨닫지는 못했지만 여인들이 그에게 바라는 대로, 꿈꾸는 대로 해주었다. 어느 여인한테는 부드럽고 좀 조심성 있게, 다른 여인한테는 재빠르고 탐욕스럽게, 어느 때는 처음으로 여자를 안 소년같이, 어느 때는 기교가 뛰어난 경험자처럼. 그는 유희와 싸움, 탄식과 웃음에 준비가 되어 있었고, 순결해지기도 하고 부끄러움을 모르기도 했다. 그는, 여인이 그를 열망하거나 그가 해주길 바라고 이끄는 것이 아니라면 아무것도 하지 않았다. 영민한 여자들은 이것을 그에게서 금세 감지해 냈는데, 이것이 그를 여인들에게 사랑받도록 만들어 주는 것이었다.

그는 계속해서 배워갔다. 짧은 시간 동안 사랑의 많은 종류와 기교를 배웠으며, 많은 여자들에게서 여러 경험들을 흡수했다. 여성을 다방면에 걸쳐서 보고, 느끼고, 만지고, 냄새 맡는 것을 배웠다. 온갖 목소리에 대해서 예민한 귀를 얻게 되었고 많은 여성의 목소리를 듣고 그 여자가 지닌 사랑에 대한 능력과 범위를 정확히 알아맞히게 되었다. 머리가 목 위에서 자세를 어떻게 잡고 있는가, 이마의 앞머리가 어떤 모양으로 흘러내리고 있는가, 무릎이 어떠한 모양으로 움직이는가, 그 천차만별인 모양을 그는 무한한 기쁨을 갖고 관찰했다. 그는 어둠 속에서 눈을 감고 신중하게 손가락을 움직여 탐색하면서, 한 여인의 피부와 솜털이 다른 여인의 것과 어떻게 다른지 털의 종류를 구별하는 법도 배웠다. 그는 자신이 방랑 생활을 하는 의미가 바로 여기에 있음을 알아차리기 시작했다. 어쩌면 이러한 특징 속에, 인지하고 구별하는 능력을 더 미묘하고 더 심오하게 깨닫고, 보다 큰 변화를 배우고 경험하기 위해서 여자에서 여자로 전전하는 것이 아닐까. 많은 음악가들이 악기 하나만이 아니라 세 개나 네 개 혹은 더 많은 악기를 연주할 줄 아는 것과 마찬가지로, 어쩌면 그의 숙명은 완벽한 경지에 이를 때까지 여인들을 아는 법과 사랑을 배우는 천 가지 방법을 알아내는 것인지도 모를 일이다. 물론 그것이 어디에 쓸모가 있고 어디에 이끌려가게 되는가 하는 것은 몰랐다. 그는 다만 이것이 자신의 길임을 느끼고 있었다. 그는 라틴어와 논리학에 대해 공부할 수는 있었으나, 거기에 특별한 재능을 지니고 있지는 않았다. 하지만 이와 달리 사랑이나 여인들과의 유희에는 재능을 지니고 있었다. 이로써 그는 어려움 없이 배우고, 무엇 하나 잊지 않았다. 경험은 저절로 쌓이고 분류되었다.

방랑 생활을 한 지 1, 2년이 지난 어느 날, 골드문트는 아름답고 젊은 두 딸을 가진 유복한 기사의 저택으로 갔다. 이른 가을이었다. 얼마 안 있어 밤은 차가워지리라. 지나간 가을과 겨울에 추운 날씨를 맛보았기에 앞으로 다가올 몇 달이 걱정스러웠다. 겨울의 방랑은 어려웠다. 그가 식사와 잠자리를 청하자 모두 그를 정중히 맞이했다. 나그네가 학문을 한 사람이요, 그리스어를 할 수 있다는 이야기를 들었을 때, 기사는 그를 하인의 식탁에서 자기 식탁으로 초대하여 거의 자기와 같은 대접을 받도록 해주었다. 딸들은 눈을 내리깔고 있었다. 언니는 리디아로 열여덟 살이었고, 동생 율리에는 열여섯 살이었다.

이튿날 골드문트는 길을 떠나고자 했다. 이 아름다운 금발의 아가씨들은 어느 하나도 손에 넣을 가망이 없었다. 그를 붙잡아 둘 만한 다른 여자도 없었다. 그런데 어쩐 일인지 아침식사가 끝난 뒤 기사가 그를 옆에 앉게 했다. 기사는 특별한 목적이 있는 모양인지 그를 방 안으로 안내하고 학문이나 책에 대한 그의 약점에 대해 젊은이한테 이야기했다. 그리고 그가 모아들인 책이 가득한 조그만 책장이라든지, 직접 만든 책상이라든지, 최고급의 아름다운 종이와 양피지 꾸러미 등을 보여 주었다. 오래지 않아 골드문트가 들은 바에 의하면, 이 경건한 기사는 젊은 시절엔 학교를 다녔으나 전쟁과 세속적인 생활에 젖어 학문을 완전히 그만둬 버렸다. 그러다가 중병을 얻어 앓아누운 동안 하느님의 계시를 받고 순례를 떠나 젊은 시절의 죄를 속죄하게 되었다. 그는 로마와 콘스탄티노플까지 여행했는데, 돌아와서 보니 아버지는 죽은 채로 발견되었고 집은 텅텅 비어 있었다. 그래서 그대로 눌러앉아 살다가 결혼을 했고 아내를 잃은 뒤론 남은 딸들을 키워왔다. 노년에 접어들기 시작한 지금은 옛날의 순례여행에 대해 상세히 기록하기 시작했다. 몇 장(章)을 적긴 했으나—젊은이에게 털어놓은 바에 의하면—그의 라틴어 실력이 불완전하여 일이 자꾸만 지연된다고 했다. 그러면서 만약 골드문트가 지금까지

작성된 것을 올바르게 고치면서 정서해 주고, 책을 완성하는 데 도움을 준다면 새 옷과 자유로운 숙식도 제공하겠다고 했다.

가을이었다. 방랑자한테 그것이 무엇을 의미하는지 골드문트는 알고 있었다. 새 옷도 그가 이제껏 바라던 것이었다. 그러나 젊은이를 무엇보다 기쁘게 해준 것은 아름다운 두 자매와 한집에 몇 개월씩이나 함께 있게 된 것이었다. 그는 그 자리에서 바로 승낙했다. 며칠 뒤 가정부는 장롱을 열어 달라는 부탁을 받았다. 그들은 그 안에서 갈색 천 한 필을 발견했는데, 골드문트는 그것으로 옷과 모자를 만들어 달라고 주문했다. 기사는 값비싼 검은 천으로 학자의 가운 같은 것을 만들게 하려고 했다. 그러나 그의 손님은 그 말을 듣지 않고 기사가 마음을 돌리도록 능숙하게 구슬렸다. 마침내 골드문트를 위해 멋진 옷이 만들어졌는데, 반은 수습기사 옷 같고 반은 사냥꾼 옷 같았다. 그에게 정말 잘 어울렸다.

라틴어도 잘 되어 갔다. 이때까지 쓴 곳을 둘이서 같이 조사해 나갔다. 골드문트는 부정확하고 잘못된 표현들을 정정할 뿐 아니라, 여기저기에서 기사의 짧고 서툰 문장들을 견고한 문법과 단정하고 일관된 시제에 맞춰 다듬었다. 기사는 매우 기뻐하며 칭찬을 아끼지 않았다. 두 사람은 매일, 적어도 두 시간 동안 이 일을 하며 보냈다.

골드문트는 성에서—사실은 넓고 방비가 잘된 농가일 뿐이었지만—시간을 때울 만한 소일거리를 찾아냈다. 사냥을 하기도 하고, 사냥꾼 하인리히를 따라다니며 석궁 쏘는 방법을 배우기도 하고, 개와 친구가 되기도 하고, 말도 실컷 탈 수 있었다. 혼자 있는 적은 별로 없었다. 이야기의 상대는 개나 말이나 혹은 하인리히나 하녀장 레아였다. 이 여자는 남자 목소리를 내며 농담을 무척 즐기고 호들갑스레 잘 웃는 살찐 노파였다. 개를 돌보는 소년이나 양을 지키는 목동이 이야기 상대가 될 때도 있었다. 바로 이웃에 있는 방앗간집 안주인과 쉽게 밀애를 즐길 수도 있었지만, 그는 한 발 뒤로 물러서서 냉담한 척 순진한 남자 행세를 했다.

기사의 두 딸은 완전히 그를 매혹시키고 말았다. 동생이 더 아름다웠으나 매우 새침해서 골드문트와는 거의 한 마디 말도 나누지 않았다. 그는 두 처녀에게 큰 경의를 표하며 정중하게 대우했다. 그러나 그들은 그의 존재 자체를 끊임없는 구애로 느꼈다. 동생은 그에게 완전히 빗장을 걸어 잠그고 수줍어하며 완고하게 굴었다. 언니인 리디아는 그에게서 풍기는 독특한 분위기를 감지하고, 마치 그가 학식을 지닌 괴물이라도 되는 것처럼 존경하는 마음과 비웃음이 뒤섞인 태도로 그를 대했다. 그녀는 호기심 어린 질문을 많이 하면서, 또한 수도원에서의 그의 생활에 대해서도 물었다. 그러나 그녀의 말투에는 언제나 약간의 빈정거림과 귀부인으로서의 거만함이 묻어났다. 그는 한 가지 일에도 거역하지 않고 리디아를 대할 때는 귀부인과 같이, 율리에를 대할 때는 어린 수녀를 대하듯이 했다. 그의 이야기로 저녁식사 뒤 평상시보다 오랜 시간 처녀들을 식탁 곁에 붙잡아 두는 데 성공하거나, 안마당이나 정원에서 리디아가 그에게 말이라도 걸어오고 그의 장난이라도 받아들여 주면 그는 만족해하며 이것을 하나의 진보라고 생각했다.

이 가을, 안마당에 있는 높다란 물푸레나무의 잎은 오랫동안 떨어지지 않고 정원에도 들국화와 장미꽃이 오래도록 피어 있었다. 어느 날 손님이 왔다. 이웃 농장의 주인이 부인과 마부를 데리고 말을 타고 왔다. 온화한 날씨에 이끌려 평소보다 먼 거리로 소풍을 하다 보니 여기까지 오게 된 것이었다. 그들은 하룻밤 묵어가게 해 달라고 청했다. 사람들은 그들을 매우 공손히 맞이했다. 골드문트의 침대는 손님방에서 서재로 옮겨지고 그 방은 손님을 위해 마련되었다. 닭을 몇 마리 잡고, 물방아가 도는 연못에 물고기를 잡아오라 하인을 보내기도 했다. 골드문트는 축제 기분에 젖어 신나는 분위기에 끼어들었다. 그러다가 낯선 부인이 자신에게 눈길을 보내고 있음을 금세 알아차렸다. 그리고 그녀의 목소리와 눈길에 깃든 무언가를 통해 자신을 향한 그녀의 관심과 욕망을 눈치채자마자, 리디아의 태도가 달라져서 가만히 뾰로통해 가지고 그와 귀부인을 관찰하기 시작한 것도 느낄 수 있었다. 밤의 만찬이 진행되는 동안 귀부인의 발이 테이블 밑에서 골드문트의 발을 가지고 희롱하기 시작했다. 그는 이 희롱으로 큰 즐거움을 만끽했다. 그러나 호기심 가득하고 빛나는 눈초리로 그것을 바라보는 리디아의 말 없는 긴장감이 그를 훨씬 더 즐겁게 했다. 나중에 그는 일부러 나이프를 마룻바닥에 떨어뜨리고 테이블 밑으로 허리를 굽혀 그것을 주우면서 부인의 허벅지와 발목을 손으로 애무했다. 그러자 리디아의 얼굴이 창백해지더니 입술을 깨무는 것이 그의 눈에 보였다. 그는 수도원의 일화에 대해 이야기를 계속하고 있었으나, 손님인 부인은 이야기보다는 그의 구애의 소리를 마음속으로 경청하고 있는 것 같았다. 다른 사람들도 이야기를 들으며 앉아 있었다. 그의 후원자는 호감 어린 표정이었지만, 이웃집 손님은 무표정했다. 하지만 그 역시 이 젊은이의 내부에서 불타오르는 불길에 감동해 있었다. 리디아는 이런 식으로 그가 이야기하는 것을 들어본 적이 없었다. 그는 활짝 핀 꽃과 같았다. 기쁨이 공중에 춤추고, 눈은 빛나며 목소리는 행복을 노래하고, 사랑을 애원하고 있었다. 세 여자는 모두 그것을 느꼈지만 방식은 저마다 달랐다. 어린 율리에는 격렬히 반항하면서 거역했고, 이웃집 부인은 황홀히 만족스러워했다. 리디아는 가슴속에 고통스러운 동요와 깊은 갈망의 뒤섞임, 가벼운 저항, 그리고 미칠 듯이 격렬한 질투를 느껴 얼굴이 일그러졌으며 눈빛은 이글이글 불타올랐다. 골드문트는 이러한 감정의 파도를 하나도 남김없이 느꼈다. 그것들은 그의 구애에 대한 비밀스런 대답인 것처럼 그에게로 물밀듯 쏟아져 들어왔다. 몸을 맡기는 사랑의 공상, 저항하는 사랑의 공상, 서로 부딪치며 싸우는 사랑의 공상이 새처럼 그의 주변을 날아다녔다.

　밤이 깊은 지 오래라 식사가 끝나자 율리에는 자리를 정리하고 일어났다. 그러고는 작은 수도원에 기거하는 부인처럼 쌀쌀맞게 토기 촛대에 초를 켜 들고 홀에서 나갔다. 다른 사람들은 한 시간이 더 지나도록 자리에서 떠나지 않았다. 두 남자가 추수나 황제나 주교의 이야기를 주고받을 동안 리디아는 골드문트와 귀부인이 나누는 쓸데없는 수다에 온 신경을 모아 귀를 기울이고 있었다. 그런데 길게 늘어지는 이야기 사이사이에는 시선과 억양, 사소한 몸짓으로 오가는 달콤한 그물이 두툼하게 짜여 갔고, 가닥 하나하나마다 의미가 넘칠 듯 실려 있었으며, 욕망이 뜨겁게 달아올라 있었다. 소녀는 탐욕과 혐오에 취해 있다가도, 골드문트가 테이블 아래로 부인의 무릎을 만지는 것을 보거나 느끼면 마치 자기 몸에 닿은 것처럼 깜짝 놀랐다. 그날 밤 리디아는 잠을 이루지 못하고 저 두 사람은 꼭 같이 잘 거라고 확신하며 깊은 밤중까지 가슴을 졸이며 귀를 기울였다. 두 사람이 이루지 못한 것을 리디아는 상상 속에서 실현시키고 있었다. 리디아는 두 남녀가 부둥켜안는 것을 보고 서로 키스하는 소리를 들었다. 동시에 배반당한 기사가 사랑을 나누고 있는 그들을 불시에 습격하여 꼴사나운 골드문트의 가슴에 칼을 꽂지는 않을까, 겁내기도 하고 또 바라기도 하면서 흥분한 나머지 몸을 떨었다.

　이튿날 아침은 하늘에 구름이 끼고 물기를 한껏 머금은 바람이 불고 있었다. 좀더 머물고 가라는 권고를 뿌리치고 손님은 조급히 출발을 서둘렀다. 그들 부부가 말을 탈 때 리디아는 옆에 서서 악수를 하고 이별의 말을 건넸으나, 자신이 뭘 하고 있는지조차 몰랐다. 리디아는 온 신경을 남김없이 눈에 집중하고 있었다. 기사의 부인이 말을 타면서 발을 골드문트가 내민 두 손에 얹는 모양을, 골드문트의 오른손이 아주 잠깐 동안 여인의 발을 힘 있게 꽉 붙드는 모양을 뚫어지게 보고 있었다.

손님들은 말을 타고 떠나 버렸다. 골드문트는 서재에 들어가서 일을 했다. 30분 뒤 아래층서 리디아가 하녀에게 이르는 목소리가 들리고 말을 끌어내는 소리가 들렸다. 주인은 창가로 걸어가서 밑을 내려다보고는 싱긋이 웃으며 고개를 저었다. 두 사람은 리디아가 저택에서 말을 타고 나가는 것을 바라보았다. 그날은 두 사람 다 라틴어 저작 작업이 그리 진척되지 않았다. 골드문트의 마음은 산란했다. 주인은 친절하게도 평소보다 빨리 그를 해방시켜 주었다.

골드문트는 몰래 말을 타고 저택을 빠져나와 차갑고 축축한 가을 바람을 받으며 빛깔이 달라지고 있는 풍경 속으로 달려 나갔다. 점점 빨리 달리고 있으려니까 안장 밑이 뜨뜻해져 그 자신의 피도 뜨거워 오는 것을 느꼈다. 추수가 끝난 들판과 휴간지를 넘고 벌초했던 잔디와 갈대가 제멋대로 자란 벌판과 늪지대를 넘어, 음산한 날씨를 맛보며 깊이 숨을 들이쉬면서 앞으로 나아갔다. 오리나무가 늘어선 작은 골짜기와 썩어가는 소나무 숲, 그리고 또 다시 갈색으로 물든 벌거벗은 황야를 지났다.

진회색 구름이 낀 하늘 아래 높다란 언덕배기에 리디아의 실루엣이 아른거렸다. 그녀는 빠르게 걷고 있는 말에 높이 올라앉아 있었다.

그는 리디아한테 달려갔다. 리디아는 추격을 받고 있음을 알자 말을 채찍질하고 달아났다. 안 보인다고 생각하면 다시 머리칼을 바람에 나부끼고 있는 모습이 보였다. 여우사냥을 하듯 그는 뒤쫓아 갔다. 그의 마음은 싱긋이 웃고 있었다. 다정스럽게 작은 소리로 말을 격려하고 달리면서 기꺼운 눈으로 풍경을 세밀히 관찰했다. 웅크리고 앉은 밭이랑, 오리나무 숲, 단풍나무의 그루들과 늪의 진흙탕 기슭 등, 그러나 그의 눈길은 달아나고 있는 아름다운 여인이라는 과녁을 향해 몇 번이나 되돌아갔다. 얼마 안 가서 잡을 수 있을 것 같았다.

리디아는 그가 바짝 따라왔음을 알자 달리는 것을 단념하고 말을 걷게 했다. 그러고는 추격자를 거들떠보지도 않았다. 위풍당당하면서도 태연하게, 마치 아무 일도 없었던 듯 혼자뿐인 것처럼 말을 앞으로 몰고 갔다. 그는 자신의 말을 리디아의 말과 나란히 했다. 두 마리의 말은 서로 다가붙어서 한 가로이 걸어갔다. 그러나 경주를 한 탓에 말도, 사람도 상기해 있었다.

"리디아!"

그는 나지막이 불렀다.

리디아는 대답을 하지 않았다.

"리디아!"

여전히 대답이 없었다.

"리디아, 당신은 정말로 아름다워요. 당신이 말을 달리는 모습을 먼 데서 보니 머리칼이 흩날리는 모습이 마치 황금색 번개 불빛 같더군요. 어찌나 멋지던지! 당신이 내게서 달아나는 것도 아주 훌륭했어요. 그래서 당신이 나를 조금은 신경 쓰고 있다는 걸 알았죠. 몰랐거든요. 지난밤까지는 확신하지 못했었죠. 그런데 당신이 갑자기 내게서 달아나려고 해서 알게 됐어요. 피곤하죠? 아름다운 내 사랑, 내립시다."

그는 얼른 말에서 뛰어내리면서 리디아가 도망치지 못하도록 그녀 말의 고삐를 잡았다. 눈같이 하얀 그 얼굴이 그를 내려다보았다. 말에서 안아서 내려주자 그녀는 왈칵 눈물을 쏟았다. 그는 리디아를 조심조심 몇 발짝 데리고 가다가 마른풀 위에 소녀를 앉히고 그 옆에 무릎을 꿇었다. 그녀는 거기에 앉아서 울지 않으려고 애써 싸웠다. 용감하게 맞서 싸우더니 눈물을 참아냈다.

"아, 당신이 그렇게까지 나쁜 사람일 줄이야!" 그녀는 말을 할 수 있게 되자 입을 열었으나 멈췄다. 통 말이 나오질 않았다.

"내가 그렇게 나쁜가요?"

"골드문트, 당신은 여자를 유혹하는 사람이에요. 아까 당신이 나한테 말한 것을 잊어 줘요. 무례한 말이에요. 내게 그런 식으로 이야기를 하다니 마땅찮네요. 어떻게 당신은 내가 당신을 신경 쓴다고 생각할 수가 있죠? 우리, 그 말들을 잊도록 하죠! 하지만 내가 지난밤에 봐야 했던 것을 나는 어떻게 잊을 수 있을까요?"

"지난밤? 지난밤에 뭘 봤단 말이죠?"

"오, 시치미 떼지 말아요. 그런 식으로 거짓말하지 말라고요. 내 눈앞에서 그 부인을 그런 식으로 희롱하다니, 끔찍하고 뻔뻔하군요! 당신은 부끄럽지도 않나요? 테이블, 우리 테이블 밑에서 그녀의 다리를 만지작거리기까지 했어요! 내 앞에서! 내 눈앞에서! 그런데 이제 그녀가 가버리니까 당신은 내 뒤를 따라오는군요. 당신은 정말로 수치심이라는 말의 의미를 모르는 사람이에요."

골드문트는 리디아를 말에서 내려 주기 전에 리디아한테 한 말을 벌써부터 후회하고 있었다. 얼마나 어리석었던가! 사랑에 언어란 불필요하다. 잠자코 있어야 했던 것이다.

그는 더 이상 말하지 않았다. 자기 옆에 무릎을 꿇고 앉은 그를, 그녀는 너무나 아름다운 모습으로 너무나 슬프게 바라보았다. 그녀의 아픔은 그의 아픔이 되었다. 그 자신도 무엇을 호소해야만 할 것 같은 심정이었다. 그러나 소녀가 무슨 말을 하더라도 그는 소녀의 눈동자 속에서 사랑을 볼 수 있었다. 실룩거리는 입술 위에 있는 괴로움도 사랑이었다. 그는 리디아의 말보다도 리디아의 눈을 믿었다.

하지만 리디아는 대답을 기다렸다. 반응이 없자, 리디아의 입술은 한층 더 비통하게 일그러졌다. 그녀는 울어서 약간 부은 눈으로 그를 바라보면서 되물었다. "당신은 정말 수치심이 없나요?"

그는 조용히 말했다. "용서해 줘요. 우리는 말해선 안 되는 것을 이야기하고 있습니다. 내 잘못이에요. 용서해 줘요! 수치를 모르느냐고 당신은 묻고 있죠. 아뇨, 나도 수치스럽습니다. 하지만 나는 당신을 사랑합니다. 사랑은 수치 같은 걸 모릅니다. 화내지 마십시오!"

그녀는 그의 말을 거의 듣고 있지 않은 것 같았다. 쓸쓸하게 입을 다물고 앉아 마치 혼자인 것처럼 먼 곳을 바라볼 뿐이었다. 그는 이런 상황에 처한 적이 한 번도 없었다. 그것은 말을 했기 때문이었다.

그는 자신의 얼굴을 가만히 리디아의 무릎에 얹었다. 접촉은 금세 그의 기분을 좋게 해주었다. 하지만 그는 감히 손을 댈 수가 없어 슬퍼졌다. 리디아도 여전히 슬픈 것만 같았다. 꼼짝하지 않고 앉아서 아무 말도 없이 멀리 내다보고만 있었다. 말할 수 없는 거북스러움, 말할 수 없는 슬픔이었다! 그러나 리디아의 무릎은 그가 비벼대는 따스한 볼을 다정스레 받아 주었다. 그녀는 그를 뿌리치지 않았다. 그녀의 무릎 위에서 눈을 감고 있던 그의 얼굴은 그 무릎의 고상하고 긴 모양을 속으로 한껏 빨아들였다. 기품 있고 처녀다운 이 무릎이 그녀의 길고 아름다우며 깔끔한 둥근 손톱과 얼마나 닮았는가를 생각하며 골드문트는 기쁨과 감동에 젖었다. 기꺼이 그는 그 무릎을 껴안고 그의 뺨과 입이 무릎과 대화하게 놓아두었다.

이번에는 리디아의 손이 망설이는 듯하면서 새처럼 가볍게 그의 머리칼 위에 얹히는 것을 느꼈다. 상냥한 손길이었다. 부드러운 손이 가만히 어린아이같이 그의 머리칼을 만지작거리는 것을 느꼈다. 이전부터 몇 번이나 자세히 관찰하여 감탄하고 있던 손이었다. 길고 둥글며 아름다운 분홍빛 손톱이 있는 가느다란 손가락은, 그가 자신의 것만큼이나 잘 알고 있는 것이었다. 지금 그 길고 섬세한 손가락이 그의 곱슬머리와 소심한 대화를 나누고 있었다. 그들의 언어는 유치하고 걱정스러운 것이었으나 그것은 사랑이었다. 그는 감사한 마음으로 그녀의 손안에 자기 머리를 맡기고, 목덜미와 볼에서 그녀의 손바닥을 느꼈다.

그때 리디아가 말했다. "가야 될 시간이에요."

그는 고개를 들고 애정 어린 얼굴로 리디아를 쳐다보며 그 가녀린 손가락에 가만가만히 입을 맞추었다.

소녀는 말했다. "제발, 일어나요. 집에 가야 해요."

그는 얼른 순종했다. 둘은 일어서서 말에 올라타고 달려갔다.

골드문트의 가슴에는 행복이 물결쳤다. 리디아는 얼마나 아름답고 어린아이처럼 순진하고 여린가! 그는 그녀와 키스조차 해보지 않았지만, 그녀에게서 선물 공세를 받은 듯한 성취감을 느꼈다. 둘은 질풍같이 달렸다.

돌아오는 길 저택 어귀에 이르자 비로소 리디아는 깜짝 놀라서 말했다. "둘이 같이 들어가면 안 돼요. 우린 어쩌면 이렇게 바보 같죠!" 둘이 말에서 내리고 마부가 달려나오는 바로 그 순간이 되어서야 리디아는 얼른 그의 귀에 대고 소곤거렸다. "당신 엊저녁에 그 여자한테 갔는지 안 갔는지 말해요!" 그는 몇 번이나 고개를 저으며 안장을 풀기 시작했다.

오후가 되어 아버지가 외출하자 리디아는 서재에 나타났다.

"정말이에요?" 리디아는 열정적인 목소리로 재빨리 물었다. 그는 그녀가 무슨 말을 하는지 금방 알아차렸다.

"그 여자하고 왜 그랬어요? 그렇게 추잡하게 말예요. 왜 그녀를 당신에게 폭 빠지게 했어요?"

그는 말했다. "당신 때문이었죠. 나를 믿어 봐요. 나는 그녀의 발보다 오히려 당신의 발을 훨씬 더 어루만지고 싶었어요. 하지만 테이블 밑에서 당신의 발은 결코 내 쪽으로 오지 않았죠. 당신을 좋아하느냐고 내게 묻지도 않았고요."

"정말 내가 좋아요, 골드문트?"

"물론이죠."

"하지만 그래서 어떻다는 거죠?"

"모르겠어요, 리디아. 그런 것은 아무래도 상관없습니다. 당신을 사랑하는 것이 나를 행복하게 하는 거예요. 어떻게 된다는 것은 생각하지 않습니다. 당신이 말을 타고 있는 것을 보고, 당신의 목소리를 듣고, 당신의 손이 나의 머리칼을 만져 주는 것이 나를 즐겁게 해줍니다. 당신이 키스를 해주면 더욱 기쁠 겁니다."

"약혼자한테만 키스할 수 있어요, 골드문트. 그걸 생각해 보지 않았나요?"

"네, 그런 걸 생각해 본 적은 없어요. 왜 나는 안 되나요? 당신이 내 약혼자가 될 수 없다는 것은 나만큼이나 리디아도 잘 알고 있잖아요?"

"그게 진실이에요. 당신이 내 남편이 될 수 없고 늘 내 옆에만 있을 수도 없기 때문에 나에게 사랑 이야기를 하는 건 큰 잘못이에요. 당신은 나를 유혹할 수가 있다고 믿었나요?"

"나는 그런 걸 믿지도 않았고 생각하지도 않았습니다. 리디아, 나는 당신이 상상하는 것보다 작은 일을 생각합니다. 언젠가 당신한테서 키스를 받고 싶다는 욕망밖에는 없습니다. 우리는 이야기를 너무 많이 합니다. 연인들은 이런 짓을 하지 않습니다. 당신은 나를 좋아하지 않는 것 같네요."

"오늘 아침에 당신은 반대의 말을 했어요."

"그리고 당신은 반대의 행동을 했습니다."

"내가? 무슨 뜻이에요?"

"처음, 당신은 내가 오는 것을 보자 나를 피해서 달아났습니다. 그래서 나는 당신이 나를 사랑하고 있는 거라고 믿었습니다. 그 다음에 당신은 울고 말았습니다. 그것도 나를 사랑하기 때문이라고 생각했습니다. 그 다음 내가 머리를 당신의 무릎 위에 눕혔을 때 당신은 나를 쓰다듬어 주었습니다. 그것 역시 사랑이라고 나는 믿었습니다. 그러나 지금은 도무지 사랑해 주지 않는 것 같습니다."

"나는 당신이 어젯밤에 발을 만져 준 여자하고는 달라요. 당신은 그런 여자한테 익숙해져 있는 것 같아요."

"천만의 말씀. 당신은 그 여자보다 훨씬 아름답고 교양이 있습니다."

"나는 그런 걸 말하고 있는 게 아니에요."

"그렇지만 사실입니다. 당신은 자신이 얼마나 아름다운지 알기나 합니까?"

"나에게도 거울은 있어요."

"거울로 당신의 이마를 한 번이라도 본 일이 있습니까, 리디아? 그리고 당신의 어깨와 손톱과 무릎은요? 그리고 당신은 그 부분들이 뒤섞여 조화롭게 어울린다는 걸 알아챈 적이 있나요? 그것들이 모두 얼마나 닮은 모습을 하고 있는지, 기다랗고 팽팽하며 견고한 데다 날씬한 모양이라는 걸 알아요? 그 모습을 본 일이나 있습니까?"

"어쩌면 그런 말을! 사실 그런 것은 한 번도 본 일이 없지만 지금 당신이 그런 말을 했기 때문에 당신 속셈을 알았어요. 좀 들어 봐요! 당신은 여자를 홀리는 사람이에요. 지금도 당신은 나한테 허영심을 불어넣으려고 애쓰고 있는걸요."

"유감스러운 일이지만, 당신한테는 그렇게 할 수가 없는걸요. 당신한테 허영심을 넣어 줄 필요가 어디 있겠어요. 당신은 아름다워요. 그리고 나는 거기에 대해서 감사하다는 것을 보여 주고 싶은걸요. 당신이 내게 그 말을 하게 합니다. 말이 없다면 나는 훨씬 더 잘 보여 줄 수 있죠. 말로서는 당신한테 아무것도 줄 수가 없습니다! 말로서는 당신한테서 아무것도 배울 게 없거니와 당신도 나에게서 아무것도 배우지 못해요."

"도대체 당신한테 뭘 배우라는 거예요?"

"나는 당신에게서 배우고, 리디아, 그리고 당신은 나에게서 배우는 겁니다. 하지만 당신은 원하지 않아요. 당신은 당신을 신부로 맞아들이려고 하는 사람만을 사랑하려고 합니다. 그 사람은 당신이 아무것도 배우지 않았다는 것을, 키스를 하는 것조차도 배우지 않았다는 것을 알게 되는 날에는 웃을 겁니다."

"그래서 당신은 키스하는 방법을 나한테 가르쳐 주려는 거군요? 학자님."

그는 그녀에게 웃어 주었다. 리디아의 말은 그의 기분을 상하게 했지만 리디아의 약간 퉁명스럽고 진심이 아닌 말 뒤에서 처녀다움을 느낄 수 있었다. 그리고 그녀의 욕망과 두려움이 다시 싸우고 있음을 감지했다.

그는 대답하지 않았다. 단지 리디아에게 싱긋 웃어 주고 리디아의 불안한 시선을 그의 눈길로 사로잡고 말았다. 리디아가 저항을 하면서도 마력에 굴복하는 데 따라 그는 천천히 얼굴을 리디아의 얼굴로 가져갔다. 드디어 입술과 입술이 만났다. 그는 가만히 리디아의 입술을 스쳤다. 리디아의 입술은 어린아이 같은 키스로 그에게 답해 주었으나 이젠 그가 놓아 주지 않는다는 것을 알자 고통스럽고도 놀란 듯이 벌어졌다. 달아나는 그녀의 입술이 망설이며 다시 그에게로 돌아올 때까지 그는 조심스럽게 구애하며 쫓아갔다. 그러고는 매혹당한 처녀에게 키스를 주고받는 법을 어렵지 않게 가르쳤다. 드디어 리디아는 맥이 탁 풀린 채 얼굴을 그의 어깨에 파묻었다. 그는 가만히 쉬게 하고서는 리디아의 짙은 금발의 냄새를 즐겁게 맡고 있었다. 그리고 애정이 깃들고 위안해 주는 듯한 말씨로 리디아의 귀에다 대고 속삭였다. 그렇게 하고 있는 순간에 근심 걱정 없던 학생 시절, 집시 여인 리제에 의해서 비밀스런 기교를 배웠던 것이 기억났다. 리제의 머리칼은 얼마나 까맣고, 그 살결은 얼마나 갈색이었던가! 내려쬐는 강한 햇볕 아래 시들은 고추나물은 얼마나 향기를 풍겼던가! 그의 기억은 얼마나 멀리에서 건너와 반짝이고 있는 걸까! 이다지도 빨리, 또 꽃도 피기 전에 온갖 것은 시들어 가고 마는 것이었다!

리디아는 천천히 일어섰다. 그녀의 표정은 달라져 있었는데, 사랑스런 눈은 크고 진지하게 보였다.

리디아가 말했다. "가게 해줘요, 골드문트. 당신 곁에 너무 오래 있었어요. 내 사랑!"

날마다 둘은 비밀스런 시간을 가졌다. 골드문트는 사랑하는 여인이 마음대로 자신을 이끌도록 내버려 두었다. 이 소녀다운 사랑은 그를 뭐라 표현할 수 없이 행복하게 하고 감동시켰다. 리디아는 거의 한 시간 동안이나 그의 두 손을 붙들고 그의 두 눈을 쳐다보기만 하다가 어린아이의 키스를 하며 헤어질 때가 자주 있었다. 반대로, 그녀는 그에게 쉼 없이 키스를 퍼부으면서도 몸을 만지는 것만은 허락하지 않았다. 어느 땐 얼굴을 빨갛게 물들이고 몸을 배배 꼬면서도 그를 잔뜩 기쁘게 해줄 생각으로 리디아는 한쪽 유방을 보여 주었다. 그녀는 쭈뼛거리며 조그맣고 하얀 열매 같은 것을 옷 속에서 끄집어냈다. 그가 무릎을 꿇고 거기에 키스하자, 리디아는 다시 조심스럽게 옷 속에 감추었으나 목까지 새빨개졌다. 둘은 이야기도 했으나 첫날과는 다른 새로운 방법으로 이야기를 나눴다. 둘은 서로의 애칭을 지어 주었다. 리디아는 자신의 유년시절이나 꿈이나 유희에 대해서 즐겨 이야기했다. 또 그가 리디아와 결혼할 수가 없기 때문에 두 사람의 사랑은 참다운 사랑이 아니라는 것도 자주 말했다. 그녀는 슬픔에 잠겨 진심으로 그런 이야기를 하면서 검은 베일로 감싸듯 이 슬픔의 비밀을 가지고 사랑을 장식하고 있었다.

골드문트는 처음으로 여자한테서 욕정만이 아니라 사랑받고 있다는 것을 느꼈다.

어느 날 리디아는 말했다. "당신은 정말 잘생겼고 명랑해 보여요. 하지만 당신의 두 눈 깊은 곳에는 즐거움이 없고, 오로지 슬픔만 있을 뿐이에요. 마치 당신의 눈은 행복 같은 것은 존재하지도 않고, 아름다운 것도 사랑하는 것도 모두 우리 곁에 오랫동안 있지 않으리라는 사실을 알고 있는 것 같아요. 당신의 눈만큼 아름다운 눈은 없을 테지만, 당신의 눈만큼 슬픈 눈도 없을 거예요. 그것은 당신이 고향이 없는 탓이라고 생각해요. 당신은 숲 속에서 나한테 왔었지요. 그리고 언젠가는 또 여기를 떠나 이끼 위에서 잠자고 방랑할 테죠. 하지만 내 고향은 어디인가요? 당신이 떠난 뒤에도 내겐 여전히 아버지와 동생이 있고, 편안히 앉아서 당신을 생각할 방도 창문도 있겠죠. 하지만 더 이상 고향을 가졌다고는 할 수 없을 거예요."

그는 리디아에게 이야기를 시켜 놓고 때때로 그 이야기에 미소를 지었다. 슬퍼질 때도 많았다. 그러나 말로 슬픔을 달래지 않았다. 그저 리디아의 머리를 가슴에 안고 마치 어린아이가 울 때 유모가 중얼중얼 달래듯이 아무 뜻도 없는 주문을 외듯 나직이 달랬다. 어느 날 리디아가 이렇게 말했다. "골드문트, 난 당신이 어떻게 될지 알고 싶어요. 그런 생각을 자주 한답니다.

당신은 정상적인 편안한 생활은 하지 않을 테지요. 아, 당신이 제발 행복하게 지내기를! 틀림없이 당신은 시인이 될 거라고, 환상과 꿈을 가지고 그것을 아름답게 표현할 수 있는 시인이 될 수 있을 거라고 생각할 때도 있어요. 아, 당신은 온 세상을 헤매고 다닐 테지요. 그리고 모든 여자가 당신을 사랑할 테지요. 그렇지만 그래도 당신은 외로울 거예요. 차라리 수도원의 친구들한테 돌아가는 게 좋지 않아요? 당신이 늘 말하는 친구한테로! 당신이 숲속에서 쓸쓸히 죽어 가지 않도록 나는 당신을 위해 늘 기도드릴 거예요."

어쩔 줄 모르는 눈초리로 리디아는 심각하게 이런 이야기를 할 때가 있었다. 그러나 그 다음에는 또 킬킬대고 웃으며 그와 함께 늦가을의 들판으로 말을 몰고 나가거나, 그에게 재미난 수수께끼를 걸거나, 시들은 잎이나 윤기나는 도토리를 그에게 집어던질 때도 있었다.

하루는 골드문트가 자기 방의 침대에서 잠을 청하며 드러누워 있었다. 그의 심장은 아련한 고통에 싸여 있었다. 사랑과 비탄으로 넘쳐흐르는 그의 가슴은 터질 듯 무겁게 고동쳤다. 그는 11월의 바람이 지붕을 달각거리고 흔드는 소리를 들었다. 잠자리에 누워도 오랜 시간을 두고 그렇게 잠들지 못하는 것이 벌써 습관이 되어 있었다. 매일 밤의 습관대로 그는 나지막이 성모마리아의 찬송을 불렀다.

당신은 진정 아름다워라, 마리아여
더러운 흔적은 가슴속에 없어라
당신은 이스라엘 땅의 환희,
죄 지은 자들의 어머니여라!

노래는 그의 영혼의 한가운데로 가라앉았다. 그러나 동시에 바깥에서는 바람이 노래 부르고 있었다. 다툼과 방랑의 노래를, 숲과 가을의 노래, 떠돌이 인생의 노래를. 생각은 리디아한테로, 나르치스한테로, 어머니한테로 흘러갔다. 울적한 그의 가슴은 감정이 넘쳐흘러 잠들지 못했다.

그때 그는 깜짝 놀라서 믿기지 않는 듯 문 쪽을 응시했다. 방문이 열리고 어둠 속에서 긴 하얀 가운을 입은 형체가 안으로 들어온 것이었다. 리디아였다. 그녀는 맨발로 소리 없이 돌바닥을 걸어 들어와 부드럽게 문을 닫고 그의 침대로 와서 걸터앉았다.

그는 소곤거렸다. "리디아 나의 사슴, 나의 하얀 꽃! 리디아, 어쩐 일이죠?"

그녀가 말했다. "잠깐 당신을 보러 왔죠. 나의 골드문트가 침대에서 잠든 모습을 한번 보고 싶었어요. 내 황금심장(골트 헤르츠)."

그녀는 그의 곁에 누웠다. 그들은 움직이지 않았지만, 그들의 심장은 격렬하게 뛰고 있었다. 그녀는 그가 키스를 하도록 내버려 두고, 찬탄하는 그의 손길이 그녀의 몸을 어루만지며 훑어 내리는 것도 막지 않았다. 그러나 그 이상은 허락해 주지 않았다. 잠시 뒤 그녀는 그의 손길을 부드럽게 뿌리치고 그의 눈에 키스를 한 다음 소리 없이 일어서서 문 밖으로 사라졌다. 문은 삐걱대고, 바람이 깃든 다락방에서 덜컹거리고 쿵쾅거리는 소리가 들렸다. 모든 것이 마법에 걸린 채 비밀스러움과 괴로움, 약속과 위협으로 가득 차 있었다. 골드문트는 그가 무엇을 하고 무엇을 생각하는지 알 수 없었다. 그가 근심에 싸여 잠들었다가 다시 깼을 때, 그의 베개는 눈물에 젖어 있었다.

리디아는 며칠 뒤에 다시 찾아왔다. 감미롭고 하얀 유령은 이전과 마찬가지로 15분가량 그의 옆에 드러누웠다. 그의 팔에 안긴 채 리디아는 그의 귓속에다 대고 이야기하고 싶은 것, 호소하고 싶은 것이 너무나 많이 있다고 속삭였다. 그는 다정하게 귀를 기울였다. 그리고 리디아를 그의 왼팔 위에 눕히고 오른손으로 리디아의 무릎을 만지작거렸다.

리디아는 그의 볼에 입을 대고 소리를 낮춰 말했다. "골드문트. 이제 다시는 당신하고 같이 있을 수 없게 된 것이 무척 슬퍼요. 우리의 아늑한 행복과 비밀은 이제 오래 가지 못해요. 율리에가 이미 의심을 품고 있어요. 얼마 안 가서 나한테 고백하라고 강요할 거예요. 안 그러면 아버지가 눈치챌지도 모르고요. 당신 침대에 같이 누워 있는 것이 발견되면 나의 어여쁜 황금새여, 당신의 리디아는 혼날 거예요. 두 눈은 눈물로 부어오르고, 제일 사랑하는 사람의 목이 나무에 매달려 바람에 나부끼는 걸 보게 될 테죠. 아, 당신, 차라리 달아나요. 차라리 지금 빨리 달아나요. 아버지가 당신을 묶고 목매달지 않게. 요전번에 한 번 목을 매다는 사람을 보았어요. 도둑이었어요. 당신의 목을 매다는 것을 볼 수 없어요. 황금새 님, 차라리 달아나서 나를 잊어요. 당신이 죽지 않아도 되도록, 당신의 파란 눈을 새들이 쪼지 않도록! 아니,

아니, 그리운 님. 가서는 안 돼요…… 아 당신이 나를 버려 두고 가면, 어쩌면 좋아요."

"나하고 같이 가는 것은 싫어요, 리디아? 같이 도망갑시다. 세상은 넓은 걸요!"

리디아는 탄식했다.

"그렇게 할 수 있다면 얼마나 좋겠어요. 당신하고 같이 온 세상을 돌아다닌다면 얼마나 황홀할까요! 하지만 나는 할 수 없어요. 숲 속에서 잠자거나, 집 없는 천사가 되거나, 지푸라기를 머리칼에 붙이거나, 그런 짓은 못해요. 아버지께 수치를 줄 수는 없어요…… 아니, 이런 얘기 그만해요. 공상이 아니에요. 난 할 수 없어요! 더러운 쟁반에 든 것을 먹지 못하고 나병환자의 침대에서 잠잘 수 없듯이 그런 것은 정말 못하겠어요. 아, 우리한테는 좋은 것도 아름다운 것도 모두 다 금지되어 있어요. 우리 두 사람은 괴로움만 잔뜩 받기 위해 태어난 거예요. 내 황금새, 나의 가엾은 소년! 결국 나는 당신의 목을 매는 것을 봐야만 할 거예요. 그리고 나는 감금되어서 수도원으로 보내지게 될 거예요. 내 사랑, 나한테서 떠나서 다시 집시나 농부의 아낙네 곁에서 잠들어요. 네! 아, 가요! 가요! 잡혀서 묶이기 전에 가요! 우리는 절대 행복해지지 못할 거예요, 결코!"

그는 살짝 리디아의 무릎을 만지작거렸다. 그리고 부드럽게 리디아의 음부를 만지면서 빌었다.

"나의 작은 꽃이여! 우리는 정말 행복해질 수 있어요! 왜 안 되겠어요?"

리디아는 화내지 않았지만 힘을 주어서 그의 손을 뿌리치고 그에게서 살짝 비켜났다.

그녀는 말했다. "안 돼. 안 돼, 안 돼요. 그것은 금지된 거예요. 당신 같은 집시는 아마 모를 거예요. 그래요, 나는 옳지 못한 짓을 하고 있어요. 나는 나쁜 계집애예요. 온 집안에 불명예를 가져왔어요. 하지만 마음속 어느 한 구석에는 그래도 자존심이라는 게 있어요. 거기는 아무도 들어와서는 안 돼요. 그걸 놓아두지 않으면 안 돼요. 그렇지 않다면, 나는 이제 당신 방에 들어올 수 없어요."

리디아의 금지나 소망이나 암시를 그는 결코 무시하려 하지는 않았다. 그 자신도 리디아가 얼마나 억세게 그를 지배하는 힘을 가지고 있는가에 놀랐다. 그러나 그는 괴로웠다. 그의 관능을 진정시킬 수가 없었다. 그의 마음은 의존하는 생활에 가끔 과격하게 저항했다. 그 의존적인 생활에서 벗어나려고 노력도 여러 번 했다. 가끔은 어린 율리에의 환심을 사려고 공들여 추켜세우기도 했다. 힘을 가진 사람인 그녀를 가능하면 속이면서 좋은 관계를 지속시키는 데에 가장 중요한 일이었다. 그와 어린 율리에의 관계는 기묘했다. 때로는 아주 어린아이같이 보이지만 또 때로는 무어든지 알고 있는 것 같았다. 그녀는 확실히 리디아보다 더 아름다웠다. 보기 드물 정도의 미모였는데, 거기에 어린아이 같은 순수함이 더해져 골드문트에게 커다란 매력으로 작용했다. 그는 가끔 율리에의 매력에 몹시 마음을 빼앗길 때가 있었다. 다른 사람 아닌 이 동생이 그의 관능에 대해 갖는 매력 때문에 그는 가끔 욕정과 사랑을 구별할 수 있었다. 처음에 그는 똑같은 눈으로 두 자매를 바라보고 둘 다 손에 넣을 만하지만, 율리에 쪽이 더욱 아름답고 유혹적이라고 생각했다. 그러나 나중에는 구별 없이 그녀들의 사랑을 구하고 동시에 주시하고 있었다. 그리고 지금은 리디아가 그를 제어할 힘을 획득하고 만 것이다! 지금 그는 리디아를 너무나 사랑하고 있었으므로, 그 사랑 때문에 그녀의 전부를 소유하는 것조차 포기할 정도였다. 그녀의 영혼은 그에게 친숙하고 다정스런 것이 되었다. 리디아의 어린애다운 순진함, 보드라운 애정, 비관에 흐르기 쉬운 성질 등, 그 모든 것이 자기를 닮은 것 같았다. 가끔 그는 그 마음이 얼마나 육체와 일치하는지 보고 깊이 놀라기도 했거니와 감탄하기도 했다. 그녀가 무엇을 하고 무엇을 이야기하든, 어떤 소원이나 의견을 표현하든 간에 그 말과 마음의 자세는 눈매의 생김새나 손가락의 형태와 똑같았다.

그녀의 영혼뿐만 아니라 그녀의 몸까지, 그녀의 존재를 구성하고 있는 형체와 법칙을 알아보았다고 생각한 순간부터 골드문트의 마음속에는 이 모습의 어떤 것을 간직하고, 그것을 재현해야겠다는 열망이 몇 번이나 일어났다. 그는 남몰래 깊숙이 보관하고 있었던 몇 장의 종이에다 펜으로 리디아의 머리 윤곽과 눈매의 선, 손과 무릎 등을 기억으로 더듬으며 소묘해 보려고 시도했다.

어린 율리에와의 관계는 좀더 어려워졌다. 율리에는 분명히 언니가 사랑의 큰 파도에 흔들리고 있는 것을 느꼈다. 율리에의 고집센 사고는 받아들이지 않았지만 율리에의 관능은 호기심과 욕정에 넘쳐흘러서 낙원으로 향했다. 율리에는 골드문트에 대하여 과장된 차가움과 반감을 보였지만, 무의식 중에 경탄과 야릇한 호기심을 가지고 그를 바라볼 때도 있었다. 율리에는 리디아에겐 가끔 매우 친절했다. 때때로 침대에 누운 언니를 찾아가서는 말 없는 탐욕을 담아 사랑과 성의 기운을 들이마셨다. 그러고는 금지되고 동경 어린 비밀을 일부러 건드려 보았다. 한편으로는 자신이 리디아의 비밀스런 죄악을 알고 있으며, 그것을 경멸한다는 것을 상대의 마음에 상처를 줄 정도로 명백히 했다.

아름다운 변덕쟁이인 이 소녀는 두 연인 사이에서 자극을 주기도 하고 방해를 하기도 하며, 갈증 나는 환상 속에서 사랑의 비밀을 맛보기도 했고, 악의가 없는 척 굴다가는 또다시 다 알고 있다는 듯 위태롭게 굴었다. 이 소녀는 순식간에 그들을 지배할 수 있는 권력 같은 것을 거머쥐게 되었다. 식사때 말고는 율리에와 얼굴을 거의 마주 하지 않는 골드문트보다 리디아가 율리에의 태도 때문에 더 괴로워했다. 골드문트가 율리에의 매력에 대해서 전혀 무관심하지 않다는 것은 리디아도 알아차렸다. 그의 눈길이 감탄해 마지 않으며 즐겁게 동생한테 쏠려 있는 것을 리디아는 자주 보았다. 리디아는 아무 말도 할 수 없었다. 모든 것이 매우 복잡하고 위험에 가득 차 있었다. 특히 율리에의 기분을 상하게 하고 괴롭혀서는 안 되었다. 아, 어느 날 어느 땐가 리디아의 사랑의 비밀이 발각되어 괴롭고도 불안한 행복에 종말을 고하게 되면 얼마나 무서운 벌이 내려지게 될지 아무도 단정할 수 없는 일이었다.

이따금 골드문트는 자신이 왜 진작 떠나지 않았는가에 대해서 기이하게 여겼다. 이와 같은 생활을 계속하기는 힘들었다. 사랑하지만 희망이 없었다. 영원한 행복을 허락받을 수도 없었고, 지금까지처럼 그의 사랑의 욕망이 손쉽게 이뤄질 수도 없었다. 그의 감각은 끊임없이 자극받고 굶주려하면서도 풀지 못하고, 더구나 영원히 위험 속에 살게 되는 것이다. 왜 그는 떠나지 않고 여기 그냥 머물러서 온갖 혼란 속에 뒤얽힌 감정을 참고 사는 걸까? 그것은 정착해 사는 사람들이나 합법적인 사람들이나, 따뜻한 방에 살고 있는 사람들을 위한 체험과 감정과 마음 상태가 아니었단 말인가? 반면에 그는 그런 까다롭고 복잡한 상태를 벗어나 그런 것들을 조롱하며 욕심 없는 유랑자의 권리를 가지고 있지 않나? 그렇다. 그는 이런 권리를 가지고 있었다. 여기서 고향과 같은 무엇을 구하기 위해 엄청난 고통과 그만큼의 곤란을 보수로 치른다니 정말 어리석었다. 그럼에도 그는 그렇게 했다. 참기만 한 것이 아니라 비밀스럽게 행복해했다. 이런 식으로 사는 것은 어리석고 어려운 데다 긴장되는 일이었으나, 또한 멋지기도 했다. 그는 잠들지 못하고 그 어리석음과 절망 속에서 헤매야 했지만, 생각들로 가득 찬 밤은 아름다웠다. 리디아의 입술이 띠는 괴로운 표정처럼, 그녀가 사랑과 우수에 대해서 이야기할 때의 무심한 목소리의 음향처럼, 그 모든 것이 아름답고 즐거웠다. 몇 주일 사이에 리디아의 보드라운 얼굴에 괴로움의 표정이 생기더니 결국 빠져나올 수 없는 고뇌의 늪 속으로 가라앉고 말았다. 이 표정을 그림으로 묘사한다는 것은 그에게는 매우 아름답고도 중요하게 여겨졌다. 그리고 이 몇 주일 사이 그 자신도 변하고 몇 해나 더 나이 먹은 기분이 들었다. 그다지 현명해지지는 않았지만 더욱 경험을 쌓게 되었고, 그다지 행복해지지는 않았지만 마음속이 훨씬 더 성숙해지고 풍부해진 기분이었다. 그는 이젠 소년이 아니었다.

리디아는 부드러우면서도 잠긴 목소리로 그에게 말했다. "당신은 나 때문에 슬퍼해서는 안 돼요. 나는 당신을 즐겁게 해주고, 행복하게 지내는 걸 보고 싶을 뿐인걸요. 용서해 줘요, 당신에게 슬픔을 주고 나의 불안을 당신에게 건넸으니 말이에요. 나는 밤에 참 이상한 꿈을 꾸어요. 매일 밤 막막하고 어두운 황무지를 걷고 있는 거예요. 그곳을 걸어가며 당신을 찾지만 당신은 없어요. 당신을 잃어버렸다는 것을 알면서 나는 영원히 그렇게 혼자서 걸어 다녀야만 하는 거예요. 그러다가 눈을 뜨면 생각해요. 그가 아직 여기 있고, 그를 만나게 된다니 얼마나 고맙고 멋진 일인가, 그러나 어쩌면 앞으로 몇 주일, 아니면 며칠밖에 머물지 않을지도 모른다. 하지만 아무래도 좋다, 그는 아직 여기 있으니까! 라고 생각해요."

어느 날 아침, 골드문트는 일찍 잠이 깨어 눈을 뜨고 침대에 드러누운 채 잠시 생각에 잠겼다. 꿈속의 온갖 광경이 아직 그의 주위에서 떠나지 않고 있었다. 하지만 아무 연관성도 없었다. 어머니와 나르치스를 꿈에 본 것이다. 두 사람의 모습이 아직도 눈에 선했다. 그가 꿈에 사로잡혀 있다가 정신을 차린 것은 기이한 빛이 그의 주의를 끌었기 때문이었다. 이상한 빛이 작은 창문을 통해 새어 들어오고 있었다. 그는 벌떡 일어나서 창가로 뛰어갔다. 그리고 창턱과 마구간 지붕, 안뜰의 문, 그 너머의 모든 풍경이 푸르스름한 빛을 머금고 하얗게 반짝이는 그해의 첫눈으로 뒤덮인 모습을 보았다. 그는 자신의 불안한 마음과 겨울 풍경을 체념한 듯 받아들이는 그 고요함 사이의 대비에 충격을 받았다. 들판과 숲, 언덕과 황무지가 태양과 바람과 비와 앙상한 겨울옷과 눈에 싸여 얼마나 고요히, 얼마나 우아하고 경건하게 몸을 맡기고 있었던가! 단풍나무와 물푸레나무가 얼마나 아름답고 온화하게 겨울의 고난을 참아내는가! 그것들을 닮은 사람이 되고, 그것들에게서 뭐라도 배울 수는 없을까? 이런저런 생각을 하며 그는 안마당으로 나섰다. 눈 속을 걸으며 두 손으로 눈을 움켜쥐기도 하면서 정원으로 건너갔다. 그리고 높다랗게 눈이 쌓여 있는 울타리 너머로 눈 때문에 가지를 둥글게 굽힌 장미나무 줄기를 보았다.

아침에는 모두 수프를 먹으며 첫눈 이야기를 했다. 모두들—처녀들도—벌써 바깥에 나갔다가 들어왔다. 올해는 첫눈이 늦게 내렸다. 크리스마스가 눈앞에 다가왔다. 기사는 눈이 내리지 않는 남국의 이야기를 했다. 그러나 이 겨울의 첫날을 골드문트로 하여금 잊지 못하게 한 일은 밤이 이슥해서야 일어났다.

골드문트는 몰랐지만, 자매들은 이날 싸움을 했다. 밤, 집 안이 고요해지고 어두워졌을 때, 언제나 그렇듯이 리디아가 그에게 왔다. 그녀는 말없이 그의 옆에 드러누웠다. 그리고 그의 가슴에 머리를 기대고, 그의 가슴에서 울리는 고동소리를 들으며 그의 가장 가까운 곳에서 자신을 위로했다. 리디아는 슬픈 데다 불안으로 꽉 차 있었다. 율리에의 배신을 겁내고 있었지만 애인한테 그 이야기를 해서 걱정을 끼쳐 줄 마음은 없었다. 그녀는 가만히 그의 가슴에 기대어 드러누운 채 애인이 가끔 사랑의 말을 속삭여 주고 자신의 머리칼 속을 만지작거리는 것을 느끼고 있었다.

그때 갑자기—리디아가 드러누운 지 얼마 되지 않아서—그녀는 소스라쳐 놀라 눈을 반짝 뜨고 자리에서 벌떡 뛰어 일어났다. 얼른 알아볼 수 없는 그림자가 방문을 열고 들어오는 것을 보았을 때, 골드문트도 적잖이 놀랐다. 그는 놀란 나머지 그것이 누구인지 곧장 알아보지 못했다. 그러다가 그 형체가 침대에 가까이 다가와 그 위로 몸을 굽혔을 때에야 율리에임을 알고 마음을 졸였다. 율리에는 잠옷 위에 걸치고 있던 망토를 벗어서 마룻바닥에 집어던졌다. 그러자 마치 단검에라도 베인 것처럼 비명을 지르며 리디아는 뒤로 넘어지면서 골드문트에게 매달렸다.

비록 떨리는 목소리긴 했지만, 율리에는 비웃으며 의기양양하게 말했다. "혼자 쓸쓸히 방에서 뒹굴고 싶지 않아요. 나도 끼어서 셋이서 눕게 해줘요. 안 그러면 가서 아버지를 깨울 테니까요."

"자, 와요. 발이 시리겠어요." 골드문트는 대답하면서 이불을 들쳤다. 율리에는 침대로 들어왔다. 그는 비좁은 침대에 자리를 만드느라 진땀을 뺐다. 왜냐하면 리디아가 얼굴을 베개에 파묻고 꼼짝하지 않고 있었기 때문이다. 결국 그들은 셋이서 함께 누웠다. 골드문트의 양쪽에 처녀가 하나씩 자리를 잡고 누운 것이다. 잠시 동안 그는 무척 오래전부터 이 상황이 자신의 가장 비밀스런 소원이었다는 생각을 억누를 수가 없었다. 기묘한 고뇌와 비밀스런 기쁨 속에서 그는 자기 옆 가까이에서 율리에의 엉덩이를 느꼈다.

율리에는 다시 말문을 열었다. "난 언니가 여기에 오는 것을 그렇게나 즐기기에, 당신 침대에 눕는 기분이 어떤 건지 알려고 했을 뿐이에요."

골드문트는 율리에를 진정시키기 위해 그의 뺨을 소녀의 머리칼에 부드럽게 비벼댔다. 그리고 고양이를 쓰다듬듯이 조심스러운 손길로 소녀의 엉덩이와 무릎을 어루만졌다. 침묵과 호기심에 찬 그녀는 자신을 훑어 내리는 그의 손길에 자신을 맡기고, 기이한 경외에 찬 마법을 느끼며 아무런 저항도 하지 않았다. 이렇게 마법을 부리는 동안에도 그는 리디아한테 마음을 쓰고 있었다. 다정한 사랑의 속삭임을 리디아의 귀에다 대고 나지막이 소곤댔다. 또 그녀의 얼굴을 들어서 그의 쪽으로 향하도록 꾀었다. 그리고 소리나지 않게 리디아의 입술과 눈에 키스를 했다. 한편 그의 손은 반대쪽의 동생도 매혹시키고 있었다. 그는 이 모든 상황이 얼마나 쑥스럽고 괴상한 것인지 깨닫고 있었다. 거의 참기 어려울 정도였는데, 그의 왼손이 그 사실을 가르쳐 준 것이었다. 그 손이 잠잠히 기다리고 있는 아름다운 율리에의 손발을 더듬고 있을 동안, 그는 리디아에 대한 사랑이 아름답기는 하지만 전혀 가능성이 없다는 것을 깨달았을 뿐만 아니라 터무니없는 일이라는 사실을 처음으로 느꼈다. 그의 입술이 리디아를 향해 있고, 그의 손이 율리에를 희롱하는 사이, 당장 리디아로 하여금 자신에게 몸을 맡기게 하든가 아니면 자신이 떠나 버리든가 해야 할 것 같은 생각이 들었다. 그녀를 사랑하면서도 포기해야 한다니, 잘못된 일이자 말도 안 되는 일이었다.

그는 리디아의 귀에 소곤거리며 말했다. "내 사랑. 우린 쓸데없이 괴로워하고 있어요. 지금은 우리 셋 모두 행복해질 수 있어요! 우리 욕망이 원하는 걸 합시다!"

리디아가 뒤로 물러서며 움츠리자 그의 욕망은 또 다른 한 사람한테로 달려갔다. 그의 손이 율리에를 만족스럽게 하며 움직이자, 그녀는 떨리는 욕정의 탄식을 길게 내뱉으며 응답했다.

그 탄식하는 소리를 듣자 마치 독약이라도 방울져 떨어진 것처럼 리디아의 가슴은 질투로 죄어들었다. 리디아는 벌떡 일어나 이불을 침대에서 벗겨 던지며 고함쳤다. "율리에, 가자!"

율리에는 깜짝 놀랐다. 리디아의 고함은 경솔하고도 격렬했으므로 그들 모두를 발각시킬지도 몰랐다. 그 위험을 깨달은 율리에는 조용히 일어섰다.

그러나 욕망이 남김없이 짓밟히고 기만당한 골드문트는 일어나는 율리에를 얼른 얼싸안고 양쪽 유방에 번갈아 입을 맞추고, 그 귀에 뜨겁게 속삭였다. "내일, 율리에, 내일이에요!"

리디아는 맨발에 잠옷 바람으로 선 채 돌마루 위에서 추위 때문에 발끝을 오므리고 있었다. 리디아는 괴롭고도 순순한 몸짓으로 율리에의 망토를 마루에서 주워 들고 동생의 몸에 걸쳐 주었다. 어둠 속이었지만 동생은 그 모습을 보고 감동을 받아 화해할 마음이 생겼다. 자매는 방에서 조용히 나가 버렸다. 골드문트는 모순된 감정을 느끼며 열심히 귀를 기울이다가 집 안이 쥐죽은 듯 조용해지자 안도의 한숨을 내뱉었다.

세 젊은이는 그들의 이상하고 부자연스런 조합을 떠올리며 고독 속에서 생각에 잠길 수밖에 없었다. 그녀들도 그들의 방으로 들어간 뒤 서로 아무 말도 나누지 않고 침대 속에서 눈만 깜박이고 있었다. 비탄과 모순, 무의미와 소외, 그리고 마음속 가장 깊은 곳의 혼란의 유령이 이 집을 점령하고 만 것 같았다. 밤중이 지나서야 겨우 골드문트는 잠이 들었다. 율리에는 새벽녘이 되어서야 겨우, 리디아는 한잠도 이루지 못한 채 뒤치락거리는 사이에 희뿌연 아침이 찾아들었다. 그녀는 얼른 일어나서 옷을 갈아입고 나무로 만든 조그만 그리스도 상 앞에 무릎을 꿇고 오래오래 기도했다. 계단에 아버지의 발자국 소리가 들리자 리디아는 달려가서 이야기를 하고 싶다고 청을 드렸다. 율리에의 순결을 걱정하는 기분과 자신의 질투를 구별하려 들지 않은 채 그녀는 이 문제를 끝내기로 밤새 결정했던 것이었다. 리디아가 아버지한테 고해 바쳐도 좋다고 생각하는 모든 것을 기사가 다 알고 났을 때, 골드문트와 율리에는 여전히 자고 있었다. 리디아는 이 모험에 율리에가 관계하고 있다는 것은 밝히지 않았다.

골드문트가 평소와 다름없는 시간에 서재에 나타났을 때, 평소라면 덧신을 신고 실내복을 입은 채 글쓰기에 한창일 기사가, 장화를 신고 재킷을 입고 칼을 차고 있는 것을 발견했다. 골드문트는 그것이 무엇을 뜻하는가를 알았다.

기사는 말했다. "모자를 써라! 너하고 같이 가야 할 곳이 있다."

골드문트는 못에 걸린 모자를 벗겨 들고 주인을 따라 계단을 내려갔다. 안마당을 지나서 대문에서 바깥으로 나갔다. 두 사람의 신 밑창이 얇게 얼어붙은 눈 속에서 바스락 소리를 냈다. 하늘엔 아직도 아침노을이 가시지 않고 있었다. 기사는 아무 말도 없이 앞장서서 걸어갔다. 젊은이는 따라가면서 몇 번이나 저택을, 자기 방의 창문을, 눈에 덮인 경사진 지붕을 되돌아보았다. 마지막에는 그것도 사라져 아무것도 보이지 않았다. 저 지붕과 저 창문을, 서재와 침실을, 그리고 두 자매를 이제 두 번 다시는 보지 못하게 되리라. 갑자기 헤어지게 되리라는 것은 오래전부터 생각하고 있었던 일이긴 하지만, 그래도 그의 가슴은 고통으로 죄어들었다. 이 이별은 그에게 격렬한 아픔을 주었다.

주인이 앞장선 채로 그들은 이렇게 한 시간이나 걸었다. 아무 말도 오가지 않는 사이, 골드문트는 자신의 운명을 생각하기 시작했다. 기사는 무장하고 있었다. 어쩌면 골드문트를 죽일지도 모른다. 그러나 그는 기사가 그러리라고 믿지 않았다. 그런 위험은 적었다. 달아나면 상관없는 일이기 때문이다. 그렇다면 노인은 단검을 가지고 있다 해도 손을 쓸 수 없을 것이다. 그의 생명에는 아무런 위험이 없었다. 하지만 화가 나서 침통한 이 사나이 뒤에서 이렇게 묵묵히 걸어간다는 것이, 이렇게 말도 없이 끌려간다는 것이 그로서는 걸음을 뗄 때마다 고통스럽게 느껴졌다. 기사는 겨우 발을 멈추고 섰다.

그는 감정이 복받친 나머지 띄엄띄엄 말했다. "이제부터 너 혼자서 앞으로 가라. 이쪽으로 계속 가거라. 네가 전부터 해왔던 유랑 생활로 인도하는 거다. 언젠가 또 내 집 가까이에 얼굴을 내밀면 그땐 죽일 테다. 너한테 보복할 생각은 없다. 내가 좀더 현명했어야 했다. 너같이 젊은 놈을 내 딸들 곁에 두지 말았어야 했다. 감히 돌아온다면 네 생명은 없다. 자, 가! 하느님이 널 용서해 주시길!"

그는 눈 내린 아침의 창백한 빛 속에 서 있었다. 잿빛수염에 뒤덮인 그의 얼굴은 거의 죽은 사람처럼 보였다. 골드문트가 바로 가까이에 있는 언덕배기 저 너머로 사라질 때까지 그는 유령처럼 그 곳에 버티고 선 채 자리를 뜨지 않았다. 구름 낀 하늘의 빨갛게 물든 여린 빛이 사라졌다. 해는 떠오르지 않았다. 진눈깨비가 천천히 내리기 시작했다.

9

골드문트는 이 지방으로 몇 번이나 말을 타고 달렸었기 때문에 잘 알고 있었다. 얼어붙은 늪 저쪽에 기사의 곡식창고가 있고, 더 먼 저쪽에는 그가 알고 있는 농가도 있었다. 그곳 가운데 아무데나 가면 쉬기도 하고 밤을 보낼 수도 있을 것이다. 다른 모든 것은 내일 해결하면 되리라. 차츰 자유와 거리감의 느낌이 돌아왔다. 얼마 동안 잊고 지냈던 감정이었다. 그러나 이렇게 춥고 음울한 겨울날에는 별로 달갑지 않았다. 고난과 굶주림과 빈곤의 냄새가 몹시 풍겨왔다. 하지만 그 광막함과 광활함, 무자비한 거침 등이 도리어 그의 나약해지고 혼란스러운 가슴에 안정을 가져다주는 듯했으며 위로해 주는 듯했다.

그는 지치도록 걸었다. 이젠 말을 탈 수 없게 되었구나, 생각했다. 아, 얼마나 넓은 세계냐! 작은 눈송이들이 흩날리고 있었다. 저 멀리 숲 가장자리에서 잿빛 구름과 완전히 하나로 녹아들었다. 정적이 세계의 끝까지 무한히 가로놓여 있었다. 가엾은 리디아는 가슴에 고뇌를 품은 채 지금쯤 무얼하고 있을까? 그녀에 대한 안쓰러움에 그는 마음이 쓰라렸다. 텅 빈 갈대밭 한가운데 외로이 혼자 물푸레나무 밑에 앉아 쉬면서도 생각은 아련히 리디아에게 흘러가고 있었다. 너무 추워 가만히 있을 수 없어 뻣뻣해진 다리를 일으켰다. 천천히 힘 있게 발걸음을 옮겨갔다. 구름 속 해의 가냘픈 빛은 벌써 기울어지기 시작하는 것 같았다. 사람 하나 없는 광막한 들판을 터덕터덕 걷고 있는 동안 아무 생각도 떠오르지 않았다. 애정이 깃든 것이든, 아름다운 것이든간에 이제는 생각을 하거나 감정을 품거나 하는 것은 문제가 아니었다. 몸을 따뜻하게 하고 얼른 잠자리에 드는 것, 담비나 여우와 같이 이 차갑고도 광막한 세계를 지나가는 것, 이런 들판에서 얼어죽지 않도록 하는 것, 그것만이 문제였다. 다른 것은 마음속에도 두지 않았다.

그때 그는 멀리에서 오는 말발굽 소리를 들은 것 같아 놀라서 뒤를 돌아보았다. 추격을 받고 있는 것은 아닌가? 그는 주머니에서 사냥할 때 쓰는 조그만 단검을 꺼내 들고 나무로 만든 칼집을 반쯤 뽑았다. 말을 탄 사람의 윤곽이 서서히 보였다. 그 기사의 마구간에 있는 말이라는 것을 멀리에서도 알 수 있었다. 그는 끈덕지게 골드문트를 쫓아왔다. 도망은 소용없는 일이리라. 그는 발걸음을 멈추고 기다렸다. 딱히 두려운 것은 아니었지만 호기심과 극도의 긴장으로 그의 가슴은 빠르게 쿵쾅댔다. 순간 그의 머리를 스쳐 지나가는 것이 있었다. '만약 말 탄 놈을 죽이면 얼마나 편해질까! 말이 생기면 그 다음은 내 마음 가는 대로다!' 하지만 말을 타고 온 것이 담청색 연못 같은 눈에, 얌전하고 무엇에든지 고분고분하며 소년 같은 얼굴을 한 나이 어린 마부, 한스라는 것을 알자 그는 웃지 않을 수 없었다. 이렇게 착하고도 귀여운 소년을 죽이자면 돌처럼 단단한 심장이 필요할 것이다. 그는 한스한테 정답게 인사했다. 그리고 한니발이라는 말에게도 정다운 인사를 보내며, 따스하고 땀에 젖은 말의 목덜미를 어루만져 주었다.

"한스, 너 어딜 가려고 그러니?" 그는 물었다.

한스는 이를 내보이며 웃었다. "당신한테 온 거예요. 벌써 많이도 걸었네요! 저는 우물거리고 있을 시간이 없습니다. 당신한테 인사나 전하고 이것을 드리면 제 일은 끝나요."

"누가 나한테 인사를 전하라던?"

"리디아 아가씨가요. 골드문트 선생님! 당신 덕분에 오늘은 끔찍한 하루를 보냈어요. 전 이렇게 빠져나오기라도 해서 기쁠 지경이에요. 제가 부탁을 받고 떠난 것을 주인님은 모르고 계세요. 아시면 목이 날아갈 판이에요. 자, 받아요!"

그는 조그만 꾸러미를 내밀었다. 골드문트는 그것을 받았다.

"한스야! 가지고 온 빵이라도 한 조각 없니? 있으면 줘."

"빵이요? 아직 조금 남았을 겁니다." 그는 주머니에서 까만 빵을 한 조각 꺼냈다. 그러고는 다시 말을 집어타고 가려고 했다.

"아가씨는 어때?" 골드문트는 물었다. "너에게 아무 부탁도 없던? 종이 쪽지라도 가지고 온 거 없어?"

"아무것도 없어요. 잠깐 보았을 뿐인데요. 아시겠지만, 지금 집 안 공기가 험악해요. 주인님은 사울 왕처럼 노해서 집 안을 돌아다니고 있답니다. 저는 단지 그것을 전해 드리라는 분부를 받았을 뿐인걸요. 그 밖에는 아무것도 없어요. 저는 이제 돌아가야 해요."

"알았어, 알았어. 하지만 잠깐 기다려 줘! 얘, 한스, 너 사냥할 때 쓰는 그 단검 말이야. 나한테 줄 수 없니? 내가 가진 것은 조그만 거라서. 늑대들이라도 몰려오면, 그럴 땐, 손에 믿음직한 걸 뭐라도 가지고 있어야 좋단 말이야."

하지만 한스는 그 부탁을 거절했다. 골드문트 선생님한테 무슨 변이라도 생긴다면 좀 안 된 일이긴 하지만 단검은 절대 내어 줄 수 없다고 했다. 이를테면 돈을 받더라도, 바꾸더라도, 게노베바 성녀한테서 부탁을 받더라도 절대 줄 수 없다고 했다. 그러고 나서 그는 골드문트에게 잘 지내라고 인사하면서 모든 일이 유감스럽다고 말한 뒤 이제 가봐야겠다고 했다.

두 사람은 악수를 했다. 한스는 말을 타고 가버렸다. 그 뒷모습을 바라보는 골드문트의 가슴은 야릇한 슬픔에 잠겼다. 그는 꾸러미를 끌러 보았다. 튼튼한 송아지가죽 끈으로 묶인 꾸러미를 보니 기뻤다. 안에는 두꺼운 회색 모직셔츠가 들어 있었다. 보아하니 리디아가 그를 주려고 손수 짠 것 같았다. 그리고 옷 속에도 단단하게 싼 물건이 있었다. 햄 한 덩어리였다. 햄에 잘린 듯한 작은 틈이 있어 살펴보니 그 안에 빛나는 금화가 하나 들어 있었다. 전갈은 없었다. 그는 리디아의 선물을 손에 들고 망설이며 눈 속에 서 있었다. 그러다가 한참이 지나서야 겉옷을 벗고 안에 털옷을 입었다. 따뜻한 게 기분 좋았다. 그는 얼른 겉옷을 껴입고 금화를 제일 안전한 주머니에다 숨겼다. 그리고 가죽끈을 맨 다음 들판을 가로질러 걸어갔다. 이제 쉴 만한 곳에 가야 했다. 매우 피곤했다. 하지만 농부 집에는 가고 싶지 않았다. 거기 가면 좀더 따뜻하게 쉴 수 있고 우유도 얻어먹을 수 있을는지 모른다. 그러나 너절하게 이야기를 늘어놓고 꼬치꼬치 캐묻는 것이 질색이었다. 그는 헛간에서 밤을 새우고 이른 아침 찬서리와 매서운 바람을 받으며 걸어갔다. 추위에 쫓기며 걷는 것이었다. 밤이면 밤마다 기사나 그의 칼, 아니면 두 자매의 꿈을 꾸었다. 날이면 날마다 외로움과 우울함이 그의 가슴을 누르고 놓지 않았다.

며칠이 지난 어느 날 밤, 한 마을에서 잘 곳을 구했다. 머물게 된 가난한 농부의 집에는 빵은 없었지만 옥수수 수프가 나왔다. 새로운 체험이 여기서 그를 기다리고 있었다. 그가 손님으로 있는 이 집 안주인이 밤중에 아기를 낳았다. 골드문트도 그 자리에 있었다. 그들이 짚단 위에서 잠자고 있는 그를 깨워 도와 달라고 했기 때문이었다. 하지만 산파가 해산을 거드는 동안에 그는 램프를 잡아 주는 일밖에 별로 할 일도 없었다. 난생처음으로 그는 해산하는 광경을 보았다. 놀라서 이글거리는 눈초리로 아이를 낳고 있는 산모의 얼굴을 뚫어지게 내려다보았다. 이 새로운 경험은 그를 풍요롭게 했다. 적어도 산모의 얼굴에서 본 것은 그에게 매우 주목할 만한 가치가 있는 것 같았다. 램프 불빛 아래 누운 채 진통으로 비명을 지르는 산모의 얼굴을, 큰 호기심을 품고 빤히 보다가 뜻밖의 뭔가를 발견하고 충격을 받은 것이었다. 울부짖는 여인의 표정은 사랑의 황홀경에 다다른 여인의 얼굴 표정과 거의 다를 바가 없었다. 사실 큰 고통에서 우러난 표정이 격정의 절정에 이른 표정보다 더욱 격렬하고 볼썽사납긴 했다. 하지만 궁극에는 다를 바 없었다. 얼마간 오만상을 찌푸리다가 잠잠해지는 점도, 이글이글 타오르다가 꺼져 가는 점도 똑같았다. 왜 그런지는 알 수 없었지만 고통과 쾌락이 형제같이 그토록 닮아 있을 수 있다는 깨달음에 놀라 버렸다.

이 마을에서는 또 다른 경험이 그를 기다리고 있었다. 탄생의 밤이 지나고 이튿날 아침, 우연히 만난 이웃집 아낙이 추파를 던지는 그의 눈빛에 얼른 응했기 때문에, 그 마을에서 하룻밤 더 묵으며 그 아낙을 대단히 행복하게 해주었다. 최근 몇 주일 동안 자극받고 실망만 하던 다음이라 오래간만에 겨우 그의 충동은 안정을 얻었다. 이렇게 머무르고 있었으므로 새로운 체험을 하게 되었다. 이틀째 같은 마을에서 지낸 덕에 빅토르라는 키가 크고 염치도 어지간히 좋은 한 친구를 만났다. 언뜻 보면 신부 같기도 하고 부랑자 같기도 한 그는, 어디서 주워들은 것 같은 라틴어로 그에게 인사를 걸어왔다. 학교에 다닐 나이는 벌써 지났지만 떠돌이 학생이라고 떠들어댔다.

뾰족한 턱에 수염이 난 이 사내는 원기왕성하게 방랑자의 익살을 섞어가며 골드문트한테 인사를 하고, 그 익살로 젊은 친구한테 얼른 따라붙었다.

골드문트가 그에게 어디 학생이었으며 여행 목적지는 어디냐고 물어보자, 이 별난 친구는 연설조로 이야기하기 시작했다. "맹세컨대, 나는 여러 대학에서 수학했으며, 쾰른이나 파리에서도 공부한 일이 있었다오. 그리고 또 라이덴의 학위논문에 있어서 나보다 충실한 내용으로 '간장(肝臟)의 형이상학'에 대해서 언급한 것은 없을 겁니다. 친구여, 그 뒤 이 불쌍한 녀석은 견딜 수 없는 배고픔과 목마름으로 괴로워하며 독일 제국 곳곳을 헤매고 다닌다오. 나는 농민들의 공포의 대상이라고 불리며, 젊은 아낙네들한테 라틴어를 가르치고 굴뚝 밖으로 소시지를 꺼내도록 마법을 부려서 배를 채우는 것을 직업으로 삼고 있다오. 나의 목표는 시장 부인의 침대입니다. 까마귀 밥이 되지 않는다면 대주교의 따분한 직무에 내 몸을 바쳐야만 하는 지경에 이르고 말 거요. 내 소중하고 젊은 친구여! 그날그날 먹고사는 게 반대로 사는 것보다 나은 것이라오. 결국 내 비천한 위장에 들어간 토끼구이보다 더 만족스러운 건 없으니 말이오. 보헤미아의 왕이 내 형제인데, 하늘에 계신 우리 모두의 아버지께서 그와 나를 길러 주고 계시지요. 하지만 비록 그렇다고는 해도 손을 빌려 주기만 하는 것뿐이라오. 그저께는 우리의 아버지께서 무정하게도, 굶어 죽을 것 같은 늑대를 살려 주라는 말씀으로 내게 시련을 내리시지 않겠소. 만약 이 몸이 그 짐승을 때려죽이지 않았던들 그대는 이 사람과 만날 영광을 입지 못했을 거란 말이오. 영원히, 아멘."

골드문트는 빈정대는 유머와 이 방랑객의 나그네식 라틴어가 낯설어 잠자코 있었다. 그는 흐느적거리며 꺼칠꺼칠한 이 망나니가 조금 무서웠다. 자기 자신의 농담에 박수를 치며 귀에 거슬리는 소리로 웃어대는 것도 좀 두려웠다. 그렇지만 이 원숙한 방랑자의 뭔가가 그를 즐겁게 했다. 그래서 골드문트는 자신과 여행을 함께하자는 그에게 설득당해 그렇게 하기로 했다. 늑대를 때려죽였다는 이야기가 농담이든 아니든, 아무튼 둘이 있는 것이 마음 든든하고 겁나지 않았기 때문이다. 하지만 출발하기 전에 빅토르가 이른바 그의 라틴어로 농부와 이야기를 하고 싶다고 해서 어느 소작농 집에 하룻밤 더 묵기로 했다. 그런데 빅토르는 골드문트가 이때까지 나그넷길에 오를 때마다 농부 집이나 마을에서 손님으로 대접받을 때 하던 것과는 달랐다. 그는 이 농가에서 저 농가로 서성대면서 아무 여자나 붙들고 지껄이다가는 마구간이나 부엌에 닥치는 대로 들어가, 어느 집에서나 뭔가를 얻기 전에는 그곳을 떠나지 않을 작정인 것같이 보였다. 그는 농부한테 이탈리아의 전쟁 이야기를 하기도 하고, 부뚜막 옆에서 파비아 전투의 노래를 불러 주기도 하며, 할머니들한테 관절염이나 치통약을 권하기도 했다. 뭐든지 알고 어디든지 안 가본 데가 없는 것 같았다. 그는 빵조각이나, 호두나 말린 배를 잔뜩 얻어가지고 바지춤 속에 찔러 넣었다. 골드문트는 그가 활동하며 챙기는 것들을 놀라서 보고 들었다. 그는 사람들을 놀라게 했다가는 아첨하며, 그들의 마음을 사로잡아 자랑스러워하고, 또 엉터리 라틴어로 학자 행세를 하면서 사람들의 찬탄을 듣기도 했다. 그리고 다음 순간에는 뻔뻔스럽고 현란한 은어를 사용해 관심을 끌었다. 그는 이야기나 학자 행세 중간에도 날카롭고 주의 깊은 눈으로 모든 얼굴과 서랍이 열리는 모든 테이블, 모든 그릇과 빵 덩어리들을 눈여겨보았다. 골드문트는 이것이 늘 걸어야 하는 방랑 생활에 노출된 노련한 모험가의 모습임을 알았다. 그는 그 생활을 통해 많은 것을 보고 겪었으며 굶주림과 추위에서도 활약해 온 인물로, 빈약하고 위태로운 생존을 지속하기 위해 격렬히 싸워 온 탓에 빈틈이 없고 염치가 없어진 것이었다. 이와 같이 오랫동안 방랑 생활을 해온 사람은 이렇게 되고 마는 것인가! 골드문트도 언젠가는 그런 신세가 되는 걸까?

이튿날, 두 사람은 길을 떠났다. 골드문트는 처음으로 함께하는 유랑을 맛보았다. 사흘을 같이 걸어가는 동안 골드문트는 빅토르에게서 이것저것 배웠다. 방랑자의 세 가지 기본 요건—생명의 위협에 대한 안전과 밤을 보낼 잠자리 발견과 식량을 구하는 법—은 빅토르에게 본능과 다름없는 습관이 되었다. 기나긴 세월을 방랑하는 동안 이 사나이는 많은 것을 배웠던 것이다. 겨울이든 밤이든 어떤 하찮은 흔적에서도 인가가 가까운지 알아내는 법, 숲이나 들판에 있는 모든 구석과 틈바귀가 쉬거나 잘 수 있는 장소로 괜찮은지 살피는 법, 방에 들어선 순간 주인의 빈부 정도, 그의 친절과 호기심과 두려움의 정도를 알아내는 것, 그것은 빅토르가 훨씬 전부터 익혀 왔던 기술이었다. 여러 가지 교훈될 만한 사실을 그는 젊은 친구에게 이야기해 주었다. 어느 날, 골드문트가 빅토르에게 자기는 그런 의도적인 관점을 가지고 인간에게 가까이 가고 싶지는 않다, 자기는 그런 기술에 익숙지도 못하고, 자기가 정답게 부탁을 드리면 손님으로서 대접받는 것을 거절당한 일은 아주 드물다고 대답해 주자, 키다리 빅토르는 웃으며 상냥하게 말했다.

"그거야, 골드문트 너라면 잘되겠지. 너는 앳되고 예쁘고 순진해 보이니까, 그게 훌륭한 추천장이야. 여자들은 널 좋아하고, 남자들은 이렇게 생각하지. '오, 이놈은 무해하겠어. 파리 한 마리도 못 잡겠는걸.' 하지만 보라고, 어린 형제여. 인간은 나이를 먹어. 앳된 얼굴에도 수염이 자라고 주름이 지지. 네가 입은 바지는 닳아서 해지고, 스스로 알아차리기도 전에 넌 추해져서 환영받지 못하는 손님이 되는 거야. 젊음과 순진함 대신 굶주림만이 모든 걸 내다보게 하지. 그때가 되면 넌 힘들어지겠지. 세상에 대해 어느 정도는 배워 둬야 해. 아니면 넌 머지않아서 똥 무더기에 누워 있게 되거나 개들이 너한테 대고 오줌을 갈길 거라고. 하지만 보아하니 너는 언제까지나 떠돌아다닐 인간은 아닌 것 같다. 돌아다니는 놈이라고 하기엔 손이 너무 곱고 고수머리도 너무 탐스럽단 말이야. 언젠가 꼭 좀더 편안히 살 수 있는 구멍으로 기어들어갈 거다. 말쑥하고 따스한 부부 침대든가, 영양 상태가 좋은 깨끗한 수도원이든가, 훌륭하고 훈훈한 서재로 들어갈 거다. 그리고 네 옷차림이 얼마나 멋지냐. 귀공자라고 해도 믿을걸."

빅토르는 여전히 웃으면서 골드문트의 옷 위에 손을 가져가 쓰다듬었다. 그 손이 호주머니나 솔기를 찾는 것을 알고 뒤로 물러섰다. 가지고 있는 금화가 생각났기 때문이었다. 그는 기사 집에서 잠시 머물렀다는 사실과 라틴어 문장을 써주고 좋은 옷을 얻었다는 사실을 이야기했다. 그러자 빅토르는 왜 이 추운 날에 그런 따스한 보금자리를 떠났는지 물었다. 골드문트는 거짓말을 할 수 없었으므로 기사의 두 딸 이야기를 했다. 이걸로 두 사람 사이에 처음으로 말다툼이 벌어졌다. 빅토르는 골드문트가 비길 데 없는 바보 멍청이라고 생각했다. 성과 숙녀들을 그 선한 하느님의 보살핌 아래 버려두고 꽁무니를 뺐으니 말이다. 그러면서 상황을 바로잡으려면 두고 보기만 하라고 했다. 함께 성을 찾아가되, 골드문트는 거기에 나타나서는 안 되고 자신에게 맡겨두어야 한다. 골드문트가 리디아에게 보낼 이런저런 이야기를 쓴 종이쪽지를 내주면 자신이 그것을 성에 가지고 가서 돈이나 귀중품 같은 작은 재물들을 얻어내기 전까지는 돌아오지 않겠다는 것이었다. 이러쿵저러쿵. 골드문트는 처음엔 거절했다가 나중엔 화를 내고 말았다. 그는 그 문제에 대해 다른 말을 듣고 싶지 않았으며, 빅토르에게 기사의 이름이나 성으로 가는 길을 말해 주지도 않았다.

빅토르는 그가 무척 화내는 것을 보고는 다시 웃으며 유쾌한 동료인 척 행세했다. 그가 말했다. "이를 그렇게 꽉 다물다간 다 빠지겠구나! 단지 네가 손가락 사이로 놓치는 좋은 것들을 잡게 해주려고 한 말이었어, 친구야. 그리고 그건 좋은 태도가 아니야. 형제로서 말이지. 하지만 싫어하는 걸 보니 넌 귀족이구나. 그러니까 너는 뽐내면서 성으로 돌아가 그 숙녀와 결혼하겠단 거겠지! 너, 그렇게 답답하게 굴다가는 머리가 터져 버릴 거야. 신경 쓰지 마. 걷기나 하자. 발가락이 얼어터지겠다."

골드문트는 저녁때까지 무뚝뚝하게 아무 말도 하지 않았다. 하지만 그날은 인가도 사람의 발자국도 발견하지 못했기 때문에, 빅토르가 잠잘 자리를 찾아내고 숲 가장자리 두 나무 사이에 뒤쪽을 병풍처럼 만들고 전나무 가지를 잔뜩 쌓아 침대를 만들어 준 것을 고맙게 받아들였다. 둘은 가득 찬 빅토르의 행낭에서 빵과 치즈를 꺼내 먹었다. 골드문트는 화낸 것이 부끄러워 예의바르게 굴며 도움이 되려고 노력했다. 그래서 자신의 모직셔츠를 그날 밤 동안 친구에게 빌려 주겠다고 제안했다. 그들은 번갈아 가며 밤짐승을 경계하기로 했는데, 빅토르가 전나무 가지 위에서 자는 동안 골드문트가 먼저 불침번을 섰다. 골드문트는 친구가 잠드는 것을 방해하지 않기 위해 오랫동안 전나무 줄기에 기댄 채로 잠자코 있었다. 그러다가 추워지자 걸어 다니기 시작했다. 그는 더 멀고, 더 먼 거리로 왔다 갔다 했다. 뾰족 솟아오른 전나무 끝이 창백한 하늘 속으로 뻗은 모습을 보았고, 겨울밤의 엄숙하고 약간은 무서운 정적의 깊이를 느꼈다. 반향조차 없는 추위 속에 자신의 살아 있는 심장 소리가 외롭게 들렸다. 조용한 걸음걸이로 되돌아와선 잠든 동료의 숨소리를 들었다. 방랑자라는 느낌이 어느 때보다도 강하게 엄습했다. 그 자신과 커다란 불안 사이에는 집의 담장이나 성의 성벽, 수도원의 담벼락조차 없어 이해할 수 없고 적대적인 세상을 나아가며 벌거벗은 채 홀로 돌아다니는 것이다. 차갑게 비웃는 별들 아래로, 지켜보는 동물들 사이로, 느긋하고 흔들리지 않는 나무들 밑으로 혼자서.

그는 생각했다. 안 된다. 만약 그가 남은 생애를 방랑하더라도 절대 빅토르처럼 되지는 않을 것이다. 시끄럽고 뻔뻔한 농담과 장황한 유머로 교활한 도둑처럼 가까스로 공포와 싸우는 빅토르의 방법을 그가 익힐 수 있을 리 없다. 어쩌면 이 기민하고 염치없는 남자가 옳을 것이다. 아마 골드문트는 결코 그와 같아지지 않을 테고, 완전한 방랑자도 되지 않을 것이다. 그리고 아마 그는 언젠가 어느 담장 안으로 살금살금 들어가리라. 하지만 그렇게 되더라도 그는 여전히 방랑자로서 어떤 목적도 없을 것이고, 정말로 안전하다거나 보호받는다는 느낌은 한 번도 가질 수 없으리라. 세계는 불가사의한 아름다움과 무시무시함으로 그를 둘러싸고 있을 것이다. 계속해서 그는 번민하며 덧없는 자신의 심장이 고동치는 이 적막함을 들어야 할 것이다. 별 몇 개가 보였다. 바람은 불지 않았지만, 훨씬 높은 곳에서는 구름이 움직이는 것 같았다.

밤이 이슥해서야 빅토르는 눈을 뜨고—골드문트는 그를 깨우고 싶지 않았다—골드문트를 불렀다. 그는 소리쳤다. "이리 와. 이번에는 네가 잘 차례야. 좀 자지 않으면 내일은 망치고 만다."

골드문트는 그가 시키는 대로 했다. 잠자리에 드러누워 눈을 감았다. 몹시 고단했지만 잠은 오지 않았다. 여러 가지 생각이 그를 잠들지 못하게 했다. 생각이 아닌 다른 것도 그를 잠들지 못하게 했다. 그의 동료와 관계된 불안과 불신의, 받아들이기 어려운 감정이 바로 그것이었다. 시끄럽게 웃어대는 남자, 어릿광대이자 뻔뻔한 비렁뱅이한테 리디아에 대해 이야기하다니 지금 그로서는 상상할 수도 없는 일이었다. 그는 빅토르와 그 자신에게 화가 났다. 그리고 그와 헤어질 방법이나 기회를 찾기 위해 이리저리 궁리했다.

그러다가 깜빡 잠이 들었던 모양이었다. 그때, 빅토르의 손이 자기 옷을 더듬으며 조심스럽게 뒤지고 있는 것을 느끼고 골드문트는 소스라치게 놀랐다. 그의 옷 주머니 한쪽에는 사냥용 칼이, 다른 한쪽에는 금화가 들어 있었다. 빅토르가 그것들을 발견하면 분명히 둘 다 훔쳐갈 것이다. 골드문트는 잠자는 척하면서 잠결에 몸을 움직이듯이 이리저리 뒹굴거리며 팔을 움직였다. 그러자 빅토르가 물러섰다. 골드문트는 화가 치솟아 해가 뜨면 그와 헤어지기로 결심했다.

한 시간쯤이나 지났을까, 빅토르가 다시 골드문트 쪽으로 몸을 숙이더니 주머니와 솔기 등을 뒤지는 것이 느껴지기 시작했다. 골드문트는 분노로 얼어붙었다. 그는 움직이지도 않은 채 눈만 번쩍 뜨고 경멸조로 말했다. "비켜, 여긴 훔칠 건 하나도 없어."

그 호통을 듣고 깜짝 놀란 도둑놈은 골드문트의 멱살을 움켜쥐었다. 골드문트가 이에 저항해서 일어서려고 하자, 그는 더욱 단단히 죄어대며 동시에 그의 가슴팍에 정강이를 올려놓았다. 골드문트는 숨을 쉬기가 어려워 격렬하게 몸부림치며 온몸을 비틀어댔다. 그래도 자유롭게 움직일 수 없자 죽음의 공포가 차오르며, 그의 정신은 날카롭고 또렷해졌다. 그는 가까스로 한 손을 주머니 속에 넣어 작은 사냥용 칼을 꺼냈다. 그리고 상대가 그의 목을 계속 조르고 있는 사이 무릎을 꿇고 있는 그 몸에 칼을 여러 차례 찔러 넣었다. 잠시 뒤 빅토르의 손이 풀렸다. 숨이 트이자 골드문트는 깊고 거칠게 숨을 들이마시며 목숨을 건진 기분을 맛보았다. 몸을 일으키자 길쭉한 빅토르의 몸이 무섭게 앓는 소리를 내면서 맥없이 털썩 넘어지더니, 그의 피가 골드문트의 얼굴 위로 흘렀다. 골드문트는 간신히 일어날 수 있었다. 밤 어스름 속에 키 큰 남자가 고꾸라져 있는 모습이 눈에 들어왔다. 그에게로 손을 뻗자 피만 잔뜩 묻어났다. 골드문트는 그의 머리를 일으켜 세웠으나 묵직하게 맥없이 포대처럼 나뒹굴었다. 가슴과 목에서 계속 피가 흘러내리며 그의 입에서는 점점 약해지는 한숨어린 중얼거림과 함께 생명이 빠져나가고 있었다.

'나는 사람을 죽이고 말았구나.' 골드문트는 죽어가는 그의 곁에 무릎을 꿇고 그 얼굴에 죽음의 빛이 번져 가는 것을 보며 그런 생각을 했다. "성모 마리아여! 지금 저는 사람을 죽였습니다." 그는 자기 자신이 말하는 소리를 들었다.

갑자기 그곳에 있는 것이 참을 수 없어졌다. 그는 칼을 집어 들고 상대가 입고 있는 모직셔츠에 문질러 닦아냈다. 리디아가 사랑하는 이를 위해 손수 만들어준 옷이었다. 그는 칼을 나무 칼집에 집어넣고 행낭에 쑤셔 넣었다. 그리고 벌떡 일어나 거기서 달아났다.

명랑했던 방랑자의 죽음은 그의 마음을 무겁게 짓눌렀다. 날이 새자 그는 몸을 부들부들 떨며 죽은 이가 흘린 피를 눈으로 씻어냈다. 그러고는 하룻낮과 하룻밤을 목적지도 없이 고뇌에 차서 헤매고 다녔다. 마침내 그를 공포에 찬 후회에서 꺼내어 준 것은 고통스러워하는 그의 육체였다.

눈에 덮인 황무지를 헤매며 은신처나 이렇다 할 길도 없이, 음식도 먹지 않고, 잠도 거의 자지 않은 채 그는 끝없는 절망에 빠져 있었다. 굶주림이 그의 몸속에서 야수와 같이 울부짖고 있었다. 몇 번이나 지친 몸을 이끌고 들판 한가운데 드러누워 두 눈을 감고 이제는 끝장이라고 생각하며 잠자는 것, 눈 속에서 죽는 것 말고 아무런 바람도 없었다. 하지만 그때마다 무언가가 계속하여 그의 발을 궤도 위에 돌려놓았다. 필사적으로 탐욕스럽게 그는 자신의 생명을 위해 달렸다. 죽지 않겠다는 의지의 광기어린 야만적 힘에 의해, 그리고 삶에 대한 적나라한 욕구의 가공할 만한 힘에 의해 고통의 한가운데서 즐거워하고 도취해 있었다. 푸르딩딩 얼어붙은 손으로 그는 눈 덮인 노간주나무 덤불에서 작고 바싹 마른 열매들을 땄다. 그리고 솔잎과 섞어 그 쓴 것을 바삭바삭 씹어 먹었다. 자극적으로 톡 쏘는 맛이었다. 그는 갈증을 덜기 위해서 한 움큼의 눈을 집어 삼켰다. 뻣뻣해진 두 손을 호호 불며 언덕 위에 앉아 잠시 쉬었다. 그리고 애타게 사방을 둘러보았다. 황무지와 숲 말고는 아무것도 보이지 않고 사람의 기척조차 없었다. 머리 위에서 까마귀 몇 마리가 원을 그리며 빙빙 돌았다. 그는 원망스레 까마귀를 쳐다보았다. 아니, 그놈들의 먹이가 될 수는 없었다. 그의 다리에 힘이 조금이라도 남아 있는 한은, 그의 핏속에 따스한 기운이 조금이라도 감도는 한은 먹히지 않을 것이다. 그는 일어서서 죽음과 싸우면서 달리고 또 달렸다. 그는 피로와 필사적인 노력으로 열에 들떠서 쉬지 않고 달렸다. 이상한 생각에 사로잡혀 있어, 그는 자기 자신과 정신 나간 대화를 들릴락 말락 나눴다가 시끄럽게 뇌까리기도 했다. 자기가 찔러 죽인 빅토르와도 이야기를 나눴는데, 그는 잔인하게 비꼬면서 말을 건넸다. "어이, 교활한 형제여, 어때? 네 창자 위로 달빛이 잘 비치나? 네 귀를 여우가 건드리고? 너는 늑대를 죽였다고 했지? 늑대의 목을 물어뜯었나? 안 그러면 꼬리를 쥐어뜯었나? 아니면 뭐? 내 금화를 훔치려고 했지? 늙은 술고래야! 하지만 조그만 골드문트가 널 놀래 줬지, 안 그래? 늙은 친구야. 그가 네 갈비뼈 사이를 간질여 줬지! 그리고 너는 빵과 소시지, 치즈가 가득 든 가방도 가지고 있었지. 이 돼지 같은 놈!" 골드문트는 이런 식의 농담을 내뱉고 조롱하며 소리를 질러 죽은 자를 모욕했다. 그는 빅토르를 이긴 것이었다. 그는 스스로를 죽음으로 몰고 간 빅토르를 비웃었다. 바보, 어리석은 떠버리!

하지만 조금 뒤 그의 생각과 말은 키다리 빅토르에게서 돌아서 버렸다. 이제는 율리에를 눈앞에 떠올렸다. 그날 밤 헤어진 아름답고 어린 율리에를. 그는 그녀에게 사랑의 말을 수없이 외쳐대며, 혼미한 상태에서 뻔뻔한 감언이설로 그녀를 꾀려고 했다. 그녀가 자신에게로 오게 하고, 그녀의 잠옷을 벗어 던지도록, 죽기 전 마지막 시간 동안, 그가 비참하게 막을 내리기 전의 짧은 순간만이라도 그와 함께 천국으로 올라가도록. 그는 애원했다가 명령하기도 하면서 그녀의 봉긋하고 작은 가슴과 그녀의 다리, 그녀의 겨드랑이 밑으로 늘어진 금발 곱슬머리와 이야기를 나눴다.

뻣뻣하게 굳은 다리로 비틀거리며 눈으로 뒤덮인 히스가 우거진 황야를 바삐 지나가면서, 삶에 대한 불안정한 욕구가 가져다주는 승리감과 고통에 취해 그는 속삭이기 시작했다. 이제 그의 말상대는 나르치스였다. 그는 얼마 전에 자신이 얻은 계시와 통찰력, 풍자적인 농담을 알려 주었다.

"나르치스, 무섭습니까? 떨려요? 뭔가 알아챘나요? 그래요, 내 존경하는 친구여, 세상은 죽음으로 가득 차 있죠, 죽음으로 가득. 죽음은 모든 울타리 위에 올라 앉아 있고, 모든 나무 뒤에 서 있어요. 건물 담장과 기숙사와 예배당, 교회를 세워도 아무 소용없어요. 죽음은 창문 안을 훤히 들여다보면서 킬킬대고 있거든요. 죽음은 당신들을 하나하나 다 알고 있어요. 한밤중에 당신의 창 아래서 웃음소리가 들려요. 누군가가 당신의 이름을 부르죠. 어서 찬송가를 불러요! 제단에 예쁜 촛불을 켜놓아요! 저녁 예배나 아침 미사를 드려요! 약제실에 약초를 모으고 도서실에 책을 모아요! 당신은 단식을 하고 있습니까, 친구여? 자지 않고 있어요? 우리의 오랜 친구 저승사자가 손을 써서 뼈다귀만을 남기고 당신에게서 모조리 빼앗아갈 겁니다. 달려요, 친구여! 당신이 할 수 있는 한 달려요! 죽음이 들판에서 잔치를 열려고 합니다. 달리면서 당신의 뼈들이 잘 붙어 있는지 살펴봐요. 그것들이 도망치려 할 거예요. 그것들은 우리에게 붙어 있고 싶어하지 않아요. 오, 우리의 불쌍한 뼈들, 불쌍한 목, 배, 불쌍한 두개골 밑 뇌의 작은 조각들이여! 그것들은 모두 자유로워지고 싶어하죠. 그것들은 모두 악마에게 가길 원해요. 나무 위에 까마귀들이 앉아 있어요. 검은 옷을 입은 사제들이!

그는 자신이 지금 어디를 향하여 달리는지, 지금 어디에 있는지, 누워 있는 것인지 서 있는 것인지 전혀 의식이 없었다. 그는 덤불 위에 쓰러지고 나무에 부딪히며 자빠지기도 하면서, 눈을 쥐기도 하고 가시를 잡기도 했다. 하지만 그의 마음속 충동은 강했다. 그것은 자꾸 그를 끌어갔고 이 맹목적인 질주에 박차를 가했다. 결국 그가 쓰러져 누워 있었던 곳은 며칠 전 유랑 학생 빅토르와 만난 곳, 밤중에 산모 옆에 서서 램프를 들고 있었던 곳, 조그만 마을이었다. 그는 거기에 쓰러져 있었다. 사람들이 우르르 몰려와서 그를 뺑 둘러서서 저마다 떠들어댔으나 그는 아무 소리도 들을 수 없었다. 그때 그와 사랑을 실컷 나눴던 여자가 그를 알아보고 측은히 여겼다. 그래서 남편한테 욕을 먹어 가며 생명이 경각에 달린 골드문트를 마구간으로 데려갔다.

　얼마 지나지 않아 골드문트는 일어나서 걸을 수 있게 되었다. 마구간의 온기와 수면과 아까 그 여자가 그에게 먹여 준 우유 덕분에 정신이 돌아 기운을 차릴 수 있었다. 그러나 최근 경험한 온갖 것이 그 이후 긴 시간이라도 흘러간 것처럼 뒤로 멀어지고 있었다. 빅토르와 함께 걷던 일, 전나무 밑에서 새운 불안에 찬 추운 겨울밤, 잠자리 위에서의 무시무시한 싸움, 길동무의 끔찍한 죽음, 굶주림에 허덕이며 온몸이 꽁꽁 얼어붙어 헤매고 다닌 낮과 밤, 그 모든 것이 과거가 되고 거의 잊히고 말았다. 그러나 완전히 잊은 것은 아니었다. 다만 뚫고 지나왔을 뿐이었다. 뭔가 남았다. 그것은 이루 말할 수 없이 끔찍하면서도 소중한 것이었으며, 깊이 가라앉았으면서도 여전히 잊을 수 없는 것, 혀끝에 느껴지는 맛이나 뜻 깊은 반지 같은 경험이었다. 2년도 채 되기 전에 그는 방랑 생활의 온갖 즐거움과 괴로움을 속속들이 맛보았다. 고독과 자유, 숲과 짐승들의 소리, 종잡을 수 없고 충실치 못한 사랑, 격렬하며 죽을 듯한 갈망. 며칠 동안 여름날 들판의 손님이 되기도 하고, 숲이나 눈 속에서 죽음 가까이에 다가가 그 공포에 휩싸여 보내기도 했다. 죽음과의 싸움은 모든 것 가운데서도 가장 강력한 감정이었다. 자신이 작고 가련하며, 위협받는 존재임을 아는데도 죽을힘을 다해 마지막 몸부림을 치는 동안 몸속에서 삶에 대한 끈기와 아름답고 무서운 힘을 느꼈던 것이다. 그것은 여운을 남겼다. 황홀경에 빠진 그 몸짓과 표정이 아이를 낳는 여자나 죽어 가는 사람의 몸짓이나 표정과 똑 닮아 있었던 것처럼 그 경험 역시 그의 가슴에 아로새겨졌다. 전날 해산하는 아낙네는 얼마나 비명을 지르고 얼굴을 찌푸렸던가! 길동무인 빅토르는 쓰러지면서 얼마나 고요하고 빠르게 피를 흘렸던가! 아, 그 자신이 배고픔에 허덕이던 날에는 죽음이 자기를 빙 둘러서서 기웃거리고 있음을 느끼지 않았던가! 굶주림은 얼마나 큰 고통이었나! 추위 속에선 얼마나 떨었던가, 얼마나 추웠나! 그리고 얼마나 싸웠는가. 죽음을 마주하고 어떻게 맞서 싸웠던가. 엄청난 죽음의 공포와 잔인한 황홀경을 느끼며 그는 자기 자신을 지켜 냈다. 그에게 이 이상의 체험은 절대 없을 성싶었다. 나르치스하고라면 그것에 대해서 이야기할 수 있을지도 모른다. 그 밖에는 그것을 이야기할 상대가 없었다.

골드문트는 마구간의 지푸라기 잠자리에서 겨우 제정신이 돌아왔을 때 호주머니 속에 든 금화가 없어진 것을 알았다. 소름끼치고 몽롱한 상태에서 비틀거리며 걸어다닌 배고팠던 마지막 날에 잃어버린 것일까? 오랫동안 그는 거기에 대해서 곰곰이 생각해 보았다. 그 금화는 그에게 매우 귀중한 것이었다. 도저히 단념하고 싶지 않았다. 돈이야 그에게 별 의미가 없었다. 그는 돈의 가치를 영 알지 못했다. 하지만 그 금화는 두 가지 이유에서 그에게는 귀중한 것이었다. 그것은 그에게 남겨진 리디아의 유일한 선물이었다. 모직셔츠는 빅토르와 함께 숲 속에 버려져 그의 피로 흠뻑 젖어 있었다. 또 한 가지 무엇보다 그 금화를 빼앗기지 않으려고 그것 때문에 빅토르에게 저항하고 그를 죽인 것이었다. 지금 그 금화가 없어졌다면 끔찍한 그날 밤의 체험은 모든 의미와 가치를 상실해 버린 것이라 해도 지나친 말이 아니다. 그는 오랫동안 생각한 끝에 아까 그 농부의 아낙네에게 고백하며 속삭여 말했다.

"크리스티네, 호주머니 속에 금화를 넣어 두었는데 없어져 버렸어."

"오, 알아챘어요?" 그녀는 교활하면서도 영리한, 사랑스러운 미소를 띠고 물었다. 그 미소가 그의 마음을 너무나 빼앗아 갔으므로 몸이 아주 쇠약한데도 그는 여자의 목덜미에 팔을 휘감았다.

여자가 부드럽게 말했다. "당신도 어지간히 딱한 도련님이에요. 그렇게 영리하고 세련된 사람이 무던히도 바보 같은 짓을 하는군요! 금화를 싸지도 않고 바깥 호주머니에 넣고 다니는 사람이 세상에 어디 있어요? 아이 같은 남자! 요 사랑스러운 바보! 당신을 짚단 속에 눕혔을 때 당신 금화는 내가 주웠단 말이에요."

"당신이? 어디 있어요?"

"찾아봐요." 여자는 웃으면서 그가 한참 동안 찾도록 내버려 두었다. 그러고는 그녀가 바느질해 꿰맨 자리가 있는 그의 웃옷의 한 부분을 보여 주었다. 그녀는 어머니처럼 친절한 충고를 수없이 늘어놓았다. 그는 그것을 이내 잊어버렸으나 그녀가 베푼 애정 어린 보살핌과 농사꾼 같은 얼굴에 깃들인, 영악하면서도 친절한 미소를 결코 잊지 않았다. 그는 그 여자에게 감사의 뜻을 표했다. 얼마 되지 않아서 그는 다시 걸을 수 있었으므로 방랑을 계속하려고 하자, 그 여자는 좀 있다가 달이 바뀌면 꼭 따뜻한 날씨가 찾아올 거라고 그를 가지 못하게 했다. 사실 그랬다. 그가 출발했을 때 눈은 잿빛으로 녹고 있었다. 대기는 습기를 머금고 무거웠다. 하늘에는 부드러운 바람이 귓전을 스치고 지나가는 소리가 들렸다.

10

눈은 녹아 시내로 흘러내리고, 썩은 잎사귀 밑에서 제비꽃 냄새가 풍겨 왔다. 골드문트는 변해 가는 계절 속으로 걸음을 옮기고, 지칠 줄 모르는 눈초리로 숲과 산과 구름을 들이마시고, 이 집에서 저 집으로, 이 마을에서 저 마을로, 이 여자에게서 저 여자한테로 헤매고 다녔다. 차디찬 밤, 안타까운 공허감과 번뇌에 차서 불 켜진 창문 밑에 웅크리고 앉은 적도 몇 번이나 있었다. 그 발그레하게 가물거리는 불빛으로부터, 사랑스럽지만 그에게는 닿지 않을 지상의 행복과 가정과 평화가 비쳐들었다. 모든 것이 끝없이 되풀이되었다. 그가 이미 잘 알고 있다고 생각했던 모든 것이. 그리고 찾아올 때마다 모양이 달랐다. 들판이나 황무지나 혹은 자갈길 위를 오래도록 헤맨다. 여름철 숲 속에서 잠을 잔다. 손에 손을 맞잡고 마른풀 뒤집기나 홉 따기에서 돌아오는 농가 처녀들의 행렬을 뒤따라 마을을 거닌다. 가을장마가 시작된다. 싸늘한 서리가 내린다. 이런 온갖 것이 한 번씩, 두 번씩 자꾸 되돌아왔다. 가지각색의 광경들이 그의 눈앞에 끝없이 이어져 있었다.

몇 번이나 비와 눈을 맞은 다음, 골드문트는 어느 날 어둡지는 않지만 벌써 유록색 싹이 움트고 있는 느티나무 숲 산등성이에 올라 새로운 경치가 눈앞에 펼쳐지는 것을 내려다보았다. 그것은 그의 두 눈을 즐겁게 해주고 그의 마음속에 예감과 욕망과 희망의 물결을 넘나들게 했다. 며칠 전부터 그는 이 지방에 가까워지고 있다는 것을 느끼고, 이 지방에 기대를 걸고 있었다. 이 한낮의 풍경은 그를 놀라게 했다. 이 풍경을 처음 대했을 때, 이 풍경에서 그가 느낀 점은 그의 기대를 밝혀 주고 강하게 해주는 것이었다. 그는 잿빛의 줄기와 이따금 흔들리고 있는 나뭇가지 사이에서 갈색과 파란색의 골짜기를 내려다보았다. 그 한가운데 널따란 물결이 파란색 유리알같이 반짝이고 있었다. 이제는 황무지와 숲과 고독이 가득한 지방이나 조그만 마을이라도 만나기 힘든 지방, 그런 지방을 길도 없이 헤매는 것에도 얼마 동안은 이별을 고해도 좋다고 생각했다. 골짜기 가운데로 강이 흐르고 있었다. 강을 따라 전국에서 제일 좋고 가장 이름 있는 도로가 하나 뻗어 있었다. 거기에는 기름진 풍요한 땅이 있고, 뗏목과 나룻배가 다니고 있었다. 도로는 아름다운 마을, 산성, 수도원, 번영하는 도시로 통하고 있었다. 희망하는 사람은 아무나 이 도로를 걸으며 며칠이나 몇 주일 동안 여행할 수 있었다. 그리고 그 도로는 농촌의 오솔길처럼 갑자기 어떤 숲 속에서나 축축한 늪지에서 없어지고 마는 그런 걱정을 할 필요가 없었다. 새로운 세계에 도착한 것이다. 그는 기대에 부풀었다.

그날 저녁나절에 벌써 그는 어느 아름다운 마을에 다다랐다. 큰길을 따라서 빨간 포도밭 언덕과 강 사이에 있는 마을이었다. 지붕의 맵시 좋게 생긴 박공은 빨갛게 색칠이 되어 있었다. 아치형 대문과 돌계단의 골목길도 있었다. 대장간에서 벌겋게 단 불빛이 길바닥에 늘어지고, 모루를 두들기는 맑은 소리가 한길까지 들렸다. 지금 막 도착한 골드문트는 오솔길은 물론 구석구석까지 신기하다는 듯이 쏘다녔다. 지하실 입구에서는 술통의 포도주 냄새를 맡고 강가에서는 비린내 섞인 차디찬 물 냄새를 맡았다. 교회와 묘지를 구경하고 밤을 보낼 수 있을 만한 창고를 찾는 데도 게을리하지 않았다. 그러나 그전에 미리 목사 집을 찾아가서 먹을 것을 청해 보려고 생각했다. 그곳에는 뚱뚱하게 살찐 빨간 머리 목사가 있었다. 목사는 골드문트에게 여러 가지를 물어보았다. 그는 얼마간은 감추고 얼마간은 이야기를 꾸며대며 신세타령을 했다. 그러자 친절하게도 맛난 음식과 포도주를 대접받고, 주인과 오래 이야기를 하는 사이 그날 밤을 새우기까지 했다. 이튿날, 그는 강을 따라서 도로를 타고 계속해서 내려갔다. 뗏목과 짐을 실은 배가 가는 것을 보기도 하고, 마차를 앞질러 가기도 했다. 몇 마장쯤 그를 태워 주는 마차도 더러 있었다. 봄날은 여러 색채와 형태를 번갈아 보여 주며 빨리 지나갔다. 마을과 조그만 읍들이 그를 맞이해 주었다. 여자들이 담장 너머로 미소짓기도 하고 땅에 웅크리고 앉아 나무를 심기도 했다. 처녀들이 노을진 마을의 골목길에서 노래를 부르기도 했다.

어느 물방앗간에서 젊은 처녀 하나가 그의 마음을 매우 들뜨게 했으므로 그는 이틀 동안이나 그곳에 머물면서 그 처녀 옆을 할 일 없이 어정어정 돌아다녔다. 그 처녀는 웃으며 기꺼이 그를 상대해 주었다. 물방앗간 하인이 되어 언제까지나 그곳에 살았으면 싶었다. 그는 어부들 옆에 앉아 쉬기도 하며, 짐꾼들이 말에 먹이를 주거나 솔질하는 것을 돕기도 했다. 그 대신 빵과 고기를 얻어먹기도 하고 같이 타고 가기도 했다. 오랫동안 고독한 생활을 한 뒤라 여행자들의 사교적인 세계는 그를 즐겁게 했다. 기나긴 배고픔의 나날들 뒤로 날마다 훌륭한 식사를 하는 것도 좋았다. 그는 기쁨의 파도에 실려 이리저리 옮겨지도록 기꺼이 몸을 맡겼다. 그 파도를 타고 주교가 있는 도시에 가까워질수록 국도는 점점 번잡해지고 즐거워져 갔다.

밤이 되었을 때, 그는 벌써 잎이 우거진 어느 마을의 나무 밑을 시냇가를 따라 산책하고 있었다. 시냇물은 조용히 기운차게 흘러가고 있었다. 나무뿌리께에서 흐르는 물의 한숨 소리가 들렸다. 언덕 위에 달이 떠올라 시냇물 위에는 달빛을, 나무 밑에는 그림자를 던지고 있었다. 그는 거기에 한 처녀가 앉아 울고 있는 것을 발견했다. 처녀는 애인과 말다툼 끝에 애인이 가버리자 혼자 남아 있는 것이었다. 골드문트는 처녀 옆에 앉아 그녀의 넋두리를 들으며 처녀의 손을 어루만져 주었다. 그리고 숲이나 어린 사슴의 이야기를 들려주며 처녀를 위로해 주고 웃기기도 했다. 처녀는 그가 키스하는 것을 막지 않았다. 하지만 그곳으로 처녀의 애인이 그녀를 찾기 위해 다시 왔다. 그는 마음의 안정을 되찾고 애인과 싸운 것을 후회했던 것이다. 그러나 그는 골드문트가 옆에 앉아 있는 것을 보자 대뜸 달려들어서 두 주먹으로 쳤다. 골드문트는 화를 참느라고 무척 애를 썼지만 결국 상대편을 때려눕히고 말았다. 처녀의 애인은 욕을 퍼부으며 마을을 향해 달아났다. 처녀는 도망간 지 오래였다. 그러나 골드문트는 이것으로 사태가 끝났다고 생각지 않았으므로 잠자리를 단념하고 한밤중에 달빛이 흐르는 은빛 침묵의 세계 속으로 자꾸자꾸 걸어갔다. 강인한 다리 때문에 매우 흐뭇한 기분이었으나 이슬이 내릴 때까지 걸음을 멈추지 않자 갑자기 피곤이 찾아들어 그는 발끝에 닿은 나무 밑에 드러누워 잠이 들었다. 무언가 얼굴을 간질이는 것이 있어 눈을 떴을 때는 벌써 한낮이었다. 잠에 취한 그는 손가락으로 얼굴을 비벼대며 간질이는 것을 떨쳐 버리고 다시 잠이 들었으나, 또 뭐가 날아와 얼굴을 간지럽게 하는 바람에 눈을 뜨고 말았다. 거기에는 한 시골 처녀가 서서 그를 지켜보며 버드나무 가지 끝으로 그를 간질이고 있었다. 다리를 비틀거리며 그는 일어섰다. 그들은 서로 웃으며 인사를 했다. 그녀는 좀더 잘 수 있는 어느 헛간으로 그를 데리고 갔다. 거기서 두 사람은 같이 잠시 동안 누워 있었다. 그리고 나서 그녀는 자리를 뜨더니 막 짜온 듯한 따뜻한 우유를 조그만 통에다 담아 가지고 다시 들어왔다. 그는 지난밤에 골목길에서 주워 넣어 둔 파란 리본을 그녀한테 선물로 주었다. 떠나기 전에 키스를 한 번 더 했다. 그녀의 이름은 프란치스카였다. 그는 그녀한테서 떠나는 것이 안타까웠다.

　그날 밤 그는 어느 수도원에서 잠자리를 얻고, 이튿날 아침 미사에 나갔다. 그의 가슴속에서 무수한 추억이 이루 말할 수 없이 들끓었다. 아치형 천장의 차디찬 돌에서 풍기는 바람과, 돌을 깐 복도를 걸을 때 샌들의 딸각거리는 소리가 애를 끊는 듯 그리운 고향 향기를 풍겼다. 미사가 끝나 성당 안이 고요해진 뒤에도 골드문트는 무릎을 꿇고 있었다. 그의 가슴은 이상스레 뛰놀고 있었다. 그는 지난밤에 꿈을 수없이 꾸었다. 이유를 알 수는 없지만, 왠지 그는 자신의 삶을 바꾸고 자신의 과거 속 검을 내려놓고 싶다고 느꼈다. 아마도 마리아브론 수도원과 경건한 어린 시절의 기억이 그를 달라지게 한 것이리라. 그는 고해를 하고 자신을 깨끗하게 하자는 충동을 억제하지 못했다. 고백해야 할 사소한 죄악이나 악행은 얼마든지 있었기 때문이다. 하지만 무엇보다 그의 가슴을 내리누른 것은 그의 손에 의해 죽은 빅토르였다. 그는 신부 하나를 찾아내어 고해를 했다. 이것저것에 대해서, 특히 빅토르의 목덜미나 등을 칼로 찌른 것에 대해서 고해를 했다. 아, 얼마나 기나긴 기간 고해하지 않고 있었던가! 그의 무수한 죄악의 무게는 끝을 모르는 것 같았다. 그는 상당한 벌을 각오하고 있었다. 그러나 고해신부는 나그네의 생활을 알고 있는 것같이 놀라지도 않고 조용히 듣고만 있다가 진지하고 상냥하게 그를 나무랐으나, 단죄하지는 않았다.

　골드문트가 홀가분한 마음으로 일어나서 신부의 지시에 따라 제단 앞에서 기도를 올리고 성당을 다시 떠나려고 했을 때, 햇빛 한 줄기가 창살 틈으로 새어 들어왔다. 그의 눈길은 그 빛살을 좇았다. 그러자 성당 옆면에 있는 예배당 안에 상(像)이 하나 서 있는 것이 보였다. 그것이 크나큰 힘으로 그에게 이야기를 걸어오며 또한 그를 끌어당겼기 때문에, 그는 사랑에 넘친 눈길로 그쪽으로 돌아서 경외와 감회에 젖어 그것을 바라보았다. 그것은 나무로 만든 성모 마리아 상이었다. 성모는 뭐라 말할 수 없는 부드러움과 온화함으로 고개를 숙여 내려다보고 있었다. 파란 망토가 연약한 어깨에서 축 늘어져 있는 모습, 소녀 같은 고운 손을 벌리고 있는 품, 괴로운 듯한 입술 위로 가만히 내려다보고 있는 눈매와 둥그스름한 아름다운 이마의 모습, 그런 모든 것이 그가 이때까지 한 번도 보지 못했다고 생각할 만큼 생기에 넘치고 아름다웠으며, 깊숙이 영혼을 감추고 있는 것 같았다. 그 입술과 목덜미의 사랑스럽고도 멋진 움직임은 아무리 보아도 싫증을 느낄 수가 없었다. 그는 때때로 자신이 바라왔으며, 가끔씩 꿈속에서 보고 어렴풋이 느껴왔던 무언가가 서 있음을 본 것 같았다. 몇 번이나 물러서서 돌아가려 했으나 그 상이 자꾸만 그를 끌어당겼다.

마침내 떠나려고 돌아섰을 때, 그의 뒤에는 아까 고해를 맡아 준 신부가 서 있었다.

"저 상이 아름답다고 생각하나요?" 신부는 정답게 물었다.

"말할 수도 없이 아름답습니다." 골드문트는 말했다.

"그렇게 말하는 사람이 적지 않죠." 신부가 말했다. "그리고 또, 이것은 진짜 성모 마리아가 아니다, 너무 지나치게 현대적이요 세속적이다, 모든 점에 과장이 있고 사실과 다르다고 이야기하는 사람도 있습니다. 그 점에서 상당히 논쟁들을 하더군요. 아무튼 당신 마음에 들었다니 기쁩니다. 저것이 우리 성당에 세워지게 된 건 겨우 1년 전이죠. 우리 성당의 독지가가 기부해 준 겁니다. 대가인 니클라우스가 만든 겁니다."

"대가 니클라우스요? 누구예요? 어디 계세요? 그분을 아십니까? 아, 제발 그분에 대해서 뭐든 말씀해 주세요! 이런 것을 만들 수 있는 걸 보니 훌륭하고 은혜 입은 분임에 틀림없습니다."

"나는 그분에 대해서 별로 아는 게 없습니다. 우리 주교의 도시에 사는 조각가입니다. 그곳은 여기서 한나절 걸리는 거리죠. 예술가로서 높은 평판을 받고 있습니다. 예술가는 대개 성자는 아니지요. 그도 틀림없이 성자는 아니겠지만 확실히 은총을 입은 고매하신 분입니다. 나는 여러 번 만나 본 일이 있습니다……"

"네에, 만나 본 일이 있었습니까! 어떻게 생긴 분입니까?"

"당신도 그분한테 반한 모양이구려. 그렇다면 찾아가서 보니파치우스 신부가 인사드리더라고 전해 주시오."

골드문트는 넘칠 듯한 감사의 마음을 전했다. 신부는 미소를 지으며 자리를 떴으나 골드문트는 이 신비로운 입상 앞에서 오래도록 떠날 줄을 몰랐다. 마리아 상의 가슴은 들썩이는 것 같았고, 그 얼굴에는 크나큰 고통과 그만큼의 다정함이 나란히 깃들어 있어 골드문트의 마음을 아리게 했다.

그는 전혀 다른 사람이 되어 성당에서 나왔다. 완전히 달라진 세계를 지나 그는 발걸음을 내딛었다. 나무로 깎은 감미롭고 거룩한 입상 앞에 선 그 순간부터 골드문트는 이때까지 한 번도 가져 보지 못한 무엇을, 딴 사람의 경우에 가끔 비웃거나 부러워했던 무엇을, 곧 목표를 가지게 되었다! 그는 목표를 가졌다. 어쩌면 그 목표에 다다를 것이다. 그렇게 되면 아마 그의 지리멸렬된 생활 전체가 고귀한 의미와 가치를 얻게 되리라. 이 새로운 감정은 그를 기쁨과 두려움으로 가득 채우고, 그의 발걸음에 날개를 달아 주었다. 그는 더 이상 그 명랑하고 아름다운 국도를 걷고 있지 않았다. 더 이상 지난날의, 축제가 벌어지는 유원지이자 아늑한 장소를 걷고 있는 것이 아니었다. 지금 그것은 오로지 그 도시로 가는 길, 그 대가에게로 가는 길일뿐이었다. 그는 조바심치며 달려가 해지기 전에 도착했다. 성벽 뒤에는 탑들이 우뚝우뚝 서 있었고, 성문들 뒤에는 끌로 아로새겨 놓은 문장(文章)들과 색칠한 문패들이 보였다. 그는 가슴을 두근거리며 이 길 저 길을 빠져나갔다. 골목길의 소음이나 혼잡스러움, 떠들썩한 장사꾼들이나, 말을 타고 가는 기사나 수레, 마차 등 어느 것도 눈에 들어오지 않았다. 기사도 마차도 도시도 주교도 그한테는 별것이 아니었다. 성문 밑에서 맨 처음 만난 사람에게 다짜고짜로 대가 니클라우스가 어디 사느냐고 물어보았으나, 모른다고 하여 상당히 실망했다.

으리으리한 저택들이 들어차 있는 광장으로 나왔다. 저택 대부분은 그림이나 조각으로 꾸며져 있었다. 어느 집 대문 너머에는 밝은색의 건장한 용병 입상이 세워져 있었다. 아까 그 수도원 성당의 입상처럼 곱지는 않았지만 종아리를 드러내고, 수염투성이 턱을 보란 듯이 내밀고 있는 자세가 아주 독특한 것이었기 때문에, 골드문트는 이것도 그 대가가 만든 것이리라 생각했다. 그는 저택 안으로 걸어 들어가 문을 두드리고 계단을 올라갔다. 마침내 모피로 장식한 벨벳 외투를 입은 한 신사를 만났다. 골드문트는 그 사람을 붙들고 니클라우스 대가는 어디 있느냐고 물었다. 대가에게 무슨 볼일이 있느냐고 그 사람이 묻자, 골드문트는 마음을 가다듬고 그에게 부탁드릴 것이 있다고 간신히 말했다. 그 사람은 대가가 살고 있는 거리의 이름을 가르쳐 주었다. 골드문트가 길을 물어 가며 가는 도중에 해는 지고 말았다. 그는 불안하기도 했지만 그래도 무척 행복한 마음으로 대가의 집 앞에서 걸음을 멈추었다. 창으로 들여다보다 하마터면 안에 뛰어들 뻔했다. 하지만 이제 날도 저물고 낮에 걸었기 때문에 땀과 먼지로 범벅이 되어 있다는 생각이 떠올라 마음을 억제하고 기다리기로 했다. 그러나 그러고도 한동안 집 앞에서 움직이지 않았다. 방 안에서 불을 켜는 것이 보였다. 그가 막 떠나려고 몸을 돌렸을 때, 어떤 그림자 하나가 창문 앞으로 다가오는 것이 보였다. 아름다운 금발 처녀였다. 처녀 등 뒤에 있는 방 안의 부드러운 등잔 불빛이 금발 사이로 비쳤다.

이튿날 아침, 도시가 다시 잠에서 깨어나 떠들썩해지자 골드문트는 밤에 손님으로 머물렀던 수도원에서 세수를 하고 옷과 신발의 먼지를 턴 다음 어제의 그 거리로 찾아가 문을 두드렸다. 문을 열어 준 하녀는 곧장 스승한테 데려다 주려고 하지는 않았지만 가까스로 이 노파의 마음을 돌리게 하는 데 성공했다. 노파는 그를 작은 홀로 안내했다. 작업장인 그곳에서 대가는 일할 때 쓰는 앞치마를 두르고 서 있었다. 골드문트의 짐작으로는 마흔이나 쉰쯤 되어 보이는, 수염이 있고 키가 큰 남자였다. 그는 옅푸른 눈으로 날카롭게 그를 쏘아보며 무슨 일이냐고 짧게 물었다. 골드문트는 보니파치우스 신부의 안부를 전했다. "그 말뿐인가?"

"선생님." 골드문트는 숨을 죽이고 말했다. "저는 선생님께서 만드신 성모상을 그 수도원에서 보았습니다. 아, 그리 냉정하게 저를 바라보지 말아 주십시오. 저는 사랑과 존경의 인도를 받아 당신한테 온 겁니다. 저는 두려워하는 사람이 아닙니다. 기나긴 세월 방랑 생활을 하며 숲이나 눈이나 굶주림의 쓰라림도 실컷 맛보았습니다. 누구든 제가 두려워한 사람은 없습니다. 하지만 당신은 무섭습니다. 아, 저는 한 가지 크나큰 소원이 있는데, 제 마음은 그것으로 괴롭도록 가득 차 있습니다."

"무슨 소원인가?"

"당신의 제자가 되어 슬하에서 배우고자 합니다."

"그런 소원을 가진 자는 자네만이 아닐세. 그리고 나는 제자를 원치 않네. 나는 이미 조수 두 사람이 있다네. 자네는 어디서 왔는가? 부모는 누구지?"

"부모님은 안 계십니다. 어디에서 온 것도 아닙니다. 저는 어느 수도원의 학생으로 라틴어와 그리스어를 배우다가 도망친 몸입니다. 그때부터 오늘까지 몇 년 동안 하늘을 지붕삼고 있었습니다."

"무엇 때문에 조각가가 돼야겠다고 생각했는가? 이제까지 이런 일을 해본 일이라도 있나? 그림 그린 거라도 가지고 있나?"

"스케치는 많이 했지만 지금 가진 것은 없습니다. 그러나 왜 이 예술을 배우고 싶은지는 말씀드릴 수 있습니다. 저는 여러 가지 것을 생각했습니다. 여러 가지 얼굴이나 모습을 보고 거기에 대한 명상도 해보았습니다. 그 생각 가운데서 몇몇은 저를 괴롭히며 평안케 해주지 않았습니다. 특히 제게 충격을 준 것은, 한 사람의 모습에서도 일정한 선이 되풀이된다는 것이었습니다. 이를테면 이마가 무릎에 상응하고, 어깨가 허리에 상응하는 것입니다. 가장 깊숙한 내부에서는, 그런 무릎과 어깨, 이마를 가진 사람의 천성과 기질이 하나가 되어 일치하는 것입니다. 어느 날 밤 아이를 낳는 여인 곁에서 심부름을 했을 때 본 사실이지만, 최대의 고통과 최고의 쾌락은 거의 똑같은 표정을 가진다는 것도 알게 되었습니다."

대가는 꿰뚫듯이 날카롭게 나그네를 바라보았다. "자네가 지금 무엇을 이야기하고 있는지 자네는 알고 있나?"

"네, 선생님, 그렇습니다. 그래서 제가 당신의 성모상에 표현되어 있는 것을 보고 더없는 기쁨과 놀라움을 느꼈던 것입니다. 그게 제가 찾아온 까닭입니다. 아, 그 아름답고 우아한 얼굴에는 너무도 많은 괴로움이 나타나 있습니다. 동시에 모든 괴로움이 그대로 행복과 미소가 되어 버렸습니다. 그것을 보았을 때 제 마음속에서 불과 같은 것이 저를 뚫고 지나갔습니다. 기나긴 세월 제 머릿속에 있던 생각과 꿈이 확증을 얻은 것 같았습니다. 그것들은 갑자기 쓸모없지 않게 된 것입니다. 제가 무엇을 할 것이며 어디로 가야 할지를 즉시 깨달았습니다. 대가 니클라우스시여, 진정 소원입니다. 부디 슬하에서 배우게 해주십시오!"

니클라우스는 무뚝뚝한 표정 그대로 주의 깊게 듣고 있었다.

니클라우스가 말했다. "젊은 친구. 자네는 놀라울 정도로 훌륭하게 예술에 대해서 이야기할 줄 아네. 자네 같은 나이에 그처럼 여러 가지로 쾌락이나 고통에 대해서 말할 줄 아는 것은 놀라운 일이야. 어느 저녁이든 자네와 포도주 잔이나 나누면서 그런 것에 대해서 이야기한다면 즐거울 걸세. 하지만 보게나. 듣기에도 즐겁고 지적인 이야기로 서로 담소하는 것과 몇 년 동안 같이 생활하고 일을 한다는 것은 별개의 문제야. 여기는 일터란 말일세. 이곳은 일하는 곳이지 잡담하는 곳은 아니란 말이지. 여기서 가치를 두는 것은 무엇을 생각해 내었다거나 무엇을 입으로 말할 줄 아는 것이 아니고 자기 손으로 무엇을 만들어 낼 줄 아는가 하는 것뿐이야. 자네는 보기에도 진심으로 말하는 것 같아 간단히 쫓아내고 싶지는 않아. 어디 자네가 뭣 좀 할 줄 아는가 한번 보기로 하지. 자네는 점토나 밀랍을 가지고 무얼 만들어 본 경험은 없나?"

골드문트는 요전에 한번 꿈속에서 본 광경을 퍼뜩 떠올렸다. 꿈속에서 그는 점토를 주물럭거리다가 조그만 형상을 하나 만들어 놓았다. 그것이 발딱 일어서더니 이내 거인이 되었던 것이다. 하지만 그는 그런 이야기를 하지 않고 아직 한 번도 그런 일을 시도해 본 적이 없다고 대답했다.

"좋아, 그럼 뭐든지 스케치라도 해보게. 저기 책상에 종이와 목탄이 있네. 앉아서 그려 보게. 시간은 걸려도 자네가 무슨 일에 쓸모가 있나 알게 될 테지. 그럼 이제 이야기도 끝났으니 나는 일을 시작하겠네. 자네도 일을 시작하는 게 어떤가?"

골드문트는 니클라우스가 가리킨 의자에 앉아서 그림 테이블을 향했다. 그는 서두르지 않았다. 우선 얌전하고 근면한 학생처럼 가만히 기다렸다. 그리고 그에게 반쯤 등을 돌리고 점토로 조그만 모양을 다듬고 있는 대가 쪽을 호기심과 애정에 넘친 눈으로 응시했다. 그 사람을 주의 깊게 쳐다보고 있자니, 그 엄숙하고 벌써 머리칼이 희끗희끗한 머리와 딱딱하기는 하지만 고매하고 영혼이 서린 듯한 장인의 손이 우아한 마법을 부리고 있는 것 같았다. 골드문트가 상상하고 있었던 것과는 모습이 달랐다. 생각한 것보다 나이가 들었고, 더 수수했으며 냉철했다. 하물며 밝게 빛나거나 사람을 확 끌어들일 만하지 않고 조금도 행복해 보이지 않았다. 탐색하는 듯한 날카로운 시선으로 자신의 일에 집중하고 있었다. 골드문트는 그 모습에서 벗어나 대가의 모습 전체를 조심조심 그의 마음속에 받아들였다. 이 사람은 학자가 되었을지도 모른다고 생각했다. 이 사람보다 먼저 수많은 선진들이 시작했던 일, 어느 때든 그의 후계자들에게 맡기지 않으면 안 될 일, 몇 세대에 걸친 사람들의 노고와 헌신이 집중되는 것 같은 끈기도 있거니와 기나긴 세월이 걸리기도 하며 결코 완결을 볼 수 없는 일, 그런 일에 몸과 마음을 바치고 있는 고요하고도 엄격한 탐구자라고도 할 수 있을지 모른다고 그는 생각했다. 관찰하고 있는 사이에 대가의 얼굴에서 적어도 그런 것 정도는 읽어 내었다. 크나큰 인내, 수양과 심사숙고, 겸양과 모든 인간 노동의 불가사의한 가치를 둘러싸고 있는 깨달음 등이 그 얼굴에 씌어 있었다. 한편 그의 사명에 대한 신념도 씌어 있었다. 그의 두 손의 언어는 또 별개였다. 손과 머리 사이에는 모순이 있었다. 단단한 그 두 손은 매우 예민한 손가락을 점토 속에 집어넣어 모양을 만들고 있었다. 점토를 주물럭거리는 솜씨는 사랑을 하는 남자의 손이 몸을 맡기고 있는 애인을 애무하고 있는 것 같았다. 애정 어린 부드럽게 뛰노는 감정으로 가득 차 있고, 열성적이긴 하지만 받는 것과 주는 것 사이에 구별이 없으며, 능수능란하면서도 경건하고, 매우 오랜 깊은 경험에서 우러난 것같이 안정적이고 대가다웠다. 황홀하게 감탄하면서 골드문트는 이 뛰어난 두 손을 바라보고 있었다. 얼굴과 손 사이의 모순만 없었더라도 그는 기꺼이 이 대가를 스케치했을 텐데, 그 모순이 그를 무력하게 만들어 버렸다.

그는 거의 한 시간가량이나 정신없이 몰두해 있는 예술가를 쳐다보며 이 사람의 비밀을 캐내려는 생각으로 차 있었으나, 마음속에서는 딴 모습이 형성되어 그의 영혼 앞에 드러나기 시작했다. 그것은 그가 누구보다도 더 잘 알고 있고, 그가 매우 사랑하고 마음속으로 흠모해 마지않는 사람의 모습이었다. 비록 그 모습에서도 많은 선들과 갈등들이 떠올랐지만 분열이나 모순은 없었다. 그것은 친구 나르치스의 모습이었다. 그것은 자꾸 응집되어서 하나가 되고 전체가 되었다. 너무나도 그리운 그 사람의 내적 법칙이 그의 환영 속에 나타났다. 고귀한 머리는 정신에 의하여 형성되어 있었고, 자제력을 잃지 않는 아름다운 입과 살짝 애수를 띤 눈은 정신에의 봉사에 의해서 엄격함과 기품을 드러내고 있었다. 그리고 수척한 어깨와 기다란 목덜미와 부드럽고 품위 있는 손은 영성을 위한 싸움에 의해 움직이고 있었다. 수도원에서 헤어진 뒤로 친구를 이다지도 똑똑히 보고 친구의 환영을 이렇게 완전히 그의 마음속에서 그려 본 적은 없었다.

골드문트는 꿈이라도 꾸듯이, 뜻하지 않게도 열성적으로 조심스레 스케치를 시작했다. 그는 대가도 자신도 그가 지금 앉아 있는 장소도 잊어버리고 애정에 넘친 손가락으로 가슴에 살아 있는 모습을 경건하게 다듬어 갔다. 그는 빛이 천천히 작업실을 가로지르는 것도, 대가가 몇 번이나 넘겨다보는 것도 알지 못했다. 그는 마치 희생의 제물을 바치는 의식과도 같이 그에게 주어진 과제를, 그의 마음이 그에게 가져다준 과제를, 다시 말해 친구의 이미지를 그러모으고 오늘 그의 마음속에 살고 있는 그대로 저장하는 일을 해내었다. 그는 그것에 대해서는 생각하지 않고 자신의 행위를 빚을 갚는 일이나 감사의 보답처럼 느꼈다.

"점심 시간이야. 이제 식사를 해야겠는데, 같이 가서 하지. 어디 보세. 무얼 좀 그렸나?" 니클라우스는 그림 테이블 앞에 다가와서 말했다.

그는 골드문트의 뒤로 돌아가서 커다란 종이를 내려다보았다. 그리고 그를 옆으로 밀치고 목탄지를 조심스레 그의 재주 있는 손에 집어들었다. 골드문트는 꿈에서 깨어났다. 그리고 불안한 기대를 가지고 대가를 쳐다보았다. 그는 스케치를 두 손에 들고 섰다. 그리고 엄숙하고 옅푸른 눈으로 날카로운 눈초리를 던지며 매우 자세하게 들여다보고 있었다.

"자네가 그려 놓은 이분은 누군가?" 얼마 있다가 니클라우스가 물었다.

"제 친구인데, 젊은 수사이며 학자입니다."

"좋아, 손을 씻게. 저쪽 안마당에 샘이 있다네. 그 다음에 식사하러 가세, 조수들은 여기 없네. 도시 바깥에서 일을 하고 있지."

골드문트는 순순히 따라나갔다. 안마당의 샘물을 발견하고 손을 씻으면서도 대가의 생각을 알려고 이리저리 궁리했다. 그가 돌아왔을 때 대가는 거기에 없었다. 그는 대가가 옆방에서 왔다 갔다 하는 소리를 들었다. 바깥으로 나왔을 때는 대가도 손을 씻고 작업복 대신 아름다운 천으로 지은 옷을 입었다. 그걸 입으니 훌륭하고 당당해 보였다. 니클라우스는 앞장서서 계단을 올라갔다. 계단의 손잡이 기둥은 호두나무로 조그만 천사의 머리가 새겨져 있었다. 오래되거나 새것인 입상들이 죽 늘어선 복도를 지나 바닥과 벽, 천장까지 광택이 흐르는 나무로 꾸며진 훌륭한 방 안으로 들어갔다. 창가 구석자리에 식탁이 준비되어 있었다. 처녀가 들어왔다. 골드문트는 그 처녀를 알고 있었다. 어젯밤에 본 그 아름다운 처녀였다.

대가는 말했다. "리즈베트. 한 사람 몫을 더 가지고 와야지. 손님을 데리고 왔단다. 이 사람은, 아 참, 이름을 아직 몰랐구먼."

골드문트는 이름을 말해 주었다.

"음, 골드문트로군. 식사 준비는 되어 있니?"

"잠깐 기다리세요, 아버지."

처녀는 쟁반을 들고 나가더니 이내 돼지고기와 렌즈콩과 흰 빵을 하녀한테 들려가지고 돌아왔다. 식사하는 동안 아버지는 딸과 이것저것 이야기를 나눴다. 골드문트는 아무 말도 없이 앉아서 식사를 조금밖에 들지 않았다. 매우 불안스럽고 불편한 기분이었다. 딸은 몹시 그의 마음을 끌었다. 그녀는 우아하고 아름다운 몸매를 가지고 있었으며 거의 자기 아버지만큼이나 키가 컸다. 그러나 유리알 옆에라도 앉아 있는 것처럼 도무지 가까이하기가 어려웠고, 손님에게 말을 걸거나 눈길을 주지도 않았다.

식사가 끝나자 대가는 말했다. "지금부터 30분쯤 쉬겠네. 자네는 일터에 가든지 나가서 거리를 거닐든지 하게나. 볼일은 나중에 말하기로 하고."

골드문트는 인사를 하고 밖으로 나왔다. 대가는 그의 스케치를 보고 나서 한 시간, 아니 그 이상이 되었는데도 거기에 대해서 아무 말도 하지 않았다. 거기에 또 30분을 더 기다려야 한다! 하지만 어떻게 할 수도 없었다. 그는 기다렸다. 일터에는 들어가지 않았다. 자신의 그림을 다시 볼 용기가 나지 않았다. 그는 안마당에 나서서 샘물통 위에 앉아 끊임없이 대롱에서 흘러내려 깊은 돌그릇 속으로 떨어지는 물줄기를 바라보았다. 물은 떨어지자 조그만 동심원을 만들며 공기를 연이어 밑바닥으로 조금씩 빨아당겼다. 그러나 공기는 계속 하얀 진주 방울이 되어 위로 되돌아오려고 했다. 어두운 샘물 속 수면에서 그는 자신의 모습을 보았다. 물속에서 자신을 쳐다보고 있는 그 골드문트는 이제 까마득한 옛날 수도원에 있던 골드문트가 아니었으며, 리디아의 골드문트도 아니었다. 그리고 숲 속을 헤매던 골드문트도 아니었다. 그는, 그와 모든 사람은 마지막에 분해되어 없어질 때까지 어딘가로 흘러가면서 끊임없이 달라져 간다고 생각했다. 하지만 예술가에 의해 만들어진 형상은 언제까지나 변하지 않고 똑같은 모습으로 남는 것 같았다.

죽음에 대한 공포가 어쩌면 모든 예술의 뿌리이자 정신의 전부일지도 모른다고 그는 생각했다. 우리는 죽음을 겁낸다. 삶의 불안정함에 몸서리를 친다. 우리는 슬픔에 잠긴 마음으로 꽃이 시들고 잎이 떨어지는 것을 몇 번이고 바라본다. 그리고 우리 가슴속에서는 우리가 일시적인 존재이며, 곧 사라지게 될 것임을 안다. 우리가 예술가로서 형상을 만들거나 사상가로서 법칙을 구하고 사상을 공식화할 때, 우리는 커다란 죽음의 무도(舞蹈)에서 무언가를 구출하고, 우리 자신보다 더 기나긴 수명을 가지는 무엇을 수립하기 위해 그런 일을 하는 것이다. 대가가 아름다운 성모상을 만들 때 모델로 한 여자는 아마 벌써 늙었거나 아니면 죽었으리라. 얼마 안 있으면 그 또한 죽고 말리라. 전혀 다른 사람이 그의 집에서 살고 그의 식탁에서 식사를 하리라……. 하지만 그의 작품은 언제까지나 그대로 남아서 조용한 수도원의 성당에서 백 년이나 혹은 그 이상의 오랜 뒤에라도 빛을 던질 것이다. 언제까지나 아름다움은 변치 않으리. 그리고 언제까지나 변치 않고 꽃향기를 풍기면서도 슬픔이 가시지 않는 듯한 입가에 똑같은 미소를 머금고 있으리라.

대가가 계단을 내려오는 소리가 들렸으므로 그는 일터로 얼른 되돌아갔다. 니클라우스는 왔다 갔다 하면서 골드문트의 스케치를 들여다보다가 창가에서 걸음을 딱 멈추었다. 그리고 살짝 망설이면서도 무뚝뚝한 태도로 말했다. "이 지방 관습으로 수습공은 최소한 4년간 교육을 받으며 스승한테는 사례금을 내게 돼 있다." 그의 말소리가 잠깐 뚝 그쳤기 때문에, 골드문트는 그가 돈을 내지 않을까 봐 염려하는 것이라고 생각했다. 갑자기 그는 행낭에서 칼을 꺼내 금화를 감춰 둔 자리를 뜯고 그것을 끄집어냈다. 니클라우스는 놀라서 그가 하는 행동을 보다가 골드문트가 금화를 내밀자 큰 소리로 웃으며 말했다.

"그렇게 생각했나? 아니, 여보게, 자네 돈은 넣어 두게. 자, 들어 봐! 나는 우리 조합에서의 관습이 제자를 어떻게 취급하고 있는지 말했을 뿐이야. 하지만 나는 그런 일반적인 스승도 아니고, 자네도 일반적인 제자는 아니란 말이야. 즉, 그런 제자라면 열세 살이나 열네 살 혹은 아무리 늦어도 열다섯 살에 도제 시절로 들어서는 게 관습이야. 그리고 그 시절의 반은 쭉 일꾼 노릇을 해야 되고 막일에도 따라가야 돼. 하지만 자네는 벌써 기골이 장대한 청년이네. 나이로 보아서는 벌써 장인이 되었거나 대가라도 돼 있었을 거야. 우리 조합에서는 수염이 더부룩한 도제는 아직 본 적이 없네. 그뿐인가, 아까도 이야기했지만 내 집에는 도제 같은 걸 둘 마음이 없네. 보아하니 자네는 시키는 대로 고분고분할 사람 같지도 않아."

골드문트의 초조함은 정점에 다다라 있었다. 대가가 그에게 들려주는 사려 깊은 새로운 말 하나하나가 그를 안절부절못하게 했다. 그것은 역겹도록 따분한 데다 학자인 척 구는 것처럼 보였다. 그는 분통을 터뜨리며 소리쳤다. "당신께서 저를 도제로 맞아 주실 의사가 없으시다면, 왜 이렇게 하나하나 말씀해 주시는 겁니까?"

대가는 단호히 그대로 이야기를 계속했다. "나는 한 시간 동안이나 자네 소망에 대해서 생각해 보았네. 그러니 자네도 인내심을 갖고 내 이야기를 들어 주어야 하네. 나는 자네가 그린 것을 보았네. 결점은 있지만 훌륭해. 만약 형편없었다면 자네한테 반 길더쯤 주어서 그대로 쫓아 버렸을 거야. 이게 내가 자네 그림에 대해 말하고 싶은 전부일세. 자네가 예술가가 되도록 도와주고 싶네. 아마 자네는 예술가가 될 숙명인가 봐. 하지만 자네는 내 제자는 될 수 없어. 도제 교육도 받지 않고, 또 도제 기한을 채우지 못한 사람은 우리 조합에서는 장인도 대가도 될 수가 없다네. 이걸 미리 자네한테 이야기를 해두는걸세. 하지만 시도해 보는 것은 허락해 주겠네. 잠시 이 도시에 머무를 수 있게 되거든 나한테 와서 좀 배워도 좋아. 의무도 계약도 없이 하지. 언제 떠나도 좋고, 내 작업실에서는 조각칼을 몇 개쯤 부러뜨려도, 또 목판을 몇 개쯤 망쳐도 상관없네. 자네가 조각가로서 소질이 없다는 것을 알게 된다면 다른 일을 해야 할 걸세. 뭐 이 정도라면 불만은 없겠지?"

골드문트는 부끄러움과 감동에 젖어 그의 말을 듣고 있다가 소리쳤다.

"제 마음을 다해 감사를 드립니다. 저는 집 없는 사람입니다. 숲 속에서도 지낸 놈이 여기 이 도시에서 못 살 까닭이 있겠습니까? 당신께서 저나 다른 도제들 때문에 근심과 책임을 떠맡길 원치 않으신다는 뜻도 잘 알겠습니다. 저는 당신 밑에서 가르침을 받을 수 있는 것만으로도 엄청난 행운이라 생각합니다. 저에 대한 배려에 감사드립니다."

11

이 도시에서는 새로운 정경이 골드문트를 에워쌌다. 그에게 새로운 생활이 시작된 것이다. 이 지방과 도시가 행복하고 유혹적이며 너그럽게 그를 맞이해 준 것처럼, 이 새로운 생활은 기쁨과 여러 약속으로 그를 맞이해 주었다. 비록 슬픔과 의식은 변하지 않은 채 그의 영혼과 삶 속에 본디대로 남아 있었지만, 표면적으로는 그를 위해 무지개 빛깔로 반짝이고 있었다. 지금 시작된 이 시기는 골드문트의 일생을 통해서 가장 즐거운 시절인 동시에 가장 마음이 가뿐한 시절이었다. 밖으로는 부유한 주교의 도시가 온갖 예술과 여자와 많은 즐거운 유희와 정경으로 그를 맞이해 주었다. 그리고 안으로는 그가 눈뜨기 시작한 예술가적 정신이 새로운 감각과 경험을 그에게 가져다주었다. 그는 스승의 도움으로 생선 시장 근처, 어느 도금 공장 주인 집에 하숙을 구했다. 이리하여 그는 스승과 있을 때도 도금 공장 주인 집에서도, 목판이나 석고, 물감이나 바니시나 금박 등을 다루는 기술을 습득했다.

골드문트는 뛰어난 재능을 가지고 있으면서도 그것을 표현하는 데 적당한 방법을 찾지 못하는 예술가들, 그런 불행한 예술가들과 같은 부류는 아니었다. 제법 많은 사람들이 심오하고 드넓은 세상의 아름다움을 느낄 수 있고, 그들의 영혼 속에 존귀한 영상을 지니고 있다. 그러나 그들은 이러한 영상을 구체화할 수가 없으며, 다른 이들의 기쁨을 위해 창조해 내거나 그런 것을 전달하지 못하는 것이다. 골드문트는 그런 결핍으로 괴로워하지는 않았다. 보통 사람들은 하루 일을 끝낸 저녁, 몇몇 친구들이 모인 가운데서 기타치는 법을 배우고 또 일요일에는 마을의 무도장에서 춤을 배운다. 이런 놀이가 사람들한테 매우 수월하듯이 골드문트에게도 두 손을 놀리는 방법이나 공작품을 다듬는 방법이나 그것을 완성시키는 방법을 습득하는 일이 쉽기도 하고 즐겁기도 했다. 쉽게 몸에 익히고 혼자서도 잘되어 갔다. 그는 목각을 하면서 열성을 다해야 했으며 어려움도 느끼고 실망도 겪어야 했다. 질 좋은 나무토막 여러 개를 망치기도 했으며, 몇 번이나 손가락을 심하게 베기도 했다. 하지만 그는 초보 단계를 빠르게 뛰어넘어 연장을 제법 다룰 수 있었다. 그렇건만 스승은 가끔 그에게 매우 씁쓸한 입맛을 다시며 이렇게 말하는 것이었다. "골드문트, 자네가 내 도제자도 조수도 아니라는 건 다행한 일일세. 자네가 한길과 숲 속에서 내게 찾아왔듯이 언젠가는 또 그곳으로 돌아갈 거라는 사실을 우리 서로가 알고 있다는 것은 다행이야. 자네가 시민이나 장인도 아니고 이리저리 전전하는 방랑자라는 걸 모르는 사람이라면 누구든지 자네에게 이런저런 것을 부탁하고 싶은 유혹에 쉽게 굴복당하고 말 거야. 모든 대가가 자기네 사람들에게 요구하듯이 말일세. 자네는 할 기분만 나면 솜씨 있게 일하는 사람이야. 하지만 지난주엔 이틀이나 빈둥댔지. 어제는 마당 작업장에서 천사상 두 개에 광택을 내려고 했는데 그 대신 반나절이나 잠을 잤지."

스승의 비난은 옳았다. 골드문트는 변명하지 않고 가만히 듣고만 있었다. 그는 자신이 믿을 만한 인간도 부지런한 인간도 아니라는 것을 알고 있었다. 어떤 한 가지 일이 그를 붙들어매어 그에게 어려운 과제가 맡겨지거나 그의 기교를 알아차리게 되고 기뻐할 때는 부지런한 일꾼이었다. 그는 육체 노동을 싫어했다. 그리고 힘들지는 않지만 시간과 근면을 필요로 하는 일도 싫어했다. 그런데 그런 일의 대부분은 수작업을 해야 했고 참을성도 있어야 해서 도무지 견뎌 낼 수 없을 때가 많았다. 그 역시 때때로 궁금해했다. 불과 2, 3년간의 방랑이 그를 게으르고 신뢰할 수 없는 인간으로 만들어 버렸는가? 그것이 그의 마음속에서 주도권을 쥐려고 애쓰던 어머니의 유전이었을까? 혹은 그에게 무슨 결함이 있는 것인가? 그는 그가 매우 부지런하고 선량한 학생이었던 초기 수도원 시절을 머릿속에 그려 보았다. 지금은 그에게서 찾아볼 수 없는 끈기가 그때는 왜 그다지도 많았던가? 마음 한구석에서는 사실 그다지 대단한 것이라고 생각지 않았는데도 왜 라틴어 문장론에 싫증도 내지 않고 몸과 마음을 바칠 수 있었으며, 또한 그리스어의 과거형을 남김없이 외울 수 있었던가? 그는 몇 번이나 그때의 자신을 돌이켜 보았다. 그때 그를 격려해 주고 기운나게 해주었던 것은 사랑이었다. 그의 학습은 나르치스의 사랑을 얻으려는 꾸준한 노력에 지나지 않았다. 나르치스의 사랑을 얻는 길은 그의 주의를 끄는 방법과 그의 인정을 받는 방법 두 가지가 있었다. 그때는 사랑하는 선생이 자신을 인정해 주는 눈길을 받기 위해서라면 몇 시간 또는 며칠이라도 갖은 노력을 아끼지 않았다. 그리하여 그가 동경했던 목표에 가까스로 다다라서 나르치스를 그의 친구로 맞이하게 되었던 것이다. 그러나 그 나르치스 학자는 골드문트의 학자로서의 부적합성을 지적하고, 그에게서 잃어버린 어머니의 이미지를 불러내 준 것이다. 학식이나 수사의 생활이나 덕성 대신 그의 본성의 강한 근본적 충동, 즉 성욕이나 여인에의 사랑이나 자유의 욕구나 방랑 등이 그를 지배하고 말았다. 하지만 그는 스승이 만든 성모상을 보고 자신 안에서 예술가의 소질을 발견했다. 그리고 새로운 길로 들어서 다시 정착하게 된 것이다. 그는 지금 어디에 서 있는가? 그의 길은 그를 어디로 이끄는가? 그를 막을 장애물은 어디에서 나타날까?

처음에는 정의내릴 수 없었지만 이것만은 알 수 있었다. 니클라우스 스승을 매우 존경한다는 것, 한때 나르치스를 사랑한 것만큼은 아니지만. 아니, 스승을 실망시키고 곤란하게 만드는 것이 때로는 그의 기쁨이 되기도 했다. 마치 그것은 스승의 본성 안에 있는 모순과 관련을 갖고 있는 것 같았다. 니클라우스의 손으로 이루어지는 형상들, 적어도 그중에서 제일 잘된 것은 골드문트에게 찬탄의 대상이었다. 하지만 스승, 그 자체는 본보기가 될 수 없었다.

입가에 더할 수 없는 괴로움과 아름다움을 담아낸 성모상을 조각한 예술가, 깊은 경험과 직관을 시각에 담을 수 있는 형상으로 만들어 놓은 예견과 예지의 인간, 그 불가사의한 두 손을 가진 빈틈없는 관찰자, 이런 인간과 나란히 니클라우스 스승 속에는 또 한 사람이 살고 있었다. 약간은 엄격하면서 걱정에 가득 찬 아버지이자 길드 조합원, 평온하게 살고 있는 홀아비, 조용한 집에서 딸과 못생긴 하녀와 함께 조금 위축된 삶을 사는 사람, 골드문트의 과격한 충동에 격렬히 반대하는 사람, 침착하고 온건하며 규칙적이고 행실 바른 삶을 사는 사람이 자리 잡고 있었다.

골드문트는 스승을 존경했다. 그래서 다른 사람에게 스승에 대해 캐묻는다거나, 다른 사람 앞에서 스승의 인격을 비판하는 그런 말은 그 스스로도 결코 허락하지 않았다. 1년이 지나자 니클라우스에 대해 알 수 있는 것은 뭐든지 아주 세세한 부분까지 다 알게 되었다. 스승은 그에게 중요한 존재였다. 스승은 그를 사랑하는 만큼 미워하고 있었다. 그를 내버려 두지도 않았다. 제자 골드문트는 사랑과 불신, 자꾸 눈떠 가는 호기심을 가지고 스승의 본성과 그 삶의 숨겨진 구석을 뚫고 들어갔다. 니클라우스는 집에 빈 방이 남아 있는 데도 도제나 조수들을 재우지 않았고, 외출하거나 집에 손님을 초대하는 일도 없음을 골드문트는 알게 되었다. 스승이 감동적일 정도로 빈틈없이 주의하면서 아름다운 딸을 사랑하고, 모든 이에게서 그녀를 숨겨 놓으려 한다는 것도 관찰했다. 또한 일찍부터 엄격하고 금욕적으로 사는 홀아비의 삶에도 여전히 즐기고자 하는 본능이 있음을 알아챘다. 때때로 주문이 들어와 며칠간 여행을 해야 할 때면 스승은 기묘하게 바뀔 수도 있고 활기에 넘칠 수도 있었다. 언젠가 그들이 낯선 작은 도시에 조각된 설교단을 설치하러 갔을 때, 그는 니클라우스가 저녁에 남몰래 매춘부를 찾아갔다가 돌아온 날 이후 불안해하며 기분이 좋지 않던 일도 목격했다.

시간이 지남에 따라 이런 호기심 말고도 또 다른 무언가가 골드문트를 스승의 집에 붙들어 두고 그의 넋을 빼놓았다. 그것은 그의 마음을 끌어당기는 스승의 아름다운 딸 리즈베트 때문이었다. 그녀의 모습을 보기는 힘들었다. 처녀는 좀처럼 작업장에 들어오지 않았다. 남자에 대한 처녀의 냉정한 태도는 그녀의 동의 없이 아버지가 강요하고 있기 때문인지, 아니면 그 처녀 자신의 천성 때문인지 확실치가 않았다. 스승이 다시는 그를 식사에 초대하지 않고, 그가 그녀와 어떤 식으로든 만나기 어렵도록 만들려고 애쓴다는 것은 놓칠 수 없는 사실이었다. 리즈베트는 매우 소중하게 보호받는 딸이었다. 결혼하지 않고서는 그녀와 연애를 즐길 희망을 가질 수 없었다. 게다가 그녀와의 결혼을 원하는 사람이라면 좋은 집안의 자제여야 하고, 상급 길드 가운데 하나의 구성원이어야 하며, 틀림없이 돈과 집도 가지고 있는 사람이어야 하는 것이다.

리즈베트의 아름다움은 집시 여인이나 농가 아낙들의 미모와 너무나 차이가 있어서 첫날에 벌써 골드문트의 눈길을 끌었던 것이다. 그녀에게는 그가 해독하지 못한 뭔가가 있었다. 그것은 그를 격렬히 끌어당기면서도 짜증스럽고 의심을 갖게 만드는 어떤 이상한 점이었다. 그녀의 놀라운 차분함과 천진함, 예의바른 청순함은 어린애 같지는 않았다. 그녀의 모든 예의와 편안한 태도 뒤에는 냉담함과 우월감이 숨겨져 있었다. 그런 이유로 그녀의 천진함이 그를 끌어당기거나 무방비 상태로(그가 결코 어린아이를 유혹할 수는 없을 테니까) 만든 것이 아니라 도리어 그를 자극하여 도발했다. 그 처녀의 자태가 그에게 마음속의 형상으로서 점차 친근감을 갖게 되자, 그는 그녀의 조각상을 만들고 싶은 충동을 느꼈다. 그러나 지금 그대로의 모습이 아니라 눈을 뜬, 감각적이며 고통스러워하는 얼굴, 덜 성숙한 숫처녀가 아니라 막달라 마리아와 같은 모습으로였다. 그는 이따금, 그녀의 차분하고 아름다우며 무표정한 얼굴이 황홀경이나 고통으로 찌푸려지다가 새싹을 틔우듯 펼쳐지는 모습을 보고 그 비밀을 드러내는 모습을 보길 꿈꿨다.

그의 영혼 속에는 또 다른 얼굴도 살고 있었다. 비록 그에게 완전히 속한 것은 아니었지만, 그가 예술가로서 담아두길 간절히 바라는 얼굴이었다. 그러나 그 얼굴은 자꾸만 뒷걸음질 쳐 달아나고 스스로를 장막 속으로 감춰 버리는 것이었다. 그것은 어머니의 얼굴이었다. 그것은 이미 나르치스와 대화를 나눈 뒤 잃어버린 기억 속 깊은 곳에서 언젠가 그에게 나타났던 얼굴은 아니었다. 그가 방랑하던 날들, 사랑을 나누던 밤들, 그리움에 목말라 한 시간들, 목숨에 위협을 느끼며 저승사자의 그림자를 접하던 시절을 거치며 천천히 변화해 왔다. 더 풍요로워지고 깊어졌으며 절묘해진 것이었다. 그것은 이제 그 자신의 어머니의 형상이 아니었다. 그 표정과 빛깔에서 그 혼자만의 것이 아닌 어머니의 형상, 즉 인간의 어머니인 이브의 형상으로 변해 갔다. 니클라우스 스승이 만든 성모상에는 괴로워하는 성모의 모습이 완벽하고도 강렬하게 표현되어 있었다. 골드문트가 보기에는 도저히 넘어설 수 없는 것이었다. 하지만 그는 언젠가 그의 기술이 좀더 성숙해지고 안정이 되면 세속적인 어머니의 이미지를, 그의 마음속에서 가장 오래되고 가장 소중한 이미지를 풍기는 성모의 모습으로 창조할 수 있게 되길 바랐다. 그의 어머니에 대한 기억과 사랑에 의해 단 한 번 떠올랐을 뿐인 이 내적 이미지는 지금은 끊임없이 변화하고 발전해 가고 있었다. 집시 여인 리제의 표정, 기사의 딸 리디아의 표정, 그리고 수많은 여인의 얼굴들, 그것들 모두가 그 근원적인 형상 속으로 스며들어갔다. 그와 사랑을 나누었던 여인의 얼굴 전체가 이 이미지에 영향을 주었음은 물론이요, 모든 감동과 경험과 체험도 형태를 제공하고 표정을 가져다주었다. 그 언젠가 이 형상을 구체적으로 표현해 낼 수 있다면, 그것은 어느 특정한 여인을 재연해 내는 것이 아니라 인류의 어머니로서, 생명 그 자체를 표현할 작정이었다. 그는 가끔 그것이 눈에 보이는 듯했다. 꿈속에 나타날 때도 자주 있었다. 하지만 이 이브의 얼굴과 그것으로서 표현하고자 하는 바에 대해서 그가 말할 수 있는 것은 이런 것뿐이었다. 즉 고통과 죽음이 쾌락의 황홀경과 가지는 밀접한 관계를 그려 내야 한다는 것 말고는 아무 말도 할 수 없었다.

1년이라는 세월 동안 골드문트는 많은 것을 배웠다. 스케치를 하는 데는 재빠르고 꽤 완숙한 솜씨를 갖게 되었다. 니클라우스는 목각을 하게 하는 한편 골드문트에게 틈틈이 점토로 모형을 만들도록 했다. 제일 먼저 성공한 그의 작품은 높이가 한 자 됨직한 점토 모형이었다. 그것은 리디아의 동생인 어린 율리에의 감미롭고 매혹적인 자태였다. 스승은 이 작품을 칭찬해 주었다. 하지만 주물에 넣어 보자는 골드문트의 소망을 들어주지는 않았다. 스승은 후견인으로서 그 모형을 너무 음란하며 세속적이라고 했다. 그 다음에는 목각으로 나르치스의 조각상을 제작하기 시작했다. 사도 요한을 모형으로 했다. 잘 만들어진다면, 니클라우스는 그리스도의 십자가 처형을 하는 무리의 형상들에 이 조각상을 포함시키길 원했기 때문이었다. 그는 전에 이 작품 제작 의뢰를 받았었는데, 그의 두 조수가 꽤 오랫동안 맡아 작업해 오고 있었으며 마지막엔 스승이 손질하도록 넘길 예정이었다.

골드문트는 나르치스의 조각상 제작에 깊은 애정을 기울이고 해 나갔다. 이 일에서 그는 자기 자신을 재발견하고, 그의 기술과 그의 영혼을 찾아냈다. 그는 매우 빈번하게 탈선하곤 했다. 정사, 춤, 일하는 동료들과의 술, 도박, 그리고 많은 싸움에 극심하게 연루되었다. 때문에 하루나 또는 여러 날 일터를 피해 있거나 혹은 일을 시작했다 해도 산만하고 불쾌한 사람처럼 서 있는 것이 보통이었다. 사도 요한의 사랑스럽고 명상에 잠긴 자태가 점차 순수한 입김을 뿜으며 나무 속에서 터덕터덕 걸어나오기는 했지만, 마음의 준비를 갖추었을 때만 그는 경건하게 몸을 바쳐 일에 손을 댔다. 그런 시간에는 즐겁지도 슬프지도 않았거니와 삶의 환희도 인생의 무상도 잊어버렸다. 그는 한때 친구에게 빠져 헤어나지 못하며 그에게 인도받을 때의 행복했던, 경건하며 밝고 수정같이 맑은 그 감정을 느꼈다. 거기에 서서 자신의 의지 속 이미지로 창조하고 있는 것은 그가 아니었다. 그것은 차라리 다른 사람이었다. 예술가의 손을 빌려 삶의 덧없는 변화에서 빠져나오려고 그의 존재의 순수한 이미지를 표현하게 하는 것은 바로 나르치스였다.

이런 과정을 거쳐 참다운 작품이 생산되는 것이었다. 골드문트는 이따금 그런 생각을 하며 온몸을 부들부들 떨었다. 잊을 수 없는 스승의 성모상도 그렇게 만들어졌다. 골드문트는 그 일을 시작하고부터 일요일이면 몇 번이고 수도원에 그 입상을 보러 갔다. 스승이 2층 복도에 죽 세워 놓은 먼지 앉은 조각상들 가운데서 최고로 꼽는 것들은 신비에 가득 차고 거룩한 이런 과정을 거쳐서 만들어진 것이다. 똑같은 과정을 거쳐 언젠가 그 조각상, 그에게는 한층 더 신비에 가득 차고 거룩하며 유일한 것이 될 조각상, 이브의 조각상이 완성될 것이다. 아, 인간의 손에서 그러한 예술 작품이, 그와 같이 거룩하고 본질적이며 어떠한 욕망이나 허영에도 더럽혀지지 않는 조각상만이 만들어질 수 있다면! 하지만 그런 것은 아니었다. 그는 그것을 진작부터 알고 있었다. 사람들은 다른 조각상도 만들 수 있었다. 그것들도 매혹적이고 대단한 숙련도로 만들어진 작품들이며, 예술 애호가들을 즐겁게 해주고 성당이나 회의실의 장식이 되는 아름다운 것이기는 했지만 거룩하고 참다운 영혼의 조각상은 아니었다. 그는 니클라우스나 다른 대가들의 작품 가운데 착상이 아무리 고상하고 기술이 정교하더라도 아무것도 아니거나 노리개에 불과한 것들도 많이 있음을 잘 알고 있었다. 그가 부끄러워하며 슬퍼한 것은, 예술가가 그 자신의 능력에 도취되거나, 야심과 방탕에 젖었거나 해서 세상에 예쁜 작품을 내놓는 일에 대한 욕구가 자신의 마음과 손끝에서도 이미 느껴지고 있다는 점이었다.

그런 것을 처음으로 깨달았을 때, 그는 죽도록 슬퍼했다. 아, 아무리 아름답다고 하더라도 예쁘장한 천사의 조각상이나 다른 쓸데없는 것을 만들기 위해서라면 굳이 예술가가 될 필요는 없었다. 아마 딴 사람들, 이를테면 일꾼들이나 시민이나 아무 고통도 불만도 없는 사람들한테는 보람이 있는 일일는지 모르지만, 그에게는 아무 보람도 없는 일이었다. 그에게는 예술도 예술가라는 것도 그것이 태양처럼 이글이글 타오르지 않는다면, 폭풍우와 같은 힘을 가지지 않는다면, 쾌감이나 쾌락이나 눈곱만 한 행복을 갖다주는 데 불과하다면 아무 쓸모도 없는 것이었다. 그는 다른 것을 찾았다. 아무리 보수가 좋다 하더라도 레이스처럼 곱게 만든 성모의 화관을, 반짝이며 빛나는 금박으로 보기 좋게 도금하는 것은 그가 할 일이 아니었다. 왜 스승 니클라우스는 그런 청을 일일이 받아들였을까? 왜 조수를 둘이나 데리고 있단 말인가? 정치가들이나 고위 성직자들이 정문이나 제단에 쓸 조각품을 주문할 때, 왜 그는 몇 시간이나 자를 손에 들고 그네들 이야기를 듣고 있었을까? 거기에는 하찮은 두 가지 이유가 있었다. 주문이 산더미 같은 유명한 예술가라는 것과 돈을 모으고 싶은 것이 바로 그 이유였다. 돈이라고 해도 큰 사업이나 향락을 위해서가 아니다. 벌써 부자가 되어 있는 딸을 위해서, 그 딸을 시집보내기 위해서, 레이스 칼라와 비단 가운을 장롱에 넣기 위해서, 호두나무로 만든 침대에 값비싼 이불을 잔뜩 쌓아 주기 위해서였다. 마치 그 예쁜 처녀가 마른풀 더미 위에서도 사랑을 즐길 수 있다는 것을 모르기라도 하듯이!

그런 관찰을 하고 있으면 골드문트의 마음속에서는 어머니의 피가 들끓어 정착하고 있는 사람이나 부자에 대한 방랑객의 긍지와 멸시의 감정이 불꽃

같이 튀었다. 그럴 때마다 하고 있는 일이나 스승이 싫어져서 도망치고 싶었다. 스승도 마찬가지로 벌써 몇 번이나 화를 삭이고 있었다. 이렇게도 다루기 힘들고 믿을 수 없는 그를 데리고 있게 된 것을 후회하기도 했다. 이 젊은이는 가끔 자신의 인내력을 실험대에 올려놓았다. 골드문트의 생활, 돈이나 소유에 대한 그의 무관심, 낭비하는 버릇, 수많은 애정 관계와 잦은 주먹다짐 등, 이런 것을 듣는 일도 그로서는 참을 수 없었던 것이다. 자기 집에 집시를, 믿을 수 없는 직공을 끌어들인 셈이었다. 이 방랑자가 그의 딸 리즈베트를 어떤 눈으로 보고 있는지도 니클라우스는 놓치지 않았다. 그럼에도 그에 대해서 참고 있는 것은 무슨 의무감이나 두려움에서 그러는 것은 아니었다. 그것은 곧 다 되어 가고 있는 사도 요한의 조각상 때문이었다. 그는 그것이 완성되는 모습을 지켜보고 있었다. 그가 완전히 동의한 것은 아니지만, 그는 사랑의 감정과 영적인 연대감을 가지고 숲에서 그에게로 달려온 이 집시를 주시했다. 서툴기는 하지만 감동적이고 아름다운 골드문트의 그림이 그로 하여금 슬하에 받아주게 만든 것이었다. 느리고 변덕스럽지만, 끈질기고 정확하게 골드문트가 사도의 목상을 만들어가는 것을 그는 보고 있었다. 니클라우스는 그의 변덕 때문에 하다가 말곤 하지만 언젠가는 그것이 완성될 것임을 굳게 믿고 있었다. 그것이 완성되는 날에는 이제껏 그의 제자 가운데서 어느 누구도 만들어 낼 수 없었던 작품, 위대한 대가들도 성공할 확률이 그리 높지 않은 작품, 그런 작품이 될 것이다. 스승은 이 제자에 대해서 불만스런 점이 많았다. 이 제자에게 꾸지람을 한 것도 수십 번이었다. 또 화를 낸 적도 한두 번이 아니었다. 하지만 사도 요한의 상에 대해서만은 한 마디도 하지 않았다.

골드문트는 발랄한 그의 청년다운 품위와 소년다운 솔직성으로 많은 사람들의 호감을 받아 왔으나, 그 자취도 이 몇 해 동안 점차 그의 모습에서 사라져 갔다. 그는 아름답고 강인한 남자가 되었다. 여자들한테서 자주 유혹을 받기는 했으나 남자들한테서는 도무지 호감을 얻지 못했다. 나르치스가 수도원 시절의 포근한 잠에서 그를 깨워 주고 세상과 떠도는 생활에 몸을 던졌던 그날 이후 그의 심정이나 내면적인 용모도 많이 변했다. 예쁘고 온화하며 모든 이가 좋아하던 적극적인 수도원의 학생은 전혀 다른 사람이 되어 있었다. 나르치스는 그를 깨워 주었고, 여자들은 그를 자각시켜 주었으며, 방랑은 그의 소년 티를 말끔히 씻어 주었다. 그는 친구가 없었기에 마음은 여자들의 것이었다. 여자들은 별다른 힘을 들이지 않고 그를 손에 넣을 수 있었다. 갈망하는 눈짓 한 번이면 충분했다. 그는 여자에 대항하는 힘을 별로 가지지 못해서 아무리 사소한 추파라도 응해 주었다. 그는 아름다움에 대하여 아주 섬세한 감각을 지니고 있었다. 청춘의 봄을 맞이하기 시작한 꽃다운 처녀들을 가장 좋아했다. 그러면서도 그다지 아름답지도 젊지도 못한 여자에게도 마음이 끌리고 유혹을 받았다. 춤추는 모임에서는 이따금 용기 없고 나이 든 처녀들에게 빠질 때도 있었다. 그는 그런 여인에게 연민을 느끼면서 감정을 갖게 됐지만, 연민만이 아니라 끊임없이 계속되는 호기심 때문이기도 했다. 어떤 여자에게든 빠져들기 시작하면, 몇 주일이나 불과 몇 시간 사이에 그 여자는 그에게 있어서는 아름다운 여인이 되는 것이었다. 그러면 그는 완전히 자신을 맡겨 버렸다. 어떤 여자라도 아름다움은 있으며 또한 행복을 가져다줄 수 있다. 내성적인 여자나 남자들에게서 무시당하는 여자라도 다 불꽃 같은 정열로 불타오를 수 있고, 꽃다운 시절이 지나 버린 여자라도 모성적인 애정 이상의 하염없이 달콤한 애정을 보여 줄 수가 있다. 그리고 어떤 여자라도 저마다의 비밀과 매력을 가지고 있기에 그 자물쇠를 여는 것은 정말 즐거운 일이다. 이런 사실들을 그는 경험으로써 배우게 되었다. 그 점에 있어서는 어떤 여자도 예외가 아니었다. 젊음이나 아름다움이 부족한 것은 어떤 독특한 몸짓에 의해서 늘 균형을 이뤘다. 하지만 어떤 여자도 한결같이 그를 오래 붙들어 둘 수는 없었다. 그는 아무리 나이가 어리거나 아름다운 여자라고 해도 못생긴 여자보다 더 애정을 보이거나 고마워하지는 않았다. 그는 결코 중도에서 슬며시 집어치우는 그런 사랑도 하지 않았다. 하지만 그를 둘러싼 여자들 가운데서는 사흘이나 열흘 동안 사랑의 밤을 보낸 다음에야 비로소 그를 묶어 놓는 여자도 있었고, 첫날밤에 벌써 그를 기진맥진하게 하고 잊어버리게 된 여자도 있었다.

사랑과 쾌락은 그에게 삶을 참으로 따뜻하게 해주고 가치를 부여할 수 있는 오직 하나의 것이었다. 그는 명예욕을 알지 못했으며, 그에게는 주교나 거지나 똑같은 인간이었다. 소득도 재산도 그를 붙들어 놓을 수는 없었다. 그는 그런 것을 경멸했다. 그런 것을 위해서라면 눈곱만큼의 희생도 하지 않았으리라. 이따금 돈을 좀 얻을 기회가 있어도 아낌없이 던져 버렸다. 여자의 사랑과 성의 유희가 그에게는 값진 것이었기에 가끔 슬픔과 권태의 늪 속으로 빠져들어가는 원인을 캐내어 보면 결국 성적 쾌락의 덧없음이 원인이었다. 빠르게 치솟는 더없이 행복한 욕망의 타오름은 잠시 동안 기다란 불꽃을 그리다가 급속히 소멸해 버렸다. 골드문트는 여기에 모든 체험의 핵심이 담겨 있는 것 같다고 여겼다. 그래서 그것은 인생의 모든 환희와 번뇌의 상징이 되었다. 그 비애와 무상함으로 일어나는 전율에 대해서도 그는 사랑을 대하는 거나 다름없이 몸과 마음을 바치고 있었다. 이 슬픔도 사랑이요, 둘도 없는 쾌감이었다. 사랑의 환희가 순간적으로 가장 높고 가장 행복한 바로 다음 순간에 사라져 버리는 것과 다름없이, 아무리 몸에 밴 고독과 우수에 젖어 있어도 다시 인생의 밝은 면으로 몸과 마음을 맡기게 되는 것이 확실했다. 죽음과 쾌락은 하나였다. 생명의 어머니를 사랑이나 환희라고 부를 수도 있었고, 무덤과 부패라고 부를 수도 있었다. 어머니는 이브요, 그것은 행복의 원천인 동시에 죽음의 원천이었다. 어머니는 영원히 생산하는 동시에 영원히 죽는다. 그녀의 사랑은 잔인성과 결합된 것이었다. 그가 어머니의 자태를 그의 마음속에 오래오래 간직하고 있으면 있을수록 그것은 비유가 되고 거룩한 상징이 되었다.

그는 언어나 의식이 아닌 보다 깊은 피의 깨달음을 통해 자신의 길이 어머니를 향하여, 쾌락을 향하여, 죽음을 향하여 달리고 있음을 알았다. 아버지에게서 이어받은 삶의 면, 즉 정신이나 의지는 그의 보금자리가 아니었다. 그곳은 나르치스가 그의 보금자리로 할 곳이었다. 골드문트는 지금 비로소 친구의 말이 온몸을 관통하고 있음을 느낀 것은 물론이요, 그 친구의 말을 완전히 이해하고 그 친구가 자신과 다른 대립자라는 사실도 깨닫게 되었다. 그는 이것을 요한의 조각상에다 새겨 형상화시켰다. 눈물을 쏟으며 나르치스를 그리워할 수 있었다. 그의 꿈을 훌륭하게 꿀 수도 있었지만 그를 따라가거나 그와 같이 될 수는 없었다.

골드문트는 어떤 보이지 않는 감각을 가지고 자신의 예술가적 기질의 비밀이나, 예술에 대한 깊은 애정과 일시적인 과격한 증오감 같은 것을 어렴풋이 짐작하고 있었다. 생각도 없이 막연히 감정적인 기분에서 여러 비유의 형태로 이렇게 짐작하고 있었다. 곧 예술은 아버지의 세계와 어머니의 세계의 결합, 정신과 피의 결합이었다. 예술은 가장 감정적인 것에서 시작하여 가장 추상적인 것으로 흘러갈 수 있었다. 또는 순수한 관념의 세계에서 시작하여 피가 흐르는 육신 세계로 끝날 수도 있었다. 정말 숭고한 예술 작품, 교묘한 마술일 뿐 아니라 영원의 비밀로 가득 차 있는 예술 작품, 이를테면 스승이 만든 성모상과 같은 예술 작품, 명백히 진심 어린 예술가의 작품, 그런 작품은 모두가 그 위험한 미소를 짓는 두 개의 얼굴을, 그 남성적이요 동시에 여성적인 것을, 본능적인 것과 순수한 정신성을 함께 가지고 있었다. 하지만 만약 골드문트가 어느 때든 인류의 어머니 이브의 조각상을 만들어 내는 데 성공하는 날에는 그것은 그 이중의 얼굴을 가장 잘 표현해 낼 것이다.

골드문트에게는 예술과 예술적 활동 속에서만 그의 가장 깊은 모순의 일치 가능성, 또는 적어도 그의 본성의 분열을 상징하는 훌륭한, 언제나 새로운 비유의 가능성이 있었다. 하지만 예술은 결코 단순한 선물이 아니며 대가 없이 어디서고 얻을 수 있는 게 아니라 엄청난 값을 치러야 하는 것이었다. 예술은 희생을 요구했다. 골드문트는 3년이 넘는 시간 동안 애정의 쾌락 다음으로 알고 있는 가장 불가결한 것, 즉 자유를 예술을 위해 희생했다. 자유로운 것, 끝없는 세상에서 떠돌아다니는 것, 방랑 생활의 자유분방함, 독립하여 의존하지 않는 생활, 이런 모든 것을 그는 포기했었다. 그가 이따금 화내고 날뛰면서 일터나 작업을 소홀히 하면 딴 사람들은 그를 변덕쟁이에 반항적이며 자기중심적이라고 생각했을지 모르지만, 그 자신에게 있어서 그런 생활은 가끔 그를 참을 수 없는 경지에까지 몰아넣고 마는 굴종적 생활을 의미했다. 그가 복종하지 않으면 안 되었던 것은 스승 때문도, 장래 때문도, 생활의 필요성 때문도 아니었다. 그것은 예술 그 자체 때문이었다.

겉으로 보기에는 매우 정신적인 여신인 예술도 쓸데없는 것을 수없이 필요로 했다! 예술도 비바람을 막는 지붕, 연장, 나무, 점토, 물감, 돈이나 마다하는 것이 없었으며 노동과 인내를 요구했다. 그는 예술을 위해 야성적인 숲 속의 자유를, 드넓은 세상에의 도취를, 위험의 거친 쾌감을, 빈곤의 긍지를 희생하고 말았다. 그는 숨이 막힐 것 같은 고뇌 속에서도 다시금 새롭게 자기를 희생해야 했다.

이미 희생에 바쳐진 일부분은 나중에 되찾을 수 있었다. 그는 현재의 노예적인 질서와 뿌리박힌 생활에 대해서 사랑의 모험이나, 경쟁자와의 격투로 조그만 복수를 했다. 감금된 그의 본성이 지닌 야만성과 억압된 힘은 온통

들고 일어서서 탈출구를 찾아 헤맸다. 그는 무법자로 널리 알려져 있었고, 그를 무서워하여 피하는 이도 있었다. 처녀를 찾아가는 길목이나 무도장에서 돌아오는 길에 별안간 어두운 골목길에서 습격을 받아 몇 대 얻어맞기도 했다. 이럴 때 그는 으레 번개같이 몸을 돌려 막아 내며 공격했다. 숨이 차서 헐떡거리는 놈을 때려눕혀서는 턱 밑을 주먹으로 한 대 갈기곤 했다. 그러고는 머리칼을 쥐어잡고 끌거나 멱살을 죄었다. 이렇게 하면 침울한 기분을 잠시 동안 잊을 수 있었다. 그런 일들은 여자들한테 호감을 사기도 했다.

그러한 모든 사건이 그의 하루하루를 싫증나지 않게 채워 주고 있었다. 사도 요한을 계속 제작하고 있을 동안에는 모든 일에 의미가 있었다. 일은 오래 걸렸다. 얼굴이나 손발의 모형을 뜨는 맨 마지막의 섬세한 작업은 엄숙하고 끈기 있게 정신을 집중해야 했다. 조수들의 일터 뒤편 조그만 통나무 집에서 그는 일을 끝맺었다. 날이 새자 조각상은 완성되었다. 골드문트는 빗자루를 가지고 집 안을 말끔하게 쓸었다. 요한의 머리칼 속에 든 톱밥 하나 남기지 않고 조심조심 털어 냈다. 그리고 그 앞에서 한참 동안 서 있었다. 그는 흔히 느낄 수 없는 위대한 체험의 감정에 엄숙하게 젖어 있었다. 평생 그가 이런 감정을 한 번쯤 더 겪을 수가 있을는지, 어쩌면 이것으로 끝일지도 모른다. 남자는 결혼식 날이나, 기사로 서품되는 날에, 여자는 처음 아이를 낳은 다음에 똑같은 동요를 마음속에 느낄지도 모른다. 그것은 드높은 감격이며 심오한 엄숙함이었다. 동시에 그 숭고하고 유일한 경험이 끝나 틀 잡힌 규칙적인 생활 속으로 분류되어 휩쓸려 들어가고 말 때를 두려워하고 있는 것이었다.

골드문트는 서서 소년시절의 지도자였던 그의 친구 나르치스를 바라보았다. 그의 친구는 뭔가를 들으려는 듯 얼굴을 쳐들고 있었고, 예복을 걸친 채 그리스도의 총애받는 아름다운 제자 역할을 하고 있었다. 꽃봉오리가 방긋하는 듯한 미소, 평온과 헌신과 경건으로 아로새긴 표정, 아름답고 경건하며 정신적인 얼굴, 허공에 뜬 것 같은 날씬한 모습, 품위와 믿음의 상징인 양 위로 쳐든 기다란 두 손…… 이 온갖 것은 젊음과 내면적인 음악에 충만해 있으면서도 번뇌와 죽음을 나타내고 있었다. 하지만 절망과 혼란과 반항은 알지 못했다. 그 고귀한 모습 속의 영혼은 즐겁거나 슬프거나 순수하게 균형을 잃지 않고 있어 어떤 부조화에도 시달리지 않았다.

골드문트는 서서 작품을 관찰했다. 그것은 그의 청춘과 우정의 기념을 위해 심사숙고하여 시작된 것이지만, 걱정과 우울한 생각으로 끝을 맺었다. 지금 이곳에 서 있는 그의 작품, 이 아름다운 사도는 언제까지나 여기 남겨질 것이요, 우아한 꽃 같은 젊음은 영원하리라. 하지만 그것을 만든 그는 그의 작품과 헤어져야 했다. 내일이면 그것은 더 이상 그의 것이 아니다. 더 이상 그의 두 손을 기다리지도 않을 것이며, 더 이상 그의 두 손 밑에서 자라고 꽃피우지도 않으리라. 이제 그에게 생활의 피난처나 위안이나 의미를 가져다주지도 않을 것이다. 그는 허무한 기분에 잠겼다. 그래서 그는 오늘 중에라도 이 요한 상과 이별을 고할 뿐만 아니라 스승과 도시와 예술에게도 얼른 이별을 고하는 것이 최선의 방법이리라 생각했다. 여기에서는 이제 할 일도 없었다. 그가 만들어 볼 수 있을 만한 형상은 그의 영혼 속에 존재하지 않았다. 수많은 이미지 가운데서도 동정녀의 저 상, 인류의 어머니 이브의 형상에는 아직도 좀처럼 다가갈 수가 없었다. 지금부터 또 천사의 입상을 문지르거나 장식을 새겨 가야만 하는가?

그는 용기를 내어 그 자리를 떠나 스승의 일터로 향했다. 조용히 들어가서 니클라우스가 그를 알아보고 말을 건네올 때까지 문에 서서 기다렸다.

"골드문트, 무슨 일이지?"

"제 작품이 다 되었습니다. 식사하러 가시기 전에 한번 들러 보아 주십시오."

"가고말고, 지금 당장에 가지."

두 사람은 건너가서 더 밝아 보이도록 문을 활짝 열어젖혀 놓았다. 니클라우스는 이 작품의 진행 상태에서 눈을 떼고 있었다. 골드문트의 일을 방해하지 않으려 했던 것이다. 그는 주의 깊게 침묵 속에서 그 작품을 관찰했다. 무뚝뚝한 그의 얼굴이 차츰 아름답게 밝아지기 시작했다. 골드문트는 스승의 엄격한 푸른 눈동자가 기쁨에 차오르는 것을 보았다.

"잘됐네. 썩 잘됐네." 스승이 말했다. "골드문트, 이 작품으로 이제 수습은 졸업일세. 자네는 벌써 수업을 끝마쳤네. 나는 자네의 조각상을 조합 사람들에게 보이고 대가의 자격면허장을 자네한테 주도록 청하겠네. 자네는 그만한 일을 해내었으니 말이야."

골드문트는 조합에 대해서는 별로 탐탁지 않았지만, 스승의 말이 얼마만큼의 칭찬을 의미하는지 알고는 기뻐했다.

니클라우스는 다시 한 번 요한 상 둘레를 천천히 돌면서 한숨과 함께 말을 내뱉었다. "이 조각상은 경건함과 밝음으로 꽉 차 있구나. 엄숙하지만 기쁨과 평화에 충만되어 있어. 매우 명랑하고 쾌활한 마음씨를 가진 사람이 이것을 만들었으리라고 모두 생각할 테지."

골드문트는 빙긋이 웃었다.

"제가 이 작품에서 묘사한 것이 저 자신이 아니라 제 친구라는 사실을 당신은 알고 계십니다. 이 조각상에 밝음과 평화를 가져다준 사람은 그이지 제가 아닙니다. 그러므로 이것을 만든 것은 제가 아니라, 그 사람이 저의 영혼 속에 이것을 불어넣어 준 것입니다."

"그렇다고도 할 수 있겠지." 니클라우스는 말했다. "어떻게 해서 이런 작품이 만들어졌는가 하는 것은 하나의 신비야. 나는 겸손하지는 않지만 이렇게 말하지 않을 수 없군. 나는 기교라든가 정성에 있어서는 뒤지지 않지만 진실성에 있어서는 자네 작품에 미치지 못할 작품들을 많이 만들었다네. 아마 자네 자신도 이런 작품을 두 번 다시 만들어 낼 수 없으리라는 것을 알고 있을 테지. 이것은 신비란 말이야."

"그렇습니다." 골드문트가 말했다. "이 조각상이 다 되었을 때 저는 다시는 이런 것을 또 만들지 못하리라고 혼자 생각했었습니다. 그래서 스승님, 저는 며칠 있다 유랑을 떠나려고 합니다."

니클라우스는 깜짝 놀라 못마땅한 듯 그를 바라보았다. 그의 눈은 다시 엄격해졌다.

"그 얘기는 나중에 다시 하세. 자네에게는 지금부터 정말로 일이 시작되네. 지금은 떠날 시기가 아니란 말일세. 하지만 오늘은 좀 쉬게나. 점심은 내 집에서 들도록 하세."

점심때, 골드문트는 머리에 빗질을 하고 말쑥한 차림으로 찾아갔다. 그는 스승의 식탁에 초대받아 간다는 것이 얼마나 큰 의미를 가지고 있으며, 또한 얼마나 드문 호의인가를 잘 알고 있었다. 하지만 입상들로 꽉 차 있는 복도를 향해서 계단을 올라갈 때, 두근거리는 가슴을 안고서 아담하고 고요한 방 안으로 들어갔던 지난날만큼 존경과 불안스런 기쁨으로 가득 차지는 않았다.

리즈베트도 옷을 잘 차려입고 반짝거리는 목걸이를 하고 있었다. 식탁에는 잉어요리와 포도주 말고도 뜻하지 않던 것이 놓여 있었다. 스승이 그에게 가죽 지갑을 선물한 것이었다. 안에는 금화 두 닢이 들어 있었다. 완성한 조각품에 대한 보수였다.

이번에는 아버지와 딸이 이야기를 나누는 동안 골드문트는 가만히 있지 않았다. 부녀는 그에게 이야기를 건네며 잔을 서로 부딪혔다. 골드문트의 눈은 부지런히 움직였다. 그는 기회를 놓치지 않고 아름다운 처녀의 기품 있으면서도 살짝 경멸이 어린 얼굴을 요모조모로 뜯어보았다. 그의 두 눈은 그 처녀가 그의 마음을 얼마나 사로잡고 있는가를 감추지 않았다. 그녀가 그에게 공손한 태도를 보여 주기는 했지만 얼굴이 빨개지기는커녕 따스한 느낌조차 주지 않는 데 그는 크게 실망했다. 이 아름답고 무표정한 얼굴이 말하게 하고, 억지로라도 비밀을 털어놓게 하고 싶은 그의 마음이 다시 강렬해졌다.

식사가 끝난 뒤, 그는 자리를 물러나 잠시 복도에 진열된 입상들을 구경했다. 오후에는 갈 곳 없는 부랑자처럼 걷잡을 수 없는 허전한 가슴을 안고 시내를 한 바퀴 빙 돌았다. 그는 정말 뜻밖에도 스승한테서 크게 찬사를 받았다. 그런데도 왜 기쁘지 않을까? 왜 그 넘치는 칭찬을 마음껏 음미하지 못하는 것일까? 언뜻 생각이 나서 그는 말을 빌린 뒤 그전에 처음으로 스승의 작품을 보고서 그의 이름을 알게 됐던 수도원으로 몰고 갔다. 불과 몇 해 전의 일이었다. 하지만 지금 되돌아보니 까마득한 옛날 같았다. 그는 예배당에서 성모상을 찾아내고 다시 자세히 뜯어 보았다. 이 작품은 오늘도 그때와 같이 그의 마음을 빼앗고 무서운 힘을 가지고 압도해 왔다. 그것은 그의 요한 상보다도 아름다웠다. 깊이와 신비에 있어서는 그의 것과 같았으나 기교에 있어서는 어디에도 어색한 데가 없고, 솜틸같이 섬세한 점에 있어서도 그가 만든 것보다 뛰어났다.

그는 지금 이 작품에서 예술가만이 볼 수 있는 깊은 면을 보았다. 의상의 미묘한 움직임, 대담하게 본뜬 길쭉한 두 손과 손가락 모양, 나뭇결의 감성적인 활용 등, 그런 여러 아름다운 점은 전체와 그 환상의 단순함이나 깊이와 비교해 본다면 문제도 되지 않았지만, 그래도 틀림없이 거기에 존재하고 있었으며 대단히 아름다웠다. 그것은 은혜를 받은 사람이라 하더라도 손재주를 근본부터 체득하고 있을 경우에만 가능한 일이었다. 그런 작품을 만들어내기 위해서는 그의 영혼 속에 그 형상을 품고 있을 뿐만 아니라, 눈과 손의 수련을 수없이 쌓아올리지 않으면 안 된다. 어쩌면 예술에 인생 전부를 바치는 것도 보람 있는 일일는지 몰랐다. 이 아름다움은 경험하고 상상하며, 사랑에서 얻을 수 있는 것만이 아니라 완벽히 숙달된 기술로 마지막 세밀한 부분 하나까지 만들어내는 자세에서 비롯되는 것이다. 만약 자유와 숱한 경험을 포기하더라도 이 아름다운 어떤 것을 단 한 번이라도 만드는 것 또한 괜찮은 일이 아닐까? 그것은 하나의 크나큰 의문이었다.

골드문트는 밤이 이슥해진 다음에야 지친 말을 끌고 시내로 돌아왔다. 어느 선술집 한 곳이 아직 문을 닫지 않았으므로 그는 그 집에 들어가서 빵을 먹고 포도주를 마셨다. 그런 다음 그는 어시장 가까이에 있는 그의 방으로 올라갔다. 자신의 마음을 종잡을 수도 없었고 모든 것이 의혹에 가득 차 있었다.

12

이튿날, 골드문트는 작업장에 가볼 마음이 내키지 않았다. 마음 울적한 날이면 그는 도시를 방황하곤 했다. 그는 여인들이나 하녀들이 시장에 가는 모습을 구경하기도 하며, 특히 어시장 우물가에 걸음을 멈추고 생선장수나 억센 아낙네들을 바라보기도 했다. 그들은 생선전을 벌이고 흥정을 붙이며 은색의 차디찬 생선을 통 속에서 끄집어내어 손님들에게 권했다. 생선들은 괴로운 듯 아가리를 벌리고 황금색 눈알을 불안스레 치뜨고 고요히 죽어가거나, 맥없이 버둥대며 죽음을 거부했다. 여태 몇 번이나 느껴 온 것이기는 하지만 이들 생선에 대한 동정과 인간에 대한 슬픈 불만이 그의 가슴에 충격을 주었다. 왜 그들은 이다지도 무감각하고 상스러운 데다 생각도 못할 만큼 어리석을까? 왜 생선장수도 그 아낙네들도 또 값을 깎는 손님들도 모두 다 깨닫지 못할까? 이 생선의 아가리가, 죽음의 공포에 떨고 있는 눈알이, 한없이 버둥대는 꼬리가, 이 소름끼치고 소용없는 필사적인 투쟁이, 무어라 말할 수 없이 아름답고 신비로 가득한 동물의 참을 수 없는 이 변화가, 가냘픈 마지막 떨림이 죽어가는 피부에 하나하나 전해지는 모양이, 그리고 숨이 끊어져 길게 뻗어 있는 모양이, 대식가의 식탁을 위해 애처로운 토막 신세가 되어가는 그 꼴이 어째서 그들의 눈에는 비치지 않는단 말인가? 이들 인간은 아무것도 보지 않고, 아무것도 모르며, 아무것도 깨닫지도 못하고, 아무것에도 감동받지 못하는 것인가! 불쌍하고 우아한 물고기들이 그들 눈앞에서 죽어가든, 스승이 성자의 얼굴에 인간 생활의 모든 희망이나 고귀함이나 괴로움이나 가슴 죄는 듯한 어두운 불안을 온몸이 오싹하도록 뚜렷이 나타내든, 그들은 마찬가지로 아무것도 보지 못하고 아무것도 그들 마음에 충격을 주지 않는다! 그들은 모두 즐거워하고 있거나 바빴으며, 으스대고 서둘렀다. 또 소리를 질러댔고, 킬킬대며, 서로들 트림을 하며, 호들갑을 떨고, 익살을 부리며, 한두 푼의 돈 때문에 으르렁대며 싸운다. 모두 아무 불평도 없이 자신과 세계에 크게 만족하고 있다. 그들은 돼지다, 아니, 돼지보다 더 더럽고 더 하등한 존재들이다! 물론 그 역시 그들과 어울려 다니며 그들 가운데 하나라는 점에 즐거워하고 처녀들 뒤를 쫓아다녔다. 연방 킬킬거리면서도 구운 고기를 태연히 접시에서 집어 먹었다. 하지만 언제나 갑자기 마술에 걸린 사람처럼 기쁨과 침착함을 잃고 마는 것이었다. 자기 만족이나 거만, 나태한 평화 같은 자아도취는 언제나 그에게서 털썩 떨어져 나가 버리고 마는 것이었다. 그는 고독과 우울과 방랑 속으로 빠져들었다가 고통과 죽음과 모든 약속의 덧없음을 생각하고, 심연 속을 들여다보게 되었다. 그래서 무의미하고 무서운 것을 바라보는 데 몰두하고 있으면 갑자기 꽃이 피듯 기쁨이 솟아오르기도 했다. 격렬한 상사병에 걸린 듯 아름다운 노래를 부르거나 그림을 그리고 싶은 욕구가 치밀었다. 오로지 꽃향기를 맡거나 고양이와 놀 때면 어린아이처럼 인생과 조화롭던 시절이 다시 돌아오는 것이었다. 이번에도 그때가 되돌아오게 될 것이다. 내일이나 모레, 세상은 다시 좋아지고, 신나게 될 것이다. 적어도 슬프고 우울한 기분이 풀릴 때까지는 죽어가는 생선과 시들어가는 꽃을 보며 절망적이고 가슴 쓰린 사랑을 느끼리라. 또한 돼지처럼 무감각하게 살면서 멍청하게 아무것도 보지 못하고 먹기만 하는 인간 존재에 경악할 것이다. 그럴 때면 그의 마음속에는 늘 빅토르의 모습이 떠올랐다. 그는 고통스러운 호기심과 깊은 괴로움을 느끼며, 자신이 빅토르의 갈비뼈 사이를 찔러 죽이고 피범벅이 된 시체를 전나무 가지 위에 눕혀 놓은 채 도망쳐 버렸던 것을 생각했다. 도대체 빅토르는 어떻게 되었을까? 산짐승들한테 송두리째 뜯어먹히고 말았을까? 뭐든 그의 흔적이라도 남아 있을까? 이렇게 그는 생각을 더듬어 나갔다. 물론 뼈와 손등의 털도 어느 정도는 남아 있을 테지. 그리고 그 뼈다귀는 어떻게 되었을까? 그것들이 형태를 잃고 흙으로 돌아갈 때까지는 얼마쯤 걸릴까? 몇십 년? 아니면 불과 몇 년 사이에?

아, 오늘도 동정어린 시선을 생선들에게 보내고 한편으론 목에서 치미는 욕지기를 참으며 시장 상인들을 노려보았다. 우울한 고뇌와 세계나 자기 자신에 대한 쓰디쓴 적개심으로 가슴이 꽉 차오를 때면 또 빅토르를 생각하지 않을 수 없었다. 어쩌면 누군가 그를 발견해서 묻어주지 않았을까? 그렇다면 벌써 살덩어리는 뼈에서 떨어져 나갔을까? 그리고 죄다 썩어서 벌레한테 먹히고 말았을까? 머리에는 머리카락이, 눈두덩 위에는 눈썹이 아직 남아 있을까? 모험과 이야기, 갖가지 익살의 터무니없는 명랑함으로 가득 찼던 빅토르의 삶에 무엇이 남아 있을까? 그의 살인범이 가지고 있는 몇 가지 단편적인 추억 말고는 평범하지 않았던 이 인간 존재 가운데서 어느 무엇이 계속 생존하고 있을까? 한때 빅토르를 사랑했던 여인들의 꿈속에는 그가 여전히 존재할까? 아, 모든 것이 흔적도 없이 사라져 버렸다. 모든 사람과 모든 사물도 그렇게 되고 말 것이다. 한순간 꽃처럼 피어났다가 금세 시들고, 그 위에는 눈이 쌓이게 되리라. 몇 년 전, 예술에 대한 열망과 니클라우스 스승에 대한 불안스럽고 깊은 존경을 어찌할 길이 없어 이 도시를 찾아왔을 때, 그의 가슴속에 세상 모두가 얼마나 아름다운 꽃으로 피어 있었던가! 하지만 그중에서 무엇이 여전히 살아남아 있는가! 물건을 훔치려 하던 불쌍한 빅토르의 모습 말고는 아무것도 남아 있는 것이 없었다. 누구든지 그때 그에게, 니클라우스가 그를 자기와 동등한 사람이라고 인정하여 조합에다 그를 위해 대가 자격의 면허장을 요구하는 날이 오리라고 말해 주었더라면, 그는 이 세상의 모든 행복을 손아귀에 쥐었다고 믿었으리라. 하지만 이제 와서 보니 그것도 시든 꽃이며, 바싹 메마르고 음산한 것에 불과할 뿐이다.

그런 생각을 하고 있을 때, 골드문트는 별안간 하나의 얼굴을 보았다. 단지 순간적인 일이요, 번개 같은 번뜩임에 지나지 않았지만 그는 만물의 어머니의 얼굴을 보았다. 그녀는 미소를 잃은 채 아름답고 섬뜩한 눈길로 삶의 심연에 몸을 기울이고 있었다. 탄생과 죽음, 꽃들과 바스락거리는 낙엽들, 예술과 퇴락을 바라보고 있는 것이었다.

인류의 어머니에게는 모든 게 다 마찬가지였다. 그 음울한 미소는 달처럼 만물 위에 걸려 있었다. 우울한 생각에 잠겨 있는 골드문트도 어시장의 돌바닥 위에서 죽어가는 잉어와 마찬가지였고, 쌀쌀한 처녀 리즈베트도, 지난날 그의 금화를 갖고 싶어했던 그 빅토르의 뼈다귀 또한 이브한테는 사랑스런 존재였다.

번뜩임은 사라지고 신비에 가득한 어머니의 얼굴도 안개 걷힌 듯 사라져 버렸다. 하지만 그 창백한 빛은 골드문트의 영혼 한가운데서 빛을 거두지 않고 생명과 고동과 숨막히는 그리움의 큰 파도가 되어 그의 가슴을 도려내면서 흘러내렸다. 아니, 아니, 그는 생선장수나 시민이나 바쁜 사람들과 같은 그런 축들의 행복과 배부름을 바라지 않았다. 그런 것들은 아무려면 어떠냐. 아, 비틀린 창백한 얼굴, 무르익어 통통한 늦여름철과 같은 입, 무거운 그 입술 위에 이름 지을 수 없는 죽음의 미소가 바람과 달빛처럼 스쳐갔다.

골드문트는 스승이 사는 집 쪽으로 걸음을 옮겼다. 정오쯤 되었을 때였다. 안에서 니클라우스가 그의 일을 끝내고 손을 씻는 소리가 들릴 때까지 기다리다가 안으로 들어갔다.

"몇 말씀만 드리려고 합니다. 스승님, 스승님께서 손을 씻으시고 웃옷을 입으실 때까지의 시간이면 됩니다. 저는 한 마디만이라도 좋으니 진실을 얘기하고 싶습니다. 제가 지금 드리고자 하는 말씀은 이 다음에는 두 번 다시 말씀드릴 수 없을지도 모릅니다. 저는 한 사람과 이야기하지 않고는 못 견딜 지경이고, 아마도 스승님은 그것을 이해해 주실 수 있는 유일한 분입니다. 유명한 일터를 가지고 있고, 여러 도시와 수도원에서 명예로운 의뢰를 받고 계시며, 두 사람의 조수와 부유하고 아름다운 집을 가지신 분, 그런 분을 향해서 말씀드리는 것이 아닙니다. 제가 알고 있는 가장 아름다운 조각품, 저 수도원의 성모상을 만드신 스승님께 말씀드리는 것입니다. 저는 그분을 사랑하고 받들어 그분처럼 되는 것을 이 세상에서 제 최고 목표로 삼았습니다. 저는 지금 하나의 조각품, 요한 상을 만들었습니다. 스승님의 성모상만큼 완전무결하게 만들 수는 없었습니다만 그와 비슷하게는 되었습니다. 다른 상은 만들 수도 없습니다. 저로 하여금 저절로 조각도를 집어 들게 하는 그런 인물상도 없으니까요. 아니, 정확히 말하자면 한 가지 있긴 해도 너무나 머나먼 곳에 있는 성스러운 이미지입니다. 언젠가는 만들지 않으면 안 되겠지요. 그러나 아직은 아닙니다. 그것을 만들 수 있으려면 저는 더 많은 것을 보고 경험해야 합니다. 어쩌면 3년이나 4년 뒤에는 만들 수 있을지도 모르죠. 아니면 10년이나 그 뒤에, 그것도 아니면 아예 못할지도 모릅니다. 하지만 스승님, 저는 그때까지 수작업을 하거나 상에 칠을 하거나 설교단을 문지르기는 싫습니다. 작업장에서 직공 생활을 하기도, 돈을 벌기도, 보통 직공들처럼 되기도 싫습니다. 저는 그냥 살아가고, 방랑하고, 여름과 겨울을 느끼고, 세상을 구경하고, 그 세상의 아름다움과 무서움을 맛보고 싶습니다. 배고픔과 갈증에 허덕이고, 여기 스승님 슬하에서 생활하고 습득한 모든 것을 잊어버리고 해방되고 싶습니다. 저도 언젠가 한번은 스승님의 성모상처럼 아름답고 마음을 깊이 감동시키는 것을 만들고 싶습니다만 스승님처럼 되고, 스승님의 생활방식과 같은 삶을 살고 싶은 욕망은 추호도 없습니다."

스승은 손을 씻고 물기를 닦고 나서 돌아서며 골드문트를 바라보았다. 그의 얼굴은 정색을 하고 있었으나 노하지는 않았다. 그가 말했다.

"자네가 하는 이야기를 알아들었네. 이제 어지간히 해두게. 해야 할 일은 많지만 자네한테 시키고 싶지는 않아. 나는 자네를 조수로 두고 있지 않고 자네는 자유를 바라니까. 이봐, 골드문트, 나는 자네하고 여러 의논을 하고 싶어. 아니, 지금은 아니야, 한 이틀 있다 하지. 그간 자네는 마음대로 시간을 보내게나. 이봐, 나는 자네보다 훨씬 나이도 많고 여러 가지를 경험해 봤어. 나는 자네와 생각은 다르지만 자네의 기분이나 의도는 이해하네. 이틀 안에 자네를 부르러 보내지. 자네의 앞일에 대해서 이야기해 보세. 나는 계획을 여럿 가지고 있다네. 그때까지 참아 주게! 정성을 기울이던 작품을 완성시켰을 때, 그때의 마음이 어떤지 나는 충분히 알고 있어. 그 허전한 감정을 알고 있다네. 하지만 그것도 시간이 지나면 아무것도 아니야."

골드문트는 어수선한 마음으로 그 자리를 떴다. 스승은 그에게 호의를 가지고 있기는 하지만 그것이 그에게 무슨 소용이 있을까? 강가에 그가 즐겨 찾는 곳이 있었다. 그곳은 물이 그리 깊지도 않고, 그 물은 쓰레기나 폐물들이 꽉 차 있는 바닥 위를 힘차게 흐르고 있었다. 시 변두리 어부들 집에서 그 강 속에 온갖 잡동사니를 던져넣은 것이었다. 그는 그곳을 찾아 둑에 자리 잡고 앉아 물 속을 들여다보았다. 그는 물을 무척 좋아했다. 어떤 물이든 그의 마음을 끌었다. 마치 수정처럼 빛나는 물줄기 속으로 눈길을 던지면, 잘 보이지도 않는 어두침침한 밑바닥 여기저기서 뭔가가 어렴풋이 금빛으로 반짝이며 사람을 홀리듯 너울거렸다. 무엇인지 확실하지는 않았지만, 아마도 낡아 부서진 접시 조각이거나 닳아빠진 낫, 또는 매끈하게 빛나는 돌멩이거나 광택 나는 기와 같은 것인지도 몰랐다. 또는 진흙 속에 사는 물고기나 통통한 가자미인지도 모르고, 혹은 황어란 놈이 밑에서 돌아누울 때 하얀 배와 비늘이 빛을 받아 반짝인 것일지도 몰랐다. 무엇인지 똑똑히 구별할 수는 없었으나, 아무튼 검은 물 밑에 가라앉은 황금 보물처럼 잠깐잠깐 어렴풋이 비치는 것은 언제나 황홀하게 아름답고 유혹적이었다. 진짜 비밀이나 영혼의 실제 형상은 바로 이런 물의 비밀과도 같다는 생각이 들었다. 말하자면 그것들은 윤곽도 형태도 없어, 많은 의미들 속에 가려진 채 아름답고 머나먼 가능성처럼 짐작할 수만 있을 뿐이었다. 푸른 강 밑바닥의 어둠 속에서 잠깐 동안 형상하기 어려운 금빛 은빛이 반짝거렸다. 아무것도 아닌 것 같으면서도 더없는 행복의 약속으로 가득 차 있는 듯했다. 그래서 반쯤 뒤를 돌아본 사람의 잠깐 동안의 윤곽이 때때로 엄청난 아름다움이나 어떤 견딜 수 없는 슬픔의 조짐을 보이는 것과 같았다. 혹은 밤길을 가는 짐 실은 마차에 달린 램프가 수레바퀴 회전하는 커다란 그림자를 벽에 그리는 것처럼, 그 그림자의 움직임이 일순간 베르길리우스의 작품 전체와 마찬가지로 수많은 정경이나 사건이나 이야기로 가득 찰 때도 있었다. 밤에 보는 꿈도 같은 비현실적인 마법의 소재로 짜여 있었다. 그것은 무(無)이면서도 세상의 모든 형상을 품고 있었다. 투명한 것 속에 모든 인간과 동물과 천사와 악마의 형태를 지니고 늘 깨어 있는 가능성을 간직하고 있었다.

다시 그는 물의 유희에 몰두했다. 자신을 망각하고, 흐르는 강물을 가만히 들여다보았다. 형태도 없는 희미한 반짝임이 바닥에서 떨고 있는 것이 보였다. 왕관이나 발가벗은 여자의 어깨가 감실거리는 듯했다. 마리아브론에 있었을 때, 라틴어나 그리스어 글자 속에서 똑같은 형태의 꿈과 변화의 마술을 본 생각이 떠올랐다. 그때 그 이야기를 두고 나르치스와 이야기한 적은 없었던가? 언제쯤이었나? 몇백 년 전의 일이었을 테지? 아, 나르치스! 그를 만나 그와 한 시간만이라도 같이 이야기하고, 그의 손을 잡고 차분하고 총명한 그의 목소리를 들을 수 있다면, 소중한 금화 두 개도 기꺼이 던져버릴 수 있으리라.

물 밑의 금빛 반짝임이나 그림자나 감실거리는 생각 등 비현실적이고 요정의 환상과도 같은 모든 것이 어쩌면 이다지도 아름다울 수 있을까? 그들은 예술가들이 만들 수 있는 아름다운 것들과는 정반대인데도 어쩌면 그렇게도 아름답고 즐거울까? 이름도 지을 수 없는 그 아름다움에는 모두 형태라는 것이 없고 완전히 신비에 의해서만 성립되었는데도, 예술품의 경우는 이와 정반대로 형식이 중요했으며, 완전하고 뚜렷한 언어를 발산하고 있었다. 그려졌거나 나무에 새겨진 머리나 입의 선보다 더 명확한 것은 없었다. 골드문트는 니클라우스의 작품인 성모상의 아랫입술이나 눈꺼풀을 한 치의 오차도 없이 정밀하게 묘사할 수 있었다. 거기에는 애매하다거나, 혼동된 것, 흐리멍덩한 것은 하나도 없었다.

골드문트는 자신의 생각에 빠져들었다. 가장 확실하고 형태가 뚜렷한 것이, 가장 파악하기 힘들고 형체도 없는 것과 아주 동일한 작용을 영혼에 미친다는 것이 어찌하여 가능한가, 그에게는 분명치 않았다. 하지만 자꾸 그런 생각에 집중해 있자 하나는 뚜렷해졌다.

즉, 어디 하나 비난할 거리도 없이 잘 만들어진 예술 작품 거의 대부분이 전혀 그의 마음에 들지 않고, 어떤 아름다움이 있는데도 지루하고 거의 보기 싫게 여겨지는 이유를 알게 되었다. 일터나 성당이나 궁전은 그런 불쾌하기 그지없는 예술품으로 가득 차 있었다. 그 자신도 그중 몇 개를 만드는 데 협력했다. 그런 작품은 최고의 것에 대한 욕망을 돋우면서도 그것을 충족시키지 못하기 때문에 실망을 주는 것이었다. 그런 작품들에는 가장 중요한 것이 빠져 있었다. 꿈과 예술작품이 공통적으로 가지고 있는 것, 바로 신비였다.

골드문트의 생각은 계속 이어졌다. '내가 사랑하고 추구하고 있는 것은 신비이다. 나는 신비가 번뜩이는 것을 여러 번 보았으며 언제든 가능한 날이 있으면, 이 신비를 예술가로서 포착하고 표현하고 싶다. 그것은 위대한 성모 이브의 자태이다. 그 신비의 본질은 딴 형상과는 달라서 이런저런 낱낱의 점, 특별히 풍만하다거나 수척하다거나, 거칠거나 여리거나, 힘차거나 우아하다거나 한 그런 점에 있는 것이 아니다. 융합하기 어려운 세상의 최대 대립, 곧 탄생과 죽음, 애정과 학대, 생명과 파괴 등이 이 형체 속에서는 서로 공존하고 있다는 점에 있는 것이다. 나만이 이런 형체를 생각해 낸 것이라면, 또 그것이 단지 내 사고의 유희거나 야심에 차 있는 예술가의 소망에 불과한 것이라면 그다지 섭섭하지도 않고 그 결점을 깨달아 그 형상 자체도 잊을 수 있었을 텐데. 하지만 만물의 어머니는 사고가 아니다. 나는 그것을 머릿속에서 생각해 낸 것이 아니라 눈으로 보았으니까! 그것은 나 자신 속에 살아 있다. 나는 그것을 몇 번이나 만나본 일이 있다. 내가 처음으로 그녀를 어렴풋이 감지한 것은 겨울밤, 어느 마을에서 해산하는 어느 농부의 아낙네의 침대 옆에서 램프를 들고 있을 때였다. 그때 그녀의 형상이 내 마음속에서 살아 움직이기 시작했다. 그것은 이따금, 한참 동안 멀리 가버려 눈에 보이지 않게 되지만 어느 틈에 또 눈부실 정도로 나타난다. 오늘도 그렇다. 한때는 나의 가장 사랑하는 형상이었던 나 자신의 어머니 형상이 이 새로운 형상으로 송두리째 변하고 말아 버찌의 씨처럼 그 속에 들어가 있다.' 그는 이렇게 생각을 더듬었다.

그는 지금 그의 현재 위치를 분명히 결정하는 데 불안을 느꼈다. 그는 지금 나르치스와 수도원에서 이별하던 그때 못지않게 중대한 길 위에 서 있다. 그것은 어머니에게로 향하는 길이었다. 아마 언제든 이 어머니가 모든 사람의 눈에 보이는 형상으로 그의 두 손에 의해 작품으로 나타나게 될까? 아마 거기에 그의 목표와 삶의 의미가 숨어 있으리라. 그것은 그도 확신할 수 없었으나 하나만은 알고 있었다. 즉 어머니를 따르고, 어머니를 향해서 걸어가고, 어머니한테 끌려가고, 어머니에게서 불리는 것은 좋았다. 그것은 삶이었다. 아마 그는 어머니의 형상을 만들지는 못하리라. 어머니는 언제라도 꿈과 예감과 유혹으로만, 그리고 거룩한 비밀의 황금빛 반짝임으로만 도사리고 있으리라. 하지만 아무튼 지금 그는 어머니를 따라야 했으며, 그의 운명을 어머니에게 맡겨야 했다. 어머니는 그의 별이었다.

지금이야말로 결정은 그의 눈앞에 다가와 있었다. 모든 것은 뚜렷해졌다. 예술은 아름다운 것이지만 여신도 아니요, 목표도 아니었다. 적어도 골드문트한테는 그렇지 않았다. 그가 따라가야만 하는 것은 예술이 아니라 어머니가 부르는 소리였다. 손가락을 한층 능숙하게 해주는 것이 무슨 소용이 있나? 그것이 어디로 가는지는 니클라우스 스승의 예로 보아서도 알 수 있었다. 명예와 명성, 돈과 안정된 생활에 이르는 동시에 그 신비를 터놓는 유일한 방법인 내적 감각을 바싹 말리고 위축시키는 데 이른다. 값비싸고 예쁘장한 장난감을, 즉 갖가지 사치스런 제단이나 설교단이나 성 세바스찬이나 예쁘장한 고수머리 천사상을 만들게 된다. 실제의 잉어 눈알 속 황금빛이나 나비의 날개가 잠자리에서 빛나는 감미롭고 은은한 은색 잔털 같은 것은 저 예술 작품으로 가득 찬 홀 전체보다도 아름답고 생명력 넘치며 귀중하다.

어떤 소년 하나가 노래를 부르면서 둑길을 따라 내려오고 있었다. 때때로 노래를 멈추고 소년은 손에 들고 있던 커다란 흰 빵을 베어 물었다. 골드문트는 소년을 보자 빵을 한 조각 달라고 부탁했다. 그리고 두 손가락으로 부드러운 쪽을 좀 뜯어 그걸로 조그만 구슬을 만들었다. 그는 둑 울타리 너머로 공 모양 빵을 하나씩 천천히 물 속에 집어 던졌다. 어두컴컴한 물 속에서 하얀 구슬이 가라앉는 모습을 지켜보았다. 그것이 재빨리 몰려오는 물고기의 머리로 둘러싸이는 것도 보았다. 결국 어느 한 마리의 입 속으로 삼켜지고 말았다. 그는 동그란 구슬이 차례차례로 가라앉아 사라지는 과정을 깊은 만족감을 가지고 바라보았다. 그런 다음 그는 배고픔을 느끼고는 그의 애인 가운데 한 사람을 찾아갔다. 푸줏간 집의 하녀로서 그는 그녀를 '소시지와 햄의 여왕'이라 부르고 있었다. 익숙한 휘파람 소리로 그 여자를 부엌 창문으로 불러내어 아무거나 요깃거리를 얻어가지고 주머니에 넣고 강 저쪽 포도밭에 올라가서 먹을 작정이었다. 포도밭의 기름지고 붉은 흙은 싱싱한 포도나무 잎사귀 밑에서 힘차게 빛나고 있었다. 봄이면 거기에는 은은한 열매 냄새를 은근히 풍기는 파란 조그만 히아신스가 피는 것이다.

하지만 오늘은 판단과 깨달음의 날인 것 같았다. 카트리네가 창문에 나타나 야무지고 얼마간 선머슴 같은 얼굴로 이쪽을 향해 방긋이 웃어 주었는데, 평상시의 신호를 보내기 위해 손을 뻗쳤을 때 언뜻 그는 전에 똑같이 여기서 그 여자를 기다렸던 때가 머릿속에 떠올랐다. 동시에 지루할 만큼 세세하게, 앞으로 잠시 뒤에 일어날 모든 광경이 눈앞에 그려졌다. 그녀는 그의 신호를 알아차리고는 쏙 들어가서 얼른 집 뒷문으로 훈제 소시지 조각을 손에 들고 나타날 테지. 그는 그것을 받아들고 그 여자의 손을 어루만져 주며 그 여자가 기대하는 대로 여자를 끌어당겨 젖가슴을 제 몸에 지그시 눌러 줄 테지. 그러자 그런 기계적인 순서가 떠오르며 그의 역할이 너무나 어리석고 추잡하게 생각되었다. 갑자기 그는 그녀의 상냥하고 선머슴 같은 얼굴에서 무감각한 습관의 특성을, 그녀의 친근한 미소에서는 기계적이고 뻔한 어떤 것을, 그에게 어울리지 않는 무언가를 보았다. 그는 평상시의 암호를 끝까지 보낼 수 없었다. 그의 얼굴에서는 웃음이 얼어붙어 버렸다. 그는 여전히 그녀를 사랑하는 것인가, 정말 아직도 그녀를 갈망하는가? 아니, 그는 너무나 자주 이곳을 찾아들었고 너무나 자주 똑같은 웃음을 보아 왔기에 지체하지도 않고 마주 웃어준 것이었다. 어제까지도 망설임 없이 할 수 있었던 것이 오늘은 별안간 불가능하게 되었다. 여인은 아직도 서 있었으나, 그는 돌아서서 이제 두 번 다시 거기 나타나지 않을 결심을 하고 골목길 안으로 모습을 감추고 말았다. 딴 놈이 그 가슴을 어루만지게 놔 두자! 다른 놈이 그 맛있는 소시지를 먹으라고 내버려 두자! 이 살찌고 행복한 도시는 하루도 빠짐 없이 얼마나 배부르게 먹고 낭비하는가! 나태하고 막돼먹은 데다 까다롭기까지 한 이 뚱뚱한 시민들을 위해 얼마나 많은 돼지와 송아지들이 매일같이 죽임을 당하고, 얼마나 많은 불쌍하고 아름다운 물고기들이 강에서 낚여오는가! 그리고 그는 얼마나 막돼먹고 타락했는가! 뚱뚱한 시민들처럼 얼마나 역겨워졌는가! 유랑하던 시절, 눈에 하얗게 뒤덮인 들판에서는 바싹 마른 오얏이나 묵은 빵껍질까지도 여기서 편안하게 지내며 맛보는 조합 회식의 어느 것보다도 맛있었다. 오, 유랑이여! 자유여! 달빛 아래 황무지여! 잿빛 아침안개에 젖어든 잔디 속 동물의 흔적들이여! 이곳, 도시의 정착민들 사이에 있게 되면서 모든 일은 너무나 쉬워지고 너무나 값싼 것이 되고 말았다. 사랑마저도. 더 이상 참을 수 없었다. 갑자기 그는 혐오감을 느꼈다. 이곳 생활은 이제 의미를 잃고 말았다. 그곳은 속이 빈 뼈다귀였다. 스승이 본보기였고, 리즈베트가 공주였을 동안에는 그 생활도 아름다웠고 의미가 있었다. 그가 요한 상을 만들고 있을 동안은 그래도 참을 수 있었다. 이제는 그것도 끝났다. 향기는 바닥을 드러냈으며 꽃은 시들고 말았다. 무상함에 대한 갑작스런 깨달음이 그를 엄습했다. 가끔씩 그를 대단히 지독하게 괴롭히고 도취시켜 온 감정이었다. 온갖 것은 순식간에 시들고 흥미는 순식간에 다하고 말았다. 뼈와 먼지 말고는 아무것도 남지 않았다. 하지만 한 가지 남은 것은 영원의 어머니, 슬프고 고통스러운 사랑의 미소를 머금은 태곳적의, 그리고 영원히 앳된 어머니였다. 잠시 동안 그는 다시 그 어머니를 보았다. 머리 위에 별을 이고 있는 커다란 여인이었다. 세상의 끝머리에 꿈꾸듯 웅크리고 앉아 마냥 놀았던 손으로 꽃을 한 잎 한 잎, 생명을 하나씩 하나씩 따서는 천천히 그것을 끝없는 나락으로 떨어뜨리고 있었다.

골드문트가 그의 등 뒤로 사라져가는 삶의 시든 조각들을 바라보며 작별을 고하느라 우울함에 흠뻑 취해 친숙한 도시를 헤매고 다니던 며칠 동안,

니클라우스 스승은 골드문트의 장래를 걱정하며, 안절부절못하는 이 손을 언제까지나 정착시켜 놓기 위해서 무진 애를 쓰고 있었다. 그는 골드문트를 위해 대가 자격의 면허장을 발부하도록 조합을 설득하는 것은 물론이요, 또 그를 제자로서가 아니고 협력자로서 영속적으로 자기 집에 붙들어 놓아 중요한 주문에 대해서는 일일이 그와 의논해서 만들고 그 수입의 분배자로 만들 계획을 세웠다. 그것은 리즈베트를 위해서는 모험일지도 몰랐다. 그렇게 되면 이 젊은이는 그의 사위가 될 것은 물론이었다. 하지만 요한 상과 같은 조각품은 니클라우스가 이제껏 고용해 본 제일 솜씨 있는 조수도 절대 만들 수 없었던 것이다. 거기다가 또 그 자신도 나이를 먹어 착상과 창조력에 부족을 느끼고 있었다. 더군다나 그의 유명한 작업장이 그저 평범한 수공업장으로 전락하는 것을 보고 싶지는 않았다. 골드문트를 상대로 도움을 바라는 건 힘들지 몰라도 그는 모험을 해 보기로 했다.

그래서 스승은 생각을 깊이 거듭해 보았다. 골드문트를 위해 뒤뜰에 있는 작업장을 개조하여 확장하고 다락방을 그에게 내어주자. 조합에 가입시키기 위해 좋은 새옷을 그에게 보내주자. 미리 리즈베트의 의사도 물어보았다. 그녀는 골드문트와 점심식사를 함께한 뒤로 이런 이야기가 나올 것을 예상하고 있었다. 과연 리즈베트는 아무 반대도 하지 않았다. 그 젊은이가 정착해서 대가라고 불리더라도 그녀는 그에게 아무 이의도 없었다. 이 점에 있어서도 아무런 장애는 없었다. 니클라우스 스승이 이 집시를 길들이지 못하더라도 리즈베트라면 꼭 성공하고야 말리라.

이렇게 모든 일이 계획되어 목표로 하는 새를 잡기 위해 미끼가 그물 뒤에 교묘하게 내걸렸다. 그는 모습을 나타내지 않는 골드문트를 다시 부르러 보냈다. 골드문트는 식사에 초대되어 옷에 솔질을 하고 머리칼을 다듬은 다음 나타났다. 한동안 새로 단장한 방 안에 앉아서 스승과 그의 딸과 잔을 나누었다. 드디어 딸은 자리를 뜨고 니클라우스는 그의 거창한 계획과 제안을 꺼냈다.

"내 말을 이해했을 거라고 생각하네." 스승은 놀라운 이야기를 끝내며 이렇게 덧붙였다. "말할 것도 없지만, 젊은 사람이 일정한 견습 기간도 마치지 않고 이렇게 빨리 대가가 되어 따뜻한 둥지 속에 들어간 경우는 여태껏 보지 못한 일이야. 자네는 행운을 잡은 걸세, 골드문트."

놀랍고 당황스러운 마음으로 골드문트는 스승의 얼굴을 빤히 바라보다가 아직 술이 반쯤 남아 있는 잔을 옆으로 밀어 놓았다. 빈둥거리며 시간을 보냈기 때문에 니클라우스로부터 질책을 듣고 조수로 스승의 집에 남아 있으라고 말할 줄로만 알았다. 하지만 사태는 이렇게 되고 말았다. 이 남자와 이렇게 마주 앉아 있어야 하다니, 슬프기도 하고 답답한 일이었다.

그는 얼른 대답할 말을 찾지 못했다. 스승은 호의 넘치는 자신의 제안이 기쁨과 겸손에 찬 태도로 냉큼 받아들여지지 않자, 약간 긴장되고 실망한 얼굴로 일어서면서 말했다. "내 제안이 뜻밖이라 아마 자네는 잘 생각해 보려고 그러겠지. 그런데 그게 내 마음에 좀 들지 않는군. 자네가 크게 기뻐해 주리라 믿었었네. 하지만 신경 쓰지 말게. 그럼, 생각할 시간을 주지."

골드문트는 할 말을 찾느라 애쓰면서 말했다. "스승님. 노하지 말아 주십시오! 스승님의 호의에 대해서 진심으로 감사드립니다. 더욱이 미숙한 저를 도제로 대우해 주신 스승님의 인내심에 대해서도 감사를 드립니다. 스승님께 받은 은혜를 결코 잊지 않을 겁니다. 하지만 생각해 볼 필요는 느끼지 않습니다. 저는 결정을 내린 지 오래입니다."

"어떻게 결정했나?"

"스승님의 초대를 받기 전, 스승님의 인정어린 제안을 받기 전에 생각한 것이 있었습니다. 저는 더 이상 이곳에 있지 않을 겁니다. 저는 떠나렵니다."

니클라우스는 얼굴이 창백해지며 어두운 눈으로 그를 바라보았다.

"스승님." 골드문트는 간절하게 호소했다. "스승님께 심려를 끼쳐 드리고 싶지 않습니다. 제가 결심한 바를 스승님께 말씀드렸을 뿐입니다. 바뀌는 것은 아무것도 없습니다. 저는 떠나야 합니다. 나그넷길을 밟아야 합니다. 다시 자유를 찾아가야 합니다. 한 번 더 진심으로 감사드립니다. 그리고 서로 정답게 헤어지도록 하지요!"

그는 스승에게 손을 내밀었다. 눈물이 금방 쏟아질 듯했다. 니클라우스는 그의 손을 잡지 않았다. 그러더니 얼굴이 창백해져서 방 안을 점점 더 빠르게, 화가 나서 쾅쾅거리며 왔다갔다하기 시작했다. 골드문트는 스승의 그런 모습을 한 번도 본 적이 없었다.

갑자기 스승은 걸음을 멈추고 무진 애를 써서 자신을 억제하며 골드문트의 얼굴도 보지 않고 이를 악물고 말했다. "좋아, 그럼 가게나! 하지만 당장 가게! 자네 얼굴을 두 번 다시 보지 않게 말일세! 나중에 후회할 만한 말이나 행동은 하고 싶지 않아! 가!"

또 한 번 골드문트는 스승에게 악수를 청했다. 스승은 내민 손에 침이라도 뱉을 것처럼 보였다. 얼굴이 핼쑥해진 골드문트는 돌아서서 조용히 방을 나왔다. 바깥에서 모자를 쓰고 계단을 조심스레 내려가면서 조각을 한 계단기둥의 머리 위에 손을 대어 보았다. 그러고는 안마당의 작은 작업장에 들어가 잠시 요한 상 앞에 서서 이별을 고했다. 몇 년 전 기사의 성과 가엾은 리디아한테서 떠날 때보다 더한 깊은 상처를 가슴에 안고 집을 등졌다.

적어도 이별은 빨리 진행되었다! 어쨌든 필요 없는 말은 하나도 하지 않았다! 그것만이 마음을 위로해 주는 유일한 것이었다. 문을 열고 밖에 나서 보니 골목길과 거리가 별안간 낯설고 서먹서먹한 모습으로 변해 있었다. 친숙한 것들은 그것들에게서 우리 마음이 떠날 때 그런 표정을 띠는 것이다. 그는 고개를 돌려서 현관문을 뒤돌아보았다. 이제 그에게는 닫혀 있는 낯선 집의 문이 되어 있었다.

그의 하숙방 안에 돌아가서 골드문트는 떠날 채비를 했다. 물론 그다지 챙길 것은 없었다. 이제는 이별을 알리는 것 말고는 아무 할 일도 없었다. 벽에는 자신이 그린 그림이 한 장 걸려 있었다. 온화한 성모 마리아였다. 그의 소유물이 여기저기 흩어져 있었다. 초대받았을 때 쓰는 모자, 댄스용 신발 한 켤레, 그림 한 뭉치, 조그만 류트, 그가 빚은 조그만 점토상 몇 개, 여인들로부터 선사받은 조화 다발, 루비같이 빨간 술잔, 오래되어 딱딱해진 하트 모양의 후추맛 과자 등의 여러 가지들. 어느 것이나 의미와 추억이 있고, 정겨운 것이었지만 이제는 모두 짐이 될 것들이었다. 그중 어느 하나도 챙겨 갈 수는 없었다. 그래도 고르고 골라 겨우 루비 술잔을 집주인한테 가지고 가서 강하고 아주 멋진 사냥칼과 바꾼 뒤 안마당의 숫돌에서 날을 세웠다. 과자는 부수어 옆집 닭장에 뿌려 주었다. 마리아 상은 집주인의 아내한테 주었다. 그 대신 쓸모 있는 것들을 바꾸어 받았다. 가죽으로 만든 낡은 여행용 가방과 먹을거리를 잔뜩 얻었다. 그 가방 속에다 그가 가지고 있는 속옷 두세 벌과 빗자루 대에 둘둘 감은 조그만 스케치 몇 장과 식량을 채워 넣었다. 다른 자질구레한 것은 남겨둘 수밖에 없었다.

시내에는 작별 인사를 해야 할 여인들이 몇 있었다. 그중 한 여인과는 어제저녁에도 함께 잤지만, 그의 계획에 관해서는 말하지 않았다. 떠나려 할 때는 이것저것 발목에 엉겨붙기 마련이다. 그것을 진지하게 받아들이면 안 된다. 그는 집안 사람들한테만 작별 인사를 하고 딴 사람들은 찾지 않았다. 그리고 새벽에 떠날 수 있도록 밤에 미리 일러두었다.

그러나 아침에 그가 조용히 집을 떠나려고 하는데, 누군가 일어나서 그를 부엌에 불러들이더니 우유 수프를 대접했다. 이 집의 열다섯 살짜리 딸이었다. 아름다운 눈을 가진 조용하고 병약한 소녀로서 허리 관절이 좋지 않아 다리를 절었다. 그녀의 이름은 마리였다. 밤을 지새운 듯 핼쑥한 얼굴을 하고 있었으나 단정한 차림에 머리에 빗질이 잘되어 있었다. 소녀는 부엌에서 따뜻한 우유와 빵을 날라다주었는데, 그가 떠나는 것을 매우 슬프게 생각하는 모양이었다. 그는 소녀에게 고맙다는 인사를 하고 입술에 연민 어린 이별의 키스를 해주었다. 소녀는 경건한 자세로 두 눈을 지그시 감고 그의 키스를 받았다.

13

새로운 방랑을 시작한 처음 얼마 동안은 되찾은 자유를 게걸스레 들이마시며 골드문트는 고향도 시간도 잊은 나그네 생활을 다시 배워야 했다. 방랑자들은 아무에게도 복종하지 않고, 날씨와 계절에만 예속되어 아무런 목표도 없이, 하늘을 지붕삼고, 아무것도 가지지 않으며, 우연한 사건에 대해서는 몽땅 자신을 드러내고, 정처 없는 방랑자들은 순진하고 용감하며, 초라하면서 굳센 삶을 산다. 그들은 낙원에서 쫓겨난 아담의 아들들이다. 천진한 동물들의 형제들이다. 그들은 하늘의 손에서 시시각각 그들에게 주어지는 것을 받는다. 해와 비와 안개, 또 눈과 더위와 추위, 안락함과 괴로움을 받는 시간은 그들을 위해 존재하지 않는다. 마찬가지로 역사나 야망도 없다. 집을 가진 이들이 죽을힘을 다해 신뢰하는 진보나 발전이라는 기이한 우상도 없는 것이다. 방랑자는 세심하거나 거칠거나, 기교가 있거나 서툴거나, 용감하거나 겁이 많거나 마음속으로는 늘 어린아이이며, 창조된 첫날에 살 듯이, 세계의 역사가 시작되기 전인 것처럼 그의 삶은 언제나 약간의 단순한 본능과 필요에 의해 이끌리게 된다. 그 사람이 영리하든 어리석든 일체의 삶이 얼마나 덧없고 부서지기 쉬운지, 살아 있는 존재들이 얼음장같이 차디찬 우주 공간에서 얼마나 마음 졸이고 무서워하면서 한 줌의 따뜻한 피를 실어 나르는지 완전히 자각하고 있을 것이다. 또는 단지 어린애 같은 탐욕에서 주린 배의 명령에 따라갈 수도 있다. 어쨌든 그는 늘 적대자로서, 정착해 살아가는 소유자들의 치명적인 적이다. 소유자들은 그를 미워하고 경멸하며 두려워한다. 소유하고 정착한 인간은 모든 존재의 허무함이라든지 모든 생명의 끊임없는 쇠퇴라든지, 우리를 빙 둘러싸서 우주에 가득 차 있는 냉혹한 죽음 따위를 상기시키는 것을 좋아하지 않기 때문이다.

방랑 생활의 천진함, 모성적 근원, 법규와 정신에의 외면, 개방성과 함께 거듭되는 죽음과의 비밀스런 친교는 오랫동안 골드문트의 영혼에 깊이 스며들어 틀을 이루고 있었다. 어쨌든 그렇더라도 정신과 의지는 그의 가슴속에서 둥지를 만들고 있었다. 그가 예술가였다는 것이 그의 생명을 윤택하게 해준 것은 물론이요, 동시에 그의 생명을 괴롭게도 해 주었다. 모든 생활은 분열과 모순에 의해 기름지게 되고, 꽃이 피게 되는 것이다. 도취라는 것을 모르는 이성과 냉정이란 도대체 뭘까? 이면에 죽음을 품고 있지 않은 관능은 뭘까?

여름이 지나가고 또 가을이 저물었다. 골드문트는 가까스로 어려운 몇 달을 보냈다. 감미롭고 향기로운 봄은 정신없이 돌아다니다가 보내고 말았다. 계절은 빠르게 흘러갔다. 여름의 높은 태양은 뒤쫓기는 사랑처럼 서산으로 달려갔다. 한 해가 가고 또 한 해가 지났다. 골드문트는 이 지상에 굶주림과 사랑과 고요하면서 무섭도록 빠른 계절의 변화 말고 다른 것이 있다는 사실을 잊어버린 사람 같았다. 그는 완전히 어머니와 본능의 원시 세계에 가라앉고 만 것 같았다.

하지만 꿈속에서 헤매든, 꽃이 피고 지는 골짜기를 바라보며 생각에 잠긴 휴식 속에서 헤매든, 그는 관조의 세계에 눈길을 보낸 채 예술가가 되어 있었다. 그리고는 친근하고도 허무하며 무의미한 인생을 정신의 힘으로 흘려보내고 의미 있는 것으로 바꾸고자 간절한 열망으로 가슴을 태웠다.

빅토르와의 피비린내 나는 모험이 전개된 이래 언제나 혼자 다니던 그는 어느 날 친구 한 사람을 만나게 되었다. 그런데 이 남자는 슬그머니 골드문트에게 들러붙어 꽤 오랫동안 떨어뜨릴 수가 없었다. 그는 빅토르와 같은 부류가 아니라 로마 순례자로 순례복과 순례모를 걸친 아직도 젊은 청년이었다. 이름은 로베르트이고 고향은 보덴 호숫가였다. 어느 수공업자의 아들로 잠시 동안 성(聖) 갈루스의 수도원 학교에서 공부했다. 어릴 때부터 로마 순례를 꿈꿔왔는데, 고대하던 염원을 실행에 옮길 최초의 기회를 얻은 것은 아버지의 죽음이었다. 아버지 일터에서 가구제작자로 일하고 있었던 것이다. 이런 로베르트가 아버지의 장례를 치르자마자 대뜸 그의 어머니와 누나에게 그의 욕구를 가라앉히고, 또 그의 죄와 아버지의 죄를 참회하기 위해 로마로 순례를 떠나는 것을 어떤 이유로도 막을 수 없다고 이야기했다. 어머니와 누이가 울며 달래다가 때로는 야단치기도 했지만 소용없었다. 그는 고집을 부렸다. 그래서 어머니의 축복도 받지 못하고, 누이의 분노에 찬 말만 실컷 들으며 나그넷길에 올랐던 것이다. 그를 부추긴 것은 무엇보다 그의 방랑적 성격이었으나, 얄팍한 신앙심도 한몫했다. 말하자면 성당이 있는 장소나 종교적인 행사가 치러지는 근처를 헤매는 것을, 예배나 세례, 장례나 미사, 향내음이나 성촉 등을 좋아하는 것이었다. 라틴어를 좀 하기는 했지만 천진한 그의 영혼이 지향하는 바는 학문이 아니라 성당의 아치형 천장 그늘에서 사색에 잠기거나 고요히 예배를 드리는 것이었다. 어릴 때는 복사로서 열렬히 봉사도 했었다. 골드문트는 그를 진지하게 생각지는 않았지만 그가 좋았다. 그의 방랑과 낯선 장소에 대한 충동적인 이끌림에 대해서 친근감도 느꼈다. 그때쯤 로베르트는 만족스럽게 방랑을 하고 있었던 것이다. 로마까지도 갔었다. 수많은 수도원이나 목사들의 집에서 친절한 환대를 받고, 산맥과 남쪽 나라도 다 구경했다. 로마에서는 성당이란 성당은 모조리 들어가 보았다. 종교적인 의식에 참례해서 한결 흐뭇했다. 미사도 수백 번이나 드렸다. 가장 유명하다는 곳, 가장 신성하다는 곳에서 예배를 보고 성례를 받았다. 어린 시절에 지은 보잘것없는 죄와 아버지의 죄를 참회하기 위해 필요 이상의 향연(香煙)을 들이마셨다. 1년 넘게 나그네로 지내다가 돌아와서 아버지 집에 발을 들여놓았을 때, 가족들은 그를 회개한 탕아처럼 반겨 주지는 않았다. 그가 집을 비운 동안 누이는 집안의 의무와 권리를 떠안고 있었다. 부지런한 일꾼을 고용해서 그와 결혼하고는 집안과 일터를 완전히 지배하고 있었다. 그래서 집에 돌아온 로베르트는 얼마 있지 않아서 그가 없어도 되는 존재임을 깨달았다. 그가 이내 다시 나그넷길에 오르고 싶다고 얘기했을 때는 아무도 그를 붙들지 않았다. 그는 그것을 마음에 두지 않았다. 어머니에게 푼돈을 얻어 다시 순례복을 걸치고 새로운 방랑길에 올랐다. 그러고는 목적지도 없이 나라를 가로지르는 반수도자 같은 유랑자가 되었다. 친한 성지 순례자에게 기념으로 받은 구리 동정과 축복받은 묵주가 그의 몸에서 짤랑거렸다.

이렇게 그는 골드문트를 만나게 된 것이다. 하루낮 동안 그와 함께 걸어가면서 방랑자의 경험담을 나누었다. 바로 다음의 작은 읍에서 헤어졌지만, 또 이곳저곳에서 다시 만나 결국 완전히 어울리고 말았다. 그는 붙임성 있고 믿을 수 있는 동료였다. 그는 골드문트가 무척 마음에 들었다. 그는 약간의 봉사로 골드문트의 호의를 얻으려고 애썼다. 골드문트의 학문이나 대담함이나 정신 등 무엇 하나 부럽지 않은 것이 없었다. 또한 그의 건강이나 힘이나 솔직함도 좋았다. 골드문트 또한 친해지기 쉬운 사람이었으므로 그들은 단번에 가까워졌다. 다만 그가 찾을 수 없는 것이 하나 있었다. 골드문트는 우울함이나 깊은 생각에 사로잡히는 날이면 완강하게 입을 다물고는 길동무 같은 게 언제 있었냐는 듯이 무시해 버리는 것이었다. 그럴 때는 수다를 떨거나 질문을 하거나 위로해 주지 말고 그가 하는 대로 내버려 두어야 했다. 로베르트는 이런 사실을 이내 알아차렸다. 그는 골드문트가 라틴어 시나 노래를 굉장히 잘 왼다는 것을 알았다. 대성당의 현관 앞에서 석상에 대해 설명해 주는 것도 들었다. 또 그들이 빈 벽에 기대어 쉬고 있을 때, 골드문트가 붉은 분필을 들고 굵은 선으로 실물 크기 그림을 그리는 것을 보기도 했다. 이후 그는 골드문트를 하느님의 총애를 받는 사람이자 거의 마술사로까지 여기게 되었다. 또 골드문트가 여자들의 호감을 산다는 것과, 흘긋 쳐다보고 웃기만 해도 그녀들을 매혹시킨다는 것도 알았다. 그것은 그리 마음에 들지 않았지만 어쨌든 놀라운 일이었다.

어느 날, 그들의 여행길은 뜻하지 않게 중단되었다. 그들이 마을 근방에 접어들자 농부들 한 무리가 곤봉과 막대기, 또는 도리깨를 들고 그들을 막아섰다. 무리의 지도자가 멀리서 그들을 향해 소리쳤다. 당장 멀리 돌아서 가고 절대로 되돌아와선 안 된다, 죽기 살기로 달려라, 그렇지 않으면 맞아 죽게 될 것이라는 내용이었다. 골드문트는 멈춰서 대체 무슨 영문인지 알아보고 싶었다. 그러자 돌이 날아와 그의 가슴을 후려쳤다. 뒤를 돌아보니 로베르트는 벌써 저쪽으로 도망가고 있었다. 농부들이 위협적으로 다가섰다. 골드문트는 도망치는 친구의 뒤를 어정쩡 따라갈 수밖에 없었다. 로베르트는 들판 한가운데 서 있는 예수의 십자가 상 밑에서 오들오들 떨면서 그를 기다리고 있었다.

"넌 영웅답게 도망쳤구나." 골드문트는 웃었다. "하지만 저 망할 녀석들, 대체 뭘 생각하고 있는 거지! 전쟁이라도 났나? 무장한 보초들을 마을 어귀에 세워 놓고 아무도 안 들여보내다니! 무슨 까닭인지 궁금하군."

둘 다 알 수가 없었다. 이튿날 아침이 되어서야 그들은 한 외딴 농가에서 뜻밖의 일을 만나 그 이유를 추측할 수 있었다. 그 집은 오두막과 외양간과 헛간이 있는, 높다란 풀과 수많은 과일나무가 있는 녹지에 둘러싸인 집이었다. 이상하게도 잠잠해서 다들 잠이 든 것 같았다. 사람의 목소리, 발소리, 아이들의 울음소리며 낫을 가는 소리 등 아무 소리도 들리지 않았다. 마당에는 암소 한 마리가 서서 울고 있었다. 젖을 짜주는 시간임을 알 수 있었다. 둘은 집 앞에 가서 문을 두드렸으나 아무런 대답이 없었다. 외양간에 가보았지만 문이 활짝 열린 채 텅 비어 있었다. 헛간의 지붕 위에서 연둣빛 이끼가 햇빛에 반짝거렸다. 거기에도 사람 그림자 하나 없었다. 농가 전체가 그토록 적막한 데 놀라고 낙담한 두 사람은 집 쪽으로 되돌아왔다. 다시 주먹으로 대문을 두드렸으나 역시 대답이 없었다. 골드문트가 문을 열려고 하자 뜻밖에 문은 잠겨 있지 않았다. 그는 문을 안으로 밀고 어둠침침한 방으로 들어갔다. "실례합니다." 큰 소리로 외쳤다. "아무도 안 계십니까?" 안은 쥐죽은 듯 고요했다. 로베르트는 들어오지 않고 밖에 서 있었다. 호기심에 끌려 골드문트는 더 안으로 들어갔다. 오두막 안에는 지독한 냄새가 풍겼다. 이상하고 역겨운 냄새였다. 난로에는 재가 잔뜩 쌓여 있었다. 입김으로 불어 보니 그 밑에 있던 숯이 된 통나무에서 아직 불똥이 남아 어슴푸레 비치고 있었다. 그때, 난로 뒤쪽 어둑한 곳에 앉아 있는 사람이 보였다. 누가 안락의자에 앉아 자고 있었다. 할머니처럼 보였다. 불러도 아무 기척이 없었다. 이 집은 마치 마법에 걸린 것 같았다. 앉아 있는 여자의 어깨를 정답게 톡톡 쳤으나 꼼짝도 하지 않았다. 자세히 보니 그 여자는 거미줄 한가운데 앉아 있었다. 거미줄 몇 오라기가 여자의 머리칼과 무릎에 엉겨붙어 있었다. '죽었구나.' 이렇게 생각하니 조금 떨렸다. 확실히 확인하기 위해 그는 불을 피우기 시작했다. 이리저리 휘저으며 남겨진 불똥을 불어대자 활짝 피어올라 기다란 막대기에 불이 붙었다. 그것을 가지고 앉아 있는 여인의 얼굴을 비춰보니 잿빛 머리칼 아래로 푸르죽죽한 시체의 얼굴이 나타났다. 치뜨고 있는 한쪽 눈은 희부옇게 납덩이처럼 굳어 있었다. 그 여자는 의자에 앉은 채 죽은 것이었다. 이젠 도와줄 수도 없었다.

활활 타는 막대기를 손에 들고 골드문트는 이곳저곳을 자세히 살펴보았다. 그 방에서 뒷방으로 통하는 문지방 위에 또 하나의 시체가 드러누워 있는 것을 발견했다. 여덟아홉 살쯤 되어 보이는 소년인데, 부어오른 얼굴은 일그러져 있었고 속옷 차림이었다. 그 애는 문지방 위에 엎어진 채로, 고통을 견디며 두 주먹을 단단히 쥐고 있었다. '두 사람째다.' 골드문트는 생각했다. 끔찍한 꿈이라도 꾸고 있는 것 같았다. 그는 깊숙이 뒷방까지 들어갔다. 거기에는 덧창이 열려서 밝은 빛이 비쳐 들었다. 조심조심 불을 끄고 불똥을 마룻바닥에 문질렀다.

뒷방에는 침대가 세 개 놓여 있었다. 하나는 텅 비어 있고 남루한 잿빛 이불 밑에 짚이 그대로 드러나 있었다. 두 번째 침대에도 사람이 쓰러져 있었다. 수염이 난 사나이로 등을 바닥에 붙이고 뻣뻣하게 죽어 있었는데 머리를 뒤로 젖히고 수염이 난 턱을 곧추세우고 있었다. 그는 농부가 틀림없었다. 움푹 들어간 얼굴은 낯선 죽음의 색채를 띠고 희미하게 빛나고 있었다. 한쪽 팔은 바닥까지 축 늘어진 채였다. 거기에는 토기 물주전자가 나뒹굴고 있었다. 쏟아진 물은 아직 바닥에 완전히 스며들지 않아서 움푹 들어간 쪽으로 몰려 조그맣게 물이 괴어 있었다. 또 하나의 침대에는 리넨 홑이불에 둘둘 감긴 건장하고 키 큰 여자가 드러누워 있었다. 얼굴을 침대에 파묻고 있었는데, 뻣뻣한 짚색 금발이 밝게 빛났다. 그 옆에는 미성년 소녀가 구겨진 리넨 이불에 목이 졸린 것처럼 여인을 부둥켜안고 누워 있었다. 소녀는 여인과 같은 짚색 금발이었는데, 죽은 얼굴에 회청색 반점이 돋아 있었다.

골드문트의 눈은 시체에서 시체로 옮겨갔다. 소녀의 얼굴은 벌써 상당히 변질되었으나 비통한 죽음의 공포를 얼마간은 남기고 있었다. 침대 속에 폭 파묻혀 있는 어머니의 목덜미와 머리칼에서는 분노와 불안과 달아나고자 했던 심한 갈망을 읽어낼 수가 있었다. 특히 뻣뻣한 머리칼은 죽음을 인정할 수 없다는 저항의 빛을 띠고 있었다. 농부의 얼굴에는 저항과 이를 악물고 참아 견딘 고통의 흔적이 뚜렷했다. 그는 고통스러웠으나 사나이답게 죽은 것 같았다. 그의 털투성이 얼굴은 전선에서 쓰러진 병사처럼 허공을 찌르듯 뻣뻣이 치켜져 있었다. 차분하고 꿋꿋하며, 이를 악물고 버텨낸 듯한 그의 자세는 아름다웠다. 이렇게 죽음을 맞이한 사나이는 옹졸하고 비겁한 인간은 아니었으리라. 하지만 문지방에 엎어져 있는 소년의 조그만 주검은 애처로웠다. 그 얼굴은 아무것도 말하고 있지 않았다. 그러나 문지방 위 그의 자세는 단단히 쥐고 있는 조그만 주먹과 함께 많은 이야기를 전해 주고 있었다. 이해할 수 없는 고통과 이제껏 경험해 보지 못한 아픔에 대한 소용없는 저항의 몸부림이 그것이었다. 그의 머리 바로 옆에 있는 문에는 고양이가 드나들 만한 구멍이 뚫려 있었다. 골드문트는 그 모든 것을 자세하게 관찰했다. 더 말할 필요도 없이 이 오두막집 속에 전개된 광경은 정말 끔찍스러웠다. 시체에서 풍기는 냄새가 지독했다. 그럼에도 모든 것이 골드문트를 잡아당기는 크나큰 힘을 가지고 있었다. 모든 것이 위대함과 운명으로 가득 차 있었다. 단 하나의 거짓도 없는 진실이었다. 뭔가가 그의 가슴을 뛰게 하고 영혼을 꿰뚫고 들어왔다.

그러는 동안 바깥에서는 로베르트가 초조함과 공포에 질려 고함을 지르기 시작했다. 골드문트는 로베르트를 좋아하기는 했지만 그 순간 불안과 호기심과 유치한 일에 사로잡혀 있는 산 인간이란 죽은 자들과 비교하면 얼마나 하찮고 가치 없는 존재인가 하는 생각이 들었다. 그는 로베르트한테 대답하지 않았다. 예술가로서의 진심어린 연민과 냉정한 관찰이 뒤섞인 기묘한 시선으로 시체를 살펴보는 데 정신을 팔고 있었다. 누워 있는 모습, 앉아 있는 모습, 머리며 손, 동작을 멈춘 그대로 뻣뻣해진 모습 등 자세하게 관찰했다. 마법에 걸린 이 집은 왜 이렇게 조용할까! 왜 이다지도 이상하고 구역질나는 냄새가 날까! 사람 살던 이 조그만 집에는 아직도 난로에서 불똥이 가물거리는데, 기이하고 슬프게도 시체들이 자리를 차지한 채 죽음이 가득 차 있구나! 평온한 이 얼굴들에서 곧 살점이 떨어지고 굶주린 쥐들이 그 손가락을 물고 늘어지리라. 딴 사람들이 관이나 무덤 속에 잘 숨어서 보이지 않게 해치우는 최후의 가장 비참한 일인 소멸과 부패를, 여기 이 다섯 사람은 자기 집 방에서 행하고 있는 것이다. 대낮에 문도 잠그지 않고 태연히, 부끄러워하지도 않고 무방비 상태로. 골드문트는 벌써 몇 차례나 시체들을 봐 왔지만 죽음이 이토록 가차없는 역할을 한 광경을 만난 적은 없었다. 그는 그것을 마음속 깊이 새겨두었다.

문 앞에서 들리는 로베르트의 고함에 결국 방해를 받아 바깥으로 나왔다. 친구는 벌벌 떨며 그를 바라보았다.

공포에 질린 로베르트는 목소리까지 낮추어 물었다. "왜 그래? 안에 아무도 없나? 어, 눈빛이 왜 그래? 무슨 말 좀 해봐!"

골드문트는 차가운 눈으로 그를 바라보고 있었다.

"들어가서 네 눈으로 봐. 이상한 농가야. 나중에, 저기 있는 살찐 암소 젖이나 짜자꾸나. 들어가 봐!"

로베르트는 한참 망설이다가 집 안으로 들어가 난로가 있는 데로 더듬어 갔다. 거기서 앉아 있는 노파를 발견했지만 이미 죽었다는 것을 알고는 소리를 질렀다. 그는 눈을 휘둥그레 뜨고 얼른 되돌아왔다.

"맙소사! 죽은 여자가 난로 옆에 앉아 있잖아. 어떻게 그럴 수가 있지? 왜 아무도 옆에 없어? 왜 묻어 주지 않는 거야? 오, 세상에. 그 여자는 벌써 썩은 내를 풍기고 있단 말이야."

골드문트는 싱긋이 웃었다.

"넌 대단한 영웅이야, 로베르트. 하지만 너무 조급히 서둘러 왔어. 죽은 노파가 의자에 앉아 있는 것도 참으로 기묘한 광경이지. 하지만 몇 걸음만 앞으로 나아가면 더 괴상한 걸 보게 될 거야. 다섯이야, 로베르트. 침대에 셋이 있고 문지방 한가운데는 어린애가 죽어 있었어. 몽땅 죽었어. 가족 모두가. 이 집엔 시체밖에 없단 얘기야. 그래서 아무도 암소의 젖을 안 짠 거지."

공포에 질린 로베르트는 골드문트를 뚫어지게 바라보았다. 그러더니 별안간 숨이 막힐 듯한 목소리로 소리쳤다. "이제야 농부들이 어저께 우리를 마을에 못 들어가게 한 이유를 알겠다. 그래그래, 이제야 모든 게 확실해졌어. 페스트야! 목숨을 걸고 말하지만 확실히 페스트야. 골드문트, 넌 안에 오랫동안 있었으니 틀림없이 시체를 만졌겠지! 비켜, 내 옆에 오지 마! 넌 틀림없이 감염되었어. 골드문트, 미안하지만 난 떠나야겠어. 네 옆에 있을 수는 없어."

그는 달아나려고 했지만 순례복 깃을 단단히 붙들렸다. 골드문트는 말없이 비난하는 눈초리로 엄격히 바라보며 발버둥치는 그를 인정사정없이 끌어당겨 붙들었다.

"요 꼬마야." 그는 상냥하지만 빈정대는 어조로 말했다. "넌 사람들 생각보다 영리하구나. 네가 말한 대로일지도 몰라. 요 다음 집이나 마을에 가면 알 테지. 그래, 아마 페스트가 이 지방에 만연해 있을지도 몰라. 우리가 이곳을 무사히 빠져나갈 수 있을지 어떨지도 곧 알게 될 거야. 하지만 나는 널 달아나게 둘 수 없어, 요 꼬마 로베르트야. 난 마음씨 고운 사람이야. 고와도 너무 곱지. 너는 저 안에서 감염됐을지도 몰라. 그러니 네가 달아나게 놔두면 넌 들판 어딘가에 쓰러져 누워 있다가 혼자 죽어버릴 수도 있어. 네 눈을 감겨 주거나, 널 묻을 구덩이를 파서 흙을 덮어줄 사람도 없게 돼. 안돼, 친구. 그러면 너무 슬퍼서 난 숨이 막혀 버릴 거야. 자, 들어 봐. 두 번 말하지 않을 테니 정신 바짝 차리고 들어. 우리 둘 다 똑같은 위험 속에 놓여 있어. 네 가슴에 화살이 꽂힐지 내 가슴에 화살이 꽂힐지 그건 모르지. 그러니 같이 있잔 말이야. 우리는 같이 죽거나 함께 이 저주받은 페스트에서 빠져나가든가 두 가지 길뿐이야. 네가 병이 들어 죽게 되면 내가 묻어 줄 거야. 약속하지. 만일 내가 죽게 된다면 네 마음대로 하려무나. 나를 묻어 주든 도망쳐 버리든 나는 상관없어. 하지만 그 전에는 달아나선 안 돼. 명심해! 우리는 서로가 필요하단 말이야. 자, 그만 지껄이자. 나는 아무 말도 듣기 싫어. 이제 가서 외양간 아무 데서나 양동이를 찾아. 그러면 소젖을 짤 수 있을 거야."

그들은 그대로 했다. 이때부터 골드문트는 명령하는 사람이 되고 로베르트는 복종하는 사람이 되었다. 그래서 둘 다 불편없이 지냈다. 이제 로베르트도 도망치려고는 하지 않았다. 그는 다만 변명하듯 말했다.

"난 그때 네가 좀 무서웠어. 시체 있는 집에서 돌아왔을 때의 네 얼굴이 싫었어. 페스트를 짊어지고 왔구나 생각했지. 하지만 페스트가 아니더라도 네 얼굴은 완전히 달라져 있었어. 그 집에서 본 것들이 그렇게 무시무시했었니?"

"무섭지는 않았어." 골드문트는 망설이다가 말했다. "페스트에 걸리지 않더라도 너와 나, 모든 인간을 기다리는 것 말고는 아무것도 못 봤거든."

방랑을 계속하는 동안 두 사람은 곳곳에서 그 지방을 휩쓸고 있는 페스트와 맞닥뜨렸다. 딴 지방 사람을 들어오지 못하게 하는 마을도 적지 않았다. 어떤 마을에서는 아무 방해도 받지 않고 통과할 수 있었다. 텅 비어 있는 집들도 많았다. 수많은 시체들이 묻히지도 않고 밭이나 방에서 썩어 갔다. 외양간에서는 암소가 젖이 퉁퉁 불거나 배가 고파서 울부짖었다. 또 가축들이 들판을 이리저리 헤매고 다녔다. 둘은 몇 번이나 암소와 염소의 젖을 짜주고 먹이를 주었다. 또 숲기슭에서 새끼염소나 새끼돼지를 잡아 구워 먹고 주인이 없어진 지하실에서 포도주나 과일주를 꺼내와서 마셨다. 둘은 풍족한 생활을 했다. 어딜 가도 먹을 것은 넘치도록 있었다. 하지만 맛은 별로 없었다. 로베르트는 계속 페스트를 겁내고 있었다. 그는 시체를 보면 구역질을 하고 공포 때문에 실신할 때가 한두 번이 아니었다. 그는 전염됐다는 생각을 몇 번이나 하면서 머리와 손발을 모닥불 연기 속에 집어넣기도 했다(그것이 그 병에 효험이 있다고 믿었다). 그뿐이 아니라 자다가도 발이나 팔이나 어깨에 종기가 나 있지 않은지 온몸을 비벼대기도 했다.

골드문트는 몇 번이나 로베르트를 나무라고 비웃었다. 그는 로베르트의 공포심이나 혐오감에 공감할 수 없었던 것이다. 매혹되고 우울한 마음으로 그는 수많은 죽음의 광경에 마음을 빼앗긴 채 고통받는 지역을 통과하여 걸어 나갔다. 그의 영혼은 가을 분위기로 가득 차고, 그의 마음은 곡식을 수확하는 듯한 낫의 노래에 무겁게 가라앉았다. 때때로 우주의 어머니 이미지가 앞에 다시 나타났다. 창백하고 커다란 얼굴에서는 메두사의 눈이 빛나고, 고통과 죽음이 깃든 무거운 미소를 머금고 있었다.

어느 날, 두 사람은 조그만 도시에 다다랐다. 성문에서 성벽 전체에 걸쳐 집 높이만큼 뺑 둘러서 망보는 통로가 나 있었으나, 그곳에도 활짝 열어젖힌 성문에도 보초는 없었다. 로베르트는 시내로 들어가는 것을 거절하고는 골드문트한테도 들어가지 말라고 애원했다. 그때 종치는 소리가 들렸다. 성문에서 신부가 십자가를 손에 들고 나왔다. 그의 뒤에서 짐수레 세 대가 따라나왔다. 두 대는 말이 끌고, 한 대는 황소가 끌었다. 수레는 꼭대기까지 시체가 차곡차곡 쌓여 있었다. 이상한 외투를 입고 깊숙이 두건을 써서 얼굴을 감춘 인부 몇 명이 그 옆을 걸어가며 마소를 몰고 있었다.

로베르트는 하얗게 질리더니 이내 자취를 감추고 말았다. 골드문트는 가까운 거리를 두고 시체 실은 수레 뒤를 따랐다. 이삼백 발짝쯤 걸어갔다. 거기에는 묘지가 아닌 허허벌판 한가운데 구덩이가 파여 있었다. 삽으로 세 개 정도의 깊이였으나 넓이는 홀처럼 넓었다. 골드문트는 서서 막대기나 갈고리 장대를 든 인부들이 시체를 마차에서 끄집어내려 그대로 구덩이에 처넣는 것을 지켜보았다. 신부는 그 위에서 몇 마디 중얼중얼하다가 십자가를 흔들더니 떠나 버렸다. 인부들은 평평한 무덤 사방으로 큰 불을 놓고 말없이 시내로 되돌아갔다. 누구 하나 무덤을 흙으로 덮어 주지 않았다. 내려다보니 50구가 넘는 시체들이 그 안에 처박혀 차곡차곡 쌓여 있었다. 벌거벗은 이들이 많았다. 팔다리가 애원하듯이 허공을 향해 뻣뻣하게 추켜올려져 있었는데, 바람결에 속옷 자락이 맥없이 흔들렸다.

그가 돌아오자, 로베르트는 서둘러 여기서 달아나자고 거의 무릎을 꿇다시피하며 애원했다. 그가 애원하는 데엔 그럴듯한 이유가 있었다. 그는 골드문트의 멍한 눈길에서 그가 너무도 잘 알고 있는 공포에 대한 골몰과 집중 그리고 무시무시한 호기심을 보았던 것이다. 결국 친구를 붙들지는 못했다. 골드문트는 혼자서 시내로 들어갔다.

보초도 서 있지 않은 성문을 지나갔다. 포석을 밟아 메아리쳐 오는 자기 발소리를 들으니 이때까지 그가 지나온 수많은 소도시나 성문들이 기억 속에 떠올랐다. 그곳에서 울부짖던 아이들의 울음소리, 소년들의 장난, 여인들의 싸움, 모루에 부딪혀 맑게 울려 퍼지는 대장간의 망치질 소리, 덜거덕거리는 마차 소리, 그 밖에도 수많은 소리들과 그를 맞이해 주었던 광경들이 그의 머릿속에 펼쳐졌다. 고운 소리와 거친 소리들이 그물처럼 한데 뒤엉켜 인간의 노동과 기쁨, 일과 사교가 이뤄지는 다양한 모습을 알려주는 것이었다. 하지만 이곳의 텅 빈 성문과 사람 하나 없는 거리에는 웃음소리도 울음소리도 어느 것 하나 들리지 않았다. 모두가 죽음의 침묵 속에 굳은 채 쓰러져 있어, 그 속에서 퐁퐁 솟는 우물물의 노래하는 가락이 너무 크게 들려와서 거의 소음처럼 여겨졌다. 활짝 열어 놓은 창문 뒤에 여러 가지 빵이 진열된 한가운데 빵집 주인이 있는 것이 보였다. 골드문트는 제일 좋은 빵을 가리켰다. 빵장수는 기다란 빵삽으로 조심스레 빵을 건네주며 골드문트가 삽 위에 돈을 올려주길 기다렸다. 그리고 나그네가 돈도 내지 않고 빵을 베어물며 앞으로 가 버리자 화를 내며 창문을 탕 닫기는 했어도 투덜대지는 않았다. 어느 아담한 집의 창문 앞에 점토 화분이 줄을 지어 놓여 있었다. 보통 때면 꽃이 활짝 펴 있을 텐데 지금은 시든 잎사귀들이 텅 빈 화분 위에 고개를 숙이고 있었다. 딴 집에서 어린애들의 흐느낌과 통곡소리가 들려왔다. 다음 골목에서 골드문트는 위층 창문 뒤에서 예쁘게 생긴 처녀 하나가 서서 머리를 빗고 있는 것을 보았다. 그녀가 그의 시선을 느끼고 내려다볼 때까지 그 여자를 쳐다보았다. 그가 그녀에게 정답게 미소를 지어 주자 여자의 붉게 물든 얼굴에도 천천히 희미한 미소가 번졌다.

"빗질은 금방 끝나니?"

골드문트는 위를 쳐다보고 소리쳤다. 그 여자는 생글거리는 밝은 얼굴을 창밖으로 내밀었다.

"아직 병에 안 걸렸니?" 그가 묻자 여자는 고개를 저었다. "그러면 나하고 이 죽음의 도시에서 떠나자. 숲 속에 들어가서 재미있게 살자꾸나."

여자는 의아해하는 눈치였다.

"너무 오래 생각하지는 마. 난 진심이니까." 골드문트는 소리쳤다. "아버지, 어머니하고 같이 있니? 아니면 이 집에서 품팔이를 하는 거야? 내가 볼 땐 남의 집인데. 그럼 나오렴. 늙은 것들은 죽도록 내버려 둬, 우리는 젊고 몸도 튼튼하잖아. 얼마 동안이라도 재미있게 지내자. 이리 와, 갈색 눈의 아름다운 아가씨! 농담이 아냐."

처녀는 놀라 망설이며 그를 살펴보듯 바라보았다. 그는 슬렁슬렁 걸어서 사람 없는 골목길을 하나둘 돌다가 또 천천히 돌아왔다. 처녀는 여전히 창가에 서 있었다. 그가 돌아온 것이 무척 반가운 모양이었다. 그녀는 그에게 손을 흔들었다. 그가 천천히 걸어가고, 곧 그녀가 뛰어서 따라와 그가 성문에 다다르기도 전에 따라잡았다. 조그만 보퉁이를 손에 들고 붉은 스카프를 머리에 두르고 있었다.

"이름이 뭐지?"

"레네. 당신하고 같이 갈 거야, 이 도시는 너무 끔찍해, 몽땅 죽잖아. 그만 가요! 가자고요."

성문 근처에서 로베르트가 얼굴을 찌푸리고 땅바닥에 웅크리고 앉아 있었다. 골드문트가 오자 펄쩍 일어났으나 처녀를 보자 눈을 동그랗게 떴다. 이번만큼은 골드문트의 말을 쉽게 듣지 않았다. 불평과 비난을 늘어놓았다. 저 주받은 페스트 소굴에서 사람을 데리고 나와 길동무가 되라고 강요하다니,

이만저만 정신이 나간 게 아니다, 그것은 하느님을 시험하는 거다, 나는 싫다. 더 이상 함께 가지 않을 것이다, 내 인내심도 이제 마지막이다, 하는 것이었다. 골드문트는 그가 침착해질 때까지 저주를 퍼붓든 울부짖든 그냥 내버려 두었다.

골드문트는 말했다.

"그래, 실컷 노래를 불러 주었구나. 이제 같이 가게 될 거야. 아름다운 길동무가 생긴 걸 너도 기뻐할걸. 이름은 레네고, 내 옆에 있을 거다. 하지만 너도 이제 기쁘게 해주마. 로베르트, 우리 잠깐 페스트를 피해서 편안하고 건강하게 살자. 빈 오두막집이 있는 아담한 장소를 찾든지 우리가 새집을 짓든지 하는 거야. 거기서 난 레네와 같이 집주인과 안주인이 될 거고, 너는 친구로서 같이 사는 거지. 좀 정답고 즐겁게 지내자꾸나. 괜찮지?"

물론 로베르트는 승낙했다. 누구든지 레네와 악수를 하라거나 그의 옷을 만지라고만 하지 않는다면……

골드문트는 그런 건 요구하지 않는다고 말했다. "그뿐인 줄 아니? 레네한테 손가락 대는 것도 엄금이야. 그런 건 꿈도 꾸지 마라!"

세 사람은 앞으로 걸어갔다. 처음에는 아무 말도 없었으나 처녀는 차차 입을 열기 시작했다. 그녀는 다시 하늘과 나무, 초원을 보게 되어 얼마나 기쁜지 말했다. 페스트에 시달리는 도시는 너무나 무시무시하다, 그녀가 말로 표현할 수 있는 것보다 훨씬 더 끔찍하다는 것이었다. 그리고 그녀는 자신이 보았던 혐오스러운 것들을 이야기하면서 슬픔으로 가득 찬 마음을 깨끗이 털어내기 시작했다. 그녀는 끔찍한 이야기들을 많이 들려주면서 그 작은 마을은 지옥이 틀림없다고 했다. 의사 두 사람 중에 하나는 죽고, 다른 한 사람은 부잣집에만 왕진을 간다는 것, 거의 집집마다 시체가 뒹굴고 있으나 실어내는 사람이 없어서 시체가 썩어 간다는 것, 딴 집에서는 시체를 갖다 묻는 인부들이 도둑질을 하고 음탕하게 간음을 했다는 것, 또 그들이 가끔 아직도 숨이 붙어 있는 병자도 침대에서 끌어내 마차에 집어던지고는 시체와 함께 구덩이 속에다 내동댕이쳤다는 것 등을 이야기했다. 여러 가지 참혹한 이야기를 떠들어댔으나 아무도 처녀의 이야기를 방해하지 않았다. 로베르트는 놀라면서도 흥미 있게 들었다. 그러나 골드문트는 조용하고 침착하게 있으면서 그녀가 끔찍한 이야기를 맘껏 하도록 내버려 두고 아무 대답도 하지 않았다. 무슨 말이 필요하단 말인가? 결국 레네도 지쳐 버려 눈물은 마르고 이야깃거리도 다 떨어졌다. 골드문트는 천천히 걸어갔다. 가다가 몇 절이나 되는 긴 노래를 나직하게 부르기 시작했다. 한 소절마다 그의 목소리는 점점 커졌다. 레네는 웃기 시작했다. 로베르트는 즐거워하면서도 몹시 놀라 듣고 있었다. 여태 골드문트가 부르는 노래를 들어본 적이 없었다. 골드문트는 못하는 것이 없었다. 저렇게 걸어가면서 노래를 부르다니, 묘한 사람이다! 노래도 잘 부르는 데다 목소리는 맑고 감정이 절제되어 있었다. 둘째 절을 부를 때는 레네도 가만가만 따라 부르다가 이내 목청을 돋우어 합창했다. 날이 저물고 있었다. 저 멀리 황무지 너머로 까만 숲 그림자가 떠올랐고, 그 뒤로는 낮은 산들이 옅푸른 빛을 발했다. 산들은 안쪽에서 더욱 푸르러 가는 듯했다. 걸음을 옮겨 놓는 박자에 맞춰 두 사람의 노래는 어느 때는 즐겁고, 어느 때는 장엄하게 들렸다.

"오늘은 썩 기분이 좋은 모양이네." 로베르트가 말했다.

"응, 좋고말고. 오늘은 기쁜 날이지. 이렇게 예쁜 아가씨를 발견했잖아. 오, 레네. 시체 치우는 인부들이 날 위해서 널 남겨 두다니 정말 고맙지 뭐냐. 내일쯤은 아담한 보금자리를 찾을 테지. 그럼 우린 즐거운 생활을 할 거고 살이 통통하게 찐 걸 서로 기뻐하게 될 거야. 레네, 가을 숲 속에서 달팽이가 제일 좋아하고 또 사람도 먹을 수 있는 두툼한 버섯을 본 적이 있니?"

레네는 웃었다. "응, 있고말고. 몇 번이나 본걸."

"네 머리칼이 그 버섯하고 똑같은 갈색이야, 레네. 냄새도 똑같이 좋거든. 우리, 노래 한 곡 더 불러 볼까? 아니면 배고프니? 내 가방 속에 아직도 먹을 만한 게 있어."

이튿날, 그들은 찾고 있던 곳을 발견했다. 조그만 자작나무 숲 속에 통나무로 세운 오두막집이 있었다. 아마 예전에 나무꾼이 세운 것인 모양이었다. 안은 텅 비어 있었고 문짝은 부서졌으나 로베르트 또한 괜찮은 곳이고 위생적인 장소라고 생각했다. 도중에 그들은 목동도 없이 서성대는 염소 떼를 만났다. 그중에서 통통한 암놈을 한 마리 데리고 왔다.

"자, 로베르트," 골드문트는 말했다. "넌 목수는 아니지만 전에는 가구제작자였잖아. 우린 여기서 살 거야. 너는 우리 성에 칸막이를 만들어야 해. 방이 두 개가 되도록 말이야. 레네와 내가 쓸 방 하나, 너와 염소가 쓸 방

하나. 먹을 것도 이젠 얼마 없어. 오늘은 염소 젖만으로 만족해야 해. 많든 적든 간에 말이야. 너는 벽을 만들고, 우리 둘은 잠자리를 마련할게. 내일은 먹을 것을 찾으러 나가자."

셋은 서둘러 일을 시작했다. 골드문트와 레네는 잠자리에 깔 짚이나 덩굴이나 이끼를 찾으러 나섰다. 로베르트는 벽을 만들 나무를 자르기 위해 들판 아무 데나 박혀 있는 돌에 대고 칼날을 세웠다. 하지만 그 공사는 하루에 끝낼 수 없었으므로 로베르트는 저녁때 밖으로 자러 나갔다. 골드문트는 레네가 감미로운 애인임을 알았다. 그녀는 부끄럼을 타는 데다 남자 경험도 없었지만 애정이 넘쳤다. 그는 레네를 부드럽게 품에 안고 그녀가 지쳐서 깊게 잠든 뒤에도 오랜 시간 누워서 그녀의 심장 고동을 들었다. 그리고 탈을 뒤집어쓴 악마들이 시체가 가득한 수레를 비워내던 그 커다랗고 평평한 구덩이를 줄곧 생각했다. 생명은 아름답다. 행복은 아름답지만 순간적이며, 청춘은 아름답지만 빠르게 시들어간다.

오두막의 칸막이벽은 매우 보기 좋게 되었다. 나중에는 세 사람 모두 그 안에서 일하게 되었다. 로베르트는 자기 솜씨를 보이려고 했다. 대패질하는 받침과 연장과 자와 못만 가진다면 무엇이든 만들 수 있노라고 열심히 떠들었다. 하지만 칼과 손 말고는 아무것도 없었으므로 작은 자작나무 기둥을 열두어 개 잘라서 그걸로 오두막 마룻바닥에 거칠지만 튼튼한 울타리를 만들어 두는 정도로 만족해야 했다. 그리고 금작화 줄기로 얽어매서 사이를 막는 길밖에 별도리가 없다고 덧붙였다. 그것은 시간이 좀 걸렸으나 즐겁고 재미있어 모두 같이 도왔다. 틈틈이 레네는 산딸기를 찾고 염소를 보러갔다. 골드문트는 근처를 뒤져 이것저것 가지고 들어왔다. 그 주변에는 사람이 전혀 없었다. 그래서 특히 로베르트는 만족스러워했다. 그들은 전염뿐만이 아니라 적대 행위에 대해서도 안전했다. 하지만 먹을 것이 거의 눈에 띄지 않는다는 단점이 있었다. 가까운 곳에 버려진 농부 집이 있었다. 그 집 안에는 시체가 없었기 때문에 골드문트는 그들의 통나무집 대신 그곳을 숙소로 정하자고 제의했으나, 로베르트는 온몸을 부들부들 떨면서 거절했다. 그는 골드문트가 그 빈집에 들어가는 것도 싫어하여 거기서 가지고 나온 것은 먼저 일일이 불에 그슬리고 씻기 전에는 손에 대지도 않았다. 골드문트가 거기서 발견한 것은 많지 않으나 그래도 조그만 의자가 둘, 젖을 짜 넣는 양동이 하나, 그릇 몇 개, 도끼가 하나였다. 어느 날, 그는 들에서 길 잃은 닭을 두 마리 잡았다. 레네는 사랑에 빠져 있었고 행복했다. 세 사람은 그들의 작은 집을 날마다 조금씩 보기 좋게 고치면서 즐거워했다. 빵은 없었으나 그 대신 또 한 마리의 염소를 얻었다. 순무로 가득한 조그만 밭도 발견했다. 하루하루가 지나갔다. 칡덩굴로 엮은 벽이 완성되었다. 잠자리를 다시 고치고 난로도 만들었다. 시내는 멀지 않고 물은 맑고 상쾌했다. 그들은 일을 하면서도 노래를 불렀다.

어느 날 다 같이 우유를 마시며 그들의 정착 생활을 찬양하고 있을 때 레네가 갑자기 꿈꾸는 듯한 소리로 말했다. "하지만 겨울이 오면 어떡한담?"

아무도 대답하지 않았다. 로베르트는 웃었고, 골드문트는 말없이 앞만 바라보았다. 아무도 겨울 걱정을 하지 않았다. 마침내 레네는 그들 중 어느 누구도 겨울에 대해 생각하거나 같은 장소에서 오랫동안 머물겠다고 진지하게 생각하지 않는다는 사실을 알아챘다. 이 집은 고향이 아니며, 그녀는 방랑자들과 함께 있는 것이었다. 그녀는 고개를 떨어뜨렸다.

그러자 골드문트는 어린아이를 상대로 이야기하는 것처럼 농담과 격려의 말을 섞어 가며 이렇게 말했다. "넌 농부의 딸이라 쓸데없는 걱정만 하는구나. 레네, 두려워할 것 없어. 페스트의 유행이 끝나면 집에 갈 수 있을 거야. 페스트도 영원히 계속되지는 않을 테니까. 그게 끝나거든 부모한테 가든지 딴 친척한테 가든지 해. 아니면 도시에 다시 돌아가서 남의집살이로 끼니를 잇든지 해. 하지만 지금은 여름이야. 어디로 가든 죽음이 이 지역 곳곳에 깔려 있지만, 여긴 깨끗하고 우리는 편하게 지내잖아. 그게 우리가 여기 머무는 이유야. 그 기간이 길든 짧든 우리가 원하는 대로지."

"그리고 그 다음은?" 레네는 악을 쓰며 물었다. "그 다음은 모든 일이 다 끝이야? 당신은 가버리고? 난 어쩌라고?"

골드문트는 그녀의 땋은 머리를 부드럽게 잡아당겼다.

"철없는 꼬마 아가씨." 그는 말했다. "이제 시체 치우는 인부도, 사람이 다 죽어 없어진 집도, 불이 타오르는 성 밖의 커다란 구덩이도 다 잊어버렸니? 그 구덩이에 누워서 속옷이 비에 젖지 않는 것만으로도 다행으로 여겨야 한다고. 당신이 거기서 탈출한 걸 생각해 봐. 당신의 손발에 아직도 생명이 붙어 있고, 당신이 아직 웃고 노래할 수 있는 걸 기뻐하라고."

그러나 그녀는 좀처럼 만족하지 않았다.

"하지만 난 다시 떠나고 싶지 않은걸." 그녀가 하소연했다. "당신을 보내고 싶지 않아. 곧 모든 것이 끝나고 무너져 버릴 것을 알게 됐을 때, 누가 행복할 수 있겠어!"

골드문트는 다시 한 번 대답했다. 그의 목소리는 다정했지만 위협적인 어조가 담겨 있었다.

"레네, 거기에 대해서는 이때까지 모든 성현이 머리를 쥐어짜며 고민했었지. 오래 지속되는 행복 따윈 없어. 하지만 지금 우리가 가진 것이 당신에게 만족스럽지 않거나, 더 이상 당신을 기쁘게 하지 않는다면 나는 당장 이 오두막에 불을 지를 거고 우리는 저마다 자기 길을 가는 거야. 그러니 이대로 놔두자, 레네. 얘기는 이걸로 충분해."

그녀가 마지못해 동의하자 이야기는 거기서 중단되었다. 하지만 그녀의 기쁨 위로 그림자가 드리워졌다.

14

여름이 완전히 다 가기도 전에 오두막집 생활은 그들이 생각지도 않았던 형태로 종말을 고했다. 어느 날 골드문트는 새총을 가지고 자고새나 그 밖에 다른 새를 잡으려고 근방을 서성댔다. 먹을 것이 별로 없었다. 레네는 가까이에서 산딸기를 모으고 있었다. 이따금 그는 그녀 가까운 곳을 지나쳐 가며 덤불 너머로 그녀의 머리와 리넨 셔츠 밖으로 드러난 갈색 목덜미를 보거나 그녀의 노랫소리를 들었다. 때로는 레네가 따 모은 딸기를 조금씩 훔쳐먹으며 앞으로 나가다가 잠시 레네를 시야에서 놓치기도 했다. 그는 그녀를 생각하며 애정과 짜증이 뒤섞인 감정을 느꼈다. 레네가 다시 가을과 장래 이야기를 꺼낸 것이었다. 아이를 가진 것 같다고도 하고, 그를 놓치지 않겠다고도 했다. 머잖아 끝이다, 곧 싫증이 날 거라고 그는 생각했다. 그때가 되면 나는 로베르트도 남겨 두고 혼자 떠나리라. 추워지기 시작하면 대도시의 니클라우스 스승한테 가자. 겨울을 거기서 보내고, 이듬해 봄에는 좋은 신발을 사고 마리아브론 수도원까지 가서 나르치스한테 인사라도 하자. 그를 보지 못한 지 10년은 되었을 것이다. 어쨌든 하루나 이틀이라도 좋으니 그를 만나야겠다.

그 순간 낯선 소리가 그를 상념에서 깨워 주었다. 별안간 그는 자신의 생각과 바람이 벌써 이곳을 떠나 머나먼 곳을 향해 있음을 깨달았다. 그는 귀를 기울였다. 그 불안에 찬 소리가 되풀이되었다. 분명 레네의 목소리 같았다. 레네가 그를 불러대는 것이 달갑지 않았지만 목소리를 따라갔다. 곧 소리나는 쪽으로 가까이 갔다. 확실히 레네의 목소리였다. 레네는 크나큰 곤경에 빠져 있는 것처럼 그의 이름을 불렀던 것이다. 그는 여전히 짜증스런 기분으로 빠르게 달렸다. 레네의 비명 소리가 반복되는 것을 들으니 그녀에 대한 연민과 걱정이 우러나왔다. 겨우 레네가 있는 곳에 다다랐을 때, 레네는 속옷이 갈가리 찢긴 채 그녀를 욕보이려고 달려든 사나이와 격투를 벌이고 있었다. 골드문트는 껑충 뛰어 앞으로 달려갔다. 그의 마음속에 깃들었던 울분과 초조함, 슬픔이 낯선 괴한에 대한 미칠 듯한 분노가 되어 폭발하고 말았다.

그가 레네를 완전히 땅바닥에 눌러 덮치려는 순간, 골드문트가 불의에 그를 습격한 것이다. 발가벗겨진 레네의 가슴에선 피가 흘렀고, 괴한은 탐욕스럽게 그녀를 끌어안고 있었다. 골드문트는 그를 잡아 눌러 분노에 찬 두 손으로 그의 목을 움켜잡았다. 만져 보니 말라빠져 힘줄이 튀어나왔을 뿐 턱수염이 염소같이 자란 놈이었다. 골드문트는 사내가 레네를 놓고 맥없이 늘어질 때까지 희열을 느끼며 목을 졸라댔다. 골드문트는 여전히 사내의 목을 조르면서 기진맥진하여 반쯤 죽은 듯한 사내를 땅 위로 날카롭게 솟은 잿빛 바위가 있는 곳까지 끌고 갔다. 그는 굴복시킨 사내를 일으켜 세웠다. 무거웠지만 그는 사내의 머리를 쳐들어 날카롭게 각진 바위에 두 번 세 번 내리쳤다. 그러고는 목이 부러지자 바닥으로 던져 버렸다. 그래도 그의 분노는 아직도 완전히 가라앉지 않았다. 그는 사내를 더욱 난도질하고 싶었다.

레네는 주저앉은 채 얼굴을 빛내며 쳐다보고 있었다. 가슴에서는 여전히 피가 흘렀고, 온몸을 벌벌 떨면서 숨을 몰아쉬고 있었다. 하지만 그녀는 곧 자신을 추스르고, 쾌감과 경탄에 찬 황홀한 눈길로 힘센 애인이 침입자를 끌고 가서 목을 조르고 부러뜨린 뒤에 그 시체를 내던지는 모습을 지켜보았다. 사내의 몸뚱이는 맞아 죽은 뱀처럼 축 늘어진 채 뒤틀려 있었다. 텁수룩한 수염과 성긴 머리카락의 잿빛 얼굴이 초라하게 한쪽으로 기울어 있었다. 레네는 환호성을 지르며 일어나 골드문트의 품으로 쓰러지듯이 안겼다. 그러나 갑자기 그녀의 얼굴이 창백해졌다. 놀람이 채 가시지 않은 탓에 속이 메스꺼웠던 것이었다. 진이 빠진 나머지 그녀는 산딸기 덤불 위로 팍삭 주저앉아 버렸다. 하지만 곧 레네는 골드문트와 함께 오두막으로 걸어서 돌아갈 수 있었다. 골드문트는 할퀸 상처가 있는 레네의 가슴을 씻겨 주었다. 한쪽 젖가슴에는 폭한의 이빨에 깨물린 상처가 있었다.

로베르트는 그 사건에 매우 흥분하여 격투에 관해서 자세히 물었다.

"네가 그놈의 목을 부러뜨렸다고? 정말이야? 굉장하다! 골드문트, 넌 정말이지 사람을 놀라게 한다니깐."

골드문트는 더 이상 그 이야기를 하고 싶지 않았다. 이제 그도 제정신으로 돌아와 있었다. 죽은 사내에게서 떠나면서 그는 가엾은 빅토르를 떠올리지 않을 수 없었다. 이것으로 그의 손에 죽은 사람이 두 명이었다. 로베르트한테서 벗어나기 위해 그는 이렇게 말했다. "이젠 너도 뭘 해볼 수 있을 거야. 가서 시체를 처리하는 게 어때. 구덩이를 파는 것이 힘들거든 갈대 못에 갖다 버려. 그렇지 않으면 돌이나 흙을 덮어 주든지 해라."

하지만 그런 제안은 거절당했다. 그는 시체와 관련된 어떤 일도 하고 싶지 않았다. 거기에 전염병이 우글거리지 않는다는 확실한 보장이 없다는 것이었다.

레네는 방 안에 누워 있었다. 가슴을 깨물린 상처가 쑤셨으나 곧 괜찮아진 것 같자 일어나 불을 피우고 저녁 식사로 우유를 끓였다. 레네는 기분이 몹시 좋았으나 일찍 잠자리에 들어야 했다. 레네는 골드문트한테 아주 탄복하고 있었기 때문에 어린 양처럼 시키는 말을 고분고분 들었다. 골드문트는 말없이 음울한 얼굴빛을 하고 있었다. 로베르트는 이 증세를 잘 알고 있었으므로 가만히 내버려 두었다. 밤이 이슥해지자 골드문트는 잠자리로 다가가 레네 위로 허리를 굽히고 귀를 기울였다. 레네는 자고 있었다. 그는 침착함을 잃고 빅토르의 생각을 곱씹으며 괴로움과 떠나고 싶은 충동을 느꼈다. 그리고 이 소꿉놀이도 막바지에 이르렀음을 깨달았다. 한 가지 일이 특히 그를 생각에 잠기게 했다. 그가 죽은 사내를 때리고 내던져 버렸을 때 그를 쳐다보고 있던 레네의 눈빛을 그는 놓치지 않고 보았다. 그것은 절대 잊을 수 없는 실로 기묘한 눈빛이었다. 두려움과 황홀감으로 휘둥그레진 눈에서 자부심과 승리감이 빛나면서 복수와 살인에 참여하고픈 깊고 강렬한 욕구가 드러났다. 그는 여자의 얼굴에서 그런 것을 본 적이 없었다. 그런 표정을 볼 수 있으리라는 상상도 한 적이 없었다. 그 표정이 아니었다면 그는 언젠가 시간이 흐른 뒤엔 레네의 얼굴조차 잊어버렸을 거라고 생각했다. 그것은 그녀의 시골처녀 같은 얼굴을 크고 아름다우며, 무시무시하게 만들었다. 여러 달 동안 그의 눈은 "저런 걸 그려야겠어" 하는 소망을 갖게 할 만한 것을 만나지 못했다. 그 표정은 그에게 어떤 두려움과 함께 이런 소망을 갖게 만들었다.

잠이 오지 않아 그는 결국 몸을 일으켜 오두막에서 나왔다. 바깥은 시원했다. 바람이 자작나무 가지를 살짝 흔들고 있었다. 골드문트는 어둠 속을 이리저리 거닐다가 돌 위에 앉아 사색과 깊은 비탄 속에 잠겼다. 빅토르가 불쌍하게 여겨졌다. 오늘 때려죽인 그 사나이도 불쌍했다. 그는 순진함과 동심을 잃어버린 것을 통탄했다. 수도원을 도망쳐 나르치스를 떠나고 니클라우스 스승을 화나게 하고 아름다운 리즈베트를 단념한 것은, 한낱 황무지를 잠자리로 정하고, 길 잃은 가축이나 쫓아다니고, 바위 위에서 불쌍한 사나이를 때려죽이기 위해서인가? 이게 말이나 되는 일인가? 경험할 가치가 있는 것인가? 골드문트는 무의미와 자기 경멸 때문에 가슴이 미어질 듯했다. 그는 반듯이 드러누워 길게 다리를 뻗고 어슴푸레한 밤하늘의 구름을 쳐다보았다. 오랫동안 보고 있으니 생각도 사라지고 자기가 하늘의 구름을 쳐다보고 있는 건지, 마음속 칙칙한 세계를 보고 있는 건지 알 수가 없어졌다. 돌 위에서 살짝 잠이 든 순간, 갑자기 흘러가는 구름 속에서 크고 창백한 얼굴이 번갯불처럼 번쩍이며 나타났다. 이브의 얼굴이었다. 그 얼굴은 무겁고 은근한 눈길을 보내다가 갑자기 눈을 크게 떴다. 육욕과 살인의 쾌감에 찬 눈이었다. 골드문트는 이슬에 젖을 때까지 자고 있었다.

이튿날, 레네는 몸이 좋지 않았다. 두 사람은 레네를 눕혀 두었다. 할 일이 많았다. 로베르트는 아침에 숲에서 양 두 마리를 보았으나 놓치고 말았다. 그가 골드문트를 불러 둘은 반나절이나 쫓아가서 한 마리를 잡았다. 저녁 무렵에 양을 끌고 왔을 때 그들은 지칠 대로 지쳐 있었다. 레네는 매우 아팠다. 골드문트가 자세히 살펴보며 만지다가 페스트의 종기를 발견했다. 그는 그것을 숨겼으나 로베르트는 레네가 아직까지도 앓고 있다는 소리를 듣자 의심을 품고 오두막집에 머무르려고 하지 않았다. 그는 바깥으로 잠자

리를 찾으러 나갔다. 그러면서 염소도 감염될지 모르니 데리고 나가겠다고
했다.

"꺼져 버려." 골드문트는 화를 내며 소리쳤다. "너하곤 다시 만나기도 싫
다."

로베르트는 염소를 붙들고 금작화 줄기로 엮은 칸막이벽 뒤로 끌고 갔다.
그러더니 로베르트는 염소를 두고 온데간데없이 사라져 버렸다. 그는 공포
때문에 참을 수 없었던 것이다. 페스트에 대한 공포, 골드문트에 대한 공포,
외로움과 밤에 대한 공포 때문에. 그는 오두막 근처에 드러누웠다.

골드문트는 레네에게 말했다. "난 네 옆에 있을 거야. 걱정하지 마. 꼭 다
시 건강해질 테니까."

레네는 고개를 살래살래 저었다.

"당신도 옮지 않도록 조심해! 이제 내 옆에 오면 안 돼. 날 위로하려고
애쓰지 마. 나는 죽을 거야. 어느 날 아침에 당신이 날 버리고 떠나서 당신
침대가 비어 있는 걸 보는 것보다 차라리 죽는 게 나아. 난 매일 아침 그 생
각을 했었어. 겁이 났었지. 그래, 차라리 죽는 게 나아."

이튿날 아침 레네의 병세는 더욱 나빠졌다. 골드문트는 가끔 그녀에게 물
을 먹여 주면서 틈틈이 눈을 붙여 한 시간 정도 잘 수 있었다. 이제 날이 훤
히 새자 레네의 얼굴에 죽음이 닥친 것을 확실히 알 수 있었다. 완전히 시들
고 축 늘어져 있었다. 그는 잠깐 바깥에 나와 숨을 들이마시며 하늘을 쳐다
보았다. 숲기슭의 구부정한 몇 그루의 붉은 잣나무 줄기가 벌써 햇빛을 받아
반짝이고 있었다. 공기는 맑고 상쾌했다. 먼 고개는 아직도 아침 구름에 뒤
덮여 보이지 않았다. 그는 몇 발짝 앞으로 걸어가 지친 팔다리를 뻗고 맑은
공기를 호흡했다. 이런 슬픈 아침에도 세상은 아름다웠다. 곧 방랑이 다시
시작되리라. 이별을 고할 때였다.

숲에서 로베르트가 그를 불렀다. 그녀가 좀 나았냐면서, 페스트가 아니라
면 그도 머물겠다고 했다. 그러고는 골드문트에게 화내지 말라며 그동안 자
기는 양을 돌보겠다는 것이었다.

"양을 데리고 지옥에라도 가버려!" 골드문트는 소리쳤다. "레네는 죽어
가고 있어. 나도 전염되었다."

마지막 말은 거짓말이었다. 로베르트한테서 벗어나기 위해 한 말이었다.

그는 선량한 사람인지는 모르지만, 골드문트는 그에게 질려 버렸다. 그는 너무 겁이 많고 쩨쩨했으며, 이 운명적이고 충격적인 시기에는 어울리지 않았다. 로베르트는 모습을 감추고 돌아오지 않았다. 태양이 밝게 빛났다.

레네가 있는 곳으로 다시 돌아왔다. 레네는 자고 있었다. 그도 다시 잠이 들었다. 꿈속에서 지난날 그가 귀여워하던 말 블레스와 수도원의 탐스런 밤나무가 나타났다. 그는 끝없는 머나먼 황무지에서 잃어버린 고향을 되돌아보고 있는 것 같았다. 눈을 떠보니 금색 수염이 나 있는 뺨으로 눈물이 흘러내리고 있었다. 레네가 희미하게 중얼거리는 소리가 들렸다. 그는 자기를 부르는 소리로 알고 잠자리에서 벌떡 일어났으나 레네는 누구에게 말을 거는 것이 아니라 애무의 말, 저주스러운 말을 혼자서 중얼거릴 뿐이었다. 혼자 살포시 웃다가는 깊은 한숨을 내쉬고 침을 삼키더니 차차 또 잠잠해졌다. 골드문트는 일어서서 얼굴을 찌푸리고 있는 레네의 얼굴 위로 허리를 굽혔다. 비통한 호기심을 담은 그의 시선이 타는 듯한 숨결 아래 가련하게 일그러져 흩어진 선을 따라갔다. 사랑하는 레네여! 그의 가슴이 소리쳤다. 귀여운 아기야! 벌써 나를 버리려는 거니? 너도 벌써 나한테 지쳤느냐?

그는 달아나고 싶었다. 방랑하고 방랑하면서 걷고 달리고 공기를 들이마시다 보면 피로에 지칠 것이다. 그리고 새로운 이미지를 보게 된다면 그의 마음도 한결 가벼워지고 깊은 우울증도 가라앉을 것이다. 하지만 그럴 수는 없었다. 여기 이 소녀를 혼자 죽게 한다니, 그에겐 불가능한 일이었다. 그는 기껏해야 두세 시간마다 밖에 나가 신선한 공기를 들이마실 용기를 냈다. 이제 레네는 우유를 마실 수 없었기 때문에 그는 실컷 마실 수 있었으나 그 밖에 별달리 먹을 것도 없었다. 그는 염소를 몇 번 바깥에 데리고 나가서 풀을 뜯게 하고 물을 마시게 했으며, 운동도 하게 했다. 그러고는 다시 레네의 잠자리 곁에 와서 선 채 정답게 이야기도 해주고 겁도 내지 않고 그 얼굴을 들여다보았다. 절망적이었지만 세심하게 레네가 죽어 가는 것을 지켜보았다. 레네의 의식은 쉽게 가시지 않았다. 이따금 잠들었다가 눈을 반쯤 뜨곤 했다. 눈꺼풀은 지쳐서 축 늘어져 있었다. 젊은 여인의 눈과 코 주변은 시간이 지날수록 차츰차츰 나이 들어가는 것처럼 보였다. 풋풋한 목 위에 빠르게 시들어가는 할머니의 얼굴이 얹혀 있는 꼴이었다. 레네는 어쩌다가 한 마디씩 '골드문트'라든지 '귀여운 이'라든지 하며 중얼거렸다. 열로 허옇게 부푼 입술을 혓바닥으로 축이려고 했다. 그럴 때마다 그는 레네의 부푼 입술에다 물을 몇 방울 떨어뜨려 적셔 주었다. 그날 밤, 레네가 죽었다. 아무 불평도 없이 죽었다. 몸을 약간 움찔했을 뿐 숨이 멎고 그녀의 살갗 위로 숨결 같은 떨림이 스치고 지나갔다. 그 광경에 그의 마음이 울렁거렸다. 생선 시장에서 몇 번이나 보면서 불쌍하다고 생각한 생선이 생각났다. 그 생선이 죽어 가는 모습도 바로 이러했다. 움찔했다가 가벼운 전율이 그 살갗을 훑고 지나가면 광택도 생명도 쓸어 가고 마는 것이었다. 그는 오랫동안 레네 옆에서 무릎을 꿇고 있었다. 그러고는 바깥에 나와 덤불 위에 앉았다. 염소 생각이 나서 다시 집에 들어가 염소를 데리고 나왔다. 염소는 조금 떨어진 곳으로 잔걸음을 치더니 땅바닥에 주저앉았다. 그는 염소 옆구리에 머리를 얹고 날이 샐 때까지 잤다. 그리고 마지막으로 오두막에 들어가 엮어 놓은 벽 뒤에 가서 불쌍한 고인의 얼굴을 바라보았다. 그녀를 그곳에 그냥 둘 수는 없었다. 그는 바깥에 나가 고목과 시든 잔가지를 긁어모아 팔에 안고 와서 그것을 오두막에 집어 던지고 불을 붙였다. 오두막에서 그는 불붙일 도구 말고는 아무것도 꺼내지 않았다. 바짝 마른 칡덩굴 벽은 순식간에 빨갛게 타올랐다. 그는 멍하니 서서 불빛에 얼굴이 붉게 달아오른 채 지붕 전체에 불이 붙고 첫 번째 들보가 와르르 무너져 내리는 모습을 바라보았다. 염소는 겁을 집어먹고 울면서 펄쩍펄쩍 뛰었다. 그는 염소를 잡아서 구워 먹고 길 떠나는 데 힘을 얻어야 한다는 사실을 알고 있었다. 하지만 그럴 수가 없었다. 그는 염소를 들로 내쫓고 길을 떠났다. 숲 속에까지 죽음의 연기가 뒤따라왔다. 이렇게 절망적인 마음으로 나그넷길에 오르기는 처음이었다.

하지만 그를 기다리고 있는 상황은 생각한 것보다 훨씬 나빴다. 맨 처음 만난 농사꾼 집과 마을을 시작으로 가면 갈수록 끔찍해지기만 했다. 드넓은 그 지방 일대가 죽음의 구름 밑, 공포와 두려움, 영혼의 암흑 장막 아래 누워 있었다. 거주자가 죽어 비어 있는 집들, 사슬에 매인 채 굶어죽어 썩어가는 개, 묻히지 않고 뒹굴고 있는 송장들, 구걸하는 아이들, 교외에 있는 수많은 무덤들—그나마 이것들은 아무것도 아니었다. 최악은 죽음에 대한 두려움과 공포의 무게로 눈과 영혼을 잃어버린 듯한 생존자들이었다. 그는 온갖 곳에서 기묘한 것, 끔찍한 것을 보고 들었다. 자식이나 아내가 병들면, 부모는 자식을, 남편은 아내를 버렸다. 시체 치우는 인부들이나 병원지기들은 사형 집행인처럼 날뛰었다. 그들은 사람이 죽어 텅 빈 집을 약탈하고, 제멋대로 시체를 묻지도 않고 내버려 두거나 빈사 상태에 빠진 병자를 숨도 거두기 전에 침대에서 끌어내 수레에 싣거나 했다. 겁먹은 도망자들은 혼자 이리저리 헤매고 다녔는데, 미개인처럼 변해 다른 사람들과의 접촉을 피하며 죽음의 공포에 시달렸다. 다른 사람들은 무리지어 다니면서 흥분과 삶에 대한 욕망의 위협에 들떠 죽음이 반주하는 바이올린에 맞춰 술을 마시고 춤을 추며 정사를 벌였다. 게다가 또 다른 사람들은 공동묘지나 그들의 빈집 밖에 웅크리고 앉아 텁수룩한 머리와 광기어린 눈을 하고 슬퍼하거나 저주를 퍼부었다. 그리고 모든 일 가운데 가장 나쁜 것은 모든 이가 그 견딜 수 없는 고통에 대한 희생양을 찾으려 한다는 것이었다. 모든 사람은 이 질병을 몰고 온 죄인이 누구인지 알고 있다고 단언했다. 악마 같은 인간이 페스트로 죽은 시체에서 병균을 묻혀 와 벽이나 문손잡이에 발라 놓거나 우물과 가축들을 오염시켜 죽음을 퍼뜨리면서 남의 불행을 보고 기뻐하고 있다고, 그들은 주장했다. 이 끔찍한 범행에 대해 혐의가 있는 사람은 미리 경고를 받아 달아나지 못하면 살해당했다. 사법관이나 폭도들이 그에게 사형선고를 내렸다. 또 부자는 가난뱅이한테 죄를 뒤집어씌웠으며, 그 반대일 때도 있었다. 유대인이나 프랑스인, 혹은 의사를 비난하기도 했다. 한 소도시에서 골드문트는 집들이 게딱지같이 다닥다닥 붙은 유대인 거리 전체가 불타오르는 모습을 보고 가슴이 아팠다. 고함을 질러대는 폭도들이 그 주변을 둘러싸고 있었는데, 울부짖으며 달아나는 사람이 있으면 무기의 힘을 빌려 화염 속에 도로 집어넣었다. 공포의 광기와 괴로움에 눈이 뒤집힌 이들은 무고한 사람들을 살해하고 불태웠으며, 고문했다. 골드문트는 분노와 혐오감에 싸여 그 광경을 지켜보았다. 온 세계가 파괴되고 오염되었다. 지상에는 더 이상 기쁨이나 순수함, 사랑이 남아 있지 않는 것 같았다. 그는 가끔 향락에 빠져든 이들의 과격한 연회로부터 몸을 피했다. 하지만 어디서나 그 죽음의 연주가 들려왔다. 곧 그 소리를 알아듣고 익히게 되었다. 그는 이따금 자포자기한 이들의 연회에 끼어들어 류트를 켜거나 횃불이 은은하게 타오르는 가운데 춤을 추며 열광적인 밤을 지새웠다.

그는 무섭지 않았다. 한때 죽음의 공포를 톡톡히 맛본 적은 있었다. 겨울밤 전나무 밑에서 빅토르의 손가락이 그의 목을 졸라댔을 때, 또 혹독한 방랑의 날들 가운데 추위와 굶주림 때문에 느껴 보기도 했다. 그러나 그것은 싸울 수 있고, 대비하여 방어할 수 있는 죽음이었다. 그래서 그는 손발을 덜덜 떨면서 아우성치는 위장을 부여잡고 지친 몸을 버텨 싸워 이기고 무사할 수 있었다. 하지만 이 페스트로 인한 죽음과는 싸울 방법이 없었다. 제멋대로 날뛰도록 버려두고 몸을 맡길 수밖에 없었다. 골드문트는 진작부터 처분을 기다리고 있었다. 그는 무섭지 않았다. 타오르는 통나무 집에 레네를 남겨 두고 온 뒤, 죽음에 의해 짓밟힌 땅을 날마다 헤매고 다닌 뒤, 더 이상 삶에 흥미가 생기지 않았다. 하지만 누를 수 없는 호기심이 그를 부추겨 깨어 있게 했다. 그는 시신을 보고, 허무한 노래를 들어도 지칠 줄을 몰랐다. 그는 자신의 길에서 벗어나지 않았다. 그러면서 어디에나 참여하고, 눈을 뜬 채 지옥을 통과해 간다는 고요한 격정에 사로잡혔다. 사람들이 죽어 텅 빈 집에서 곰팡이가 슨 빵을 먹었다. 광기어린 연회에서 노래를 부르고 술을 마셨으며, 빠르게 시드는 욕망의 꽃을 꺾었다. 여인들의 술 취한 시선과 취객들의 멍청한 눈길, 숨이 꺼져 가는 이들의 가물거리는 눈길들을 응시했다. 그는 자포자기한 채 열광하는 여인을 사랑했고, 수프 한 그릇을 먹기 위해서 시체를 나르는 일을 도왔다. 동전 두 닢을 얻으려고 벌거벗은 시체들 위로 흙을 퍼 던지기도 했다. 세상은 어둡고 황폐해져 갔다. 죽음이 노래하며 울부짖고, 골드문트는 격정을 불사르며 그것을 들었다. ·

그의 목적지는 니클라우스 스승이 사는 도시였다. 그의 가슴속 목소리가 그곳으로 이끌었다. 길은 멀었고, 부패와 쇠약과 죽음이 널려 있었다. 슬픔에 차서 그는 여행을 계속 했다. 죽음의 노래에 취하고 커다랗게 절규하는 세상의 고통에 자신을 내맡기고, 슬퍼하면서도 감각은 활짝 열려 이글거렸다.

그는 어떤 수도원에서 새로 그려진 벽화를 구경했다. 오래도록 바라보지 않을 수 없었다. 죽음의 무도가 벽 위에 그려져 있었다. 창백하게 뼈만 앙상한 죽음이 춤을 추면서 인간들을 생의 바깥으로 이끌고 있었다. 왕과 주교, 수도원장과 백작, 기사, 의사, 농부, 용병 등 모든 이를 데리고 갔다. 그동안 해골 악사들은 속이 빈 뼈다귀를 악기삼아 반주하고 있었다. 호기심에 찬 골드문트의 눈초리는 그 그림을 깊숙이 빨아들였다. 이름 모를 이 예술가 친구, 알 수 없는 예술가 동료는 페스트 참상으로부터 교훈을 이끌어낸 것이다. 인간으로서 피할 수 없는 죽음에 대해 모든 이의 귀에 대고 쨍쨍 울리도록 쓰라린 설교를 외치고 있었다. 좋은 그림이고 좋은 설교였다. 이 낯선 동료는 그 문제를 그런대로 잘 이해하고 잘 그려냈다. 그의 황량한 그림에선 앙상하고 섬뜩한 울림이 일었다. 하지만 그것은 골드문트 자신이 보고 체험한 것은 아니었다. 여기에 그려져 있는 것은 준엄하고 무자비하며 피할 수 없는 죽음이었다. 그러나 골드문트라면 다른 그림을 그렸으리라. 죽음의 황량한 노래는 그의 안에서 완전히 다른 소리를 냈다. 그것은 앙상하지도 가혹하지도 않으며, 차라리 달콤하고 유혹적이며 자애로운, 고향을 그리게 하는 어머니 같은 울림이었다. 삶 속에서 죽음의 손길이 닿는 곳이라도 날카롭거나 호전적인 울림만 있는 것이 아니라 깊이 있고 사랑스러운 가을날처럼 만족스러울 수 있다. 죽음이 가까이 다가온 순간 생명의 작은 램프는 더 밝고 더 열정적으로 빛을 발한다. 죽음은 다른 사람에게 병사요, 심판관이나 사형 집행인, 엄격한 아버지였을지 모르지만, 적어도 그에게 죽음은 어머니이고 애인이었다. 그 부름은 사랑의 유혹이요, 그 손길은 사랑의 떨림이었다. 그려진 죽음의 무도를 보고 나서 걸음을 떼어 놓았을 때 그는 새로운 힘을 얻어 스승과 그의 기술한테로 마음이 이끌렸다. 하지만 곳곳에서 새로운 광경과 체험에 부딪혀 지체했다. 떨리는 콧구멍으로 그는 죽음의 공기를 호흡했다. 어디서든 연민과 호기심 때문에 한 시간이나 하루씩 길이 늦어졌다. 사흘 동안 시끄럽게 울어대는 어린 시골 소년을 돌봤다. 그는 몇 시간 동안 이 아이를 등에 업고 있기도 했다. 굶어죽을 것 같던 이 꼬마는 대여섯 살쯤 되어 보였는데, 애를 먹이는 데다 떼어놓을 방법도 몰랐기에 쩔쩔맸다. 마침내 숯쟁이 부인이 아이를 맡아주었다. 남편이 죽은 그 여자는 무엇이든지 살아 있는 것을 가까이에 두고 싶어했다. 또 며칠 동안, 주인 없는 개 한 마리가 그와 동행하기도 했다. 개는 그의 손에서 음식을 얻어먹고, 잘 때는 그의 몸을 따스하게 해 주었으나 어느 날 아침에 사라지고 없었다. 그는 서운했다. 개와 이야기하는 버릇이 들었던 것이다. 그는 곧잘 그 개한테 생각했던 것들에 대해 이야기해 주곤 했다. 인간의 나쁜 점에 대해서, 신의 존재에 대해서, 예술에 대해서, 그가 젊은 시절에 한때 알고 지냈던 율리에라는, 기사의 아름다운 딸의 가슴과 엉덩이에 대해서. 페스트가 창궐하던 지역 사람들은 모두 조금씩 미쳐 있었다. 완전히 제정신이 아닌 사람도 많았다. 죽음의 여행을 하던 골드문트도 당연히 약간은 미쳐 있었다. 젊은 유대계 여인 레베카도 아마 조금 정신이 나간 듯 보였다. 이글이글 타오르는 눈을 한 까만 머리칼의 아름다운 이 처녀와 그는 이틀 동안이나 어름어름 지내고 말았다.

그가 그녀를 발견한 곳은 어느 소도시 교외의 들판이었다. 그녀는 불타서 까맣게 그을린 숯 더미 위에 앉아 흐느껴 울면서 제 얼굴을 때리고 까만 머리칼을 쥐어뜯고 있었다. 그 머리칼을 보고 그는 불쌍한 마음이 생겼다. 그만큼 아름다운 머리칼이었다. 그는 그녀의 분노에 찬 손을 꼭 붙들고는 그녀에게 말을 걸었다. 그러다가 그녀의 얼굴과 몸매가 매우 아름답다는 것을 알아챘다. 그녀의 아버지는 다른 열네 명의 유대인과 함께 당국의 명령에 따라 화형에 처해져 재가 되고 말았던 것이다. 그녀는 달아날 수 있었지만, 절망한 나머지 지금은 돌아와서 자기도 함께 타죽지 않은 것을 자책하고 있었다. 그는 참을성 있게 이리저리 비틀고 있는 그녀의 손을 꼭 쥐고 부드럽게 말을 걸면서 동정심을 담아 속삭이고, 보호해 주겠다며 제안하기도 했다. 그녀는 아버지를 묻는 것을 도와 달라고 했다. 두 사람은 아직 따뜻한 잿더미 속에서 뼈를 모두 주워 모아 들판 외딴곳으로 가져가서 흙을 덮어 주었다. 그럭저럭하는 사이에 밤이 되었다. 골드문트는 잘 만한 장소를 찾았다. 떡갈나무가 우거진 작은 숲 속에 처녀를 위해 잠자리를 마련해 주었다. 자기는 보초를 서 있겠다는 약속도 했다. 그녀는 누워서도 울음을 그치지 않고 흐느끼더니 결국 잠이 들어 버렸다. 그래서 그도 좀 잤다. 아침이 되자 그는 그녀를 타이르기 시작했다. 그는 그녀에게 이렇게 혼자 지낼 수는 없다고 말했다. 유대인이라는 걸 알아본 이들이 그녀를 죽이거나 또는 타락한 여행자들이 못살게 굴 것이다, 그리고 숲에는 늑대와 짐시들이 가득하다고 일러 주었다. 만일 그가 그녀를 데리고 간다면 늑대와 남자에게서 구해 줄 거라고 했다. 왜냐하면 그녀가 안쓰러운 데다 그녀를 매우 좋아하기 때문이다, 그는 사람 보는 안목도 있고 아름다움이 무엇인지도 안다면서, 그녀의 감미롭고 총명한 눈꺼풀과 우아한 어깨가 짐승들에게 잡아먹히거나 화형에 처해지는 것을 받아들일 수 없다고 했다. 어두운 얼굴로 듣고 있던 그녀는 벌떡 일어서더니 꽁무니를 빼면서 달아났다. 그는 그녀를 붙들지 않고서는 이야기를 계속할 수 없었기에 그 뒤를 추격했다.

"레베카." 그는 말했다. "내가 너한테 나쁜 마음을 가지고 있지 않다는 건 너도 알지? 너는 슬퍼하면서 아버지를 생각하고 있어. 지금 당장은 사랑에 대해 듣고 싶지 않을 거야. 하지만 내일이나 모레, 아니면 그 뒤에 다시 물어보겠어. 그때까지 나는 널 지키고 먹을 것도 갖다주지만, 네 손가락 하나도 건드리지 않겠어. 마음이 가라앉을 때까지 울어. 내 옆에 있으면 슬퍼하든 기뻐하든 괜찮아. 넌 네가 좋을 대로 하면 돼."

하지만 아무리 말해도 소귀에 경 읽기였다. 그녀는 도무지 들으려 하지 않았다. 그러고는 격렬히 화내면서 기쁨을 주는 일은 어떤 것도 바라지 않는다고 말했다. 자신은 고통스러운 일을 바라며, 기쁨을 주는 것 따위는 절대로 두 번 다시 생각하지도 않을 것이고, 늑대에게 잡아먹히는 편이 더 나을 거라고 했다. 그러므로 그는 이제 가야 하며, 그가 할 수 있는 일은 아무것도 없다, 그들은 이미 너무 많은 이야기를 했다고 말을 맺었다.

그는 말했다. "어디든지 죽음이 활개 치고 있는 걸 못 본 거야? 집집마다, 도시마다 사람들이 죽어 가고 있어. 네 아버지를 태워 죽인 어리석은 자들의 울분도 고통 말고는 아무것도 아니란 말이야. 다들 괴로움이 너무 큰 탓이야. 보라고. 죽음이 곧 우리에게도 찾아올 거야. 우리는 들판에서 썩고, 두더지가 우리 뼈를 가지고 놀 거야. 그렇게 되기 전에 살아 있는 동안 서로 기분 좋게 지내 보자. 아, 네 하얀 목덜미와 작은 발을 보면 애석하기 그지없다! 사랑스럽고 아름다운 레베카, 나와 함께 가는 거야. 네게 손대지 않을게. 단지 너를 바라보고 돌봐주기만 할 테니 말이야."

그는 오랫동안 애원했다. 그러다가 갑자기 말로 그녀를 구슬리고 설득하는 것이 얼마나 소용없는 짓인지 깨달았다. 그는 입을 꼭 다물고 슬픈 눈으로 레베카를 바라보았다. 긍지로 빛나는 당당한 그녀의 얼굴은 거절의 표정으로 얼음장같이 쌀쌀했다.

"당신들은 그런 사람이군요." 그녀는 드디어 증오와 멸시에 가득 찬 목소리로 말했다. "당신들 기독교인들은 그런 사람들이에요! 처음에는 당신네들이 죽인 아버지를 장사 지내도록 그 딸을 도와주고는, 그 일이 끝나자마자 그 딸을 당신 것으로 만들려고 하죠. 당신한테 창녀짓을 하라고요? 당신은 우리 아버지 손톱만도 못한 인간이에요. 당신들은 그런 사람들이에요. 처음에 난 어쩌면 당신은 좋은 사람일지도 모른다고 생각했어요. 그런데 뭐가 좋은 사람이에요! 아, 당신들은 돼지예요!"

그녀가 말하는 동안, 골드문트는 그녀의 눈을 들여다보았다. 증오심 뒤로 보이는 무언가가 그를 감동시키고 부끄럽게 했으며, 가슴 깊이 파고들었다. 그녀의 눈 속에 보인 것은 죽음이었다. 하지만 죽어야만 한다고 여기는 체념이 아니라 죽고 싶다는 바람, 우주의 어머니 부름에 조용히 따라가고자 하는 헌신이었다.

"레베카." 그는 부드럽게 말했다. "어쩌면 네 말이 옳을지도 몰라. 나는 너에게 선의를 가지고 있긴 하지만, 결코 좋은 인간은 아니야. 용서해 줘. 이제야 너를 이해하겠어."

그는 모자를 벗고 여왕에게 하듯이 깊숙이 고개를 숙여 인사한 다음 무거운 마음으로 그 자리를 떠났다. 그녀가 자멸하도록 둘 수밖에 없었다. 애석한 나머지 오래도록 아무와도 이야기하고 싶지 않았다. 서로 닮은 점은 조금도 없었으나 긍지 높고 불쌍한 유대계 처녀는 어딘지 모르게 기사의 딸 리디아를 생각나게 했다. 이런 여자를 사랑한다니 괴로울 뿐이었으나, 불쌍하고 겁많은 리디아와 사람을 싫어하고 야무진 이 유대계 처녀, 이 둘 말고는 여자를 사랑한 적이 전혀 없는 것 같은 기분이 잠깐 들었다.

그는 그 뒤에도 며칠이나 더 그 까만 머리칼에 뜨겁게 타는 듯한 눈길의 처녀를 찾아가고 있었다. 며칠 밤이나 꿈속에서 그 늘씬하고 아름다운 모습을 보았다. 그 아름다움은 행복하게 꽃피도록 운명 지어진 것 같은데도 벌써 죽음이 손을 내밀고 있었다. 아, 저 입술과 가슴이 '돼지들'의 밥이 되고 들판에서 썩어가게 되다니! 저 귀한 꽃을 구할 힘이나 마법은 없는 걸까? 아니, 그런 마법은 있었다. 그녀가 그의 영혼 속에서 계속 살아가고, 그에 의해서 형성되고 보존되는 것이다. 그의 영혼이 얼마나 많은 이미지들로 가득 차 있는지 깨닫자 그는 두려움과 함께 기쁨을 느꼈다. 이 죽음의 땅을 거치는 기나긴 여행 동안 그의 마음속에 얼마나 많은 형상들이 채워졌는가! 오, 이 충만함은 그에게 얼마나 긴장된 것인가! 그것들이 그에게로 조용히 다가오길, 그것들을 쏟아부어 다시 영원한 형상으로 바꿀 수 있게 되길 얼마나 열망했던가! 그는 더 뜨겁게 달아오르고 열망하며 계속 나아갔다. 그의 눈은 여전히 뜨여 있고 그의 감각은 아직도 호기심이 많았다. 하지만 이제는 종이와 연필, 점토와 목판, 작업장과 그 일에 대한 격렬한 갈망으로 가득 차 있었다.

여름은 갔다. 가을이나 적어도 초겨울쯤에는 페스트도 가라앉으리라고 많은 사람들이 확신했다. 흥겹지 않은 가을이었다. 골드문트의 발길이 지나간 지방에서는 이젠 과실을 거둬들일 사람도 없었기 때문에 과일들이 나무에서 떨어져서 풀밭에서 썩고 있었다. 다른 지방에서는 도시에서 밀려온 난폭한 부랑자들이 과실들을 마구잡이로 노략질하고 못쓰게 만들어 놓았다.

골드문트는 서서히 목적지에 가까워졌다. 그는 마지막 무렵에 와서는 도착하기도 전에 페스트에 걸려 어느 마구간에선가 죽을지도 모른다는 공포에 휩싸였다. 이제는 죽고 싶지 않았다. 작업장에 다시 한 번 서서 창조에 심혈을 기울이는 기쁨을 맛보기 전에는 죽기 싫었다. 그의 삶에서 처음으로 세계가 너무나 넓고, 독일 땅은 너무나 큰 것처럼 느껴졌다. 어떤 아름다운 도시도 쉬어가라고 그를 꾀어 낼 수 없었으며, 아무리 예쁜 농사꾼의 딸도 하룻밤 이상 그를 붙들 수가 없었다.

한번은 어느 낯선 성당 앞을 지나갔다. 그 현관 옆, 조그만 기둥으로 장식한 벽감 속에 아주 오래된 수많은 석상들이 서 있었다. 천사, 사도, 순교자 등, 자주 본 적이 있는 석상들이었다. 마리아브론 수도원에도 이런 석상은 얼마든지 있었다. 사춘기 적에도 보는 것을 좋아하긴 했지만, 열정적으로 관찰하지는 않았다. 그것들은 아름답고 품위 있어 보였으나 지나치게 정중하고 경직되어 있는 데다 고리타분했다. 맨 처음 기나긴 유랑 생활의 마지막 무렵, 그 감미롭고 슬픔에 찬 니클라우스 스승의 마리아 상에 충격을 받고 매혹당한 뒤로, 그는 이런 오래되고 장중한 석상이 지나치게 무겁고 딱딱하며, 낯설다고 생각했다. 그는 그것들을 깔보는 마음을 가지고 있었다. 스승의 새로운 수법으로 만들어진 작품들이 훨씬 더 생기 있고 내면적이며, 영혼이 깃들어 있음을 발견했기 때문이다. 하지만 이제 새로운 갖가지 형상들로 마음이 가득 차고 격렬한 모험과 체험의 상흔과 자취를 영혼에 새기고, 깨달음과 새로운 창조에 대한 고통스러운 향수로 가득 차서 속세에서 돌아와 보니 이 엄격하고 오래된 조각상들이 그의 마음을 갑자기 놀라운 힘으로 사로잡았다. 그는 경건한 마음을 가지고 신성한 석상들 앞에 섰다. 그 석상들 속에는 먼 옛날 사람들의 마음이 계속 살아 있었고, 벌써 오래전에 사라진 종족들의 불안과 기쁨이 몇 세기 뒤에도 돌에 그대로 엉겨 붙은 채 덧없는 인생에 대한 저항을 드러내고 있었다. 경외심을 느끼고 겸손해진 그의 메마른 마음속에 인생을 낭비하며 소모하고 있다는 두려움이 일었다. 그는 오랜 시간 하지 않았던 일을 했다. 고해하고 벌을 받기 위해 고해소를 찾은 것이었다.

성당 안에 고해소가 있기는 했지만, 신부는 없었다. 신부들은 죽었거나 병원에 드러누웠거나, 전염을 두려워하며 도망쳐 버린 것이었다. 성당은 텅 비어 있었다. 골드문트의 발소리가 돌로 만든 아치형 천장에 부딪쳐 메아리쳐 왔다. 그는 텅 빈 고해소에 무릎을 꿇은 뒤 눈을 감고 창살 사이로 속삭였다. "거룩하신 하느님, 제가 어떻게 되었는지 보소서. 저는 사악하고 쓸모없는 인간이 되어 속세에서 돌아왔습니다. 저는 젊은 시절을 방탕아처럼 헛되이 지냈고, 남은 것이 거의 없습니다. 저는 사람을 죽이고, 도둑질을 하고, 간음을 하고, 의미 없이 살았으며, 다른 사람의 빵을 뺏어 먹었습니다. 거룩하신 하느님, 왜 당신은 우리를 이렇게 만들었으며, 이와 같은 행로를 걷게 하십니까? 우리는 당신의 자식이 아니란 말씀입니까? 당신의 아들은 우리를 위해 죽은 것이 아닙니까? 우리를 인도하시는 성자와 천사는 없사옵니까? 아니면 그것들 모두 듣기 좋은 꾸며낸 이야기인 겁니까? 우리가 아이들에게 들려주는 이야기, 신부들 스스로도 웃어버리는 그런 이야기입니까? 저는 당신을 믿지 못하겠습니다. 하느님 아버지시여, 당신은 세상을 악하게 만드시고 광포한 질서 속에 두고 계십니다. 저는 집집마다 골목마다 시체가 깔려 있는 것을 제 눈으로 보았습니다. 부자들이 그네들 집에다 방어벽을 쌓거나 도망치는 것을, 가난한 사람들이 그네들의 형제를 묻어 주지 않고 팽개쳐 두는 것을, 그들이 서로 의심을 품고 유대인들을 짐승처럼 때려죽이는 것을, 아무 죄도 없는 수많은 사람이 괴로워하고 멸망해 가는 것을, 수많은 악인들이 번영하는 것을 제 눈으로 똑똑히 보았습니다. 당신은 우리를 모두 잊으시고 버리셨습니까? 당신께서 만드신 우주에 완전히 싫증이 나신 겁니까? 우리를 모두 멸망의 구렁텅이에 빠뜨릴 작정이십니까?"

그는 한숨을 깊게 내쉬며 높다란 현관으로 걸어 나왔다. 그리고 침묵에 빠져 있는 석상들을 바라보았다. 큰 키에 초췌한 모습의 천사와 성자들은 뻣뻣하게 접힌 법복을 입고 가만히 멈춰 선 채 범접하기 어려우며 초인적인 기운을 풍겼으나 그래도 인간의 손과 마음으로 창조된 존재였다. 그들은 좁은 자리에 서 있었는데, 부탁을 하거나 질문하기도 어려울 만큼 엄격하고 무관심해 보였다. 그럼에도 그들은 무한한 위로를 주며, 죽음과 절망에 대해 압도적인 승리를 거두어 차례로 죽어 가는 인간들보다 위엄 있고 아름다운 모습을 지키며 살아남았던 것이다. 아, 불쌍하고 아름다운 유대 처녀 레베카, 통나무집과 함께 불타버린 불쌍한 레네, 정다운 리디아와 니클라우스 스승이 여기에 나란히 같이 설 수 있다면! 하지만 그들은 언젠가는 이곳에 쭉 서게 되리라. 그는 그들을 그곳에 놓아 둘 것이다. 이 형상들이 오늘날 그에게는 사랑과 고통, 불안과 열정을 의미하지만, 이름이나 내력은 모르더라도 뒷사람들 앞에서는 인간 생애의 묵시적인 상징으로 서 있게 되리라.

15

마침내 목적지에 왔다. 골드문트는 지난날 스승을 찾기 위해서 들어간 문을 지나 간절히 바라던 도시에 발을 들여놓았다. 도시가 가까워진 길목에서 그는 주교의 도시에서 오는 많은 소식을 이미 들은 터였다. 그곳에서도 페스트가 만연했었는데, 어쩌면 아직도 창궐해 있을지도 모른다고 했다. 폭동과 도시의 불안한 상황에 대해서도 들었다. 또 황제가 질서를 되찾기 위해 총독을 파견했는데, 그 총독이 비상사태 법을 시행하여 시민들의 생명과 재산을 지켜주고자 한다는 것이었다. 주교는 페스트가 발생하자 곧장 도시를 버리고 먼 지방에 있는 그의 성으로 옮긴 것이었다. 이 나그네는 그런 소식에 대해서 전혀 관심을 두지 않았다. 도시와 그가 제작하고 싶은 일터만 남아 있다면 다른 것은 하나도 중요하지 않았다. 그가 도착했을 때는 페스트도 고개를 숙인 때였다. 사람들은 주교가 돌아오고 총독은 물러가길 기다리면서 평화로운 일상생활이 다시 지속되길 바라고 있었다.

도시를 오랜만에 다시 보게 되자 귀향한 것 같은 감정에 골드문트의 가슴이 벅찼다. 그는 처음 느껴보는 감정을 자제하기 위해 평소와 달리 엄격한 표정을 지었다. 모든 것이 여전히 그 자리에 있었다. 성문, 아름다운 분수, 대성당의 투박하고 낡은 탑과 성 마리아 성당의 새 탑, 성 로렌츠 성당의 맑은 종소리, 넓고 훌륭한 시장도 모두 그대로였다. 이것들이 그를 기다리고 있었다니 얼마나 멋진 일인가! 이곳으로 오는 도중에는 이 도시에 도착하면 모든 것이 낯설게 달라져 있는 모습을 보게 되리라고 상상했었다. 어떤 구역은 퇴락하거나 붕괴하고, 다른 구역은 새로운 건물들과 기분 나쁜 명소들 때문에 알아볼 수도 없으리라 여기지 않았던가. 한 집 한 집을 추억 속에서 떠올리며 골목길을 걷다 보니 저도 모르게 눈물이 글썽거렸다. 예쁘고 안전한 집, 울타리 안에서의 삶, 부인과 아이들, 하인들과 이웃들에 둘러싸여 자기 방과 집, 일터에 있다는 안락하고 안정적인 느낌, 사실은 한곳에 뿌리내리고 사는 시민들을 부러워하고 있었던 것은 아닐까?

늦은 오후였다. 햇빛 비치는 길 쪽으로 집들과 음식점, 조합의 간판과 조각된 대문들, 화분들이 따스한 빛에 휩싸여 있었다. 이 도시에는 죽음이나 광기어린 분노가 휩쓸고 다녔음을 생각나게 하는 것은 아무것도 없었다. 소리가 울리는 아치형 다리 밑을 맑은 강물이 싸늘하게 옅은 초록색을 띠고 흘러가고 있었다. 골드문트는 잠시 둑 위에 앉았다. 여전히 밝은 초록색 수정과 같은 물속에서 그림자처럼 까만 고기들이 재빠르게 달려가거나 물결을 거슬러 가며 가만히 있었다. 지금도 변함없이 어슴푸레한 밑바닥 이쪽저쪽에서 희미한 금빛이 반짝이고 있었다. 너무나 많은 것을 약속해 주면서 꿈을 가지라고 용기를 북돋아 주던 반짝임이었다. 다른 강에서도 물고기들은 헤엄치고 있었고, 다리와 도시들은 아름다운 풍경을 보여 주었다. 그럼에도 그는 오랫동안 한 번도 이런 것을 보거나, 비슷한 것을 느낀 적이 없는 것 같았다.

푸줏간의 두 사내가 연방 킬킬대며 송아지를 몰고 갔다. 그들은 2층 발코니에서 빨래를 걷고 있는 하녀와 함께 눈짓과 농담을 주고받고 있었다. 모든 것은 왜 그리 빠르게 지나가고 마는가! 이곳에서는 얼마 전만 해도 페스트의 불길이 연기를 피워 올리고, 무시무시한 장의사들이 세력을 떨치고 있었다. 그런데 이제 삶은 계속되고, 사람들은 웃으며 농담을 나눈다. 골드문트도 다르지 않았다. 그는 거기 앉아 이 광경을 보는 데에 기뻐하면서 감사한 마음을 가졌다. 그리고 정착민들에게 온정을 느끼기조차 하는 것이었다. 마치 고통이나 죽음, 레네나 유대계 공주님도 없었던 것 같았다. 그는 웃으면서 일어나 걸어갔다. 니클라우스 스승이 사는 거리에 접어들어 지난날 몇 년간 매일같이 일하러 다니던 그 길을 다시 걷자니, 그의 가슴은 좁아들고 두근거리기만 했다. 그는 걸음을 재촉했다. 오늘 당장 스승을 찾아뵙고 싶었다. 도저히 내일까지 기다릴 수 없기라도 한 듯, 잠시도 지체하지 않았다. 스승은 아직도 그에게 화를 내고 계실까? 벌써 오래전의 일이다. 그런 건 더 이상 중요하지 않을 테고, 그렇다 하더라도 극복할 수 있으리라. 스승만 계시고 일터만 그냥 있으면 모든 일은 뜻대로인 것이다. 마지막 순간에 이르자 무얼 놓칠까 봐 염려스러운 듯 그는 서둘러 정든 집을 향하여 걸어갔다. 손잡이를 비틀어 보니 잠겨 있었다. 그러자 그의 가슴은 한없이 울렁거렸다. 무슨 좋지 않은 일이라도 있는 게 아닐까? 옛날에는 대낮에 이 문이 잠겨 있었던 적은 단 한 번도 없었다. 세차게 문을 두드리고 기다렸다. 덜컥 가슴이 불안에 휩싸였다.

나이 먹은 하녀가 나왔다. 옛날에 그가 처음 들어섰을 때 맞이해 준 노파였다. 더 추해지지는 않았지만, 더 늙고 불친절했다. 그리고 골드문트를 잘 알아보지 못했다. 그는 불안한 목소리로 스승의 안부를 물었다. 노파는 멍한 표정으로 의심스럽게 그를 쳐다보았다.

"대가요? 여긴 대가 같은 사람 없어요. 가요, 아무도 들여놓지 않으니까요."

노파는 그를 문 앞에서 밀어내려고 했다. 그는 그녀의 팔을 잡고 귀에다 고함을 꽥 질렀다. "마르그리트, 무슨 말을 하는 거요! 나 골드문트야! 모르겠어? 니클라우스 스승을 만나고 싶단 말이야."

반(半)장님이 다된 그녀의 노안에서는 환영의 빛이 번득이지 않았다.

"이제 니클라우스 스승은 더 이상 여기에 없어요." 그 여자는 내뱉듯이 말했다. "그는 죽었소. 가세요, 여기 서서 당신과 이야기만 하고 있을 수 없단 말이오."

골드문트의 마음속에서는 모든 것이 무너져 내렸다. 그는 노파를 밀치고 어두운 복도를 지나서 작업장이 있는 데로 달려갔다. 노파는 소리를 지르며 쫓아왔다. 작업장은 잠겨 있었다. 소리치며 욕을 퍼붓고 있는 노파한테 쫓기면서도 계단을 뛰어올라가자 좀 어둑하지만 낯익은 장소에 니클라우스가 모아 놓은 조각상들이 서 있는 것이 보였다. 그는 큰 소리로 니클라우스의 딸 리즈베트를 불렀다.

방문이 살며시 열리며 리즈베트가 나타났다. 자세히 들여다본 뒤에야 그녀를 겨우 알아보고는 그 모습에 그는 가슴이 미어졌다. 문이 잠긴 것을 알고 놀란 순간부터 계속 이 집 안에 있는 모든 것이 유령이라도 나올 듯 심상치 않고 답답한 꿈이라도 꾸는 듯했다. 하지만 지금 리즈베트의 모습을 보니 정말 온몸이 오싹해졌다. 아름답고 오만하던 리즈베트는 누렇게 뜬 병약한 얼굴에 허리가 굽은 여인으로 변해 있었다. 아무 장식 없는 검은 드레스를 입고 눈동자는 불안정하게 흔들리며 겁에 질려 불안해하는 태도였다.

그는 말했다. "미안합니다. 마르그리트가 들여보내 주질 않아서요. 절 알아보지 못하겠어요? 골드문트입니다. 아, 얘기 좀 해봐요. 아버지가 돌아가셨다니 정말이에요?"

그녀가 자신을 알아보았다는 것을 그 눈빛으로 알 수 있었다. 그가 이 집에 좋은 인상을 남겨 두고 가지 않았다는 것도 이내 알아차릴 수 있었다.

그녀는 말했다. 그 목소리에는 아직 예전의 오만함이 남아 있었다. "아, 골드문트군요. 애써 오셨는데 안됐군요. 아버님은 돌아가셨어요."

"그럼 작업장은요?" 그는 불쑥 말했다.

"작업장은 닫았어요. 일자리를 찾으려거든 딴 데 가보아요."

그는 정신을 차리려고 애썼다.

"리즈베트." 그는 친근한 어조로 말했다. "난 일감을 찾고 있는 게 아니오. 스승과 당신의 안부를 묻고 싶었을 뿐이에요. 이런 소식을 듣게 되다니 정말 슬픕니다! 무척 고생하셨겠군요. 아버님의 은혜를 고맙게 여기는 제자에게 부탁하실 일이 있으면 일러 주십시오. 기쁘게 생각하겠습니다. 아, 리즈베트! 당신이 그렇게, 그렇게 슬픈 일을 겪으시는 것을 보니 제 가슴은 터질 듯합니다."

그녀는 방문 쪽으로 물러났다.

"고마워요." 그 여자는 망설이다가 말했다. "하지만 이제 당신은 아버님이나 내게 아무 일도 해줄 수 없어요. 마르그리트가 당신을 바깥으로 안내해 줄 거예요."

그녀의 목소리는 불쾌하게 들렸다. 노여움과 불안이 섞여 있었다. 그는 만약 그녀에게 용기가 있었더라면 그를 마구 쫓아냈을 거라고 느꼈다.

그는 벌써 아래층에 내려가 있었다. 노파는 그의 뒤통수에 대고 문을 소리나게 닫고 빗장을 채웠다. 빗장 두 개가 닫히는 거센 소리가 아직도 그의 귓전을 울렸다. 관 뚜껑에 못을 박는 소리같이 들렸다.

어슬렁어슬렁 둑 있는 데로 돌아와서 강가의 아까 그 자리에 다시 주저앉았다. 해는 벌써 서산으로 넘어갔다. 물 위를 타고 찬 바람이 불어왔다. 그가 앉아 있는 돌이 차가웠다. 강가 오솔길에는 인적이 끊어지고 다리 기둥에 부딪쳐 들려오는 물소리만이 높게 들릴 뿐이었다. 밑바닥은 어둡고 황금빛 반짝임조차 사라지고 없었다. 아, 둑에 넘어져서 물속으로 사라져 버렸으면! 그는 생각했다. 다시 세계는 죽음으로 가득 차 있었다. 한 시간이 지났다. 황혼도 저물고 밤이 되었다. 마침내 그는 눈물을 흘렸다. 주저앉은 채로 울었다. 따뜻한 눈물방울이 손과 무릎 위로 뚝뚝 떨어졌다. 그는 고인이 된 스승을 위해, 아름다움을 잃고 만 리즈베트를 위해, 레네를 위해, 로베르트를 위해, 유대계 처녀를 위해, 공연히 낭비하고 시들어 버린 그의 청춘을 위해 눈물을 쏟았다.

그는 늦게야 이전에 그가 친구들과 자주 술을 들이켰던 선술집으로 들어갔다. 술집 여주인은 골드문트의 얼굴을 잊지 않고 있었다. 그는 빵 한 덩이를 청했다. 그녀는 친절하게도 포도주까지 한 잔을 덤으로 주었다. 그는 빵도 포도주도 입에 댈 수가 없었다. 그날 밤은 그 가게의 긴 의자 위에서 잤다. 이튿날 아침 주인아줌마가 그를 깨웠다. 고맙다는 인사를 하고 술집을 떠났다. 그리고 가다가 빵을 먹었다.

생선 시장으로 가보니 그전에 방을 빌렸던 집이 있었다. 우물 옆에서 생선 파는 여인 몇 명이 살아 있는 물고기를 팔고 있었다. 그는 통 속의 반짝거리는 싱싱한 물고기들을 가만히 들여다보았다. 예전에도 가끔 본 일이 있었다. 물고기들이 불쌍해 보여서 파는 여인들이나 사는 사람에게 화를 냈던 것이 생각났다. 역시 어느 날 아침에는 이곳을 돌아다니며, 물고기를 감탄하며 바라보기도 하고 불쌍하게 느끼기도 하면서 무척 슬퍼했던 기억도 떠올랐다. 그 뒤로 많은 시간이 흘렀고, 저 강을 따라 많은 물이 흘러내려갔다. 그때 서러웠던 것은 잘 기억하고 있으나 무엇 때문에 그렇게 서러워했는지는 이제 기억하지 못했다. 슬픔도 사라지고, 기쁨과 함께 고통이나 절망 또한 지나가 버렸다. 그것들은 퇴색하면서 깊이와 가치도 잃고 말았다. 결국 한때 그의 가슴을 그다지도 쓰라리게 했던 것이 무엇이었는지 이젠 생각나지도 않게 된 것이었다. 아, 고통도 시들고 바래는 것이다. 오늘 그의 고통도 언젠가는 시들고 소용없는 것이 되고 말 테지. 스승은 그에 대한 원망을 품고 죽었다. 작업장도 문을 닫았으니 창작의 행복을 맛보거나 차곡차곡 쌓여 있는 형상들을 펼쳐 보일 수 없다는 절망도 결국은 똑같이 되고 마는 게 아닌가? 그렇다, 틀림없이 이 고통도 이 쓰디쓴 괴로움도 옛일이 될 것이다. 그는 그것들도 잊어버리고 말 것이다. 아무것도 영원하지 않다. 괴로움까지도.

물고기들을 멍하니 바라보며 그런 생각에 빠져 있을 때 나지막한 목소리로 그의 이름을 정답게 부르는 소리가 들렸다.

"골드문트." 누군가 수줍게 그의 이름을 불렀다. 뒤를 돌아보고 그는 아름다운 까만 눈의 어린 소녀가 그를 불렀음을 알았다. 모르는 소녀였다.

"골드문트! 당신 골드문트죠?" 그녀가 소심한 목소리로 물었다. "언제 도시로 돌아왔나요? 이젠 나도 몰라보세요? 나, 마리예요."

하지만 그는 기억이 나지 않았다. 그녀는 자신이 그가 전에 하숙하던 집의 딸이며, 그가 길을 떠나던 날 아침 일찍, 부엌에서 우유를 끓여 주었음을 이야기해 주었다. 그 이야기를 끝내고 나자 그녀의 얼굴은 붉게 물들었다.

그렇다, 마리였다. 허리가 좋지 않아 다리를 제대로 쓰지 못하던 연약한 소녀. 그때는 그토록 수줍어하면서도 다정하게 그를 보살펴줬었다. 겨우 모든 것이 생각났다. 그녀는 그가 떠나는 것을 몹시 서운해하며, 그 쌀쌀한 날 아침에 그를 기다리고 있다가 우유를 끓여 주었던 것이다. 그가 키스를 해주자, 그녀는 성례라도 받는 것처럼 조용하고 정중히 받아들였다. 그 뒤 그는 그 여자를 생각한 일이 없었다. 그때 그녀는 어린아이였지만, 지금은 성숙했고 매우 아름다운 눈을 가지고 있었다. 하지만 여전히 다리를 절고 있었다. 그는 그녀와 악수를 나누었다. 이 도시에 아직도 그를 기억하고 사랑해 주는 사람이 있다는 것이 반가웠다.

마리는 그를 데리고 갔다. 그는 별로 사양하지 않았다. 그녀의 부모님 방에는 아직도 그의 그림이 걸려 있고 루비색 잔이 맨틀피스 위에 놓여 있었다. 그는 그녀의 부모님과 함께 식사를 하도록 초대받았다. 그들은 그를 다시 보게 된 것을 기뻐하며 며칠 묵어가라고도 했다. 여기서 그는 스승의 집에서 일어난 이야기를 들을 수 있었다. 니클라우스는 페스트 때문에 죽은 것이 아니었다. 페스트에 걸린 것은 리즈베트였는데, 다 죽어 드러누운 딸을 그녀의 아버지가 옆에 붙어 정성껏 간호했다. 그러다가 그는 딸이 완전히 다 낫기도 전에 죽어 버렸다. 그녀는 목숨을 건졌으나 아름다움은 잃고 말았다.

"작업장은 비어 있소." 집주인이 말했다. "솜씨 있는 조각가한테는 좋은 보금자리가 될 테고 돈도 넉넉히 벌릴 거요. 잘 생각해 봐요, 골드문트! 그 여자는 싫다고는 안 할 거요. 이것저것 가릴 처지가 못 되니까."

페스트가 유행했던 때의 이야기도 들을 수 있었다. 폭도들이 먼저 병원에 불을 지르고, 다음에 부잣집 몇 채를 습격해서 약탈했으며, 주교가 도망치고 없었기 때문에 그동안 도시는 질서와 안전을 잃고 말았다는 것이었다. 때마침 가까이에 계셨던 황제가 하인리히 백작을 총독으로 이곳에 파견했다. 백작은 매우 과감한 사람이어서 몇 사람의 기사와 군인으로 도시의 질서를 회복했다. 하지만 이제는 총독의 통치가 끝날 때도 되었으므로 모두들 주교가 돌아오길 기다리고 있었다. 백작 총독은 시민들한테 너무 많은 부담을 강요했다. 총독의 애첩인 아그네스한테도 이제 질려 있었다. 뭐, 그들은 곧 물러갈 것이다. 시의회는 온정 많은 주교 대신 저런 궁정 출신 군인을 떠받들어야 하는 일에 진절머리를 내고 있었다. 황제의 총애를 받고 있는 총독은 자신이 군주라도 된 듯 사절들을 맞아들이고 있었다.

이번에는 골드문트도 그의 모험담을 들려 달라는 부탁을 받았다. "아!" 그는 씁쓸한 듯 말했다. "그 얘기는 하지 말죠. 나는 돌아다니고, 또 돌아다녔죠. 하지만 어디를 가든 페스트가 퍼져 있고, 시체가 아무 데나 나뒹굴고 있었어요. 사람들은 공포 때문에 제정신도 아니고 사악한 마음을 품고 있더군요. 난 살아남았어요. 아마 언젠가는 그것들을 다 잊고 말겠죠. 이제 돌아와 보니 스승은 돌아가시고 말았군요! 한 이틀 쉬며 묵게 해 주십시오. 또 떠나야지요."

그는 쉬려고 머문 것은 아니었다. 실망한 나머지 미처 결심이 서지 않았던 탓도 있었지만, 행복했던 시절의 기억이 그에게 이 도시를 소중하게 만들어 주었으며, 가엾은 마리의 사랑이 기뻤기 때문이었다. 그는 거기에 답해 줄 수가 없었다. 그녀에게 그가 줄 수 있는 것이라곤 우정과 동정이 전부였다. 하지만 그녀의 조용하고 겸손한 존경은 그의 가슴을 따뜻하게 해 주었다. 그러나 이 모든 것보다 그를 이곳에 붙들어 놓는 것은 작업장 없이 임시로 만든 도구뿐이라 해도 다시 한 번 예술가가 되고자 하는 타오르는 욕구였다.

며칠 동안 골드문트는 그림을 그리는 일 말고는 아무것도 하지 않았다. 마리가 종이와 펜을 마련해 주었다. 그는 온종일 방 안에 틀어박혀 그림을 그렸다. 커다란 종이 위에 성마르게 스케치하거나 세심하게 묘사한 형상들로 가득 채웠다. 그의 내면에서 가득 차 넘칠 듯하던 그림책이 종이 위로 흘러나왔다. 몇 번이나 레네의 얼굴을 그렸다. 그 부랑자가 맞아죽은 뒤, 만족감과 사랑과 살인의 환희에 젖어 방긋이 웃음짓던 레네의 얼굴. 마지막 밤, 형체도 없이 녹아내려 대지로 돌아가던 레네의 얼굴. 그는 부모의 맞은편 문지방에 누운 채 주먹을 부르쥐고 죽은 농부의 어린 아들을 그렸다. 시체가 차곡차곡 쌓여 있는 마차, 그것을 무거운 듯 끌고 가는 세 마리의 비쩍 마른 말, 그 옆에서 페스트 방지용의 검은 복면 사이로 음울한 눈을 가늘게 뜬 채 기다란 지팡이를 짚고 따라가는 인부들, 이런 것을 소묘했다. 그는 까만 눈에 날씬한 몸매의 유대인 소녀 레베카도 여러 번 그렸다. 그녀의 야무지게 다문 작은 입, 탈진한 상태에서 고통으로 일그러진 얼굴, 너무나 사랑스럽고 귀여운 자태, 쓰라린 표정이 어려 있는 오만한 입술. 그는 또한 자신의 모습도 그렸다. 방랑자이자 애인으로서, 죽음의 사신에게서 도망치는 놈으로, 삶에 대한 탐욕으로 난잡한 연회에서의 댄서로서. 그는 앉아서 하얀 종이 위로 정신없이 빠져들었다. 옛날에 그가 알던 리즈베트의 멸시하는 듯한 얼굴, 늙은 하녀 마르그리트의 찌푸린 얼굴, 니클라우스 스승의 정다우면서도 두려워하던 얼굴을 그렸다. 그리고 이따금 가느다랗고 어렴풋한 선으로 커다란 여인의 자태를 그렸다. 두 손을 무릎에 공손히 얹고 우수에 잠긴 눈 아래 미소를 짓고 있는 대지의 어머니를 그렸다. 스케치하는 손에 느껴지는 촉감과 환상 속 인물들을 다스리는 듯한 느낌도 좋았다. 흘러가는 형상들은 끝없는 쾌감을 주었다. 며칠 사이에 그는 마리가 구해 준 종이를 한 장도 남기지 않고 그림들로 가득 채웠다. 마지막 종이의 한 부분을 잘라서 그는 간략한 가벼운 선으로, 하지만 아름다운 눈과 체념한 듯한 입을 가진 마리의 얼굴을 그렸다. 그리고 그것을 그녀한테 선사했다.

그림을 그리며 울적하고 꽉 막혀 넘칠 듯한 가슴의 감정을 풀고 홀가분해질 수 있었다. 그림을 그리는 동안 그는 자신이 어디에 있는가를 잊고 있었다. 그의 세계는 책상과 하얀 종이, 밤이면 양초, 그것뿐이었다. 이제야 겨우 그는 눈을 뜨고 요즈음 체험한 것들을 떠올려 보았다. 그러고는 용서 없는 새로운 방랑이 눈앞에 다가와 있는 것을 보고, 재회와 이별이 기묘하게 나뉜 감각을 느끼며 시내를 거닐기 시작했다.

산책하는 도중, 그는 한 여인을 만났다. 그녀를 보자 그의 모든 혼란스러운 감정이 초점을 갖고 새로운 중심을 얻게 되었다. 그녀는 말을 타고 있었는데, 키가 크고 옅은 금발로 차가운 파란 눈에는 호기심과 단호함이 풍겼다. 나무랄 데 없는 몸매에 화려한 얼굴에는 쾌락과 권력에 대한 열의와 자부심, 관능에 대한 적극적인 호기심이 느껴졌다. 그녀는 지배적이면서도 당당한 자태로 갈색 말 위에 올라타고 있었다. 다른 이들을 부리는 데에 익숙해 보였지만, 그렇다고 꽉 막히거나 거만하지는 않은 것 같았다. 약간 쌀쌀맞아 보이는 눈 아래에서 그녀의 콧구멍이 세계의 기운을 향해 활짝 열려 있는 것처럼 보였다. 살짝 벌어진 커다란 입은 감정을 주고받는 일도 비할 데 없을 정도로 정말 잘할 수 있을 듯했다. 그녀를 본 순간 골드문트의 눈이 번쩍 뜨이면서 자신이 이 자부심 강한 여자를 얻을 수 있는지 재보고 싶은 생각이 들었다. 이 여자를 정복한다는 것은 고상한 목표인 듯싶었다. 여자를 손안에 넣으려다가 목이 부러진다 해도 그다지 억울한 죽음은 아닐 것 같았다. 그는 이 금발의 암사자가 자신과 같은, 풍요로운 감성과 영혼의 소유자로서 어떤 폭풍에도 내둘리지 않고, 섬세한 만큼 야성적이며, 조상으로부터 이어받은 핏줄의 유산으로 열정적인 기술에도 능하다는 것을 느꼈다.

그녀가 말을 타고 지나쳐 가자 그의 시선이 그 뒤를 좇았다. 곱슬곱슬한 금빛 머리칼과 파란 벨벳 깃 사이로 솟아 있는 단정한 목덜미가 보였다. 그 목덜미는 강인하고 당당했지만 어린아이의 피부처럼 보드라웠다. 그가 본 여자 중에서 그녀보다 아름다운 여자는 없었던 것 같았다. 그 목덜미를 움켜잡고 그녀의 눈에서 파랗고 차디찬 비밀을 떠내고 싶었다. 그 여자가 누구인지 알아내는 것은 쉬웠다. 그는 그녀가 성에 살고 있으며, 총독의 애첩이라는 사실을 금세 얻어들었다. 그 정도로 그는 놀라지 않았다. 황후가 됐을지도 모르는 여자였던 것이다. 분수가에 서서 그는 자신의 비친 모습을 내려다보았다. 그 모습은 금빛 머리칼의 여인과 남매처럼 닮았으나 지저분했다. 그는 선뜻 그가 알고 있는 이발관에 가서 이 말 저 말로 꾀어서 머리칼과 수염을 짤막히 깎고 곱게 빗질까지 했다.

그는 이틀 동안 계속 그녀의 모습을 따라다녔다. 아그네스가 성에서 나올 때면 낯선 금발 머리 사내가 문간에 서서 감탄하며 그녀의 눈을 쳐다보았다. 아그네스가 성루를 둘러서 말을 몰다 보면 느릅나무 수풀에서 그 낯선 사내가 걸어나왔다. 아그네스가 대장간에 갔다가 나올 때도 또 낯선 사내를 만났다. 그녀는 거만한 눈초리로 그를 흘깃 바라보았다. 그녀의 콧구멍이 살짝 움직였다. 이튿날 아침 처음으로, 그녀가 말을 타고 나올 때 그가 또 기다리고 있는 것을 발견하자 그 여자는 그에게 도전적으로 미소를 보냈다. 그는 총독인 백작도 보았다. 당당하고 과감한 사내로서 적당히 어름어름 넘길 수 없어 보였다. 하지만 벌써 머리칼은 반백이 되고 얼굴은 수심에 차 있었다. 골드문트는 그 사내보다 자기가 낫다고 생각했다.

이 이틀은 그를 행복하게 했다. 그의 얼굴은 되찾은 젊음으로 반짝였다. 그 여자에게 자신을 들이밀고 선전포고한 마음은 후련했다. 미녀 때문에 자유를 잃는 것도 즐거웠다. 그리고 이 흥미진진한 도박에 생명을 거는 것도 멋지고 깊은 자극이 되었다.

사흘째 되는 날 아침, 아그네스는 말을 탄 채 기마의 종자를 데리고 성문에서 나왔다. 그녀의 눈길은 곧 호전적이면서도 약간은 걱정스럽게 뒤를 밟는 사나이를 찾았다. 그는 벌써 거기 와 있었다. 그녀는 종자에게 심부름을 시켜 보내 버렸다. 그러고는 혼자 천천히 말을 앞으로 몰아 성문 다리 쪽으로 가더니 다리를 건넜다. 딱 한 번 뒤를 돌아보았다. 낯선 사나이가 따라오는 것이 보였다. 순례 성지인 성 바이트 교회로 가는 길에서 그 여자는 그를 기다리고 있었다. 그 근방은 매우 한적한 곳이었다. 그녀는 30분이나 기다려야 했다. 낯선 사나이는 천천히 걸어왔다. 숨을 헐떡거리며 오기는 싫었던 것이다. 그는 미소를 지으면서 발랄하게 연홍색 들장미의 열매가 달린 작은 가지를 입에 물고 다가왔다. 그 여자는 말에서 내려 말을 붙들어매고 담쟁이 덩굴이 휘감긴 기울어진 버팀벽에 기대어 서서 뒤를 밟아오는 그를 지켜보고 있었다. 그는 그녀와 눈을 마주하고 서서 모자를 벗었다.

"왜 내 뒤를 밟는 거예요?" 그녀가 물었다. "내게 뭘 원하는 거죠?"

그는 말했다. "오, 나는 당신한테서 무엇을 받기보다 오히려 당신에게 무엇을 주고 싶습니다. 나는 당신한테 나 자신을 선물로 드리고 싶습니다. 아름다운 여인이여, 그런 다음에는 당신 뜻대로 다뤄 주시오."

"좋아요. 당신을 어떻게 할지 한번 생각해 보지요. 하지만 이런 바깥에서 아무런 위험도 없이 꽃을 꺾을 수 있다고 생각했다면 큰 잘못이에요. 내가 사랑할 수 있는 것은 만일의 경우 그 생명을 걸 수 있는 남자뿐이에요."

"당신은 명령만 내리면 됩니다."

그녀는 천천히 목에서 가느다란 금목걸이를 풀어서 그에게 내밀었다.

"당신 이름은 뭐예요?"

"골드문트."

"좋군요. 골드문트! 당신의 입술이 정말 황금처럼 훌륭한가 맛보겠어요. 잘 들어요. 당신은 저녁때 이 목걸이를 성에 가져와서 주운 거라고 말하는 거예요. 이걸 손에서 놓치면 안 돼요. 내가 직접 당신 손에서 받아 줄 테니까요. 사람들이 당신을 거지라고 생각하더라도 지금 입고 있는 그대로 오는 거예요. 하인들 가운데 누가 당신한테 고함을 질러도 가만히 있어요. 내가 안전하다고 믿을 수 있는 부하는 성 안에 오직 둘밖에 없다는 것을 알아야 해요. 마부 막스와 시녀 베르타예요. 둘 중에 하나를 만나서 나 있는 데로 안내를 받아요. 백작은 물론이고 성 안에 있는 딴 사람들은 조심해서 대하세요. 모두 적이니 말이에요. 미리 경고하는 거예요. 당신의 생명에 관계되는 일일지도 모르니까요."

그녀는 그에게 악수를 청했다. 그는 미소 지으며 그 여자의 손을 잡고 가볍게 입맞추고 그 손을 그의 뺨에 대고 살짝 비볐다. 그리고 목걸이를 집어넣고 언덕 비탈을 내려가 강과 거리 있는 쪽으로 걸어갔다. 포도밭은 벌써 벌거벗고 있었다. 나무들에서 노란 잎사귀들이 하나씩 하나씩 떨어져 내렸다. 골드문트는 거리를 내려다보며 그립고 사랑스러운 도시라는 생각이 들자 웃다가 고개를 저었다. 며칠 전만 해도 그렇게 서러웠는데, 괴로움이나 고통조차 너무나 빨리 지나간다며 슬퍼했었다. 지금은 마치 황금빛 잎사귀가 가지에서 떨어져 내리듯 사라지고 말았다. 이 여인을 대할 때처럼 그를 밝게 빛나도록 하는 사랑은 한 번도 없었던 것만 같았다. 그 고귀한 자태와 금발에 깃든 기쁨 넘치는 활기는 마리아브론에 있던 소년 시절에 가슴에 품고 있던 그의 어머니 모습을 떠오르게 했다. 그저께만 해도 세상이 그의 눈속에서 이토록 기쁘게 웃어 주리라고는 상상하지도 못했다. 다시 한 번 생명과 기쁨과 청춘의 물결이 그의 혈관을 타고 이렇게 가득 차서 흘러넘칠 수 있으리라고는 상상하지 못했다. 아직 살아 있다는 것이, 이 무시무시한 몇 달 동안 죽음을 피할 수 있었다니 얼마나 기쁜가!

저녁이 되자 그는 성으로 갔다. 성의 안마당에는 갖가지 일들이 벌어지고 있었다. 말안장이 내려지기도 하고 심부름꾼들이 종종걸음을 치기도 했다. 신부들이나 고위 성직자들의 조그만 행렬이 하인들을 따라 이쪽 문을 지나서 계단을 올라갔다. 골드문트는 뒤를 따라가려고 했으나 문지기에게 붙들리고 말았다. 그는 금목걸이를 꺼내 보이며 이것을 부인이나 시녀 말고 다른 사람한테는 내주지 말 것을 분부받고 왔다고 했다. 문지기는 그에게 하인을 하나 딸려 보냈지만, 복도에서 한참 기다려야 했다. 예쁘장하고 영민한 시녀 하나가 나타나 그의 옆을 지나치면서 나지막한 목소리로 "당신이 골드문트 죠?" 묻더니 그에게 따라오라고 눈짓했다. 그 여자는 빠르게 문 하나를 지나 사라져 버렸다. 그러더니 잠시 있다가 다시 나타나서 안으로 들어오라고 눈짓했다.

그는 조그만 방 안으로 들어갔다. 모피와 달콤한 향수 냄새가 코를 찔렀고, 옷과 망토가 잔뜩 걸려 있었다. 부인용 모자들이 나무 옷걸이에 걸려 있고 여러 가지 구두가 활짝 열어 놓은 장에 줄지어 있었다. 그는 그곳에 선 채 30분쯤 기다리면서 향수 뿌린 옷의 냄새를 맡기도 하고 손으로 모피를 만져 보기도 하고, 거기에 걸려 있는 아름다운 것들에 호기심을 가지고 돌아보고 있었다.

드디어 안쪽 문이 열렸다. 시녀가 아니라 아그네스 자신이 목에 하얀 모피 깃을 단 엷푸른 드레스 차림으로 들어왔다. 그녀는 기다리고 있는 사나이 쪽으로 한 발짝 한 발짝 천천히 걸어왔다. 그녀는 차가운 푸른 눈으로 진지하게 그를 바라보았다.

"기다리게 했군요." 아그네스는 나지막이 말했다. "이젠 안전하다고 생각해요. 교회 관계자들이 백작을 접견하고 있어요. 백작은 그들과 같이 식사도 하고 또 이야기도 오래 할 거예요. 신부들과의 이야기는 언제나 오래 걸리는 걸요. 그 시간은 당신과 내 것이에요. 자 어서 오세요, 골드문트."

그녀는 그한테 허리를 굽혀 왔다. 애타게 목말라 하는 여인의 입술이 그의 입술 가까이 다가와서 둘은 침묵 속에서 첫 번째 키스로 인사를 나누었다. 그는 천천히 아그네스의 목덜미에 손을 휘감았다. 그녀는 문을 통해 그녀의 침실로 그를 이끌었다. 거기에는 양초가 높다랗고 밝게 타오르고 있었다. 식탁에 식사 준비가 되어 있어 둘은 그 앞에 자리를 잡았다. 아그네스는 슬그머니 빵과 버터와 약간의 고기를 그의 앞에 갖다 놓고 백포도주를 아름답고 푸르스름한 똑같은 술잔에다 따라 마셨다. 두 사람의 손은 서로 더듬으며 희롱했다.

"당신은 어디서 날아왔죠?" 그녀가 물었다. "아름다운 나의 새여! 당신은 전사인가요, 아니면 음악가인가요, 아니면 단지 불쌍한 떠돌이에요?"

그는 부드럽게 웃었다. "나는 당신이 바라는 모든 것이지요. 나는 완전히 당신 거랍니다. 바라신다면 음악가가 되겠어요. 당신은 나의 달콤한 류트예요. 내 손가락을 당신 목에 올리고 당신을 악기로 하여 켜면 천사의 노랫소리가 들리겠죠. 자, 그리운 이여. 나는 당신이 내어 놓은 과자를 먹고, 당신의 백포도주를 마시기 위해 온 것이 아닙니다. 나는 단지 당신 때문에 온 겁니다."

그는 하얀 모피를 그녀의 목에서 살짝 풀어내리고 드레스를 몸에서 천천히 벗겼다. 바깥에서 신하들이나 신부들이 의논을 하고 있든, 하인들이 소리를 죽이고 걸어가든, 가느다란 초승달이 숲 그림자 뒤로 잠겨 사라지든 사랑을 하는 두 사람은 아무것도 몰랐다. 그들을 위해 낙원이 꽃을 피웠다. 서로가 서로를 끌어당겨 그들은 그 향기로운 밤에 자기 자신을 잃고, 어둠 속에서 하얀 꽃의 비밀이 일렁이는 것을 보며 애정과 감사의 손길로 간절히 기다리던 열매를 땄다. 이 음악가는 여태껏 이런 류트를 켜본 적이 없었다. 또 류트는 류트대로 이처럼 강인하고 능숙한 손가락 밑에서 울려 본 적이 없었다.

"골드문트." 아그네스는 뜨거운 숨을 내쉬며 그의 귀에 속삭였다. "아, 당신은 마술사 같아요! 귀여운 골드문트, 당신의 아이를 갖고파요. 아니 그보다도 차라리 당신 옆에서 죽고 싶어요. 날 남김없이 마셔 버려요. 내 님이여, 날 녹여 줘요! 날 죽여 줘요!"

그녀의 차가운 눈 속 거친 부분이 녹아내리고 연약해지는 것을 보면서 그의 목구멍 깊은 곳에서 행복한 소리가 울려나왔다. 소멸의 순간 일어나는 미약한 전율처럼 그녀의 눈 속 깊은 곳으로 떨림이 스쳐갔다. 죽어 가는 물고기의 피부 위로 일었던 은빛 떨림이 사그라지듯이, 강물 속 깊은 곳에서 마법의 빛이 반짝이듯이. 인간이 경험할 수 있는 모든 행복이 이 순간 속에 모조리 모여든 것처럼 여겨졌다.

잠시 뒤, 아그네스가 지그시 눈을 감고 몸을 떨며 누워 있는 동안, 그는 슬그머니 일어나서 옷을 주워 입었다. 깊게 한숨을 쉬며 여자의 귀에다 대고 말했다. "아름다운 내 사랑, 이젠 떠나야겠어요. 난 죽고 싶지 않아요. 백작한테 죽기는 싫습니다. 그 전에 나는 우리가 오늘 나눈 것 못지않은 행복을 더 나누고 싶어요. 한 번만 더, 몇 번이라도 더!"

그가 옷을 다 입을 때까지 아그네스는 아무 말 없이 그냥 드러누워 있었다. 그는 그녀 위에 이불을 덮어 주고 그녀의 눈에 키스해 주었다.

"골드문트." 그녀는 말했다. "아, 당신은 가야 하나요! 내일 다시 와요! 위험할 것 같으면 내가 알려 줄게요. 또 와요! 내일 다시 와요!"

그녀는 방울끈을 당겼다. 의상실 문에서 아까 그 시녀가 그를 맞이하여 성 밖으로 데려다 주었다. 시녀한테 금화 하나를 던져 주고 싶었으나 잠깐 그는 자신의 가난을 느끼고 부끄러웠다.

한밤중에 그는 생선 시장으로 돌아가 하숙집을 쳐다보았다. 밤이 깊어서 아무도 깨어 있지 않을 것이다. 아마 밖에서 밤을 보내야 하리라. 그런데 뜻밖에 대문이 열려 있었다. 그는 조심스레 들어가서 문을 잠갔다. 그의 방 있는 데로 가는 길은 부엌으로 통해 있었는데, 불이 켜져 있었다. 마리가 희미한 석유 등잔불이 비치는 조리대 옆에 앉아 있었다. 오랫동안 기다리다가 깜박 잠이 든 참이었다. 그가 들어서자, 그녀는 깜짝 놀라 일어섰다.

그는 말했다. "아! 마리, 아직 안 잤니?"

"자지 않았어요." 그녀는 말했다. "아니면 당신이 집에 돌아오더라도 문이 잠겨 있었을 테죠."

"기다리게 해서 미안한걸, 마리. 늦어 버렸어. 화내지는 마."

"화가 난 건 아니에요, 골드문트. 좀 슬플 뿐이에요."

"슬퍼하면 안 되지. 왜 슬픈데?"

"아, 골드문트. 나도 건강하고 아름답고 다리를 절지 않았으면 좋겠어요. 그러면 당신이 밤에 다른 집에 가서 다른 여자를 사랑하지 않겠죠. 그렇다면 당신은 내 곁에 계셔 주시고 조금은 예뻐해 주실 테죠."

그녀의 부드러운 목소리에는 희망도 없고 쓰라린 데도 없었다. 슬픔만이 있을 뿐이었다. 그는 어쩔 줄 몰라 하며 그녀 옆에 서 있었다. 미안하게 생각했으나 무어라 말할 수도 없었다. 조심스럽게 그는 그녀의 머리칼을 쓰다듬어 주었다. 그녀는 선 채 가만히 있었으나 머리칼에 그의 손이 닿는 것을 느끼자 몸을 바르르 떨더니 조금 울었다. 그리고 몸을 일으키고 수줍게 말했다. "자리에 들어가요. 골드문트, 내가 바보 같은 소리를 했어요. 정말 졸렸어요. 안녕히 주무세요."

16

골드문트는 언덕에서 행복과 초조에 찬 하루를 보냈다. 말을 가지고 있었다면 스승이 만든 아름다운 성모상이 있는 수도원에 당장 갔을 텐데. 그것을 다시 보고 싶어 견딜 수가 없었다. 밤중에 니클라우스 스승을 꿈에 본 것도 같았다. 뭐, 다른 때라도 가서 보면 되는 것이다. 아그네스와의 행복이 짧은 기간으로 끝나고, 나쁜 결과를 가져올지라도 오늘은 행복의 절정이었기에 그는 어느 것 하나도 놓치고 싶지 않았다. 그래서 그는 오늘은 아무도 만나지 않고 정신을 어지럽히지 않고자 했다. 따스한 가을날을 바깥의 나무와 구름 밑에서 보내고 싶었다. 그는 마리한테 교외로 나가 볼 생각이라면서 돌아오는 시간이 늦을 것 같다, 빵을 많이 가지고 가고 싶다, 밤에는 그를 기다리지 않아도 된다고 말했다. 마리는 아무 말도 하지 않고 그의 가방에 빵과 사과를 잔뜩 채워 주며 낡은 그의 외투를 솔질해 주었다. 첫날에 그녀가 기워 준 옷이었다. 그녀는 그렇게 하고서야 그를 보냈다.

그는 터벅터벅 강을 건너고 빈 포도밭을 지나 경사진 높은 계단길을 올라갔다. 산꼭대기에 이를 때까지 걸음을 멈추지 않았다. 꼭대기에 올라서 보니 앙상한 나뭇가지들 사이로 햇빛이 희미하게 새어 들어오고 있었다. 검은새가 그의 발소리를 듣고 허둥지둥 수풀 속으로 날아가 겁을 먹고 웅크리고 앉아 까만 눈을 반짝이고 있었다. 멀리 아래쪽으로 강이 푸른 활 모양으로 굽이치며 흘러가고, 도시는 작은 장난감처럼 누워 있었다. 거기서는 기도 시간의 종소리 말고는 아무 소리도 들리지 않았다. 여기 산머리에는 옛날 이교도 시대의 조그만 성벽과 보루가 잡초에 뒤덮여 있었다.

축성한 것 같기도 하고 무덤 같기도 했다. 그는 말라서 바스락바스락 소리를 내는 가을의 풀 속에 앉아 널찍한 골짜기 전체와 시냇가 저쪽의 언덕과 산들을 건너다보았다. 산마루들이 첩첩이 쌓여 마지막에는 산맥과 하늘이 푸르스름하게 어우러져 산인지 하늘인지 분간할 수 없었다. 이 넓은 강산과 시야에 들어오지 않는 아득한 먼 곳까지 그의 발자국을 남겼던 것이다. 이제는 멀리 떨어져 추억 속에 잠긴 이 강산 전부가, 한때는 현실로서 가까이에 있었던 것이다. 이들 숲 속에서 그는 수없이 많은 잠을 잤고 산딸기를 먹으며 굶주리고 헐벗었던 것이다. 이들 산들의 중턱과 황무지의 벌판을 떠돌며 행복하고 슬퍼했으며, 기운을 얻고 피로에 지치기도 했던 것이다. 머나먼

저곳 어딘가 눈에 보이지 않는 곳에 착한 레네의 불에 탄 뼈가 놓여 있었다. 저기 어딘가에 그의 친구 로베르트가 페스트에 걸리지 않았다면 여전히 괴나리봇짐을 메고 떠돌아다니고 있을 것이다. 또 저쪽 어딘가에는 죽은 빅토르가 드러누워 있고, 저기 어느 한 군데 머나먼 곳에는 그가 소년 시절을 보낸 수도원이 마법에 걸렸던 모습 그대로 멈춰 있었다. 아름다운 딸들이 있던 기사의 성이 있고, 애처롭게 쫓겨 달아나거나 목숨을 잃었을지도 모를 불쌍한 레베카도 있었다. 멀리 흩어져 있는 그 수많은 곳들, 황무지의 들판과 숲, 도시들이나 여러 마을들, 성이나 수도원의 모든 사람, 그것들이 모두 살았든 죽었든 그의 마음과 추억 속, 그의 사랑과 회한 속, 그의 동경 속에 존재하고 서로 결합되어 있음을 그는 알고 있었다. 그리고 내일이라도 죽음이 그를 거둬간다면, 여인과 사랑, 여름날 아침과 겨울밤의 수많은 이야기들로 가득한 이 그림책은 모두 산산이 무너져 사라져 버릴 것이다. 아, 그가 뭔가를 하고, 뭔가를 만들어 그가 사라진 뒤에도 존재하게 될 것을 남겨야 할 때였다.

지금까지의 삶과 방랑, 세상에 나가 살던 지나온 세월을 전부 돌아보아도 남은 게 거의 없었다. 남은 것이라곤 언젠가 작업장에서 그가 만들었던 몇몇 조각상 가운데 특히 성 요한 상, 그리고 추억의 그림책뿐이었다. 그의 머릿속에 있는 이 비현실적인 세계, 아름답고 가슴 아픈 추억의 그림책이 전부였다. 이 내면의 세계에서 몇 조각을 구해 내 눈에 보이는 것으로 만들 수 있을까? 아니면 언제까지나 이렇게 계속되는 걸까? 늘 새로운 도시와 새로운 경치, 새로운 여자, 새로운 체험, 새로운 형상 등을 차례차례 쌓기만 하다가 가슴에 넘쳐흐르는 불안정하고 고통스러우며 아름다운 기억들 말고는 아무것도 얻지 못하는 것은 아닐까?

인생에게 바보 취급을 받는다니 수치스러운 일이다! 그것은 우습기도 하고 슬프기도 한 일이다! 감각적 유희를 즐기며 살거나 만물의 어머니 이브의 젖을 마시며 살 수도 있다. 하지만 그렇게 산다면 커다란 쾌락은 얻을 수 있으나 덧없는 인생의 종말은 막을 수 없다. 그럴 때, 인간은 숲 속에 핀 버섯과 같아서 오늘은 화려하게 살다가 내일은 썩어 버리는 것이다. 그렇지 않으면 수비태세를 갖추고 일에만 매진하며 덧없는 삶을 위해 기념비를 세울 수도 있다. 그러면 인생은 단념해야 하고, 한낱 도구로 전락하고 만다. 물론

불후한 것에 봉사하기는 하지만 메말라 버리고 삶의 자유와 충실함, 쾌락을 잃고 마는 것이다. 스승 니클라우스의 삶이 바로 그랬다.

아, 인생이란 그 두 가지를 동시에 이뤄낼 수 있을 때만, 이 무미건조한 양자택일에 의해 삶이 분열되지 않을 때만 의미가 있는 것이다! 인생을 희생시키지 않는 창작! 창조의 고귀함을 버리지 않는 인생! 불가능한 것일까? 어쩌면 그것이 가능한 인간도 존재했었으리라. 어쩌면 아버지이자 가장으로 충실하면서도 그들의 관능을 잃어버리지 않은 이들도 있지 않았을까? 정착해 사는 사람 중에 부자유스러운 데다 모험도 하지 못했지만 마음이 강마르지 않은 사람도 어쩌면 있지 않았을까? 아마 있었으리라. 하지만 그는 그런 사람을 만나본 적이 없었다.

이 세상의 모든 존재는 이원성과 대립성에 근거를 두고 있는 것 같았다. 사람은 여자거나 남자이며, 방랑자이거나 평범한 시민이요, 이성적이거나 감정적이다. 아무도 숨을 들이마시는 동시에 내쉬지 못하고, 남자인 동시에 여자일 수 없으며, 자유를 누리면서 질서를 찾을 수 없고, 충동과 이성을 함께 경험할 수는 없다. 한쪽을 위해서는 언제나 다른 한쪽을 잃게 된다. 그런데 택한 것만큼이나 다른 쪽도 중요하고 탐나기 마련이다. 이런 점에서 보면 여성들이 더 마음 편할 수도 있었다. 여자에게는 쾌락이 자연스레 결실을 맺고, 사랑의 행복에서 아이를 낳을 수 있는 천성이 주어져 있다. 남성의 경우 이런 출산 능력 대신 영원한 동경만이 있을 뿐이다. 만물을 이런 식으로 창조해 놓은 하느님은 적개심에 불타고 있는 것인가? 자신의 창조물들을 빈정거리고 있는 걸까? 아니다, 하느님이 붉은 수사슴이나 수노루, 물고기나 새, 숲, 꽃, 사계절 등을 만들었다면 심술궂을 리가 없다. 하지만 하느님이 만드신 것에는 결함이 있었다. 만든 것이 실패작이거나 불완전하거나, 어쩌면 인간 삶에서의 결핍과 열망에 대해 특별한 의도가 있었건 간에. 이런 것들이 하느님의 적이 뿌린 원죄의 씨앗이건 간에. 그런데 왜 이러한 갈망과 결핍이 죄가 되는가? 인간이 만들어 감사의 제물로 되돌려 드리는 아름답고 신성한 것들 모두가 이 결핍과 갈망에서 생겨나는 것이 아닌가?

그런 생각에 머리가 어지러워져, 그는 눈길을 시내로 돌리고 시장과 생선가게, 다리와 성당, 시청을 살폈다. 거기에는 성도 있었다. 지금 하인리히 백작이 통치하고 있는 주교의 위풍당당한 성이었다. 저 탑들과 높다란 지붕 아래에 아름다운 여왕 같은 그의 애인 아그네스가 살고 있었다. 그녀는 몹시 거만하게 보였지만, 사랑에 빠지면 완전히 몰두하면서 자신을 내던질 수 있는 여자였다. 그녀를 떠올리자 한결 즐거워졌다. 기쁨과 감사의 마음으로 그는 지난밤의 일을 머릿속에 그려 보았다. 그 밤의 행복을 맛보기 위해서는, 그 굉장한 여자를 그처럼 행복하게 해주기 위해서는 여태까지 그의 생활 전체가 필요했다. 여자들한테서 얻은 모든 경험과 모든 방랑의 괴로움, 눈보라 휘날리는 밤의 방랑, 짐승이며 꽃이며 나무며 물이며 물고기들이며 나비들과의 우정과 친밀함 등, 그런 모든 것이 필요했다. 거기다가 또 쾌감과 위험 속에서 예민해진 감각, 고향을 잃은 생활, 몇 년간 마음속에 쌓아온 그림의 세계 전체가 필요했다. 그의 생활이 아그네스 같은 마법의 꽃이 피는 정원에 있을 동안에는 탄식할 이유가 없었다.

그는 가을색 짙은 언덕 위에서 걷기도 하고 쉬기도 했으며, 빵을 먹거나 아그네스와 지난밤의 일을 생각하며 하루를 보냈다. 땅거미가 질 무렵 그는 다시 시내로 돌아와서 성 가까이 갔다. 싸늘해지고 있었다. 집집마다 붉은 불빛이 창밖으로 조용하게 흘러나왔다. 그는 노래 부르며 길을 걷는 소년들의 작은 행렬에 부딪혔다. 그들은 칼로 판 순무를 막대기에 끼워서 메고 있었다. 순무에는 얼굴이 새겨져 있고 불 켜진 양초가 꽂혀 있었다. 조그만 가장행렬은 겨울 냄새를 풍기고 있었다. 골드문트는 눈가에 웃음을 띠면서 그들의 뒷모습을 눈으로 좇았다. 그는 성 앞에서 오랫동안 서성거렸다. 교회 관리들은 아직 머물고 있었다. 여기저기 창문으로 한 신부가 서 있는 모습을 볼 수 있었다. 드디어 그는 성 안에 숨어들어가서 시녀 베르타를 찾아내는 데 성공했다. 그는 다시 의상실로 안내받아 아그네스가 그를 자기 방 안으로 인도할 때까지 숨어 있었다. 그녀는 아름다운 얼굴로 다정하게 그를 맞이했으나 어쩐지 슬픈 표정이었다. 상심해 있는 것 같기도 하고 불안해하는 것 같기도 했다. 그녀의 기분을 북돋아주기 위해 골드문트는 진땀을 뺐다. 그에게 키스를 받고 사랑의 속삭임을 듣고 있는 가운데 그 여자는 천천히 얼마간의 자신감을 얻게 되었다.

"당신은 정말 다정한 사람이군요." 그 여자는 감사의 마음을 담아 말했다.

"당신이 날 다정하게 대해 주면서 새처럼 지저귀면 당신 목에서 그윽한 소리가 나요, 내 황금새여. 골드문트, 나는 당신을 사랑해요. 여기서 멀리

도망칠 수 있다면 얼마나 좋을까요! 난 더 이상 이곳에 있고 싶지 않아요. 그렇잖아도 어떻게든 곧 끝날 거예요. 백작은 소환되고 곧 바보 같은 주교가 돌아오겠죠. 백작은 오늘 신부들한테 시달려서 화가 나 있어요. 아, 당신이 백작한테 들키지 않아야 하는데! 만약 들키는 날이면 한시도 무사하지 못할 거예요. 난 아무래도 당신이 걱정이에요."

그의 기억 속에서 반쯤 잊혔던 소리가 떠올랐다. 이런 말을 전에 언젠가 한 번 듣지 않았던가? 이전에 리디아는 너무 사랑하지만 불안하다고, 애정과 슬픔에 차서 말했던 것이다. 그녀는 사랑과 공포, 걱정에 젖어 무시무시한 정경을 떠올리면서 밤이면 그의 방에 찾아오곤 했었다. 그는 그 애정 어리고 괴로워하는 말투를 듣는 것이 좋았다. 비밀 없는 사랑이 무슨 의미이겠는가? 위험 없는 사랑이 과연 사랑이겠는가?

그는 부드럽게 아그네스를 가슴으로 끌어당겼다. 머리칼을 어루만지며 그녀의 손을 잡고 그녀의 귀에 구애하며 속삭였다. 그리고 그녀의 눈썹에 키스를 해주었다. 그녀가 자신 때문에 그렇게 두려워하고 걱정하는 것을 보니 감동스럽고 기뻤다. 그녀는 겸손해질 정도로 기꺼이 그의 애무를 받아들였다. 애정이 가득 차올랐으나 태도가 명랑해지지는 않았다.

별안간 그녀가 온몸을 세차게 와들와들 떨었다. 가까이에서 문이 닫히는 소리가 들렸던 것이다. 급한 발소리가 방 쪽으로 가까워졌다.

"아, 이런 세상에, 백작이에요!" 그녀는 절망적으로 소리쳤다. "얼른 숨어요. 의상실을 나가면 도망갈 수 있어요. 어서! 날 배신하지 말아요!"

그녀는 그를 의상실 안으로 밀어넣었다. 그는 혼자서 머뭇거리면서 어둠 속에서 손을 더듬었다. 문밖에서 백작이 아그네스와 큰 소리로 이야기하는 소리가 들렸다. 그는 옷가지 사이로 손을 더듬어 출입문을 향해 갔다. 소리를 죽여 한 발짝 한 발짝 옮겼다. 겨우 복도로 통하는 문 앞에 이르러 살짝 문을 열려고 했다. 그런데 그 순간 바깥에서 자물쇠를 채운 것을 알자 비로소 그도 당황했다. 그의 심장이 심하게 고동치기 시작했다. 그가 여기에 들어오고 나서 누가 문에 자물쇠를 채워 버렸다면 불행한 우연의 일치였을지도 몰랐다. 하지만 그는 그렇게 믿지 않았다. 그는 함정에 빠졌던 것이다. 이제는 마지막이었다. 그가 여기에 남몰래 들어오는 것을 누가 보았음에 틀림없었다. 목숨이 달아날 판이었다. 온몸을 부들부들 떨며 그는 어둠 속에서 있었다. 그러자 "날 배신하지 말아요!" 하던 아그네스의 마지막 말이 생각났다. 그렇다. 그녀를 배신해서는 안 된다. 그의 심장은 쉴 새 없이 고동치고 있었다. 하지만 결심이 그의 마음을 붙들어 주었다. 그는 입을 굳게 다물었다.

그것은 모두 한순간에 일어난 일이었다. 저쪽에서 문이 열리고 아그네스의 방에서 백작이 들어왔다. 왼손에 촛대를, 오른손에 칼을 빼어 들고 있었다. 바로 이 순간에 골드문트는 가까이에 걸려 있는 드레스며 외투 몇 벌을 얼른 걷어내려 팔에 걸었다. 도둑으로 여기게 해줄 속셈이었다. 어떻게 보면 그것이 피할 수 있는 길인지도 몰랐다.

백작은 곧 그를 발견하고 천천히 다가왔다.

"누구냐? 여기서 뭘 하고 있지? 대답해라. 안 그러면 찌르겠다."

골드문트는 속삭이듯 말했다. "용서해 주십시오. 저는 가난뱅이입니다. 나리께서는 이다지도 부자가 아니십니까! 이건 모두 돌려드리겠습니다. 나리! 자, 여기 있습니다."

그리고 그는 외투를 바닥에다 놓았다.

"그래, 도둑이냐? 이렇게 오래된 외투 몇 벌 때문에 목숨을 걸다니, 영리하지 못한 녀석이구나. 이 도시에 사는 놈이냐?"

"아닙니다. 나리, 저는 집도 갈 곳도 없는 놈이올시다. 가난뱅이입니다. 한 번만 봐주실 수……."

"닥쳐라! 네놈이 귀부인을 욕보일 만큼 뻔뻔스러운 놈인지 알고 싶군. 하지만 어찌됐든 목을 달아맬 놈이니 그런 건 조사할 필요도 없다. 도둑질만으로도 충분해."

"거기 누가 있나? 문 열엇!" 그는 닫힌 문을 세게 두들기며 소리 질렀다.

바깥에서 문이 열렸다. 병사 세 사람이 칼을 빼들고 준비하고 있었다.

"이놈을 잘 묶어라." 백작은 조롱과 오만이 섞인 거친 소리로 고함쳤다. "여기서 도둑질을 한 부랑배다. 감옥에 가뒀다가 내일 아침에 교수대에 걸어라."

골드문트는 저항하지도 않고 두 손을 내밀어 밧줄에 묶였다. 그는 그렇게 묶인 채 긴 복도를 지나고 계단을 내려가 안마당을 건너갔다. 하인 하나가 등불을 들고 앞서갔다. 그들은 쇠창살을 두른 지하실의 둥그런 문 앞에서 멈쳤다. 말이 오가더니 꾸중하는 소리가 요란했다. 감옥 문의 열쇠가 없어진 탓이다. 병사 하나가 등불을 받아들고 하인이 열쇠를 가지러 되돌아 달려갔다. 무장한 세 사람과 결박당한 한 사람이 함께 문 앞에서 기다리고 서 있었다. 등불을 든 병사가 호기심에서 묶인 사람의 얼굴에 등불을 가까이 갖다대었다. 그 순간, 이 성에 손님으로 와 있었던 많은 사제들 가운데서 두 사람이 이 옆을 지나갔다. 성 안의 예배당 쪽에서 온 사람들이었는데, 발걸음을 멈추고 밤중에 벌어진 광경에 관심이 쏠려 세 사람의 부하와 묶인 사나이를 주의 깊게 바라보았다.

골드문트한테는 사제도, 그를 지키고 있는 사람도 보이지 않았다. 불을 얼굴 바로 앞에 갖다댄 탓에 눈이 부셔서 가물거리는 불빛밖에 아무것도 볼 수가 없었다. 그리고 그는 불빛의 뒤쪽으로 형체가 없는 커다란 유령 같은 희미한 무언가를 보고 겁에 질려 있었다. 그것은 심연이고 종말이며 죽음이었다. 그는 두 눈을 한군데 집중시키고 아무것도 보지도 듣지도 않고 서 있었다. 사제 가운데 한 사람이 열심히 병사들과 이야기를 나누고 있었다. 이놈은 도둑이며 사형선고를 받았다, 라는 말이 그에게 들렸을 때, 사제는 그가 고해성사를 했느냐고 물었다. 그들은 아니라면서 현행범으로 체포되었다고 대답했다.

사제는 말했다.

"그러면 내가 아침에 그에게 가서 영성체를 베풀고 고해를 듣도록 하겠네. 자네는 그 전에 그를 끌고 가지 않겠다고 약속하게. 백작님하고는 오늘 안에 이야기하겠네. 이 남자가 도둑인지는 모르지만, 그 또한 다른 그리스도 교도들과 마찬가지로 고해성사를 할 권리가 있지."

병사들은 감히 반대하려고 하지 않았다. 그들은 이 신부를 알고 있었다. 백작한테 오는 사절 가운데 하나로 백작과 함께 식사를 하는 모습을 자주 본 일이 있었다. 게다가 가난한 도둑놈이라고 해서 고해를 허락하지 말라는 법은 없잖은가?

사제들은 갔다. 골드문트는 여전히 시선을 한군데 모으고 있었다. 이윽고 하인이 열쇠를 가지고 와서 문을 열었다. 죄인은 지하실 안으로 인도되었다. 그는 이리저리 비틀거리면서 몇 계단을 미끄러져 내려갔다. 주위에는 등받이 없는 의자 몇 개와 탁자가 있었다. 포도주 저장창고 앞에 있는 방이었다. 그들은 조그만 의자를 탁자 옆에 가지고 와서 거기에 앉으라고 명령했다.

"내일 아침 일찌감치 신부님이 오실 테니 고해 정도는 할 수 있어." 병사 한 사람이 그에게 말했다. 그리고 그들은 밖으로 나가서 육중한 문에 조심스레 자물쇠를 채웠다.

"이봐요, 불은 놓고 가요." 골드문트는 부탁했다.

"안 돼, 친구. 이런 게 있으면 무슨 일을 저지를지도 모르잖아. 불이 없어도 별일 없을 거야. 마음가짐이나 단단히 하고 있어. 그리고 이런 불이 얼마나 오래갈 것 같나? 한 시간도 못 돼서 다 타버리고 말걸. 자, 잘 자기나 해."

이제 그는 어둠 속에 혼자 있게 되었다. 의자에 앉아 탁자 위로 머리를 대고 엎드렸다. 이렇게 앉아 있자니 고통스러웠다. 밧줄에 묶인 손목도 아팠다. 하지만 이런 감각들을 깨닫게 된 것도 훨씬 나중의 일이었다. 처음에 그는 그저 그렇게 앉은 채로 머리를 교수대에 올린 듯 탁자 위에 얹고 피할 수 없는 현실과 죽음을 받아들이고 있었다.

그는 비참하게 몸을 굽힌 채 영원처럼 느껴지는 시간 동안 그렇게 앉아 있었다. 그리고 자신에게 지워진 운명의 짐을 받아들이고 인식하며, 그 안에서 호흡하여 그것으로 자신을 채우려고 노력했다. 지금은 저녁 무렵이지만, 곧 밤이 시작된다. 이 밤의 종말은 또한 그의 종말이다. 그것이 그가 깨달아야 하는 것이었다. 내일이면 그는 더 이상 살아 있지 못하리라. 그는 목이 매달려 하나의 물건이 될 테고, 새들이 와서 앉아 주둥이로 그를 톡톡 쪼을 것이다. 그도 니클라우스 스승처럼, 불탄 통나무집의 레네처럼, 모두 죽어 텅 빈 집이나 시체를 잔뜩 채운 마차에서 본 송장들처럼 변해 버리고 말 것이다. 운명을 받아들여 자신을 꽉 채우기란 쉬운 일이 아니었다. 그것을 인정한다는 것은 정말 불가능에 가까운 일이었다. 아직 포기하지 못하고, 이별을 고하지 않은 것이 너무나 많았다. 그 일을 위해 밤의 몇 시간이 그에게 주어져 있었다.

그는 아름다운 아그네스와 이별해야 했다. 그녀의 흰칠한 몸과 밝게 반짝이는 금발머리, 차가운 파란빛의 눈동자를, 이 두 눈이 흔들리며 거만함이 사라지는 모습을, 향기로운 살갗을 감싸 안은 보드라운 금빛 솜털들을 두 번 다시 보지 못하리라. 잘 있어라, 푸른 눈동자여! 잘 있어라, 촉촉이 젖어 가냘프게 떨던 입술이여! 그는 그 입술에 몇 번이나 거듭 키스하고 싶어했었다. 아, 늦가을 햇볕이 내리쬐는 오늘 아침의 언덕에서 얼마나 그녀를 생각했는가! 얼마나 그녀를 향해 귀 기울이며 그리워했었나! 하지만 그는 언덕과 태양, 하얀 구름이 떠도는 푸른 하늘, 나무들과 숲들, 방랑 생활, 하루의 시간들과 사계절에게도 이별을 고해야 했다. 아마 마리는 지금도 자지 않고 앉아 있을 것이다. 선량하고 사랑스러운 눈을 가진 마리, 다리를 절뚝거리며 걷는 불쌍한 마리. 그녀는 앉아 기다리다 부엌에서 잠들었다가 다시 눈을 뜰 테지. 하지만 이제 골드문트는 집에 돌아갈 수 없는데.

아, 종이와 연필! 만들고 싶었던 온갖 형상들에 대한 희망도 사라져 버렸다! 나르치스와 소중한 사도 요한상을 다시 볼 희망도 포기해야 한다.

그리고 자신의 손과 눈, 배고픔과 목마름, 음식과 음료수, 사랑, 류트 연주, 잠자고 일어나는 모든 것에 대해 이별을 고해야 했다. 내일 새가 하늘을 날더라도 골드문트는 볼 수 없으리라. 소녀가 창가에 기대어 노래를 불러도 들을 수가 없으리라. 강은 흐르고 까만 물고기는 헤엄쳐 간다. 바람이 불어 땅바닥의 노란 잎사귀를 쓸어간다. 햇빛이 비치고 별이 하늘에서 반짝인다. 젊은 사람들은 춤추러 가고 첫눈이 먼 산에 쌓인다. 모든 것이 그렇게 계속된다. 나무들은 그림자를 길게 던지고 사람들은 모두 생기 가득한 눈으로 즐겁거나 슬프게 쳐다본다. 개들은 짖어대고 암소들은 마을 외양간에서 음매 소리를 낸다. 모든 것이 그대로지만 그는 없다. 이제 아무것도 그에게 속해 있지 않고, 모든 것에서 그는 내쳐지고 말았다.

그는 황야의 아침 냄새를 맡았다. 달콤하고 싱싱한 포도주와 싱싱하고 단단한 호두 맛을 보았다. 그의 기억이 모든 다채로운 세계의 빛나는 파노라마로 펼쳐지며 무거운 가슴을 꿰뚫고 지나갔다. 인생의 아름다운 혼돈이 가라앉으면서 이별을 고하고 그의 감각을 통해 다시 한 번 반짝였다. 그는 고통스런 비탄에 잠겨 몸을 움츠렸다. 자신의 눈에서 눈물이 흘러내리는 것이 느껴졌다. 흐느껴 울면서 그는 격렬한 감정의 파도에 자신을 내맡겼다. 아, 골짜기여, 수풀에 뒤덮인 산이여, 푸른 느릅나무 숲 속을 흘러내리는 개울이여. 소녀들이여, 다리 위의 달밤이여, 아, 아름답게 빛나는 형상들의 세계여. 어떻게 너를 떠날 수 있단 말이냐! 그는 울면서 서글퍼하는 어린아이처럼 탁자 위에 쓰러졌다. 괴로운 가슴속에서 한숨과 애원하는 비명이 치밀어

올라왔다. "아, 어머니, 아, 어머니!"

그가 이 마법의 이름을 부르자 그의 기억 한구석에서 하나의 형상이 그에게 대답을 해왔다. 그것은 어머니의 형상이었다. 그의 생각이나 예술가의 꿈에 그려지는 어머니의 모습이 아니라 그 자신의 어머니 형상이었다. 수도원 생활 이래 그가 한 번도 본 적이 없는 아름답고 생생한 어머니의 모습이었다. 그는 어머니한테 그의 애달픔을 호소하고 죽어야 하는 운명의 참을 수 없는 괴로움을 눈물로 호소했다. 그는 어머니에게 몸을 맡겼다. 숲과 태양, 그의 두 눈과 두 손, 그의 삶 전체와 존재를 어머니의 두 손에 돌려주었다.

그는 흐느끼다가 잠이 들었다. 극도의 피로와 졸음이 어머니처럼 그를 팔에 안아들었다. 한두 시간 동안 자고 나면 이 비참함에서 벗어날 수 있는 것이었다.

다시 눈을 떴을 때, 그는 심한 고통을 느꼈다. 묶인 손목이 불타는 듯 아팠다. 등과 목덜미를 찌르는 듯한 통증이 그를 관통했다. 그는 가까스로 일어나서 정신을 차리고 자기 신세를 다시 인식했다. 그의 주변은 완전히 암흑이었다. 얼마나 잠을 잤는지 알 수 없었다. 아직 몇 시간이나 생명이 붙어 있을는지조차 알 수 없었다. 바로 이 다음 순간에 그들이 쫓아와서 죽음의 장소로 그를 데리고 갈는지도 모르는 일이었다. 그때 그는 신부가 그를 찾아오기로 한 약속이 문득 떠올랐다. 그 성사(聖事)가 그다지 쓸모가 있으리라고는 생각지 않았다. 그를 완벽히 사죄해 주고 용서해 주더라도 그가 천국에 갈 수 있는지 없는지는 모르는 일이었다. 천국이나 하느님 아버지, 심판이나 영원이 있는지도 알 수 없었다. 그는 이런 것에는 벌써 오래전부터 완전히 확신을 잃고 있었다.

하지만 영원이 있든 없든 그는 그런 것을 바라지도 않았다. 불안정하고 덧없는 이 생명과 이 호흡, 이 피부 속을 집으로 삼는 것, 산다는 것 말고는 아무것도 바라지 않았다. 그는 벌떡 일어나 앉아 어둠 속을 비틀거리며 벽까지 더듬어가서 벽에 똑바로 몸을 기대고 생각하기 시작했다. 구원의 손길이 없는 것도 아니다! 어쩌면 신부가 구해 줄지도 모른다. 어떻게 하면 신부한테 그의 무죄를 믿게 할 수 있을까? 그를 위해 말이라도 좀 해줄까? 형 집행을 미뤄 주거나 혹은 도망치는 데 힘이라도 되어 주지 않을까? 그는 열심히 이 생각에 몰두했다. 아무 소용없는 짓이라고 하더라도 단념하고 싶지 않았다. 승부는 아직 끝난 게 아니었다. 먼저 신부의 마음을 사로잡아 같은 편으로 끌어들이는 데에 전력을 다한다. 자기편이 되도록 이래저래 설득하고 치켜세워서 협조하게 만드는 것이다. 이 도박에서 신부는 그의 손에 있는 단 하나의 좋은 카드였다. 딴 가능성은 모두 꿈이었다. 물론 우연의 일치라든가 행운이라는 것도 있었다. 사형집행인이 심한 복통을 일으킨다든가, 교수대가 망가진다든가, 미리 생각지도 않던 도망칠 가능성이 생긴다든가 하는 일도 있을 수 있었다. 아무튼 골드문트는 죽는 것을 거부했다. 죽음의 운명을 받아들이려고 했지만 그럴 수가 없었다. 그는 온 힘을 다해 마지막 순간까지 싸워 나갈 것이다. 문지기의 발을 걷어차고, 사형집행인을 넘어뜨리며, 최후의 순간까지 몸 안의 모든 핏방울을 짜내어 살기 위해 싸우리라. 아, 신부를 설득해서 포승을 끄를 수 있다면 얼마나 좋을까! 그러면 이만저만 큰 힘이 아닐 텐데.

그 사이에도 그는 고통을 무릅쓰고 이로 포승줄을 풀려고 애를 썼다. 오랫동안 맹렬한 노력을 기울여 포승이 조금 느슨해졌다고 생각될 때까지 계속했다. 그는 숨을 헐떡거리며 캄캄한 감옥에 서 있었다. 부풀어오른 팔과 손이 몹시 쑤셨다. 숨이 진정되자 벽을 따라 걸으면서 조심스레 앞으로 나아가 촉촉이 젖은 지하실 벽을 따라 한 발 한 발 옮기면서 튀어나온 모서리가 없는지 자세히 찾아보았다. 그 순간 이 지하실 감옥에 들어올 때 헛디딘 계단이 문득 머리에 떠올랐다. 그것을 찾아보니 쉽사리 발견되었다. 그는 무릎을 꿇고 앉아 돌계단의 한쪽 모서리에다 포승줄을 대고 문질러 보았다. 어려웠다. 포승줄 대신에 자꾸만 손목 관절이 돌에 부딪쳐 불타오르듯 화끈거리면서 피가 흐르는 것을 느꼈다. 하지만 그는 쉬지 않았다. 문과 문틀 사이로 이른 아침의 빛이 희미하게 가느다란 선을 보여 줄 때쯤 그는 목적을 이루었다. 포승줄이 닳아서 끊어진 것이다. 그는 포승줄을 풀 수 있었다. 두 손이 자유로워졌다! 하지만 그 뒤에는 손가락을 제대로 놀릴 수가 없었다. 두 손은 부르트고 감각은 전혀 없었다. 팔은 어깨까지 뻣뻣이 굳어 있었다. 피가 다시 제대로 돌도록 손과 팔을 억지로 움직여 보았다. 그러면서 그는 꽤 훌륭한 계획을 짜냈다.

신부에게 전혀 도움을 받지 못하게 된다면 그저 잠깐만이라도 단둘이 있게 될 때 신부를 죽이지 않으면 안 된다. 의자 하나만 가지고도 목적을 달성할 수가 있을 것이다. 목을 졸라 죽일 수는 없었다. 그러기에는 손에도 팔에도 힘이 모자랐다. 그러니 신부를 때려눕히고 나서 얼른 신부의 옷을 바꾸어 입고 탈출하는 것이다! 다른 사람들이 시체를 발견하기 전에 그는 성에서 빠져나가야 한다. 그런 다음에는 쉬지 않고 달아나는 것이다. 마리는 그를 받아주고 집에 숨겨줄 것이다. 계획이 성공하도록 노력해야 했다. 그것은 가능한 일이었다.

골드문트는 평생토록 이때만큼 밤이 새는 것을 애타게 기다려 본 적도, 이때만큼 무서워 몸을 떨어본 적도 없었다. 긴장감과 투지로 덜덜 떨면서 그는 사냥하는 포수의 눈으로 문 밑의 틈에서 새어 들어오는 가냘픈 빛줄기가 차츰차츰 밝아지는 것을 주시하고 있었다. 그는 탁자가 있는 데로 돌아갔다. 두 손을 무릎 사이에 끼고, 조그만 의자에 웅크리고 앉아 있는 시늉을 해보려고 했다. 포승줄이 풀려 있는 것을 들킬 수는 없었다. 두 손을 마음대로 놀릴 수 있게 된 때부터 그는 죽음을 믿지 않았다. 탈출할 결심이었다. 그 때문에 전 세계가 산산조각이 난다 하더라도, 어떤 희생을 치르는 한이 있더라도 살아야겠다는 결심을 했다. 그의 코는 자유와 생명에의 욕망에 파르르 떨며 벌름거렸다. 그리고 어쩌면 바깥에 있는 누군가가 그를 도와주기 위해 올지도 모르는 일 아닌가? 아그네스는 여자이고, 그녀의 힘은 별것이 아니다. 아마 그녀의 용기도 비슷한 정도일 테니 그녀가 그를 저버리더라도 이상하지 않다. 하지만 그녀는 그를 사랑하고 있으니 어떻게 해줄 수도 있을 것이다. 바깥에 시녀 베르타가 몰래 찾아왔는지도 모른다. 그리고 또 그녀가 믿을 수 있다고 했던 마부가 있지 않았던가? 아무도 나타나지 않고 아무 신호도 없다면 계획을 실천에 옮길 뿐이다. 실패한다면 의자를 가지고 보초를 때려죽인다. 둘이든 셋이든 몇이라도 오는 대로 죽여 버린다. 확실히 한 가지 유리한 점도 있었다. 그의 눈은 어둠에 익숙해져 새벽빛에서도 어떤 형체나 크기라도 대충 짐작할 수 있지만, 그들은 여기 처음 들어오면 몇 분간은 안 보여서 더듬거릴 것이다.

열에 들뜬 사람처럼 그는 탁자 앞에 웅크리고 앉았다. 그리고 신부를 구원자로 얻기 위해서 무슨 말을 할 것인지 곰곰이 생각했다. 그것이 가장 첫 번째 단계였다. 동시에 그는 틈새에서 새는 빛이 조금씩 커져 가는 것을 애타게 바라보고 있었다. 몇 시간 전만 해도 그렇게도 겁을 집어먹으면서 무서워했던 순간을 그는 이제 초조하게 기다리고 있었다. 참을 수 없는 지경에까지 다다랐다. 무시무시한 긴장에 더 이상 견딜 수가 없었다. 그의 체력과 주의력, 결단력과 기력도 차츰 사그라지고 있었다. 긴장된 이 준비 태세와 살아보자는 결의가 아직 왕성하게 용솟음치고 있을 동안에 문지기가 어서 신부를 데리고 와주어야만 했다.

이윽고 바깥 세계도 깨어나고, 마침내 적이 가까이 왔다. 안마당의 자갈 위로 발소리가 메아리쳤다. 열쇠가 자물쇠 구멍에 꽂혀 돌아갔다. 그 소리 하나하나가 기나긴 죽음의 정적 다음의 천둥소리처럼 크게 울려 왔다.

육중한 문이 천천히 조금씩 열리며 돌쩌귀가 삐드득 소리를 냈다. 초가 두 개 꽂혀 있는 촛대를 가지고 신부가 문지기도 없이 혼자 들어왔다. 골드문트가 처음 생각했던 것과는 아주 딴판이 되었다.

얼마나 이상하고 감동적인 광경인가. 신부는 들어오더니 손을 보이지 않게 뒤로 돌리고 문을 다시 닫았다. 그런데 그가 입고 있는 것은 마리아브론 수도원의 교단복으로, 한때 다니엘 원장이나 안젤름 신부나 마르틴 신부가 입고 있었던 눈에 익고 그리운 차림이었다!

이 광경은 골드문트의 가슴에 무어라 말할 수 없는 충격을 주었다. 그는 눈길을 옆으로 돌리지 않을 수 없었다. 이 낯익은 수도복의 출현은 뜻밖에 일이 순조로이 풀린다는, 좋은 징조를 약속해 주는지도 몰랐다. 하지만 그래도 때려죽이는 방법 말고는 도망칠 길이 달리 없는지도 모른다. 그는 입을 다물었다. 이 교단의 신부를 죽인다는 것은 그에게 무던히도 힘든 일일 것이다.

17

"찬미 예수!" 신부는 이렇게 말하며 촛대를 탁자 위에 올려놓았다. 골드문트는 눈을 내리깔고 입안에서 중얼거리며 응창했다.

신부는 아무 말도 하지 않았다. 골드문트가 불안해져서 앞에 있는 사람을 향해 살피듯이 두 눈을 치켜들 때까지 신부는 그 자리에 아무 말 없이 서 있었다.

골드문트를 어리둥절하게 한 것은, 이 사람이 마리아브론 수도원 신부들의 복장을 하고 있을 뿐만 아니라 원장 배지를 달고 있는 것이었다.

그는 원장의 얼굴을 쳐다보았다. 앙상한 얼굴은 윤곽이 뚜렷하고 가느다란 입술을 하고 있었다. 아는 얼굴이었다. 골드문트는 홀린 듯 저도 모르게 그 얼굴을 쳐다보았다. 완전히 정신과 의지에 의해서 형성된 듯한 얼굴이었다. 그는 떨리는 손으로 촛대를 움켜쥐고 낯선 사람의 얼굴 가까이에 촛대를 갖다대었다. 신부의 눈을 보기 위해서였다. 눈을 보고 촛대를 도로 내려놓는 그의 손이 떨고 있었다.

"나르치스!" 그는 거의 들리지 않을 정도로 속삭였다. 주변에 있는 모든 것이 어지럽게 돌기 시작했다.

"그래, 골드문트, 한때 나는 나르치스였었지. 하지만 그 이름은 쓰지 않은 지 오래되었다네. 자네는 잊었을지 모르지만, 나는 서품을 받은 이래 요한이라 불린다네."

골드문트는 가슴 밑바닥까지 흔들렸다. 별안간 전 세계가 변화하고 말았다. 그의 초인적인 긴장이 갑작스럽게 무너져 내리며 숨이 막힐 지경이 되었다. 그는 부들부들 떨었다. 현기증이 일면서 머릿속이 텅 빈 풍선처럼 되어 위장이 쪼그라드는 기분이었다. 눈 뒤쪽에서 뭔가가 뜨거운 흐느낌 같은 것이 타올랐다. 이 순간 그가 간절히 바라는 일은 울음을 터뜨리면서 그대로 쓰러져 버리는 것뿐이었다.

그러나 그의 젊은 시절 기억 깊은 곳에서 경고음이 울려 퍼졌다. 나르치스를 보자 자신이 소년일 때의 언젠가 이 아름답고 엄격한 얼굴의 빈틈없는 눈 앞에서 참아내지 못하고 마구 울어댄 기억이 떠오른 것이었다. 또다시 그럴 수는 없었다. 그의 일생에서 가장 긴박한 순간에 나르치스는 유령처럼 홀연히 나타난 것이다. 아마도 그의 목숨을 구해 주기 위해서. 그러면 지금 그의 앞에서 다시 흐느껴 울면서 쓰러지거나 기절해야 한단 말인가? 아니, 안 돼. 그는 견뎌냈다. 마음을 억눌러 속을 가라앉히고, 머릿속에서 어지러움을 몰아냈다. 지금 나약한 모습을 보여 줄 수는 없었다.

"자네를 여전히 나르치스라고 부르는 것을 용서하게나." 그는 억지로 자제한 목소리로 겨우 말할 수 있었다.

"그렇게 부르게. 악수도 하지 않을 건가?"

골드문트는 다시 자신을 억제했다. 그리고 학창시절에 때때로 그랬듯이 소년처럼 고집 세고 약간 빈정대는 듯한 어조로 대답했다.

"용서하게나, 나르치스." 그는 싸늘하고 조금 심드렁하게 말했다. "보아하니 자넨 원장이 됐군, 하지만 나는 여전히 부랑자일세. 게다가 우리 대화는 내가 그토록 바란 것이긴 하지만, 섭섭하게도 오래는 끌지 못한다네. 나르치스, 나는 교수형을 받을 처지가 되었으니 말일세. 한 시간 안에, 또는 그 전에 목이 매달릴 걸세. 내가 이런 말을 하는 것은 다만 상황을 명백히 해두기 위해서라네."

나르치스는 얼굴빛 하나 변치 않았다. 친구의 소년 같은 자기과시의 면모가 우습기도 했지만, 감동스럽기도 했다. 그러나 그는 골드문트가 자존심 때문에 그의 가슴으로 쓰러지듯 뛰어들면서 울먹이지 않는다는 것도 예리하게 알아차리고 그 마음을 이해했다. 그 또한 그들이 다른 식으로 재회하게 되리라고 상상했었으나, 이 작은 희극을 반대할 까닭은 없었다. 골드문트가 이보다 더 빨리 그의 마음을 다시 사로잡을 수는 없었을 것이다.

"그래, 좋아." 그도 똑같이 태평스러운 척하며 말했다. "그건 그렇다 치고 교수형에 대해서는 걱정하지 않아도 좋네. 자네는 특사를 받았어. 나는 자네한테 그것을 알리고 자네를 데려가려고 왔지. 자네가 이 도시에 머물 형편이 아니니 말일세. 그러니까 서로 수다 떨 시간은 넉넉할 거야. 이제 악수할 수 있겠나?"

두 사람은 서로의 손을 맞잡고 한참이나 굳게 쥐고 있었다. 그러면서 서로에게 깊은 감동을 느꼈으나, 그들의 대화에서는 실없는 희극이 한동안 계속되었다.

"좋아, 나르치스, 그럼 이 영광스럽지 못한 숙소에서 나가세. 나도 자네 일행에 끼겠네. 마리아브론에 돌아갈 건가? 응? 멋지군. 어떻게? 말 타고? 정말 멋져. 그럼 내 말을 어떻게 구하느냐가 문제로군."

"말쯤이야 손에 넣을 수 없을라고, 친구. 우리는 두 시간 안에 출발하게 될 걸세. 아, 그런데 자네 손은 왜 그런가? 오, 이런 맙소사! 완전히 벗겨진 데다 붓고 피도 나지 않는가! 아, 골드문트, 어떤 대접을 받은 건가!"

"나르치스, 괜찮아. 스스로 내 손을 이렇게 한 거라네. 그들은 나를 묶어 뒀는데, 내가 멋대로 푼 거야. 쉽지는 않았어. 그런데 자네는 호위도 없이 여길 들어오다니 꽤 용감하구면."

"용감하다니? 위험하지도 않은데."

"아, 나한테 맞아 죽는 건 대수롭지 않은 위험일 뿐이지. 나는 그렇게 할 계획을 짜두고 있었거든. 그들이 신부가 올 거라고 나에게 말했었어. 그래서 그를 죽인 뒤에 그의 옷을 벗겨 입고 달아나려 했었지. 썩 좋은 계획 아닌가?"

"그럼 자네는 죽고 싶지 않았군? 죽음에 반항할 작정이었나?"

"분명히 그럴 작정이었지. 그 신부가 자네일 것이라고는 생각지도 않았지만."

나르치스가 머뭇거리며 말했다.

"아무튼 상당히 험악한 계획이었구먼. 자네의 고해성사를 해 주러 오는 사제를 정말 죽이려 했단 말인가?"

"자네는 아니지, 나르치스, 물론 아니야. 아마 마리아브론의 수도복을 입고 있었다면 자네의 동료일 테니 그러지 못했을 거야. 하지만 다른 신부였다면 그랬을 거야. 그래, 틀림없어." 갑자기 그의 목소리는 슬픔과 음울함에 휩싸였다. "그런 일이 벌어졌다고는 해도 그는 내가 처음으로 죽인 사람은 아닐세."

둘은 침묵 속에 빠져들었다. 답답한 기분이었다.

"그래, 그 얘기는 언제 다시 하기로 하지." 나르치스는 차디찬 목소리로 말했다. "자네만 내키면 언제든지 나한테 고해할 수 있어. 아니면 그 밖에 자네의 생활에 대해서 이야기해도 좋아. 나도 자네한테 이것저것 이야기할 것이 있거든. 기꺼이 기대하겠네. 자, 그럼 갈까?"

"잠깐만, 나르치스! 방금 어떤 생각이 떠올랐어. 뭐냐면, 내가 자네를 요한이라고 부른 적이 있었다는 거야."

"무슨 말인지 이해가 가지 않는데."

"물론 그럴 테지. 자네는 모를 거야. 몇 년 전에 나는 자네한테 요한이라는 이름을 붙인 적이 있었어. 그건 자네의 이름이 붙은 채로 영원하겠지. 잠시 조각가이자 목조가로 지낸 적이 있었어. 다시 한 번 그렇게 지내려고 생각 중이야. 그 무렵에 내가 만든 조각상 가운데 가장 괜찮은 게 나무로 만든 예수의 제자였지. 실물 크기로 만들었는데 자네를 모델로 했다네. 하지만 이름은 나르치스가 아니라 요한이었어. 십자가 밑의 사도 요한 말이야."

그는 일어서서 문으로 걸어갔다.

나르치스는 나지막이 물었다. "그러니까 자네는 아직도 나를 생각하고 있었나?" 똑같이 나지막한 소리로 골드문트가 대답했다. "그래, 나르치스, 자네를 생각했지, 언제나, 언제나."

그는 육중한 문을 힘차게 밀고 나섰다. 노란빛이 감도는 아침 햇살이 쏟아져 들어왔다. 두 사람은 더 이상 아무 말도 나누지 않았다. 나르치스는 그를 자신이 묵고 있던 손님방으로 데려갔다. 그의 동행인 젊은 수도사가 거기서 부지런히 짐을 꾸리고 있었다. 골드문트는 먹을 것을 얻고 손을 닦은 뒤 약간의 붕대를 얻어 감았다. 곧 말이 끌려나왔다.

그들이 말을 탔을 때, 골드문트는 말했다. "부탁이 하나 있네. 생선 시장쪽으로 지나가세나. 거기에 볼일이 좀 있어."

그들은 출발했다. 골드문트는 성 안의 창문을 모두 주의하여 살펴보았다. 어쩌다가 혹시 아그네스의 모습이 어딘가에서 보일지도 몰랐다. 하지만 그녀는 보이지 않았다. 그들은 말을 타고 생선 시장을 지나갔다. 마리는 골드문트를 무척 걱정하고 있었다. 그는 마리와 그 부모에게 이별을 고하고 감사인사를 수없이 하며, 언젠가 다시 오겠노라고 약속하고 말을 몰고 갔다. 말탄 사람들이 보이지 않게 될 때까지 마리는 문 앞에 서 있었다. 그러다가 천천히 집 안으로 절룩거리며 들어갔다.

말을 타고 가는 일행은 모두 넷이었다. 나르치스와 골드문트, 그리고 젊은 수도사와 무장한 마부 하나.

"내 말 블레스를 아직 기억하고 있나?" 골드문트가 물었다. "자네들 수도원의 마구간에 있던 말 말이야."

"기억하고말고. 하지만 그 말은 이제 없어. 자네도 기대하고 있지는 않겠지. 블레스가 죽은 지 아마 7, 8년은 됐을걸."

"그걸 잊지 않고 있었다니!"

"물론, 기억하고말고."

골드문트는 블레스의 죽음을 슬퍼하지는 않았다. 동물에게는 관심도 없고, 수도원의 다른 말들의 이름은 알지도 못할 나르치스가 블레스에 대해서는 그렇게 잘 알고 있다는 것이 골드문트는 매우 기뻤다.

"자네는 내가 우습겠지." 골드문트는 이야기를 계속했다. "수도원에 대해서 제일 먼저 물어 보는 것이 그 불쌍한 말이라니. 사실은 전혀 다른 걸 물어 보고 싶었어. 다니엘 원장님 말이야. 하지만 자네가 후임자가 된 걸 보고 그분은 벌써 돌아가셨을 거라고 생각했지. 그리고 죽음에 대한 걸로 시작하면 온통 그 이야기만 할 것 같아서 그랬어. 지금은 죽음에 대한 얘기는 별로 내키지 않아. 간밤의 일 때문이기도 하고, 페스트 때문이기도 하지. 정말 지긋지긋하게 봤거든. 하지만 이미 화제에 오른 것이고, 언젠가는 이야기해야 할 일이니까 다니엘 원장님이 언제 어떻게 돌아가셨는지 말해 줘. 나는 그분을 아주 존경했었지. 안젤름 신부님과 마르틴 신부님도 아직 생존해 계신지도 이야기해 줘. 나는 아무리 끔찍한 말이라도 들을 각오가 되어 있네, 적어도 자네가 페스트를 모면했다니 참 다행이야. 물론 나는 자네가 죽었으리라고는 아예 생각지도 않았어. 도리어 재회를 굳게 믿고 있었지. 하지만 믿음이 기만당하기도 하더군. 유감스럽게도 나는 그걸 경험으로 충분히 배웠다네. 내 스승이었던 조각가 니클라우스도 죽었으리라곤 상상할 수 없었거든. 그를 다시 만나서 일하게 되리라고 확신하고 있었어. 그런데도 내가 거기 갔을 때 그는 이미 죽고 없었지."

"대강 말하자면," 나르치스는 말했다. "다니엘 원장은 벌써 8년 전에 병도 고통도 없이 돌아가셨네. 나는 그분의 후임자가 아냐. 내가 원장이 된 건 겨우 1년 남짓해. 다니엘 원장의 후임자는 마르틴 신부님이었어. 전에 교장 지내신 분 말이야. 그분은 지난해 70세를 채우지 못하고 돌아가셨지. 안젤름 신부님도 이제는 안 계시다네. 그분은 자네를 좋아해서 가끔 자네 이야기를 하셨어. 말년에는 전혀 걸을 수가 없었고, 누워 있는 것도 매우 괴로워하셨지. 그는 수종(水腫)으로 돌아가셨어. 그래, 우리 수도원에도 페스트가 유행해서 많이 죽었지. 거기에 대해서는 말하지 않겠네! 아직도 궁금한 게 있나?"

"물론 잔뜩 있지. 무엇보다도 어떻게 자네가 총독이 있는 이 주교의 도시로 오게 됐는가?"

"긴 이야기라네. 자네한테는 지루할 거야. 정치에 관한 거니까 말일세. 백작은 황제가 매우 신임하고 있어서 여러 가지 문제에 대해서 전권을 맡고 있지. 현재 황제와 우리 교단 사이에 조정해야 할 여러 가지 문제들이 많아. 교단에서는 백작과 교섭할 사신의 역할을 나한테 맡겨 버렸어. 하지만 성과는 별로 없었어."

그는 입을 다물었다. 골드문트도 그 이상 묻지 않았다. 어젯밤 나르치스가 냉혹한 백작과의 협상에서 골드문트의 생명을 구해 내기 위해 얼마나 많은 양보를 했는지 물을 필요조차 없었다.

그들은 말을 달렸다. 골드문트는 곧 피로를 느껴 안장에 앉아 있는 것도 힘들었다.

한참 뒤에 나르치스가 물었다. "그런데 자네가 도둑질하다가 잡혔다는 게 정말인가? 백작은 자네가 성의 내실까지 숨어 들어와서 거기서 도둑질을 했다고 주장하더군."

골드문트는 웃음을 터뜨렸다. "실제로도 내가 도둑놈처럼 보였겠지. 그런데 나는 백작의 애인과 같이 있었는걸. 틀림없이 백작도 그걸 알고 있었을 거야. 나를 가버리게 놔주었다니 놀랍군."

"그야 그도 애기가 통하는 사람인걸."

그들은 계획한 하루의 여정을 끝내지 못했다. 골드문트가 너무나 지쳐서 두 손으로 고삐조차 잡을 수가 없었던 것이다. 그들은 한 마을에서 방을 빌렸다. 골드문트는 자리에 눕자 약간 신열이 났다. 그래서 이튿날도 그냥 드러누워 있었다. 하지만 그 다음 날은 여행을 계속할 수 있었다. 곧 손의 상처가 나아지자 그는 승마를 한껏 즐기기 시작했다. 얼마나 오랫동안 말을 타보지 못했던가. 그는 생기가 돌면서 젊어지고 명랑해졌다. 때때로 마부와 달리기를 하고, 이야기하고 싶어지면 친구 나르치스한테 여러 질문을 연달아 퍼부었다. 나르치스는 침착하고 흐뭇한 마음으로 거기에 응해 주었다. 그는 다시 골드문트에게 사로잡혀 있었다. 이 격렬하고 어린애 같은 질문들이 좋았다. 친구의 지성과 현명함에 대한 무한한 신뢰를 담고 있었기 때문이었다.

"하나 물어보겠어, 나르치스. 자네들도 유대인들을 태워 죽인 적이 있나?"

"유대인들을 태워 죽인다고? 우리가 어째서 그런 짓을 하겠어? 우리가 있는 곳에는 유대인도 없다네."

"그래. 그래도 말해 봐. 자네는 유대인들을 태워 죽일 수 있을까? 그런 일이 가능하다고 상상할 수 있어?"

"아니, 어째서 우리가 그런 짓을 하지! 자네는 나를 광신자라고 생각하고 있나?"

"이해해 줘, 나르치스! 내 말은, 경우에 따라서 자네가 유대인을 죽이라고 명령을 내리거나 그들을 죽여도 된다고 허락하는 상상을 할 수 있느냐는 거야. 그런 명령을 내린 후작이나 시장, 주교나 또 다른 관헌들이 얼마든지 있는걸."

"나는 그런 명령은 내리지 않겠지. 반면에 그런 잔학 행위를 방관하거나 묵인하는 건 상상해 볼 수 있어."

"그럼 자네는 그런 걸 참을 수 있단 말이야?"

"확실하지. 그것을 막을 수 있는 힘이 내게 없다면 말이야. 자네는 유대인들을 태워 죽이는 것을 본 적이 있군, 골드문트?"

"그래, 있어."

"그래서 자네는 그것을 막았나? 막지 않았다고? 그것 봐."

골드문트는 레베카의 이야기를 자세하게 했다. 이야기를 하는 도중에 그는 흥분해 버렸다.

"그래!" 그는 과격하게 결론을 맺었다. "우리가 살아가야 할 세상이 도대체 이게 뭐란 말인가? 지옥이 아닐까? 혐오스럽고 역겹지 않아?"

"확실히 세상이 그렇긴 해."

"아!" 골드문트는 퉁명스럽게 소리치면서 말했다. "그리고 자네는 가끔 내게 이렇게 이야기했지. 세상이 신성하다느니, 순환하는 위대한 조화라느니, 그 중앙에 조물주가 자리해 계시다느니, 모든 존재는 선하다느니, 등등 말이야. 아리스토텔레스나 성 토마스 아퀴나스의 저서에도 그렇게 씌어 있다고 했어. 자네가 이 모순에 대해 설명하는 걸 듣고 싶군."

나르치스는 크게 웃었다.

"놀라운 기억력인데? 하지만 자네는 좀 곡해를 했네. 나는 늘 조물주를 완전한 존재로 숭배했지만, 창조된 것이 완벽하다고 숭배한 적은 결코 없다네. 나는 세상의 악을 부정한 적은 없어. 진실한 사상가는 지상의 생활이 조화적이고 옳다거나 인간은 선량하다고 주장한 적이 없다네. 도리어 인간의 마음이 지향하는 것이 악이라는 사실은 성서에 뚜렷이 씌어 있어. 우리는 매일같이 그 실증을 보고 있지."

"대단히 좋은 말이야. 이제야 겨우 자네 같은 학자들이 어떻게 생각하고 있는지 알았군. 그러니까 인간은 악하고, 지상에서의 삶은 추악함과 눈속임으로 가득 차 있다는 것을 인정하는 거로군. 하지만 자네들의 생각과 책들의 이면에는 정의와 완전함이 존재해. 그러나 그것들은 현존하고 있고 증명될 수도 있지만, 결코 이용되지 않는 쓸모없는 것들뿐이구면."

"자네는 우리 신학자들에게 화가 무척 많이 나 있군그래! 하지만 자네는 여전히 사상가가 되지는 못했군. 온통 뒤죽박죽으로 받아들였을 뿐이야. 자네는 아직 좀더 배워야겠어. 하지만 도대체 자네는 왜 우리가 정의의 관념을 사용하지 않는다고 하는가? 우리는 날마다 그렇게 하고 있네. 이를테면 나는 원장으로서 수도원을 관리하지. 수도원 또한 바깥세상과 마찬가지로 완전하지도 않고 죄에서 벗어나지도 못하고 있다네. 그래도 우리는 끊임없이 원죄에 맞서는 정의의 신념을 바로 세우고, 우리의 불완전한 삶을 거기에 따라 재어 보며 악을 바로잡고, 하느님과 영원한 관계를 맺으며 살고자 시도하고 있어."

"그거야 그럴 테지, 나르치스. 자네 얘기를 하고 있는 것도, 자네가 좋은 원장이 아니라고 말하는 것도 아니네. 하지만 레베카나 화형 당한 유대인, 집단 매장지나 수많은 죽음, 페스트로 시체가 너저분하게 깔려 지독한 냄새를 풍기고 있던 골목과 혼자 살아남아 오갈 데 없는 아이들, 사슬에 매인 채 굶어 죽은 개, 이런 온갖 것이 눈앞에 떠오르면 내 가슴은 쓰려 온다네. 그리고 우리 어머니가 우리를 절망과 공포와 악마로 가득 찬 세계에 놓아두고 간 것 같은 생각이 든다네. 차라리 우리를 낳지 말고, 하느님이 이 무서운 세상도 만들지 말고, 구세주가 이 세상을 위해 무익하게 십자가에서 피 흘리지 않았다면 더 나았으리라 생각되네."

나르치스는 친구를 향해 정답게 고개를 끄덕였다.

"자네 말이 옳아." 그는 정색을 하고 말했다. "어서 내게 모두 얘기해 보게나. 하지만 자네는 한 가지 점에 있어서 대단히 곡해를 하고 있네. 자네는 자신이 지금 이야기하고 있는 것을 사상이라고 생각하고 있어. 하지만 그것은 감정이라네! 생존의 공포에 시달리는 인간의 감정일세. 그 슬픔과 절망에 찬 감정과 완전히 다른 감정이 대립하고 있다는 것도 잊지 말게나. 자네가 말을 타고 기분 좋게 아름다운 지방을 돌아다닐 때라든가, 또는 경솔하게 백작의 애인 비위를 맞추어 주기 위해서 땅거미가 질 무렵에 성 안에 숨어들어 갔을 때의 세상은 자네한테 완전히 다른 모습을 보여 주었을 거네. 페스트에 시달린 집도, 타죽은 유대 사람들도 모두 다 자네가 쾌락을 얻는 것에 대해 방해하지는 않았을 거네. 안 그런가?"

"확실히 그렇긴 해. 세상이 온통 죽음과 공포로 가득 차 있어서, 나는 지옥 한가운데 피어난 꽃을 꺾어 내 마음을 위로하려고 줄곧 노력했었어. 쾌락을 찾는 잠깐 동안은 공포를 잊거든. 하지만 그렇다고 해서 그게 없는 것이 되는 건 아니야."

"꽤 요령 있게 말하는군. 자네는 이 세상이 죽음과 공포로 포위되어 있다고 보는 모양이로군. 그리고 거기서 도망치기 위해 쾌락 속에 뛰어든다는 이야기고. 하지만 쾌락은 오래 계속되지 못해. 그건 자네를 다시 황무지로 쫓아낼 뿐이야."

"그래, 사실이야."

"사람들 대부분이 그렇게 느껴. 단지 자네만큼 그것을 날카롭고 격렬하게 느끼는 사람은 별로 없지. 그 감정을 알아차려야 할 필요성을 느끼는 사람은 드물어. 얘기해 보게. 쾌락과 공포 사이의 도망칠 길 없는 절망적인 방황이나, 삶의 쾌락과 죽음의 슬픔 사이에서 시소를 타는 것 말고는 다른 길을 시도해 본 적이 없나?"

"음, 물론 있었지. 예술로 시도해 보았다네. 아까도 말했지만 무엇보다도 조각을 했었지. 바깥세상에 발을 들여놓은 지 3년쯤 됐을까? 그동안엔 줄곧 방랑자로만 떠돌고 있었어. 그러던 어느 날 어느 수도원 성당에서 나무로 만든 성모상을 보았었지. 어찌나 아름다웠는지 첫눈에 마음을 빼앗기지 않았겠나. 그래서 그것을 만든 대가를 찾아냈지. 그분을 만나 보았어. 유명한 대가였지. 나는 그분의 제자가 되어 몇 년을 그 밑에서 일했었어."

"그 이야기는 나중에 좀더 자세히 들려주게나. 그런데, 예술이 자네한테 뭘 가져다줬나? 무슨 의미가 있었지?"

"무상의 극복이었다네. 인간 생활의 어릿광대 놀이와 죽음의 무도에서 무언가는 살아남는 것을 알게 됐지. 그건 예술품이었어. 그것도 언젠가는 없어지고 말겠지. 타서 없어지거나 망가지거나 부서지거나 할 거야. 하지만 예술품은 몇 세대를 뛰어넘고, 덧없는 순간을 지나서까지 살아남아 고요한 형상의 제국을 이루게 된다네. 거기에 협력하는 게 나한테는 위로가 되었어. 왜냐하면 덧없는 것을 영원하게 하는 거나 마찬가지니까."

"무척 마음에 드네, 골드문트. 자네가 아름다운 작품을 더 많이 만들기를 바라네. 자네 역량에 대한 내 믿음은 아주 크지. 마리아브론에서 오랫동안 내 손님으로 있어 줬으면 좋겠군. 자네가 일할 장소도 마련해 줄 테니 말이야. 허락해 주겠지? 우리 수도원에는 예술가가 없었네. 한데 자네의 정의로는 예술의 기적을 모두 설명할 수는 없어. 예술의 본질은 돌이나 나무나 색깔에 의해 현존하거나, 사멸하는 것을 죽음에서 구해내 더 오래 존속시킨다는 점에만 있는 것이 아니라고 나는 생각해. 여러 가지 예술품, 성자나 성모상을 봐 오기는 했지만 그것들이 한때 생을 살아 있던 개인의 초상이라고는 생각지 않아. 현존했던 인물의 형태나 색깔을 예술가가 보존하는 것만은 아니라는 거야."

"자네 말이 옳아." 골드문트는 흥분하여 소리쳤다. "자네가 예술에 대해 그렇게 조예가 깊을 줄은 생각지 못했네! 훌륭한 예술품의 원형은 실존적인 인물이 아니야. 실존적인 인물은 그 동기가 될 수는 있을는지 몰라도, 원형은 살과 피가 아니고 정신이야. 그것은 예술가의 영혼 속에 뿌리를 갖는 하나의 형상이야. 나르치스, 내 영혼 속에도 그런 형상이 꿈틀거리고 있어. 나는 그것을 언제 한 번 표현해서 자네한테 보여 주고 싶어."

"훌륭해! 골드문트, 방금 자네는 자신도 모르게 철학의 한가운데를 뚫고 들어가 그 비밀을 하나 이야기해 냈어."

"나를 놀리는군."

"오, 아니야. 자네는 '원형'에 대해서 이야기했어. 창조적인 정신 분야 말고는 아무 데도 존재하지 않지만, 물질 안에 실현되고 구체화될 수 있는 형상에 대해서 언급했어. 예술의 형태는 구체화되고 현실성을 갖기 전부터 이미 예술가의 영혼 속 형상으로 존재하고 있지! 그 형상, 즉 '원형'은 옛날 철학자들이 '이데아'라고 부른 것과 꼭 일치한다네."

"꽤 그럴 듯한 소리로군."

"그래, 이제 자네는 이데아와 원형을 인식하게 되었으니 정신적인 세계, 그러니까 우리 같은 철학자와 신학자의 세계에 들어온 걸세. 그리고 이 혼란스럽고 괴로운 삶이라는 전쟁터 한복판에서, 무의미한 죽음의 무도가 벌어지는 가운데서도 창조적인 정신은 존재한다는 걸 인정한 거지. 여보게, 나는 자네가 내게 다가온 소년 시절부터 자네 내부의 그 정신에 호소했던 걸세. 자네 같은 경우 그 정신은 사색가의 정신이 아니라 예술가의 정신이네. 하지만 그 정신이야말로 감각 세계의 모호한 혼돈, 쾌락과 절망 사이에 있는 끊임없는 동요에서 자네에게 벗어나는 길을 가리켜 주게 될 거야. 친구여, 자네에게 이런 고백을 듣게 되어 기쁘구먼. 나는 이걸 기다리고 있었어. 자네가 자네 선생인 나르치스에게서 벗어나 자네 자신을 발견하기로 용기를 낸 순간부터 말이야. 이제 우리는 다시금 새로운 친구가 될 수 있게 됐네."

이 순간 골드문트는 마치 그의 삶이 의미를 얻은 것 같았다. 마치 위에서 그의 삶을 내려다보고 있는 듯한 기분이었다. 그의 삶이 커다란 세 단계로 구분되어 있는 듯 여겨졌다. 나르치스에 의존하다가 벗어났던 시절, 자유롭게 방랑하던 시절, 이제 다시 돌아와서 자신의 내면을 들여다보는 성숙과 수확의 시절이 그것이었다.

환상은 다시 사라졌다. 하지만 이제 그는 나르치스와 알맞은 관계를 정립했다. 더 이상 의존적인 관계가 아니라 대등하고 호혜적인 관계가 된 것이다. 나르치스가 그 안의 창조력을 인정해 주었으므로, 수치심 없이 뛰어난 지성의 나르치스에게서 손님으로 대접받을 수 있었다. 여행을 하는 동안 그는 나르치스에게 자기 자신을 보여 주고, 자신이 만들어낸 형상으로써 자신의 내면세계를 보여 주게 되기를 더욱더 바라고 고대하게 되었다. 하지만 때때로 걱정스럽기도 했다.

"나르치스," 그는 경고했다. "나는 자네가 수도원에 데려가는 사람이 어떤 놈인지 알고 있는가가 걱정스럽네. 나는 수도사도 아니고, 그렇게 되고 싶지도 않아. 나는 수도사의 세 가지 맹세를 잘 알고 있잖나. 가난이야 기꺼이 받아들일 수 있어. 하지만 순결과 복종을 그다지 좋아하지 않아. 이 두 덕목은 정말 남자다운 것 같지 않아. 이제 나에게는 신앙심이라는 게 전혀 없네. 벌써 몇 년 전부터 고해한 일도 기도드린 일도, 성찬을 받은 적도 없다네."

나르치스는 여전히 평온했다. "보아하니 자네는 이교도가 된 것 같군. 하지만 우리는 거기 대해서 조금도 염려하지 않아. 자네의 수많은 죄악을 더 뽐낼 필요도 없네. 자네는 속세에서 평범한 보통 사람들의 삶을 살았어. 집나간 탕아처럼 마구잡이로 살았던 거지. 더 이상 규칙이나 질서에 대해 알지도 못할 거야. 확실히 자네는 제멋대로인 수사가 될 테지. 하지만 나는 자네를 교단에 집어넣기 위해 초대하는 게 아니야. 단지 우리의 손님이 되고, 자네를 위해 우리가 일터를 만들어 주는 영광을 갖기 위해 초대하는 것뿐일세. 그리고 또 한 가지가 있네. 우리의 청년 시절, 자네를 눈뜨게 하고 세속적인 생활 속으로 내보낸 장본인이 나였다는 사실을 잊지 말라는 것일세. 자네가 좋은 사람이 됐든 나쁜 사람이 됐든 본인인 자네 다음에는 나한테 책임이 있는 거야. 나는 자네가 어떤 사람이 됐는지 보고 싶었네. 자네는 그것을 나한테 글과 생활과 작품 등으로 보여 줄 테지. 만약 자네가 그것을 보여 준 다음, 이 수도원이 자네가 있을 만한 곳이 아니라는 것을 깨닫게 되면 내가 먼저 자네한테 수도원을 떠나 달라고 부탁할 걸세."

골드문트는 그의 친구가 이런 식으로 이야기할 때마다 매번 감탄해 마지 않았다. 나르치스는 수도원장으로서 침착한 확신을 가지고 행동하면서 속세의 사람들과 생활에 대해 조롱하는 기색을 드러냈던 것이다. 왜냐하면 그럴 때는 나르치스가 어떤 인물이 되어 있는지 볼 수 있었기 때문이다. 그는 한 사람의 남자였다. 부드러운 두 손과 학자의 얼굴, 정신과 확신과 용기가 그득한 사람, 지도자, 책임을 짊어진 사람이 되어 있었다. 나르치스는 이제 옛날의 청년도, 마냥 부드럽고 내성적인 사도 요한도 아니었다. 이 새로운 나르치스, 사내답고 기사다운 나르치스, 이 사람을 자기 손으로 조각하고 싶었다. 수많은 형상들이 그를 기다리고 있었다. 나르치스, 다니엘 원장, 안젤름 신부, 니클라우스 스승, 아름다운 레베카, 역시 아름다운 아그네스, 그 밖에도 많은 친구며 적들, 살아 있는 사람이며 죽은 사람들. 그는 교단에 속하고 싶지는 않았다. 경건한 일원이 되거나 학식 있는 사람이 되고 싶지 않았다. 그는 작품을 만들고 싶었다. 한때 청년 시절의 고향이 그 작품의 고향이 된다는 것이 그를 행복하게 해주었다.

차디찬 늦가을 속으로 그들은 말을 몰았다. 벌거벗은 나무들 위로 서리가 하얗게 내린 어느 아침, 붉은 늪지대가 물결치는 넓은 들판을 건너고 있었다. 기다란 산등성이가 야릇하게 낯익은 추억을 불러일으키는 곳이었다. 높다란 물푸레나무와 시냇물의 흐름과 낡은 곡식 창고가 눈앞에 보였다. 그것을 본 골드문트의 마음은 흐뭇한 불안에 가슴 졸이기 시작했다. 한때 기사의 딸 리디아와 말을 달렸었던 고개임을 알게 된 것이다. 그리고 이 벌판은 그때 쫓겨나와 하염없는 슬픔 속에서 떨어지는 눈비를 피하며 방랑하던 황야였다. 느릅나무 숲, 물방앗간, 성이 눈앞에 나타났다. 그는 형언키 어려운 아픔을 느끼며 서재의 창문을 올려다보았다. 전설이 돼 버린 것 같은 아득한 젊은 시절, 그는 그곳에서 기사의 순례 이야기를 들으며 라틴어를 고쳐 주었다. 일행은 그 안마당으로 들어갔다. 그 집은 그들 여행의 일정에 든 숙박소였다. 골드문트는 여기서 그의 이름을 부르지 않고, 또 마부와 같이 하인들이 있는 데서 음식을 먹게 해 달라고 원장한테 부탁했다. 그가 바라는 대로 되었다. 지금은 노기사도 리디아도 없었으나 사냥꾼들과 하인은 아직 몇 사람 남아 있었다. 집안에서는 아름답고 자존심 강하며 화려한 귀부인 율리에가 남편 곁에서 생활하면서 군림하고 있었다. 그녀는 여전히 아름다워 보였다. 그녀도 하인들도 골드문트를 알아보지 못했다. 식사 뒤, 어두워진 정원을 빠져나와 울타리 너머 벌써 겨울빛이 완연한 화단을 보았다. 그러고는 마구간에 가만히 들어가 말들을 들여다보았다. 그는 마부와 같이 짚단 위에서 잤다. 무거운 짐 같은 추억이 그의 가슴을 답답하게 해서 자다가 몇 번이나 눈을 떴다. 지나온 인생의 장면들은 이리저리 흩어진 채 아무 열매도 맺지 못하고 있었다. 화려한 영상들은 풍부했지만 수많은 조각으로 깨져 아무 가치도 없는, 너무나 형편없는 사랑이었다. 아침에 길을 떠나기 전, 그는 뭔가를 기대하듯 창문을 올려다보았다. 율리에의 모습을 한 번 더 볼 수 있길 기대했던 것이다. 며칠 전에도 그는 아그네스의 모습이 보이지 않을까 기대하면서 주교의 성 창문을 올려다보았다. 그녀는 나타나지 않았고, 율리에도 마찬가지였다. 그에겐 자신의 삶 전체가 이런 식이었던 것처럼 여겨졌다. 이별을 고하고 도망치며, 잊히는 것, 빈 주먹에 두근거리는 가슴을 안고 그 자리에 서 있는 것뿐이었다. 종일토록 그는 그 생각에 사로잡혀 있었다. 그는 말 한 마디 없이 우울한 얼굴로 안장에 앉아 있었다. 나르치스는 그를 그냥 내버려 두었다.

목적지가 가까워져 며칠 뒤면 도착할 수 있었다. 수도원의 탑과 지붕이 보이기 바로 전, 일행은 자갈 많은 황폐한 밭을 지나갔다. 아, 얼마나 오래전 일인지! 거기서 그는 한때 안젤름 신부를 위해 약초를 찾고, 집시 여인 리제에 의해 남자로 재탄생한 것이었다. 이윽고 일행은 마리아브론의 정문을 지나 이탈리아 밤나무 밑에서 말을 내렸다. 골드문트는 그 나무줄기를 부드럽게 추억어린 손으로 어루만져 보았다. 그리고 짙은 갈색으로 시든 채 가시껍질을 쫙 벌리고 땅바닥에 뒹굴고 있는 밤을 주워들었다.

18

처음 며칠 동안 골드문트는 수도원 안에 있는 외빈실에서 지냈다. 그 다음
엔 그의 소원대로 커다란 마당을 빙 둘러싸고 있는 부속 건물의 대장간 건너
편에 숙소가 마련되었다.

재회는 그 자신까지 때때로 깜짝 놀랄 만큼 격렬한 마력으로 그의 마음을
사로잡았다. 원장을 빼놓고 여기 있는 아무도 그를 알지 못했다. 그가 누구
인지 아무도 몰랐다. 여기 있는 사람들은 수도사건 일반인이건 엄격한 질서
속에서 분주하게 생활하므로 아무도 그를 방해하는 사람은 없었다. 하지만
정원의 나무들과 정문과 창문, 물방앗간과 물방아, 복도에 깔린 돌, 회랑에
있는 시든 장미꽃덤불, 곡물 창고와 식당 위에 있는 황새의 둥지는 그를 알
고 있었다. 구석구석 어디서나 그의 과거와 청소년 시절이 꿈과 감동의 향기
를 싣고 풍겨왔다. 그는 애정을 갖고 모든 것을 다시 보고 모든 소리를 다시
들었다. 저녁 기도 종소리와 일요일의 종소리, 비좁고 이끼가 잔뜩 긴 돌담
속의 물방아 돌리는 물소리, 문지기 수도사가 저녁때 정문을 닫으러 갈 때의
철렁대는 열쇠 꾸러미 소리, 일반인 식당의 낙숫물이 쏟아져 떨어지는 돌홈
곁에는 이질풀과 질경이 같은 조그만 잡초들이 여전히 무성했다. 대장간 뜰
의 나이 든 사과나무는 널리 퍼진 가지를 여전히 뒤틀며 뻗어 있었다. 하지
만 조그만 학교 종이 울리고 휴식시간에 수도원의 학생들이 계단을 내려서
며 안마당으로 떼지어 나올 때마다 골드문트는 다른 어느 것보다도 더 크게
감동을 받았다. 소년들의 얼굴은 어쩜 그렇게 한결같이 앳되고 순진하고 예
쁜가. 그도 한때는 정말 저들처럼 순진하고 어설프며 귀엽고 어린애 같았을
까?

게다가 그는 이 정든 수도원 말고도 낯선 것을 발견할 수 있었다. 그것은
처음 며칠 동안 그의 시선을 끌더니 차츰 중요해져서 친숙한 것들과 천천히
결합되어 갔다. 이곳에서는 새롭게 더해진 것이 없었다. 모든 것이 그의 학
생 시절이나 그보다 더 오래된 옛 시절과 같은 모습을 지니고 있었지만, 그
것을 보는 그의 눈이 이미 그 시절의 눈이 아니었기 때문이다. 그는 건축물
의 규모, 성당의 아치형 천장, 옛날 회화, 제단이나 정문의 석상이나 목상
등을 보고 느꼈다. 그때 그 장소에 없었던 것도 아닌데 이제 비로소 그는 그
것들의 아름다움과 그것들을 만든 이의 정신을 알아보았다. 위층에 있는 예

배당의 낡은 석조 성모상을 보았다. 소년 시절에도 그것을 즐겨 스케치했었으나, 지금에서야 그것을 올바른 눈으로 보았다. 가장 성공적이고 제일 잘된 그의 작품으로도 그것을 능가할 수 없을 만큼 훌륭한 작품임을 그는 깨달았다. 거기에는 그런 훌륭한 것들이 얼마든지 있었다. 그리고 그것들이 우연히 그곳에 서 있는 것이 아니라 모두 똑같은 정신에서 태어나 낡은 벽이나 기둥이나 아치형 천장 사이에서 자연스러운 고향에 있는 것처럼 서 있었다. 여기에서 몇백 년간 만들어지고 조각되고 색칠되었으며, 살아남아 생각하고 가르쳐온 것들은 같은 뿌리, 같은 정신에서 탄생한 덕에 한 그루 나무의 가지들처럼 조화롭게 통일되어 있었다.

골드문트는 이 조용하고 힘찬 통일의 한가운데서 자신을 매우 작은 존재로 느끼고 있었다. 그의 친구 나르치스가 원장 요한으로서 이 강력하면서도 조용하고 정다운 질서 속에서 관리하고 지배하고 있는 지금보다 자신을 조그만 존재로 느낀 적은 여태껏 없었다. 입술 얇고 학식 많은 요한 원장과 단순하고 인심 좋으며 소박한 다니엘 원장 사이에는 개인적으로 크나큰 차가 있을지도 모른다. 그러나 그들 모두 똑같은 통일성을 갖고 똑같은 사상과 똑같은 질서에 봉사하는 것은 물론이요, 그것에 의해서 지위를 얻고 거기에 자신을 전부 다 바치고 있었다. 그것이 바로 수도원의 복장이 그러하듯 그들 두 사람을 똑 닮게 만들었다.

이 수도원의 한복판에서 나르치스는 골드문트의 눈에 엄청날 만큼 커 보였지만, 그렇다고 해서 나르치스를 다정한 친구이자 주인이 아닌 어떤 다른 존재로 대하지는 않았다. 그러나 곧 골드문트는 '자네'라든가 '나르치스'라든가 하며 그를 부르는 것이 어딘지 모르게 어색해졌다.

"요한 원장," 하루는 그가 나르치스에게 말했다. "결국 나는 자네의 새로운 이름에 익숙해져야만 할 거야. 여기가 정말 마음에 든다는 걸 자네한테 일러두어야겠네. 자네한테 모든 것을 고해서 회개한 다음에는 평수사로라도 수도원에 넣어 주었으면 할 정도야. 하지만 그렇게 되면 우리의 우정도 끝나고 말 테지. 자네는 원장이고 나는 수도자니까. 하지만 이렇게 자네 있는 데서 무위도식하고 자네가 일하는 것만 구경할 뿐, 나 자신은 아무것도 아니면서, 아무것도 하지 않는다는 건 도무지 견딜 수 없는 노릇이야. 나도 일을 해서 나 자신과 나의 능력을 자네한테 보여 주고, 교수형을 면제해 준 것에 보람을 느낄 수 있게 할 생각일세."

"그 말을 들으니 기쁘군." 나르치스는 여느 때보다 더 정확하고 간명하게 말했다. "자네는 언제든지 자네 일터에 설비를 시작해도 상관없네. 곧 대장장이와 목수에게 자네 일을 돕도록 이르겠네. 여기 있는 재료 중에 쓸 만한 것이 보이거든 뭐든지 갖다 쓰게나! 바깥에서 들여와야 할 것은 목록을 만들게. 그리고 지금은 내가 자네와 자네의 의도에 대해서 생각하고 있는 바를 들어 주게! 내 생각을 들려줄 테니 시간을 내주게. 나는 학자야. 그러니 내 사고체계의 언어로 자네에게 이 문제를 설명해 보도록 하겠네. 전에도 줄곧 참을성 있게 따라줬듯이 이번에도 한 번 더 나를 따라주게."

"자네를 따라가도록 애써 보겠네. 말해 주게나."

"우리 학창시절을 떠올려 보게나. 나는 때때로 자네에게 자네를 예술가라고 생각한다고 말하곤 했었네. 그때 난 자네가 시인이 되리라 생각했어. 자네는 읽거나 쓸 때 개념적인 것이나 추상적인 것에 대해 어떤 반감을 가지고 있었거든. 그리고 감각적이고 시적인 특성이 있는 말과 소리를 좋아했지. 말하자면 상상력을 불러일으킬 수 있는 그런 말을 특히 좋아했다는 걸세."

골드문트는 말을 가로챘다. "미안하지만, 자네가 특히 즐기는 개념과 추상도 따지고 보면 상상이나 형상이 아닐까? 아니면 정말 머릿속에 아무것도 그려지지 않는 어휘만 사용하고, 좋아하는 것은 아니겠지? 머릿속에 뭔가를 그리지 않고 어떻게 생각할 수가 있을까?"

"물어봐 주니 기쁘군. 맞아, 확실히 어떤 사람들은 아무런 상상을 하지 않고도 생각할 수 있다네. 사고는 상상과 손톱만큼의 관계도 없지. 사고는 형상에 의해서가 아니고 개념과 공식에 의해서 행해지네. 바로 형상이 끝나는 데서 철학이 시작되는 거야. 이건 우리가 젊었을 때 가끔 논쟁했었던 걸세. 말하자면 세계가 자네한테는 형상에 의해서 생겼고, 나한테는 개념에 의해서 생겼지. 나는 늘 자네에게 말하곤 했었지. 자네는 사색가가 되지는 못하리라고. 동시에 또 그것은 아무런 결함도 아니다, 그 대신 자네는 상상의 영토의 주인이라고도 했었지. 잘 들어봐. 그걸 설명해 줄 테니. 자네가 그때 세상으로 뛰쳐나가는 대신 사색가라도 되었더라면 불행해졌을는지도 모르지. 자네는 신비주의자가 됐을 거야. 간단하고 약간 거칠게 표현하자면, 신비주의자는 상상의 세계에서 떠날 수 없는 사색가야. 그러니 사색가는 전혀 아닌 셈이지. 그들은 신비로운 예술가야. 시를 쓰지 않는 시인, 화필이 없는 화가, 소리를 내지 않는 음악가야. 그들 가운데는 더할 수 없을 만큼 뛰어난 천분을 타고난 고귀한 정신의 소유자도 있지만, 모두 한결같이 불행한 인간이야. 자네도 그중 한 사람이 됐을지 누가 아나. 다행히 자네는 예술가가 되어 형상의 세계를 다루게 되었네. 자네는 창조자이자 지배자가 될 수 있어. 사색가로서 불충분한 세계에 머무르는 대신에 말일세."

"상상하지 않고 생각한다는 자네의 사고 세계를 도무지 이해하지 못할까 봐 걱정스럽군." 골드문트는 말했다.

"별말을 다 하는군. 할 수 있어. 들어 봐. 사색가는 세계의 본질을 논리에 의해서 인식하고 표현하려고 드네. 사색가는 우리의 지성과 그 도구인 논리가 불완전한 도구라는 것을 알고 있어. 현명한 예술가는 그의 화필이나 끌이, 천사나 성인의 눈부신 본질을 결코 완전하게 표현시킬 수 없으리라는 것을 잘 알고 있지. 그런데 사색가도 예술가와 똑같이 저마다의 방법으로 그것을 시도하네. 그들은 그렇게 하는 수밖에 별 도리가 없거든. 왜냐하면 인간은 자연에서 부여받은 재능으로 자신을 실현하려고 시도하면서 할 수 있는 최고의 것, 유일하게 의미 있는 일을 하는 거라네. 그래서 전에 자네한테도 자주 말했었잖나. 사색가나 금욕주의자를 본뜨지 말고 자네 자신이 돼라, 자신을 실현하도록 노력하라고."

"자네가 하는 말은 어느 정도 이해는 가지만, 자신을 실현시킨다는 건 대체 무슨 뜻이지?"

"그것은 철학적인 개념으로밖에 표현할 수가 없어. 우리 같은 아리스토텔레스와 성 토마스의 신봉자들에게 모든 개념 가운데 최고는 완전한 존재인 거야. 완전한 존재는 신이지. 그 밖에 존재하는 모든 것은 절반의 존재, 부분적인 존재에 불과해. 그리고 변화하며 혼합되어 있고 여러 가능성으로 이뤄져 있어. 그러나 신은 혼합된 것이 아니라 하나의 존재야. 가능성이 아니라 완전한 현실이지. 그러나 우리는 덧없는 존재요 변화하는 존재라네. 우리한테는 완전함이나 완전한 존재 같은 것은 있지 않아. 하지만 잠재된 것이 실행되고, 가능성에서 실현으로 향해 나아갈 때 진실한 존재에 참여하고 완전한 것, 신성한 것을 한 단계쯤 닮게 되는 거지. 즉 자신을 실현하는 거야. 자네는 그 과정을 경험으로 깨달아야 해. 자네는 사실 예술가인 데다가 여러 가지 형상도 만들었었네. 그런 형상이 정말 잘 만들어진다면, 인간의 형상을 우연적인 요소에서 해방시키고 순수한 모습으로 표현해 낼 수 있다면 자네는 예술가로서 그 인간상을 실현하는 셈이야."

"잘 알겠네."

"내 친구 골드문트, 보다시피 나는 내 천성에 따라 스스로를 실현시키기에 상당히 수월한 장소와 직위에 놓여 있어. 보다시피 나는 나에게 알맞고 나를 도와줄 단체와 전통 속에 살고 있지. 수도원은 천국이 아니야. 불완전함으로 가득 차 있지. 그런데도 성실하게 수도원 생활을 보낸다는 게 나 같은 부류의 인간한테는 세속적인 생활보다 얼마나 유익한 것인지 모르네. 나는 도덕에 관한 설교를 하려는 게 아닐세. 그렇지만 현실적인 관점에서 보더라도, 내가 실행하고 가르쳐야 하는 순수한 사고는 확실히 속세로부터 어느 정도 보호를 받아야 할 필요가 있지. 그래서 여기 수도원에서는 자네보다 내가 스스로를 실현시키기가 더 쉬운 거라네. 그럼에도 자네가 길을 찾아 예술가가 되어 나는 무척이나 감탄스럽다네. 왜냐하면 자네가 그렇게 되기까지에는 어려운 일이 많았을 것이기 때문이야."

골드문트는 칭찬을 받고 당황해 얼굴이 새빨개졌으나 기쁘기도 했다. 이야기를 딴 데로 돌리기 위해 친구의 말을 중단시켰다. "자네가 나한테 무엇을 말하려고 하는지 대강 짐작하겠어. 단 한 가지 이해되지 않는 게 있네. 자네가 '순수한 사고'라고 부르는 것 말이야. 말하자면 이른바 형상 없는 생각과 머릿속에 아무것도 불러일으키지 않는 단어를 이용한 생각 말일세."

"그건 하나의 예를 들어 밝힐 수 있네. 수학을 생각해 봐! 숫자가 무슨 상상을 포함하고 있을까? 더하기나 빼기 부호는? 방정식은 무슨 형상을 포함하고 있을까? 전혀 포함하고 있지 않아. 자네가 산수나 대수 문제를 풀 때는 상상의 도움을 받지 않고 배웠던 사고 형식에 의해 형식적인 문제를 완성시키는 것일세."

"그대로야, 나르치스. 자네가 한 줄의 숫자와 부호를 제시하면 나는 상상하지 않고 계산해 낼 수 있어. 더하기와 빼기, 곱하기, 괄호 따위로 문제를 풀 수 있지. 그렇긴 한데, 한때는 됐었지만 지금은 잘 안 될 거야. 하지만 그런 형식적인 문제를 푸는 게 학생들에게 지능 수련을 시키는 것 말고 다른 가치가 있다고는 생각할 수가 없네. 계산을 배우는 건 물론 좋은 일이지. 하지만 한 인간이 평생 그런 계산 문제만 파고들면서 언제까지나 종이에 숫자들만 잔뜩 써둔다면 무의미하고 유치한 짓이라는 생각이 드네."

"자네가 잘못 생각한 거야, 골드문트. 그 부지런한 계산자가 선생이 내주는 숙제만 계속 풀고 있다고 자네는 가정하고 있네. 하지만 그는 스스로 문제를 낼 수도 있지. 그 문제는 어떤 거역할 수 없는 힘으로서 그의 내부에서 생길 수도 있네. 사색가로서 공간의 문제에 부딪쳐 나가려면 실제 공간과 가설 공간을 수학적으로 계산하고 추정해야만 할 걸세."

"그거야 그럴 테지. 하지만 순수한 사고의 문제로서 공간의 문제는 한 인간이 일생을 바쳐서 노력할 사항은 아니라고 생각되네. '공간'이라고 하는 말은 이를테면 우주 공간 같은 실제 공간을 머릿속에 그리지 않는 한 나한테는 사고의 가치조차 없어. 우주 공간을 관찰하고 측정하는 게 의미 없는 건 아니지만 말이야."

나르치스는 빙긋이 웃으며 이야기를 가로챘다. "자네는, 사색은 대수롭게 생각지 않지만, 사고를 실제적이고 구체적인 세계에 응용하는 건 중요하다고 말하고 있어. 난 자네에게 이렇게 대답할 수 있겠네. 우리에게 우리의 사고를 응용할 기회와 그럴 의지가 부족하진 않다는 걸세. 이를테면 사색가 나르치스도 사색한 결과를 골드문트라는 친구와 수도사들에게도 수백 번이나 응용해 왔어. 매순간 그렇게 하고 있는걸. 미리 배우고 연마하지 않는다면 어떻게 응용할 수 있겠나. 예술가도 자신의 눈과 창의력을 부단히 연마하고 있네. 우리는 그런 수련을 인정하게 되지. 그것이 좋은 작품으로 실현되는 일이 드물더라도 말일세. 자네는 응용만 인정하고 사고를 무시할 수는 없어. 모순이라는 게 너무 뻔하지 않은가. 그러면 생각해 보자고. 그 결과에 비춰 내 사고를 판단해 보세. 내가 자네의 작품으로 자네 예술을 판단하듯이 말이야. 지금 자네는 불안해하고 안달복달하고 있는데, 자네와 자네의 작품 사이를 여전히 장애물이 가로막고 있는 탓이지. 그것들을 없애야지. 작업장을 찾거나 지어서 일을 시작하게! 그러면 많은 문제들이 저절로 풀려 버릴 테니 말일세."

골드문트는 더 이상 바랄 것이 없었다.

그는 안마당 문 쪽에서 작업장으로 쓰기에 적당한 빈 공간을 발견했다. 제도판과 갖가지 연장들을 자세히 그려서 목수에게 만들어 달라고 부탁하고,

이웃 도시에서 수도원 짐마차꾼들에게 하나씩 가져오게 할 물품 목록도 작성했다. 상당히 긴 목록이었다. 그는 목공소와 숲에서 잘린 목재들을 샅샅이 조사하여 많은 양을 골라냈다. 그리고 그것들을 그의 작업장 뒤쪽의 잔디밭으로 운반해 쌓아올린 뒤 건조시켰다. 그 위에는 손수 지붕을 만들어 씌우기도 했다. 대장간에서도 할 일이 많았다. 그 집 아들로 몽상가인 젊은 청년은 완전히 그를 매료시켰다. 골드문트는 그를 설득해 함께 대장간에서 모루 위로 몸을 굽힌 채 반나절을 서서 보냈다. 그들은 냉각기와 숫돌을 가지고 목재를 다듬는 데 필요한 굽은 칼과 곧은 칼, 끌, 송곳과 대패들을 만들었다. 스무 살쯤 돼 보이는 대장장이 아들 에리히는 골드문트의 친구가 되었다. 그는 뭐든지 도와주었고 불타오르는 듯한 흥미와 호기심으로 가득 차 있었다. 골드문트는 그가 무척 배우고 싶어한 류트 연주를 가르쳐 주기로 약속했다. 그리고 직접 목각을 해도 좋다고 허락했다. 골드문트는 때때로 수도원이나 나르치스 앞에서 자신이 정말 쓸모없는 존재라는 생각에 우울해지곤 했지만, 그를 수줍게 사랑하면서 한없이 존경해 주는 에리히와 있다 보면 기운을 차릴 수 있었다. 가끔 에리히는 니클라우스 스승이나 주교의 도시 이야기를 들려달라고 골드문트를 졸랐다. 골드문트는 쾌히 몇 번이고 이야기를 해주었다. 그러면 그는 자신이 노인처럼 앉아서 과거의 여행과 모험에 대한 이야기를 하고 있음을 발견하고는 깜짝 놀라는 것이었다. 그의 진정한 삶은 지금에서야 시작하려는 참인데 말이다.

그가 이 몇 년 동안 용모가 몹시 달라진 것, 나이 이상으로 늙어 버린 것을 아무도 눈치채지 못했다. 그 전의 그를 알지 못했기 때문이다. 유랑과 불안정한 생활의 고초가 그를 늙게 했을지도 몰랐다. 더구나 무서운 일이 수없이 일어나던 페스트 창궐 시절과 백작의 성에서 지하 감옥에 감금되어 겪은 섬뜩한 경험은 그의 내면의 뿌리까지 흔들 정도로 충격적이었다. 이런 경험의 흔적이 그에게 여럿 남아 있었다. 수염은 아직 금빛으로 빛났으나 머리칼은 잿빛으로 희끗희끗 물들었고, 얼굴에는 잔주름이 내려앉았으며, 밤에는 잠을 못 이루는 일이 잦았다. 이따금 심장에 피로가 몰려오기도 했고, 욕망과 호기심이 줄어들었으며, 아리송하게 얄팍한 자족감과 싫증을 느끼는 일도 있었다. 그런데 일을 준비하거나 에리히와 이야기를 나누고, 대장간이나 목공소에서 바쁘게 일하고 있으면 쾌활해지고 젊음을 되찾았다. 모두들 그를 흠모하고 좋아했다. 하지만 일하는 사이사이에 지친 나머지 몇 시간 동안 의자에 앉아 미소를 띤 채 꿈을 꾸며 무감각하고 무관심한 상태에 빠져들곤 했다.

어디서부터 일을 시작해야 할 것인가 하는 문제는 그에게 매우 중대했다. 이곳에서 그가 만들고자 하는 첫 번째 작품은 수도원의 환대에 보답하기 위함이었으므로 호기심을 채우기 위해 아무데나 놓이는 막연한 작품이어서는 안 되었다. 수도원의 오래된 작품들처럼 건물과 수도자들의 생활에 녹아들어가 그 일부가 되어야 했다. 그는 특히 제단이나 설교단을 만들고 싶었지만, 수도원에는 그것들이 더 이상 필요하지 않았고 놓을 자리도 없었다. 대신에 그는 다른 곳을 찾아냈다. 수도사들의 식당에는 다른 바닥보다 조금 높으면서 움푹 들어간 곳이 있었는데, 식사 시간이면 젊은 수도사가 그곳에 서서 성인들의 전기를 낭독했다. 거기에는 장식이 없었다. 골드문트는 낭독대 계단과 낭독대 자체를 목판으로 만들고 조각하기로 결심했다. 그리고 설교단 둘레처럼 반만 돋을새김한 조각과 모습을 거의 다 드러낸 조각상도 여럿 만들기로 했다. 그가 이 계획을 수도원장에게 설명하자, 수도원장은 칭찬하면서 기꺼이 수락했다.

마침내 그가 일을 시작할 때쯤엔 눈이 내렸으며, 크리스마스는 이미 지나 있었다. 골드문트의 생활은 새로운 형태를 취했다. 그의 존재는 수도원에서 연기처럼 사라지고 만 것 같았다. 아무도 그의 모습을 보지 못했다. 그는 이제 하교하는 학생들을 기다리고 있지 않았다. 숲 속을 거닐지도 않았고 회랑을 걷지도 않았다. 식사는 방앗간에서 했는데, 그가 학창시절에 자주 찾아가던 그 방앗간 주인은 아니었다. 그는 일터에 조수 에리히 말고는 아무도 들어오지 못하게 했는데, 에리히도 온종일 골드문트로부터 말 한 마디 듣지 못할 때가 많았다.

작품은 두 부분으로 나뉘는데, 한쪽은 세계의 모습을, 다른 한쪽은 신의 말씀을 묘사할 작정이었다. 아래쪽 계단은 튼튼한 떡갈나무 줄기로 만들어 앞으로 올수록 튀어나오게 하고, 그 둘레에 자연과 성인들과 선지자들의 단순한 삶을 재연해 낼 생각이었다. 위쪽 부분의 난간에는 복음서의 네 사도들 형상을 새겨 넣기로 했다. 사도 가운데 하나는 죽은 다니엘 수도원장의 형상을, 다른 하나는 그 후임자였던 죽은 마르틴 수도원장, 성 누가의 조각상에는 스승 니클라우스를 형상화하여 영원성을 부여하고자 했다.

그는 생각보다 큰 장애물에 부딪히기도 했다. 이런 장애물은 그에게 많은 걱정을 안겨주었으나 달콤한 걱정이나 다름없었다. 그는 주저하는 여인에게 구애하며 홀려 있거나 절망한 듯한 심정으로 작품에 매진했으며, 커다란 물고기와 분투하듯 작품과 싸웠다. 갖가지 장애물들은 그에게 가르침을 주고 더욱 예민한 감성을 갖게 했다. 그는 다른 것들은 모조리 잊고 지냈다. 수도원도 잊고 나르치스도 거의 잊다시피 했다. 나르치스가 몇 번인가 다녀갔으나, 스케치한 것 말고는 아무것도 볼 수 없었다.

그러던 어느 날, 골드문트는 자기의 고해를 들어달라고 해서 나르치스를 놀라게 했다.

"지금까지는 마음을 다져먹고도 고백할 수가 없었네. 스스로가 보잘것없는 인간처럼 느껴졌다네. 자네 앞에서는 나 자신이 너무 초라하게 느껴졌지. 이제는 좀 나아진 것 같아. 지금은 내가 할 일이 있어서 쓸모없는 사람이 아니니까. 이제부터는 나도 수도원에서 사는 사람으로서 그 질서에 따르고 싶다네."

골드문트는 이제 고해를 할 시기가 됐다고 느꼈고 더 이상 미루고 싶지도 않았다. 처음 몇 주일 동안은 은자다운 생활을 보내며 재회와 청춘의 회상에 젖었었다. 에리히가 해달라고 조르는 이야기를 들려주는 사이에 그의 삶에 대한 회고는 어느 정도 정돈되고 명확해졌다.

나르치스는 이런저런 절차 없이 골드문트의 고해를 들어주었다. 고해는 두 시간가량 걸렸다. 원장은 얼굴 표정 하나 바꾸지 않고 친구의 모험과 고생과 죄악을 들었으며 여러 가지 질문도 했다. 그리고 말을 자르지도 않고 골드문트가 하느님의 정의와 선의를 믿는 마음이 사라졌음을 고백하는 부분도 조용히 듣고만 있었다. 그는 고백자의 고해에 여러 번 감명 받았다. 친구가 얼마나 충격을 받고 얼마나 공포에 떨었으며, 때때로 얼마나 파멸 가까이까지 다가갔는지도 알 수 있었다. 그러다가 그는 다시 친구의 사심 없는 순진함에 감동되어 미소지을 수밖에 없었다. 왜냐하면 그 자신의 의혹에 가득 찬 심연에 비하면, 불경한 생각을 걱정하고 후회하는 친구는 차라리 순진하다고 해도 좋았기 때문이었다.

골드문트는 고해신부가 자신의 죄악에 대해서는 그다지 중대하게 받아들이지 않자 놀랍고 실망스럽기까지 했다. 하지만 고해신부는 그가 기도와 고해, 영성체를 게을리한 것에 대해서 가차 없이 꾸짖고 벌을 내렸다. 영성체를 받기 전 한달 동안 절제와 금욕의 생활을 할 것과 매일 새벽 미사에 참가할 것, 매일 밤 주기도문을 세 번씩, 성모송을 한 번씩 외는 것이 그 벌이었다.

그 뒤 원장은 그에게 말했다. "이 속죄를 가벼이 여기지 말 것을 부탁하겠네. 자네가 미사의 정확한 문구를 아직 기억하는지 모르겠군. 자네는 그 말씀 그대로 따르고, 그 의미에 자신을 내맡겨야 하네. 오늘이라도 둘이서 주의 기도와 찬송가를 두서너 가지 같이 부르고, 어떤 말과 의미에 특히 주의를 기울여야 하는지 가르쳐 줌세. 인간의 말을 이야기하고 듣듯이 성스러운 말을 이야기하고 들어서는 안 되네. 자네가 생각하는 것보다 더 자주 일어나는 일이겠지만, 문구를 웅얼대기만 하다가 흘려버리고 있음을 깨달을 때에는, 지금의 이 시간과 나의 경고를 떠올리게. 그리고 처음부터 다시 시작해서 문구를 읊고 마음속에 새겨두기 바라네. 내가 자네에게 보여 주는 대로 말일세."

다행한 우연이었는지 또는 원장의 인간 정신에 대한 이해가 거기까지 뻗쳤는지, 이 고해와 속죄는 골드문트에게 평화가 넘쳐흐르는 시간이 되어 그를 행복하게 했다. 긴장과 근심과 만족으로 그득 찬 제작이 한창일 때도 그는 매일 아침과 밤에 가볍기는 해도 양심적으로 행하는 종교적인 수련에 의해서 하루의 흥분에서 벗어나고, 그의 존재 전체가 보다 높은 질서를 향해서 끌어올려져 가는 듯했다. 그 질서는 그를 창작자의 위험스런 고독에서 끌어내어 어린이로서 하느님의 나라로 이끌어 주었다. 작품을 위한 싸움은 끝까지 고독하게 견뎌야 하고, 감각과 영혼의 모든 정열을 쏟아부어야 했지만, 기도를 드리는 시간에는 순진한 모습으로 되돌아갈 수 있었다. 그는 일할 동안에는 이따금 격정과 초조로 가슴을 졸이거나 육체적 쾌감을 느낄 정도로 도취하거나 했지만, 경건한 수련 시간에는 깊고 차디찬 물속에 가라앉은 것처럼 열망의 오만과 똑같이 절망의 오만에서 벗어났다.

그러나 항상 좋은 결과만 있는 것은 아니었다. 제작에 열정적으로 매달려 몇 시간을 보낸 저녁때면 마음이 산란해지고 안절부절못하기도 했었다. 기도의 수련을 몇 번이나 잊은 적도 있었다. 그리고 때로는 마음을 가라앉히려고 노력해도, 기도하는 것은 결국 어린애처럼 존재하지도 않고 자기를 도울 수도 없는 하느님을 찾는 어린애처럼 부질없는 헛수고라는 생각에 방해받고 괴로움을 느꼈다. 그는 그것을 친구에게 하소연했다.

"계속하게." 나르치스는 말했다. "자네는 약속했으니 지켜야 해. 하느님이 자네 기도를 들어줄지 어떨지, 자네가 상상하는 하느님이 존재하는지 아닌지에 대해서 생각해서는 안 되네. 자네의 수련이 유치한 것은 아닐까 궁금해 할 필요도 없어. 우리가 기도드리는 분께 비한다면 우리가 하는 짓은 모두 유치한 거라네. 수련할 동안에는 그런 어리석고 허황한 생각을 완전히 버려야 해. 주기도문과 성모송을 부르고, 그 문구에 몰두하고, 그리고 그것들로 꽉 차 있지 않으면 안 될걸세. 자네가 노래를 부르거나 류트를 연주할 때, 무슨 현명한 생각이라든가 사색을 좇지 않고 할 수 있는 한 손가락 동작 하나하나 순수하고 완벽하게 나타내려 하듯이 말일세. 사람이란 노래를 부르는 동안에는 그것이 유익한가 아닌가 생각지 않고 노래하지. 자네도 그와 똑같이 기도를 올려야 하네."

다시 잘 진행되었다. 긴장하고 열중해 있던 그의 자아는 다시 넓은 아치형 천장 밑 질서 속으로 사라졌다. 고아한 단어들은 다시 별처럼 그의 위에서 맴돌았다.

골드문트가 속죄의 기간을 넘기고 영성체를 받은 뒤에도 나날의 수련을 계속하여 그 기간이 수주일을 넘어 수개월에 이른 것을 보고, 나르치스는 크게 흡족해하고 있었다.

그동안 그의 작품은 목표했던 대로 진행되어 갔다. 둔중한 나선형 계단 축에는 식물·동물·인간들이 갖가지 형태를 드러낸 조그만 세계가 솟아 있었다. 그리고 그 가운데에는 여러 민족의 조상인 노아가 포도 잎사귀와 포도송이 사이에 서 있었다. 이 작품은 피조물과 그 아름다움을 찬양하는 그림책으로서, 자유롭게 유희하는 듯하면서도 은밀한 질서와 규율에 인도되고 있었다. 이 몇 개월 동안 에리히 말고는 아무도 그 작품을 보지 못했다. 에리히는 자잘한 작업을 돕는 것을 허락받고 한결같이 예술가가 된다는 생각밖에 하지 않았다. 그런 그도 작업장에 들어서지 못하는 날이 있었다. 다른 날에는 골드문트 자신도 한 사람의 신자와 제자를 가졌다는 것을 기뻐하며 에리히에게 몇 가지 가르쳐 주기도 하고 습작도 하게 했다. 작품이 성공적으로 완성되면 그는 에리히를 그의 아버지한테 부탁드려 데리고 와서는 영구적인 조수로 교육시킬 생각을 하고 있었다.

그는 모든 것이 조화롭고 그 자신이 아무런 의혹에 빠지지 않는 가장 좋은 날들에 복음서 저자들의 상을 제작했다. 다니엘 원장의 모습을 새긴 목상이 제일 잘된 것 같았다. 그는 자비와 청렴이 빛나는 그 얼굴이 무척 마음에 들었다. 에리히는 니클라우스 스승의 목상에 가장 탄복했으나, 골드문트에겐 다니엘 원장의 상만큼 만족스럽지 않았다. 그 조각상은 분열과 비애를 드러내고 있었다. 거기엔 창조에 대한 고결한 계획과 함께 창조의 허무에 대한 절망적인 깨달음이, 잃어버린 조화와 순수에 대한 애도가 넘쳐나듯 보였다.

다니엘 원장의 조각상이 완성되자, 그는 에리히를 시켜 일터를 깨끗이 청소하게 했다. 그는 딴 작품에는 천을 뒤집어씌우고 그 목상만 밝은 곳에 내놓았다. 그리고 나르치스한테 갔으나 그가 분주하게 일하고 있자 참을성 있게 이튿날까지 기다렸다. 점심때 나르치스를 데리고 와서 그 목상 앞으로 안내했다.

나르치스는 가만히 서서 그것을 바라보았다. 학자답게 선 채로 몇 분이고 주의 깊게 그 목상을 관찰했다. 골드문트는 나르치스 뒤에 서서 묵묵히 마음속의 폭풍을 가라앉히려고 노력했다. '오!' 그는 생각했다. '우리 둘 가운데 하나라도 이 시험을 통과하지 못하면 큰일인데. 내 작품이 부족하거나 나르치스가 이 작품을 이해하지 못한다면 여기서의 내 작업은 모두 가치를 잃고 마는 것이다. 내가 좀더 기다려야 했는데.'

골드문트한테는 그 몇 분이 몇 시간인 것 같았다. 그는 니클라우스 스승이 그의 첫 스케치를 손에 들었을 때를 떠올리며 땀에 축축이 젖은 뜨거운 두 손을 긴장된 나머지 꽉 눌렀다.

나르치스가 골드문트를 돌아보았다. 그 순간 골드문트의 긴장은 풀어져 버렸다. 그는 친구의 수척한 얼굴에서 소년 시절 이래 그에게서 한 번도 그처럼 눈부시게 빛나 본 적이 없는 것을 발견했다. 그것은 지성과 의지로 가득 찬 얼굴에 나타난 거의 수줍다고 해도 괜찮을 미소, 사랑과 헌신의 미소였다. 이 얼굴의 고독과 긍지가 한순간 깨어져 사랑에 가득 찬 마음 말고는 아무것도 없는 듯했다.

"골드문트!" 나르치스는 아주 나지막한 소리로 여전히 단어를 고르듯 말했다. "자네는 내가 단번에 예술에 통달한 사람이 되리라고 기대하지는 않겠지. 내가 예술에 능한 사람이 아니란 걸 자네도 알고 있잖은가. 나는 자네 예술에 대해서 자네가 우습게 여길 정도로밖에는 이야기할 수가 없다네. 하지만 한 가지만 얘기하게 해주게나. 나는 보자마자 이 사도가 다니엘 원장님 이라는 걸 알았지. 아니, 원장님일 뿐만 아니라 그가 살아 있는 동안에 우리 한테 의미한 모든 것, 품위·선의·소박함도 나타나 있다고 생각하네. 지금은 고인이 되고 없는 다니엘 신부님이 우리 어린 시절에 존경받던 그 모습 그대로 서 계셔. 그리고 지금 여기 내 앞에는 우리에게 신성시되고, 우리에게 잊을 수 없는 시간들을 만들어 준 모든 것이 함께 서 있어. 자네는 이것으로 부족함 없는 선물을 해주었네. 우리의 다니엘 원장을 다시 돌려주었을 뿐만 아니라, 처음으로 자네 자신을 완전히 나에게 터놓고 보여 준 걸세. 이제는 자네가 누구라는 걸 알겠네. 이제 거기 대해서는 이야기를 말게. 할 수도 없고. 아, 골드문트, 이런 날이 오다니!"

넓은 작업장 안은 고요했다. 골드문트는 그의 친구가 마음 깊이 감동하고 있음을 알았다. 그러자 난처한 마음에 숨이 막혀 이 순간을 빠져나가고 싶었다.

"그래," 짤막하게 그는 말했다. "나도 기쁘군. 하지만 자넨 곧 식사하러 갈 시간이 아닌가?"

19

골드문트가 이 작품을 제작하는 데 2년이 걸렸다. 두 번째 해부터는 에리 히를 완전히 제자로 받아들였다. 계단의 목각에는 조그만 낙원을 만들었다. 그는 희열에 넘쳐 나무라든가 무성한 잎사귀라든가 잡초 같은 것이 우거지고 나뭇가지에는 새들이 뛰노는 평화로운 들을 새겼다. 그 사이사이에서는 동물들의 몸과 머리가 솟아 있었다. 평화롭게 움트는 이 낙원의 한복판에 그는 성인들의 삶 가운데 여러 모습을 표현했다. 이 부지런한 생활이 중단되는 날은 흔치 않았다. 그가 자신의 작품에 질색하여 불안하고 지루해서 작업이 불가능한 날은 드물었다. 하지만 그런 날이면 그는 제자에게 일을 맡겨 버리고 전원으로 나가 말을 타고 다니며 숲 속에서 자유와 방랑생활의 향기를 들이마셨다. 아니면 여기저기 있는 농부의 딸을 찾아가거나 사냥을 떠났으며, 풀밭에 몇 시간이고 드러누워 아치형 천장처럼 생긴 우듬지를 쳐다보았고, 양치식물과 금작화로 뒤덮인 들판을 바라보기도 했다. 그러나 하루나 이틀 이상 집을 비운 적은 없었다. 수도원으로 돌아가면 그는 새로운 정열을 품고 일을 시작했다. 잡초처럼 무성히 뒤덮인 식물을 황홀경에 빠져 새기는 것은 물론이요, 통나무 속에서 사람의 머리를 사뿐히 애정을 기울여 파내기도 하고 입이나 눈이나 엉긴 수염 등을 힘차게 새기기도 했다. 에리히 말고 이 작품을 알고 있는 사람은 나르치스뿐이었다. 그는 자주 찾아왔다. 작업장은 나르치스에게 수도원 안에서 제일 좋아하는 장소가 되었다. 그는 기쁨과 놀람에 차서 작품을 구경했다. 거기에는 그의 친구가 불안정하고 고집스러우면서도 순진한 마음에 품고 있던 것이 꽃피고 있었다. 그것은 하나의 창조였다. 거기서는 작은 세계가 자라나고 있었다. 이것이 하나의 유희에 지나지 않더라도 논리학이나 신학 등을 가지고 노는 유희보다 졸렬한 유희가 아니라는 것은 확실했다.

나르치스는 어느 날 수심에 잠겨 말했다. "골드문트, 나는 자네에게서 많이 배우고 있네. 예술이 무엇인지 알게 되는 것 같아. 전에만 해도 예술이라는 것은 사색이나 학문과 비교해서 대체로 진지하지 못한 분야라고 여겼었네. 나는 이렇게 생각했었네. 인간은 정신과 물질의 모호한 혼합물이니까, 또 정신은 영원에 대한 인식으로 향하는 길을 터놓지만, 물질은 덧없는 것에 인간을 끌어내려 속박하니까, 인간 삶을 승격시키고 의미를 부여하려면 감각세계에서 멀리 떨어지도록 힘써서 정신세계 가까이 가야 한다고 말일세. 나는 예술을 경애한다고 말해 왔지만, 습관에 따랐을 뿐 사실은 오만하게도 깔보고 있었어. 지금에서야 나는 인식에 많은 길이 있고, 정신의 길이 유일하지도 않으며 가장 최상의 길이 아닐 수도 있음을 깨달았다네. 물론 내 길은 확실히 정신의 길일세. 그리고 그 길을 고수할 걸세. 하지만 내가 보기에 자네는 정반대인 감각의 길에서 수많은 사색가들이 할 수 있는 것보다 존재의 비밀을 더 깊이, 그리고 더 생생히 표현해 내고 있어."

"그렇다면 내가 상상 없이 생각하지 못하겠다는 의미를 이제 자네도 이해한단 말인가?" 골드문트는 말했다.

"그건 오래전부터 이미 알고 있었어. 우리의 사색은 끊임없는 추상이야. 감각적인 것에서 눈을 돌리고 순전히 정신적인 세계를 구축하려는 시도라네. 그런데 자네는 가장 변하기 쉽고, 가장 덧없는 것들을 마음에 새기고 그것들 속에 세상의 의미가 있다고 하지 않는가. 자네는 세상에서 눈을 돌리지 않고 거기에 자네 자신을 내맡겨 버리지. 그런 자네의 희생이 가장 최상의 것으로 승화하면서 영원함에 대한 비유도 된다네. 우리 사색가들은 세계를 하느님에게서 분리시킴으로써 하느님에게 가까워지려고 애쓰고 있지. 자네는 하느님의 창조물을 사랑하고 다시 창조함으로써 하느님에게 가까워지는 거고. 사색이나 예술 둘 다 인간이 하는 일이라 어쩔 수 없이 불완전하긴 하지만 예술이 더 순수한 편이지."

"나는 모르겠네, 나르치스. 하지만 인생의 난관을 극복하거나 절망을 견디내는 건 자네 같은 사색가나 신학자들이 더 성공할 것 같아. 나는 오래전부터 자네의 학문을 부러워하는 걸 그만뒀네, 친구. 하지만 자네의 차분함이나 객관성, 평온함은 여전히 부러워하고 있지."

"골드문트, 나를 부러워할 것까지는 없어. 자네가 생각하는 것 같은 그런 평온함은 존재하지 않아. 아, 물론 평온함이란 게 있긴 있지. 하지만 우리 안에 상주하면서 사라지지 않는 평온함이란 어디에도 없어. 오로지 몇 번이고 거듭 싸워 이겨서 쟁취해야 하는 평온함, 우리네 삶에서 날마다 새롭게 얻어내야 하는 평온함만 있을 뿐이라네. 자네는 내가 싸우는 모습을 본 적이 없어. 내가 연구하고 있을 때 싸우는 모습이나 기도실 안에서 싸우고 있는 모습도 보지 못했지. 자네가 그런 모습을 보지 못해서 다행이로군. 자네는 단지 내가 자네보다 기분에 덜 좌우되는 걸 보는 것뿐이야. 그러고는 내가 평온하다고 여기는 거지. 하지만 내 삶은 투쟁일세. 견실한 인생들이 모두 그런 것처럼 싸움과 희생에 의한 거라네. 자네와 마찬가지로 말이야."

"거기에 대해서 논쟁하려는 건 아니야. 자네도 내 싸움의 전부를 보고 있는 것이 아니니 말이야. 곧 이 작품이 완성되리라고 생각하면 내 마음이 어떤지 자네가 이해할는지 모르겠군. 작품이 완성되면 실려 가서 제 위치에 놓이게 되겠지. 그러면 나는 사람들에게 칭찬을 몇 마디 듣고 나서 텅 빈 작업실로 돌아올 거야. 다른 사람들에겐 보이지도 않는, 작품에서 이루지 못한 것들 때문에 우울해질 거야. 작업실처럼 내 마음도 뭔가 빼앗긴 듯이 공허해지겠지."

"그럴지도 모르지." 나르치스가 말했다. "그 점에서 우리는 서로를 완전히 이해하지는 못해. 하지만 선의를 가진 사람들이라면 모두 인식하고 있는 게 하나 있지. 결국 우리의 작품들이란 우리를 부끄럽게 만든다는 거야. 그러니 우리는 다시 시작해야 하고, 매번 새로운 희생을 해야 한다는 걸세."

몇 주일 뒤, 골드문트의 대작이 완성되어서 옮겨졌다. 그가 벌써 몇 년 전에 맛본 적이 있던 일이 반복되었다. 그의 작품이 딴 사람의 소유가 되어 관찰되고, 비평받고, 칭찬받았다. 사람들은 그를 칭송하고 그에게 경의를 표했다. 하지만 그의 마음과 작업장은 텅 비어 있었다. 그 작품이 희생할 만한 가치가 있었는지 그도 이제는 알 수 없었다. 작품에 씌워 놓은 장막을 거두던 날, 그는 신부들의 식탁에 초대되었다. 여러 가지 음식과 수도원에서 제일 오래된 포도주가 차려져 있었다. 골드문트는 훌륭한 생선요리와 사슴고기요리를 마음껏 즐겼다. 나르치스가 그를 칭찬하며 작품을 표창하자, 그의 그런 관심과 기쁨이 골드문트를 더 따뜻하게 해 주었다.

원장의 바람과 주문에 따라 새로운 일거리가 이미 구상되고 있었다. 이 수도원에 속한 노이첼의 마리아 교회에 제단을 만드는 일이었는데, 마리아브론 출신의 신부가 그곳의 주임신부를 맡고 있었다. 골드문트는 이 교회의 제단을 위해 성모상을 만들고 싶었다. 거기에는 그의 젊은 시절의 잊을 수 없는 인물들 가운데 아름답고 겁 많은 기사의 딸 리디아를 영원히 새겨 놓을 셈이었다. 이 주문은 에리히의 수습공 과제로 적당해 보였을 뿐 그 밖에는 별달리 중요하게 여겨지지 않았다. 만일 에리히가 잘 해내면 자신의 후임자가 될 평생 좋은 동반자를 얻는 것이다. 에리히는 그의 일을 대신할 테고 그러면 그가 끌리는 일에 몰두할 수 있는 자유도 누릴 수 있으리라. 이윽고 그는 제단을 만들기 위해 에리히와 함께 통나무들을 골라 놓고 에리히한테 작업에 쓸 수 있도록 준비시켰다. 골드문트는 가끔 에리히를 혼자 남겨둔 채 밖으로 나돌았다. 숲 속을 멀리까지 거닐면서 다시 배회하기 시작했다. 어느 날 골드문트가 며칠 동안이나 돌아오지 않자 에리히는 원장한테 알렸다. 원장도 골드문트가 영영 돌아오지 않을까 염려했다. 그 사이 골드문트는 돌아와서 일주일 동안 리디아 상 제작에 전념했다가 다시 방랑길에 나섰다.

그는 근심에 싸여 있었다. 대작을 완성시키고 난 뒤 그의 생활은 무질서해졌다. 그는 아침 미사를 게을리하고 깊은 초조와 불안 속에 파묻혔다. 그는 니클라우스 스승을 자주 떠올렸다. 그는 자신이 곧 니클라우스처럼 되지나 않을까 생각했다. 그러면 부지런해지고 기술은 더 능숙해지겠지만, 자유는 잃고 젊음은 시들어 버리는 것이다. 얼마 전에 겪은 사소한 일이 그에게 생각할 거리를 안겨 주었다. 방랑하던 어느 날, 그는 호감이 가는 젊은 시골처녀 프란치스카를 발견했다. 그는 자신이 아는 모든 유혹의 기술을 발휘해 그녀를 유혹하려 애썼다. 그녀는 그의 잡담에 기꺼이 귀를 기울이고 그의 농담에 즐거워하며 웃었다. 하지만 그의 구애는 거절했다. 이때 처음으로 골드문트는 젊은 여자들에게 자신이 노인으로 보인다는 사실을 깨달았다. 그는 다시 그곳을 찾아가지 않았으나 잊지도 않았다. 프란치스카의 말이 옳았다. 그는 변해 있었다. 스스로도 그것을 느꼈다. 너무 빨리 희끗해진 머리칼이나 눈가의 잔주름 때문만은 아니었다. 오히려 그의 자세나 정신에 깃든 무언가 때문이었다. 그는 자신이 늙고, 니클라우스 스승과 기묘하게도 닮아간다는 사실을 발견했다. 그러고는 언짢은 기분으로 자신의 모습을 관찰하다가 어깨를 으쓱했다. 그는 자유롭지 않은, 한곳에 정착해 사는 신세가 되었다. 이제는 독수리나 토끼가 아닌 가축이 되고 만 것이다. 바깥을 돌아다니는 날에는 새로운 방랑과 새로운 자유보다 과거의 향수나 지난날 유랑의 회상을 더듬었다. 그는 사냥감의 냄새를 놓친 개처럼 슬픔과 아쉬움에 젖어 추억을 훑어 내렸다. 그렇게 하루 이틀 돌아다니다 보면 약간 빈둥거리며 흥청거리게 되었다. 그러면 어쩔 수 없이 양심의 가책을 받을 수밖에 없었다. 작업장에서 그를 기다리는 것도 느껴졌다. 작업을 시작한 제단도 책임져야 했고, 목재를 준비하는 일도 책임져야 했으며, 그의 조수 에리히도 책임져야 했다. 그는 더 이상 자유롭거나 젊지 않았다. 그는 리디아 성모상을 끝내고 나면 길을 떠나 다시 한 번 방랑생활을 하겠노라고 굳게 결심했다. 남자들만 가득한 수도원에서 오랫동안 머무는 것은 좋지 않았다. 수도사들에겐 좋을지 몰라도 그에겐 그렇지 않았다. 남자들과는 지적인 대화를 나눌 수 있었다. 그들은 예술가의 일에 대해서도 이해심을 갖고 있었다. 하지만 다른 나머지, 수다를 떨거나, 연애하거나, 유희에 빠져 사랑하는 것, 아무 생각 없이 즐기는 것은 남자들 사이에서는 잘되지 않았다. 여인과 방랑, 자유, 새로운 감동이 필요했다. 그를 둘러싸고 있는 이곳의 모든 것은 좀 우중충한 빛깔을 띠고 진지했으며, 약간은 무겁고 남성적이었다. 그 또한 이런 분위기에 오염되었다. 그의 핏속에도 스며들었던 것이다. 다시 길을 떠난다는 생각이 그를 위로했다. 그는 더 빨리 자유로워지기 위해 기운차게 일을 시작했다. 통나무 속에서 그를 향해 리디아의 형상이 차츰 떠오르고, 그녀의 무릎 위로 엄격하게 주름 잡혀 흘러내리는 드레스를 장식하면서 그는 깊고 고통스러운 기쁨에 사로잡혔다. 사랑에 빠졌었던 그 그리운 모습, 아름답고 수줍은 소녀의 형상, 그 시절의 기억, 첫사랑, 첫 여행, 젊은 시절들이 떠올랐다. 그는 경건한 마음으로 그 우아한 형상을 만들어 나갔다. 이 형상이 그가 가슴에 품은 최고의 것과 하나가 되고, 그의 젊음과 그의 가장 소중한 추억과 하나가 되는 것이 느껴졌다. 갸우뚱한 목, 다정하면서 슬퍼 보이는 입, 기품 있는 손과 기다란 손가락, 아름답게 곡선을 그리는 손톱을 만들어내는 일은 그를 기쁘게 했다. 에리히 또한 틈만 나면 감탄과 경애의 눈빛으로 조각상을 바라보았다.

거의 완성단계에 가까웠을 때 골드문트는 그것을 원장한테 보여 주었다. 나르치스는 말했다. "여보게, 이게 자네 작품 가운데 가장 아름다운 작품일세. 온 수도원을 통틀어도 이것과 견줄 만한 게 하나도 없어. 지난 몇 달 동안 내가 자네 때문에 얼마나 걱정했는지 고백해야겠군. 자네가 안정을 찾지 못하고 불안해한다고 여겼네. 자네가 사라져서 하루가 지나도록 돌아오지 않으면 가끔은 영영 오지 않을지도 모른다고 생각해서 걱정을 했다네. 그런데 그런 자네가 이런 훌륭한 조각상을 만들었군. 자네 덕분에 기쁘네. 그리고 자네가 자랑스러워."

"그렇군." 골드문트가 말했다. "이 조각상은 썩 잘됐어. 하지만 나르치스, 내 말을 들어 보게! 이 조각상이 좋은 작품으로 태어나기 위해서는 내 젊음과 방랑생활, 유희와 많은 여인들과의 연애 그 모든 것이 다 필요했다네. 그게 내가 도취할 수 있는 원천이라네. 그 우물은 곧 말라 버리고 말 거야. 내 마음도 메말라 버리는 거지. 이 성모상을 완성하면 꽤 오랫동안 휴식을 취할걸세. 얼마나 걸릴지는 모르겠지만 말이야. 내 젊음이 깃들고 소중했던 것들을 한번 되짚어 가 볼 생각이야. 이해할 수 있겠나? 뭐, 그래. 자네도 알다시피 난 자네 손님이야. 그리고 내가 여기서 한 일에 대해 보수를 받은 적도 없었으니까……"

"내가 보수를 받으라고 자주 그랬잖나." 나르치스는 항의했다.

"그랬지. 지금 그것을 받겠어. 새 옷을 만들어 주게. 옷이 다 되면 말과 약간의 돈을 얻어서 세상에 나가겠네. 아무 말도 말게, 나르치스, 애달파하지도 말고. 이곳이 더 이상 마음에 들지 않는다는 게 아닐세. 어디를 간들

여기보다 더 좋은 곳이 있겠나. 다른 문제가 있어서 그렇다네. 내 소원을 들어주겠지?"

두 사람은 더는 여행에 대한 이야기를 나누지 않았다. 골드문트는 단출한 승마복과 부츠를 만들게 했다. 골드문트는 여름이 다가오는 동안 성모상을 최후의 작업이라도 하는 양 매달려 완성했다. 애정 어린 손길로 조각상의 손과 얼굴, 머리카락에 마지막 손질을 했다. 여행을 망설이느라 출발을 조금씩 미루듯이 즐겁게 조각상에 섬세한 끝손질을 되풀이하는 것처럼 보일 정도였다. 하루하루가 흘러갔지만, 여전히 이것저것 정리할 것들이 많았다. 나르치스는 다가오는 이별에 깊은 슬픔을 느꼈으나, 골드문트가 성모상에 애착을 갖고 거기서 떠나지 못하는 모습을 보며 이따금 미소를 지었다.

하지만 어느 날 골드문트가 갑자기 찾아와서 떠나겠다고 말하는 바람에 나르치스는 깜짝 놀랐다. 하룻밤 사이에 결정한 것이었다. 새 옷을 입고, 새 모자를 쓰고 나르치스한테 인사하러 왔다. 그는 며칠 전에 벌써 고해도 하고 성체도 받았다. 지금은 작별을 고하고 여행길의 축복을 받기 위해 온 것이었다. 이별은 두 사람 모두에게 힘든 일이었다. 골드문트는 마음과는 달리 퉁명스럽고 무심하게 굴었다.

"자네를 다시 볼 수 있을까?" 나르치스가 물었다.

"물론이지. 그거야 멋진 자네의 말(馬)이 내 목을 부러뜨리지만 않는다면 확실히 또 만나게 될 걸세. 게다가 나 말고 누가 자네를 나르치스라 불러주고, 자네한테 걱정거리를 안겨 줄 수 있겠나. 그러니 염려 말게. 잊지 말고 에리히를 돌봐 주길 바라네. 그리고 내 조각상에 아무도 손을 대지 않도록 봐 주고! 그것은 전에도 이야기했듯이 내 방에 그냥 두었네. 열쇠를 잊지 않길 부탁하네."

"여행을 고대하고 있군그래?"

골드문트는 두 눈을 깜박거렸다.

"그래, 기다려진다네. 확실히 그래. 하지만 지금 막상 떠나려니 생각했던 것보다 덜 즐거운 듯싶네. 자네는 비웃겠지만 이별은 그리 쉬운 일이 아니란 말이야. 이런 집착이 아무래도 싫어. 이건 병 같은 거야. 나이 젊고 튼튼한 사람한테는 없는 거지. 니클라우스 스승도 그랬었어. 아, 쓸데없는 소리는 그만두세나! 여보게 날 축복해 주게. 나는 떠나겠네."

그는 그대로 말을 타고 가 버렸다.

나르치스는 친구 생각에 깊이 빠져 있었다. 그를 걱정하고 그를 그리워했다. 골드문트가 돌아올까? 이제 이 이상하고도 사랑스러운 사내는 욕망과 호기심을 따라 다시 발길 닿는 대로 구부러진 길을 떠났다. 그의 격렬하고 탐욕스러운 강하고 어두운 충동에 따라 다 큰 아이처럼 세상을 돌아다닐 것이다. 하느님, 그와 함께하소서! 그가 무사히 돌아오기를! 그는 다시 나비처럼 사방으로 날아다니며 새로운 죄를 지을 것이다. 여자들을 유혹하고, 본능에 따라 행동할 것이다. 어쩌면 다시 살인사건이나 위험한 일에 말려들어 감금된 채로 죽어갈지도 모른다. 나이 드는 것을 투덜거리면서도 소년의 눈으로 세상을 바라보는 이 금발 소년을 얼마나 걱정했던가! 그 때문에 얼마나 가슴을 졸였는지 모른다. 그러면서도 나르치스는 속으론 골드문트를 생각하면 기뻤다. 이 고집 센 어린아이를 길들이기가 어렵다는 것, 그렇게 제멋대로라는 것, 얽어매는 일들을 뿌리치고 벗어난다는 것이 너무나 기뻤다.

이 수도원장의 생각은 매일 한 번씩은 친구에게로 돌아갔다. 그 생각은 사랑과 그리움, 고마움과 근심을 품고 있었지만, 가끔은 의심과 자책으로 물들어 있기도 했다. 어쩌면 그가 친구를 얼마나 사랑하는지, 그가 딴사람이 되길 바란 적이 거의 없음을, 그의 존재와 그의 예술로 말미암아 얼마나 풍요로워졌는지 더 명확히 보여 줘야 하지 않았을까. 그는 친구에게 그런 이야기는 별로 하지 않았었다. 어쩌면 지나칠 정도로 얘기하지 않았는지도 모른다. 그렇지 않았다면 친구를 붙들어 둘 수도 있었을지 모르는데.

그러나 그는 골드문트에 의해 풍요로워지기만 한 것은 아니었다. 그 때문에 가련해지고 약해지기도 했다. 그걸 친구에게 보이지 않은 건 확실히 잘한 일이었다. 그가 집처럼 여기고 사는 세계, 수도원 생활, 수도원장직, 학문 연구, 훌륭하게 짜인 사상의 구조물 등의 세계가 모두 친구에 의해 가끔 그 근거에 충격을 받고 의심스런 생각으로 가득 찼던 것이었다. 수도원, 곧 이성과 도덕면에서 본다면 그 자신의 생활은 보다 좋고 옳으며, 보다 안정되고, 보다 질서가 있었으며, 보다 모범적임에 틀림없었다. 그것은 질서와 준엄한 봉사, 끝없는 희생, 명료함과 정의를 늘 새롭게 추구하는 거듭된 노력으로 가득한 삶이었다. 그것은 예술가와 부랑자, 유혹자들의 삶보다 더 순수하고 더 나았다. 하지만 위에서 내려다볼 때는, 하느님의 눈으로 볼 때는 어떨까? 질서와 수련의 모범적인 삶, 세상과 감각적 쾌락에 대해 금욕하는 삶, 진흙탕과 핏물로부터 거리를 둔 삶, 철학과 명상 속으로 침잠한 이 삶이 과연 골드문트의 삶보다 더 나은 것일까? 인간은 정말 기도 종소리에 맞춰 시간과 의무를 지키면서 통제된 삶을 살아야 하는가? 인간은 정말 아리스토텔레스와 토마스 아퀴나스를 공부하고, 그리스어를 배우며, 관능을 억제하고, 속세에서 달아나도록 창조되었는가? 애초에 하느님이 인간을 쾌락과 본능, 핏빛으로 물든 악, 죄와 육욕, 절망에 빠지는 천성으로 창조하신 것은 아닐까? 친구에 대해 깊이 생각하다 보면 이런 의문이 수도원장의 머릿속을 맴돌았다.

그렇다. 어쩌면 골드문트의 삶이 더 유치하다거나 인간적인 한계를 드러내는 것이라고는 말할 수 없으리라. 실제 세상에서 발을 빼고 깨끗한 삶을 살면서 조화롭고 아름다운 사상의 화원을 꾸며 놓고 안전한 화단 사이로 티끌 하나 묻히지 않고 거니는 것보다, 어쩌면 차라리 현실의 고통스러운 흐름과 혼돈에 빠져들어 죄를 범하고 그 쓰라린 결과를 받아들이는 편이 결국 더 용감하고 숭고한 것인지도 모른다. 너덜거리는 신발을 신은 채 숲 속을 헤매며 큰길을 따라 걷고, 햇볕을 쬐고 비를 맞으면서 배고픔과 가난에 절어 시달리기도 하고, 쾌락의 기쁨에 차서 즐기다가는 고통스런 대가를 치르는 것이 어쩌면 더 어렵고 더 용감하며 더 숭고한 것이리라.

어쨌든 골드문트는 나르치스에게 여러 가지를 보여 주었다. 고귀한 일을 해낼 운명의 인간은 인생의 피비린내 나고 혼돈스런 세상 밑바닥 깊숙이 빠져들어 먼지와 피가 잔뜩 묻어 더러워지더라도 하찮아지거나 저속해지지 않고, 자기 내부의 신성한 불꽃을 꺼뜨리지도 않는다는 것이었다. 짙은 어둠 속에서 길을 잃고 헤맬 때조차 골드문트의 영혼에서는 성스러운 불빛과 창조력이 사라지지 않았다. 나르치스는 친구의 혼란스러운 삶을 깊숙이 들여다보았다. 하지만 그에 대한 사랑이나 존경이 줄어들지는 않았다. 아니, 아니었다. 골드문트의 더러워진 손에서 내적 형식과 질서로 빛나는 저 경이로운 정물의 형상이 완성되는 과정을, 순수한 식물과 꽃들, 애원하거나 축복하는 손들, 그 모든 대담하고 온화하며 당당하거나 성스러운 몸짓들을 지켜보았다. 그때부터 그는 이 변덕스러운 예술가이자 유혹자의 내부에 찬란한 빛과 신이 내린 재능이 깃들어 있음을 잘 알게 되었다.

골드문트와 대화를 나누며 자기가 더 뛰어나다는 것을 보여 주고, 친구의 열정에 자신의 규율과 지적인 질서를 부여하는 일은 쉬웠다. 하지만 골드문트의 형상들의 사소한 몸짓이나 눈빛, 입 모양, 머리카락, 옷 주름이 더 가치 있는 것이 아닌가? 사색가가 이룰 수 있는 것들보다 더 실제적이고 더 생생하며 더 귀중한 것이 아닌가? 갈등과 고통으로 번민하던 이 예술가는 현재와 미래의 수많은 사람들을 위해 그들이 겪을 빈곤과 분투의 상징으로 그것들을 빚어낸 게 아닐까? 그 조각상들은 셀 수 없을 만큼 많은 사람들에게 숭배와 존경, 깊디깊은 고뇌와 그리움, 확신과 기운을 주는 대상이 될 것이다.

나르치스는 슬픈 미소를 지으며, 친구를 이끌고 가르치던 젊은 시절부터의 시간들을 하나하나 모두 떠올렸다. 친구는 그의 인도와 가르침을 감사하게 받아들이며, 언제나 그의 우수함과 지도력을 인정해 주었다. 그러고는 자신의 초라한 삶의 격동과 고통 속에서 조용히 작품을 빚어내었다. 말이나 가르침, 설명이나 경고 같은 것도 없는, 그야말로 참되고 고취된 삶이었다. 그에 비해 그의 지식과 수도원에서의 수련, 변증법 따위는 얼마나 알량한 것인가!

이런 의문을 둘러싸고 그의 생각은 어지럽게 맴돌았다. 오래전 그가 골드문트의 어린 시절에 거칠게 뛰어들어 골드문트의 인생을 낯선 길 위에 올려놓았듯이, 이제 골드문트가 돌아온 뒤로는 나르치스 자신이 그에게 충격을 받아 믿음에 의혹을 품고 자기를 되돌아볼 수밖에 없어진 것이다. 골드문트는 그와 대등해졌다. 나르치스는 골드문트에게 주었던 모든 것을 이제 몇 번이고 다시 되돌려 받고 있었다.

말을 타고 떠나간 친구는 그에게 생각할 시간을 많이 주었다. 몇 주일이 흘러갔다. 밤꽃은 벌써 오래전에 피었다. 너도밤나무의 희부연 연녹색 잎사귀는 이미 까맣고 딱딱하게 굳어 버린 지 오래였다. 황새는 벌써 정문의 탑 위에서 알을 낳고는 새끼를 데리고 다니면서 나는 방법을 가르쳐 주었다. 골드문트가 떠나 있는 기간이 길어지면 길어질수록 나르치스는 자기에게 친구가 얼마나 중요한지 깨달았다. 수도원 안에는 박식한 신부가 몇 명 있었다. 그 가운데 한 명은 플라톤 정통학자, 한 명은 훌륭한 문법학자, 한두 명은 영리한 신학자였다. 수도사들 가운데도 진지하고 언제나 변치 않는 성실한 사람이 몇 명 있었다. 하지만 자기와 대등한 사람, 진지하게 겨룰 수 있는 사람은 하나도 없었다. 골드문트만이 무엇으로도 바꿀 수 없는 것을 그에게 줄 수 있었다. 지금 그것을 포기한다는 것은 견디기 어려운 일이었다. 그는 그리움에 젖어 멀리 떠나간 친구를 생각했다.

그는 자주 작업장으로 가서 조수 에리히를 격려했다. 에리히는 제단을 만드는 일을 계속하고 있었으나 스승이 돌아올 날만 고대하고 있었다. 때때로 원장은 마리아상이 있는 골드문트의 방문을 열고 상을 덮은 천을 살며시 걷어치우고 그 옆에 앉았다. 그는 이 목상의 유래를 알지 못했다. 골드문트는 그에게 리디아의 이야기를 해준 적이 없었던 것이다. 하지만 나르치스는 모두 다 감각으로 느끼고 있었다. 이 처녀의 자태가 오랫동안 친구의 가슴속을 차지하고 있었음을 알았다. 친구는 그녀를 유혹하고, 기만하고, 버렸을지도 모른다. 하지만 친구는 그녀를 그의 영혼 속에 담아두고 가장 충직한 남편보다도 더 충실하게 지켜 나가, 아마 그 여자와 두 번 다시 만나지 않고 기나긴 세월을 보냈으리라. 그리고 아름답고 감동적인 이 처녀의 조각상을 만들어 그 얼굴과 태도와 두 손에 사랑하던 사나이의 모든 애정과 존경과 그리움을 쏟아넣은 것이었다. 식당 낭독대에 새겨진 조각에서도 그는 친구에 대한 것을 이것저것 읽어냈다. 그것은 방랑자와 충동적인 인간의 사연이었다. 고향 없는 사나이, 정처없는 사나이의 사연이었다. 하지만 여기 남아 있는 것은 모두가 선량하고 충실하며 생생한 사랑으로 가득 차 있었다. 탁한 물이 깊게 흐르는 골드문트의 인생은 얼마나 신비로운가! 그런데도 그의 작품은 어찌나 맑고 고귀한 기운을 발산하는지!

나르치스는 자기 자신과 사투를 벌여 이겨냈다. 그는 하느님의 부름을 배신하지 않았고, 엄중한 봉사의 길에서도 결코 벗어나지 않았다. 그러나 오직 하느님과 자신의 직무에만 속해 있어야 할 마음이 친구에게 얼마나 향해 있는지 깨닫고 괴로웠으며, 친구를 잃은 상실감으로 고통스러웠다.

20

여름이 지나갔다. 양귀비와 수레국화, 선옹초와 과꽃은 시들어 사라지고 말았다. 연못의 개구리도 조용해지고, 황새는 높이 날아 떠나갈 준비를 했다. 그때 골드문트가 돌아왔다.

어느 보슬비 내리는 오후, 그는 도착해서 수도원에 들어가지도 않고 정문에서 곧장 작업장으로 들어갔다. 말도 없이 그냥 걸어온 것이었다.

에리히는 골드문트가 들어왔을 때 깜짝 놀랐다. 그를 한눈에 알아보고 반가운 마음에 가슴이 두근거리기까지 했지만, 돌아온 이는 완전히 딴사람처럼 보였다. 골드문트는 몇 년은 더 늙어 보였는데, 얼굴은 반쪽이 되어 칙칙한 잿빛이었고, 홀쭉한 뺨과 눈은 질병에 시달리는 듯한 기색이었다. 그렇다고 고통스러워하는 것 같지는 않았다. 오히려 얼굴에는 친절한 마음씨와 참을성 있는 느긋한 미소가 서려 있었다. 걸음걸이는 힘겨워 보였다. 다리를 끌면서 걷는 것이 건강도 좋지 않고 지쳐 보였다.

이렇게 알아보기 힘들 만큼 달라진 골드문트는 기묘한 눈초리로 자신의 조수를 똑바로 바라보았다. 그는 돌아왔다고 호들갑을 떨지 않았다. 마치 옆방에 있다가 나오기라도 한 것처럼, 잠시도 떠난 적이 없던 것처럼 굴었다. 그는 에리히와 악수를 나누면서 아무 말도 하지 않았다. 인사를 하거나 질문을 하지도, 이야기를 꺼내지도 않았다. 그저 "자야겠어"라고 했을 뿐이었다. 지독히 피곤해 보였다. 그는 에리히를 내보내고 작업실 옆방으로 들어갔다. 모자를 벗어 던지고 신발을 벗고 침대로 걸어갔다. 방 한구석에 천을 뒤집어쓴 채 서 있는 마리아상을 보고는 고개를 끄덕였다. 하지만 다가가 천을 벗겨내고 인사를 하지는 않았다. 대신 그는 천천히 작은 창으로 다가가 밖에서 걱정스럽게 기다리는 에리히를 보고는 외쳤다. "에리히, 아무한테도 내가 돌아왔다고 이야기하지 마라. 난 너무 지쳤어. 내일까지 기다릴 수 있을 테니까."

그러고는 옷을 입은 그대로 침대에 드러누웠다. 누워 있어도 여전히 잠을 이룰 수 없자 일어나서 고달픈 듯 조그만 거울이 걸려 있는 벽 쪽으로 가서 거울을 들여다보았다. 거울 속에서 그를 바라보고 있는 골드문트를 주의 깊게 바라보았다. 기진맥진한 골드문트, 지친 데다 늙고 시들었으며 잿빛 수염이 덥수룩한 사나이였다. 흐릿한 작은 거울에서 꾀죄죄한 노인이 그를 마주보고 있었다. 익숙한 얼굴이었지만 어딘가 낯설어 보였다. 눈앞에 있는 사람 같지가 않았으며, 그와 아무 관계가 없는 사람 같았다. 그것은 그가 알고 있는 여러 얼굴들을 떠오르게 했다. 니클라우스 스승이 잠깐 떠올랐고, 언젠가 그에게 수습기사 옷을 지어 준 노기사의 모습도 생각났다. 또 교회에 있는 성 야곱의 얼굴, 순례모를 쓴 아래로 너무 늙어 백발이 성성한데도 명랑하고 선량해 보이는 얼굴도 잠깐 떠올랐다.

그는 이 낯선 사람에 대해 알아보는 일에 흥미가 생긴 듯 주의 깊게 거울 속 얼굴을 읽어 갔다. 그는 고개를 끄덕여 보았다. 다시 아는 얼굴이 되었다. 그렇다, 그 자신이었다. 그가 스스로에 대해 느끼는 감정과 꼭 들어맞았다. 너무나 지치고 약간 둔해진 노인이 여행에서 돌아온 것이었다. 허름할 뿐 아니라 어디 한 군데 뽐낼 만한 곳도 없어 보였다. 그런데도 그는 아무런 반감도 갖지 않고 오히려 호감을 느꼈다. 그 얼굴에는 일찍이 매력적이던 골드문트의 얼굴에 없던 무언가가 있었다. 피로에 지치고 노화로 쇠퇴해 있음에도 만족감의 흔적이나 적어도 초연함이 드러나 있었다. 그는 부드럽게 웃으며 거울 속 사내가 따라 웃는 것을 바라보았다. 여행에서 꽤 괜찮은 녀석을 데려온 것이다! 짧은 여행에서 완전히 너덜너덜해지고 기력이 다한 채로 돌아왔다. 말과 행낭, 돈만 잃어버린 게 아니라 다른 것도 잃고 놓쳐 버렸다. 젊음과 건강, 자신만만함, 발그레한 볼과 날카롭게 빛나는 눈빛이 사라져 있었다. 그런데도 그는 그 모습이 마음에 들었다. 거울 속의 약하고 늙은 사내가 오래도록 그 자신이었던 골드문트보다 더 좋았다. 그는 더 늙고 더 약해지고 훨씬 초라해졌다. 하지만 더 선량해지고 더 만족스러워했으며, 함께 지내기가 훨씬 쉬웠다. 그는 웃으며 주름진 한쪽 눈꺼풀을 끌어내렸다. 그러고 나서 침대로 돌아가 눕더니 이번에는 잠이 들었다.

이튿날, 그는 자기 방의 탁자에 몸을 기울이고 조그만 그림을 그리고 있었다. 나르치스가 그를 찾아왔다. 그는 문 앞에 서서 말했다. "자네가 왔다는 이야기를 들었네. 다행이야. 정말 기쁘군. 자네가 오지 않아서 내가 왔네. 자네 일에 방해라도 되나?"

그는 가까이 왔다. 골드문트는 탁자에서 몸을 일으키고 손을 내밀었다. 에리히가 미리 귀띔해 주었는데도 그는 친구의 모습을 보고 충격을 받았다. 골드문트는 정답게 웃으며 인사를 했다.

"그래, 돌아왔다네. 잘 있었나, 나르치스? 오랜만일세그려. 자네를 찾아가지 않은 걸 용서해 주게."

나르치스는 친구의 눈을 들여다보았다. 그 또한 친구의 얼굴이 쇠약해지고 가엾을 정도로 기운이 빠져 있음을 알았다. 게다가 다른 면도 보았다. 기묘할 정도로 잔잔한 평온함과 기분 좋게 늙어가는 노인다운 초연함과 체념까지 느껴졌다. 사람의 얼굴 표정을 읽는 데 능숙한 나르치스도 이 변화를 알아보았다. 낯설어지고 달라진 골드문트는 더 이상 이 세상 사람이 아니었다. 그의 영혼은 현실에서 까마득히 먼 곳으로 떠나 꿈길을 걷고 있거나 이미 피안의 세계 문턱에 발을 걸치고 있는 것 같았다.

"어디 아픈가?" 그는 신중히 물었다.

"응, 아프기도 해. 여행을 시작하고 며칠 되지 않았을 때부터 앓기 시작했지. 하지만 내가 다시 돌아오고 싶지 않아 했으리란 건 짐작할 테지. 그렇게 빨리 나타나서 신발을 다시 벗어 던졌다가는 자네들은 실컷 웃었을 거야. 그래, 나는 그게 싫었어. 나는 그대로 길을 재촉하여 돌아다녔지. 여행이 엉망이 되어 부끄러웠어. 나 자신과 약속한 것도 너무 많았거든. 그래, 난 부끄러웠어. 자네는 영리한 사람이니까 분명히 이해하겠지. 미안한데, 뭘 물어봤었지? 아무래도 도깨비한테 홀린 것 같군. 무슨 얘길 하고 있었는지 자꾸 잊어버린다네. 하지만 내 어머니 말이야, 그건 자네가 한 말이 맞았어. 정말 슬펐지만 그래도……."

그는 미소를 지으며 중얼거렸다.

"자네의 건강을 되찾아 주겠네, 골드문트. 우리가 자네를 돌봐줄 거야. 하지만 몸이 아프기 시작했을 때 왜 얼른 돌아오지 않았나! 우리끼리 부끄러워할 게 뭐가 있나? 얼른 돌아왔었더라면 좋았을 것을."

골드문트는 킬킬 웃었다.

"그래, 이제 기억나는군. 돌아올 용기가 없었어. 그랬다면 정말 창피했을 거야. 하지만 이젠 돌아왔잖아. 건강도 다시 좋아지겠지."

"많이 아팠나?"

"많이 아팠냐고? 응, 지독하게 앓았었지. 그런데 자네도 알다시피, 고통이 그렇게 나쁜 건 아니야. 제정신을 차리게 해주거든. 이젠 자네 앞에서도 더 이상 부끄럽지 않네. 자네가 감옥에 나를 찾아와서 내 목숨을 구해 준 날, 난 창피한 나머지 이가 부서져라 악물었었어. 하지만 이젠 완전히 지난 일이지."

나르치스가 친구의 팔 위에 손을 얹자, 골드문트는 금세 입을 다물더니 미소를 지으며 눈을 감았다. 그는 평화롭게 잠에 빠져들었다. 깜짝 놀란 수도

원장은 환자를 돌보도록 수도원 의사인 안톤 신부를 데리러 달려갔다. 그들이 돌아왔을 때, 골드문트는 그림 그리던 탁자 앞에 기대어 앉은 채 잠들어 있었다. 그들은 그를 침대로 옮겨 눕혔다. 의사가 그의 곁에 머물면서 진찰했다.

그는 병이 절망적이라고 판단해 환자를 병실로 옮겼다. 에리히는 곁에서 스승을 계속 지켜보았다.

그의 마지막 여행에 대한 우여곡절은 알 수 없게 되고 말았다. 토막토막 이야기하는 것으로는 많은 것을 추측할 수밖에 없었다. 그는 멍하니 누워 있을 때가 많았다. 때로는 열이 오르고 헛소리를 했다. 때로는 의식이 또렷했다. 그럴 때마다 나르치스를 불렀다. 나르치스한테는 골드문트와의 마지막 대화가 더할 나위 없이 중요한 일이 되었다.

나르치스는 골드문트의 이야기와 고해 가운데 몇 가지를 적어 두었다. 다른 이야기들은 에리히가 받아 적기도 했다.

"언제 아프기 시작했냐고? 여행 초기 단계에서였지. 숲 속으로 말을 몰다가 말과 함께 넘어져서 시내에 굴러 떨어졌었어. 하룻밤 내내 차디찬 물속에 처박혀 있었지. 거기서 갈빗대가 부러졌는데, 그때부터 가슴이 아프기 시작했어. 그때 나는 여기서 멀지 않은 곳에 있었지만, 돌아오기가 싫었어. 어린 애 같은 짓이었지, 나도 알아. 하지만 난 내가 멍청해 보일 거라고 생각했어. 그래서 계속 말을 몰고 갔지. 너무나 아파서 탈 힘도 없어지자 말을 팔고 말았네. 그러고는 어느 병원에서 오랫동안 드러누워 있었지. 나는 이제 여기에 있을 걸세, 나르치스. 이젠 말도 탈 수 없고 방랑도 할 수 없어. 춤도 여자도 끝이야. 아, 아프지만 않았다면 더 오래, 아마 몇 년이고 바깥에 있었을 거야. 하지만 난 세상에서 더 이상 내가 누릴 즐거움이 없다는 걸 알아 버렸네. 그래서 죽기 전에 그림을 좀더 그리고, 조각상도 몇 개쯤 만들고 싶다고 생각했지. 인간이란 결국 즐거움을 찾기 마련이니까."

나르치스는 그에게 말했다. "무엇보다도 자네가 돌아와서 기쁘네. 자네가 얼마나 그리웠는지 몰라. 매일 자네 생각을 했지. 그러면서 자네가 영영 돌아오지 않으면 어쩌나 자주 두려워하곤 했다네."

골드문트는 고개를 저었다. "그렇더라도 별 대단한 일은 없었을걸."

나르치스는 슬픔과 사랑으로 가슴을 태우며 천천히 골드문트 쪽으로 허리를 굽혔다. 그러고는 오랫동안 친구 사이로 지내면서 한 번도 해본 적이 없던 행동을 했다. 골드문트의 머리카락과 이마 위에 입을 맞춘 것이었다. 골드문트는 무슨 일인지 알고는 처음엔 놀랐다가 가슴이 뭉클해짐을 느꼈다.

"골드문트," 수도원장이 그의 귀에 대고 속삭였다. "좀더 일찍 이야기해 주지 못한 것을 용서해 주게. 주교님의 성 감옥에 자네를 찾아갔을 때나, 자네가 처음으로 만든 작품을 봤을 때, 아니면 다른 때라도 이 얘기를 했어야 했네. 오늘은 그 이야기를 해야겠어. 내가 자네를 얼마나 사랑하는지, 자네가 항상 내게 얼마나 귀중한 존재였는지, 자네로 인해 내 인생이 얼마나 풍요로웠는지 말이네. 자네한테는 별로 대단한 일이 아닐지도 몰라. 자네야 사랑하는 데 익숙해서 드문 일이 아닐 테니 말이야. 수많은 여인들이 자네를 사랑해 주고 응석을 받아 주지 않았나. 그런데 나는 다르다네. 내 삶에 사랑은 부족한 것이었어. 내 삶에 가장 모자란 게 사랑이라네. 언젠가 다니엘 원장님께서 나한테 오만해 보인다고 말씀하신 적이 있어. 아마 그분이 옳았을 거야. 난 사람들에게 부당하게 굴지는 않아. 공평하고 참을성 있게 대하려고 노력하지. 하지만 그들을 결코 사랑하지는 않네. 수도원에 학자 둘이 있으면 난 더 박학한 쪽을 좋아해. 약점이 있는데도 좋아한 적은 없다네. 그런데도 만약 내가 사랑을 알고 있다면 그건 자네 덕분이야. 난 모든 사람 가운데 자네만, 자네 혼자만 사랑할 수 있었어. 그게 무슨 뜻인지 자넨 상상할 수도 없겠지. 그건 사막 한가운데 우뚝 솟은 우물이요, 황무지 한가운데서 꽃을 피우는 나무라네. 내 마음이 메마르지 않고, 하느님의 은총이 내리는 자리가 내게 남아 있는 건 오직 자네 덕분일세."

골드문트는 약간 쑥스러워하면서 행복하게 웃었다. 의식이 맑았을 때 그는 나지막하고 침착한 목소리로 말했다. "자네가 나를 교수대에서 구해 주고 우리가 이곳으로 올 때 말이야. 내가 자네에게 내 말 블레스에 대해 물었더니, 자네는 녀석의 일을 이야기해 주었어. 그날 나는, 자네가 말들을 제대로 구분하지도 못하면서 내 귀여운 블레스에 대해서는 신경을 써줬다는 걸 알았지. 그게 나 때문이라 여기고 무척 기뻐했었어. 지금 난 정말 그걸, 자네가 정말 날 사랑한단 걸 알았네. 하지만 난 언제나 자네를 사랑했어, 나르치스. 내 삶의 절반은 자네에게 구애중이었다네. 자네도 날 좋아한다는 걸 알긴 했지만, 언젠가 자네가 내게 그걸 말하길 기대할 엄두는 나지 않았어.

자네는 그만큼 자부심 강한 사람이니까. 자네는 방랑과 자유, 세상과 여인들이 나를 버려서 내게 아무것도 남아 있지 않은 지금 자네의 사랑을 준 걸세. 그 사랑을 기꺼이 받겠어. 그리고 고맙네."

리디아, 마돈나상이 방구석에서 이 모습을 구경하고 있었다.

"자네는 언제나 죽음을 생각하고 있군?" 나르치스가 물었다.

"그래, 죽음도 생각하고, 내 인생이 어떻게 됐는지도 생각한다네. 아직 자네의 가르침을 받던 젊은 시절, 난 자네 같은 정신적인 사람이 되고 싶었어. 그런데 자네가 내게 그건 내 천직이 아니라고 알려 주었지. 그런 다음 나는 바깥세상에 몸을 던지고 쾌락의 세계에 빠져들었네. 여인들은 내게 쉽게 쾌락을 안겨 주었고, 난 기쁨을 누렸어. 그녀들은 탐욕스럽고 적극적이었어. 하지만 난 그녀들이나 관능의 쾌락에 대해 경멸스런 말은 쓰고 싶지 않아. 나 또한 거기서 가끔 엄청난 행복을 얻었거든. 그리고 관능의 세계에도 영혼이 깃들 수 있음을 배우는 행운도 누렸으니까. 바로 거기서 예술이 탄생하는 걸세. 하지만 내게서는 이제 두 불길 모두 꺼져 버렸어. 난 더 이상 동물적인 황홀경의 행복을 누릴 수는 없어. 지금은 여자들이 아직 내 뒤를 쫓아다닌다고 해도 그러고 싶지도 않네. 더 이상 예술 작품을 창작하고 싶지도 않아. 이미 충분히 만들었어. 개수는 중요한 게 아니거든. 그러니 이제 죽을 시간인 거야. 기꺼이 죽을 생각이야. 죽음에 대해 호기심이 일기도 하고 말이야."

"왜 그런 데에 호기심이 생기지?" 나르치스가 물었다.

"그래, 내가 좀 어리석어 보이겠지. 하지만 난 정말로 죽음이 궁금하단 말일세. 사후세계가 궁금한 건 아냐, 나르치스. 난 그건 거의 생각지 않아. 솔직하게 말해도 된다면 난 더 이상 사후를 믿지도 않아. 저승은 없어. 말라죽은 나무는 영원히 죽은 그대로일 테고, 얼어 죽은 새도 다시 살아나지 않아. 인간도 죽은 뒤엔 똑같아. 인간이 죽으면 한동안은 추억 속에 살아 있겠지만, 그것도 오래가진 못해. 그래, 내가 죽는 것에 대해 궁금한 건 오직 내가 여전히 내 어머니를 찾아가는 길 위에 있다는 내 믿음과 꿈 때문이야. 난 죽음이 큰 행복이 되길 바란다네. 사랑에 폭 빠지게 되었을 때처럼 큰 행복 말이야. 난 그 생각을 멈출 수가 없어. 사신이 커다란 낫을 휘두르는 게 아니라 내 어머니가 나를 곁으로 데려가려고 날 비존재와 순수한 상태로 되돌아가게 이끌어 주는 거라는 생각 말일세."

며칠 동안 골드문트는 아무 말도 하지 못했다. 그러다가 나르치스가 마지막으로 방문한 어느 날, 골드문트는 정신을 차리고 이야기를 나눌 수 있었다.

"안톤 신부는 자네가 가끔 무섭도록 아플 거라고 생각하더군. 골드문트, 어쩌면 그렇게 차분히 참을 수 있나? 자네는 이제 평화를 찾은 것처럼 보이는군."

"하느님과의 평화 말인가? 아니, 나는 그 평화는 발견하지 못했어. 하느님과 평화는 바라지도 않아. 하느님은 세상을 잘못 만들었어. 우리는 세상을 찬양할 필요도 없어. 내가 하느님을 찬양하든 하지 않든 하느님은 신경도 안 쓸 거야. 하느님은 세상을 잘못 만들었어. 하지만 나는 내 가슴속의 고통과 평화를 이뤘지. 전에는 고통을 그다지 잘 견뎌내지 못했어. 때때로 나는 죽는다는 건 별로 어려운 일이 아닐 거라고 생각했었지만 잘못된 믿음이었어. 그날 저녁 하인리히 백작의 감옥에서 죽는다는 게 정말 심각한 문제가 됐을 때 알게 되었네. 나는 간단히 죽을 수 없었어. 그러기에 나는 너무 강하고 과격했지. 그들은 내 팔다리를 꺾어 두 번은 죽여야 했을 거야. 하지만 이제는 달라졌어."

말하는 데에 지쳐 그의 목소리는 차츰 희미해져 갔다. 나르치스는 무리하지 말라고 부탁했다.

"아니, 자네에게 이야기하고 싶어. 전 같았으면 자네한테 이야기하는 것을 부끄러워했을 거야. 자네는 웃어 버렸겠지. 내가 말을 끌고 길을 떠났을 때, 나는 무턱대고 나간 게 아니었다네. 하인리히 백작이 그 지역에 돌아오고, 그의 애인 아그네스도 함께 왔다는 소식을 들었거든. 뭐, 좋아, 자네에겐 그리 중요한 이야기가 아니겠지. 이젠 내게도 중요한 얘기 같지는 않네만. 하지만 그때는 그 소식을 듣고 불끈 타올랐다네. 아그네스 말고는 아무 생각도 할 수 없었지. 그녀는 내가 지금껏 알고 사랑했던 여자들 가운데 가장 아름다운 여자였거든. 그녀를 다시 보고 싶었어. 그녀와 다시 행복을 나누고 싶었지. 말을 달려서 일주일 뒤엔 그녀를 찾았네. 그런데 그 무렵 내게 변화가 일어났다네. 내가 말했듯이 난 그녀를 찾았어. 그녀는 아름다운 모습 그대로더군. 난 그녀를 찾아서 기회를 보아 모습을 드러내고 말을 걸었네. 그런데 생각 좀 해보게, 나르치스. 그녀가 나하고는 더 이상 상종하려 하지 않는 걸세. 난 그녀보다 훨씬 늙고 더 이상 매력적이지 않은 데다, 그녀를 즐겁게 만들 수도 없었지. 그녀는 이미 내게 어떤 기대도 하지 않는 거였어. 그게 사실 내 여행의 끝인 셈이지. 하지만 나는 계속 말을 달렸어. 실망하고 우스꽝스러운 꼴로 자네에게 돌아오고 싶지 않았네. 그렇게 말을 타고 달리는 사이 힘도 젊음도 지력도 모두 바닥나 버렸더군. 말과 함께 도랑으로 굴러 떨어져서는 갈비뼈가 몇 개쯤 부러진 채로 물속에 처박혀 있었으니까. 그때 처음으로 진짜 고통이란 걸 알게 되었어. 떨어질 때, 가슴 안쪽에서 뭔가가 부러진 걸 느꼈어. 부러지는 게 기뻤네. 부러지는 소리도 반갑게 들었지. 만족스러웠어. 물속에 누워서 죽게 되리라는 걸 알았지. 하지만 백작의 감옥에 갇혀 있던 그날 밤과는 모든 것이 완전히 달랐어. 난 조금도 저항하지 않았어. 더 이상 죽음이란 게 끔찍스럽게 여겨지지 않았거든. 그 뒤로 가끔씩 격렬한 통증을 느꼈다네. 거기다가 꿈까지 꿨어. 아니면 환상이던가. 뭐든 간에 자네라면 그렇게 불렀을 거야. 난 거기 누워서 격렬한 고통으로 몸부림치면서 비명을 질렀네. 그때, 웃음소리를 들었어. 어릴 때 이후로는 들어본 적 없던 목소리였어. 내 어머니의 목소리였지. 황홀경에 빠지고 사랑에 가득 찬 나지막하고 여성스런 목소리였어. 난 어머니라는 걸, 그녀가 나와 함께 있다는 걸 알았어. 그녀는 무릎 사이에 날 누이고는 내 가슴을 열고 손가락으로 내 갈비뼈 사이에서 심장을 도려내려 했어. 내가 그걸 알고 이해하게 되자 더 이상 고통스럽지 않았어. 그리고 이제 고통이 다시 찾아왔지만 이건 고통도 적도 아니라네. 그건 내 어머니의 손가락이 내 심장을 꺼내 가는 거야. 그녀는 그 일을 부지런히 하고 있어. 때로는 꽉 누르기도 하고, 때로는 황홀경에 빠진 것처럼 신음을 흘려. 가끔은 웃고 콧노래를 흥얼거리기도 해. 또 가끔은 나와 함께 있지 않고 천국 너머 높은 곳에 머문다네. 그러면 난 구름들 사이로 그만큼이나 커다란 그녀의 얼굴을 보지. 그녀는 거기서 맴돌면서 슬프게 웃어. 그 슬픈 미소가 나를 잡아당기고, 내 심장을 가슴 밖으로 끌어낸다네."

그는 거듭해서 어머니에 대해서만 이야기했다. "자네 기억하고 있나?" 그가 마지막 무렵 어느 날 물었다. "난 자네가 다시 어머니에 대해 떠오르게 해주기 전까지 그녀를 완전히 잊고 지냈다네. 그때도 정말 너무나 아팠지. 맹수가 창자를 갈기갈기 찢어 버리는 것 같았어. 우리는 그때 아직 어렸었지. 예쁘장한 소년들이었어. 하지만 그때까지도 어머니는 나를 부르고 있었어. 난 따라야 했지. 그녀는 어디에나 있어. 그녀는 집시 여인 리제였고, 니클라우스 스승님의 아름다운 마돈나였어. 그녀는 삶이고 사랑이며 황홀경이야. 그리고 두려움이고 굶주림이며 본능이었어. 이제 그녀는 죽음이야. 그녀의 손가락이 내 가슴속에 들어와 있다네."

"말을 너무 많이 하지 말게, 이 사람아." 나르치스는 말했다. "내일까지 기다리지그래."

골드문트는 미소를 지으며 나르치스의 눈을 들여다보았다. 여행에서 돌아오며 얻게 된 새로운 미소였다. 그 미소는 늙어 보일 때도 있고 연약해 보일 때도 있어서 약간 노쇠하게 느껴졌지만, 다시 순수한 애정과 지혜로 빛나는 듯 보일 때도 있었다.

"여보게 이 사람." 그가 속삭였다. "나는 내일까지 기다릴 수 없어. 지금 자네하고 작별을 해야만 하네. 작별을 위해 자네한테 죄다 이야기해야겠네. 조금만 더 들어 주게. 어머니 이야기를 들려주고 싶었어. 어머니가 손가락으로 내 심장 주변을 꽉 움켜쥐고 있다는 이야기를 들려주고 싶었어. 몇 년 전부터 내 가장 소중하고 비밀스런 꿈은 어머니의 상을 만드는 거였다네. 그것이 나에게는 모든 형상 가운데서도 가장 신성한 것이었지. 나는 그걸 마음속에 늘 품고 있었다네. 사랑과 신비에 찬 모습 말일세. 얼마 전까지만 해도 어머니의 형상을 만들지 못하고 죽을지도 모른다고 생각하자 도무지 견딜 수가 없고, 내 일생 전체가 무의미한 것만 같이 여겨졌네. 이것 보게, 그런데 지금 보니 이상하게도 그녀를 조각하고 형태를 만들어내는 게 내 손이 아니었단 말이네. 어머니의 손이 나를 조각하고 만드는 거였어. 그녀는 내 심장을 자신의 손가락으로 움켜쥐고 늦춰 가면서 나를 비워 주는 거야. 그렇게 나를 죽음으로 꾀어내는 거라네. 나와 함께 내 꿈도 죽겠지. 그 아름다운 상, 위대한 어머니 이브의 형상이 담긴 꿈 말이야. 아직도 그게 보인다네. 손에 힘이라도 있으면 그려 보기라도 할 텐데 그럴 수가 없어. 어머니가 원치 않거든. 그녀는 내가 그녀의 비밀을 드러내길 바라지 않아. 그녀는 오히려 내가 죽길 바라지. 난 죽는 게 기쁘다네. 어머니가 그걸 쉽게 만들어 줄걸세."

나르치스는 두려움 속에서 친구의 이야기를 귀담아들었다. 이야기를 잘 알아들으려면 친구의 얼굴 위로 허리를 굽혀야 했다. 똑똑히 들리지 않는 말도 적지 않았다. 어떤 말은 잘 들렸지만 무슨 뜻인지는 알 수 없었다.

그리고 환자는 다시 한 번 눈을 뜨고 친구의 얼굴을 한참 동안 쳐다보았다. 눈으로 이별을 고하는 것이었다. 고개를 흔들려는 듯한 동작을 하며 그는 속삭였다. "하지만 나르치스, 자네는 도대체 어떻게 죽을 텐가? 자넨 어머니도 없잖아? 어머니 없이는 사랑도 할 수 없어. 어머니 없이는 죽을 수도 없다고."

그 뒤에 중얼거린 말들은 알아들을 수가 없었다. 마지막 이틀 동안 나르치스는 밤낮을 가리지 않고 친구의 침대 옆에 앉아 숨이 다해 가는 친구를 지키고 있었다. 마지막 남긴 골드문트의 말은 그의 가슴속에서 불꽃처럼 타올랐다.

Siddhartha

싯다르타

주요인물

고타마 싯다르타 석가모니. 도(道)를 이루기 위해 출가한 뒤 현세의 모든 일을 겪고 득도하여 부처가 된다.

고빈다 싯다르타의 친한 친구. 유년기부터 생의 마지막에 이르기까지 싯다르타와 생활을 같이한다.

카말라 유녀(遊女). 싯다르타와의 교제와 자각을 통해 고타마의 뒤를 따른다. 싯다르타의 아들을 낳음.

바스데바 뱃사공. 강물과의 대화를 통해 자연의 섭리를 깨닫고자 하는 수도자. 싯다르타에게 많은 영향을 준다.

카마스와미 상인 유녀 카말라와 사귀던 시절, 싯다르타가 몸 담고 있던 상점 주인.

제1부

바라문의 아들

집의 그늘에서, 내리쬐는 햇볕 속 나룻배가 가까이 떠 있는 강둑에서, 사라수(沙羅樹) 숲 그늘에서, 무화과나무 그늘에서 싯다르타는 바라문의 아름다운 아들이자 어린 매로서 같은 바라문의 아들인 친구 고빈다와 함께 자라났다. 강가에서 멱을 감거나, 신성한 목욕재계를 하고, 신성한 제사를 지낼 때면 햇볕 아래 그의 빛나는 어깨가 그을렸다. 망고나무 숲에서 소년들과 놀거나 어머니가 노래를 부를 때, 신성한 제사를 지내고, 학자인 아버지에게 가르침을 받거나 현자와 대화를 나눌 때면 그의 검은 눈에는 그림자가 밀려들었다. 오랫동안 싯다르타는 현자의 토론회에 참가하면서 고빈다와 함께 토론을 연습해 보고 또한 반성하는 기술과 명상의식을 배웠다. 그는 이미 말 중의 말인 옴('완성'이라는 뜻, 염불의 처음과 끝에 읊음)을 소리 없이 말하는 법을 알았다. 영혼을 한군데 집중해 명확하게 사고하는 정신의 빛이 이마를 에워싸면, 숨을 들이마시는 동안은 자신의 내부를 향해 소리 내지 않고 말했으며, 숨을 내쉬는 동안은 외부를 향해 소리 내지 않고 말했다. 그는 이미 자신의 존재 깊숙이 우주와 하나이며 불멸의 존재인 아트만이 느껴진다는 것을 알았다.

아들이 지식욕으로 불타오르며 빠르게 배워나가는 모습에 그의 아버지의 가슴은 기쁨으로 두근거렸다. 그는 아들이 위대한 현자나 사제, 바라문 가운데 우두머리로 자라나리라 생각했다.

그의 어머니의 가슴은, 강하고 아름다운 아들 싯다르타가 걷거나 앉고 서며 호리호리한 다리로 거니는 모습을 볼 때, 자기에게 완벽하게 경의를 표하며 인사를 올리는 모습을 볼 때마다 더없는 행복으로 물들었다.

가느다란 입술에 왕처럼 당당한 눈빛, 어둠 속에서 빛나는 듯한 이마의 싯다르타가 마을 골목길을 따라 걷고 있는 모습을 볼 때면 바라문의 젊은 딸들의 가슴은 사랑으로 물결쳤다.

하지만 누구보다도 싯다르타를 사랑한 사람은 그의 친구이자 바라문의 아들인 고빈다였다. 그는 싯다르타의 눈빛과 감미로운 목소리를 좋아했고, 싯다르타의 걸음걸이와 완벽한 예의를 갖춘 몸짓을 좋았으며, 싯다르타가 했던 일과 했던 말 모두를 좋아했다. 하지만 고매한 사상과 열정적인 의지, 높은 사명감 깃든 그의 영혼을 가장 사랑했다. 고빈다는 알고 있었다. 싯다르타가 평범한 바라문이나 부패한 제관(祭官), 주문이 적힌 부적을 갖고 다니는 탐욕스런 상인, 허영심 많고 얼빠진 연사, 비열하고 정직하지 못한 사제, 그리고 순하지만 어리석은 수많은 양떼 가운데 한 마리의 양이 되지 않을 것임을 말이다. 그렇다, 그리고 고빈다 또한 그런 이들의 하나, 그저 그런 수많은 바라문 가운데 하나가 되고 싶지는 않았다. 그는 자신이 경애하는 훌륭한 싯다르타의 뒤를 따르고 싶었다. 그리고 다가오는 언젠가 싯다르타가 신의 경지에 올라 영광스러운 자리에 합류할 때, 고빈다는 그의 친구이자 동료, 하인이며 창을 든 호위 부하, 그림자로서 그를 따르고 싶었다.

이와 같이 싯다르타는 모든 이의 사랑을 받았다. 그는 모든 사람의 기쁨의 근원으로 모두를 즐겁게 해주었다.

하지만 그는 자기 자신의 기쁨의 근원이 되지 못했고, 스스로를 즐겁게 하지도 못했다. 무화과나무 정원의 장밋빛 길을 거닐거나, 명상에 빠져 푸르스름한 숲 그늘에 앉아 있을 때, 매일같이 참회하며 팔다리를 씻을 때나, 망고나무 숲의 어둑한 그늘 속에서 제사를 지낼 때, 완벽한 예의범절을 갖춘 몸짓으로 모든 사람의 사랑을 받고 기쁨이 되어도 그 자신은 여전히 아무 기쁨도 얻지 못했다. 꿈들과 쉼 없는 생각들이 그의 마음속 강물을 타고 흘러오고, 밤하늘 별빛에 반짝이고 햇살에 녹아내려왔다. 꿈들과 영혼의 초조함이 제사의 향연처럼, 리그베다의 시구에서 피어오르는 연기처럼, 늙은 바라문들의 가르침에서 방울방울 떨어져 스며들듯이 그에게 다가왔다.

싯다르타는 가슴속에 불만을 품기 시작했다. 아버지와 어머니의 사랑, 그리고 친구인 고빈다의 사랑이 그를 영원히 행복하게 해주고 충족시켜 주며 만족시켜 주지 못한다는 것을 느끼기 시작한 것이었다. 존경할 만한 그의 아버지와 다른 스승들인 지혜로운 바라문들이 그들의 지혜 가운데 가장 으뜸이고 가장 좋은 것을 그에게 이미 전해 주었으며, 그들이 자기들의 풍부한 지식을 그의 그릇에 벌써 쏟아 넣었는데도, 그는 자신의 정신이 만족하지 못하고 영혼이 진정되지 않으며, 그 심장은 흡족해하지 않는 것 같다고 생각하기 시작했다. 목욕재계란 좋은 일이었지만 물은 물일 뿐이고, 물은 죄를 씻어내지 못했다. 물은 영혼의 갈증을 치유하지 못했으며, 그의 마음속 두려움을 덜어주지도 않았다. 제사와 신을 향해 기도하는 것은 훌륭한 일이었지만, 그게 전부일까? 제사를 지내는 일이 행복한 미래를 가져다줄까? 그리고 그게 신들과 무슨 상관이 있을까? 정말 프라야파티(인도신화에서의 창조주)가 세상을 창조했을까? 오직 하나뿐인 유일자 아트만에 의해 창조된 것이 아닐까? 신들도 창조주가 아니라 나와 너처럼 창조되어 시간의 영향을 받는 필멸의 존재인 것은 아닐까? 그런데도 신에게 제사를 드리는 것이 좋고 옳은 일일까? 그게 과연 의미 깊은 일이고 숭고한 일일까? 제사를 지내고 숭배해야 할 그 밖의 존재가 유일자 아트만 말고 또 있단 말인가? 그리고 어디서 아트만을 찾을 수 있는가, 그는 어디에 존재하며 어디서 그의 영원한 심장소리가 울리고 있는가. 모든 이가 저마다 지닌 자기 내면 가장 깊은 곳의 불멸한 부분, 자아 속에 있는 것은 아닐까? 하지만 어디에, 어디에 이 자아가, 이 가장 내밀하고 이 궁극적인 부분이 존재하는가? 가장 지혜로운 현자들은 그곳이 살이나 뼈도 아니고, 생각이나 의식 속도 아니라고 가르쳤다. 그러면 어디에, 어디에 있는 것인가? 그곳, 자아, 자기 자신, 아트만에게 다다를 수 있는 다른 길, 찾아볼 만한 길은 있는가? 아아, 아무도 보여 주지 못하고 아무도 알지 못해 아버지와 스승들과 현자들도, 성스러운 제사의 노래도 그 길을 알지 못했던 것이다! 그들은 모든 것을 알았다. 바라문들과 그들의 신성한 책들은 모든 것을 알고 있었다. 그들은 모든 것에 마음을 쓰고 있었다. 아니, 모든 것 이상으로 주의를 기울였다. 세계의 창조, 언어와 음식과 숨을 들이마시고 내쉬는 것의 기원, 감각의 배열, 신들의 행위 등 그들은 헤아릴 수 없이 많은 것을 알고 있었다. 하지만 하나뿐인 유일자이며 가장 중요한 것, 오로지 중요한 것을 알지 못한다면 이 모든 것을 아는 것이 무슨 가치가 있는가?

당연히 성전(聖典)의 많은 시구들, 특히 사마 베다의 우파니샤드에는 가장 내밀하고 궁극적인 것에 대해 언급한 훌륭한 시구들이 기술되어 있었다. 거기에는 '네 영혼이 온 세계이니라'라고 씌어 있다. 그리고 인간이 잠에, 깊은 잠에 빠졌을 때, 자신의 가장 내밀한 부분과 만나며 아트만 속에 살 수 있게 된다고도 씌어 있다. 이 시구들에는 경탄할 만한 지혜가 담겨 있고, 현자들의 모든 지식이 마법의 언어로 씌어져 벌들이 모은 꿀처럼 순수하게 모여 있다. 그렇다. 오랜 세월에 걸쳐 지혜로운 바라문들이 수집하여 보존한 엄청난 지식이므로 아무도 가볍게 보아 넘길 수는 없을 것이다. 그러나 이 심오한 지식을 단순히 아는 것뿐만 아니라 실제로 생활에서 체험한 바라문이나 승려들은 어디 있으며, 현자나 참회자들은 어디 있는가? 아트만 속에 잠자고 있는 것을 주문으로 끌어내 생활로 인도하고 매순간 깨어 있는 상태로 언행으로 구현시킨 해탈자(解脫者)는 어디 있는가? 싯다르타는 존경할 만한 숱한 바라문을 알고 있었다. 그는 고결하고 유식하며 존경할 만한 자기 아버지를 누구보다도 잘 알고 있었다. 그의 아버지는 감탄할 만한 사람이었다. 그의 태도는 침착하고 고귀했으며 그의 생활은 순수하고 그의 말은 지혜로웠다. 또한 그의 이마에서는 훌륭하고 숭고한 사상이 빛나고 있었다. 그러면 그렇게 유식한 아버지는 과연 행복하고 평화로운 생활을 하고 있는가? 아직도 여전히 탐구하고 갈망하는 사람에 지나지 않는가? 목마른 자인 그는 신성한 샘에서, 제사를 지내서, 책을 통해서, 바라문들과의 대화를 통해서 갈증을 풀어야 했던 것이 아니었을까? 왜 흠잡을 데 없는 아버지가 날마다 죄를 씻어내야만 하는가? 왜 날마다 스스로를 정화하려고 애써야만 하는가? 왜 날이면 날마다 되풀이해야 하는가? 그의 마음속에는 샘의 원천이 메마른 것이 아닌가? 인간은 자기 자신의 근원적인 샘물을 찾아야 하며, 그것을 자기 것으로 만들어야 하는 것이다! 그 밖의 다른 모든 것은 그저 탐색이고, 둘러가는 길이며, 길을 잃고 헤매는 것이다.

이러한 것들이 싯다르타의 생각들이었다. 이것이 그의 갈증이었고, 이것이 그의 괴로움이었다.

그는 이따금 찬도기아 우파니샤드($\substack{\text{사마 베다를 풀이} \\ \text{한 우파니샤드}}$)에 있는 말을 외기도 했다. '진실로 바라문의 이름은 진리로다. 이것을 아는 사람은 나날이 천계(天界)에 이르게 되리라.' 그는 가끔 천계가 가까워 오는 것처럼 느꼈다. 하지만 그는 그곳에 완전히 다다라 본 적도 없었고 그 궁극적인 갈증도 풀어 보지 못했다. 그리고 그에게 가르침을 전해 준 현명한 사람들 가운데 가장 현명한 사람 그 어느 누구도 천계에 완전히 이르지 못했고, 그 영원한 갈증을 완전히 풀어 주지도 못했다.

"고빈다!" 싯다르타가 자기 친구에게 말했다. "사랑하는 고빈다, 나와 함게 보리수 밑에 가서 묵상하세."

그들은 보리수 아래로 갔다. 싯다르타가 한쪽에 앉고 고빈다는 스무 걸음 떨어진 곳에 앉았다. 싯다르타는 '옴'을 부르려고 그곳에 앉았을 때 다음과 같은 시를 입속으로 읊었다.

'옴'은 활이요, 마음은 화살이라,
바라문은 화살의 과녁이니
바로 쏘아라, 그 과녁을.

일과인 묵상 시간이 끝나자 고빈다는 일어났다. 저녁때가 되어 목욕할 시간이 돌아왔다. 그는 싯다르타를 불렀다. 아무 대답도 없었다. 싯다르타는 앉은 채로 명상에 잠겨 있었다. 그의 눈은 머나먼 곳을 향해 고정되어 있고, 이 사이로 혀 끝이 조금 불거져 있었으며, 숨을 쉬고 있지 않은 것처럼 보였다. 이렇게 그는 명상에 잠겨 옴을 생각하고, 그의 영혼을 발문의 과녁으로 쏘아 올리며 앉아 있었다.

어느 날 싯다르타가 살고 있는 거리에 사문(沙門: 바라문교에 반항하여 생긴 교단의 고행자)들이 왔다. 순례를 다니는 창백하고 초췌한 세 고행자는 그다지 늙지도 젊지도 않은 나이에 어깨는 먼지와 피투성이었으며 헐벗고 햇볕에 그을어 있었다. 또한 고독에 싸인 채 속세에는 낯설고 적대적이었으며, 인간 세상에 어두워 여윈 자칼 때 같았다. 그들의 뒤에서는 고요한 정열과 희생적인 봉사 정신과 가차없는 극기의 향기가 풍겨오는 듯했다.

그날 저녁 명상 시간이 끝난 뒤, 싯다르타는 고빈다에게 말했다. "벗이여, 나는 내일 아침 일찌감치 사문들에게 가려고 하네. 나는 사문이 되려네."

고빈다는 이렇게 말하는 친구의 엄숙한 얼굴에서 한번 쏜 화살처럼 돌릴 수 없는 굳은 결의를 엿보고 하얗게 질렸다. 그러나 곧 고빈다는 이제야말로 싯다르타가 자신의 길을 가게 되리라는 것을 깨달았다. 그리고 그의 새로운 운명이 움트기 시작함과 동시에 자기 운명도 움트기 시작했다는 사실을 깨닫게 되었다. 그리하여 고빈다의 얼굴은 마른 바나나 껍질처럼 더욱 하얗게 질렸다.

"오, 싯다르타!" 그는 친구를 불렀다. "자네 아버지가 그것을 승낙하실까?"

싯다르타는 현자와 같은 얼굴로 고빈다의 마음을 꿰뚫어보고, 그가 불안을 느끼면서도 자기 뒤를 따르려는 기색을 알아차렸다.

"오, 고빈다!" 그는 나지막한 소리로 불렀다. "우리 쓸데없는 말은 그만하세. 내일 새벽부터 나는 사문의 생활을 시작할 작정이네. 이 문제에 대해서는 더 이상 이러니 저러니 말하지 않는 것이 좋겠네."

싯다르타는 아버지 방에 들어갔다. 아버지는 돗자리 위에 앉아 있었다. 그는 아버지 뒤로 가서 아버지가 인기척을 알아차릴 때까지 잠자코 서 있었다. 그때 바라문인 아버지가 말했다. "오, 싯다르타냐? 무슨 일로 왔느냐?"

싯다르타는 대답했다. "아버지의 허락을 받고자 합니다. 내일 집을 떠나 고행자들한테 가고 싶은 바람을 말씀드리러 왔습니다. 사문이 되는 것이 저의 소망이오니 허락해 주시기를 바랍니다."

바라문인 아버지는 아무 말도 하지 않았다. 조그마한 들창에 비친 별들이 슬그머니 자리를 옮길 때까지 침묵은 오랫동안 계속되었다. 아들은 팔짱을 낀 채로 움직이지 않고 묵묵히 서 있었고, 아버지는 돗자리 위에 움직이지 않고 묵묵히 앉아 있었으며, 별들은 하늘에 난 길을 따라 흘러가고 있었다. 이윽고 아버지가 입을 열었다. "바라문으로서 거칠고 성난 말을 하는 것은 안 될 일이다만 불쾌해서 견딜 수가 없구나. 다시는 그런 부탁을 입 밖에 내지 마라."

아버지는 천천히 자리에서 일어났다. 그러나 싯다르타는 여전히 두 손을 모은 채 가만히 서 있었다.

"뭘 기다리고 있는 거냐?" 아버지가 물었다.

싯다르타는 대답했다. "왜인지 알고 계실 겁니다."

아버지는 성난 얼굴을 하고 침실로 가서 침대에 드러누웠다.

한 시간이 지나도 좀처럼 잠잘 수가 없어 자리에서 일어나 서성거리다가 밖으로 나왔다. 그는 조그만 창문으로 여전히 팔짱을 낀 채 꼼짝하지 않는 아들을 바라보았다. 아들의 예복이 새하얗게 빛나고 있었다. 아버지는 불안한 마음으로 침실로 되돌아왔다. 그러나 여전히 잠을 이루지 못하여 다시 일어나 방 안을 왔다 갔다 하다가 뜰에 나와 달을 쳐다보았다. 그는 다시 방의 창문을 들여다보았다. 아들은 여전히 팔짱을 끼고 꼼짝하지 않았다. 다만 달빛이 그의 종아리 위에서 반짝이고 있을 뿐이었다.

아버지는 걱정이 되어 침실로 돌아왔다가 한 시간 뒤에도 다시 가보고 두 시간 뒤에도 또 가보았다. 싯다르타가 처음에는 달빛 속에, 다음에는 별빛 속에, 그 다음에는 어둠 속에 잠자코 서 있는 모습이 작은 창문으로 보였다. 아버지는 매 시간마다 되돌아와 아들이 있는 방을 조용히 들여다보았다. 같은 자리에 그대로 서 있는 아들을 보면 그의 가슴은 분노와 불안, 괴로움과 슬픔에 휩싸였다.

그리고 새날이 시작되기 전 밤의 끝머리에 그는 방으로 걸어 들어가 거기 서 있는 젊은이를 바라보았다. 키가 크고 낯설어 보였다.

"싯다르타야!" 그가 말했다. "여태 무엇을 기다리고 있느냐?"

"아버지께서도 아실 것입니다."

"아침이 되고 낮이 되고 저녁이 될 때까지 그렇게 서서 기다릴 작정이냐?"

"네, 서서 기다리겠습니다."

"싯다르타야, 아마 피로해서 못 견딜 게다."

"피곤해지겠지요."

"싯다르타야, 너는 잠들어 버리고 말 거야."

"잠들지 않을 겁니다."

"싯다르타야, 그러다가는 죽고 만다."

"네, 그럴 테지요."

"그럼, 너는 이 애비의 말에 순종하느니보다 차라리 죽어 버릴 작정이냐?"

"저는 언제나 아버지의 말씀에 순종해 왔습니다."

"그럼, 앞으로는 내 말에 순종하지 않을 작정이냐?"

"저는 아버지가 분부하시는 대로 하겠습니다."

아침의 첫 햇살이 방 안으로 흘러들었다. 브라만은 싯다르타가 무릎을 가볍게 떨고 있는 것을 보았다. 하지만 싯다르타의 얼굴은 아무런 동요도 없고, 두 눈은 먼 곳을 뚫어지게 바라보고 있을 따름이었다. 그때 그의 아버지는 지금도 싯다르타가 더 이상 그의 집에 함께 살고 있지 않으며 그에게서 이미 떠나 있음을 깨달았다.

그는 아들의 어깨를 가만히 짚었다.

"너는 산에 가서 사문이 되도록 하여라." 그는 드디어 말했다. "산에 가서 축복을 받게 되면 와서 나한테도 가르쳐 다오. 그러나 만일 실망하게 되면 다시 돌아오너라. 나와 같이 다시 신들께 제사를 바치자꾸나. 이제 어머니에게 가서 입을 맞추고 가는 곳을 알리도록 하여라. 하지만 나는 벌써 강에 가서 첫 목욕을 할 시간이 되었다."

그는 아들의 어깨에서 손을 떼고 밖으로 나갔다. 싯다르타는 발을 움직이려 했으나 몸이 한쪽으로 비틀거렸다. 그는 몸을 겨우 가누고 아버지에게 인사를 드린 뒤 어머니에게 가서 아버지의 분부대로 했다.

싯다르타는 아침 햇살을 받으며 뻣뻣한 다리를 천천히 끌고 아직 고요히 잠든 마을을 떠났다. 마을 변두리 마지막 집 가까이 왔을 때 웅크리고 있던 그림자 하나가 자리에서 일어나더니 싯다르타의 뒤를 따랐다. 고빈다였다.

"자네가 왔군." 싯다르타는 웃으며 말했다.

"그래, 나도 왔네!" 고빈다가 대답했다.

사문들과 함께

이날 저녁 두 사람은 고행자들, 그 초췌한 사문(沙門)들을 따라잡았다. 그리고 그들의 동료가 되겠다면서 순종하겠다고 했다. 그들은 두 사람을 받아들여 주었다.

싯다르타는 거리에서 만난 어떤 가난한 바라문에게 옷을 벗어 주었다. 그러면서 자신은 도티와 흙빛 망토 말고는 아무것도 걸치지 않았다. 그는 하루에 한 끼만 먹고 조리된 음식은 입에 대지 않았다. 보름 동안 단식도 했다. 28일간 단식을 하기도 했다. 그의 허벅지와 볼은 살이 빠져 쪼그라들었다. 퀭해진 눈에서는 열정적인 꿈이 어른거렸고, 가느다랗게 야윈 손가락에서는 손톱이 길게 자랐으며, 턱에서는 바싹 마른 수염이 텁수룩하게 자라났다. 여자와 맞닥뜨리면 그의 눈빛은 싸늘하게 변했다. 도시에서 잘 차려입은 사람들 사이를 걸을 때 그의 입은 경멸에 차서 씰룩거렸다. 그는 거래중인 상인들, 사냥하는 왕자들, 죽은 이를 위해 통곡하는 조문객들, 몸 파는 창녀들, 환자를 치료하려 애쓰는 의사들, 파종에 가장 좋은 날을 알려주는 사제들, 사랑하는 연인들, 아이에게 젖을 먹이고 있는 어머니들을 보았다. 이 모든 것이 그의 눈에는 한 번 들여다볼 만한 가치도 없었다. 그것들은 모두 거짓으로서, 악취를 풍겼다. 중요하고 기쁨을 주며 아름답게 보이는 것은 겉치레뿐으로, 썩어가는 모습을 숨기고 있는 데 불과했다. 세상은 쓴맛이 났다. 삶은 고문과 같은 것이었다.

싯다르타 앞에는 하나의 목표, 단 하나의 목표가 있었다. 바로 비우는 일이었다. 갈증을 비우고, 바람을 비우고, 망상을 비우고, 기쁨과 슬픔을 비우는 것이었다. 자기 자신을 죽이고, 더 이상 자기 자신이 아니게 되며, 마음을 비워 평정을 찾고, 이타적인 생각 속에서 기적을 향해 마음을 여는 것이 그의 목표였다. 일단 자기 자신을 모두 극복하고 적멸하게 되면, 일단 모든 욕망과 충동이 마음속에서 침묵하게 되면, 그 다음에 궁극적인 부분, 곧 자기 존재의 가장 내밀한 부분이 깨어나 더 이상 자기 자신이 아닌 위대한 비밀을 깨닫게 되는 것이다.

싯다르타는 불타는 듯한 햇볕이 그대로 내리쬐는 곳에서 몸을 드러내놓고 묵묵히 서 있었다. 고통스러운 나머지 벌겋게 달아오르고, 목이 말라 상기되어 있으면서도 더 이상 어떤 고통이나 갈증이 느껴지지 않을 때까지 서 있었다. 우기에도 그는 묵묵히 그 자리에 서 있었다. 그의 머리칼에서 흘러내린 물이 얼어붙은 어깨를 타고 뚝뚝 떨어져 얼어붙은 엉덩이와 다리를 따라 내려갔지만, 이 참회자는 그의 어깨와 다리에서 더 이상 추위가 느껴지지 않고 그것들이 침묵하며 차분해질 때까지 서 있었다. 그는 가시덤불 속에서 묵묵히 웅크리고 있기도 했다. 그럴 때면 화끈거리는 살갗에서는 핏방울이 떨어져 내렸으며, 곪은 상처에서는 고름이 흘렀다. 하지만 싯다르타는 더 이상 피가 흐르지 않고 쿡쿡 쑤시지 않으며, 화끈거리지 않을 때까지 뻣뻣하게도 그 자리에 미동도 없이 머물렀다. 싯다르타는 반듯하게 앉아서 호흡을 조절하는 법을 배웠다. 거의 숨을 쉬지 않고 있는 법도 배우고, 숨을 멈추는 법도 배웠다. 그는 호흡법과 함께 심장박동을 진정시키는 법도 배웠다. 심장이 조금만 뛰거나 거의 뛰지 않을 때까지 박동 수를 줄이는 법을 배웠다.

싯다르타는 사문 가운데 가장 연장자에게 가르침을 받고, 사문의 새로운 규칙에 따라 자기 극기와 명상법을 수련했다. 왜가리 한 마리가 대숲 너머로 날아갔다. 싯다르타는 그의 영혼 속으로 왜가리를 받아들여 한 마리의 왜가리가 되었다. 숲과 산 위를 날고 물고기를 잡아먹었으며, 왜가리의 극심한 굶주림을 느꼈고, 왜가리의 울음소리로 말했으며, 왜가리가 죽듯이 죽었다. 죽은 자칼 한 마리가 모래 비탈 위에 누워 있었다. 싯다르타의 영혼은 죽은 자칼의 시체 안으로 미끄러져 들어가 비탈 위에 누워 있다가 부풀어 악취를 풍기며 부패했고, 하이에나에게 갈가리 찢기고 콘도르에 의해 가죽이 뜯겨 뼈다귀로 변했다가 먼지가 되고 들판 쪽으로 흩날려 갔다. 그리고 되돌아 온 싯다르타의 영혼은 죽었다가 썩어서 먼지로 흩어져 버리는 서글픈 윤회를 맛본 터라, 그는 새로운 갈증에 시달리며 윤회의 사슬에서 벗어나고 인과응보가 끝나며 고통 없는 영겁이 시작될 틈새를 사냥꾼처럼 기다렸다. 그는 자신의 감각을 죽이고, 기억을 죽였으며, 다른 수천 가지의 형상 속으로 미끄러져 들어갔다. 그것은 짐승이었고, 썩어가는 고깃덩이였으며, 돌이고 나무였으며, 물이었다. 그리고 매번 깨어나면 그는 다시 그대로 돌아와 있는 것을 발견했다. 태양과 달은 빛났고 그는 다시 돌아와 있었으며, 윤회의 수레바퀴는 돌고 있었다. 갈증이 느껴져 그 갈증을 극복하면 또 새로운 갈증을 느끼는 것이었다.

싯다르타는 사문들과 함께하면서 많은 것을 배웠다. 그는 자기 자신에게서 멀어지게 하는 여러 가지 길을 가는 법을 배웠다. 그는 고통을 겪는 방법으로 자발적인 괴로움을 통해 고통과 허기, 갈증, 피로를 이겨냄으로써 극기하는 길을 갔다. 그는 명상하는 방법으로, 모든 관념이 무의미함을 마음속에 상상하는 일을 통해 극기하는 길을 갔다. 그는 이 밖에도 다른 길을 가는 법을 배워 수천 번이나 자기 자신에게서 벗어나 몇 시간 또는 며칠씩 무아(無我)의 상태로 머물렀다. 그러나 자기 자신에게서 벗어나는 길을 갔다가도 마지막엔 늘 자신에게로 되돌아오고 마는 것이었다. 싯다르타는 수없이 자아에서 벗어나 무(無)의 경지에 머물렀다가 짐승 속에 머물고 돌 속에 머물기도 했지만, 자아로 되돌아오는 일을 피하거나 시간을 거스를 수는 없었다. 그가 햇빛과 달빛, 그늘과 빗속에서 그 자신을 발견했을 때, 그는 다시 한번 그 자신인 싯다르타가 되었고 윤회의 고통스런 사슬에 얽매였던 것이다.

그의 옆에는 고빈다가 언제나 그림자처럼 따르고 있었다. 고빈다도 그와 같은 길을 걸으며 수도에 힘썼다. 그들은 봉사하고 수련하는 일에 필요한 말을 제외하고는 서로 말도 별로 나누지 않았다. 그들은 이따금 자기들과 스승들의 양식을 얻기 위해 함께 마을에서 마을로 동냥하며 돌아다니기도 했다.

"자네는 어떻게 생각하나?" 하루는 싯다르타가 동냥을 하면서 고빈다에게 물었다. "우리가 정말 발전하고 있다고 생각하는가? 목적지에 이르렀다고 볼 수 있을까?"

고빈다는 대답했다. "우리는 그동안 많이 배웠고 앞으로도 배우게 될 걸세. 싯다르타, 자네는 위대한 사문이 될 거야. 자네는 늙은 사문들도 감탄할 정도로 모든 수련을 빠르게 익혔어. 싯다르타, 자네는 언젠가 성자가 될 걸세."

싯다르타는 말했다. "친구, 나는 그렇게 생각하지 않네. 여태까지 사문들한테서 배운 것들은, 오, 고빈다, 더 빠르고 더 간단하게 배울 수도 있었을 걸세. 유녀들이 득실거리는 술집이나, 노동자들이나 도박꾼들 사이에서 좀 더 빠르고 간단히 배웠을 걸세."

고빈다가 대답했다. "싯다르타, 실없는 농담은 그만두게. 자네는 어떻게 명상하고 호흡을 멈추며, 굶주림과 고통에 무감각해지는 법을 그런 형편없는 사람들 사이에서 배울 수 있다는 건가?"

그러자 싯다르타는 자기 자신에게 말하듯 나직이 말했다. "명상이 뭔가? 육신을 버린다는 것은 뭔가? 단식과 호흡 중지가 다 뭔가? 그것은 모두가 자기에게서 도피하는 것이라네. 인생의 고통과 무의미함을 잊으려는 짤막한 마비에 지나지 않네. 그런 도피나 마취쯤은 소몰이꾼도 주막집에서 막걸리를 몇 사발 마시거나, 발효된 야자 술을 마시면서도 얻을 수 있네. 그러면 그는 자기 자신을 느끼지 않고, 살아가는 고통 또한 잊을 수 있지. 짤막한 마비를 겪는 거지. 그가 막걸리 사발 위로 엎어져 잠에 곯아떨어지는 건, 싯다르타와 고빈다가 오랜 수행을 통해 자기에 머물지 않고 육신으로부터 벗어나는 것과 같은 경지야. 그게 그런 거라네, 고빈다."

고빈다는 말했다.

"오! 친구, 그렇게 말하지만 자네도 알다시피 자네는 소몰이꾼이 아니야. 사문이 취객도 아니잖은가. 술꾼이 무감각 상태가 되고, 잠시 자기 자신에게서 벗어나 휴식을 취하는 것도 사실이겠지. 하지만 그가 망상에서 돌아왔을 때는 모든 것이 그대로라는 걸 발견하게 될 걸세. 더 현명해진 것도 아니고 무슨 깨달음을 얻지도 못했으며, 몇 단계 높아진 것도 아니니까."

그러자 싯다르타가 웃으며 말했다.

"나는 술고래가 되어 본 적이 없어 그건 잘 모르겠네. 하지만 나 싯다르타도 수련과 명상으로 무감각해지는 짧은 마비 상태에 이르렀을 뿐, 어머니의 자궁 속에 있는 아이처럼 현명함이나 구원에서는 멀기만 하다네. 난 이걸 안다네. 오, 고빈다, 이걸 난 알아."

그 뒤 어느 날, 두 사람이 동료들과 스승들의 식량을 얻으러 산에서 마을로 내려올 때 싯다르타가 이렇게 말했다. "오, 고빈다. 우리가 지금 옳은 길을 가고 있는 건가? 우리가 깨달음에 가까이 다가가고 있긴 한가? 우리가 구원에 가까워지고 있나? 어쩌면 윤회의 사슬에서 벗어나고자 생각하는 우리가 여전히 그 사슬 안에서 맴도는 것은 아닐까?"

고빈다가 대답했다. "싯다르타, 우리는 많이 배웠네. 아직도 배울 것이 많이 있어. 우리는 윤회의 사슬을 맴도는 것이 아니라 높은 세계를 향해 올라가고 있는 걸세. 윤회란 나선 모양이야. 우리는 이미 많은 계단을 올라왔네."

싯다르타는 말했다. "자네는 우리가 존경하는 스승인 가장 늙은 사문의 나이가 지금 얼마나 되었다고 생각하나?"

고빈다는 대답했다. "아마 예순 살은 되었을 걸세."

다시 싯다르타가 말했다. "그는 예순이나 되었는데도 아직도 열반(涅槃: _{불교에서 말하는} _{해탈의 경지})에 이르지 못하였네. 그는 오래지 않아 일흔이 되고 여든 살이 될 걸세. 그리고 자네와 나도 그들처럼 늙어가며 수도에 힘쓰면서 단식하고 명상에 잠길 걸세. 그렇지만 열반에는 이르지 못할 것 같네. 스승도, 우리도. 고빈다, 나는 이 세상의 모든 사문이 단 한 명도, 아마 단 한 명도 열반에 이르지 못하리라고 생각하네. 우리는 위안을 찾고, 마비 상태에 이를 거야. 스스로를 속이는 기술을 배울 수도 있겠지. 하지만 가장 중요한 것, 길 중의 길을 발견하진 못할 걸세."

"싯다르타, 그렇게 무서운 말은 그만 하게나." 고빈다가 말했다. "그 많은 학자들과 바라문들, 금욕적이고 덕망 있는 그 많은 사문들, 그 많은 탐구자들과 간절히 애쓰는 사람들, 그 많은 성자들 가운데 어떻게 길 중의 길을 찾는 사람이 하나도 없을 수 있겠나?"

싯다르타는 슬픔과 비웃음 섞인 목소리로, 조용하게, 약간 슬프면서도 조소하는 목소리로 말했다. "고빈다. 머지않아서 나는 자네와 함께 오랫동안 걸어오던 사문의 길을 버리려네. 나는 갈증에 시달리고 있어. 오, 고빈다. 그런데 사문의 이 기나긴 길에서 내 목마름은 여전히 강렬하기만 하네. 난 언제나 지식에 목말랐고, 늘 의혹으로 가득 차 있어. 난 해마다 바라문들에 게 물어 왔네. 해마다 성스러운 베다를 향해 질문을 던져 왔고, 해마다 사문 들에게 헌신하며 물어보았어. 오, 고빈다, 어쩌면 코뿔새나 침팬지에게 물었 더라도 이만큼은 잘해 냈을 테고, 이만큼 똑똑해지고 이만큼 유익했을 걸세. 고빈다, 인간은 아무것도 배울 수 없다는 것을 배우기 위해 나는 많은 시간 을 들였지만, 아직도 만족스러운 해답을 얻지 못하였네. 나는, 우리가 '배 움'이라고 부르는 것이 실제로는 없는 것이라고 믿는다네. 오, 친구여. 있는 것이라곤 단 하나의 지식뿐일세. 이건 모든 곳에 있어. 바로 아트만일세. 내 안에, 자네 안에, 모든 창조물 안에 담겨 있다네. 그리고 나는 이 지식에 대 해 알고 배우고자 욕망하는 것보다 더 해로운 적은 없다고 믿기 시작했지."

그때 고빈다는 걸음을 멈추고 두 손을 들며 말했다. "싯다르타, 그런 말로 자네 친구를 걱정시키지 말아 주게. 자네의 말 때문에 진심으로 걱정이 이만 저만이 아니네. 생각해 보게. 자네 말대로 배움이라는 것이 있을 수 없다면, 기도의 신성함이 어디 있으며, 바라문의 권위는 또 어디 있겠나? 그리고 사 문을 어떻게 신성시할 수 있겠나? 싯다르타, 그렇게 되면 대체 이 세상의 신성하며 가치 있고 존중할 만한 것들은 어찌 되겠나!"

그리고 그는 우파니샤드의 한 구절을 읊었다.

숙고하면서 정화된 영혼으로
아트만 속에 빠져드는 자,
그의 마음에 이루 말할 수 없는 지복이 깃들리라.

싯다르타는 잠자코 있었다. 그는 고빈다가 자기에게 한 말을 생각하고 생 각하면서, 그 말들의 의미를 종국적인 데까지 생각해 보았다. 우리에게 신성 시되는 모든 것 가운데 무엇이 남아 있는가? 무엇이 남아 있나? 무엇이 그 신성함에 대한 시험을 견뎌낼 수 있지? 그는 머리를 가로저었다.

두 젊은이가 사문들 사이에서 생활하며 수련을 한 지 3년쯤 됐을 때였다. 어떤 소식이, 소문이, 이야기가 몇 번이나 거론되어 떠돌다가 그들에게도 들려왔다. 고타마라고 불리는 한 남자가 나타났는데, 그는 세상의 고통을 극복하고, 윤회의 수레바퀴를 멈춘 고귀한 존재, 바로 부처라는 것이었다. 그는 고행자의 노란 망토를 걸친 사람으로서 소유물이나 집, 아내도 없이 제자들에게 둘러싸여 곳곳을 떠돌며 설교한다고 했다. 하지만 빛나는 이마를 가진 복된 사람으로서 바라문들과 왕자들이 그의 앞에서 머리를 숙이고 그의 제자가 되고자 한다는 것이었다.

이런 전설 같고, 동화 같은 이야기가 향기가 일듯 여기저기로 퍼져 나갔다. 도시에서는 바라문들이 그런 이야기를 했고, 숲에서는 사문들이 그런 이야기를 했다. 부처라는 고타마의 이름이 두 젊은이에게 거듭 들려왔다. 그것은 좋은 말이거나 나쁜 말이었으며, 칭찬하는 말도 있고 폄훼하는 말도 있었다.

예를 들면 어느 지방에 흑사병이 유행하여 환자가 곳곳에 발생했을 때, 그 말과 입김만으로도 능히 모든 환자를 치료할 수 있는 현자가 나타났다는 소문이 퍼지면 누구나 그 이야기를 하면서 어떤 사람들은 믿고 어떤 사람들은 의심하지만, 반신반의하면서도 환자들이 저마다 그 현자를 찾아 나서는 것처럼, 석가(釋迦)족의 현자이자 부처인 고타마에 대한 이야기가 향기가 퍼져나가듯 사방으로 퍼지는 것이었다. 그는 더없는 깨달음을 지녔으며 전생(前生)에 대하여 기억하고 있을 뿐만 아니라, 열반에 이르러 다시는 윤회에 빠지는 일이 없을 터이므로 물질적인 형태의 음침한 강물 속으로 잠기는 일도 결코 없으리라는 것이었다. 그가 기적을 행한다느니, 악마를 꼼짝 못하게 했다느니, 또는 신과 이야기를 주고받는다느니 하는, 훌륭하면서도 믿기지 않는 소문들이 자자했다. 고타마를 적대시하거나 믿지 않는 자들은, 그가 허무맹랑한 유혹자이며, 사치에 빠져 지내면서 제사를 멸시하고, 학식도 없으며, 고향이나 금욕도 모른다고 말했다.

부처에 대한 이야기는 달콤하게 들리며 마법의 향기를 솔솔 풍겼다. 사실 세상은 병들어 있었고, 인생은 견디기 어려울 만큼 고됐다. 그런데 보라, 소문에서는 생명의 샘이 솟아오르는 것 같고, 복음이 들려오는 듯하며, 사람에게 위안을 주는 숭고한 약속으로 가득 차 있는 것 같았다. 부처의 소문이 들리는 인도의 방방곡곡에서 젊은이들은 저마다 귀를 기울이고 동경과 희망을 갖게 되었다. 그리하여 숭고한 석가모니에 대하여 이야기하는 순례자나 길손이라면 누구나, 도시와 시골을 가릴 것 없이 어디서나 바라문의 아들들에게서 환영을 받았다.

숲 속에 있는 사문들에게도, 싯다르타와 고빈다에게도 이 소문이 들려왔다. 천천히 한 방울 한 방울씩, 그 물방울들은 희망이나 의혹으로 가득 찬 것이었다. 하지만 그들은 이에 대하여 별로 이야기를 주고받는 일이 없었다. 사문의 최연장자가 이 소문을 달갑게 여기지 않았기 때문이었다. 최연장자는 이른바 이 부처가 일찍이 금욕자로 숲 속에서 살다가 다시 환락의 속세로 돌아간 자라는 말을 듣고는 나쁘게 생각한 것이었다.

어느 날 고빈다가 그에게 이렇게 말했다. "싯다르타, 내가 오늘 마을에서 어느 바라문의 청을 받아 그 집에 갔더니, 바라문의 아들이 마가다 왕국에서 와 있었네. 그 젊은이는 자신의 눈으로 부처를 보고, 부처의 목소리로 설법을 듣고 왔다더군. 나는 정말 안타까워 숨이 막힐 지경이었네. 그리고 생각했지. 나 혼자만이라도, 싯다르타와 나 우리 두 사람도 그 완전한 사람의 가르침을 직접 들을 수 있다면 얼마나 좋을까. 어때? 우리도 그리로 가서 그 가르침을 들어 보지 않으려나?"

싯다르타는 대답했다. "오, 고빈다. 난 언제나 자네가 사문들 곁에 남아 있으리라고 생각해 왔네. 난 자네가 예순이나 일흔 살이 되어도 사문을 장식해 주는 재주와 수련을 행할 거라고 늘 믿어왔었어. 그런데 이제 보니, 나는 고빈다를 너무도 모르고 있었군. 자네 마음을 조금밖에 알지 못했어. 이제 자네도 새로운 길에 들어서서 부처가 설교하는 곳에 가자고 하네그려."

고빈다는 말했다. "날 비웃는 건가? 자넨 언제나 나를 놀리는 버릇이 있지, 싯다르타. 하지만 자네도 그 설교를 듣고 싶은 욕구나 열망이 일지 않았나? 그리고 언젠가 나에게 사문의 길을 오랫동안 걷지는 않을 거라고 말하지 않았나?"

그러자 싯다르타는 특유의 미소를 지으며 슬픔과 조소를 머금은 듯한 말투로 쓴웃음을 지으며 말했다. "고빈다, 자네 말이 옳네. 자네가 내게 들었던 다른 말도 그처럼 잘 기억할는지 모르겠군. 내가 가르침과 배움에 의문을 느끼고 있으며 싫증이 났다는 것, 그리고 스승들이 우리에게 해준 말들에 대해서도 믿음이 적다고 했던 것 말일세. 어쨌든 자네 말대로 해보세. 우리는 그의 가르침 가운데서 알맹이는 이미 맛보았을 테지만, 어디 한번 들어 보기로 하세."

고빈다는 말했다. "그렇게 생각한다니 기쁘군. 그런데 어떻게 그런 일이 가능한지 말해 주게. 고타마의 설교를 듣기도 전에 어떻게 그 알맹이를 먼저 맛볼 수 있었나?"

싯다르타는 말했다. "우리는 우선 그 열매를 맛보기로 하세. 그리고 그 다음을 기다려 보자고. 오, 고빈다. 하지만 그 덕에 사문들에게서 멀어지도록 우리를 불러내고 있으니 우리는 벌써 고타마에게 고마워해야 할 일이 생겼네. 그가 또 더 좋은 것을 우리에게 주는지, 오 친구여, 차분한 마음으로 기다려 보세나."

이날 싯다르타는 친구와 함께 사문의 최연장자를 찾아가 젊은 제자답게 예절을 갖추어 겸손한 태도로 떠나겠다는 뜻을 전했다. 장로는 두 청년이 자기를 떠나는 데 대하여 격분한 어조로 상스러운 저주를 퍼부었다.

고빈다는 놀란 나머지 어쩔 줄을 몰라 했다. 그러나 싯다르타는 친구의 귀에 이렇게 속삭였다. "지금이야말로 이 늙은이에게 뭔가를 배우긴 했다는 걸 보여 주어야겠네."

그는 사문의 앞으로 가까이 다가가서 정신을 가다듬고 제 눈길로 노인의 시선을 붙들었다. 그리고 그의 힘을 빼앗고 말을 못하게 만들었으며, 자유의지를 없애 자신의 의지 아래에 굴복시켜 잠자코 자신의 요구에 순응하도록 명령을 내렸다. 노인은 말을 못하게 되고, 그의 눈은 움직이지 않았으며, 그의 의지는 마비되고, 그의 팔은 밑으로 축 늘어져 힘이 빠져 있었다. 그는 싯다르타의 주문에 사로잡혀 버린 것이었다. 이리하여 그 사문은 싯다르타가 생각하는 대로 두 젊은이가 명령하는 대로 고분고분 따를 수밖에 없었다. 그는 몇 번이나 고개를 숙여 축복을 하고 그들의 경건한 소원을 더듬거리며 승낙했다. 젊은이들도 그에게 감사 인사를 표하고 앞날을 축복한 뒤에 그곳을 떠났다.

도중에 고빈다가 말했다. "오 싯다르타, 자네는 사문에게서 배운 것이 내가 아는 것보다 훨씬 많네그려. 늙은 사문에게 술법을 걸기란 여간 어려운 일이 아닐 텐데 말이야. 그곳에 더 머물러 있었더라면 물 위를 걸어가는 법도 곧 배웠겠어."

"나는 그런 건 바라지도 않네." 그러면서 싯다르타는 이렇게 덧붙였다. "늙은 사문들은 그런 기예를 배우는 것으로 만족하겠지만."

고타마

슈라바스티(舍衛城 : ^{석가모니 생존시의}_{코살라국의 수도}) 거리에서는 어린아이들까지도 고귀한 부처의 이름을 알고 있었다. 그리하여 고타마의 젊은 제자들이 동냥을 오면 집집마다 그릇을 가득 채워 주었다. 이 거리 부근에 고타마가 즐겨 거처하는 기원정사(祇園精舍)가 있었다. 그것은 부처의 제자가 된 부유한 상인 아나타핀디카가 스승과 제자들을 위해 스스로 바친 것이었다.

두 젊은 고행자는 고타마가 거처하는 곳을 찾아가는 도중 그 고장에 대하여 여러 이야기를 주고받았다. 그들은 슈라바스티에 도착하여 맨 처음에 동냥한 집에서 요기를 했다. 싯다르타는 그 집 안주인에게 물었다.

"자비로우신 부인이여, 부탁이 있습니다. 저희들은 산에서 온 사문입니다. 부처가 어디 계신지 알 수 없을까요? 완전한 인격자인 그를 만나 가르침을 들으려고 합니다."

부인은 대답했다. "산에서 본 사문들이여, 잘 오셨습니다. 지금 그 어른은 아나타핀디카의 기원정사에 머물러 계십니다. 그곳에 그분의 설교를 들으려고 사방에서 모여드는 수많은 사람들을 위해 거처를 마련해 두었으니, 당신들도 거기서 지낼 수 있을 겁니다."

고빈다는 기뻤다. 그는 어쩔 줄을 모르며 큰 소리로 말했다. "그런가요, 그러면 저희들은 목적지까지 다 온 셈이군요. 그런데 순례자의 어머니시여, 그분을 알고 계시나요? 눈으로 직접 보셨나요?"

그 부인은 대답했다. "여러 번 뵈었지요. 몸에는 누런 옷을 걸치시고 거리를 돌아다니시며 집집마다 문 앞에 가서 말없이 시주를 청하여 그릇을 채우시면 곧 떠나시곤 합니다."

고빈다는 감격해 듣다가 몇 마디 물으려고 했으나 싯다르타가 떠나자고 재촉하므로 그만두었다. 기원정사로 향하는 순례자들과 고타마 교단의 승려들이 적지 않았으므로 길을 물을 필요가 없었다. 그들은 밤에 그곳에 도착했는데, 방문객이 끊임없이 이어졌다. 쉴 곳을 찾는 사람들과 이미 찾은 사람들의 고함소리와 떠드는 소리도 계속됐다. 숲에서 생활하던 것에 익숙한 두 사문은 재빨리 잠자리를 발견해 아무 소리도 없이 아침이 될 때까지 거기서 묵으며 휴식을 취했다.

해가 뜨자 그들은 거기서 밤을 새운 많은 신자와 호기심에 찬 구경꾼들을 보고 놀랐다. 아름다운 숲 속, 길목마다 누런 옷을 걸친 승려들이 돌아다니고, 나무 그늘에서 묵상하는 사람과 심오한 종교적인 이야기를 하는 사람들로 들끓어 큰 벌집을 이루고 있었다. 승려들 대부분은 하루에 한 끼씩 먹는 점심을 얻기 위해 동냥 그릇을 들고 거리로 나섰다. 부처 자신도 아침마다 시주를 청하러 떠나는 것이었다.

싯다르타는 부처를 보았는데 마치 신의 계시를 받은 것처럼 금세 그를 알아보았다. 누런 옷을 걸친 부처는 동냥 그릇을 들고 천천히 걸어가는 소박한 인물이었다.

"저기 봐! 저기 계신 저 어른이 바로 부처야!" 싯다르타는 친구에게 조용히 말했다.

고빈다도 누런 옷을 걸친 그를 유심히 바라보았다. 부처, 그는 다른 수백 명의 승려들과 별로 다른 점이 없어 보였다. 하지만 고빈다도 곧 부처를 알아보았다. 그들은 그의 뒤를 따르며 그를 관찰했다. 그는 점잖게 걸어가고 있었다. 깊은 생각에 잠긴 그의 침착한 얼굴에는 슬픔도 기쁨도 떠 있지 않고, 평온하고도 내적인 미소가 어려 있는 것처럼 보였다. 그는 보일 듯 말 듯한 웃음을 띠고 마치 건강한 어린아이처럼 조용히 걸어가고 있었다. 모든 승려와 마찬가지로 망토를 걸치고 엄격한 계율을 좇아 발길을 옮기고 있었다. 하지만 그의 얼굴, 걸음걸이, 고요히 내리깐 시선, 조용히 늘어뜨린 팔, 모든 손가락까지도 평화와 완전함을 나타내는 것 같았다. 무엇을 구하거나 흉내 내지도 않고 사라지지 않는 평온함 속에서, 흩어지지 않는 빛 속에서, 손댈 수 없는 평화 속에서 부드럽게 숨 쉬고 있었다. 그렇게 고타마는 시주를 얻기 위해 마을 쪽으로 걸어가고 있었다. 두 사문은 단지 그의 완벽한 평온함과 차분한 모습에서 그를 알아볼 수 있었을 뿐이었다. 그에게서는 뭔가를 구하는 모습이나 욕망하는 모습, 모방하는 모습이나 뭔가를 위해 분투하는 모습이 전혀 보이지 않았다. 오로지 빛과 평화만이 있었다.

"오늘 우리는 그의 설교를 들을 수 있을 걸세." 고빈다가 싯다르타에게 말했다.

싯다르타는 아무 대답도 하지 않았다. 그는 부처의 설교에는 별로 흥미를 느끼지 못했다. 그에게서 새로운 것을 배우리라고 기대하지 않았기 때문이었다. 그는 간접적으로나마 다른 여러 사람으로부터 고빈다와 함께 몇 번이고 부처의 설교 내용을 전해 들었던 것이다. 하지만 싯다르타는 고타마의 머리·어깨·발 그리고 가만히 늘어뜨린 팔을 유심히 보고 그의 손가락 마디까지도 그대로 산 교훈을 나타내 보여 주고 있음을 알아차렸다. 온몸이 말을 하며 호흡하고 향기를 풍기며 진리에 반짝이고 있었다. 이 사람, 이 부처야말로 새끼손가락 동작 하나에 이르기까지 진리로 가득 차 있었다. 성스러운 인물이었다. 싯다르타는 일찍이 어느 누구도 이분만큼 존경해 본 일이 없었고 사랑해 본 적도 없었다.

두 젊은이는 부처의 뒤를 따라 거리까지 갔다가 그대로 묵묵히 돌아왔다. 그들 스스로 그날은 식사를 하지 않으리라 생각했기 때문이다. 그들은 고타마가 돌아오는 것을 보았다. 젊은 제자들과 함께 식사를 하는 것도 보았다. 또 그가 새도 배부르지 않을 정도로 적게 먹고는 망고나무 그늘로 돌아가는 것을 보았다.

저녁이 되자 두 젊은이는 한낮의 더위가 가라앉아 활기를 되찾은 사람들이 모여 있는 곳에 이르러 부처의 가르침을 들었다. 그의 목소리 또한 완벽하여 안식과 평화가 깃들어 있었다. 그는 번뇌에 대하여 설교했다. 번뇌의 원인과 거기서 벗어나는 방법에 대한 설법이 차분하면서 명쾌하게 들려왔다. 인생은 고해(苦海)이다. 이 세상은 괴로움으로 가득 차 있다. 그러나 그 괴로움에서 벗어날 길이 열렸다.

부처는 부드러우면서도 힘차고 차분하게 설교를 마치고 나서, 사제(四諦 ─불교의 실천 원리. 苦諦·集諦·滅諦·道諦)와 팔정도(八正道─불교의 여덟 가지 덕목. 正見·正思惟·正語·正業·正命·正精進·正念·正定)에 대해서 가르쳤다. 부처는 설법을 할 때면 보기를 들어가며 되풀이해서 참을성 있게 가르쳤는데, 밝고 고요한 그의 목소리는 빛이자 별이 반짝이는 하늘처럼 듣는 사람들의 머리 위를 맴돌았다.

부처가 설교를 마쳤을 때는 이미 날이 저물어 밤이 되었다. 설교를 마치자 많은 순례자들이 그의 앞에 나아가 교단에 가입하고 불도에 귀의하길 언약했다. 고타마는 그들을 모두 받아들이고 이렇게 말했다. "그대들은 설교를 잘 알아들었는가. 그러면 오라! 그리하여 거룩한 길을 걷도록 하라. 그러면 모든 괴로움에서 해탈하리라."

그때 소심한 고빈다도 앞으로 나아가 이렇게 말했다. "저 또한 세존(世

尊)의 가르침에 귀의하겠나이다." 고빈다는 제자가 되기를 원하여 허락을 받았다.

부처가 휴식을 하기 위해 돌아갔을 때, 그는 싯다르타에게 열의에 찬 목소리로 말했다. "싯다르타, 내가 자네를 꾸짖을 자격은 없지만 한 마디 하지 않을 수 없네. 우리는 같이 세존을 뵙고 그 교훈을 들었네. 그리고 나는 그 가르침에 귀의했는데, 자네는 어찌하여 잠자코 있는가? 해탈의 길을 걷기 싫단 말인가? 주저하는 건가? 아니면 아직도 더 두고 보겠다는 건가?"

싯다르타는 잠에서 깨어난 듯 눈을 번쩍 뜨고 고빈다의 얼굴을 오랫동안 뚫어지게 바라보더니 엄숙한 목소리로 나지막하게 말했다. "나의 벗, 고빈다. 이제 자네는 발걸음을 내디뎠고 이 길을 선택했네. 자네는 지금까지 언제나 다정한 친구로서 내 뒤를 따라왔지. 때때로 나는 이렇게 생각했었네. 언젠가는 고빈다도 자기 힘으로 혼자서 걸어갈 때가 있을 거라고. 그런데 이제 그때가 와서 자네는 혼자서 자기 길을 택했네. 부디 끝까지 멈추지 말고 그 길을 가게. 그리하여 열반에 이르기를 축원하네."

아직도 친구의 말을 충분히 이해하지 못한 고빈다는 안달하는 말투로 이렇게 거듭 말했다. "망설이지 말고 말해 보게나, 부탁이니 내 벗이여! 말해 봐, 학식 높은 내 친구여. 자네한테도 부처께 귀의하는 길밖에는 다른 방법이 없다고 말해 주게나."

싯다르타는 친구의 어깨 위에 두 손을 얹고 이렇게 말했다. "자네는 내 축원의 말을 미처 듣지 못했군, 고빈다. 거듭 말하지만, 나는 자네가 그 길을 끝까지 걸어가서 열반에 이르도록 축원하겠네."

그 순간 고빈다는 친구가 자기를 떠남을 알고 울기 시작했다.

"싯다르타!" 그는 큰 소리로 울면서 외쳤다.

싯다르타는 고빈다에게 부드러운 말로 이렇게 타일렀다. "고빈다, 자네는 지금 부처의 사문(沙門)이라는 것을 잊지 말게. 자네는 고향과 부모를 버렸네. 그리고 자신의 가문과 재물도 버렸어. 뿐만 아니라 자네의 자유의지와 우정도 버렸네. 세존은 그렇게 하기를 바라는 걸세. 또 자네 자신도 그렇게 되기를 원했고. 고빈다, 내일 아침에 나는 자네 곁을 떠나려네."

두 친구는 오랫동안 숲 속을 돌아다니다가 잠자리에 누웠으나 좀처럼 잠을 이룰 수가 없었다. 고빈다는 친구에게, 왜 고타마의 가르침에 귀의할 수 없느냐고 성화를 해대며 물었다. 그리고 고타마의 가르침에서 못마땅한 점이 무엇이냐고 물었다. 그러나 싯다르타는 답하기를 거절하며 번번이 이렇게 대답하는 것이었다. "고빈다, 안심하게. 세존의 가르침은 지당하네. 내가 어찌 감히 잘못을 지적할 수 있겠나?"

이튿날 아침에 가장 나이 든 부처의 수제자가 정원을 거닐면서 새로 부처에게 귀의하려는 사람들에게 누런 옷을 나누어 주고, 기초 교리와 계율을 가르치고 있었다. 그러자 고빈다는 큰 결심이라도 한 듯 친구를 껴안고 새 귀의자들 속을 헤치고 들어갔다.

싯다르타는 생각에 잠겨 숲 속을 거닐고 있었다.

그때 고타마가 가까이 다가왔다. 싯다르타는 경의를 표하여 공손히 인사했다. 부처의 눈에서 다정함과 평온함이 흐르는 것을 보고 그는 용기를 내어 한 마디 여쭈어 보아도 좋으냐고 물었다. 고타마는 잠자코 고개를 숙여 승낙했다.

싯다르타는 말했다. "오, 세존이시여! 어제 저는 세존의 놀라운 설교를 들었습니다. 저는 그 설교를 듣기 위해 친구와 함께 먼 곳에서 찾아왔습니다. 이제 제 친구는 세존에게 귀의하여 곁에 남게 되었으나, 저는 다시 순례의 길을 떠나려 합니다."

"뜻대로 하십시오." 세존은 친절하게 말했다.

"이런 말은 너무나 당돌하다고 하실지 모르겠으나 저는 세존에게 제 생각을 솔직히 말씀드리지 않고서는 떠날 수 없습니다. 잠시 저의 말을 들어 주실 수 있겠습니까?"

부처는 말없이 고개를 끄덕여 이를 허락했다.

"세존이시여! 세존의 가르침에서 무엇보다도 놀라운 것은 이 한 가지 사실인가 합니다. 세존의 가르침은 모든 사리(事理)를 분명히 입증하고도 남음이 있습니다. 세존께서는 이 세계를 하나의 완벽한 사슬로서, 그러니까 절대 어디에서도 끊어지지 않는 사슬, 곧 인과(因果)법칙에 의해 이루어진 영원한 사슬로 보여주고 계십니다. 일찍이 아무도 그렇게 반박할 여지없이 분명히 설명하지는 못하였습니다. 사실, 세상이 아무런 틈 없이 수정처럼 맑고 투명하게 우연이나 신들에게 의지하지 않고 세존의 가르침을 통해 완전히 결합되었으니 모든 바라문의 가슴은 사랑으로 더 힘차게 고동칠 것입니다.

이 세상은 선한가 악한가, 혹은 괴로운가 즐거운가 하는 문제는 나중에도 생각할 수 있으리라고 여겨집니다. 따라서 그것은 근본 문제가 아닐 듯합니다. 이 세계의 단일성, 모든 사건의 연관성, 똑같은 시간의 힘이나 똑같은 인과법칙, 또는 똑같은 생명의 법칙에서 파생되는 크고 작은 모든 점은 세존의 위대한 설교에서 분명히 밝혀졌습니다. 그러하오나 세존의 가르침에 의하면, 모든 사물이 단일하고 질서정연함은 어느 한 지점에서 끊어지고 마는 듯합니다. 그리하여 그 틈바구니에서 이 단일한 세계에 어떤 낯설고 새로운 현상, 곧 일찍이 존재하지 않았으며, 설명하거나 입증할 수도 없었던 새로운 현상이 나타나게 되었습니다. 그것은 세계 극복에 대한 당신의 가르침, 해탈이옵니다. 그리하여 그 작은 틈새로부터 완전하고 영원하며 단일한 세계의 법칙이 다시금 허물어져 버립니다. 감히 다른 의견을 여쭈어 황송합니다."

고타마는 잠자코 그의 말을 듣고 있다가 자비롭고 친절하며 낭랑한 목소리로 이렇게 대답했다. "오, 바라문의 아들이여, 내 설교를 들었구려. 내 설교를 듣고 그렇게 깊이 생각해 본 것은 장한 일이오. 그대는 나의 설교에서 하나의 결함을 찾아내었소. 그 점에 대해서는 좀더 다른 각도에서 생각해 보도록 하오. 그러나 그대, 지식을 추구하는 자여. 의견의 덤불 속에 빠지는 것을, 논쟁을 위한 논쟁을 경계해야 하오. 중요한 것은 의견이 아니오. 그것은 아름다울 수도 있고 추할 수도 있으며 지혜로울 수도 있고 어리석을 수도 있소. 그리고 사람마다 어떤 사상에 동의할 수도 반대할 수도 있소. 그런데 그대가 나한테서 들은 설교는 의견이 아니오. 그리고 그 설교는 지식을 구하는 자를 위해 세계를 해석하기 위한 것도 아니오. 그것은 고통에서 벗어나는 데 그 목적이 있소. 고타마의 가르침은 이것뿐이라오."

"오, 세존이시여, 부디 노여워하지 마옵소서." 싯다르타는 말했다. "저는 세존과 말다툼을 하려고 감히 그런 말씀을 드린 것은 아닙니다. 의견은 별로 중요한 것이 못 된다는 세존의 말씀은 지당합니다. 하지만 한 마디만 더 말씀드리겠습니다. 저는 한 순간이라도 세존께서 부처로서 많은 바라문과 그 아들들이 다다르려고 애쓰는 최고의 목표에 이르렀다는 것을 의심해 본 일이 없습니다. 세존께서는 죽음에서 해탈하는 법을 발견하셨습니다. 그것은 세존 나름의 탐구 방법, 즉 명상이나 참선(參禪), 인식과 깨달음 등을 통하여 이루어진 것이지 가르침을 통하여 이루어진 것은 결코 아닙니다. 그러므로 해탈은 배워서 되는 것이 아니라고 생각합니다. 세존께서도 해탈하시는 순간, 당신께 일어난 일을 입으로 가르쳐서 남에게 전할 수는 없을 줄 압니다. 도를 통하신 부처의 가르침은 여러 가지를 담고 있어 악을 멀리하고 올바르게 살아가는 방도를 제시하고 있사오나, 그토록 분명하고 존중할 만한 가르침도 빠뜨리고 있는 사실이 한 가지 있습니다. 즉, 수십만의 구도자들 가운데서 오직 세존께서만 체험하신 심오한 경지가 그것입니다. 제가 세존의 설교를 듣고 느낀 것은 바로 그 점이었습니다. 또한 제가 다시 편력의 길을 떠나려는 까닭도 거기에 있습니다. 다른 데 가서 더 좋은 가르침을 들으려는 것이 아닙니다. 저는 세존의 말씀보다 더 훌륭한 말씀이 없다는 것을 잘 알고 있습니다. 모든 가르침과 스승을 떠나 목표에 다다르든가 아니면 죽는 겁니다. 그러나 앞으로 거룩하신 어른을 제 눈으로 직접 본 이 시간만은 잊지 않고 늘 떠올리게 될 것입니다."

부처의 눈은 고요하게 바닥을 향해 있었고, 깊이를 헤아릴 수 없는 얼굴에는 완벽히 평온한 빛이 가득 감돌고 있었다.

"그대의 생각에 잘못이 없기를 바랄 따름이오." 세존은 천천히 말을 이었다. "그대가 그 목적에 이르기를 바라오. 하지만 말해 보시오. 그대는 나의 사문들을, 나의 가르침에 귀의한 많은 형제들을 보았지요? 그대는 이들이 그 가르침을 버리고 속세의 쾌락에 젖는 것이 더욱 좋은 일이라고 믿고 있소?"

"그런 생각은 꿈에도 해본 적이 없습니다." 싯다르타는 소리쳤다. "그들 모두가 그 가르침에 따라 목적을 이루기를 바라나이다. 저는 다른 사람들의 생활 태도에 대해서 판단할 위치에 있지 않습니다. 오직 저 자신에 대해서만 결정하고 선택해야 하며, 배격할 것은 배격해야 한다고 생각합니다. 오, 세존이시여! 우리 사문들은 저마다 해탈하는 길을 찾고 있습니다. 만일 제가 당신의 제자 가운데 하나라면, 오, 숭엄하신 분이여, 당신의 가르침과 당신을 따르는 일, 당신을 사랑하는 일, 승려들의 교단을 저의 자아 대신 앞세우고, 겉보기로만, 기만적으로만 저 자신을 평온케 하고 구원할 뿐 실제로는 저 자신이 그대로 살아남아 점점 커지는 일이 일어날까 두렵습니다."

고타마는 얼굴에 반쯤 미소를 띤 채 변함없이 관대하고 친절한 태도로 낯선 이의 눈을 유심히 바라보다가 거의 알아보기 힘든 몸짓으로 작별을 고했다.

"오, 사문이여, 그대는 지혜로운 사람이오." 세존은 말했다. "그대는 지혜로운 말을 할 줄 아는군요. 하지만 지나친 지혜는 경계하는 게 좋소!"

부처는 그 자리를 떠났다. 부처의 눈과 미소는 영원히 싯다르타의 기억에 새겨졌다.

'나는 일찍이 그렇게 보고 그렇게 웃으며, 그렇게 앉고 또 그렇게 걷는 사람을 보지 못했다. 그리고 나도 그렇게 자유롭고 존귀하며 절제하고 개방적이며 천진스럽고 신비스럽게 보고 웃고 걷게 되었으면 하고 생각했다. 자기 자신의 가장 깊은 곳까지 다다른 자만이 그렇게 올바르게 보고 또 걸을 수 있을 것이다. 그렇다. 나도 나의 가장 깊은 곳까지 다다르도록 노력해야겠다.'

'나는 한 인간을, 그의 앞에서는 자연히 내 머리가 숙여지는 한 인간을 보았다.' 싯다르타는 생각했다. '나는 앞으로 다른 어떤 사람에게도 결코 머리를 숙이지 않을 것이다. 다른 어떤 사람에게도. 부처의 가르침도 나를 유혹할 수 없었거늘 하물며 다른 가르침이랴!'

'부처는 나한테서 뭔가를 빼앗아갔다.' 싯다르타는 생각했다. '하지만 빼앗아간 것보다 더 많은 것을 나에게 주었다. 부처는 나한테서 내 친구를 빼앗아갔다. 그는 전엔 나를 믿고 있었으나 지금은 자기 자신을 믿고 있다. 전엔 나의 그림자였으나 지금은 그의 그림자가 되어 있다. 부처는 이 친구를 빼앗아갔지만 그 대신 그는 나에게 싯다르타를, 나 자신을 주었다.'

깨달음

싯다르타는 부처인 고타마가 있는 기원정사를 떠날 때, 자기가 걸어온 반생(半生)도 그곳에 남겨 놓은 것처럼 생각되었다. 그는 이런 생각에 사로잡힌 채 천천히 발길을 옮겼다. 그는 깊은 물속에 잠기듯이 감정의 밑바닥에서 그 감정의 원인 구석구석에 이르기까지 깊이 생각해 보았다. 왜냐하면 그에게는 원인을 파악하는 것이 생각의 본질이라고 여겨졌으며, 그래야 감각이 인식으로 변하여 놓치지 않을 수 있고, 그래야만 그 감정이 비로소 본질적인 것이 되어 빛나기 시작한다고 생각되었기 때문이었다.

혼자 천천히 걸으며 싯다르타는 곰곰이 생각해 보았다. 그는 자신이 더 이상 어리지 않고 성인이 되었음을 알아차렸다. 그리하여 그는 마치 뱀이 허물을 벗듯이 자기에게서 한 가지가 떠났다는 것을 확신하게 되었다. 즉 청춘기에 따르기 마련인 하나의 현상, 스승을 모시고 스승으로부터 배우려던 욕구가 사라진 것이다. 그는 그의 눈앞에 나타난 가장 고결하고 지혜로운 마지막 스승인 성자 부처까지도 버렸던 것이다. 그는 그 스승에게서 떠나야만 했다. 그의 가르침에 귀의할 수 없었기 때문이다.

그는 천천히 걸으면서 스스로에게 물어 보았다. '도대체 스승의 가르침을 통해 내가 배우려던 것이 무엇인가? 그리고 그렇게 많은 것을 가르쳐 준 그들이 지금까지 나에게 가르쳐 주지 못한 것이 대체 무엇인가?' 이때 그는 문득 이런 생각이 들었다. '그것은 자아다. 나는 그 의미와 본질을 알려고 했던 것이다. 내가 피하려고도 하고 동시에 정복하려고도 한 것은 바로 이 자아였다. 그러나 나는 그것을 속이거나, 거기서 도피하여 한때 숨을 수는 있었지만 정복할 수는 없었다. 진실로, 이 세상에 그 어떤 것도 내 자아처럼, 내가 살아 있다는 이 수수께끼, 내가 다른 사람들과 따로 떨어져 구별된다는 이 수수께끼, 내가 싯다르타라는 이 수수께끼처럼 내 생각이 사로잡힌 것은 없었다! 그러면서도 나는 이 세상 어느 것보다도 나에 대해, 싯다르타에 대해 아는 것이 적지 않은가!'

여기까지 생각하던 싯다르타는 천천히 걸어가던 발길을 멈췄다. 그러자 어떤 새로운 생각이 머리에 떠올랐다. '내가 나 자신에 대하여 아무것도 모르고, 따라서 싯다르타 자신이 나에게 낯설고 알 수 없는 존재라는 것은 오직 하나의 원인에서 오는 것이다. 즉, 그것은 나 자신에 대해 불안을 느끼고 나 자신으로부터 도피하려고 했기 때문이다. 나는 아트만을 찾았다. 또 나는 브라만(우주의 주재자)을 찾았다. 나는 마음의 본질을 알아보기 위해 아트만을, 생명을, 신성을, 궁극적인 것을 찾느라고 애써 고행을 하여 내 껍질을 벗기려고 했으나, 결국 그 때문에 나 자신을 잃고 말았던 것이다.'

싯다르타는 눈을 번쩍 뜨고 자기 자신을 돌아보았다. 그러자 얼굴에 희색이 넘치고, 오랜 꿈에서 깨어난 듯 큰 감격이 온몸을 뒤흔들었다. 그는 무엇을 해야 하는지를 아는 사람처럼 발길을 재촉했다.

'오!' 그는 깊은 한숨을 내쉬고 생각에 잠겼다. '나는 이 싯다르타를 다시는 놓치지 않을 것이다. 더 이상 내 생각이나 내 삶을 아트만이나 세계의 괴로움 따위로 시작하지 말아야겠다. 이제 나 자신을 죽이려 들거나 조각내어 그 폐허에서 비밀을 찾는 짓도 그만둘 것이다. 야주르 베다도, 아타르바 베다도, 고행자도, 아니 아무리 훌륭한 교훈도 나를 가르치지는 못하리라. 나는 나 자신으로부터 배울 것이다. 나 자신이 나의 학생이 될 것이다. 그리하여 나는 나를, 싯다르타의 비밀을 알아낼 것이다.'

싯다르타는 세상을 처음 대하는 듯 주위를 돌아보았다. 세상은 아름답고 다채로웠다. 세상은 이상하고 신비스러웠다. 여기는 푸른빛, 저기는 노란빛, 그리고 이곳은 초록빛. 하늘은 파랗고 강은 유유히 흘러가며, 숲은 우거지고 산은 높이 솟아 있었다. 모든 것이 아름다운 수수께끼처럼 신비스럽기만 했다. 이런 세상 한가운데 각자(覺者)인 싯다르타가 자기 자신을 탐구하기 위해 길을 걸어가고 있었다. 모든 것이, 그 노랗고 푸릇한 산과 강이 처음으로 그의 눈에 보였다. 세상은 더 이상 마라의 마술도 아니고 마야의 장막도 아니었다. 더 이상 무의미하고 우연한 현상계의 다양성에 지나지 않는 것도 아니었다. 다양성을 경멸하고 통일성을 추구하며 깊이 사색하는 바라문들에겐 무의미하고 우연한 현상계는 천박한 것이었다. 파랑은 파랑이고, 강은 강이었다. 여태까지 싯다르타의 눈에 비친 파랑과 강엔 유일한 자, 거룩한 자가 숨어 있었으나, 지금은 노랑과 파랑, 하늘, 숲, 그리고 싯다르타가 있었다. 그것이 곧 이른바 신성한 것의 의미였다. 이렇게 의미와 본질은 사물을 떠나 그 이면에 있는 것이 아니라, 사물 속에 내포되어 있는 것이었다.

'나는 지금까지 얼마나 무관심하고 어리석었는가?' 그는 걸음을 재촉하면서 생각에 잠겼다. '누구나 책을 읽고 그 뜻을 알고자 하면 기호와 철자를 무시하지 않으며, 그것을 착각이나 무가치한 껍질로 간주하지 않고, 한 글자 한 글자를 빠뜨리지 않고 읽으며, 그것들을 공부하면서 사랑한다. 그런데 세계의 책과 나의 본질에 대한 책을 읽으려던 나는 읽기도 전에 예견하고, 기호와 철자들을 경멸했으며, 이 현상계를 착각이라고, 내 눈과 내 혀를 우연하고 무가치한 것이라고 일렀다. 그러나 이것은 이미 지나간 생각이고, 나는 이제 깨달았다. 나는 참으로 깨달은 것이며, 오늘 처음으로 이 세상에 다시 태어난 것이다.'

싯다르타는 이렇게 생각을 계속하다가, 갑자기 길에서 뱀을 만난 사람처럼 발걸음을 멈췄다. 다음과 같은 생각에 사로잡혔기 때문이다.

'진실로 깨달아 알고 새로 태어난 나는 전과는 달리 새로 태어난 아기처럼 생활을 시작해 나가야 한다.' 그는 깨달음을 얻어 자기 자신의 길을 가기 위해 기원정사를, 부처의 숲을 떠날 때는, 몇 해 동안 고행자로서의 수도를 했으므로 고향의 아버지에게로 돌아가는 것이 더할 나위 없이 자연스럽고 자명한 일처럼 여겨졌다. 그러나 길가에서 뱀을 본 듯이 우뚝 멈춰선 순간 그는 다음과 같이 깨닫게 되었다. '나는 이제 지금까지의 내가 아니다. 나는 지금 고행자도, 승려도, 바라문도 아니다. 그런데 아버지 곁에 돌아가서 무엇을 하겠단 말인가? 가르침을 받을 것인가? 제사를 지낼 것인가? 참선을 할 것인가? 이런 것들은 이미 지나간 일이 되어 버렸다. 더 이상 내게는 필요하지 않은 것들이다.'

싯다르타는 몸을 움직이지도 않고 그대로 우뚝 서 있었다. 한동안 그의 심장은 얼어붙은 것 같았다. 그는 고독을 뼈저리게 느끼는 동시에 작은 동물과 같이, 날짐승과 토끼처럼 가슴이 얼어붙는 듯했다. 오랫동안 고향을 떠나 살아왔지만 지금까지 고독을 느껴 보지 못했던 것이다. 그런데 그는 지금 그것을 뼈저리게 느꼈다. 멀리 타향에 떨어져 있을망정 언제나 아버지의 아들이요, 바라문이요, 가장 높은 계급이요, 유식한 자였다. 그러나 지금은 싯다르타요, 한 각성자에 지나지 않는 것이다. 그는 숨을 크게 들이쉬더니 온몸이 갑자기 얼어붙은 듯 부들부들 떨었다. 아무도 그만큼 고독할 수는 없었다. 귀족이나 상인에게 예속되어 함께 사는 범속한 사람들은 물론, 일반 바라문들도 그렇게까지 절실한 고독은 느껴 보지 못했으리라. 심지어 세상을 등진 은자일지라도 혼자가 아니며 그렇게까지 고독하지는 않을 것이다. 그런 사람조차 같은 구성원들에게 둘러싸여 있었고, 고향 같은 어떤 계급에 속해 있었다. 고빈다는 승려가 되었다. 수천의 형제들이 같은 옷을 입고, 같은 신앙을 갖고, 같은 말을 하고 있다. 그러나 싯다르타는 어디에 속해 있는가? 누구와 함께 살아갈 것인가? 누구와 더불어 이야기를 주고받을 것인가?

그를 둘러싼 세상이 녹아 없어지며 사라져 버리고, 하늘의 외로운 별처럼 홀로 멈춰 선 이 순간, 냉혹과 절망의 이 순간에서 싯다르타는 전보다 더 또렷한 자아와 굳은 결의를 하고 헤쳐 나왔던 것이다. 그는 이것이야말로 도를 깨달은 최초의 전율이요, 새로 탄생하는 마지막 몸부림이라고 생각했다. 그는 다시 발걸음을 옮기기 시작했다. 빠르게 조바심치며 걷기 시작했다. 그러나 집으로 가는 것도, 고향의 아버지에게 가는 것도 아니었다.

제2부

카말라

싯다르타는 한 걸음 내디딜 때마다 새로운 것을 배웠다. 세상이 달라져 매력적으로 보였기 때문이다. 그는 숲이 울창한 산 위로 태양이 떠오르는 것을, 서쪽 해안의 야자수 위로 태양이 지는 것을 유심히 바라보았다. 밤하늘에는 별들이 질서 있게 반짝이고, 초승달이 푸른 강 위에 쪽배처럼 떠 있는 것을 보았다. 나무·별·짐승·구름·무지개·바위·풀·꽃, 여울과 강, 아침 이슬에 반짝이는 수풀, 멀리 솟은 푸른 산, 지저귀는 새, 붕붕거리는 벌, 들에서 불어오는 은빛 바람들 또한 보았다. 이 모든 자연 현상들은 전에도 있었지만 지금은 새로운 눈으로 보았다. 해와 달은 언제나 빛났고, 강은 울부짖으며 흘러갔고, 꿀벌은 붕붕거리며 울어댔다. 그러나 예전에는 이것들이 싯다르타에겐 그의 눈을 가리는 허무하고 기만적인 장막에 지나지 않았었다. 본질은 가시적인 세계 너머 반대쪽에 있다고 생각하여 그것이 본질적인 존재가 아니라고 생각해 왔다. 불신의 눈으로 보자 세계는 사유에 의해 꿰뚫리고 파괴되고 말았던 것이었다. 그러나 해탈한 지금에 와서는 그것들을 올바로 보고 인식하게 되었다. 그는 이 세상에서 고향을 찾아내거나, 본체를 구하거나, 내세를 바라지 않았다. 아무것도 구하는 것 없이 어린애와 같이 만물을 바라볼 때 세상은 더없이 아름다웠다. 달과 별, 강과 언덕, 숲과 바위, 산양과 풍뎅이, 꽃과 나비 등, 모두가 아름답게 보였다. 이렇게 깨달으며 어린애처럼 의혹을 느끼는 일 없이 살아가는 것은 세상을 아름답고 사랑스럽게 보는 길이었다. 머리 위를 비추는 태양도, 숲 그늘의 서늘한 느낌도 전과는 달라 보이고, 시내와 연못과 호박과 바나나도 그 향기가 전혀 다르게 느껴지는 것이었다. 낮도 밤도 한결 짧아 바람을 안고 달리는 돛배처럼 시간이 빨리 흘러갔다. 그 돛배에는 보석을 가득 싣고 환락에 젖은 사람들이 많이 타고 있었다. 싯다르타는 원숭이의 무리가 높은 언덕의 숲 속이나 또는 높다란 나뭇가지 위에서 희롱하다가 가끔 탐욕스럽게 우는 것을 보았다. 숫양과 암양이 교미를 하고 있었다. 갈대가 우거진 강에서는 작은 고기떼가 겁이 나서 비늘을 번득이며 수달한테서 도망치는 것이 눈에 띄었다. 그는 사납게 쫓겨다니는 물고기가 일으키는 잔물결을 보고 힘과 정열이 가슴에 복받치는 것을 느꼈다.

이 모든 현상은 언제나 변함없이 존재하고 있었다. 그러나 싯다르타는 그것을 미처 올바로 보지 못했다. 그것들에 관심을 갖지 않았었다. 그러나 그는 이제 그것에도 관심을 갖게 되고 그쪽 편에 가담하게 되었다. 그의 눈망울 속에 빛과 그림자가 흘러들어오고 달과 별이 마음속에 스며들어왔다.

싯다르타는 걸어가면서 기원정사에 있을 때에 체험한 모든 일을 생각해 보았다. 그곳에서 들은 설교와 거룩한 부처의 모습이며, 대화, 작별 등을 회상하고 세존에게 이야기한 자기의 말을 하나하나 음미해 보았다. 그리고 자기도 실은 미처 모르고 있던 사실에 대하여 이야기하게 된 것에 새삼 놀라는 것이었다. 그가 고타마에게 한 말—부처의 보배와 비밀은 그 가르침 속에 있는 것이 아니라 그가 깨달음을 얻었을 때 겪은 바, 말로는 표현할 수도 가르칠 수도 없는 체험 속에 깃들어 있다—그 말을 몸소 체험하기 위해 떠난 것이며, 이미 이것을 체험하고 있었다. 그는 벌써부터 자기가 아트만이며, 바라문과 같은 영원불멸의 본질로 되어 있다는 사실을 알고 있었다. 그러나 그는 사색의 그물로 자기 자신을 붙잡으려고 했기 때문에 실패하고 말았던 것이다. 확실히 육체나 감각의 절정은 자기 자신이 아니었다. 그렇다고 사색이나 지성, 또는 어떤 결론을 끄집어내어 낡은 사상에서 새로운 사상을 유추해 내는 지혜나 기능도 자기 자신은 아니었다. 사상의 세계도 결국은 현실적인 것이다. 감각적인 우연에 지배되는 나를 죽이고, 그 대신 사유와 지성이 우위에서는 나를 살찌게 하더라도 궁극의 목적에 다다를 수는 없는 것이다. 사유와 감각은 둘 다 똑같이 아름다운 것이며 그 배후에 궁극적인 의미가 숨어 있다. 이 두 가지는 모두 같이 있는 것이다. 그러므로 어느 것을 멸시하거나 더 중요시하지 말고, 그 둘 속에 내포된 비밀의 소리를 들어야 하는 것이다. 그는 이 소리가 지시하는 것만을 알고자 노력하고 그 소리가 지시하는 곳에서만 머물 생각이었다. 왜 고타마는 예전에 시간 속의 시간이라고도 할 만한 깨달음의 빛에 접촉했을 때 보리수 아래 앉아 있었던가? 그는 이 나무 밑에서 안식을 얻으려는 마음의 소리를 들었던 것이다. 그리하여 그는 금욕도 하지 않고,

불공도 드리지 않고, 목욕, 기도, 심지어 먹는 것과 마시는 것, 잠자는 것과 꿈꾸는 것도 버리고 그 소리의 속삭임에 따르기로 했던 것이 아닌가? 그가 다른 외부의 명령에 따르지 않고 오직 이 소리에만 순종한 것은 훌륭한 일이며 또 필요한 일이었다. 그 밖에는 아무것도 필요하지 않았다.

밤이 되어 그는 어느 강가 뱃사공의 오두막에서 자면서 이런 꿈을 꾸었다. 고빈다가 고행자의 누런 옷을 걸치고 앞에 오더니 서운한 얼굴을 하고 울음 섞인 목소리로, '왜 너는 나를 버렸느냐'고 물었다. 그는 고빈다를 팔로 가슴에 바싹 껴안고 입을 맞추었다. 그런데 어느 순간 품 안에 들어 있는 사람은 고빈다가 아니라 어떤 여자였다. 그 여자의 풍만한 젖가슴이 저고리 앞섶으로 비어져 나왔다. 싯다르타는 그 젖을 마구 빨아먹었다. 달콤하고 강렬한 냄새가 풍겨왔다. 여자와 남자, 태양, 숲, 동물, 꽃의 냄새와 모든 과일의 냄새, 온갖 쾌적한 냄새였다. 그것은 그를 도취하게 하고 의식을 잃게 했다. 싯다르타가 잠에서 깨었을 때, 강물의 푸른빛이 문틈으로 흘러들고, 산에서는 부엉이 울음소리가 멀리서 은은하게 들려왔다.

싯다르타는 해가 뜨자 주인 뱃사공에게 강을 건네게 해 달라고 부탁했다. 주인은 대나무 뗏목으로 강을 건네주었다. 넓은 강이 아침 햇살을 받아 불그레하게 반짝이고 있었다.

"아, 강이 매우 아름답군요." 그는 사공에게 말했다.

"그럼요." 사공은 이렇게 덧붙였다. "참 아름다운 강이지요. 나는 무엇보다도 이 강을 좋아합니다. 가끔 강물이 흐르는 소리를 들으며 물속을 들여다보곤 하는데, 그럴 때마다 많은 것을 배우게 됩니다. 하긴 나뿐만 아니라 누구나 그럴 테지만 말입니다."

싯다르타는 강 건너 언덕에 이르러 뗏목에서 내리면서 말했다. "고맙습니다. 이 은혜를 무엇으로 갚아야 할는지 모르겠군요. 나는 당신에게 줄 돈도 물건도 갖고 있지 않습니다. 나는 바라문의 아들이며 사문으로서 곳곳을 방황하는 나그네입니다."

"나도 잘 알고 있습니다. 당신에게 무슨 대가를 바라지도 않습니다. 그러나 언젠가 나한테 그것을 갚을 때가 있을 것입니다." 뱃사공은 그렇게 대답했다.

"정말 그렇게 생각하고 계십니까?" 싯다르타는 기뻐하며 말했다.

"물론이죠. 나는 강에서 모든 것이 다시 되풀이된다는 진리를 깨달았습니다. 따라서 당신도 다시 여기를 지나가게 될 것입니다. 그러니까 나하고 우정을 나누는 것으로 삯을 대신할 수 있지 않겠소? 당신이 불공을 드릴 때 내 생각을 해주십시오."

그들은 웃는 얼굴로 작별을 했다. 싯다르타는 사공의 호의와 친절을 새삼 고맙게 생각했다. '고빈다 같은 사람이다. 내 여정 중에 만나는 사람들은 모두 고빈다처럼 선량하다. 그들 모두가 사례를 받을 권리를 갖고 있으면서도 받지 않고 오히려 감사해하고 있다. 모두가 유순하고 순종적이며, 친구가 되고픈 사람들로 번거롭게 생각하는 일이 없다. 모두 어린아이 같다.' 싯다르타는 빙그레 웃으며 그렇게 생각했다.

정오 무렵 어느 마을을 지나갔다. 흙으로 지은 오두막집 앞 한길 가에서 어린애들이 뛰놀고 있었다. 그들은 호박씨와 조개껍데기로 소꿉놀이를 하거나 노래를 하고 씨름도 하며 놀고 있었는데, 낯선 사문을 보자 모두들 도망쳤다. 싯다르타는 마을을 지나 작은 냇물에 이르렀다. 시냇가에서 한 젊은 여자가 앉아서 빨래를 하고 있었다. 그가 아는 체하자, 그녀는 웃는 얼굴로 싯다르타를 쳐다보았다. 그러자 그녀의 흰 눈자위가 반짝였다. 그는 길가는 나그네들이 흔히 그렇듯이, 그녀의 행운을 빌고 대도시까지 몇 리나 되느냐고 물었다. 그녀는 일어나서 그의 곁으로 다가왔는데, 아름답고 앳된 얼굴에서 촉촉한 입술이 반짝였다. 그녀는 싯다르타에게 농을 걸었다. 밥을 먹었느냐고 묻고, 사문들은 밤에 숲 속에서 혼자 자며 여자를 멀리한다는데 정말이냐고 물었다. 그녀는 이어서 자기 왼쪽 다리를 싯다르타의 오른쪽 다리 위에 걸쳐 놓으며 도색적인 책에서 흔히 '나무타기'라고 이르는, 남자에게 성적인 쾌락 같은 것을 요구할 때 취하는 교태를 부려 유혹했다. 싯다르타는 피가 와락 끓어올랐다. 순간 어제저녁에 꾸었던 꿈이 생각났다. 그는 여자에게 몸을 굽혀 불룩한 가슴의 갈색 젖꼭지에 입을 맞추었다. 그리고 눈을 들어 관능적인 얼굴로 방그레 웃고 있는 그녀를 바라보았다. 욕정에 못 이겨 가늘게 치뜬 눈에는 애원의 빛이 서려 있었다.

싯다르타는 동경해 마지않던 이성의 품에서 흥분의 도가니에 빠져들어갔다. 하지만 아직 여자를 가까이해 보지 못한 그는 상대를 꼭 껴안으려고 하면서도 어쩐지 망설이게 되었다. 그 순간 떨리는 마음속에서 목소리가 흘러나왔다. '그래서는 안 돼!' 그 목소리는 말했다. 그러자 젊은 여인의 웃음 띤 얼굴에서 모든 매력이 일시에 사라져 버리고 말았다. 다만 발정기에 접어든 암컷의 번들거리는 눈망울만이 드러나보일 뿐이었다. 싯다르타는 그녀의 뺨을 가볍게 찰싹 때리고 나서 무안해하는 여자를 뒤에 남겨둔 채 대나무숲 속으로 사라졌다.

이날 밤 그는 대도시에 이르렀다. 오랫동안 산에서 살며 사람에게 굶주려 온 그는 대단히 기뻤다. 그는 어제저녁 오랜만에 처음으로 사람─뱃사공─의 집에서 잤던 것이다.

그는 도시 어귀의 아름답게 둘러싸인 울창한 나무숲 부근에서 바구니를 옆에 낀 남녀 한 무리를 만났다. 그들 가운데 네 사람이 메고 가는 호화스런 가마가 눈에 띄었다. 햇빛을 가리는 알록달록한 뚜껑을 씌운 가마인데, 안에는 빨간 방석 위에 한 여인이 앉아 있었다. 싯다르타는 정원 출입구에서 그 일행을 지켜보다가 하인과 하녀, 바구니, 가마, 그 안에 앉아 있는 귀부인을 보았다. 검은 머리를 높이 치켜올린 그 귀부인은 아주 명랑하고 우아하게 보였다. 머리 위 높이 틀어 올린 검은 머리칼 밑으로는 매우 예쁘고, 매우 우아하며, 매우 영리한 얼굴이 있었다. 갓 터진 무화과 같은 입술은 붉게 빛났고, 손질이 잘된 눈썹은 높다란 곡선을 그리고 있었으며, 까만 눈동자는 영리하면서도 빈틈이 없어 보였다. 초록색과 금색으로 어우러진 옷 위로는 티없이 깨끗하고 긴 목이 올라와 있었고, 금빛 팔찌를 찬 길고 가녀린 매끄러운 손목이 가만히 놓여 있었다.

이렇듯 아름다운 여자를 보고 그의 마음은 기쁨으로 가득 찼다. 가마가 그의 앞에 가까이 다가왔을 때 그는 허리를 굽혀 인사를 했다. 그리고 아름다운 여자의 밝은 얼굴을 다시 들여다보았다. 순간 그 여자의 지혜로운 눈망울 속에서 지금까지 맡아 보지 못한 향취가 풍겨왔다. 아름다운 여인은 눈웃음을 치며 정원 안으로 사라졌다. 이어서 하인들도 여인의 뒤를 따라갔다.

싯다르타는 좋은 조짐으로 여기고, 이 도시에 첫발을 들여놓았구나 하고 생각했다. 그는 그 정원 안으로 따라 들어가고 싶었지만, 다시 생각해 보았다. 그리고 그때 문득 문 앞에 서 있던 자기를 하인과 하녀들이 바라보던 눈초리가 떠올랐다. 얼마나 경멸스러워하고, 얼마나 의심스러워하며 얼마나 쫓아버리고 싶어하던 눈초리였던가.

아직도 나는 한 사람의 사문이다. 이를테면 고행자로서 걸인에 지나지 않는다. 따라서 이런 곳에 오래 머물러 있을 수도, 정원에 들어갈 수도 없는 처지였다. 그는 웃고 말았다.

한길에서 맨 처음에 만난 사람을 붙들고 그 정원과 여인에 대하여 물어보았다. 그리하여 그 여자가 바로 이름난 유녀(遊女) 카말라이며, 그 정원은 그녀의 별장이라는 것을 알게 되었다. 그리고 그 여자는 이 별장 말고도 시내에 큰 저택을 갖고 있다고 했다.

그는 도시로 들어갔다. 이제 그에겐 목표 하나가 생겨 있었다.

그는 그 목표물을 좇아 거리를 쏘다니기도 하고, 오가는 사람들의 틈바구니에 끼어 운동장 같은 데 우두커니 서 있거나 강가의 돌층계에 서서 쉬기도 했다. 저녁 무렵 그는 어떤 이발사의 조수와 친해지게 되었다. 이 사나이는 다리 그늘에서 일하고 있었는데, 비슈누(인도 천신의 이름)를 모시는 절에서 기도하는 것을 싯다르타가 보고 그에게 비슈누와 락슈미(행복을 상징하는 여신)의 내력에 대하여 이야기해 주었다. 그는 그날 밤 강가에서 묵고 이튿날 손님이 오기 전에 일찍 이발소에 찾아가, 그 조수에게서 수염을 깎고 머리를 단정하게 빗어올렸다. 향수도 발랐다. 다음에 그는 목욕하러 강가로 갔다.

그날 오후 가마를 탄 아름다운 카말라가 별장 가까이 이르렀을 때, 싯다르타는 입구에 서 있다가 고개를 숙였고 답인사를 받았다. 이어서 그는 뒤에 따라가는 하인을 눈짓으로 불러 젊은 바라문이 여주인을 뵙고 싶어한다는 말을 전해 달라고 부탁했다. 얼마 뒤 그 하인이 돌아와서 자기를 따라오라고 했다. 그는 싯다르타를 어떤 정자로 안내했다. 거기에는 카말라가 침대에 누워 있었다. 그녀는 하인을 돌려보내고 싯다르타만 혼자 남게 했다.

"당신은 이미 어제 밖에서 나한테 인사를 하지 않았나요?" 카말라는 물었다.

"그렇소, 나는 어제 이미 당신을 보았고 당신한테 인사했소."

"하지만 어제는 수염이 텁수룩하고 긴 머리는 먼지투성이가 아니었던가요?"

"관찰력이 뛰어나군요. 그런데 그건 사문이 되기 위해 고향을 떠나 3년 동안이나 고행을 한 바라문의 아들 싯다르타의 모습이오. 그러나 지금은 그 길을 버리고 이 도시에 왔소. 여기서 처음 만난 사람이 바로 당신이오. 이 말을 하려고 나는 당신을 찾아왔소. 아! 카말라, 당신은 이 싯다르타가 두 눈으로 우러러보며 말을 건넨 최초의 여성이오, 앞으로 아무리 아름다운 여인을 만나더라도 그렇게 우러러보지는 않을 거요."

카말라는 방그레 웃으며 공작 깃털 부채를 부치다가 이렇게 물었다. "그 말을 하러 나한테 일부러 오셨나요?"

"그렇소, 그 말을 전하고 당신의 아름다움을 진정으로 찬미하려고 왔소. 그리고 가능하면 내 친구가 되고 나아가서는 스승이 되어 주길 바라오. 나는 당신의 정통한 기술에 대해서는 전혀 백지니까요."

카말라는 깔깔 웃었다.

"산에서 나온 사문이 나를 찾아와서 뭘 배운다는 건 있을 수 없는 일이에요. 머리가 헝클어지고 남루한 옷차림을 한 사문이 내 앞에 나타나리라고는 나는 꿈에도 상상하지 못했어요. 많은 젊은이들이 곧잘 나를 찾아오죠. 그 가운데는 바라문의 아들도 섞여 있어요. 하지만 그들은 저마다 말쑥한 옷차림에 좋은 신을 신고 머리에는 고급 향수를 뿌리고, 호주머니 속에는 으레 돈을 두둑이 넣어 가지고 오죠. 나를 찾아오는 젊은이들은 모두가 그래요."

싯다르타는 대답했다. "나는 이미 당신에게서 내가 미처 모르던 것을 배우기 시작했소. 어제부터 배우기 시작했다고 해도 지나치지 않을 거요. 나는 벌써 수염을 깎고 머리엔 기름을 발라 말쑥하게 빗어 올렸소. 이제 부족한 것이 있다면 훌륭한 옷과 좋은 신과 호주머니 속에 가득 있어야 할 돈이지만, 이 싯다르타는 그런 자질구레한 것과는 비교도 되지 않을 어려운 일을 계획하여 무난히 성공했다는 것을 알아야 할 거요. 그러니 당신의 친구가 되어 사랑의 기쁨을 누리려고 마음먹은 일쯤은 이루어지지 않겠소? 당신은 곧 내가 가르치기 쉬운 사람임을 알게 될 겁니다. 그런데 나는, 당신이 앞으로 나에게 베풀 가르침보다 더 어려운 가르침을 이미 배워서 알고 있소. 그래도 이 싯다르타가 옷과 신과 돈이 없다고 해서 마음에 안 든다는 말씀을 할 수 있습니까?"

카말라는 다시 웃더니 소리쳤다. "그래요, 당신은 값진 옷을 입고 좋은 신도 신고 또 나한테 보내는 많은 돈과 선물을 준비해야 해요. 내 말을 알아듣겠어요?"

"그래, 잘 새겨 두었소." 싯다르타가 외쳤다. "그렇게 아름다운 입에서 흘러나오는 말을 못 알아들을 리가 있겠소? 당신의 입술은 아름답기가 마치

익을 대로 익은 무화과 열매 같군요. 그런데 카말라, 내 입술도 빨갛게 익고 신선하여 당신의 입술에 잘 어울린다는 것을 곧 알게 될 거요. 카말라, 당신은 사랑을 배우기 위해 산에서 온 이 사문이 조금도 두렵지 않소?"

"자칼이 우글거리는 산에서 나와 여자가 뭔지도 모르는 사문을 두려워하다니요? 천만에요."

"그 사문은 매우 건강하오. 그리고 아무것도 두려워하지 않소. 그는 당신을 폭행하고 욕을 보일지도 모르오. 적어도 그렇게 당신을 괴롭힐 수도 있소."

"그런 걸 두려워할 내가 아니에요. 사문이나 바라문들 중에 누가 폭력으로 자기에게서 학식이나 신앙이나 또는 지혜를 빼앗아가지 않을까 하여 두려워할 사람이 있겠어요? 그런 학식, 신앙, 지혜 같은 것은 그들의 소유물이나 마찬가지 아닐까요? 그리하여 자기가 나눠 주고 싶은 사람에게만 나눠 줄 수 있는 게 아니겠어요. 이 카말라 자신에 대해서도 마찬가지예요. 따라서 사랑의 향락에 대해서도 마찬가지고요. 카말라의 입술은 빨갛게 여물어 아름답기 이를 데 없지만, 싫어하는데 억지로 입을 맞춰 보세요. 달콤한 맛을 얼마든지 줄 수 있는 그 입술에선 쓰디쓴 맛밖에 느끼지 못할 거예요. 싯다르타, 당신은 꽤 영리해 보이는데 이것도 잘 알아 둬야 해요. 사랑이란 구걸할 수도 있고, 살 수도 있고, 선사받을 수도 있고, 또한 길에서 찾아낼 수도 있어요. 그렇지만 사랑은 결코 강제로 빼앗을 수는 없는 법이에요. 당신은 그릇된 생각을 하고 있어요. 당신같이 아름다운 젊은이가 그렇게 함부로 덤벼든다니 섭섭하기 짝이 없는 일이에요."

싯다르타는 웃는 얼굴로 고개를 끄덕였다. "그럴 테지요. 카말라, 당신의 말이 옳소. 그건 정말 유감스러운 일일 거요. 당신의 입에서 달콤한 맛이라고는 한 방울도 찾아볼 수 없다니 될 말이겠소. 마찬가지로 당신이 내 입에서 그 달콤한 맛을 잃게 되어도 안 될 일이죠. 그럼 이렇게 하지요. 이 싯다르타는 좋은 옷과 신, 그리고 많은 돈을 장만해 가지고 다시 찾아오겠소. 그런데 카말라, 나에게 그런 것을 손에 넣는 방법을 가르쳐 줄 수 없겠소?"

"방법요? 왜 없겠어요. 산에 사는 자칼처럼 이곳에 내려온 가난하고 무지한 사문이라면 가르쳐 줄 수도 있지요."

"카말라, 그렇다면 말해 주오. 그것을 가장 빨리 얻으려면 어디로 가야 하는지?"

"그건 당신뿐만 아니라 많은 사람들이 알고 싶어해요. 당신은 지금까지 배워 온 일을 해야 해요. 그러면 돈과 옷과 신을 얻을 수 있을 테지만, 다른 방법으로는 안 될 거예요. 당신은 무엇을 할 줄 알죠?"

"나는 깊은 명상에 잠길 수 있고 기다릴 수도 있소. 또 단식을 할 수도 있고."

"그 밖에 또 할 수 있는 일은 없나요?"

"참, 시를 지을 줄 아오. 시를 지어 줄 테니 당신의 입술을 허락하겠소?"

"당신의 시가 마음에 들면 허락하죠. 대체 어떤 시죠?"

싯다르타는 잠시 생각한 뒤에 이렇게 읊었다.

> 녹음 짙은 정원으로 들어가는 어여쁜 카말라여
> 정원 입구에 선 초췌한 사문이
> 그 연꽃 보고 고개를 굽혔더니
> 카말라는 웃으며 고마워했네.
> 청년은 문득 생각하였네.
> 신을 섬기느니, 어여쁜 카말라를 섬기는 편이
> 더욱 바람직한 일일 것이라고.

카말라는 기뻐하며 손뼉을 쳤다. 손목에 낀 팔찌가 잘그락 소리를 내며 울렸다.

"당신의 시는 참 아름답군요. 초췌한 사문이여! 내 입술을 준다 해도 난 아무것도 잃어버렸다고 생각하지 않겠어요."

그녀는 눈짓으로 싯다르타를 자기 옆으로 오라고 불렀다. 그는 자기 얼굴을 그녀의 얼굴 위에 가까이 가져갔다. 그리고 탐스럽게 무르익은 무화과 열매 같은 입술에 입을 맞추었다. 그녀는 오랫동안 그와 입을 맞추었다. 싯다르타는 그녀가 그를 얼마나 잘 가르치고 얼마나 현명한지, 그를 얼마나 잘 유도하여 그를 거부했다가 유혹하는지, 그리고 이 오랫동안 계속되는 첫 번째 입맞춤 뒤에 저마다 다른 것들, 얼마나 질서정연하고 능숙한 입맞춤이 찾아오는지 느끼고는 크게 놀라 버렸다. 그는 이윽고 숨을 깊게 들이쉬며 일어서 있었다. 그리고 이 순간 그는 지식의 보고와 배울 만한 가치가 있는 것들이 눈앞에 드러나는 것을 보며 어린아이처럼 깜짝 놀랐다.

"당신의 시는 대단히 아름다워요." 카말라가 외쳤다. "내가 부자였다면 사례를 많이 할 수 있을 텐데…… 그렇지만 필요한 만큼의 많은 돈을 벌려면 시를 가지고서는 어려울 거예요. 당신이 이 카말라와 친구가 되려면 돈이 많이 들어요."

싯다르타는 더듬거리며 말했다. "카말라, 어쩌면 당신은 입맞춤을 그렇게 할 수가 있죠?"

"그래요. 난 그렇게 할 수 있어요. 덕택에 옷이고, 신이고, 팔찌고…… 그 밖의 좋은 물건을 얼마든지 손에 넣을 수 있어요. 그런데 당신은 명상에 잠기며 단식하고 시 쓰는 것 말고는 또 뭘 할 줄 알죠?"

"제가(祭歌)도 부를 줄 알지요." 싯다르타는 대답했다. "그러나 그건 앞으로 부르지 않을 작정입니다. 주문도 외울 줄 알지만, 그것도 다시는 입 밖에 내지 않을 작정이오. 나는 책을 많이 읽었소만……."

"잠깐만…… 글을 읽을 줄 안다고요? 그럼 쓸 줄도 아나요?" 카말라는 그의 말을 가로채고 이렇게 물었다.

"물론이죠. 글을 쓸 줄 아는 사람이야 많잖아요?"

"거의 대부분이 하지 못해요. 나도 쓸 줄은 몰라요. 당신이 글을 읽고 쓸 줄 안다니 부럽군요. 혹시 주문을 써 달라고 부탁할는지도 몰라요."

이때, 하인 한 사람이 달려와서 여주인의 귀에다 뭐라고 소곤거렸다.

"손님이 왔어요." 카말라가 소리쳤다. "어서 자리를 피해 주세요, 싯다르타. 여기에 당신이 있는 것을 누구에게든 보여서는 안 돼요. 조심하세요. 내일 또 보기로 해요."

카말라는 바라문에게 흰 겉옷 한 벌을 내드리라고 하인에게 일렀다. 싯다르타는 영문도 모르고 하인의 뒤를 따라 어떤 정자에 가서 겉옷을 얻어 입었다. 하인은 그를 다시 숲 속으로 데리고 가더니 아무도 보지 않게 정원에서 곧 떠나라고 했다.

그는 그 말에 따를 수밖에 없었다. 숲 속에 익숙한 그는 옷을 팔에 낀 채 나무를 헤치고 울타리를 넘어 밖으로 빠져나가 거리로 나왔다. 그 길로 어느 여인숙에서 동냥을 하여 떡 한 조각을 얻었다. 틀림없이 내일부터는 이런 구걸을 하지 않아도 되겠지 하고 그는 마음속으로 생각하고 있었다.

그러자 갑자기 자부심이 생겼다. 그는 이미 사문이 아니었다. 구걸을 하다니, 당치도 않은 소리였다. 그는 떡 조각을 개에게 던져 주고, 온종일 굶고 지냈다. '사람이 속세에서 살아간다는 것은 간단한 일이로구나!' 그는 생각했다. '문제없다. 일찍이 내가 사문으로 있을 때에는 모든 것이 괴롭고 귀찮고, 그리고도 결국 절망에 빠지게 마련이었다. 그런데 지금은 모든 일이 손쉽게 되어 나간다. 마치 카말라가 가르쳐 준 키스처럼 척척 진행이 된다. 나는 다만 옷과 돈이 필요할 뿐이다. 다른 것은 사소한 일들이다. 이제 잠을 이루지 못할 정도로 괴로운 일들은 있을 수 없다.'

그는 이미 오래전에 시내에 있는 카말라의 집을 알아 두었었다. 이튿날 그는 그곳으로 찾아갔다.

"마침 잘 왔어요." 카말라는 그를 보자 말했다. "카마스와미가 당신을 기다리고 있어요. 그는 이 거리에서 첫손에 꼽히는 부유한 상인이에요. 만일 당신이 그의 마음에 든다면 일자리를 줄 거예요. 잘해 보세요. 나는 다른 사람을 시켜 그에게 당신을 추천하도록 했어요. 그를 공손하게 대하세요. 그는 이 거리에서 으뜸가는 유지니까요. 그렇다고 너무 굽실거릴 필요는 없어요. 나는 당신이 그의 하인이 되는 것은 원하지는 않아요. 그와는 어디까지나 대등한 사람이 되어야 할 거예요. 그렇지 못하면 나는 만족할 수 없어요. 카마스와미는 이제 늙어서 기력이 없어요. 당신이 잘만 보이면 모든 일을 다 맡길 거예요."

싯다르타는 빙그레 웃으며 그녀에게 고맙다고 했다. 그녀는 싯다르타가 어제부터 아무것도 먹지 않았다는 말을 듣고 빵과 과일을 가져오게 하여 실컷 먹게 했다.

"당신은 운이 좋은 사람이군요. 닫힌 문이 당신을 위해 잇달아 제바람에 열리는 것 같아요. 웬일일까요, 아마도 당신은 정말 마술을 부리나 보죠?" 카말라는 그와 작별하면서 이렇게 말했다.

싯다르타는 대답했다. "어제 나는 당신에게 깊은 명상에 잠길 수 있고, 기다릴 줄 알며, 단식할 수 있다고 말했는데, 당신은 그때 그것은 아무 짝에도 못 쓰는 일이라고 생각했죠? 그렇지만 그건 대단히 중요한 일이오. 카말라, 아직도 그렇지 않다고 생각하오? 산속에 있는 어리석은 사문들은 당신네들이 감히 엄두도 못 낼 훌륭한 일들을 배우고 또 실제로 하고 있다오. 그건 당신도 잘 알고 있을 거요. 그저께만 해도 나는 아직 머리가 부스스하고 수염이 텁수룩한 몰골로 구걸이나 하는 사문에 지나지 않았었소. 그러나 이제는 당신과 입을 맞추고, 또 앞으로는 장사꾼이 되어 돈을 비롯해서 당신이 값지게 생각하는 모든 재물을 손에 넣게 되었소."

"그럴지도 모르지요." 카말라는 이 말에 곧 동의했다. "하지만 내가 없었던들 당신은 지금쯤 어떻게 되었을까요? 이 카말라가 당신을 도와주지 않았더라면 말이에요. 대체 당신은 뭘 하고 있을까요?"

"사랑하는 카말라!" 싯다르타는 자리에서 일어나면서 그녀를 불렀다. "당신의 정원에 이르렀을 때, 나는 이미 첫발을 들여놓은 거요. 아름다운 여자에게서 사랑이 무엇인지 배우기로 작정했다오. 그렇게 마음먹은 순간 반드시 실천에 옮길 계획이었소. 나는 정원 입구에서 당신을 보는 순간, 당신이 내게 힘이 되어 주리라는 걸 이미 알고 있었소."

"그렇지만 만일 내가 당신의 뜻을 받아들이지 않았더라면 어떻게 하려고 했나요?"

"카말라, 당신은 그럴 리가 없소. 이를테면 당신이 물속에 돌을 던진다고 해봐요. 그것들은 재빨리 밑바닥에 가라앉을 거요. 내가 어떤 목적을 위해 결심을 할 때도 그와 마찬가지죠. 이 싯다르타는 오직 꾸준히 기다리며 명상하고 단식하지만, 나는 돌이 물속을 뚫고 들어가듯, 이 세상의 모든 사물을 가만히 앉아서 뚫고 나가겠소. 나는 어떤 일에 끌리면 거기 열중해요. 내 목적이 나를 끌어당기는 거죠. 목적에 어긋나는 일은 받아들이지 않으니까요. 내가 사문들에게서 배운 것은 바로 이거요. 어리석은 사람들은 내가 마법을 써서 마신을 업고 일을 성취해 나간다고 하지만 세상에 마신을 업고 되는 일이 어디 있겠소? 만일 깊은 명상에 잠길 수 있고, 끈기 있게 기다릴 수 있으며, 또 단식할 수만 있다면 누구나 나처럼 마법을 쓸 수 있고, 목적에 이를 수가 있는 거요."

카말라는 그의 이야기를 들었다. 그의 목소리가 좋았다. 그의 반짝이는 눈동자에도 호감이 갔다.

"아마 그럴 테죠." 카말라는 나직한 목소리로 덧붙였다. "하지만 당신이 워낙 미남인 데다가 당신의 눈빛이 여자들의 호감을 사서 행복이 그렇게 쉽사리 찾아드는지도 모르죠."

싯다르타는 입을 맞추며 작별을 말했다. "그렇다면야 오죽 좋겠소, 나의 스승이여! 내 눈빛이 언제나 당신을 기쁘게 하길! 그리고 당신이 보내 주는 행복이 언제나 나를 맞아 주기를……."

어린아이 같은 사람들 옆에서

싯다르타는 돈 많은 상인, 카마스와미의 호화로운 집을 찾아갔다. 하인은 그를 값비싼 융단을 깐 방으로 안내했다. 그는 거기서 주인을 기다렸다.

이윽고 카마스와미가 들어왔는데, 백발이 성성하며 민첩하고도 매끄럽게 움직이는 사람이었다. 무척 영리하고 신중해 보이는 눈에 탐욕스러운 입을 가지고 있었다. 주인과 손님은 정답게 인사를 나누었다.

"듣자하니," 상인이 먼저 입을 열었다. "당신은 바라문이고 더군다나 학자라던데, 나 같은 상인 곁에서 일하기를 원한다고요? 생활이 곤궁해서 그러는 거요?"

싯다르타는 대답했다. "아니올시다. 그런 게 아닙니다. 저는 지금까지 한 번도 곤궁에 빠져 본 일이 없습니다. 저는 오랫동안 사문의 수도 생활을 해 왔으니까요."

"만일 당신이 사문이었다면 어찌 곤궁하지 않을 수 있겠소? 사문이란 자기 소유라고는 전혀 없는 사람들인데……."

"그야 그렇죠. 당신이 생각하고 있는 의미의 소유는 사실 없습니다. 그러나 그것은 자발적으로 그렇게 하는 것입니다. 따라서 그걸 곤궁하다고 볼 수는 없지요."

"손에 아무것도 가진 것이 없으면서 어떻게 살아 나갈 생각이오?"

"아직 그 점에 대해서는 생각해 본 일이 없습니다. 3년 넘게 한푼 없이 살아오면서도 여태껏 살아가는 문제는 생각해 본 적이 없었으니까요."

"그렇다면 다른 사람의 소유물로 살아온 것이라고 할 수밖에 없지 않소?"

"아마 그럴 테지요. 하지만 그건 상인도 마찬가질 겁니다."

"사실이오. 그러나 나는 남의 것을 공짜로 손에 넣은 일은 없소. 대신 상품을 제공하니까 말이오."

"사실 모두가 그와 비슷한 관계를 갖고 있는 것 같습니다. 누구나 주고받고 하지 않습니까? 그것이 곧 인간의 생활이라고 볼 수 있겠지요."

"실례지만, 당신은 현재 손에 가진 것이 없는 처지인데 어떻게 남에게 무엇을 줄 수 있단 말이오?"

"그야 누구나 자기가 갖고 있는 것을 주게 마련이지요. 이를테면 무사는 힘을 주고, 상인은 상품을 주며, 교사는 가르침을 주고, 농부는 쌀, 어부는 생선을 주게 마련이지요."

"옳은 말이오. 그런데 당신은 무엇을 주겠소? 당신이 배워서 얻은 것은 무엇이며, 또 할 수 있는 일은 무엇이오?"

"저는 깊은 명상에 잠기고, 끈기 있게 기다릴 수 있습니다. 또 단식할 수도 있고요."

"그것이 전부인가요?"

"그게 전부인 것 같습니다."

"그런 것이 무슨 소용이 있소? 그러니까 단식 같은 것이 무슨 도움이 되나요?"

"그것은 매우 괜찮은 일입니다. 이를테면 먹을 것이 없을 때, 사람이 취할 수 있는 가장 현명한 방법은 단식입니다. 만일 제가 단식하는 법을 배우지 않았다면 지금쯤은 어떤 일이라도 하려고 들 것입니다. 어떤 사람의 일이든 상관없이 또 장소가 어디든 가리지 않고 말이죠. 배가 고파서 그렇게 할 수밖에 없었을 테니까요. 그러나 저는 차분히 기다릴 수 있습니다. 저는 초조하게 생각하지도 절박해하지도 않은 채 오랫동안 굶어도 능히 웃어넘길 수 있습니다. 그런 의미에서 단식은 도움이 되는 겁니다."

"하긴 그렇군요. 잠깐만 기다리시오."

카마스와미는 밖에 나가 두루마리를 하나 들고 오더니 싯다르타에게 넘겨주면서 물었다. "이걸 읽을 수 있겠소?"

그것은 매매 계약서였다. 싯다르타는 그것을 읽어 내려갔다.

"대단하군!" 상인은 감탄했다. "그러면 이 종이에 몇 자 써주겠소?"

상인은 종이와 붓을 내주었다. 싯다르타는 상인이 시키는 대로 써서 그 종이를 되돌려 주었다. 카마스와미는 받아 읽었다. 거기에는 이런 말이 씌어 있었다. '글쓰는 것은 훌륭한 일이다. 그러나 생각하는 것은 더욱 훌륭한 일이다. 지혜로운 것은 훌륭한 일이다. 그러나 참는 것은 더욱 훌륭한 일이다.'

"정말 달필이군요." 상인은 칭찬했다. "함께 의논할 일이 많겠소. 오늘은 이쯤 해두고 우리 집에 손님으로 머물러 주시오."

싯다르타는 고맙다는 인사를 하고 그의 말대로 그 집에 머물렀다. 주인은 그에게 옷과 신을 마련해 주고, 하인 한 명이 날마다 목욕물을 준비해 주었다. 그리고 하루 두 끼씩 푸짐한 식사를 대접받았다. 그러나 싯다르타는 하루에 한 끼만 먹고, 고기나 술은 전혀 입에 대지 않았다. 카마스와미는 그에게 자기가 장사하는 것에 대해 이야기하고, 상품 창고와 장부도 보여 주었다. 싯다르타는 새로운 것에 대해서 많이 배웠다. 그는 많은 것을 들었으나 말은 적게 했다. 그리고 카말라가 한 말을 명심하여, 상인에게 복종하는 사람이 아니라 대등한 위치에서, 아니 그 이상으로 대우하게끔 만들었다. 카마스와미는 장사에 신경을 쓰고 때로는 정열적으로 일을 했다. 하지만 싯다르타의 눈에는 모두 장난처럼 보였다. 그리하여 장사하는 법은 열심히 배웠으나, 그 알맹이에 대해서는 조금도 마음이 끌리지 않았다.

카마스와미의 집에 들어간 지 얼마 안 되어 싯다르타는 카마스와미의 장사를 도맡아보게 되었다. 그리하여 날마다 좋은 옷에 좋은 신을 받쳐 신고 약속한 시간에 카말라를 찾아가곤 했다. 손에는 물론 선물이 들려 있었다. 빨갛고 탐스런 그녀의 입술과 가늘고 날씬한 팔에서 그는 많은 것을 배웠다. 사랑에 있어서는 아직 어린아이인 그에게, 끝없는 구덩이 속으로 뛰어드는 것처럼 맹목적이고 지칠 줄도 모르며 쾌락을 즐기려는 그에게 그녀는 철저히 기본적인 것부터 가르쳐 주었다. 쾌락을 주지 않고서는 쾌락을 받을 수 없으며, 모든 동작, 애무, 접촉, 눈길, 육체의 조그만 부분까지도 저마다 비밀을 품고 있으며, 그 비밀은 촉발시킬 줄 아는 사람에게 언제든 행복을 가져다준다는 것이었다. 그리고 서로 상대방을 아끼되 정복하고 정복당해야 하며, 둘 중에 한 사람이 만족을 느끼지 못하거나 또는 지나치게 행동하거나 함부로 다루면 사랑의 향연은 원만할 수 없다는 것을 가르쳐 주었다. 이리하여 그는 아름답고 지혜로운 예술가와 함께 황홀한 시간을 보내면서 그녀의 제자요, 애인이요, 동시에 친구가 되었던 것이다. 그러므로 싯다르타에겐 인생의 의의와 가치가 카마스와미의 장사에 있지 않고 카말라의 사랑에 있었다.

그 상인은 중요한 편지나 계약서를 모두 그에게 맡기고, 중요한 일 또한 반드시 그와 의논하게끔 되었다. 상인은 싯다르타가 쌀이나 양털, 그리고 항

해나 장삿속에 대해서는 잘 모르지만, 그에게는 언제나 행운이 따라다닌다는 사실을 알게 되었다. 그리고 언제나 평온한 마음으로 남의 말을 잘 알아듣고, 상대방의 마음을 꿰뚫어보는 점에서 자기보다 월등히 뛰어난 솜씨를 갖고 있다는 사실을 잘 알게 되었다. 어느 날 그는 어떤 친구에게 이렇게 말했다. "이 바라문은 진짜 장사꾼은 못 돼. 아마 앞으로도 되지 못할 거야. 그는 장사에 신경을 쓸 사람이 아냐. 그렇지만 그는 장사를 저절로 성공하게 하는 비결을 갖고 있어. 이것이 타고난 행운에서 비롯되는 건지, 마법을 쓰는 건지, 사문들로부터 배운 것인지는 잘 알 수 없지만 말이야. 그는 언제나 장사를 장난으로 여기고 파고들지도 않아. 무엇보다도 실패를 두려워하지 않지. 그래서 손해를 봐도 태평이야."

상인의 친구는 그에게 충고했다. "장사에서 이득이 있을 경우엔 그에게 3분의 1을 주고, 손해가 나면 3분의 1을 변상시키도록 하게. 그렇게 하면 장사에 열의를 갖게 될 걸세."

카마스와미는 그 충고대로 했다. 그러나 싯다르타의 태도는 조금도 달라지지 않았다. 이득이 있으면 천연스럽게 호주머니에 넣으면서도, 손해를 보면 웃으면서 이렇게 말하는 것이었다. "아, 이번에도 실수를 했군."

실로 그는 장사에 관심이 없어 보였다. 언젠가 그는 많은 양의 쌀을 사들이기 위해 시골에 나간 적이 있었다. 그러나 그곳의 쌀은 이미 다른 사람이 다 사가고 없었다. 그럼에도 그는 그곳에 머물면서 농부들과 어울려 놀기도 하고, 어린애들에게 동전을 집어 주기도 하고, 또 잔칫집에 드나들기도 하며 며칠을 보내고 흐뭇한 얼굴로 돌아왔다. 카마스와미는 그가 시간과 돈을 낭비했다고 책망했다. 그러자 싯다르타는 이렇게 대꾸하는 것이었다. "그런 잔소리는 그만하시오. 잔소리를 하면 일이 잘되지 않으니까요. 손해를 보았다면 내가 변상하지요. 나는 이번 여행에서 얻은 게 적지 않습니다. 사람들과 어울려 배운 점이 한두 가지가 아니에요. 어떤 사람은 내 친구가 되고, 어린애들은 내 무릎 위에 올라앉아 놀고, 농부들은 논밭을 구경시켜 주었어요. 아무튼 나를 상인으로 대하는 사람은 한 명도 없었죠."

"대단히 좋은 일이오." 카마스와미는 화가 나서 이렇게 소리쳤다. "하지만 당신은 장사를 하고 있지 않소. 놀러간 게 아니란 말이오."

"그렇지요." 싯다르타는 웃으면서 대답했다. "사실 그렇소. 그렇지 않다면 뭣하러 여행을 하겠습니까? 그런데 나는 이번 여행에서 사람들도 많이 알게 되었고 토지에 대해서도 배운 점이 많아요. 친절과 신뢰가 무엇인지 분명히 알게 되었을 뿐만 아니라 알뜰한 우정도 발견했어요. 만일 내가 카마스와미 였다면 장사가 될 것 같지 않다는 사실을 깨닫자마자 불쾌한 마음으로 돌아 왔을 테지요. 그렇다면 그건 정말 시간과 돈 낭비밖에 안 돼요. 그러나 나는 즐거운 나날을 보내면서 이것저것 많이 배웠지요. 결코 불쾌한 마음으로 찡 그리고 있거나 남을 괴롭히지는 않았어요. 그러니까 만일 내가 다시 그곳을 찾아가게 되면, 이를테면 다음 추수 때에 쌀을 사러 가든지 그 밖에 다른 장 사일로 갔을 때 내가 이미 가까이 사귀어 둔 사람들은 나를 반가이 맞아 주 지 않겠습니까? 그때에는 크게 성과를 올릴 수 있을 테지요. 따라서 당신은 내가 경솔하게 처신하지 않은 것을 칭찬하게 될 겁니다. 무엇보다 마음을 올 바로 가져야 해요. 남에게 잔소리를 하여 자신마저 불쾌하게 하지 마십시오. 앞으로 이 싯다르타가 당신에게 손해만 입히는 자라고 생각되면 서슴지 말 고 말해 주세요. 그럼 즉시 이곳을 떠나 나의 길을 가겠습니다. 그러나 그때 까진 서로 불만을 갖지 않도록 합시다."

카마스와미는 싯다르타에게 그가 자기의 밥을 얻어먹고 있다는 사실을 상 기시키려고 했으나 소용없었다. 싯다르타는 어디까지나 자기 자신의 밥을 먹고 있었으며, 아니 오히려 그들 두 사람은 다른 이들의 밥을, 모든 사람의 밥을 먹고 있었다. 그는 카마스와미가 아무리 걱정을 해도 아랑곳하지 않았 다. 하긴 카마스와미는 남달리 걱정이 많은 사람이었다. 거래가 깨질 것 같 다든지, 보낸 물건이 없어지거나 남에게 꾸준 돈을 못 받게 되었을 때는 비 탄에 잠기고 분노에 떨며 얼굴을 찌푸리고는 제대로 잠도 자지 못하는 것이 었다. 그러나 싯다르타는 절대로 그런 일이 없었다. 언젠가는 카마스와미가 싯다르타에게 자기한테서 여러 가지를 배워 아는 것이 많아졌다고 말하자, 그는 이렇게 대답했다. "그런 농담으로 나를 희롱하지 마십시오. 내가 당신 에게서 배운 것이라고는 고작 바구니에 가득 든 생선 값은 얼마고, 받아들일 소작료는 얼마라는 등의 사소한 일밖에 없습니다. 이를테면 그런 것이 당신 지식의 전부이죠. 나는 당신이 사색하는 것을 보지 못했습니다. 앞으로는 나 에게 그것을 배우십시오."

사실 그의 관심은 장사에 있지 않았다. 그저 카말라를 위해 돈을 버는 데는 장사가 알맞을 뿐이었고, 장사를 하면 필요한 것보다 더 많이 돈을 벌게 되기 때문이었다. 그러나 그의 흥미나 호기심은 장사보다 거래하는 사람들에게 있었다. 그들의 흥정, 일거리, 걱정, 쾌락, 어리석음 등등, 예전에는 달나라 이야기처럼 거리가 먼 일이었으나 지금은 친밀감이 느껴졌다. 그들과 함께 살며 이야기를 나누고 배우는 것은 아주 쉬웠다. 하지만 또한 자기는 그들과 다른 사문도(沙門道)를 체득하고 있다는 사실을 깊이 깨닫게 되었다. 그가 사랑하기도 하며 멸시하기도 하는 이 사람들은 어린애나 동물에 가까운 생활을 하고 있었다. 그들은 속된 일에 관심을 가졌다. 싯다르타에게는 전혀 가치가 없어 보이는 것임에도 그것에 괴로워하여 머리가 허옇게 세는 사람들—그들은 돈을 위해, 쾌락을 위해, 하찮은 명예를 위해 애쓰고 서로 탓하며 헐뜯고 있었다. 사문이라면 웃어넘길 수 있는 괴로움에 대해서도 그들은 울고불고 야단이었으며, 사문이라면 느끼지도 않을 궁핍에 배를 움켜쥐고 있었다.

그는 자기에게 볼일이 있어서 찾아오는 모든 사람을 반가이 맞이했다. 삼베를 팔러 오는 상인도, 한 시간씩이나 자신의 궁한 처지—가난 운운하지만 사문보다는 갑절이나 풍족한—를 늘어놓으며 구걸하러 온 사람도 환영했다. 그리고 외국의 돈 많은 상인을 대하거나 수염을 깎아 주는 하인을 대하거나 또는 바나나 등을 파는 행상을 대할 때도 언제나 태도에 변함이 없었다. 때때로 카마스와미가 돈벌이로 통사정을 하거나 사업 관계로 책망을 하게 되면 그는 호기심을 가지고 기꺼이 그의 이야기에 귀를 기울였다. 얼마쯤 의심은 갔으나 그를 이해하려고도 애써 보았다. 그러나 자기에게 필요한 말만 듣고 나서, 자기를 찾아온 사람이라도 있으면 곧 그를 상대하러 갔다. 주인이라고 해서 깍듯이 대하지는 않았다. 그를 찾아오는 사람은 많았다. 그와 거래하기 위해, 그를 속이거나 몰래 살펴보기 위해, 또는 그의 동정을 얻거나 충고를 듣기 위해 그를 찾아왔다. 그는 이들을 일일이 맞아 주었다. 그리고 충고할 사람에게는 충고하고, 동정할 사람에게는 동정하고, 그를 속이려는 사람에게는 좀 속아 주기도 했다. 그리하여 이들과 대할 때에는 그 탐욕스러운 행동과 의욕 탓, 그가 일찍이 신(神)들과 범(梵)을 섬길 때처럼 피로를 느꼈다.

그는 때때로 거의 들리지 않을 만큼 나직한 목소리로 탄식하곤 했다. 그리고 자신은 이상한 생활을 하고 있으며, 장난에 지나지 않는 일을 하고, 이따금 유쾌하고 즐겁기는 하지만 진실한 생활을 외면하고 있다는 사실을 깨닫곤 했다. 그는 공을 갖고 노는 사람처럼 장사를 갖고 놀았으며, 또 주위의 사람들을 갖고 놀았던 것이다. 그들에게 흥미를 느껴 곧잘 농담을 하긴 했지만 그들을 본심으로 대할 수는 없었다. 샘의 원천은 그의 눈에 보이지 않는 먼 곳으로 흘러가 버렸다. 그리하여 그의 생활과는 아무 관계도 없게 되었다. 그는 가끔 이런 생각에 깜짝 놀라기도 했으나, 한편 이처럼 어린애 같은 생활을 정열을 갖고—방관자의 태도로서가 아니라—진심으로 즐겁게 해 나갈 수 있기를 바라기도 했다. 그리고 그는 아름다운 카말라를 찾아가서 애무의 기법을 즐겨 배우며 무엇보다도 주는 것과 받는 것이 서로 들어맞는 애욕에 잠기곤 했다. 그는 카말라와 함께 사랑을 속삭이고, 그녀에게서 배우기도 하며 서로 충고를 주고받기도 했다. 카말라는 고빈다보다 더 싯다르타를 이해하고 더 뜻이 맞았다.

어느 날 그는 카말라에게 말했다. "당신은 나와 거의 다름없소. 당신은 다른 사람들과는 다르오. 당신은 어디까지나 카말라이고 당신의 마음속에는 안식과 피난처가 마련되어 있소. 그러니까 내가 그렇듯이 당신도 그 속에 들어가서 혼자 즐길 수 있을 거요. 하긴 누구나 그렇게 할 수 있을 테지만, 실제로 그렇게 하는 사람은 몇 안 되지."

"그야 누구나 지혜롭다고 할 수 없으니까 그럴 수밖에요." 카말라가 대답했다.

"아니오, 그건 지혜롭다거나 어리석다거나 하는 것과는 다른 문제라오. 이를테면 카마스와미만 하더라도 나만큼 지혜롭다고 할 수 있지만, 자기 자신 속에서 쉴 수는 없는 사람이오. 반면에 이성(理性)은 어린애에 지나지 않는데도 그렇게 하는 사람을 이따금 볼 수 있소. 그렇지만 세상 사람들은 대부분 바람 따라 공중에서 빙글빙글 돌다가 땅에 떨어져 굴러다니는 낙엽과 같은 존재요. 자기 자신의 법칙과 궤도를 가진 별 같은 사람은 드물다오. 내가 아는 많은 학자와 사문들 가운데서 이런 사람은 단 한 사람밖에 없소. 그는 내가 평생 잊을 수 없는 완벽한 인격의 소유자지. 바로 고타마요. 세존(世尊)이신, 도를 설(說)하는 분 말이오. 수천 명의 젊은이들이 날마다 그의 설교를 듣고 그의 가르침과 계율을 소중히 여기고 있소. 그렇지만 그들 모두가 자기 자신의 법칙과 교의(敎義)는 갖지 못하고 있소."

카말라는 웃는 얼굴로 그를 물끄러미 바라보았다. "당신은 또 그분 이야기를 하는군요. 아직도 사문을 못 잊으세요?"

싯다르타는 잠자코 있었다. 이윽고 그들은 서로 애무하기 시작했다. 카말라가 알고 있는 삼사십 가지의 하나에 속하는 애무였다. 카말라의 몸뚱이는 호랑이의 허리나 사냥꾼의 활과 같이 나긋나긋했다. 카말라에게서 애무를 받는 사람은 커다란 쾌락과 비법(秘法)에 정통하게 마련이었다. 카말라는 시간을 오래 끌면서 싯다르타를 상대했다. 그녀는 싯다르타를 끌어당겼다 밀어젖혔다 하면서, 혹은 그에게 애욕을 강요하기도 하고 스스로 나서서 허리를 꼭 끌어안기도 하면서 그 슬기로운 기법을 유감없이 발휘하는 것이었다. 이윽고 그녀에게 정복된 싯다르타는 지친 몸을 그녀 옆에 내던졌다. 그리고 푹 쉬었다.

그녀는 싯다르타의 몸 위로 허리를 굽히고 오랫동안 그의 얼굴을, 피로한 눈을 들여다보았다.

"당신은 내가 만났던 어느 누구보다도 가장 훌륭한 애인이에요." 그녀는 깊은 생각에 잠긴 얼굴로 말을 이었다. "당신은 누구보다도 강하고 부드럽고 유순한 사람이에요. 당신은 나의 기교를 아주 쉽게 배우는군요. 싯다르타, 내가 좀더 나이가 들면 당신의 아들을 낳게 될 거예요. 하긴 그래도 당신은 사문으로서 나를 사랑하지 않겠지만요. 물론 당신은 나뿐만 아니라 아무도 사랑하지 않으실 테죠. 그렇죠?"

"그럴지도 모르오." 싯다르타는 지친 듯이 낮은 목소리로 대답했다. "그건 나나 당신이나 같소. 당신 또한 아무도 사랑하지 않을 거요. 사랑한다면야 어찌 사랑을 기교로써 행할 수가 있겠소? 아마 우리와 같은 인간들은 영원히 사랑을 못하고 말 거요. 그런 것은 어린아이 같은 사람들이나 가능한 거요. 그것이 바로 그들만이 지닌 비밀이오."

윤회

싯다르타는 오랫동안 세속적인 생활 속에서 살아갔다. 하지만 그 속에 빠진 것은 아니었다. 거룩한 사문으로서 수도하는 동안에 마비되어 버린 그의 관능이 되살아나 영화와 부귀를 누리고 세도도 부렸지만, 마음 한구석에는 사문이 살아 있었다. 영리한 카말라는 이를 잘 알고 있었다. 싯다르타의 생활을 한결같이 지배하고 있는 것은 역시 사색과 인내와 단식이었다. 세속의 사람, 어린애 같은 사람들은 그에게서 언제나 멀리 떨어져 있었다.

세월은 흘러갔다. 하지만 싯다르타는 안일한 기분에 젖어 있어 세월이 자신을 좀먹는 것을 미처 깨닫지 못했다. 싯다르타는 드디어 부자가 되었다. 어느덧 그는 자기 집을 갖고 하인을 부리게 되었다. 교외의 강기슭에 별장도 마련했다. 사람들은 그를 무척 따르며 돈이나 조언이 필요할 때마다 찾아오곤 했다. 하지만 카말라 말고는 아무도 그와 친밀하게 사귀지 못했다.

그가 일찍이 청년 시절에, 고타마의 설교를 듣고 고빈다와 헤어지던 날에 느낀 숭고하고 명쾌한 깨달음과 엄숙한 기대, 스승의 가르침은 물론 스승까지도 버리고 홀로 자기 길을 가려던 굳은 결의와, 신의 목소리를 들으려던 겸허한 마음은 차츰차츰 멀어져 이젠 옛이야기가 되어 버렸다. 일찍이 자기 주위에서 흘러나오고, 자기 안에서도 솟아오르던 신성한 샘물도 지금은 멀리서 아득히 소리를 내고 있을 뿐이었다. 하지만 사문과 고타마와 아버지로부터 배운 것들은 오랜 세월이 흘러간 지금에도 그대로 머릿속에 남아 있었다. 절제 있는 생활, 명상의 희열, 사색의 보람, 육체도 의식도 아닌 자아, 영원한 자아에 대한 깨달음 등은 그대로 남아 있었다. 그러나 하나로 뭉쳐 먼지에 묻혀 있었다. 옹기장이의 도르래가 오래도록 세게 돌아가다가 나중에는 약해져 제풀에 멎어 버리는 것처럼, 싯다르타의 마음속에 간직한 금욕과 사색과 분별의 바퀴도 지금까지 오래도록 돌아가고 있으나 점점 느려지기 시작하여 거의 멈추게 된 것이다. 마치 시들어 가는 나무 밑동에 습기가 차서 점점 썩어 가는 것처럼, 속되고 게으른 타성(惰性)이 그의 마음속에 가득 침입하여 그를 억누르고 고달프게 하다가 나중에는 아주 잠들어 버리게 한 것이다. 그 대신 그의 관능은 생생하게 되살아나 많은 애무의 기교를 배우고, 많은 경험을 쌓았다.

싯다르타는 장사를 하고, 사람을 거느리며, 여자와 즐기는 법을 배웠다. 좋은 옷을 입고, 하인을 부리며, 향기로운 물에 목욕하는 법도 배웠다. 그리고 정성껏 요리한 맛 좋은 음식을 먹는 법과 생선, 쇠고기, 새고기, 보약과 과자 먹는 법도 배우고 술에 취하여 모든 것을 잊어버리는 법도 배웠다. 그 밖에도 도박하고, 장기를 두고, 무희의 춤을 즐기고, 가마를 타고, 부드러운 잠자리에 드는 법도 배웠다. 하지만 그는 언제나 자기가 다른 사람들과는 달리 훨씬 우월하다고 자부했으며, 사문들이 일반 사람들을 대하듯 그들을 비웃고 경멸했다. 싯다르타는 카마스와미가 짜증을 부리거나 속상해할 때, 또는 모욕을 느껴 분개하거나 장사일로 시달릴 때면 으레 그를 비웃었다. 그런데 어느새 수확기가 지나고 장마가 걷히자 이런 그의 비웃음은 점점 희미해지고 그의 우월감은 차차 시들어 갔다. 게다가 재산이 늘어감에 따라 그도 어린애 같은 사람이 되어 그들처럼 공연한 근심 걱정에 사로잡혔다. 속된 사람들을 은근히 부러워하기까지 했다. 이는 그가 소인을 닮아 갈수록 점점 더 심해져, 자기는 갖지 못하고 그들에게만 있는 단 한 가지 때문에 그들을 부러워했다. 그들이 자기 생활을 가장 소중한 것으로 생각하는 점에서, 또 그들이 괴롭도록 걱정이나 기쁨에 집착하는 점에서, 그들이 끊임없이 애욕에 잠겨 불안한, 그러면서도 달콤한 행복을 맛보는 점에서 그는 그들을 부러워했다. 그들은 자기 자신과 여자와 아들과 명예, 돈, 계획과 희망 등에 흠뻑 빠져 있었다. 그러나 그는 그들로부터 이 어린애 같은 기쁨과 어리석은 짓만은 배우지 않았다. 그는 그들에게서 일찍이 그 자신이 경멸하던 불쾌감을 배웠다. 그리하여 환락으로 밤을 지낸 그 이튿날 아침에는 기운이 빠져 가끔씩 늦게까지 자리에 누워 있곤 했다. 또한 카마스와미가 사업을 걱정하는 것이 비위에 거슬린 나머지 화가 치밀어 못 견딜 때도 더러 있었다. 그런가 하면 노름으로 돈을 잃고서 분하여 고래고래 고함을 지르기도 했다. 그는 아직 다른 사람보다는 영특하게 보였지만 그의 얼굴에서 차차 웃음이 사라지고 부유한 사람에게서나 찾아볼 수 있는 특징이 하나 둘씩 늘어갔다. 즉 불만스럽고 기분 나쁜 표정, 화를 잘 내고 게으르며 인정머리 없는 표정 등이 그것이었다.

이렇게 부유함이 그의 영혼을 병들게 하고 점점 그를 좀먹기 시작했다. 하나의 장막같이, 또는 엷은 안개처럼 피로가 날이 갈수록 쌓이고, 달이 갈수록 더 심해지며, 해가 바뀔수록 거추장스러워졌다. 마치 새옷이 날이 갈수록 해지고, 빛이 바래고, 더러워지고, 주름이 잡히고, 소맷부리가 닳아 여기저기 실밥이 드러나는 것처럼. 이렇게 고빈다와 헤어진 뒤로 싯다르타의 생활은 세월이 흐름에 따라 점점 낡아 버리고, 색과 빛이 바래고, 더러워지고, 주름이 잡혀갔다. 환멸과 혐오에 사로잡히게 되었다. 싯다르타는 그런 것을 전혀 모르고 있었지만 일찍이 그를 눈뜨게 한 황금 시절에 그를 이끌어 주던 명랑하고 분명한 마음의 소리가 지금은 침묵을 지키고 있다는 사실만은 알게 되었다. 세속적인 것이 그를 사로잡았던 것이다.

쾌락과 욕망과 게으름과, 나아가서는 그가 일찍이 어리석은 짓이라고 가장 경멸하고 비웃던 악덕, 곧 돈에 대한 탐욕 등이 그를 사로잡고 있었다. 그는 재물을 손에 넣어 부유해지려는 마음에 사로잡혀 유희나 장난의 기분은 씻은 듯이 가시고, 그런 것이 그를 결박하는 사슬이 되고 큰 짐이 되었다. 그는 도박을 하는 동안에 이상하게도 가장 경멸한 집착의 구렁텅이로 떨어지고 만 것이다. 말하자면 사문이 되기를 포기한 뒤로, 전에 어린애 장난이라고 비웃으며 경멸하던 돈과 귀중품을 거는 도박에 열중하게 된 것이다. 그는 노름에 매혹되어 무서운 노름꾼이 되었다. 그가 노름에 거는 물건은 너무나 값지고 어마어마한 것들이어서 감히 맞서는 사람이 드물 정도였다. 노름에서 그 저주스런 돈을 잃으면 화가 치밀면서도 한편 통쾌하기까지 했다. 그로서는 장사꾼들의 우상인 돈을 노름으로밖에 달리 노골적으로 비웃을 방법이 없었던 것이다. 그는 자기 자신을 혐오하고 멸시하면서도 대담하게 계속 도박에 몰두했다. 수천 금을 한꺼번에 따고 잃고, 돈과 귀중품과 심지어 별장까지 걸어 놓고는 땄다가는 잃고, 잃었다가는 따곤 했다. 그는 그 불안 —두둑이 걸고 노름을 할 때의 그 가슴 벅찬 불안—을 사랑하여, 언제나 그 불안을 새롭게 하고 풍부하게 하며 북돋아 주기를 게을리하지 않았다. 이런 불안에서만 행복과 도취와 혐오스러운 이 속된 생활에서 어떤 긴장을 느낄 수 있었기 때문이다. 그리고 노름에서 큰돈을 잃으면 이를 채우기 위해 열심히 장사를 하고 채무자를 심하게 독촉했다. 다시 노름을 하고 낭비를 하여 돈을 경멸하고 싶었기 때문이다. 이제 싯다르타는 손해를 보는 일에 태연하지 못했다. 빚을 얼른 갚지 않는 자는 가만두지 않을 뿐만 아니라 더욱 인색하게 굴었다.

애원하는 사람에게 돈을 꾸어 주거나 혹은 그냥 주는 기쁨을 잃고 말았다. 예전에는 천만금을 한순간에 잃고서도 껄껄 웃어넘기던 그가 지금에 와서는 장사에 노랑이가 되고, 돈에 구두쇠가 되었다. 심지어 꿈속에서도 돈 꿈을 꾸었다. 그는 가끔 무서운 악몽에 소스라치며 깨어나 벽에 걸린 거울에 비친 나이 들고 밉상스런 자기 얼굴을 보곤 부끄러워했다. 그리고 정나미가 떨어졌다. 그럴 때마다 그는 도망갈 구멍을 찾았다. 즉 새로운 행복을 구하여 주색에 빠지는 것이었다. 그러다가는 다시 돈을 벌려는 본능의 세계로 되돌아오곤 했다. 이 무의미한 순환 속에서 그는 지치고 늙고 병들어 갔다.

어느 날 그는 꿈속에서 어떤 예감을 느꼈다. 그날 오후에 그는 아름다운 정원에서 카말라와 함께 지냈다. 그들은 나무 밑에 앉아 서로 다정하게 이야기를 주고받고 있었는데, 카말라가 문득 슬픔에 잠겨 끔찍한 말을 했다. 고타마에 대해 말해 달라고 조른 것이다. 그의 눈은 얼마나 밝고, 입술은 얼마나 단아하고 아름답냐는 둥, 웃음은 얼마나 인자하고 걸음걸이는 얼마나 평화로우냐는 둥 여러 가지를 캐물었다. 그는 그녀에게 자기가 존경하는 부처에 대해서 이야기를 해줄 수밖에 없었다. 그러자 그녀는 깊게 한숨을 내쉬며 말했다. "머지않아 나도 그분을 따라가야 할까 봐요. 어쩌면 나는 내 정원을 그분에게 드리고 그의 가르침에 귀의하게 될 거예요." 이렇게 말하고 나서 그녀는 다시 싯다르타를 유혹하여 육체의 놀음을 하기 시작했다. 그녀는 괴로운 듯이 열정을 쏟아 가며 마치 덧없고 순간적인 욕정에서 마지막 한 방울의 단물이라도 짜내려는 듯, 눈물을 머금고 그의 살을 물어뜯으며 힘껏 껴안았다. 죽음과 욕정이 얼마나 가까운가를 이때처럼 절실히 느낀 적은 없었다. 싯다르타는 카말라 옆에 드러누웠다. 그리고 그녀의 얼굴 옆으로 바짝 다가가 가까이 바라보면서 눈언저리와 입가에서 전에 없이 무서운 글자를 읽었다. 가는 금과 옅은 주름으로 된 글자, 가을과 늙음을 생각게 하는 글자였다. 싯다르타 자신도 이미 마흔이 되어 머리가 군데군데 희끗희끗했다. 아름다운 카말라의 얼굴에는 괴로운 빛이 서려 있었다. 아무런 목적도 없이 오랜 여정을 걸어온 데서 느끼는 피로와 기울기 시작한 건강, 그리고 전에는 눈에 띄지 않던 우울한 빛을 읽을 수 있었다. 그것은 늙음에 대한 두려움, 인생의 가을을 맞이한 두려움, 죽음에 대한 두려움이었다. 싯다르타는 불쾌하고 뭉클한 마음으로 탄식하며 카말라 곁을 떠났다.

그리고 그날 밤, 싯다르타는 자기 집에 무희들을 불러 술을 마시며 동료들 앞에서 허세를 부렸다. 그는 자정이 지나서야 술에 잔뜩 취해 침대에 누웠다. 지칠 대로 지치고 울분에 싸인 나머지 절망에 사로잡혀 울고 싶은 심정이었다. 자려고 했으나 좀처럼 잠이 오지 않았다. 마음은 괴로움으로, 구역질 나는 술 냄새로, 아름다우면서도 서글픈 음악으로, 무희들의 요염한 웃음으로, 그녀들의 젖가슴과 머리에서 풍겨오는 향기로 오직 혐오를 느낄 따름이었다. 다른 무엇보다도 자기 자신의 머리 냄새와 입안의 술 냄새, 그리고 핏기 없는 피부에 대한 권태감과 불쾌감이 더욱 싫었다. 잠 못 이루던 싯다르타는 마치 과식과 과음을 한 자가 속이 거북하여 토해 버리려고 애쓰는 것처럼, 향락과 악습과 무의미한 생활이 빚어 준 구토감 속에서 벗어나고 싶었다. 아침에 일찍 자리에서 일어난 사람들이 집 앞에서 서성거릴 무렵에야 그는 겨우 눈을 붙였다. 그가 꿈을 꾼 것은 그때였다.

카말라는 새장에 조그마하고 울기 잘하는 진기한 새 한 마리를 기르고 있었는데, 싯다르타는 이 새의 꿈을 꾸었다. 꿈의 내용은 이러했다. 전에는 아침마다 울던 새가 웬일인지 울음을 뚝 멈췄다. 이상한 생각이 들어 새장을 살펴보니, 새는 죽어서 몸을 축 늘어뜨리고 있었다. 그는 새를 꺼내 한동안 손바닥에 놓고 흔들어 보다가 문밖 길가에 내던졌다. 순간 그는 소스라치게 놀랐고, 가슴이 아팠다. 마치 그 새와 함께 자기의 모든 가치와 보물을 내동댕이친 것 같았기 때문이었다.

꿈에서 깬 그는 깊은 비애에 휩싸였다. 그동안 아무런 가치도 없는 무의미한 생활을 해 왔다는 생각이 그를 강렬하게 사로잡았던 것이다. 자기 생활 속에는 가치 있고 소중한, 길이 보존할 만한 것이라고는 아무것도 없었다. 그는 마치 표류해 온 선원이 해안에 홀로 서 있는 것처럼 빈손이었다.

그는 암담한 마음으로 자기 정원으로 들어가 문을 잠그고 망고나무 밑에 앉았다. 그는 마음속에서 죽음을 느끼고, 가슴속에서 두려움을 느꼈다. 그의 육신은 죽어 갔다. 쇠약할 대로 쇠약해져 임종이 가까운 듯이 보였다. 그는 오래도록 생각을 가다듬었다. 그리고 자기가 오늘까지 걸어온 생애를 뒤돌아보았다. 대체 어느 때 행복을 느껴 참된 기쁨을 맛보았던가? 오, 그렇다! 그는 꽤 많은 행복과 기쁨을 누려 왔다. 소년 시절에 바라문에게서 칭찬받았을 때, 동료들보다 성전을 훨씬 잘 외었을 때, 학자들과 어울려 논쟁을 할 때, 의식(儀式)의 조수로 뽑혔을 때 기쁨을 느꼈었다. 그때 그는 마음속으로 이렇게 느꼈다. '너의 앞에 길이 놓여 너를 부르고 있다. 신들이 너를 기다리고 있다.' 그 뒤 청년으로 자라나 높이 비약하는 사색의 목표가 늘 동료들보다 훨씬 뛰어날 때, 바라문의 의의에 대하여 고민할 때, 그리고 배움의 갈망을 일으켰을 때, 그 고민이나 갈망 속에서도 그는 소년 시절과 이와 같은 기쁨을 느꼈던 것이다. '너는 복 받은 사람, 앞으로 앞으로 나아갈지어다!' 그가 고향을 떠나 사문의 생활을 택했을 때나, 그 사문의 생활을 청산하고 부처에게로 갔을 때나, 그리고 다시 부처의 길을 떠나 정처 없이 방랑의 길을 걸어갈 때에도 그런 행복을 느꼈었다. 하지만 그 뒤 대체 얼마나 이 행복을 느껴 왔던가! 또 얼마나 오랫동안 아무 발전도 없는 평탄하고 초라한 길을 걸어 왔던가? 높은 목표도 갈망도 비약도 없이 쾌락에 이끌리면서도 결코 만족을 느끼지 못하고 몇 년 동안 헛수고만 해오지 않았던가? 여러 해 동안 아무런 깨달음도 없이 어린아이와 같은 무수한 사람들 중 하나가 되어 버둥거려 왔다. 그런데 내 생활은 그들보다도 훨씬 가련하지 않았던가? 카마스와미와 같은 인간들의 세계는 그에게 유희나 춤, 연극에 지나지 않았으며 그들의 뜻이나 두려움도 싯다르타에게는 우습게만 보였었다. 다만 카말라만은 그에게도 사랑스럽고 가치 있는 존재였다. 그런데 지금도 그럴까? 그는 여전히 카말라를 필요로 하고, 카말라도 그를 필요로 하고 있을까? 그들은 끝없이 사랑의 유희를 되풀이해 왔다. 그러나 단순히 유희를 위해 산다는 것은 우스운 이야기가 아닌가? 그렇다. 그것은 우스운 일이다. 이 유희야말로 진짜 윤회인 것이다. 어린애들의 장난인 것이다. 한 번, 두 번…… 열 번까지는 재미있게 그 장난을 할 수 있으나, 무작정 되풀이하면 역시 진력이 난다.

싯다르타는 이 장난은 이미 끝장났다고 생각했다. 더는 계속할 엄두가 나지 않았다. 생각만 해도 온몸에 소름이 끼쳤다. 순간 그는 그러한 생활이 마음속에서 묻히는 것을 느꼈다.

그날 싯다르타는 온종일 아버지와 고빈다를 생각하며 망고나무 밑에 앉아 있었다. 그는 또 하나의 카마스와미가 되기 위해 그동안 소중한 사람들을 잊어버렸던 것이다. 그는 밤이 이슥하도록 나무 밑에 앉아서, 별을 쳐다보며 생각에 잠겼다. '지금 나는 정원의 망고나무 밑에 앉아 있다. 나의 정원에.' 그는 빙긋 웃어 보았다. 도대체 한 정원을 소유한다는 것은 정당한 일일까? 어리석은 장난이 아닐까?

그러나 이것도 이제 끝장나고 말았다. 그런 것은 그의 속에서 죽어 버렸다. 그는 벌떡 일어나 망고나무 그리고 그의 정원과 이별했다. 그는 종일 아무것도 먹지 않았다. 배가 고팠다. 집과 침실과 침대와 음식이 가득 쌓인 식탁이 생각났다. 그는 피로한 얼굴로 쓴웃음을 짓고는 모든 것을 털어 버리려는 듯 온몸을 마구 흔들었다. 그리고 자기의 모든 소유물에 이별을 고했다.

이날 밤 싯다르타는 정원을 나와 그 거리를 떠난 뒤로 다시 돌아오지 않았다. 카마스와미는 그가 도둑들에게 잡혀간 줄만 알고 오랫동안 수소문하여 찾아다녔다. 그러나 카말라는 그를 찾지 않았다. 그녀는 싯다르타가 실종되었다는 소식을 듣고도 전혀 놀라지 않았다. 그런 일이 일어날 것을 미리 알아채고 있었던 것이다. 싯다르타는 사문이요, 집 없는 순례자가 아니었던가. 그녀는 마지막으로 그와 만났을 때, 그가 자기 곁을 떠나리라는 것을 분명히 느꼈었다. 이제는 그때 마지막으로 그를 마음껏 껴안은 것으로 그를 잃은 쓸쓸한 마음을 달래고 있었다. 한동안이나마 그와 한 몸이 되었던 것으로 만족했다.

카말라는 그가 없어졌다는 소식을 전해 듣고, 곧 그 진기한 새가 들어 있는 새장 문을 열고 새를 날려 보냈다. 그녀는 하늘로 날아가는 새의 모습을 오랫동안 물끄러미 쳐다보았다. 이날부터 카말라는 문을 닫아걸고 손님을 받지 않았다. 그녀는 얼마 뒤에 싯다르타와 마지막으로 만난 날 자기가 임신했다는 사실을 알게 되었다.

강가에서

싯다르타는 거리에서 멀리 떠나 어느 숲 속을 헤매고 있었다. 그리고 그는 다시 자기 집에 돌아갈 수 없다는 것과 오랫동안 그런 생활을 진저리나도록 맛보았기에 이제는 그것도 끝장났다는 것을 느낄 뿐이었다. 그가 꿈꾸던 새는 죽어 버렸다. 그는 윤회 속에 깊숙이 빠져들어 가서 마치 해면(海綿)이 수분을 잔뜩 빨아들이는 것처럼 불쾌와 죽음을 몸에 한껏 흡수했다. 권태와 천대와 슬픔과 죽음으로 가득 차, 세상에는 그의 마음을 이끌어 기쁨과 위안을 주는 것은 하나도 없었다.

자기 자신을 좀더 알려는 의욕은 사라지고, 그는 다만 쉬고 싶은 생각과 죽고 싶은 생각뿐이었다. 바라건대 벼락이라도 맞았으면! 호랑이라도 물어 갔으면! 온몸을 마취시켜 모든 일을 잊어버리게 하고 잠들게 하여 다시 깨어나지 못하는 비결이나 독약이라도 있었으면 얼마나 좋을까. 내가 아직도 물들지 않은 오물이 어디 남아 있을까? 내가 아직도 범하지 않은 죄와 내가 아직도 저지르지 않은 어리석은 일이 어디에 남아 있을까? 내가 느끼지 못한 영혼의 황무지가 남아 있을까? 도대체 내가 더 살 수나 있을까? 내가 다시금 계속 숨을 쉬고 굶주림을 느끼며, 먹고 자고, 애인 옆에 가서 드러누울 수 있을까? 나에 대한 윤회의 바퀴는 이제 돌대로 돌고 나서 멎어 버린 것은 아닐까?

싯다르타는 울창한 숲 근처 강가에 이르렀다. 그가 아직 젊었을 때, 고타마가 머물러 있던 거리를 떠나 뱃사공에게 건네 달라고 부탁한 그 강이었다. 그는 그 강가에 멈춰 섰다. 몸은 피로와 굶주림으로 몹시 지쳐 있었다. 더 갈 필요가 있을까? 어디로, 무슨 목적으로 더 간단 말인가? 이제 아무런 목적도 없다. 이 혼란한 꿈에서 깨어나 이 김빠진 고약한 술을 토해 버리고, 이 비참하고 부끄러운 생활을 청산하려는 애절한 소원뿐이었다.

강가에 야자나무 한 그루가 서 있었다. 싯다르타는 그 나무를 두 팔로 끌어안고 푸른 강을 내려다 봤다. 강물은 마냥 흐르고 있었다. 순간 그는 강물에 뛰어들어 자살하고픈 충동을 느꼈다. 무서운 공허가 물속에서 노려보자, 마음속에 있는 공허가 무서운지 이에 뭐라고 대답하는 것만 같았다. 그렇다. 결말을 낼 날이 다가온 것이다. 자신을 없애 버리고, 그릇된 생활에 젖은 몸뚱이를 부숴 버리자. 그리하여 이 몸뚱이를 소리 높이 비웃는 귀신들 앞에 내던지는 수밖에 없다. 이것이 그가 바라는 구토였다. 죽음, 그것은 그가 미워하는 몸뚱이의 파멸을 의미했다. 이 개 같은 싯다르타를, 이 미친놈을, 이 썩어빠진 육신을, 이 허약하고 타락한 영혼을 물고기들이 뜯어먹었으면! 물고기들과 악어들이 와서 뜯어먹고 마귀들이 와서 찢어발겼으면 얼마나 좋을까?

그는 얼굴을 찌푸리고 물속을 들여다보았다. 거기에 자신의 얼굴이 비쳤다. 그는 그 얼굴에 침을 뱉었다. 이내 깊고 깊은 피로가 온몸에 몰려와 그는 나무를 끌어안은 팔을 풀어 버리고, 물속에 곧장 빠지기 위해 몸을 조금 옆으로 돌렸다. 그리고 눈을 감고 죽음을 향해 줄달음쳤다.

그때였다. 멀리 그의 영혼 한구석에서, 피로한 생명의 한끝에서 '옴'이라는 외마디 소리가 들려왔다. 그것은 그냥 중얼거리는 소리였다. 모든 바라문들이 염불을 시작할 때와 끝냈을 때 하는 신성한 말로, '완전한 것' 또는 '완성된 것'을 뜻하는 소리였다. 그의 귀에 이 소리가 들려오자, 졸고 있던 그의 정신은 순식간에 눈을 떠 자기 행동의 어리석음을 깨달았다.

싯다르타는 깜짝 놀랐다. 자기가 그렇게까지 제정신을 잃고 방황하는 어리석은 사람이 되었던가? 목숨을 끊음으로써 안식을 취하려는 이 어린애 같은 소망이 일어날 만큼 어리석었던가? 오랜 세월 동안 모든 번뇌와 각성, 그리고 온갖 절망이 이루지 못했던 것을 '옴'이 그의 의식 속에 들어와 한순간에 이루었다. 즉 불행과 미망 속에서 자기를 인식한 것이었다.

"옴." 그는 혼자서 되뇌었다. 그리하여 그는 범(梵)을 깨달았다. 생명의 불멸을 느꼈다. 지금까지 잊어버렸던 모든 신성을 다시금 의식하게 되었다.

그러나 그것은 지극히 짧은 순간의 일이었다. 싯다르타는 야자나무 밑에 쓰러졌다. 입속으로 '옴'을 외며 나무 밑동을 베고 깊이 잠들었다.

그는 오래간만에 깊은 잠에 빠졌다. 꿈도 꾸지 않았다. 몇 시간 뒤에 눈을 떠 보니 마치 세월이 10년이나 흘러간 것 같았다. 강물이 흐르는 소리가 나지막하게 들려왔다. 그는 여기가 어디이며, 어찌하여 이곳에 와 있는지 도저히 알 수 없었다. 그는 눈을 들었다. 의아한 눈초리로 하늘과 나무를 두루 살펴보았다. 지금 자기가 어디 있으며, 어떻게 여기까지 왔는가 곰곰이 생각해 보았으나 좀처럼 알 수 없었다. 지난날의 모든 일이 마치 장막에 싸인 것처럼 희미하게 동떨어져서 자기와는 아무런 관계도 없는 듯이 느껴졌다. 다만 그는 자기가 지금까지의 생애(처음에 회상하던 순간에는 과거의 모든 생활은 멀리 흘러가 버린 전생과 같이 여겨졌다)를 증오하고 비탄에 젖어 목숨까지도 모조리 물속에 던져 버리고, 강가의 야자나무 밑에서 '옴'이라는 거룩한 말을 중얼거리다가 잠들었다는 사실, 잠에서 깨어나 지금 세상을 보고 있다는 사실만 의식할 수 있을 뿐이었다. 그는 나지막한 목소리로 자기를 잠들게 한 '옴'이라는 말을 외어 보았다. 그리고 그가 깊이 잠든 것은 오로지 '옴'의 부름에 의해, '옴'을 생각하고 말로는 이루 표현할 수 없는 완성된 '옴'의 밑바닥에 깊이 빠져들어 감을 의미한다고 생각했다.

그는 실로 놀랄 만큼 깊이 잠들었다. 그렇게 머리가 산뜻해지고 몸과 마음을 젊어지게 하는 잠은 아직 한 번도 자 본 적이 없었다. 그는 정말 죽었다가 다시 새로운 형체로 살아났는지도 모른다. 아니다. 그는 자기 자신을 분명히 의식하고 있었다. 싯다르타는 가슴속에 살아 있는 자아를, 고집 세고 괴벽한 자신을 잘 알고 있었다. 그러나 그가 많이 변한 것만은 틀림없는 사실이었다. 깊이 자고 새로운 마음으로 기쁨과 호기심에 충만하여 깨어난 것이다.

싯다르타는 몸을 일으켰다. 어떤 사람이 그를 향해 앉아 있었다. 낯선 사람이었다. 깊은 생각에 잠긴 듯이 보이는 누런 옷을 걸친 머리 깎은 사람이었다. 싯다르타는 머리칼도 수염도 없는 이 사람을 유심히 바라보았다. 이윽고 그는 이 승려가 청년 시절의 친구로, 지금은 세존(世尊)인 부처에게 귀의한 고빈다임을 알아차렸다. 그도 꽤 늙어 보였으나 아직 그의 얼굴에는 옛 모습이 남아 있었다. 그 열의, 성실, 자비심, 심려가 그대로 서려 있는 듯이 보였다. 고빈다는 눈을 들어 자기를 바라보는 사람의 얼굴을 살펴보았다. 그러나 그는 싯다르타를 알아보지 못했다. 싯다르타도 그것을 눈치챘다. 그는 다만 싯다르타가 잠에서 깨어난 것을 기뻐할 뿐이었다. 그가 누구인지도 알지 못하면서 그곳에 오랫동안 머무르며 잠에서 깨어나기를 기다리고 있었던 모양이다.

"내가 그만 잠을 자고 말았구려." 싯다르타는 이렇게 말하고 나서 물었다. "당신은 어떻게 여기까지 왔소?"

"그렇소, 당신은 자고 있었소." 고빈다가 대답했다. "이런 곳에서 자는 것은 위험하오. 이곳에는 가끔 뱀과 사나운 짐승들이 나타나니까. 나는 세존 고타마 석가모니 제자의 한 사람이오. 우리 일행이 여기를 지나가다 당신이 자는 것을 보고 깨우려고 했으나 워낙 깊이 잠들어 있기에 내가 혼자 남아서 당신을 지키고 있었소. 그런데 나도 깜박 잠이 들었던 모양이구려. 너무 고단해서 그만 내 의무를 다하지 못했소. 미안하오. 이제 당신도 깨어났으니 어서 일행을 뒤따라가 봐야겠소."

"사문! 잠든 나를 보살펴 주어서 고맙소." 싯다르타는 말했다.

"세존의 제자들은 다들 친절하군요. 자, 그럼 가보시지요."

"그럼 가겠소. 몸조심하시오."

"고맙소, 사문."

고빈다는 고개를 숙여 경의를 표하면서 이렇게 말했다. "안녕히 계시오."

"안녕히 가시오, 고빈다." 싯다르타가 말했다.

승려는 이 말에 멈칫했다.

"실례지만 내 이름을 어떻게 아시오?"

싯다르타는 웃으며 말했다.

"오! 고빈다. 나는 당신이 어려서 아버지 댁에 있을 때에도, 바라문 학교 시절에도, 신에게 제사를 드릴 때에도, 사문의 길을 걸을 때에도, 그리고 신성한 기원에서 부처에게 귀의할 때에도 당신을 알고 있었소."

"오, 자네는 싯다르타로군그래." 고빈다는 커다란 목소리로 외쳤다. "이제 겨우 자네를 알아보았네. 왜 그렇게 몰라 봤을까? 싯다르타, 자네를 다시 만나게 되어 기쁘기 한이 없네. 반갑네."

"나도 기쁘네. 나는 남의 보호를 원치 않네만, 내가 자는 것을 보살펴 준 데 대하여 자네에게 거듭 감사하네. 그런데 자네는 어디로 갈 작정인가?"

"목적지가 있어 찾아가는 것은 아닐세. 우리네 사문들은 장마철을 빼고는 늘 여기저기 돌아다니면서 계율을 지키고 도를 설(說)하며 시주를 받고서 다시 길을 가는 생활을 되풀이할 뿐이라네. 늘 그렇게 살아가게 마련이라네. 그런데 싯다르타, 자네는 지금부터 어디로 갈 작정인가?"

싯다르타가 말했다. "나도 자네와 같은 처지라네. 어디라고 정한 곳이 없네. 다만 발길이 닿는 대로 다닐 따름이지."

"뭐, 자네가 떠돌아다니고 있다고? 나는 그 말을 믿겠네. 그러나 싯다르타, 미안한 말이지만 자네는 떠도는 사람 같지 않네. 좋은 옷을 입고 귀족의 신을 신고 있네. 그리고 머리에선 향수 냄새가 나지. 그걸 사문의 머리라고 누가 생각하겠나?"

"자네 말이 옳아. 여보게! 자네 눈은 모든 것을 꿰뚫어 보네. 나는 감히 자네에게 내가 사문이라고는 말하지 않았네. 떠돌아다니는 사람이라고만 말했을 따름이네. 사실 또 떠돌아다니고 있고…… 그래, 나는 지금 여기저기 돌아다니고 있는 중일세."

"돌아다닌다고?" 고빈다가 말했다. "그런데 그런 좋은 옷에 좋은 신, 그런 머리로 떠도는 사람이 어디 있나? 그런 사람은 극히 드물 걸세. 나는 오랫동안 떠돌아다녔지만 아직 자네 같은 사람은 보지 못했네."

"고빈다, 자네 말이 옳아. 그러나 자네는 오늘 처음으로 이런 옷에 이런 신을 신은 떠돌이를 만난 걸세. 형체란 무상하다는 것을 알지 않나? 우리의 옷도, 머리 모양도, 그리고 우리의 육체 자체가 말할 수 없이 무상한 걸세. 나는 부자였으므로 이런 옷을 입었네. 또 속인이요 방탕한 자였으므로 이런 머리를 하고 있네. 나는 이런 사람들 가운데 하나였으니까 말일세."

"싯다르타, 자네는 뭘 하며 지내고 있나?"

"나도 모르겠네. 지금 길을 가는 중이라네. 나는 전에 부자였으나 지금은 그렇지 않네. 그리고 내일은 내가 무엇이 되는지 알 수 없네."

"그래? 자넨 재산을 다 잃었나 보군그래."

"그렇다네. 좀더 정확히 말하면 내가 재물을 잃은 것이 아니라 재물이 나를 잃은 걸세. 어쨌든 그것이 나한테서 떠난 것만은 사실이네. 형체를 가진 물건의 바퀴는 빨리 돌아가는 법이라네, 고빈다. 일찍이 바라문이던 싯다르타는 지금 어디 있는가? 그리고 부자였던 싯다르타는 어디 있는가? 모두 덧없이 재빨리 변하고 마네, 고빈다. 자네는 그 사실을 잘 알고 있을 걸세."

고빈다는 젊은 시절의 옛 친구를 의아스러운 눈으로 한참 물끄러미 바라보다가, 고귀한 사람에게 절하듯이 허리를 굽혀 인사를 하고 떠나 버렸다.

싯다르타는 얼굴에 웃음을 띠고 그의 뒷모습을 바라보았다. 그는 아직도 이 성실하고 불안에 사로잡힌 친구를 사랑했다. 이상스러울 만큼 깊이 잠들었다가 깨어난 이 순간에 '옴'으로 마음이 충만한 그가, 사람과 그 밖의 만물을 어찌 사랑하지 않을 수 있으랴! 잠에서 깨어나 '옴'을 통하여 그에게 나타난 이상한 일은, 그가 뭇사람을 사랑하게 되고 눈에 띄는 모든 사물을 사랑하게 된 것이다. 그리하여 지금 이 시점에서 돌이켜볼 때, 전에 자신의 가장 큰 병폐는 그 어느 것도 사랑하지 못한 점이라고 생각하는 것이었다.

싯다르타는 미소 지으며 멀리 사라지는 친구의 뒷모습을 바라보았다. 잠은 그를 건전하게 소생시켰다. 그러나 배가 몹시 고팠다. 거의 이틀을 굶었기 때문이다. 굶주림에 익숙했던 것은 옛날 일이었다. 슬픈 얼굴로, 그러나 다시 웃음을 머금고 그는 그때를 떠올렸다. 그는 카말라에게 세 가지 능력을 자랑한 적이 있었다. 아무도 할 수 없는 소중한 세 가지 기술—단식, 인내, 사색을 할 수 있다고 그녀에게 큰소리를 쳤던 것이다. 그때는 그것이 그의 전 재산이었다. 그것은 그의 힘이요, 능력이요, 튼튼한 방망이였다. 매사에 부지런하고 괴로움을 무릅쓰던 젊은 시절에 그가 애써 배운 것은 오직 이 세 가지 기술뿐이었다. 그러나 이제 와서는 그것들도 다 그의 손에서 떠나 버렸다. 단식과 인내와 사색 가운데 지금까지 남아 있는 것은 아무것도 없었다. 그는 그것들을 멸시하고, 덧없는 육체의 향락과 안일한 생활과 부귀를 위해 동냥이쳐 버렸다. 그는 실로 기이한 길을 걸어온 것이다. 그는 지금 완전히 어린아이 같은 사람이 되어 버렸다고 생각했다.

싯다르타는 현재 자기 처지에 대해서 생각해 보았다. 사실 이렇게 생각하는 것조차 지금은 힘에 벅찼다. 거기서는 아무런 기쁨도 느낄 수 없기 때문이었다. 그러나 그는 돌이켜 생각해 보았다.

지금 이 모든 것이 나에게서 덧없이 떠나 버리고 어린 시절에 그랬던 것처럼 나는 또다시 태양 아래 혼자 서 있다. 내 것이라고는 아무것도 없다. 나는 아무것도 모른다. 나는 아무것도 할 수 없다. 배운 것이라고는 아무것도 없다. 이미 청년기를 넘고 머리가 반백이 되어 기력이 쇠한 오늘에 와서 다시 어린애와 같은 생활을 시작해야 한다니, 이 얼마나 기이한 노릇이란 말이냐! 그는 소리내어 웃지 않을 수 없었다. 그렇다, 그의 운명은 신기하기 짝이 없다. 이제 그는 낭떠러지에서 굴러떨어질 운명에 놓여 있다. 그런데 그는 공허하고 헐벗고 어리석은 신세가 되었으나 괴로워하기는커녕 오히려 웃고 싶은 충동을 느끼고 있는 것이다. 자기 자신에 대하여, 기묘하고 어리석은 세상에 대하여 크게 웃고 싶었다.

"너도 이제 늙어 가는구나!" 그는 이렇게 혼잣말을 하면서 한바탕 크게 웃었다. 그리고 문득 눈을 돌려 강물을 바라보았다. 강물은 아래로 아래로 줄곧 흘러내리면서 무어라 노래하고 있었다. 강물을 보니 그도 즐거워서 정답게 웃어 보였다. 얼마 전 그가 빠져 죽으려던 강이 아니던가? 그것은 백년 전의 일이었던가, 아니면 꿈이었던가?

'실로 나의 생애는 기이하기 짝이 없었다. 미로와 같은 생애였다.' 그는 이렇게 생각했다. 소년 시절에는 신들을 섬겨 제사를 드리며 살아왔었다. 청년 시절에는 고행자가 되어 사색과 명상을 하면서 범(梵)을 찾아 영원한 아트만을 숭배하며 살았다. 그리고 장년기에는 참회자가 되어 산에서 살며 더위와 추위에 시달리고, 굶주림을 참아 가며 자기 자신을 억누르는 법을 배웠고, 그 뒤 우연히 위대한 부처의 가르침을 받고 크게 깨닫게 되었다. 세계가 하나로 되어 있다는 인식이 육신에서 피가 돌아가듯 내 머릿속에서 맴돌고 있었다. 그러나 나는 부처와 위대한 지식을 등지고 다시 떠날 수밖에 없었다. 나는 그곳을 떠나 카말라에게서 애욕을 배우고, 카마스와미에게서 장사를 배웠다. 그리하여 돈을 모으고 또 낭비하며 위(胃)를 채우고 감각에 순종하는 생활을 배웠다. 나는 어느새 나를 잃고 사색을 저버린 채 환락을 일삼으며 여러 해를 보내고 있었다. 그것은 인간으로부터 어린애로, 사색가로부터 어린애 같은 인간이 되는 것이었다. 그런데 그 길은 매우 즐거웠다. 하지만 내 가슴속에 숨어 있던 동경의 새는 아주 죽은 것이 아니었다. 아무튼 이것이 내가 걸어온 지난날의 길이었다. 나는 다시 어린애로 돌아가 새출발을 하기 위해 여러 가지 어리석은 일을 저지르고 죄를 짓고 과오를 범하고 혐오와 절망과 비탄을 겪을 수밖에 없었다. 그러나 새출발을 하는 것은 옳은 일이었다. 나는 그 점에 대하여 네, 하고 수긍하며 빙그레 웃었다. 나는 절망에 빠져서 가장 어리석은 자살까지 생각해 보았다. 그러나 하늘의 은혜를 체험하고 다시금 '옴'을 들으며 단잠에서 깨어났다. 내 안에서 아트만을 발견하기 위해 어리석은 자가 되어야 했었다. 부활하기 위해서는 죄인이 될 수밖에 없었다. 나의 길은 나를 다시 어디로 인도할 것인가? 그 길은 어리석은 길이다. 그 길은 원을 그리며 뱅뱅 돌고 있다. 그 길이 어디로 향하든지 나는 따라가리라.

그는 이상하게도 가슴속에 기쁨이 복받쳐 오르는 것을 느꼈다.

그는 스스로에게 물었다. 대체 이 기쁨은 어디서 오는 걸까? 나를 구제해 준 그 깊은 잠에서 오는 것일까? 혹은 내가 입 밖에 낸 '옴'이라는 말에서 오는 걸까? 그렇지 않으면, 내가 그곳을 벗어나 얻은 도피 생활에서 다시 자유로워져 어린아이처럼 하늘 아래 서게 된 데서 오는 것일까? 오, 이 도피, 이 자유는 얼마나 소중한가! 내가 도망쳐 온 그곳에는 향유 냄새, 향료 냄새, 술 냄새, 포식의 냄새, 그리고 권태의 냄새가 가득 차 있었다. 나는 그 넉넉한 재산의 세계, 식도락의 세계, 도박꾼의 세계를 얼마나 혐오했던가! 그 무서운 세계에 그토록 오래 머물러 있던 나 자신을 얼마나 미워했던가! 나는 얼마나 나를 증오하고, 멀리하며, 해치고, 괴롭히며, 늙게 하고 못쓰게 했던가! 다시는 이전처럼 내가 현명하다고 자부하지 않으리라. 내가 나를 증오하며 그 어리석고 허망한 생활을 청산한 것은 잘한 일이요, 반가운 일이요, 또한 치사한 일이었다. 싯다르타! 나는 너를 사랑한다. 너는 오랫동안 어리석은 생활을 하다가 깊이 깨닫게 되었다. 그리하여 너의 가슴속에서 우는 새〔鳥〕소리를 듣고 이를 따라가려 한다.

그는 이렇게 자기 자신을 예찬했다. 그는 이렇게 자기 자신에 대하여 희열을 느끼는 것이었다. 그는 텅 빈 위에서 나는 소리를 신기하게 엿들었다. 그는 이 며칠 동안에 한 조각의 괴로움과 불행을 깡그리 씹어 삼켰다가 다시 토해 버렸던 것이다. 그는 절망을 씹어 삼키고 죽음도 씹어 삼킨 듯했다. 아무튼 그것은 반가운 일이었다. 만일 그렇게 하지 않았다면, 그는 아직도 카마스와미의 곁에 남아서 돈을 모아 낭비하며 배에 살이 오르게 하는 한편 영혼을 메마르게 했을 것이다. 그는 아직도 평화롭고 즐거운 지옥 속에 살고 있을 것이다. 위로의 손길을 구할 길 없어 절망한 나머지 흐르는 강물 위에 몸을 던져 자살하려던 그 심각한 순간이 없었다면, 그는 지옥에서 헤어나지 못했을 것이다. 그가 이렇게 절망과 심한 증오를 느끼고 있으면서도 이에 굴하지 않고, 가슴속에 기쁨의 샘이 넘쳐흐르고, 동경의 새가 날개를 치고 있다는 데 대하여 기쁨을 감추지 못하고 빙그레 웃어 보임으로써, 반백이 된 그의 얼굴은 마냥 빛났던 것이다.

'알아야 하는 것을 몸소 체험함은 반가운 일이다.' 싯다르타는 다시 생각에 잠겼다. '쾌락을 누리고 부유하게 산다는 것이 결코 부러운 일이 못 되는 줄 어린 시절부터 알고 있었으나, 그것을 직접 체험한 것은 지금이 처음이다. 나는 그것을 머릿속으로 안 것이 아니다. 내 눈과 마음, 그리고 배〔胃〕속으로 알게 되었다. 그것을 알게 된 것은 반가운 일이다!'

그는 오랫동안 마음의 변화를 살피고 있다가 즐겁게 노래하는 새소리에 귀를 기울였다. 이 새는 내 가슴속에 아직 살아 있었던가? 오랫동안 죽지 않고 있었던가? 그렇다. 그의 가슴속에서 죽은 것은 다른 무엇, 즉 죽기를 원하던 그 무엇이었다. 그것은 예전에 그가 참회할 때에 죽으려던 것이었다. 그것은 소심하고 불안하고 거만한 자아, 따라서 오랫동안 싸운 끝에 정복하면 곧 다시 살아나고, 죽이면 되살아나 기쁨을 앗아가고 두려움을 안겨 주던 그의 자아였다. 죽어야 할 그가, 오늘 이 정든 강가의 아름다운 몸속에서 이미 죽었다고 단정하게 된 것은 이러한 나〔自我〕였다. 그가 지금 어린애처럼 신뢰와 기쁨에 가득 차 아무 두려움도 느끼지 않게 된 것은 이러한 '나'가 죽은 데서 오는 것이 아니겠는가.

이제 싯다르타는 예전에 자기가 바라문으로서 또는 고행자로서 왜 부질없이 '나'와 싸웠는지 알게 되었다. 게다가 너무나 많은 지식, 신성한 시, 번거로운 제사의 규칙, 지나친 금욕, 지나친 고행, 노력 등등이 오히려 이 '나'를 정복하는 데 방해가 되었다는 것도 깨닫게 되었다. 예전에 그는 오만으로 가득 차 있었다. 그리하여 언제나 가장 현명하고 경건하며 남보다 한 걸음 앞선 지자(智者)요 인격자요 승려요, 현자로 자부했다. 이 승려 근성(僧侶根性)과 오만 불손한 자아의식 속에 그 '나'가 잠복하여 자라나고 있었던 것이다. 그동안에 그는 단식과 참회로써 이 '나'를 죽이려고 애썼으나 헛일이었다. 또한 그는 자기 가슴속에서 우러난 그 거룩한 말이 옳고, 어떤 스승도 자기를 가르쳐서 구제할 수 없음을 알게 되었다. 그리하여 그는 속세에 들어가 쾌락과 권세와 계집과 돈으로 말미암아 자기를 잃게 되었던 것이다. 그는 장사꾼, 도박꾼, 주정꾼, 욕심꾸러기가 되어 자기 속에 숨어 있던 스승과 사문을 죽여 버렸던 것이다. 그러나 그는 그런 진절머리 나는 몇 해 동안의 권태롭고 공허하며 무의미하고 타락한 생활이 끝에 이르고 절망에 빠져, 방탕아요 탐욕자인 싯다르타가 죽기까지 참을 수밖에 없었다. 이리하여 그 '나'는 죽고, 새로운 싯다르타가 잠에서 깨어났던 것이다. 그는 더 늙어 갈 것이다. 또한 죽어야 할 것이다. 그는 무상함을 느꼈다. 모든 사물은 덧없는 것이었다. 하지만 오늘 그는 젊고 어린 싯다르타로서 새로 태어났다. 그리하여 기쁨으로 가득 차 있었다.

그는 이런 생각을 하고 미소 지으며 고마운 마음으로 배〔胃〕에서 붕붕거리는 한 마리 벌〔峰〕의 소리를 엿듣고 있었다. 이윽고 그는 명랑한 얼굴을 하고 강물을 들여다보았다. 일찍이 그토록 아름다운 강물을 본 일이 없었다. 흐르는 물소리와 그 모습이 어쩌면 그렇게 줄기차고 아름다울까! 그에게는 강물이 아직도 자기가 미처 깨닫지 못하고 기다리고 있는 그 무엇을 말해 주려는 듯이 보였다. 일찍이 그는 이 강에 몸을 던지려고 했던 것이다. 사실, 늙고 지친 나머지 절망에 빠진 싯다르타는 오늘 이 강에 빠져 죽었다. 그리하여 이 강물에 애착을 느끼는 새로운 싯다르타는, 앞으로는 쉽사리 이 강을 버리지 않기로 마음속으로 굳게 다짐했다.

뱃사공

이 강가에 머물러 있으리라, 싯다르타는 그렇게 마음먹었다. 그가 일찍이 어린애 같은 사람들에게로 가던 길에 건너간 강이었다. 그때 어느 친절한 뱃사공이 강을 건너게 해주었다. 그 사람을 찾아가자. 그 오막살이집에서부터 차차 낡아 빠진 죽은 생활이 시작되었으나, 그때만 해도 나로서는 새로운 생활로 들어간 셈이었다. 이제 나의 새로운 생활도 거기서부터 시작해야 할 것이다.

그는 강기슭에서 정답게 흘러가는 수정같이 투명하고 신비로운 물결을 물끄러미 들여다보았다. 물속 깊숙한 곳에서 빛나는 진주가 솟아오르고, 물방울이 조용히 떠오르는 거울 같은 수면 위에는 푸른 하늘이 고요히 비치고 있었다. 강은 수많은 눈으로 그를 바라보고 있었다. 푸른 눈, 흰 눈, 수정 같은 눈, 하늘빛 같은 눈으로 보고 있었다. 그는 이 강물을 얼마나 사랑했던가! 또한 이 강물은 얼마나 그를 기쁘게 했던가! 그리고 그는 얼마나 이 강에 감사했던가! 그는 마음속으로부터 우러나는 이런 소리를 들었다. '이 강물을 사랑해라! 이 강가에 남아서 그 가르침을 배우도록 해라!' 오, 그렇다. 그는 그 강물의 가르침을 배우기 위해서 귀를 기울였다. 이 흐르는 강물을 이해하는 사람은 다른 모든 것을 이해할 수 있으며, 모든 인생의 비밀도 이해할 수 있을 것 같았다.

그는 물과 물의 많은 비밀 가운데서, 오늘 오직 그의 영혼을 붙잡는 하나의 비밀을 엿보았다. 이 물과 물은 꾸준히 흐르고 있으나 언제고 그곳에 머물러 있음을 보았다. 그리고 늘 그곳에 있어 언제나 같은 물로 보이지만 순간마다 새로운 물임을 보았다. 하지만 그 누가 이 사실을 이해하랴! 싯다르타 자신도 그것을 분명히 이해하지 못했다. 다만 그는 먼 기억을 더듬어 머릿속에 하나의 예감이 떠오르는 것을 느낄 따름이었다.

싯다르타는 일어났다. 배가 고파서 못 견딜 지경이었으나 참기로 했다. 그는 강줄기를 따라 올라가면서 물소리에 귀를 기울였다. 배 속에서 다시 꼬르륵 소리가 났다.

나루터에 이르니 배가 기다리고 있었다. 배 위에는 옛날 젊은 사문 시절의 자기를 건네주었던 그 뱃사공이 서 있었다. 싯다르타는 그를 곧 알아봤다. 몹시 늙어 있었다.

"저, 강 건너로 나를 건네주시렵니까?" 싯다르타가 물었다.

뱃사공은 매우 고귀하게 보이는 사람이 맨발에 혼자인 것을 보고 놀라면서, 그를 배에 태우고 강기슭을 떠나 건너편으로 노를 저어 갔다.

"당신은 멋진 인생을 택했군요." 싯다르타는 그에게 말을 건네었다. 날마다 이 강에서 살며 물 위를 건너니 얼마나 즐거운 일이오."

사공은 빙그레 웃으며 노를 저었다. "당신 말처럼 즐거운 일임에 틀림없죠. 그러나 모든 생활이 다 그런 게 아니겠소? 노동이란 찬미할 만한 것이니까."

"그럴는지도 모르지요. 그래도 나는 당신의 생활이 몹시 부럽소."

"뭐라고요? 당신 같은 분은 곧 흥미를 잃어버리고 말 거요. 이런 일은 당신처럼 훌륭한 옷을 입은 분이 할 것이 못 되오."

싯다르타는 빙긋 웃어 보였다. "아까도 이 옷 때문에 의심을 받았소. 그래서 이 옷이 매우 성가시오. 차라리 당신에게 줄까 하오. 뱃삯도 없으니 말이오……."

"그런 농담은 마시오." 뱃사공은 웃으면서 말했다.

"농담이라니요? 실은 벌써 오래전 일이지만, 당신이 뱃삯을 받지 않고 나를 건네준 일이 있소. 오늘도 그렇게 해주시오. 그 대신 이 옷을 드리겠소."

"그러면 당신은 무엇을 입고 여행하시렵니까?"

"나는 여행을 계속하고 싶은 생각이 조금도 없소. 당신의 헌옷이라도 얻어 입고 조수나 제자로서 머물러 있을 수 있다면, 그 이상은 더 바랄 게 없겠소. 나는 당신의 제자가 되었으면 하오. 먼저 노 젓는 법을 배워야겠지요."

사공은 이 낯선 사람의 정체를 알아보려는 듯이 싯다르타를 한참 눈여겨쳐다보았다.

"아하, 이제 생각이 나오. 언젠가 당신은 우리집에서 묵어간 일이 있지요? 벌써 오래전 일이오. 아마 20년도 더 되었을 거요. 우리는 이 강을 건너 친구와 작별을 했었소. 그때 당신은 사문이 아니었소? 이름은 얼른 생각이 나지 않소마는……."

"나는 싯다르타라는 사람이오. 당신과 처음 만났던 때에는 사문이었소."

"반갑소, 싯다르타! 내 이름은 바스데바라오. 오늘도 우리집에서 묵으면서 그간 이야기를 들읍시다. 어디서 오는 길이며, 왜 좋은 옷이 거추장스러운지 두루 궁금하구려."

그들은 강 한가운데 이르렀다. 바스데바는 묵묵히 물줄기를 거슬러 오르느라 뱃머리를 바라보면서 억센 팔뚝으로 힘껏 노를 저었다. 싯다르타는 그를 쳐다보면서 일찍이 이 사람에게 호감을 느꼈던 사문 시절의 마지막 날을 떠올렸다. 그는 기꺼이 바스데바의 초대에 응했다. 건너편 강기슭에 이르렀을 때, 싯다르타는 배를 말뚝에 비끄러매는 것을 거들어 주고 나서 사공을 따라 그의 집으로 갔다. 사공이 빵과 차를 내왔다. 싯다르타는 맛있게 먹었다. 사공은 망고나무 열매를 권했다. 그것은 별미였다.

해가 서산마루에 질 무렵, 두 사람은 강가의 나무 밑에 앉았다. 싯다르타는 사공에게 자신이 걸어온 지난날의 생애를 이야기했다. 오늘 그의 눈앞에서 그것을 보아 왔던 것처럼 절망에 빠졌던 그때를 자세히 이야기했다. 밤이 이슥하도록 그의 이야기는 그칠 줄 몰랐다.

바스데바는 그의 이야기에 열심히 귀를 기울였다. 그는 유심히 그의 내력 —소년 시절의 추억담과 그의 수도 생활, 그 밖에 그가 겪은 모든 기쁜 일, 슬픈 일에 대하여 빠짐없이 들었다. 남의 이야기를 즐기는 것이 이 사공의 가장 큰 장점 중 하나였다. 그는 드물게 남의 말을 들을 줄 아는 사람이었다. 그는 한 마디도 하지 않았다. 하지만 싯다르타는 그가 조용히 가슴을 터놓고 자기 이야기에 귀를 기울이며 한 마디도 빼놓지 않으려는 태도로, 초조한 빛도 없이 칭찬도 비난도 하지 않고 열심히 듣고 있다는 것을 알 수 있었다. 싯다르타는 이런 사람에게, 자기의 체험담과 수도 생활과 고뇌에 가득 찬 생애를 모조리 들려주게 된 것을 기뻐했다.

이야기가 거의 끝날 무렵, 그 강가의 나무 이야기며 커다란 절망, 신성한 '옴', 잠에서 깨어난 뒤의 강물, 사랑 등등에 대하여 말했을 때 사공은 눈을 지그시 감고 더욱 귀담아듣고 있었다.

그러나 싯다르타가 침묵에 잠기고 그 침묵이 길어지자 이윽고 바스데바는 입을 열었다. "당신의 모든 이야기가 내 마음을 울렸소. 강은 당신에게도 말동무가 되었구려. 반가운 일이오. 내 곁에 남아 주시오. 싯다르타, 나는 아내가 있었소. 그러나 이미 죽은 지 오래요. 그 뒤로 혼자 살아왔지만 아내의 침대는 아직 내 침대 옆에 그대로 놓아두고 있소. 우리가 먹고 살 만한 식량은 마련되어 있으니 우리집에서 나와 함께 지내도록 합시다."

"고맙소." 싯다르타가 말했다. "나는 당신의 호의를 고맙게 받아들이겠소. 바스데바, 내 이야기를 끝까지 잘 들어주어서 기쁘오. 남의 이야기를 옳게 들을 줄 아는 사람은 극히 드물 거요. 게다가 당신처럼 잘 이해하는 사람을 나는 아직 만나 본 일이 없소. 앞으로 당신에게 이 점에 대해서도 배워야겠소."

"그야 쉬운 일이지요." 바스데바가 덧붙였다. "그건 나한테서가 아니라 이 강에서 배우게 될 거요. 이 강이 나에게 남의 말에 귀 기울이는 법을 가르쳐 줬으니까…… 이 강은 모르는 것이 없소. 누구나 이 강에서 모든 것을 배울 수 있소. 당신도 이미 이 강에서 무슨 일이든지 밑바닥까지 파고들어 깊이 탐구해야 한다는 것을 배우지 않았소? 학자이며 바라문의 아들로 부귀를 누리던 싯다르타가 뱃사공으로 노를 젓게 된 것도 이 강이 가르쳐 준 거요. 아마 그 밖에도 당신은 이 강에서 배울 점이 많을 거요."

싯다르타는 한동안 잠자코 있다가 입을 열었다. "바스데바, 그 밖의 것이란 무엇을 말하는 것이오?"

그러자 바스데바는 자리에서 일어났다. "밤이 깊었소이다. 그만 가서 자도록 합시다. 당신이 묻는 말에 대답할 필요가 없을 것 같소. 당신은 곧 그것들을 강에서 배우게 될 테니까. 아니, 어쩌면 당신은 벌써 알고 있을지도 모르겠소. 나는 학자가 아니라서 말할 줄도, 생각할 줄도 모르오. 다만 들을 줄이나 알고 경건한 마음을 가질 수 있을 뿐이지요. 그 밖에는 배운 것이 없소. 내가 그것을 입으로 가르칠 수 있다면 아마 현자 행세를 할 거요. 나의 하루 일은 사람들이 강을 건널 수 있게 해 주는 것이지요. 그동안 많은 사람들을 건네주었지…… 아마 수천 명은 될 거요. 이 강은 그 여행자들에게 오직 걸림돌이 되었을 뿐이오. 그들은 돈이나 장사나 결혼이나 순례 같은 것을 위해 여행을 하고 있었소. 나는 그들이 이곳의 장애물을 빨리 지나갈 수 있도록 뱃사공으로 일해 왔소. 그런데 수천 명의 여행자들 가운데 네댓 명만은 이 강을 장애물로 보지 않았소. 그들은 강물의 속삭임에 귀를 기울였소. 그들에게는 나와 마찬가지로 강이 거룩한 것이었소. 자, 이제 그만 자러 갑시다, 싯다르타!"

싯다르타는 사공과 함께 있으면서 배를 부리는 법을 배웠다. 강나루에서 할 일이 없을 때에는 바스데바와 함께 밭에서 일하기도 했다. 이따금 땔나무도 긁어오고 화초 열매도 따오곤 했다. 그 밖에 노를 만드는 법, 배를 고치는 법, 바구니를 엮는 법 등을 배웠다. 이렇게 하나하나 배워 나가는 것은 무엇보다도 즐거운 일이었다. 세월은 화살처럼 빠르게 흘러갔다. 강은 바스데바보다도 더 많은 것을 가르쳐 주었다. 그는 강에서 조용히 기다리는, 번뇌도 욕망도 그리고 아무런 판단도 의견도 없이 오직 듣기만 하는 법을 배웠다.

그는 바스데바와 정답게 살아갔다. 때때로 그들은 오랫동안 깊이 생각해 온 말을 몇 마디씩 주고받기도 했지만, 바스데바는 결코 싯다르타의 말동무가 되어 주지 않았다. 싯다르타가 그와 함께 여러 번 이야기를 주고받으려고 했으나 모두 헛일이었다.

어느 날 싯다르타가 물었다. "당신은 시간이란 존재하지 않는다는 것을 강에서 배운 일이 있소?"

바스데바의 얼굴이 밝은 미소로 가득 찼다.

"그래요, 싯다르타." 그는 말했다. "당신의 말은 아마 이런 뜻일 거요. 즉 강은 근원에서나, 강어귀에서나, 폭포에서나, 나루터에서나, 여울에서나, 바다에서나, 산에서나 늘 동시에 있으며, 강에는 현재만 있을 뿐 과거나 미래의 그림자가 없다. 이런 말이죠?"

"그렇소. 그것을 깨닫고 나서 지난날을 돌이켜볼 때, 내 생애 또한 하나의 강이었소. 그러므로 어린 시절의 싯다르타는 어른이 되고 늙어 버린 싯다르타와 현실적으로 떨어져 있는 것이 아니라, 그림자를 통하여 떨어져 있을 따름이었소. 이 싯다르타의 전생도 결코 과거가 아니며, 죽음과 범(梵)으로 돌아가는 것도 미래의 일이라고 볼 수는 없지요. 만물은 다만 그 본질과 함께 현재에 살아 있을 뿐이오."

싯다르타는 환희에 가득 찬 얼굴을 하고 이렇게 말했다. 이 깨달음이 그를 한없이 기쁘게 했던 것이다. 오, 그러면 모든 두려움과 번뇌가 시간에 근원하는 것이 아닌가? 모든 두려움과 고뇌는 이 시간에서 생기는 것이 아닌가? 인간이 시간을 정복하여 시간 관념을 없애면, 모든 고난과 장애는 이 세상에서 정복되어 없어질 수 있는 것이 아닌가? 그는 기뻐서 어쩔 줄 몰라 이야기했다. 바스데바는 빛나는 얼굴로 미소를 띠고 그의 말에 수긍했다. 그리고 말없이 고개를 끄덕이며, 싯다르타의 어깨를 가볍게 두드리고 나서 다시 자기 일을 시작하는 것이었다.

며칠이 지나 장마로 강물이 울부짖으며 넘쳐흐를 때 싯다르타는 바스데바에게 이렇게 말했다. "강은 실로 여러 목소리를 내고 있소. 왕자의 목소리를 내는가 하면 투사의 목소리를 내고, 황소와 새소리를 내는가 하면 아이를 낳는 여인의 신음 소리도 내고, 그 밖에도 수천 가지 소리를 내오. 그렇지 않소?"

바스데바는 고개를 끄덕이며 말했다. "사실이오. 모든 창조물의 소리가 이 강물 속에 있소."

싯다르타는 말을 이었다. "만일 그 수천 가지 소리를 동시에 들을 수 있다면 강은 당신에게 무슨 말을 할까요?"

바스데바는 행복한 얼굴을 하고 빙그레 웃더니 허리를 굽혀 싯다르타의 귀에다 입을 대고 거룩한 소리, '옴'이라고 말하는 것이었다. 사실 싯다르타가 지금까지 들어 온 소리도 바로 그것이었다.

싯다르타의 웃음은 점점 뱃사공의 웃음을 닮아 가고, 두 사람은 거의 같은 행복을 느끼게 되었다. 그들의 잔주름살에도 한결같이 윤기가 흐르고 똑같이 늙은 어린애처럼 보였다. 그러므로 길을 가는 수많은 나그네들은 이 두 뱃사공을 친형제로 생각했다. 그들은 저녁이면 때때로 강가의 나무 밑에 앉아 물소리에 귀를 기울이곤 했다. 그들에게는 그것이 물소리가 아니라 생명과 존재의 목소리였으며, 영원히 변하여 달라지는 만물의 소리였다. 그들은 이 강물 소리를 들으면서 같은 생각에 잠기기도 했다. 며칠 전에 그 용모와 운명에 대하여 서로 이야기한 어떤 여행자를, 죽음을, 또는 그들의 소년 시절을 함께 돌이켜 생각할 때가 있었다. 그들은 즐거운 강물 소리를 같이 들을 때면 언제고 마주 쳐다보고 같은 생각에 잠기며, 같은 물음에 대한 같은 견해에 새삼 행복을 느끼는 것이었다.

이 나루터의 두 뱃사공에게서는 무어라고 말할 수 없는 아늑한 기분이 감돌아 나그네들 중에서도 그것을 느끼는 사람이 있었다. 때로는 이런 일도 있었다. 어떤 나그네는 자기 생애의 고민을 말하며 악을 뉘우치고 위안과 충고를 구하기도 하고, 어떤 나그네는 하룻저녁을 그들과 함께 묵으면서 강물 소리를 듣고 싶다고도 했다. 그런가 하면 호기심이 많은 사람은 이 나루터에 두 사람의 현자, 마법사, 성인이 살고 있다는 말을 듣고 일부러 찾아오기까지 했다. 그러나 그들은 마법사도 현자도 찾아볼 수 없었다. 따라서 아무런 충고도 받지 못했다. 다만 그들의 눈앞에는 친절한 두 노인이 있을 뿐이었다. 이 두 사람은 벙어리처럼 말이 없는 좀 독특한 늙은이로 보일 뿐이었다. 그들은 어처구니가 없어 웃으면서 세상 사람들이 얼마나 어리석고 경솔하면 이렇게 터무니없는 소문을 다 퍼뜨렸을까, 하고 혀를 차며 돌아갔다.

세월은 덧없이 흘러갔다. 그러나 이 두 사람은 그런 것에는 전혀 관심이 없었다. 어느 날, 부처의 제자들이 몰려와서 강을 건너게 해 달라고 부탁했다. 그들은 스승께서 중병에 걸려 곧 인간으로서의 임종을 하여 열반(涅槃)에 드실 것이라는 소식을 전해 듣고서는 위대한 스승의 곁으로 돌아가는 길이라고 했다. 얼마 뒤에 다시 승려들이 잇따라 떼지어 몰려왔다. 다른 손님들도 모두 고타마의 입적에 대해 이야기하고 있었다. 마치 싸움터로 나가는 군인 행렬이 지나가거나 왕의 대관식이 있을 때 사방에서 사람들이 모여들듯이, 그들은 마력에 이끌린 것처럼 위대한 부처가 입적을 기다리는 곳을 향해, 기적이 일어나기를 기대하며 위대한 완성자(完成者) 세존이 열반에 이르는 광경을 지켜보려고 개미 떼처럼 몰려가고 있었다.

싯다르타는 바로 그 시각에 세상을 떠나시는 현자인 위대한 스승에 대하여 여러 가지로 생각하고 있었다. 중생을 가르치고 수십만의 사람들을 일깨우던 귀에 쟁쟁한 그 목소리와, 존경하는 마음으로 우러러보던 그 거룩한 얼굴을 떠올려 보았다. 그리고 그가 도를 완성하기에 이른 과정을 눈앞에 그려 보았다. 또한 그가 젊은 시절 세존에게 한 말을 미소 지으며 돌이켜 보았다. 그것은 당돌하기 짝이 없는 말이었다. 그는 오래전부터 자신이 고타마를 떠나 있지 않았다는 사실을 알고 있었으나 그의 가르침을 그대로 따를 수는 없었다. 그렇다, 참으로 진리를 찾으려는 사람이라면 어떤 가르침도 그대로 받아들일 수는 없을 것이다. 그러나 한번 진리를 찾은 사람이라면 그 모든 가르침과 길과 목표를 인정하리라. 거기까지 이른 사람은 영원 속에 살며, 신의 세계를 호흡하는 수천의 다른 성자들과 같은 생각을 하게 마련이다.

많은 사람들이 입적하려는 부처를 찾아가던 어느 날, 일찍이 최고의 아름다움을 자랑하던 유녀 카말라도 부처가 있는 곳을 향해 길을 떠났다. 그녀는 오래전에 과거 생활을 청산하고 자신의 정원을 고타마의 제자들에게 바쳤다. 그리고 부처의 가르침에 귀의하여 순례자의 벗이 되고 그들에게 자비를 베풀었다. 그녀는 고타마의 열반이 가까워졌다는 소식을 듣고 어린 아들 싯다르타와 함께 간단히 짐을 꾸려 맨발로 길을 떠났다. 그녀와 어린 아들이 강가에 이르렀다. 어린 아들은 지쳐 집으로 돌아가자고 졸라댔다. 쉬어 가자고 버티고 서서 먹을 것을 달라며 울상을 짓고 떼를 쓰는 것이었다.

그녀는 아이와 함께라 자주 쉬어 갈 수밖에 없었다. 워낙 고집이 세기 때문에 먹을 것을 주며 달래기도 하고 나무라기도 했다. 어린 아들은 자기가 왜 어머니와 함께 이 괴롭고 쓰라린 순례를 하며, 죽어간다는 얼굴도 알지 못하는 사람에게 가야 하는지 전혀 알 수가 없었다. 대체 그가 죽는 것이 자신과 무슨 관계가 있단 말인가?

이 두 순례자가 바스데바의 나루터에서 얼마 떨어지지 않은 곳에 이르렀을 때, 어린 싯다르타는 또 쉬어 가자고 어머니를 졸랐다. 하긴 카말라도 피로하여 아들이 바나나를 벗겨 먹는 동안 땅에 주저앉아 눈을 감고 쉬고 있었다. 별안간 카말라가 "앗!" 하고 비명을 질렀다. 어린 아들은 깜짝 놀라 어머니를 쳐다보았다. 어머니의 얼굴은 두려움에 싸여 새파랗게 질려 있었다. 어머니의 치마 밑으로 검은 뱀—그녀를 문—이 미끄러져 사라지는 모습이 눈에 띄었다.

그녀와 어린 싯다르타가 사람을 찾아서 허둥지둥 강나루 근처에 이르렀을 때, 카말라가 그 자리에 쓰러졌다. 아이는 울음을 터뜨리며 어머니의 목을 껴안고 볼을 비벼댔다. 카말라도 살려 달라고 소리를 질렀다. 그 소리는 나루터 근처에 있는 바스데바의 귀에까지 들려왔다. 바스데바는 황급히 달려가 그 여인을 안아서 배에 올려 놓았다. 아이도 뛰어와 배에 탔다. 그들은 곧 오두막집에 도착했다. 그때 싯다르타는 아궁이 앞에서 불을 때려는 참이었다. 그는 고개를 들어 먼저 아이의 얼굴을 바라보았다. 그러자 야릇한 추억에 사로잡혀 오랫동안 잊고 지냈던 옛 생각이 머릿속에서 가물거렸다. 그는 카말라를 바라보았다. 사공의 팔에 안겨 정신을 잃은 채 누워 있는 그녀를 곧 알아볼 수 있었다. 그리고 그 아이가 자기 아들이라는 것을 이내 짐작해 냈다. 아이의 얼굴을 보니 자못 감회가 깊어 싯다르타는 가슴이 마구 두근거렸다.

그는 카말라의 상처를 말끔히 씻어 주었다. 그러나 상처는 이미 거무스름해지고, 온몸이 부어 있었다. 물약을 먹였더니 의식이 돌아왔다. 그녀는 싯다르타의 침대에 누워 있었다. 그리고 그 옆에는 예전에 그녀가 그토록 끔찍이 사랑하던 싯다르타가 맥없이 서 있었다. 그녀에겐 모든 것이 꿈만 같았다. 그녀는 방그레 미소 지으며 사랑하는 싯다르타의 얼굴을 쳐다보았다. 이윽고 차츰 정신이 들자, 그녀는 자기가 뱀에 물려 배에 실려오게 되었다는 사실을 깨닫고 불안한 마음으로 소리를 지르며 아들을 찾았다.

"걱정 마시오. 아이는 당신 옆에 있소." 싯다르타는 말했다.

카말라는 그의 얼굴을 물끄러미 바라보았다. 그녀는 뱀의 독에 마비되어 무거워진 혀로 더듬거리며 말했다. "아, 당신, 꽤 늙었군요. 머리도 허옇게 세고요. 그래도 전에 변변치 않은 옷을 걸치고 맨발로 저의 정원에 찾아온 젊은 사문의 모습이 그대로 남아 있네요. 저와 카마스와미를 버리고 떠나시던 때보다 지금이 더욱 그 사문을 닮은 것 같아요. 싯다르타, 눈도 꼭 그때의 눈이고요. 아, 저도 많이 늙었어요. 그래도 저를 알아보시겠어요?"

싯다르타는 웃으며 말했다. "곧바로 알아보았소, 카말라."

카말라는 아이를 가리키며 말했다. "저 애도 알아보시겠어요? 당신 아들이에요."

카말라는 눈시울이 뜨거워져 그만 눈을 감아 버렸다. 아이가 울기 시작했다. 싯다르타는 아이를 안아서 무릎 위에 올려놓고 머리를 쓰다듬으며 얼굴을 들여다보았다. 그 애를 보니 어린 시절 배웠던 바라문의 기도가 생각났다. 그는 천천히 노래를 부르듯이 그 기도의 구절을 외기 시작했다. 그 구절은 머나먼 어린 시절의 그에게서 흘러나오는 것이었다. 아이는 그 노랫소리에 고요히 잠들었다. 그러다가 이따금 소스라치면서 깨어나 훌쩍거리며 한참 울다가는 다시 잠이 들곤 했다. 싯다르타는 아이를 바스데바의 침대 위에 눕히며 밥을 짓고 있는 바스데바에게 웃어 보였다. 그도 싯다르타에게 빙그레 웃어 보였다.

"그녀는 살지 못할 거요." 싯다르타는 나지막한 목소리로 말했다.

바스데바는 잠자코 고개만 끄덕였다. 그의 자비로운 얼굴에 아궁이의 불빛이 비쳤다.

카말라는 다시 제정신을 차리자 고통에 못 이겨 얼굴을 찡그렸다. 싯다르타는 그녀의 입술과 창백한 뺨에서 괴로움에 시달리는 흔적을 엿볼 수 있었다. 그는 잠자코 그 흔적을 바라보았다. 그리고 조심스레 끝을 기다리며 사랑하는 사람의 괴로움을 함께 느꼈다. 카말라도 그것을 알아차렸다. 그녀의 눈은 싯다르타의 눈을 찾고 있었다.

그녀는 싯다르타를 바라보며 말했다. "자세히 보니 당신의 눈도 많이 변했군요. 이제야 알겠어요. 당신은 딴사람처럼 달라졌어요. 당신이 싯다르타라는 것을 무엇으로 알 수 있겠어요. 그래요, 당신은 싯다르타예요. 그러나 예전의 싯다르타가 아니에요."

싯다르타는 잠자코 그녀의 눈을 바라보고 있었다.

"당신은 가려던 곳에 이르렀나요?" 그러고 나서 다시 이렇게 말했다. "당신은 평화를 찾았나요?"

싯다르타는 웃는 얼굴로 자신의 손을 그녀의 손 위에 올려놓았다.

"알겠어요. 저도 평화를 찾게 되겠지요." 그녀는 말했다.

"당신은 이미 그것을 찾았소." 싯다르타는 카말라의 귀에 이렇게 속삭였다.

그녀는 싯다르타를 뚫어지게 바라보았다. 그녀는 고타마를 만나 그 완전한 인격자의 얼굴을 보고 마음의 평화를 찾으려 순례의 길을 떠났던 일을 돌이켜 보았다. 그녀는 부처를 만나는 대신에 싯다르타를 만났지만, 마치 부처를 만난 것처럼 반가웠다. 카말라는 그러한 마음을 싯다르타에게 말하려고 했으나 혀가 제대로 돌지 않아 묵묵히 그를 바라볼 따름이었다. 싯다르타는 차츰 그녀의 눈에서 생기가 사라져 가는 것을 뚜렷이 볼 수 있었다. 마지막으로 그녀의 눈에서 고뇌가 사라지고 다리가 부르르 떨릴 때, 그는 손으로 그녀의 눈을 감겨 주었다.

싯다르타는 오랫동안 카말라의 옆에 앉아서 그녀의 얼굴을 들여다보았다. 그녀의 여위고 주름진 입술을 들여다보며 젊은 시절에 그녀의 입술을 신선하게 익은 무화과 열매에 견주어 보던 일을 떠올렸다. 창백한 얼굴 위로 깊게 파인 주름살을 잠자코 바라보려니, 자신도 그 속에 끌려들어가는 것만 같았다. 그리하여 그녀의 얼굴에서 똑같이 창백하고 윤기 없는 자신의 얼굴을 발견하는 것이었다. 동시에 붉은 입술과 타는 듯한 눈을 가진 그녀의 젊은 얼굴이 눈앞에 나타났다. 그리고 현재와 똑같은 영원이라는 감정이 가슴속에 가득해졌다. 그는 어느 때보다도 생명의 불멸과 순간의 영원성을 절실히 느낄 수 있었다.

그가 일어나자, 바스데바는 그에게 식사를 하도록 권유했으나 싯다르타는 조금도 생각이 없었다. 두 늙은이는 산양을 기르는 외양간에 짚을 펴고 잠자리를 마련했다. 바스데바는 곧 잠이 들었다. 그러나 싯다르타는 밖으로 나와 집 앞에서 밤을 지새웠다. 물소리를 듣고 흘러간 지난날을 모두 돌이켜 보다가, 때때로 일어나 창가로 가서 아이가 잘 자고 있나 들여다보곤 했다.

바스데바는 아침 일찍 해 뜨기도 전에 외양간에서 나와 친구에게로 왔다.

"당신, 밤을 새웠구려." 그가 말을 건넸다.

"그래요, 바스데바. 여기 앉아 홀로 강물 소리를 듣고 있었소. 강은 나에게 여러 이야기를 속삭여 주었소. 실제로 유용한 변함없는 사상으로 내 마음을 가득 채워 주었소."

"싯다르타! 당신은 커다란 슬픔을 겪었구려. 그렇지만 당신의 마음속에선 아무런 비애도 찾아볼 수 없소."

"그럼요, 내가 왜 슬퍼하겠소. 전에도 그랬지만, 지금은 더욱 풍족하고 행복하오. 나한테는 아들이 하나 생겼소."

"나도 기쁜 마음으로 당신의 아들을 환영하오. 자, 싯다르타. 그럼 일을 시작합시다. 우리는 할 일이 많소. 카말라는 예전에 내 아내가 죽은 침대 위에서 숨을 거두었소. 아내를 화장했던 그 산에다 카말라를 화장할 나무를 쌓아야겠소."

아이가 아직 잠들어 있는 동안에 그들은 화장할 나무를 쌓아 올렸다.

아들

아이는 하염없이 눈물을 흘리면서 어머니의 장례를 지켜보았다. 싯다르타는 아이에게, 너는 내 아들이니 이 집에서 같이 살자고 했으나 어린 아들은 멍하니 듣고만 있었다. 아이는 풀이 죽어 종일 무덤 옆에 앉아 아무것도 입에 대려 하지 않았다. 눈과 마음을 굳게 닫은 채 운명에 반항하고 있는 듯이 보였다.

싯다르타는 어린 아들이 가여웠다. 그는 아들이 하고 싶은 대로 하게 내버려 두었다. 슬퍼하는 아이의 마음이 다칠까 봐서였다. 그는 아들이 자기를 모르고 있으니, 자기가 아들을 사랑하듯이 아들이 자기를 사랑할 수 없다는 것을 잘 알고 있었다. 충분히 이해할 수 있는 일이었다. 열한 살 난 아들은 홀어머니 밑에서 풍족하게 살아왔다. 맛있는 음식을 먹으며, 편안한 침대에서 자고, 하인들을 부리는 습관에 젖어 있었다. 이러한 생활에 길들여진 그 애가, 낯설고 가난한 생활에 바로 적응하여 만족을 느낄 수 없는 건 당연한 일이었다. 그는 아들에게 무엇이건 억지로 시키진 않았다. 어린 아들을 위해 열심히 일을 하고 언제나 맛 좋은 음식을 마련했다. 그는 자기가 꾸준히, 친절하게 대하면 그 애의 마음을 얻을 수 있으리라고 생각했다.

그는 아이와 처음 만났을 때, 누구보다도 풍족하고 행복했다. 그러나 아무리 시간이 흘러도 아들은 자신을 따르지 않았다. 아무런 일도 하려 하지 않고 윗사람을 존경할 줄도 몰랐다. 싯다르타는 바스데바의 과일나무를 자르면서 아들이 생겨 행복과 만족을 얻은 대신에 괴로움과 걱정이 늘었다는 것을 깨닫게 되었다. 그러나 그는 아들을 사랑했다. 아들 없이 행복하고 즐겁던 때보다, 아들에 대한 괴로움과 걱정이 많은 지금이 더욱 좋았다. 아들과 한집에 살게 된 뒤로 늙은이들은 일을 분담하기로 했다. 바스데바는 뱃일을 맡고, 싯다르타는 아들과 같이 있기 위해 집안일과 밭일을 맡았다.

싯다르타는 여러 달을 두고 아들이 자신을 이해하여 자신의 사랑을 받아들이고, 또 그 사랑을 자신에게 베풀어 줄 때가 오기를 기다렸다. 이는 바스데바도 마찬가지였다. 그 또한 여러 달 동안 곁에서 두 사람을 지켜보며 묵묵히 기다려 왔다. 어느 날, 아들이 아버지에게 갖은 떼를 쓰고 심술을 부리며 괴롭히더니 밥그릇을 내동댕이쳐 두 개나 깨뜨려 버렸다. 그날 저녁에 바스데바는 그의 친구에게 이렇게 말했다.

"내 말을 섭섭하게 생각지는 마오. 당신을 위해 하는 말이니까." 그는 잠시 말을 끊었다가 계속했다. "벗이여, 당신이 아들 때문에 고민하고 걱정하는 것은 나도 알고 있소. 사실 당신의 아들은 당신뿐만 아니라 나한테까지도 골칫거리요. 그 어린 새는 우리와는 다른 둥지에서 살아왔소. 그 아이는 당신처럼 부귀와 속세가 구역질이 나고 싫어서 스스로 버리고 떠나온 것이 아니라 어쩔 수 없이 이리로 오게 된 거요. 나는 그동안 여러 차례 이 강에게 물어보았소. 그런데 강은, 당신과 나를 비웃고 그 어리석음을 탓하였소. 물은 물끼리, 그리고 청춘은 청춘끼리 어울리게 마련이오. 그런 점에서 여긴 당신의 아들이 마음껏 성장할 데가 못 되오. 당신도 강이 뭐라고 대답하나 물어보시오."

싯다르타는 수심이 가득 찬 얼굴로 정다운 친구를 바라보았다. 그의 얼굴에 있는 많은 주름살에는 언제나 변함없는 명랑함이 깃들어 있었다.

"그러나 내가 자식의 곁을 떠날 수야 없지 않소? 내게 좀더 시간을 주시오. 나는 그 애를 위해 노력하고 있소. 그 애의 마음을 얻을 수 있는 방법을 찾고 있소. 강물은 내 아들에게도 속삭일 때가 있을 거요. 그 녀석도 부름을 받을 때가 반드시 있으리라고 생각하오." 그는 부끄러움을 억누르며 나직하게 말했다.

바스데바는 더욱 밝게 미소지었다. "물론이오. 그 아이도 언젠가는 부름을 받을 테죠. 그리고 그 애도 왕생(往生)을 할 거요. 그런데 당신과 나는 그 아이가 대체 어느 길로, 어떤 행위와 고뇌로써 부름을 받게 되는지 알 수 없을 것 같소. 앞으로 그 애는 꽤 많은 고생을 할 거요. 그 애는 거만하며 까다롭고 고집도 보통이 아니오. 솔직히 말하면 그 애가 고생할 게 눈에 훤히 보이는구려. 앞으로 그 애는 말썽 깨나 부릴 게요. 몹쓸 짓을 도맡아 하구요. 그 죄를 어떻게 하겠소? 아무쪼록 잘 가르쳐야 하오. 자기를 억제하는 버릇을 붙이도록 하고, 경우에 따라서는 벌도 줘야 하오."

"바스데바, 그 어린것을 그렇게 마구 다룰 수야 없잖소?" 싯다르타가 근심스러운 얼굴로 말했다.

"나도 당신의 심정은 알고 있소. 나는 당신이 그 애의 고약한 버릇을 억제하거나, 야단치는 것을 보지 못했소. 물론 매를 때린다는 것은 생각도 못할 거요. 당신은 부드럽고 연약한 것이 강한 것보다 더 굳세고, 물이 바위보다 더 딱딱하며, 사랑이 폭력보다 더 강하다는 것을 잘 알고 있으니까요. 물론 나도 그건 훌륭한 처사라고 생각하오. 그러나 그 애의 고약한 성미를 억누르지 않거나 벌하지 않는다는 것은 잘못이 아닐까요? 마치 사랑의 밧줄로 그 애를 결박하는 게 되지나 않을까요? 당신이 자비를 베풀고 인내함으로써 오히려 그 애에게 수치심을 더해 주고, 마음을 괴롭히고 있는 게 아닐까요? 당신은 거만하고 버릇없는 소년을, 오두막에서 바나나를 먹으면서 빵도 진미로 아는 두 늙은이 곁에 억지로 매어 두려고 하고 있소. 그리고 우리의 사고방식이 그 애의 비위에 맞을 리가 없소. 우리의 생활 감정은 케케묵어 그 애에게 맞지 않아요. 이런 여러 일로 해서, 그 애는 은연중에 벌을 받고 있는 게 아니겠소?"

싯다르타는 놀란 얼굴로 땅만 물끄러미 내려다보고 있다가 나지막한 목소리로 이렇게 물었다. "그럼 어떻게 하는 게 좋겠소?"

"그 애를 거리로 데려가도록 하시오. 그 애 어머니 집에 말이오. 그 집에는 아직 하인들이 있을 테니 그들에게 맡기시오. 만일 그 집에 아무도 없으면 어떤 선생한테 맡기는 것이 좋을 거요. 학문을 위해서가 아니라, 다른 아이들과 어울리게 하여 자기네들의 세계에 풀어 놓기 위해서 말이오. 당신은 그런 생각을 해 본 일이 있소?"

"어쩌면 그렇게 내 심정을 잘 알고 있소!" 싯다르타는 서글픈 목소리로 말했다. "실은 나도 때때로 그런 생각을 했소. 그렇지만 생각해 보시오. 그렇지 않아도 성미가 사나운 애를 어떻게 인간 세상에 내보낸단 말이오. 그렇게 되면 겉치레나 일삼으며 향락에 빠지고 권력이나 손에 움켜쥐려다가 망신을 당하게 되지 않겠소? 그렇게 되면 이 아비의 그릇된 길을 그 애가 다시 걷게 되지 않겠소? 윤회 속에 빠져 몸을 망칠까 두렵군요."

바스데바는 빙긋이 웃는 얼굴로 싯다르타의 어깨를 가볍게 치며 말했다. "벗이여! 강에게 물어봐요. 강물의 웃음소리를 들어 봐요. 당신은 아들이 당신과 같은 길을 걸을까 봐 그러는 거죠? 그러나 당신은 아들을 윤회에 빠지지 않게 할 수 있겠소? 잘 가르치고 불공을 드리고 훈계를 해서 그렇게 한다는 거요? 그렇다면 당신은 전에 이곳에 찾아와서 나에게 들려준 이야기, 바라문의 아들 싯다르타의 그 의미심장한 이야기를 잊어버렸단 말이오? 사문 싯다르타를 윤회와 죄와 탐욕과 어리석음에서 지켜준 것은 누구요? 아버지의 경건한 믿음과 선생의 가르침과 자기 자신의 지식이나 자기의 보리심(菩提心)이 과연 당신을 보호할 수 있었소? 어떤 아버지나 선생이 그의 방종을 막을 수 있단 말이오? 멋대로 살며 자기 인생을 좀먹고 죄를 저지르며 즐겨 쓴 술을 마시는 길을 찾아가려는데, 누가 그를 막아낼 수 있단 말이오. 도대체 당신은 이 길을 걷지 않는 사람이 있으리라고 생각하오? 사랑하는 당신의 아들만은, 당신이 기꺼이 그 애에게서 괴로움과 슬픔과 실망을 덜어 준다고 해서 그것이 가능할 줄 아시오? 당신이 그 애를 위해 열 번 죽어도 당신은 그 애의 운명을 손톱만큼도 덜지 못할 거요."

바스데바는 일찍이 이렇게 말을 많이 한 적이 없었다. 싯다르타는 그의 호의에 감사하며 방으로 들어왔으나 좀처럼 잠들 수가 없었다. 바스데바가 한 말은 싯다르타도 오래전부터 생각하고 있었다. 그러나 그것은 실천에 옮길 수 없는 지식이었다. 아들에 대한 사랑은 그 지식보다 강했으며, 아들을 잃어버리는 데 대한 그의 비애와 불안은 그 지식을 훨씬 넘어섰다. 일찍이 그에게 아들처럼 정이 가는 존재는 없었다. 그렇게 맹목적으로, 그렇게 절실히, 그렇게 무조건 행복을 느끼게 한 것이 없었으며, 그렇게 사랑스러운 것이 없었다.

그래서 싯다르타는 친구의 충고에 따를 수가 없었다. 아들을 떼어 놓다니, 당치도 않는 말이었다. 그는 어린애의 명령에 기꺼이 복종했으며 어린애의 멸시도 달게 받았다. 그는 아들의 성미가 나아지기를 묵묵히 기다리고 있었다. 그리하여 그는 날마다 말없이 참으며 의무를 다하는 소리 없는 싸움을 시작했다. 바스데바도 잠자코 기다리고 있었다. 꾸준히 참는 점에 있어서 두 늙은이는 대가(大家)였다.

어느 날, 싯다르타는 어린애의 얼굴에서 카말라의 모습을 찾아내자 젊은 시절에 그녀가 하던 말이 갑자기 생각났다. "당신은 사람을 사랑할 수 없는 분이에요." 카말라는 이렇게 말했던 것이다. 그때 그는 그 말을 긍정하고 자기를 별(星)로, 어린애 같은 사람들은 낙엽에다 비유했다. 그러나 그때 한편으로는 그녀의 말에 반박하고 싶은 심정도 없지 않았다. 아닌 게 아니라 그는 남을 위해 자기를 희생하거나, 자기를 잊고 사랑이라는 어리석은 짓을 할 수는 없었다. 그것은 전혀 불가능한 일이었다. 그리고 그 무렵에는 그 점이 자기와 어린애 같은 사람들을 구별하는 커다란 차이점이라고 생각했다. 그러나 아들이 나타난 뒤로는 그도 완전히 어린애 같은 사람이 되어버렸다. 한 사람을 위해 고민하고 사랑하며 어리석은 자가 되었다. 그도 일생 동안에 한 번은, 이 가장 강렬한 정열을 체험하고 그로 말미암아 괴로워하며 비탄에 빠지게 된 것이다. 하지만 그는 행복했다. 어쩐지 마음이 새로워지고 풍부해진 것만 같았다.

아들에 대한 이 맹목적인 사랑은 하나의 번뇌이며 너무나 인간적인 것으로, 그야말로 윤회요, 흐린 샘, 더러운 물인 줄 그는 잘 알고 있었다. 그러나 한편 그는 그것이 무가치한 것이 아니며, 자기 자신의 본질에서 필연적으로 오는 것이라고 생각했다. 그래서 이런 욕망도 채우고 이런 괴로움도 맛보며 이런 어리석은 짓도 하고 있었던 것이다.

그런 식으로 아들은 아버지로 하여금 어리석은 짓을 저지르게 했다. 아버지가 자기 비위를 맞추도록 하고 언제나 제멋대로 놀았다. 그러므로 아버지는 아들을 무섭게 하거나 기쁘게 할 아무것도 없었다. 그는 매우 선량하고 친절하며 신망이 두터운 사람이었다. 아마 성자에 가까웠을 것이다. 그러나 그런 것으로 아들의 마음을 잡을 수는 없었다. 아들에게는 낡아빠진 오두막

속에 자기를 붙잡아 두고 있는 이 아버지가 한낱 귀찮은 존재에 지나지 않았다. 그리고 자기의 버릇없는 행동을 웃음으로 대하고, 모욕적인 태도를 친절로 대하며, 악의를 호의로 대하는 것은 늙은 구렁이의 간계로만 보였다. 어린애에게 있어서는 차라리 위협을 느끼고 학대를 받는 편이 나았을 터였다.

드디어 어린 싯다르타가 본성을 드러내어 아버지에게 반항하는 날이 왔다. 그날 아버지는 아들에게 나무를 긁어모으라고 일렀다. 그러나 아들은 방에서 나오지도 않고 화가 나서 마루를 쾅쾅 구르며 주먹을 불끈 쥐고 억세게 반항했다. 그리고 아버지에게 증오와 멸시에 찬 욕설을 마구 퍼붓는 것이었다.

"아버지가 나무를 가져와요!" 어린애는 입에 거품을 물고 소리 질렀다. "나는 아버지의 종이 아니에요. 내가 이렇게 말해도 아버지는 설마 나를 때리지야 못하겠지요? 아버지는 나를 사랑과 관용으로써 벌을 주어 졸장부로 만들려는 거지요? 내가 아버지처럼 쓸개 빠진 인간이 되기를 바라는 거지요? 미안한 말이지만 똑똑히 들어 둬요. 아버지와 같이 선량하고 온순하고 현명한 인간이 될 바에는 차라리 살인 강도가 되어 지옥에 가는 편이 나아요. 나는 아버지를 미워해요. 설령 열 번 우리 어머니의 정부(情婦)가 되었다 하더라도 당신은 내 아버지가 아니에요."

아들은 분노와 원한에 가득 차 이렇게 욕설을 퍼붓고 나서 밖으로 뛰쳐나갔다가 밤이 이슥해서야 돌아왔다. 그리고 그 이튿날 아들은 도망가 버렸다. 두 늙은이가 뱃삯으로 받은 돈을 보관한, 두 가지 색깔의 나무껍질로 엮은 작은 바구니도 없어졌다. 그러나 배만은 강 건너 언덕 기슭에 남아 있었다.

"나는 아들을 찾으러 가야겠소." 싯다르타가 말했다. 그는 어제 아들의 욕설을 듣고 나서부터 비탄에 싸여 있었다. "하긴 그 애 혼자서는 숲을 헤치고 갈 수 없을 터이니 곧 돌아올 거요. 바스데바, 강을 건너려면 뗏목을 만들어야 하지 않겠소?"

"암, 뗏목을 만들어야죠." 바스데바도 이렇게 말했다. "다만, 그 애가 타고 도망친 배를 다시 찾아오기 위해서 말이오. 그러나 그 애를 쫓아가지는 마시오. 그 녀석은 이미 어린애가 아니오. 제 앞가림을 할 줄 아는 것 같소. 아마 거리로 갔을 거요. 나는 그것이 옳다고 보오. 그 애는 당신이 진작 해 주어야 할 일을 게을리했기 때문에 대신한 거요. 그 애는 자기 앞날을 걱정한 나머지 자기 갈 길을 찾아간 것뿐이오. 싯다르타, 당신은 몹시 괴로운가 보군요. 그러나 그것은 남들이 들으면 웃을 일이요. 아마 당신 자신도 곧 웃게 될 거요."

싯다르타는 아무 대답도 하지 않았다. 그는 벌써 도끼를 손에 들고 참대로 뗏목을 만들고 있었다. 바스데바도 새끼로 나무를 얽어 매며 싯다르타를 거들어 주었다. 그들은 뗏목을 띄워 강을 건너갔다. 뗏목이 너무 아래로 흘러 내려갔으므로 끌어올려 맞은편 언덕에 대었다.

"당신은 왜 도끼를 갖고 왔소?" 싯다르타가 물었다.

"노가 없어졌을지도 모르니까요." 바스데바가 대답했다.

싯다르타는 그의 말뜻을 알아들었다. 그는 어린애가 복수를 하기 위해, 또는 아버지가 뒤따라오지 못하도록 노를 내던졌거나 부러뜨렸을 거라고 생각한 것이다. 아닌 게 아니라 배 안에 노는 없었다. 바스데바가 배를 가리키며 이렇게 말하는 것 같았다. "아들이, 따라오는 것을 싫어하는 증거가 여기 있소. 잘 보았소?" 하지만 그는 웃는 얼굴로 친구를 바라볼 뿐 그런 말을 입 밖에 내지는 않고 곧 노를 만들기 시작했다. 싯다르타는 도망친 아들을 찾아 떠났다. 바스데바도 굳이 말리지는 않았다.

싯다르타는 숲 속을 깊숙이 지나왔을 때에야 비로소 아들을 찾아가는 것이 부질없는 일인 줄 깨달았다. 그는 이렇게 생각했다. '그 녀석은 벌써 거리에 도착했을 것이다. 만일 아직 걸어가는 중이라고 하더라도 눈에 보이지 않을 것이다.' 이런 생각을 되풀이하며 걷는 사이, 그는 자기가 아들에 대해 별로 크게 걱정하지 않고 있다는 것을 깨달았다. 그는 자식이 길을 잃거나 숲 속에서 무슨 봉변을 당하는 일은 없을 거라고 생각했다. 그러면서도 걸음을 멈추지 않고 뒤쫓아갔다. 아들을 구해 내려는 것이 아니라 다만 한 번만이라도 얼굴을 더 보려는 생각에서였다. 그리하여 그는 거리 어귀에 이르기까지 줄곧 뛰어갔다.

거리에서 가까운 한길에 이르렀을 때, 그는 일찍이 카말라의 소유였고 가마에 탄 그녀를 처음으로 만났던 호화로운 별장 어귀에 들어섰다. 그러고는 젊고 텁수룩한 수염에 맨발로 걸어다니던 사문으로서, 머리는 먼지투성이였던 예전의 자기 자신을 돌이켜 보았다. 그는 그곳에 한참 동안 서 있었다. 열려 있는 정원 안쪽에서 누런 빛깔의 옷을 걸친 승려들이 나무 그늘 아래를 오가는 것이 보였다.

그는 깊은 생각에 잠겨 옛일을 회상하고, 지난날의 발자취를 더듬으며 그곳에 오랫동안 서 있었다. 그는 다시 정원을 오가는 승려들을 바라보았다. 그러자 젊은 싯다르타와 젊은 카말라가 손을 잡고 커다란 나무 밑을 거니는 광경이 눈앞에 나타났다. 그는 거기서 자기 자신의 모습을 그려 보았다. 카말라의 환대를 받으며 그녀와 처음으로 키스하고, 오만불손한 태도로 바라문 시절을 회상하며 커다란 자부심과 희망을 갖고 세속적인 생활을 시작하던 자기를 돌이켜 보았다. 그는 또한 거기서 카마스와미를 머릿속에 그려 보았다. 하인들과 연회와 도박꾼과 광대들이 그의 눈앞에 나타났다. 카말라의 새가 여전히 새장 속에서 울고 있었다. 모두가 사랑스런 풍경들이었다. 이리하여 그는 윤회를 호흡했다. 그는 다시 노쇠하여 피로를 느끼게 되었다. 자기 자신에 구역질이 나고 육신을 파괴해 버리고 싶은 충동을 느꼈다. 그러다가 다시 신성한 '옴'에 의하여 기력을 회복하게 되었다.

정원 어귀에 오랫동안 서 있던 그는, 이 거리까지 자기를 오게 한 아들에 대한 욕심이 어리석기 짝이 없으며 자신은 아들을 도와줄 수도, 아들을 붙잡아 올 수도 없다는 사실을 깨닫게 되었다. 그는 자기 곁을 떠난 아들에게 새삼스럽게 깊은 애착을 느꼈다. 그것은 마치 하나의 상처와 같았다. 그 상처는 사람을 아프게 하기 위해 생긴 것이 아니라, 꽃을 피우고 영광을 가져오기 위하여 생긴 것이라는 생각이 들었다.

이 마음의 상처가 곧 꽃을 피우고 영광을 가져 보지 못하는 것만이 유감스러웠다. 그는 도망간 아들을 찾아온 목적을 이루지 못하고 오히려 쓸쓸한 공허만을 느낄 따름이었다. 그는 비통한 나머지 그 자리에 주저앉아 버렸다. 마음속에서 무엇인가가 사라져 가고 있었다. 다시금 공허에 사로잡혀 아무런 기쁨도 희망도 없음을 발견하게 되었다. 그는 깊은 생각에 잠겼다. 그리고 기다렸다. 그는 일찍이 강가에서 이렇게 기다리고 참고 가만히 듣는 것을 배웠던 것이다. 그는 먼지가 뿌옇게 이는 한길가에 주저앉아 가만히 귀를 기울이며 비애에 젖은 마음속에 들려오는 소리를 기다리고 있었다. 오랜 시간이 흘렀다. 아무 생각도 없이 공허에 사로잡힌 채, 바로 앞쪽도 보지 않고 그대로 앉아 있었다. 상처가 아플 때에는 잠자코 '옴'을 되뇌며, 온몸이 '옴'으로 가득 차게 했다. 정원에서 승려들이 그를 바라보았다. 그의 흰 머리 위에 먼지가 뿌옇게 쌓여 있는 것을 본 한 승려가 밖으로 나와 바나나 두 개를 그의 앞에 놓았다. 그러나 그는 거들떠보지도 않았다.

그때 손으로 싯다르타의 어깨를 툭 치는 사람이 있었다. 그는 비로소 무감각 상태에서 깨어났다. 그는 정답고 부드러운 촉감으로 하여 그것이 누구인지 곧 알 수 있었다. 그는 제정신을 찾았다. 그리하여 자리에서 일어나 자기를 찾아온 바스데바에게 고개를 끄덕여 보였다. 바스데바의 친절한 얼굴에서 미소에 가득 찬 주름살과 맑은 눈동자를 들여다보고 싯다르타도 따라 미소 지었다. 그는 그때야 비로소 자기 앞에 놓인 바나나를 보고, 그것을 집어 한 개는 바스데바에게 주고 또 한 개는 자기가 먹었다. 이윽고 싯다르타는 바스데바와 숲을 지나 강나루로 돌아왔다. 오늘 하루 동안에 일어난 일에 대해서는 서로 말을 꺼내지 않았으며, 아들의 이름이나 아들의 도주에 대해서나 마음의 상처를 입에 담지 않았다. 방에 들어가자 싯다르타는 침대에 드러누웠다. 잠시 뒤 바스데바가 야자유를 한 잔 갖고 방에 들어왔을 때, 싯다르타는 이미 잠들어 있었다.

옴

오랫동안 상처는 좀처럼 아물지 않았다. 싯다르타는 나루터에서 아들딸들을 데리고 다니는 많은 손님들을 배에 태워 강을 건네주었다. 그는 그들을 부러워하며 마음속으로 생각하는 것이었다. '저렇게 많은 사람들이 세상에서 가장 기쁜 행운을 맛보고 있는데, 나만은 어찌하여 이런 복을 못 받는가? 강도나 좀도둑 같은 악한들도 아들을 갖고 아들을 사랑하며 아들의 사랑을 받고 있는데, 오직 나만이 그렇지 못하구나!' 지금에 와서 그는 이렇게 이성을 잃고 소박하게 생각할 수 있는 사람이 되었다. 말하자면 어린애 같은 사람이나 다름없게 된 것이다.

그리하여 사람을 보는 눈도 전과는 아주 달라졌다. 현명하고 기품이 있던 눈동자는 사라지고, 그 대신 온정과 호기심과 욕심이 깃든 눈동자로 변해 갔다. 그는 범속한 길손들—노인, 군인, 부인네들을 건네줄 때에도 이들이 예전처럼 무심하게 보이지 않았다. 그는 이들을 차차 이해하게 되었다. 사상과 이성을 떠나 오직 충동과 욕망에 의하여 살아가는 그들의 생활을 이해하게 되었다. 그리하여 자기도 그들과 같은 생활을 했다. 그는 자기도 그들과 마찬가지라는 것을 실감했다. 그는 비록 거의 인격의 완성 단계에 들어 마지막으로 마음의 상처에 시달리고 있는 처지라 하더라도, 이 어린애 같은 사람들이 그의 형제처럼 생각되어 그들의 허영과 탐욕과 가소로운 행위까지도 웃을 수 없었다. 그 대신 그것을 이해하고 나아가 동정하기에 이르렀다. 아들에 대한 어머니의 맹목적인 사랑, 외아들을 가진 부모에 대한 자식 많은 사람들의 어리석고 터무니없는 자만심, 그리고 허영심 많은 젊은 여자가 화장으로 사람들의 눈을 끌려는 지각없는 노력—이처럼 단순하고 어리석으면서도 대단히 강렬한 충동이나 탐욕도, 지금에 와서는 어린애의 일처럼 보이지 않았다. 오히려 그런 일로 말미암아 사람들은 사업도 하고 여행도 하며 전쟁을 하고 고민도 하면서 심한 괴로움을 참아가는 것이라고 생각하기에 이르렀다. 그는 그들을 사랑할 수 있었으며, 그들의 고뇌나 행위 속에서 생기에 찬 불멸한 것을, 즉 범(梵)을 발견한 것이다. 그는 미련하고 맹목적인 인간의 행동 속에, 사랑스럽고 놀라운 가치와 진실이 내포되어 있다고 생각했다. 그들에게는 아무것도 부족함이 없었다. 지자(智者)나 사색가가 그들보다 나은 점이란 더할 나위 없이 사소한 일, 곧 모든 생명을 일관하는 의식, 의식된 사상에 지나지 않았다. 싯다르타는 때때로 의혹에 잠겼다. 대체 인간이 지닌 지식이나 사랑이 과연 높이 평가를 받을 수 있는 것인가? 이것도 사색가의 어린애 같은 장난이 아닌가? 그 밖에 다른 점에 있어서도 일반 사람들과 지자는 마찬가지였다. 어느 면에 있어서는 때때로 동물이 강렬한 필연성에 의해 행동함으로써 인간보다 더 우월하게 보이는 것처럼, 때로는 어린애 같은 사람들이 자기보다 더 우월하게 보이는 경우가 있었다.

본질적인 의미에서의 지혜란 대체 무엇인가? 오랜 세월에 걸쳐 구도하는 목적이 무엇인가에 대한 올바른 인식이 싯다르타에게서 차차 꽃피어 열매를 맺어 가기 시작했다. 그것은 잡다한 생활 속에서 그때그때 일관된 사상을 연역(演繹)하여, 이를 느끼고 호흡할 수 있는 영혼의 자세와 능력의 비법(秘法)에 지나지 않는 것이었다. 이러한 생각이 그의 마음속에서 점점 일어나기 시작했다. 그것은 나이 든 바스데바의 어린아이 같은 얼굴에도 반사되어 있었다. 조화가, 세계의 영원한 완전함의 인식이, 미소가, 통일이.

그러나 마음의 상처는 아직 아물지 않았다. 싯다르타는 자나 깨나 아들을 생각하며, 사랑과 애정을 불태우는 어리석은 행동이 자기를 좀먹는 대로 내버려 두었다. 애정의 불꽃을 자기 자신에게서 몰아낼 수 없었던 것이다.

이렇게 마음의 슬픈 상처에 시달림을 받던 어느 날, 싯다르타는 아들을 만나보고 싶은 충동에 사로잡혀 강을 건너 언덕에 올라갔다. 아들을 찾아 거리로 떠나려는 것이었다. 강은 유유히 흐르고 있었다. 조금 건조한 계절인데도 강물 소리는 신기할 정도로 명랑하게 들려왔다. 강물은 웃고 있었다. 분명히 그 늙은 뱃사공도 웃고 있었다. 싯다르타는 그 웃음소리를 더욱 또렷이 들으려고 강물 위로 허리를 굽혔다. 조용히 흐르는 강물 위에 그의 얼굴이 비쳤다. 얼굴 속에는 그로 하여금 새삼 떠오르게 하는, 오래 잊고 있었던 무엇이 있었다. 그는 이러저러한 것을 생각해 냈다. 그 얼굴은 그가 일찍이 잘 알고 사랑하며 또한 두려워하기까지 하던 사람과 닮아 있었다. 그 얼굴은 바라문인 아버지의 얼굴과 같았다. 그는 돌이켜 보았다. 청년 시절에 고행자들을 따라가려는 승낙을 받으려고 얼마나 아버지를 졸랐던가. 그 뒤 아버지와 작별하고 길을 떠난 뒤로 한 번도 집에 돌아가지 않았다. 그러고 보면 자기가 아들 때문에 괴로움을 겪듯이 아버지도 자기 때문에 같은 괴로움을 겪었으리라. 그리고 아버지는 아들을 다시 보지 못한 채 이미 외로이 세상을 떠났을 것이다. 그런데 이제는 내가 같은 운명을 기다리고 있는 것이 아닌가? 이 기이하고 어처구니없는 현상, 이 반복, 이 순환은 숙명적인 윤회 속에서 연출되는 하나의 희극이 아니냐?

강은 웃고 있었다. 분명 그랬었다. 끝까지 괴로움을 겪게 되고 해결되지 않았던 일들은 모두 다시금 되돌아왔다. 그것은 언제나 같은 괴로움의 윤회 속에서 시달림을 받게 되는 것이었다. 싯다르타는 다시 배를 타고 집으로 돌아왔다. 그는 아버지와 아들을 생각하고 강물의 조롱을 받으며 자기 자신과 싸우고 실망에 빠져, 자기를 포함한 전 세계를 크게 비웃어 주고 싶었다. 아! 그러나 아직도 마음의 상처가 아물지 않은 채 운명에 대하여 대항하고 있었다. 그의 번뇌에서는 아직도 승리의 빛이 보이지 않았다. 그러나 하나의 희망이 그의 가슴속에 떠올랐다. 그는 집에 돌아오자, 남의 이야기 듣기를 좋아하는 바스데바 앞에서 마음을 털어놓고 싶은 충동을 억제할 수 없었다.

바스데바는 바구니를 만들고 있었다. 그는 이제 나룻배를 젓지 않았다. 시력이 떨어졌을 뿐만 아니라 팔과 손에도 힘이 없었다. 다만 전과 다름이 없는 것은 얼굴에 기쁨이 서리고 자비의 꽃이 피어 있는 점이었다.

싯다르타는 그의 곁에 앉아 천천히 입을 열었다. 전에는 전혀 말하지 않았던 화제를 가지고 이야기하기 시작했다. 아들을 찾으려고 거리에 간 이야기며, 가슴이 터질 듯이 아프던 이야기, 행복한 아버지들을 볼 때마다 부러워하던 이야기, 그러한 소망이 어리석다는 것을 깨닫게 된 이야기, 욕망을 억누르려고 부질없이 애쓰던 이야기들을 들려주었다. 그는 모든 것을 고백한 셈이었다. 가장 꺼리던 일까지도 다 말해 버렸다. 모든 것을 쉽사리 털어놓을 수 있었던 것이다. 이리하여 그는 마음을 아프게 하는 상처를 모두 그에게 들려주었다. 오늘 떠나가려던 일까지도 고백했다. 거리로 가려고 강을 건너던 어린애 장난 같은 일을 강이 비웃더라는 말도 했다.

그가 말하는 동안에 바스데바는 끝까지 심각한 얼굴로 듣고 있었다. 싯다르타는 자신의 이야기를 듣고 있는 바스데바의 태도가 전과는 달리 매우 침울하다는 것을 알아차렸다. 그것은 자기의 고통과 두려움, 그리고 은밀한 희망이 바스데바의 가슴속에 스며들어 갔다가 다시 자기에게로 되돌아오는 느낌이었다. 그에게 자기가 지닌 마음의 상처를 말한다는 것은, 마치 그 상처를 강물 속에 집어넣어 그 속에서 융화되는 것과 같았다. 싯다르타가 오랫동안 이렇게 입을 열어 고백하고 참회하는 동안에, 마치 나무가 빗물을 빨아들이듯이 자기 말을 잠자코 듣고 있던 이 노인은 바스데바라는 인간이 아니라, 강 그 자체이고 신(神) 그 자체이며, 영원 그 자체임을 깨닫게 되었다. 그리고 싯다르타가 자기 자신과 자기가 지닌 마음의 상처를 생각하지 않게 되었을 때, 그는 바스데바라는 인간의 본질이 전과는 다르다는 사실을 알게 되었다. 그런데 그는 깊이 생각에 잠기고 몰두할수록 모든 사물은 하나의 질서를 유지하고 있으며, 그것은 매우 자연스러운 현상임을 알게 되었다. 따라서 바스데바도 전부터 그러했으며 다만 자기가 그것을 미처 깨닫지 못했다는 생각이 들었다. 그리고 자기 자신도 바스데바와 거의 비슷하다는 것을 믿어 의심치 않았다. 그는 사람들이 신을 바라보듯이 늙은 바스데바를 바라보았다. 그러나 그러한 느낌도 오래가지 못하리라는 것을 알고 있었다. 그는 마음속으로 몰래 바스데바의 곁을 떠나고 있었던 것이다.

그가 말을 마쳤을 때 바스데바는 친절한, 그러나 얼마쯤 피로한 시선으로 그를 바라보았다. 말은 하지 않았지만 사랑과 즐거움과 이해와 지혜가 서려 있었다. 그는 싯다르타의 손을 잡고 그들이 늘 앉아서 이야기하던 강가의 자리로 가더니 강을 향해 껄껄 웃기 시작했다.

"당신은 강의 웃음소리를 벌써 들었을 거요. 그러나 당신이 들은 것은 아직 전부가 아니오. 좀더 들어 봅시다. 전에 미처 듣지 못한 소리가 들려올 거요." 바스데바는 그렇게 말했다.

그들은 귀를 기울였다. 수많은 목소리로 노래 부르는 강물 소리가 고요히 들려왔다. 싯다르타는 물속을 들여다보았다. 흐르는 물에는 많은 그림자가 비쳐 있었다. 아들 때문에 속을 썩이고 있는 고독한 아버지의 얼굴, 여전히 멀리 떠나간 아들을 생각하는, 애착심에 얽매여 있는 자기 자신의 고독한 얼굴을 들여다보았다. 희망에 불타올라 젊은이의 길을 줄달음치는 아들의 고독한 얼굴도 비쳤다. 아버지와 아들의 얼굴은 저마다 자기 목적지를 향해 가면서 그 목적 자체에 얽매여 고민하고 있는 것이었다. 강은 고뇌의 노래를 부르고 있었다. 또한 그리움의 노래도 부르고 있었다. 강은 목적지를 향해 초조하게 흘러가며 눈물로 호소하는 듯이 보였다.

"듣고 있소?" 바스데바는 말없이 눈으로 물었다. 싯다르타는 고개를 끄덕였다.

"더 잘 들어 봐요!" 바스데바가 속삭였다.

싯다르타는 더 똑똑히 들으려고 귀를 기울였다. 아버지의 얼굴과 자기 자신의 얼굴, 그리고 아들의 얼굴이 강물 속에 흘러가고 있었다. 그리고 카말라의 얼굴도 잠시 나타났다가 사라졌다. 고빈다의 얼굴도 나타났다. 그 밖에 다른 여러 사람의 얼굴도. 그 얼굴들은 서로 엉키어 흐르고 있었다. 모든 얼굴이 하나의 강이 되어 목적을 향해 흐르고 있었다. 무엇을 애원하는 듯이, 갈망하는 듯이, 괴로운 듯이 흐르고 있었다. 동경에 가득 차고, 고뇌에 가득 차고, 억제할 수 없는 욕구에 가득 찬 듯한 소리를 내며 마냥 흐르고 있었다. 강은 목적지를 향해 빠르게 흐르고 있었다. 싯다르타는 그와 그의 가족과 그가 일찍이 알았던 모든 사람으로부터 흘러나오는 강물이 줄달음치는 것을 바라보고 있었다. 물결과 물결은 줄달음질을 치며 모든 목적지를 향해서, 폭포가 되고 호수가 되고 격류가 되고 바다가 되기 위하여 흐르고 있었다. 그리하여 하나의 목적이 이루어지면 새로운 목적이 그 뒤를 따르는 것이었다. 물은 수증기가 되어 하늘에 올라가 비로 변하여 샘이 되고, 시내가 되고 강이 되어 새로운 목표를 향해 흘렀다. 그러나 그 동경의 물결 소리에는 아직도 괴로움과 갈망이 가득 차 있었다. 그리고 거기에는 많은 다른 소리들이, 기쁨과 슬픔의 소리, 선과 악의 소리, 웃음소리와 탄식하는 소리 등 수백 수천 가지의 소리가 어울려 있었다.

싯다르타는 귀를 기울였다. 그는 오직 듣기만 했다. 듣는 데 도취되어 정신이 없었다. 그는 그 소리들을 모두 집어삼켜 버리듯이 열심히 듣고 있었다. 그러자 그는 이렇게 강물 소리를 듣는 법도, 이제 배울 만큼 배웠다는 생각이 들었다. 그는 전에도 강물에서 많은 소리를 들었다. 그러나 오늘은 새로운 소리가 들려왔다. 이제 그 소리들을 하나하나 가려낼 수 없었다. 우는 소리에서 기쁜 소리를, 어른의 소리에서 어린이의 소리를 구별하기란 매우 어려운 일이었다. 모든 소리는 하나가 되어 흐르고 있었다. 그리움의 안타까움과 지자(智者)의 웃음, 격분한 외침과 죽어 가는 자기 신음 소리가 하나로 되어 서로 엉키고 천만 번 맺어져 풀리지 않았다. 모든 것은 합쳐져 있었다―모든 소리, 모든 목적, 모든 동경, 모든 두려움, 모든 욕망, 모든 선악이 합쳐진 것이 다름 아닌 이 세계였다. 또한 그것은 생성의 강이요 생명의 음악이었다. 싯다르타는 이 강에 귀를 기울여 수천 가지의 노랫소리를 들었다. 그는 하나의 노래나 하나의 웃음에 귀를 기울이지 않았다. 어떤 한 가지 소리에 정신을 빼앗겨 자기가 그 속에 휩쓸리는 것이 아니라 이 모든 것을 하나로 합쳐서 들을 수 있을 때, 그 수천 가지 소리로 이루어진 노래는 한 마디의 유일한 말인 '옴', 곧 완성에서 비롯되는 것이었다.

"들립니까?" 바스데바는 다시 말없이 눈으로 물었다.

그는 얼굴에 명랑한 미소를 띠고 있었다. 마치 강물 소리마다 '옴'이 깃들어 있는 것처럼, 그 늙은 얼굴의 주름살마다 찬란한 미소가 어리어 있었다. 그리하여 그가 싯다르타를 쳐다봤을 때 그 미소는 한결 빛났다. 싯다르타의 얼굴에도 같은 미소가 빛나고 있었다. 이미 마음의 상처에서는 꽃이 피어나고, 오뇌(懊惱)에서는 광명이 비치어 자아는 통일 속으로 흘러들어갔다.

이때서야 비로소 싯다르타에겐 운명과의 싸움이 그치고 번뇌가 사라졌다. 지혜에 반항하려는 의욕은 말끔히 없어지고 완성을 의식하게 되었다. 생성의 강과 생명의 흐름이 일치되어 기쁨과 슬픔을 함께 나누며, 그 흐름에 따라 단일한 것을 지향하는 지혜의 즐거움이 그의 얼굴에 감돌고 있었다.

바스데바는 자리에서 일어나 싯다르타의 눈에서 지혜의 즐거움이 번득이는 것을 발견하고는 온유한 태도로 그의 어깨를 손으로 가만히 짚으며 말했다. "나는 이 시간을 오랫동안 기다렸소. 드디어 이 시간은 왔소. 나는 그만 떠나려오. 나는 오랫동안 뱃사공 바스데바로 일해 왔소. 그러나 이제 그 일도 다 끝났소. 오두막집이여, 잘 있어라! 강이여 잘 있어라! 강이여 잘 있거라! 싯다르타, 잘 있소!"

싯다르타는 떠나려고 하는 그에게 고개 숙여 작별 인사를 했다.

"나도 짐작은 하고 있었소." 싯다르타는 나지막한 소리로 말했다. "깊은 산중으로 돌아가시려는 거지요?"

"그렇소. 나는 깊은 산속으로 들어가려오. 나는 범(梵)의 품으로 가려오."

그는 후광(後光)에 싸여 말하고 나서 그곳을 떠났다. 싯다르타는 그의 뒷모습을 바라보았다. 그는 법열을 느끼며 엄숙한 마음으로 바스데바를 바라보았다. 그는 바스데바의 걸음걸이가 평화에 가득 차고 그 머리가 후광으로 빛나며 그 모습이 빛으로 넘쳐나는 것을 보았다.

고빈다
어느 날 고빈다는 다른 승려들과 함께 유녀 카말라가 고타마의 제자들에게 제공한 별장에 머물러 있었다. 그때 그는 거기서 하룻길쯤 떨어진 강가에 늙은 뱃사공이 살고 있으며 남달리 현명한 탓으로 많은 사람에게 존경받고 있다는 소문을 들었다. 그는 멀리 동방으로 떠나면서 그 뱃사공을 만나보고 싶은 생각이 간절하여 나루터로 향했다. 한평생 불법(佛法)을 좇아 살아온 그는 나이도 많으려니와 겸손한 언행으로 젊은 승려들로부터 존경을 받고 있었지만, 아직도 마음속에는 불안과 구도심(求道心)이 사라지지 않고 있었다.

그는 강가의 나루터에 이르자, 늙은 사공에게 건네주기를 청했다. 그리하여 강을 건너 배에서 내리면서 그는 사공에게 말했다. "당신은 우리네 승려와 순례자들을 위해 많은 은혜를 베풀었소. 당신은 많은 사람이 이 강을 건널 수 있게 해 주었소. 혹시 당신도 우리처럼 수도하는 사람은 아니오?"

싯다르타는 주름진 얼굴에 웃음을 띠고 말했다. "당신은 이미 고령에 이르고, 또 고타마의 승복을 입고 계시면서 아직도 구도하는 사람으로 자처하시오?"

"그렇소, 나는 이미 늙은 몸이오." 고빈다는 말을 이었다. "그러나 나는 아직도 구도 생활을 계속하고 있소. 그것이 나의 사명인가 하오. 그런데 당신도 구도하는 사람처럼 보이는데, 나에게 이야기해 줄 수 있겠소?"

싯다르타는 대답했다. "나 같은 사람에게 무슨 할 말이 있겠소? 당신은 혹시 도를 지나치게 구하는 게 아니오? 그렇게 지나치게 구하면 오히려 도를 놓치게 되는지도 모르오."

"무슨 말이오?" 고빈다는 물었다.

"누구나 도를 지나치게 구할 때에는 거기에만 정신을 팔게 되어 아무것도 발견하지 못하는 법이오. 그는 언제나 그 하나의 목적에만 골똘하기 때문에 아무것도 자기 것으로 만들지 못하는 폐단이 있소. 구한다는 것은 한 가지 목적을 갖는 것을 말하지만, 이와 반대로 발견한다는 것은 마음이 자유로워 아무런 목적도 갖고 있지 않다는 것을 말하오. 당신이 도를 구하는 것은 그 목적을 이루려고 애쓰는 데서 눈앞에 있는 많은 사물들을 보지 못하기 때문이오."

"무슨 뜻인지 잘 알아듣지 못하겠군요." 고빈다는 좀더 상세히 말해 달라고 요청했다.

"당신은 벌써 여러 해 전에 한번 이 강가에 왔다가 거기 누워 자는 사람을 보고 옆에 지켜앉아서 돌봐준 일이 있지요. 고빈다…… 그런데 당신은 그 잠자던 사람을 몰라보는구려."

고빈다는 마술에 걸린 사람처럼 놀라며 뱃사공의 눈을 뚫어지게 들여다보았다. "자네는 싯다르타가 아닌가?" 그는 떨리는 목소리로 물었다. "나는 이번에도 자네를 몰라볼 뻔했군. 반갑네, 싯다르타…… 이렇게 다시 만나게 되다니 기쁘기 그지없네. 그런데 자네가 뱃사공이라니…… 참 많이도 변했군그래."

싯다르타는 정답게 웃으며 말했다. "그래, 뱃사공이 되었다네. 고빈다, 사람들은 많이 변해야 하고 여러 옷을 입게 마련이지. 물론 나도 그중 한 사람일세. 고빈다, 오늘 밤은 우리집에서 쉬어 가게."

고빈다는 그날 밤 그의 집 바스데바의 침대에서 하룻밤 묵게 되었다. 고빈다는 옛친구에게 궁금한 여러 가지를 물었다. 싯다르타는 자기가 그동안 지내온 날들에 대해 들려주었다.

이튿날 고빈다는 동방으로 떠나면서 이렇게 물었다. "싯다르타, 떠나기 전에 자네에게 한 마디 물을 말이 있네. 나에게 가르쳐 줄 무슨 말이 없는가? 자네가 굳게 신봉하고 자네를 지키며 인도하는 무슨 신앙과 지혜를 갖고 있지 않나?"

싯다르타는 대답했다. "그건 잘 모르고 하는 소리네. 나는 청년 시절 산에서 고행할 때 이미 스승들의 모든 가르침에 의혹을 느끼고 멀리 떠나지 않았는가? 오늘에 이르기까지 그 생각엔 변함이 없네. 그러나 그 뒤에도 나는 많은 스승을 모셔 왔지. 아름다운 유녀 카말라도 오랫동안 내 스승이었고, 돈 많은 상인도 몇몇 도박꾼들도 다 내 스승이었네. 물론 순례하는 부처의 제자 한 분도 나의 스승이었지. 그는 순례하는 도중에 내가 숲에서 자고 있는 것을 보자 내 옆에 앉아 나를 보살펴 주었네. 그에게서도 나는 많은 것을 배웠다네. 그에게 새삼 고맙군그래. 그러나 누구보다도 이 강에서 많이 배웠네. 그리고 선배인 뱃사공 바스데바에게서 많이 배웠지. 그는 참으로 순박한 분이었네. 사색가는 아니지만 고타마와 같이 사물의 필연적인 관계를 잘 알고 있었다네. 그는 인격 완성자요, 성자(聖者)였네."

고빈다는 말했다. "오, 싯다르타! 자네는 옛날과 마찬가지로 지금도 남을 곧잘 놀리는군. 그러나 나는 자네를 믿고 있네. 그리고 자네가 어떤 스승도 따르지 못한다는 것을 잘 알고 있지. 비록 무슨 교훈 같은 것은 아니라 하더라도 자네의 생활을 인도하는 사상과 지혜를 갖고 있을 걸세. 그걸 나에게 말해 주면 매우 고맙겠네."

싯다르타가 말했다. "물론 나는 사상도 가져 보고 지혜도 가졌었지. 때때로 한 시간 동안, 아니 온종일 누구나 생명을 느끼듯 이 마음속의 지혜를 느낀 적도 있었다네. 그것은 여러 사상으로, 자네에게 전할 수는 없네. 고빈다, 이건 어디까지나 내가 찾아낸 사상일세. 요컨대 지혜는 남에게 전할 수 없는 법이지. 현자(賢者)들이 사람에게 전하려는 지혜란 언제나 무지(無知)와 같은 거라네."

"자네 지금 농담을 하는 건가?" 고빈다가 물었다.

"농담이 아닐세. 나는 다만 내가 찾은 지혜에 대해 하는 말이네. 지식은 남에게 전할 수 있지만, 지혜는 전할 수 없네. 그리고 사람은 누구나 지혜를 찾아낼 수 있지. 또 지혜롭게 살 수도 있고 지혜로 기적을 행할 수도 있다네. 그러나 지혜를 말해 주거나 가르쳐 줄 수는 없지. 이것은 내가 이미 청년 시절에도 가끔 느꼈던 것일세. 여러 스승들의 곁을 떠난 것도 그 때문이었지. 나는 하나의 사상을 발견했네. 고빈다! 이렇게 말하면 자네는 또 사람을 희롱하는 건방진 소리라고 할는지 모르지만, 모든 진리는, 그 반대도 또한 진리일세. 이건 내가 알고 있는 가장 훌륭한 사상이지. 진리는 일방적일 경우에만 입 밖에 내어 말로 표현할 수 있네. 따라서 생각할 수 있고 말할 수 있는 모든 진리란 일방적인 것일세. 다시 말해 모든 것은 일방적이며 반쪽이네. 그것은 전체가 못 되므로 완벽할 수 없고 단일화할 수도 없네. 그러므로 성자 고타마는 세계에 대하여 말씀하실 때, 열반(涅槃)과 윤회, 진리와 미망(迷妄), 해탈과 번뇌를 나눠서 설명할 수밖에 없었지. 달리 방법이 없으니까 말일세. 남에게 가르치려면 그렇게 하는 도리밖에 없지. 그러나 세계 자체, 그러니까 우리의 주위에 있거나 마음속에 있는 모든 것은 다 일방적인 것이 아니네. 누구나, 또 무슨 일이나, 윤회 속에만 매여 있거나 열반 안에만 있을 수는 없지. 어떤 사람에게도 성자가 아니면 죄인이라고 말할 수는 없네. 그렇게 보이는 것은 우리가 시간이라는 것이 있다(實在)고 생각하는, 어떤 미망에 빠져 있기 때문일세. 고빈다, 시간은 있는 것이 아니네. 나는 가끔 그것을 체험했었지. 시간이 있지 않다면 현실과 영원, 고뇌와 행복, 선과 악 사이에 있는 듯이 보이는 간격도 역시 미망일 걸세."

"어찌하여 그런가?" 고빈다는 불안스러운 얼굴을 하고 물었다.

"내 말을 잘 듣게. 나와 자네 같은 죄인도 언젠가는 한번 범(梵)이 되고, 극락 세계에 들어가 부처가 될 것이라고 생각하지 않나? 그러나 이 '언젠가 한번'이란, 곧 미망이 아니겠는가? 그것은 한낱 이유에 지나지 않는 말일세. 그렇다면 죄인은 부처가 되어가는 도중에 있는 것일까? 우리는 흔히 그렇게 생각하기 쉽지만, 실은 죄인 속에 부처가 있는 거라네. 지금 현재, 이미 미래의 부처는 있는 걸세. 미래는 거기에 내포되어 있네. 그러므로 죄인은 자네와 모든 사람 속에 들어 있는 앞날의 부처를 존경해야 하는 걸세. 고빈다, 세계는 결코 불완전한 것이 아니네. 그렇다고 완전한 것을 향해 나아가는 과정에 있는 것도 아니지. 세계는 순간마다 완전하며 모든 죄는 이미 그 속에 속죄의 씨를 품고 있다네. 모든 어린애 속에 이미 백발노인이 숨어 있지. 그리고 모든 젖먹이에게 이미 죽음이 깃들어 있고, 모든 죽음에는 영생이 깃들어 있다네. 누구나 남이 걸어가는 길을 옆에서 평가할 수는 없는 법일세. 도둑이나 노름꾼 속에도 부처가 있고, 바라문 속에도 도둑이 있지. 깊은 명상에 잠겨 시간을 뛰어넘어 과거와 현재와 미래를 똑같이 볼 수 있을 때가 되어야 비로소 모든 것이 선이 되고 모든 것이 완성되어 모든 것이 범(梵)과 일체가 된다네. 그러므로 현재 있는 모든 것이 나에게는 선(善)으로 보이네. 죽음도 삶으로 보이고 죄악도 신선하게 보이며, 지혜로운 것도 어리석은 것으로 보이네. 또 모든 것은 그렇게 되어야 하지. 모든 것이 나의 동의와 호의와 이해를 요구하고 있네. 나에게는 모든 것이 선일세. 나를 해치는 것은 하나도 없네. 나는 육체와 정신으로 이것을 체험했다네. 나에게는 죄악이 필요했지. 쾌락, 탐욕, 허영, 그리고 가장 고약한 자포자기까지도 필요했네. 반항하지 않고 세상을 사랑하는 법을 배우기 위해, 내가 희망하고 꿈꾸는 이상 세계와 현실을 비교하는 어리석은 짓은 그만두고, 있는 그대로의 세계를 사랑하고 기꺼이 그곳으로 가기 위해 나에게는 그런 모든 죄악이 필요했네. 아! 고빈다, 이것은 내가 다다른 사상의 일부일세."

그리고 싯다르타는 허리를 굽혀 땅에서 돌을 하나 주워 들고 말을 계속했다.

"여기 돌이 한 개 있네. 이들은 어느 시기에 가서는 흙이 될 테지. 그리고 거기 풀이 돋아날 걸세. 또 그들은 동물도 되고 사람도 되겠지. 전 같으면 나는 이렇게 말했을 걸세. '이것은 돌이다. 그것은 아무 가치도 없는 미망의 세계에 속하는 것이다. 그러나 변화의 윤회를 거치는 동안에 이들은 인간이 되고 영혼도 될 터이므로 나는 이들의 가치를 인정한다.' 그러나 지금에 와서는 이렇게 생각하네. 이들은 돌이요, 동물이요, 신이요, 부처라고. 내가 이들을 존경하고 사랑하는 것은 앞으로 그것이 어떤 물건이 된다고 해서가 아니라, 영원히, 그리고 언제나 그것이 일체(一切)이기 때문에 존중하고 사랑하네. 그리고 그것이 지금 이 시간에는 돌로 보이기 때문에 사랑하네. 나는 이 돌이 금가고, 움푹 파이고, 누른빛과 잿빛을 하고 있고, 딱딱하고, 두들기면 소리가 나고, 표면이 말라 있기도 하고 젖어 있기도 한 그대로의 가치와 의미를 인정하네. 돌 중에는 기름같이 번들번들하거나 비누처럼 미끈미끈한 것도 있지. 어떤 돌은 나뭇잎 같기도 하고, 또 어떤 돌은 설탕 같기도 하여 저마다 독특한 형태로 '옴'을 부르고 있다네. 모두가 범(梵)이요, 동시에 기름 같고 비누 같은 돌이기도 하지. 그 점이 나에겐 만족스럽고 신기하여 숭배할 가치가 있다고 생각되네. 그러나 거기 대해서는 그만 말하기로 하지. 말이란 대체로 내면적인 것을 해치게 되니까 말일세. 우리가 무엇을 말로 표현해 버리면 그것은 그 내용과는 얼마쯤 달라지게 된다네. 어느 정도는 모조품처럼 되고 미숙하게 돼 버리지. 하긴 그것 또한 좋은 일이네. 그리고 어떤 사람에게는 보배가 되고 지혜로운 것이 되는 반면에, 다른 사람에게는 어리석은 짓으로 보이는 것도 좋은 일이라네."

고빈다는 잠자코 듣고 있다가 머뭇거리면서 다시 물었다.

"그런데 자네는 왜 돌에 대해서만 그렇게 말하는 건가?"

"특별한 의도가 있는 건 아닐세. 아마 돌이건 강이건 우리가 보고 배울 수 있는 것은 모두 내가 사랑하고 있기 때문이겠지. 고빈다, 한 개의 돌도 그렇게 사랑할 수 있고 한 그루의 나무나, 또 나무껍질일지라도 그렇게 사랑할 수 있네. 그것은 사물이며, 인간은 이 사물을 사랑할 수 있는 거라네. 그러나 나는 말을 사랑할 수는 없네. 그것은 모든 가르침이 나에게는 아무 이득도 되지 못하기 때문이지. 그것은 딱딱하지도 연하지도 않고, 빛도 없고 모나지도 않으며, 향기도 맛도 없고, 오직 말일 따름이기 때문일세. 무엇보다도 마음의 평화를 존중하는 당신에게 장애가 되는 것은 아마 그 숱한 말일 테지. 해탈이니 덕이니 윤회니 열반이니 하는 것은 모두가 말에 지나지 않네. 고빈다, 사실 열반이라는 것은 없네. 단지 그 열반이라는 말이 있을 따름일세."

"싯다르타, 그렇지 않네. 열반은 말에 지나지 않는 게 아니라, 하나의 사상일세." 고빈다가 반박했다.

싯다르타는 말을 계속했다. "그야 사상일 수 있겠지. 솔직히 말해서 나는 사상과 말 사이에 별로 큰 구별을 두지 않네. 나는 사상이라는 말을 그다지 대수롭게 생각하지 않네. 그보다는 사물을 더 소중히 생각한다네. 이 나루터에 나의 선배요 스승인 사람이 있었네. 그는 오랫동안 다만 강만을 믿고 그 밖에는 아무것도 믿지 않는 성자였네. 그는 강물이 자기에게 말하는 소리를 들을 수 있었네. 그는 강물에서 배우는 것이 많았네. 말하자면 그 강물 소리가 그를 길러 주고 그를 가르쳐 준 셈이지. 강은 그의 신이었네. 그런데 그는 오랫동안 바람, 구름, 새, 벌레 등 온갖 것도 강과 마찬가지로 신성(神性)을 갖고 있으며 강처럼 많이 알고 가르칠 수 있다는 사실을 미처 몰랐었네. 그러나 이 성자도 산으로 들어갈 무렵에는 그 모든 것을 알게 되었네.

아무튼 그는 강을 믿고 있었으므로, 스승도 책도 없이 당신이나 나보다 더 많은 것을 배울 수 있었네."

고빈다는 말했다. "그런데 자네가 '사물'이라고 말하는 것은 실존하는 것, 실제(實體)를 가리키는 건가? 그것은 미망이라는 거짓이며, 다만 하나의 환영(幻影)에 불과한 것이 아니겠나. 돌이나 나무 강 따위를 실재적인 것으로 볼 수 있을까?"

"그것도 나에게는 별로 문제가 되지 않았네. 만일 물건이 환영에 불과하다면 나도 역시 환영에 지나지 않을 것일세. 그것들은 언제나 나와 같은 것일 테니까. 그러므로 나로서는 그것들이 사랑스럽고 존경할 만한 가치가 있다고 생각하는 거라네. 그래, 그것들은 나와 동일하네. 그러니까 사랑할 수 있는 거라네. 고빈다, 자네는 웃을지 모르지만 사랑이야말로 가장 소중한 것일세. 세상을 통찰하여 설명하며 경멸하는 것은 사색가의 할 일이라네. 그러나 사랑은 세상을 경멸하지 않고 미워하지도 않네. 그것은 오직 사랑할 뿐이지. 세계와 나와, 그리고 모든 존재를 사랑하고 경탄하며, 존경하는 눈으로 볼 수 있다는 것은 무엇보다도 귀중한 일일세."

"그것은 나도 알고 있네. 그러나 부처는 그것을 환각(幻覺)이라고 말씀하셨네. 그분은 호의와 관용과 동정과 인내를 권했으나, 우리에게 사랑은 권하지 않았네. 따라서 그분은 우리가 속세에 대한 사랑에 얽매이는 것을 금하셨네."

"나도 그것은 알고 있네." 싯다르타는 웃으며 말했다. 그때 그의 웃음은 눈부시게 빛났다. "고빈다, 그러나 보게. 우리도 지금 사상의 동굴에 빠져 말싸움을 위한 말싸움을 하고 있지 않은가. 사랑에 대하여 나는 고타마와 분명히 반대되고 모순되는 말을 했네. 그래서 나는 이런 말을 의심스럽게 생각하고 있지. 그분과 나는 표면상 말에 있어서만 반대될 뿐 나의 견해는 그분과 일치된다고 보네. 모든 인간의 존재를 허무하고 무상하다고 본 나머지 중생을 구제하고 가르치기 위해 오랫동안 괴로운 생애를 보내면서 사람을 사랑한 그분께서 왜 사랑을 몰랐겠나? 그분은 그 위대한 가르침에 있어서도 사실을 말보다 사랑하셨고, 설법보다 행위와 삶을 값있게 여기셨으며, 사상보다 손발의 동작을 무겁게 여기신 거라네. 나는 그분의 위대함을 사상이나 설법에서 발견한 것이 아니라 행위와 생활에서 발견했네."

두 노인은 오랫동안 잠자코 있었다. 고빈다는 떠나려고 허리를 굽혀 인사했다. "싯다르타, 나는 자네가 갖고 있는 사상의 일부를 말해 준 것을 고맙게 생각하네. 그러나 그 사상은 좀 의심스러운 점이 있어 얼른 이해가 가지 않네. 어쨌든 고맙네. 잘 있게!"

그러면서 고빈다는 마음 한편으로 이렇게 생각하고 있었다. '싯다르타는 기인(奇人)으로 이상한 사상을 갖고 있다. 부처의 가르침 속에는 이상하거나 어리석거나 우스운 것은 없었다. 하긴 싯다르타의 손과 발과 눈·이마·호흡·미소, 인사하는 태도, 걸음걸이 등은 그의 사상과는 달리 아무런 이상이 없다. 우리의 세존(世尊) 고타마가 돌아가신(入寂) 뒤로는 '이분은 성자다!' 하고 생각할 만한 사람을 나는 아직 만나 보지 못했는데, 싯다르타에게서 나는 그런 것을 느끼게 된다. 그의 사상은 얼마쯤 이상하고 그의 말은 좀 어리석게 들리지만, 그의 눈동자와 손·피부·머리, 그리고 그의 모든 면에서 우리 스승이 돌아가신 뒤로는 아무에게도 찾아볼 수 없었던 순결과 안식의 빛을 발견할 수 있다. 그의 온몸은 명랑하고 거룩한 빛을 발산하고 있다.'

이렇게 생각한 고빈다는 마음속에 모순을 느끼면서도, 그 사랑에 이끌려 조용히 앉아 있는 싯다르타에게 다시 한 번 공손히 인사를 했다. "싯다르타! 우리는 벌써 늙은이가 다 되었네. 살아 있는 동안에 다시 만나기는 어려울 테지. 자네는 마음의 평화를 찾았군그래. 그러나 나는 아직 그렇지 못하네. 내가 알아들을 수 있는 말을 한 마디만 더 해주게. 떠나가는 나그넷길에 이로울 말이 없겠나? 앞길은 외롭고 캄캄하기만 하네, 싯다르타!"

싯다르타는 침묵했다. 그리고 언제나 그렇듯이 고요히 웃음을 머금으며 그를 쳐다보았다. 고빈다는 불안과 동경이 엇갈린 얼굴로 그를 응시했다. 그의 눈동자에는 영원히 구하려 해도 구할 길 없는 번뇌와 갈망이 서려 있었다. 싯다르타는 그것을 보자 다시 빙그레 웃어 보였다.

"나한테 몸을 숙여 보게나!" 싯다르타는 그의 귀에 입을 대고 속삭였다. "이리로 좀더 가까이 몸을 숙이게, 바싹 가까이, 그리고 내 이마에 키스를 하게, 고빈다!"

고빈다는 좀 의아스럽게 생각하면서도 그에 대한 사랑과, 또 어떤 호기심에 끌리어 그에게 가까이 몸을 굽혀 이마에 입술을 댔다. 그러자 이상한 일이 일어났다. 그의 머리에서는 아직도 싯다르타의 이상한 말이 떠나지 않고 있으며, 시간을 초월하여 열반과 윤회를 하나로 생각하려고 부질없이 애쓰고 있을 뿐만 아니라, 그의 말에 대한 경멸과 그에 대한 사랑과 존경심이 엇갈려 싸우고 있는데 실로 이상한 일이 일어난 것이다.

싯다르타의 얼굴은 온데간데없고 그 대신 다른 사람들의 얼굴이 나타났다. 많은 얼굴들의 긴 행렬이 무수히 흐르는 얼굴의 강을 이루어 수백 수천의 얼굴들이 나타났다. 그리하여 그 많은 얼굴은 있는가 하면 없어지고, 없어졌는가 하면 곧 다시 나타나는 것이었다. 그 많은 얼굴은 변모하여 새로운 얼굴이 되었다. 그런데 그 모든 얼굴은 또한 분명히 싯다르타의 얼굴이었다. 그는 잉어의 얼굴을 보았다. 막 죽어 가는 그 얼굴은 무척 괴로운 듯이 입을 딱 벌리고 눈이 흐리멍덩해지고 있었다. 그리고 방금 태어나 주름잡힌 얼굴로 울고 있는 어린애의 얼굴도 보았다. 단도로 사람의 배를 찌르는 살인자의 얼굴도 보았다. 이 죄인은 꽁꽁 묶여 꿇어앉았더니 망나니의 칼에 목이 달아나는 것이었다. 열렬한 사랑을 하고 있는 벌거숭이 남녀의 몸뚱이도 보았고, 팔다리를 뻗고 누워 있는 공허하고 차디찬 시체도 보았으며, 동물의 머리들, 수퇘지와 새들의 머리도 보았다. 또한 신들도 보았다. 크리슈나와 아그니(阿耆尼) 신이었다. 그리고 이 모든 얼굴과 형체들은 서로 천자만태(千姿萬態)로 얽혀져 저마다 다른 얼굴과 형체를 돕기도 하고, 사랑하기도 하며, 미워하기도 하고, 파괴하기도 하며, 새로 남기도 하고, 죽어 가기도 하는 허망한 세계에서 지독한 시달림을 받고 있었다. 그러나 그들은 하나도 죽지는 않고 다만 형체가 변모되어 갈 뿐, 언제나 새로 거듭나고 새로운 형태를 취하고 있었다. 그렇다고 한 형체와 다른 형체 사이의 변모에 시간이 걸리는 것도 아니었다. 모든 것은 동시에 이루어졌다. 이 모든 형체와 얼굴은 휴식하기도 하고 생각하기도 하고 헤엄치기도 하며 서로 엉키어 흐르고 있었다. 그러나 그 모든 것 위에 엷고 가벼운 그 무엇이 언제나 덮여 있었다. 그것은 엷은 유리 같기도 하고 얼음 같기도 하며, 투명한 막(膜) 같기도 하고 물로 만든 가면(假面) 같기도 했다. 그 가면은 웃고 있었다. 그런데 그 가면은 싯다르타의 웃는 얼굴이었다. 고빈다가 바로 그 순간에 입을 대고 있던 싯다르타의 얼굴이었다. 또한 고빈다는 보았다. 유전(流轉)하는 무수한 형체 위에 일관된 수천의 미소와 삶과 죽음을 초월한 동시성(同時性)의 미소와 가면의 웃음을. 이 싯다르타의 웃음은 바로 저 고타마의 웃음이었다. 자기가 무한히 존경하며 우러러보던, 조용하고 명랑하며, 헤아릴 수 없이 자비롭기도 하고 비웃는 것 같기도 한 현명한 부처의 수천 가지 웃음이었다. 그리하여 고빈다는 여기서 인격이 완성된 자는 틀림없이 미소한다는 사실을 깨닫게 되었다.

지금은 시간이 있는지 없는지 알지 못하고, 이 관찰이 순간적인 일이었는지 백 년간의 일이었는지도 알지 못한다. 또한 그것이 싯다르타인지 고타마인지도 모르며, 거기에 내가 있는지 네가 있는지도 모르고, 신의 화살에 가슴을 맞고도 아프지 않고 달콤한 사람처럼 마음이 황홀하게 해탈된 고빈다는 잠시 그대로 서서 고요한 싯다르타의 얼굴을 굽어보고 있었다. 지금 방금 입을 맞춘, 모든 형체와 모든 생성과 모든 존재의 무대이던 고요한 그 얼굴, 천태만상의 막이 표면에서 사라지자 그의 얼굴은 다시 전과 같았다. 싯다르타는 조용히 웃었다. 그러고는 은밀히 웃었다. 자비롭고 조롱에 가득 찬 얼굴로 마치 부처처럼 웃었다.

고빈다는 허리를 굽혀 싯다르타에게 절을 했다. 그의 두 눈에서는 영문 모를 눈물이 줄줄 흘러내렸다. 그리고 그의 노쇠한 얼굴에는 가장 깊은 사랑과 충성심에서 우러르는 겸허한 존경의 감정이 불타고 있었다. 그는 잠자코 앉아 있는 싯다르타 앞에서 이마가 땅에 닿도록 허리를 굽혀 또 절을 했다. 싯다르타의 웃음은 고빈다에게 일찍이 그의 긴 생애에서 사랑해 오던 모든 것을, 또 그의 생애에 일찍이 가치 있었고 거룩하게 생각해 오던 모든 것을 떠오르게 해 주었다.

헤세의 생애와 작품에 대하여

헤세의 생애와 작품에 대하여

헤세의 어린 시절

헤르만 헤세는 1877년 7월 2일, 남부 독일의 작은 마을 칼프에서 태어났다. 아늑한 전나무 숲을 누비며 흐르는 나골트 강에 안기어 잠자는 듯 조용한 마을이다. 헤세는 이곳 고향에 그다지 오래 살지는 않았다. 열여덟 살에 이곳을 떠나기 전에도 네 살 때부터 아홉 살까지는 스위스의 바젤에서 지냈다. 초등학교를 나와서도 다른 고장의 학교며 요양소며 직장을 떠돌아다녔지만 칼프에 대한 애착은 평생토록 변함이 없어, 소설이나 수필, 소품에서 슈바르츠발트의 작은 마을을 그리워했다. 《고향》(1918)이라는 소품에서도 브레이멘과 나폴리 사이와 빈과 싱가포르 사이에서 숱한 아름다운 마을들을 보았으나 자기가 아는 모든 마을 중에 가장 아름다운 곳은 슈바벤의 작고 오래된 마을, 칼프라고 말했다. 《수레바퀴 밑에서》나 《청춘은 아름다워》의 매력 가운데 하나는 고향 마을의 묘사에 있다.

그곳은 번화가로부터는 멀리 떨어진 작은 마을이었지만 헤세의 성장은 넓은 세계와 닿아 있었다. 아버지 요하네스 헤세는 북부 독일계의 러시아인이었다. 그는 북쪽 에스트란드에서 태어났으나 젊어서 전도(傳道)에 뜻을 두고 스위스에서 공부한 다음 인도에서 선교사로 일했다. 헤세의 어머니 마리도 선교사의 딸로 인도에서 태어났다. 마리는 처음 영국 선교사 아이젠버그와 결혼하여 인더스 강 두메에서 고난에 찬 선교 생활을 보냈다.

외할아버지 헤르만 군데르트는 인도에서 돌아와 칼프에서 신교(新敎)의 출판사를 주재하고 있었다. 요하네스 헤세는 그 조수로 있다가 남편을 사별하고 홀로 와 있는 그의 딸 마리 군데르트와 맺어진 것이다. 따라서 헤르만 헤세는 이 훌륭하고 신비스런 외할아버지의 강한 영향을 받고 자랐다. 외할아버지는 영어, 프랑스어는 물론 산스크리트, 벵갈어 등 30개 이상의 말을 자유자재로 구사했다. 그의 책장에는 그리스며 라틴의 고전과 동양의 성서

헤세 가족 왼쪽부터 헤세, 아버지 요하네스, 누이동생 마눌라, 어머니 마리, 누나 아델레, 아우 한스. 1889년 헤세가 열두 살 무렵에 촬영한 사진. 1890년 헤세는 신학교 입학시험 준비하려고 라틴어 학교에 들어간다.

와 아울러, 인도의 우상(偶像)이며 종려(棕櫚) 잎의 두루마리 같은 것이 가득 들어 있었다.

숲과 강을 특징으로 하는 고향의 자연과, 서양과 동양의 종교가 한데 융합된 외할아버지의 정신세계가 헤세의 성장에 강하게 작용했다. 그러나 헤세는 철이 들 무렵 가족을 따라 스위스의 바젤로 옮겨 갔다. 부모가 해외 전도사의 근거지인 전도관의 일을 맡아보게 된 것이다. 온 세계의 전도 관계자들이 거의 모였다가는 또 흩어져 갔다. 헤세의 마음은 저절로 세계시민적으로 열릴 수밖에 없었다. 바젤은 예전에는 위대한 인문학자 에라스무스가, 가까이는 역사가 부르크하르트와 철인 니체가 정신의 빛을 뿜어낸 전통적인 학

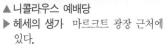

▲ 니콜라우스 예배당
▶ 헤세의 생가 마르크트 광장 근처에
있다.

문의 도시이다. 헤세는 소년 시절, 오직 초원에서 나비와 민들레와 푸른 하
늘을 벗삼아 고독을 마음껏 음미하며 자라났다. 이미 기이한 마성적 충동에
흔들리고 있던 소년은 자기 가슴속에 용솟음치고 있는 것을 스스로도 어쩔
수 없어 차츰 다루기 어려운 아이가 되어 갔다. 참을성 있는 어머니도 힘에
겨웠다. 일찍부터 시 같은 것을 지어 자기의 가락으로 부르곤 했으니 확실히
시적 마력에 사로잡혔다고 할 수밖에 없다. 그것이 창작이라는 출구를 찾기
까지 헤세의 정신적 방황은 계속되었던 것이다.

  아홉 살 때, 헤세는 부모를 따라 칼프로 돌아왔다. 그로부터 4년 동안에
헤세는 한평생 써도 다 쓰지 못할 만큼 많은 것을 고향 마을에서 경험했다.
그리고 그때부터 이미 두 가지 세계의 대립이 그의 마음 안과 밖에서 시작되
었다. 신앙이 깊고 청결하며 예절바른 부모의 세계와 하녀나 드나드는 장인
(匠人)들의 입을 통해 듣는 부랑자·주정뱅이·강도 등의 더러운 죄의 세계—
그것은 《중단된 수업 시간》이며 《아이들의 마음》 등 단편과 《수레바퀴 밑에
서》, 특히 《데미안》에 그대로 반영되고 있다. 악의 세계는 선의 세계보다 더
강하게 소년 헤세의 호기심을 끌어 흔들어 놓았다. 그는 다소곳이 목사가 되
기에는 너무나 다른 두 가지의 혼(魂)을 갖고 있었다. 처음부터 무난한 소

년 시대를 보내고 모범적인 청년이 되게끔 생겨 있질 않았다. 그러나 그 괴롭고 위험한 생활에서 시인이 태어난 것이다.

외할아버지나 아버지와 마찬가지로 신교 목사가 되는 것은, 헤세에게는 처음부터 정해진 길이나 다름없었다. 그리고 그 때문에 마울브론 신학교를 거쳐 튀빙겐 대학에서 신학을 공부한다는 것도 너무나 뻔한 과정이었다. 그 길은 모두 관비로 공부할 수 있고 학업을 마치면 목사로서 존경받는 지위가 한평생 약속되는 것이었다. 그러기 위해서는 어려운 신학교 입학시험에 합격해야만 했다. 헤세는 열네 살이 되던 해 7월, 신학교 시험에 합격하여 9월에 영예로운 입학을 했다. 그러나 반년 뒤에는 낙오자가 되어 그곳을 떠나는 불행을 겪어야만 했다. 그 경위는《수레바퀴 밑에서》에 거의 실제에 가깝게 그려져 있다.

신학교 선생들의 몰이해가 상처 입기 쉬운 소년의 마음을 무자비하게 수레바퀴 밑에 처넣기도 했지만, 사실은 헤세 자신이 신학교 학생이면서 '시인 아니면 아무것도 되고 싶진 않다'는 내면의 갈등을 일으켰기 때문이었다.

신학교는 그만뒀으나 시인이 되는 법을 가르쳐 주는 곳은 없었다. 우편배달부나 기술자나 의사나 음악가가 되려면 제각기 학교에 다녀야 했다. 그러나 시인학교만은 없었다.

절망적인 모색과 멸시하는 차가운 눈길에 그의 신경증은 차츰 더해 갔다. 정신요법을 하는 목사에게 맡겨졌으나 자살을 기도해 어머니를 놀라게 했다. 어느 정도 회복한 뒤에는 고등학교에 다시 들어갔다. 그는 성적은 뛰어났으나 산다는 것을 짐스럽게 여기고, 교과서를 팔아 권총을 사들이는 등 형편없는 짓을 거듭해 결국 1년도 채 되지 않아 학교를 나올 수밖에 없었다. 책을 좋아했으므로 서점 수습 점원이 되었으나 그것도 3일 만에 도망쳐 행방불명이 되어 부모를 크게 걱정시켰다. 그들은, 헤르만은 무엇을 시켜도 사람이 될 가망이 없다고 실망했다. 헤르만 자신도 희망을 잃고 우울한 노래를 지어서는 자기의 가락으로 부르곤 했다. 그러나 어머니만은 단념하지 않고 따뜻하게 헤르만을 지켜보았다. 그 온정이 헤세를 파멸에서 가까스로 구해 주었다. 그래서《수레바퀴 밑에서》의 자멸하는 주인공에게는 어머니가 없는 것으로 되어 있었던 것이다.

헤세는 늘 병치레하는 어머니에게 너무나 걱정을 끼치기가 민망스러워 열

슈바르츠발트의 작은 마을 칼프의 풍경 방랑자 '크눌프'의 고향 슈바르츠발트의 자연은 서정시인 헤세의 영혼을 길러 주었다. 나골트 강가에 자리한 헤세의 고향 칼프는 지금도 여전히 아름다운 모습을 띠고 있다.

일곱 살이 되던 때 칼프 마을의 공장에 수습공으로 들어갔다. 3년 전, 마을의 촉망을 한몸에 받던 수재 신학생은 이제 지난날의 급우 밑에서 톱니바퀴를 갈기 시작했다. 그 고되고 슬픈 생활 속에서 진지한 문학 수업이 시작되었다. 시인은 스스로 되는 길밖에 없다는 사실을 겨우 깨달았던 것이다. 그는 누이에게서 영어를 배우고 아버지의 풍부한 장서로 세계의 명작을 모조리 읽기 시작했다. '신이 우리에게 절망을 주는 것은 우리를 죽이기 위해서가 아니라, 우리 안에 새 생명을 불러일으키기 위해서다.' 헤세는 뒤에《유리알 유희》에서 그렇게 쓰고 있는데, 그것은 이 소년 시절의 절실한 체험에서 우러나온 말이다.

마울브론 신학교에서 보낸 반년 남짓한 생활과 칼프의 공장에서 보낸 일년이라는 기간은 짧은 세월이긴 하나 어느 시기보다 헤세의 마음에 깊이 새겨졌다. 신학교는《수레바퀴 밑에서》,《지와 사랑》(원제 '나르치스와 골드문트'),《유리알 유희》, 그리고 많은 단편과 소품에 많은 자료를 제공했다. 페로트라는 마을의 공장도 《수레바퀴 밑에서》나 《유리알 유희》, 그 밖의 작품에 잊히지 않는 그림자를 남기고 있다. 이 두 슬프고 쓰라린 시기가 없었던들 헤세라는 작가는 태어나지 않았을지도 모른다. 그 자신도 인간은 유소년 (幼少年) 시절에 체험한 것을 한평생의 양식으로 삼는다고 말했다. 그것을 또한 그는 창작을 통해 여실히 증명했다. 그가 유소년 시절을 비교적 소상하게 쓴 것은 그 때문이다.

문학적 완성

1899년 스물둘에 헤세는 처녀 시집 《낭만적인 노래》를 자비 출판했다. 그것은 이름 그대로 낭만적이고 음악적인 시집이었다. 감상적이고 순수하며 비현실적이고 병적이며 내향적이었으나 그런대로 독특한 내용이었다.

'내 친구는 누구? 대양(大洋) 상공을 헤매는 철새, 파선한 뱃사람, 양치기 없는 양의 무리……' 이런 고백은 탈선한 인간의 마음을 잘 나타내고 있다. 그와 같은 탈선한 인간, 규범을 벗어난 낙오자, 아웃사이더로 헤세라는 시인은 발을 내밀기 시작했고, 그와 같은 시인으로서의 특색을 가지고 태어난 것이다.

그러나 아웃사이더가 세상에 자기를 주장하기란 그리 쉬운 일이 아니었다. 헤세의 두 번째 책 《자정 이후의 한 시간》은 꽤 이름 있는 서점에 진열되어, 젊은 릴케가 예술의 본질적 요소인 경건성(敬虔生)에서 출발한 산문이라고 칭찬하는 등 호평을 받기는 했으나, 1년 동안 600부 가운데 겨우 53부밖에 팔리지 않았다.

서점 점원이 된 헤세는 책을 팔아야 하는 처지에서 책을 쓰는 사람으로 바뀌어 갔다. 그것은 서점으로서는 달가운 일이 아니었다.

헤세는 그 가을에 바젤의 고서점으로 옮겨 갔다. 그는 근무 중에는 언제나 부지런했다. 탈선했을 때도 성실성이 있다는 것만은 인정받았다고 그 자신이 말했듯 그는 결코 게으름뱅이 천재는 아니었다. 고서점의 일은 그의 문학 수업에 도움을 주었고 창작과 수필의 자료를 제공해 주었다. 그는 또 그 사이에 스위스와 이탈리아를 열심히 여행하고 부지런히 메모했다.

서점 주인은 점원 헤세의 책을 출판해 줄 정도로 이해심이 깊었다. 그것을 헤세 저(著)라 하지 않고 《헤르만 라우셔의 유고(遺稿), 헤세 편(編)》이라는 형식을 취한 것은 주인에 대한 사양도 있었겠지만, 너무나 탐미적, 환상적, 비현실적 시문(詩文)에 스스로 거리를 두어 세기말적인 퇴폐 분위기에서 벗어나려고 했기 때문이기도 했다. 《튀빙겐의 추억》에 이렇게 말한 것은 그 무렵의 심경을 그대로 토로한 것이다.

'애당초 산다는 것 자체가 보람이 없다. 목적 없는 생활은 따분하고 목적 있는 생활은 번거로우니까.'

《헤르만 라우셔》는 세기말적·도피적 회의와 자학적 진실애(眞實愛)를 반영하여 독특한 스타일을 만들어 내었다. 이 책은 꽤 반응이 좋아서 판이 거듭되었다. 무엇보다 〈산 너머 저 하늘 멀리〉의 시인 카를 부세의 눈에 띄어, 그가 편집하는 '신(新)독일 서정시인' 시리즈 중에 헤세의 《시집》 1권(1902)이 수록되었다.

▶ 헤세가 일하던 서점
1895년, 18세 때 헤세는 튀빙겐의 헤켄하우어 서점에서 점원으로 일했다. 그는 이때부터 시와 산문을 쓰기 시작, 1899년에 첫 시집 《낭만적인 노래》를 발표했다. 그는 이곳에서 바젤의 라이히 서점으로 자리를 옮긴다.

시인이 되고자 하는 소망이 이뤄진 것이다. 그는 기쁨에 넘쳐 그동안 혹독한 고생만을 시켜 온 어머니에게 이 시집을 바치려 했으나, 어머니는 그 전에 이미 세상을 떠나고 없었다. 그래서 그는 〈사랑하는 어머니〉라는 작품을 책의 첫머리에 실어 그것으로 어머니의 명복을 빌었다. 이 시집은 많은 판을 거듭하고 제2차 세계대전 뒤에는 《청춘 시집》으로 제목이 바뀌어 출판되었는데, 같은 내용으로 70년이 지난 오늘날에도 계속 간행되고 있다. 감상적 영탄조(詠嘆調)가 깊이를 손상하고 있으나 감미로운 음악적 서정은 지금도 많은 사람을 사로잡는다. 〈안개 속에〉 〈라벤나〉 〈엘리자베드〉 〈흰 구름〉 등은 특히 애송되는 시들이다.

그뿐만 아니라 《헤르만 라우셔》는, 새로운 문학의 출판자로 그 무렵 대단

《로스할데》(1914)

1911년 헤세는 아홉 살 연상인 부인과의 순탄치 않은 부부생활에 벗어나고자 집을 떠나 싱가포르, 수마트라, 스리랑카를 여행했다. 귀국한 뒤 스위스 베른으로 이사하고 나서 쓴 작품이다. 파국을 맞이하는 이 소설은 자신의 생활을 암시했다고 할 수 있다.

히 유력했던 피셔 출판사의 주목을 끌어 다음 작품 《향수》(원제 '페터 카멘친트')도 1904년 거기서 출판되고, 청신한 문체와 싱싱한 생활 감정으로 큰 성공을 거두었다. 좌절과 외도(外道)를 꽤 많이 거듭하긴 했으나, 스물 일곱에 세계적 인기 작가가 되었으니 그리 늦은 것은 아니었다고 하겠다.

전쟁과 문학

헤세는 이름을 널리 알리게 되었음에도 대도시로 나가려 하지 않고 스위스에 가까운 라인 강가의 한가로운 마을인 가이엔호펜에 농가를 빌려, 아홉 살이나 많은 부인 마리아와 결혼 생활을 시작했다. 그곳에서 뜬구름 흐르는 물과 벗하며 보낸 자연생활은

풍부한 수확을 안겨 주었다. 두 개의 장편 《수레바퀴 밑에서》 《봄의 폭풍》(원제 '게르트루트') 말고도 《청춘은 아름다워》 등 주옥같은 단편과 시, 수필이 나왔다. 그곳에서 세 아들도 얻어 알찬 7년을 보냈다. 카이저의 독재 정치를 비판·풍자하는 잡지 〈3월〉의 공동 편집자가 되기도 하고 쉴 새 없이 평론, 서평을 쓰는 등 가장 수확이 많은 시기였다.

그러나 얼마 안 가 곧 어떤 반동이 왔다. 부인과의 사이가 잘 화합되지 않는 데다, 타성에 빠진 작가 생활과 유럽 문화의 양상(樣相) 자체에도 차츰 권태를 느끼기 시작했다. 현실 생활은 어려움에 부딪히고 가정은 허물어졌으나, 창작면에서는 헤세가 아니고서는 쓸 수 없는 방랑자의 이야기 《크눌프》, 헤세 시집의 대명사처럼 된 《고독한 자의 음악》 등 다채로운 작품들을

카사 카무치 1919년 헤세는 스위스 루가노 호숫가에 위치한 몬타뇰라라는 마을로 이사갔다. 이 바로크풍 건물인 카사 카무치에서 헤세는 13년간 살았다.

제1차 세계대전 직전에 냈다.

1914년 7월, 제1차 세계대전이 일어나자 전세계는 애국이 바로 군국주의라는 망상에 사로잡혀 저마다 전쟁에 광분했다. 학자와 시인들도 감격적인 어조로 애국을 부르짖고, 적국에 대한 증오심을 부채질했다. 세계시민적 혈통에서 나고, 아시아 여행으로 세계인은 한 동포라는 이념을 더욱 굳혔던 헤세는 그에 동조할 수가 없었다. 전선의 병사들이 싸우는 것은 어쩔 수 없는 일이지만, 본디 인도주의적 문화에 종사하는 자까지 눈에 핏발을 세우고 서로의 미움을 부채질하는 것은 부당하다고 문화인의 각성을 부르짖는 내용의 평론을 스위스의 〈신(新)취리히 신문〉에 발표했다. 사랑은 미움보다 아름답고, 이해는 노여움보다 높으며, 평화는 전쟁보다 고귀한 것이니 애국이라는 이름 아래 전쟁을 찬미하는 언사는 서로 삼가자고 외쳤다.

헤세는 전쟁에 반대했으나 그 희생자가 된 독일의 포로와 억류자를 위문하는 일을 스스로 맡아 헌신적으로 봉사했다. 롤랑도 그 이듬해, 1915년에 노벨 문학상을 받는 고명한 작가였으나 평화론을 외치며 주네브 적십자사의 부상자를 위해 봉투 쓰기 등의 일을 돕고 있었다. 약속도 없이 같은 것을 생각하고 같은 일을 하던 롤랑은 헤세의 평론에 공감하여 편지를 띄우고 자기가 먼저 베른 교외로 헤세를 찾아갔다. 이 우정은 헤세에게 마음의 지주가되고 나중에는 아름다운 서간집으로 결실을 맺었다.

헤세는 원고를 쓰고 편집을 하고 발송까지 도맡아 하는 위문(慰問) 일로 과로가 겹쳐 지병인 신경증이 다시 발작했다. 그래서 정신과 의사와 만난 것을 계기로 정신분석에 흥미를 가지고 연구하기 시작했다. 그 뒤의 창작에 정신분석의 수법이 나타나는 것은 그 때문이다. 《메르헨》《데미안》《내면에의 길》 등에서는 꿈이나 잠재의식의 추구가 자아(自我)를 규명하는 아주 효과적인 수단이 되었다.

제1차 세계대전이 끝나자 헤세는 모든 과거를 청산하고 니체적으로 본디 자기 그대로가 되기 위해 지독한 자기탐구에 빠져들어 외곬으로 창작에 열중했다. 문제작 《데미안》과 독일 청년에게 호소하는 글 《차라투스트라의 재래(再來)》를 익명으로 내었다. 패전 뒤의 허탈과 혼미에 빠져 있던 독일인들 사이에 《데미안》은 번개 같은 반응을 불러일으켜, 그 무명 작가는 일약 베를린 시의 신인 문학상인 폰타네 상을 받게 되었다. 결국 얼마 안 가 헤세가 원작자라는 것이 알려져 《데미안》은 헤세의 이름으로 간행되고 수상은 반환되었으나, 과거의 명성에 기대려는 타성적 집필을 청산하려던 목적만은 이루어진 셈이었다.

그는 다시 창작에 모든 것을 바치기 위해 홀로 스위스의 몬타놀라로 옮겨가서 극도로 검소한 보헤미안적 자유 생활을 시작하고, 담담한 수채화와 스케치를 즐기는 한편 강렬한 색채의 표현파적 소설을 썼다. 전쟁 중에 억눌렸던 창작 의욕이 둑 터진 분류처럼 쏟아진 것이다.

이 재출발한 창작의 정점은 《싯다르타》였다. 싯다르타(悉達多)는 석가모니 출가(出家) 이전의 이름을 빌린 이야기로, 헤세는 득도한 불타가 아니라 삶을 깨우쳐 길을 구(求)한 불타에 공감을 갖고, 도를 얻기까지의 체험의 비밀을 더듬으려고 한 것이다. 그러니만큼 고심작으로 도중에 중단한 적도 있었으나 내용이 극히 어려움에도 율동적이고 간결하며 함축성 있는 문체로 헤세 문학의 정수(精髓)를 이루었다. 여기서 헤세는 있는 그대로를 사랑하는 크나큰 긍정적 세계관과 차분히 가라앉은 고전적 예술경에 다다랐다.

그러나 헤세의 마음은 한시도 쉬지 않고 흔들렸다. 전쟁을 치르고도 유럽은 국가나 개인이나 할 것 없이 물질적 이기주의로 치달려 신(神)을 잃고 영혼은 날로 메말라 갔다. 헤세는 그와 같은 현실 속에서 자기가 국외자인 것처럼 느껴져 자조적으로 유머러스하게 신경통 치료제적인 수기 《탕치객(湯治客)》과 자작 낭독여행기 《뉘른베르크의 여행》을 썼다.

아웃사이더적 자아 추구와 문명 비판은 《황야의 이리》에서 그 극치에 다다랐다. 물질 과잉에 도취된 현대사회에서 그것과 동조하지 않는 고립된

▶《데미안》(1919) 초판 표지
제1차 세계대전 직후인 1919년 발표되어 헤세의 작품세계에 커다란 전기를 마련한 작품.

▼《유리알 유희》 원고
헤세의 자필 원고. 미래의 이상향 카스터리엔을 무대로 한 이 소설은 1943년에 발표된 헤세의 마지막 장편소설이다.

아웃사이더가 《황야의 이리》인 것이다. 그러나 사회와 마찬가지로 그의 자아도 껍질을 한 겹 한 겹 벗겨 갈수록 추악하고 기괴한 번뇌의 찌꺼기만이 남았다. 자기를 적나라하게 폭로하고 아무것도 감추지 않으려는 시도는 한정판 시집 《위기》에서도 계속되었다. 그 모순과 추악성에 환멸을 느낀 독자도 있겠지만, 그것은 차라리 헤세의 성실성을 나타낸 것이라고 봐야 하리라. 《밤의 위안》이라는 제목의 시집에는 《고독한 자의 음악》의 섬세한 정취, 《위기》의 격한 불협화음이 모여 하모니를 이루고 있다. 그것이 헤세의 진면목인 것이다.

현실 생활에서도 연상의 부인 마리아와 헤어지고 딸처럼 어린 루트 뱅거

와 결혼하여 3년 만에 헤어지는 쓰라린 경험을 맛보았다.

그런데 마침 그 안팎의 위기를 전후한 1926년에, 니논 돌빈 여사와 알게 되어 그녀 안에서 가장 좋은 비서역을 찾아내고, 1931년 결혼을 감행했는데, 이때부터 헤세의 생활도 겨우 안정을 찾게 되었다. 그와 동시에 친구 포트머가 몬타뇰라에 집을 지어 주어 쉰 살이 넘은 헤세는 비로소 안팎이 갖춰진 새 생활을 시작하게 되었다. 지혜와 사랑을 상징하는 두 친구의 이야기 《지와 사랑》은 그 1년 전에 썼는데, 헤세가 싱싱한 감성을 간직하고 원숙한 예술경에 이르렀다는 것을 나타내고 있다.

그러나 안정된 것도 잠시, 나치스 정부의 출현과 더불어 유럽은 다시 격동하기 시작했다. 그리하여 많은 독자를 갖고 있는 독일에서 달갑잖은 작가로 알려져 있던 헤세는 책 출판이 어렵게 되어 생활의 위협을 받았다. 그는 처음에는 토마스 만 등, 나치스 독일에서 망명해 온 작가를 돕기 위해 자작자화(自作自畵)의 동화 《빅톨의 변신》을 독지가에게 팔아 자금을 만들었으나, 마침내는 생계를 위해 틈틈이 그림을 그려야만 했다.

그와 같은 상황 속에서 헤세는 미래의 대작과 단판씨름을 벌였다. 이미 1932년에 나온 《동방순례》는 그 전주곡이라고 할 만한 것으로 진선미와 예지와 신앙을 희구하는 사람들이 빛의 본고장을 향해 가는, 순례자에 대한 애긴데, 그것과 나란히 유토피아 이야기 《유리알 유희》가 그 무렵에 씌어지고 있었다. 그것은 히틀러 정권과 거의 걸음을 같이하면서 정반대의 극(極)을 목표로 하고 있는 것이었다. 한쪽은 인간성을 말살하는 폭력으로 화려하게 유럽 천지를 뒤흔들고 있었으며, 다른 한쪽은 전쟁과 잡문 문화의 세기적 비판에서 출발하여 시간과 공간을 넘어 동서고금 학예의 정수(精髓)를 모은 정신의 이상향(理想鄕)을 혼자 착실하게 쌓아 가고 있었다. 처음에 검(劍)은 펜보다 강한 듯이 보였다. 그러나 10여 년이 걸려 《유리알 유희》가 완성되고 스위스에서 출판됐을 때는 나치스의 운명은 이미 다하기 시작하고, 《유리알 유희》는 세계대전 뒤 최초의 노벨 문학상으로 빛났다.

헤세의 다채로운 작품들

헤르만 헤세는 소설가로 많이 알려져 있지만, 본질적으로는 서정시인이다. 산문에 있어서도 서정성이 짙었으며 끈덕진 사실주의 작가는 아니었다.

처녀작은 《낭만적인 노래》라는 시집이며, 살아 있을 때 나온 최후의 책도 《계단》이라는 시집이다. 다섯 살 무렵 벌써 시 비슷한 것을 짓기 시작했는데 그때의 자그마한 노래들이 아직도 남아 있다.

그리고 여든다섯 살, 죽기 직전까지 《꺾여진 가지》라는 시고(詩稿)를 다듬고 있었다. 또 장례식 때는 무덤 앞에서 〈안녕, 덧없는 세상 부인이여〉라는 그의 시가 낭독되었다. 그는 80년 동안에 많은 시집을 남겼다. 헤세는 무엇보다도 시인인 것이다.

이 시인은 또 화가이기도 했다. 취미라고는 하지만 화가로서의 솜씨도 꽤 뛰어났다. 그림과 시, 시

토마스 만 (왼쪽)과 헤세
조국을 떠나 타향인 스위스에서 생을 마감한 두 독일인 작가는 만년에 서로를 존경하며 깊은 우정을 나누었다. 헤세의 75번째 생일날에 만은 애정이 담긴 축하 편지를 보냈다. 1933년에 촬영.

와 글과 그림을 한데 묶은 책이 몇 권이나 남아 있다.

산문은 장편, 중편, 단편 말고도 수필과 평론이 많이 있다. 헤세는 수필가로서도 대단히 뛰어나 큰 반향을 일으키거나 깊은 공감으로 사랑받게 된 작품이 적지 않다. 이러한 작품은 문학적 감상과 시사적 평론과 자연 풍물에 대한 수필과 기행문으로 나눌 수 있다.

그리고 그 모두가 그의 소설과 깊은 관련을 갖고 있으며, 그의 작품이나 생활이나 사상을 알고 소설을 이해하는 데 직접적인 구실을 한다. 물론 개개의 독립된 작품으로서도 충분히 흥미롭고 시적인 정취를 풍긴다. 크게 나눠,

문학적 내용의 것과 시사적 내용의 것은 《관찰》에, 자연 풍물에 관한 것은 《그림책》에 묶여졌다.

그 밖에 문학적으로 한 몫을 이룬 것으로는 평전(評博)에 《보카치오》와 《아시아의 성 프란체스코》가 있고, 독서론으로 《세계문학을 어떻게 읽을 것인가》 등이 있다.

또한 니체를 본뜬 《차라투스트라의 재래》는 처음에 익명으로 나오고 다음 해 본명으로 나왔는데 나중에는 전집판 《관찰》에도, 《전쟁과 평화》에도 수록되었다. 이 밖에 헤르만 헤세는 1909년, 브레이멘에서 '파우스트와 차라투스트라'라는 강연을 하고 그것을 소책자로 간행한 것으로 알려졌다.

《관찰》과 《그림책》 말고도 《추억의 가지가지》《만년(晩年)의 산문》과 그 속편 《유고(遺稿)의 산문》 등에는 수필과 소품 혹은 단편으로 보이는 것이 한데 들어 있다. 또 기행문에도 창작적 요소가 많아 헤세가 어디까지나 창작인임을 알려 준다.

《지와 사랑》(1930)에 대하여

원제는 '나르치스와 골드문트'인데 나르치스는 수도원장이 되는 냉철한 철학자이고, 골드문트는 애욕의 편력을 일삼는 예술가여서 두 인물이 지성과 사랑을 대표하기 때문에 《지와 사랑》으로 번역했다. 에로스와 로고스, 헬레니즘과 헤브라이즘의 대립은 문학의 영원한 주제인데, 헤세도 인간의 이 양극성(兩極性), 이원성(二元性)에 줄기차게 관심을 기울였던 것이다. 출세작 《향수》를 썼을 무렵, 헤세는 벌써 성 프란체스코와 관능의 아들 보카치오 사이를, 십자가와 바커스(주신)의 지팡이 사이를 왔다 갔다 하고 있었다. 쉰 살이 넘은 헤세는 이 대작에서 페터 카멘친트 속의 두 영혼을 나르치스와 골드문트에게 나눠 갖게 하여 그 반발과 합치를 그렸다. 서로 반대되는 영혼이지만 인간에게는 다른 하나의 영혼도 반드시 깃들어 있게 마련이었다. 따라서 이 두 사람은 서로 헤어져 다른 길을 걷지만 마음속으로는 서로를 원하고 갖고 싶어한다. 이 장편이 처음 잡지에 발표됐을 때 《우정의 이야기》라는 부제를 달고 나온 것도 이러한 이유에서다.

《싯다르타》에서는 사문의 몸으로 유녀 카말라와 어울려 방탕한 생활을 거쳐 뱃사공으로, 이렇게 금욕의 영혼에 보다 많이 기울어져 아름다운 내면의

정원을 가꾸는 헤세

"정원을 가꾸는 일은 무척 고단하고 힘겨운 일이지만 이는 인간이 하고 느끼고 생각하고 말하는 그 모든 일 중에서도 가장 현명하고 가장 쾌적한 일입니다." "흙과 식물을 만지는 일은 마치 명상과도 같아서 영혼에게 해방과 안식을 줍니다." 그는 잡초뽑기, 물주기, 퇴비만들기, 모닥불피우기, 재뿌리기 등을 하면서 마지막 대작 《유리알 유희》(1943)를 구상했다고 한다.

작품을 만들어 내던 헤세는, 그 뒤 인간성의 혼돈과 모순을 창자까지 그대로 뒤집어 놓은 것 같은 장편 《황야의 이리》와 자신의 추악성과 번뇌를 여지없이 드러내 보인 시집 《위기》 등, 순정시인 헤세에 환멸을 느끼게 하는 강렬한 작품들을 썼다. 《지와 사랑》에서는 그것을 지양(止揚), 융합시켜서 내면적으로 살찌고 관능적으로 싱싱한 무게 있는 작품을 창조했다. 감각적인 윤기를 가진 점과 사상적으로나 기술적으로 원숙한 점에서 볼 때, 헤세의 전 작품 중에 가장 매력 있는, 완성도 높은 걸작이라 하겠다.

《지와 사랑》은 《황야의 이리》에 이어 바로 썼다지만, 이 두 개의 걸작은 전혀 다른 인상을 준다. 《황야의 이리》는 그 이름 그대로 음산하고, 스스로를 소외하고 자신과 남을 모두 고문대에 올리는 것 같은 불협화음으로 가득 차 있다. 그에 반해 《지와 사랑》은 나르치스는 수선(水仙)이 된 미소년을, 골드문트는 황금의 입을 연상시킬 만큼 감미로운 선율로 가득 차 있고 빛깔 고운 에로스의 훈향(薰香)이 물씬 풍긴다.

구성상으로도 이 작품은 이야기에 중점을 두지 않는 헤세의 소설 가운데 예외적으로 머리와 꼬리가 잘 정돈되어 있으며 드물게 보이는 짜임새를 가졌다. 소설의 구성은 방황의 아들 골드문트가 주인공 역을 하고 그 정신적 인도자인 나르치스가 조역으로 되어 있다. 이것은 흥미 있는 점으로 문학에서는 방황하지 않는 자는 주인공이 될 수 없다는 사실을 애기해 준다. 주역을 맡는 것은 언제나 번뇌와 모순에 헤매는 인간이다. 문학에 있어서는 그의 작품 《유리알 유희》에서도 말하듯 '악마와 마정(魔精)을 모르고 그에 대한 끊임없는 싸움을 갖지 못한 생활은 고귀하지 않은 것'이다. 그러나 또 '예술 작품은 정화(淨化)와 해방을 위한 싸움의 마지막 귀결'이기도 하다. 이런 골드문트는 번뇌와 끊임없이 싸우고, 정화와 해방을 미적(美的) 행위에서 구하는 인간이므로 소설의 주인공으로서는 가장 알맞은 존재이다.

그러나 소설 첫대목에서 수도원으로 들어간 골드문트가 아버지의 분별보다 어머니의 정열적 피를 이어받아 정신이 아니라 예술에 봉사해야 할 인간이라는 것을 깨닫게 하는 자는 나르치스다. 그리고 최후에 사랑의 모험 때문에 죽음의 길로 뛰어든 골드문트를 구해 내고, 목조 제작에 전념시키며 사명을 다하게 하는 것 또한 나르치스다.

이처럼 《지와 사랑》의 우정 이야기는 나르치스의 손에 의해 이끌리고 매듭지어지지만, 이야기에서는 골드문트가 중심이다.

이 소설은 또 헤세 예술관의 표현이기도 하다. 지성과 사랑, 로고스와 에로스의 융화가 인간 완성에 있어서 빼놓을 수 없는 것이듯, 진정한 예술은 정신만으로도 관능만으로도 성립되지 않는다. 아버지와 어머니의 결합, 영(靈)과 육(肉)의 결합이라야만 성립되는 것이다. 성스러운 마리아와 본능적 여인 이브가 녹아 엉긴 데에서 최고의 예술은 태어난다. 예술이 무엇보다 더 인간적인 매력을 갖는 것도 이 때문이다.

골드문트는 또 예술의 본질이 무엇인가를 골똘히 생각한 끝에, 무심하고 빠른 인간 삶의 영위에서 무엇인가 영속적인 것을 남기지 않고서는 견디지 못하는 영혼의 욕구가 예술의 근본 충동임을 깨닫는다.

'모든 예술의 뿌리는, 또 정신의 뿌리는 사멸(死滅)에 대한 공포다. 우리는 죽음을 두려워하고 무상에 대해 몸서리친다…… 우리가 예술가로서 상(像)을 만들어 내고 사상가로서 법칙을 구할 때는 커다란 죽음의 무도(舞踏) 속에서 작으나마 그 무엇인가를 구원해 내고, 우리 자신보다 긴 생명을 가지는 무엇인가를 세우기 위해 그와 같은 일을 하는 것이다.'

무상(無常)이라는 슬픈 운명을 지고 두 영혼의 분열에 마음을 앓는 존재라는 사실이 인간으로 하여금 예술을 하게 한다는 것이다.

이 소설은 그와 같은 인간 존재와 예술의 역할에 대해 깊이 생각하게 한다.

《데미안》(1919)에 대하여

《데미안》은 말하자면 헤세의 제2의 처녀작이라고 할 수 있다. 제1차 세계대전이 끝나자 그는 세계가 과거의 잘못을 뉘우치고 고쳐야 하듯이, 자기도 반

〈몬타놀라〉 1919년 전시 구호 활동을 마친 헤세가 정착하게 된 곳이 바로 스위스 남쪽 끝에 있는 이 마을이었다. 헤세는 이 마을의 밝고 아름다운 풍경을 사랑하여 신들린 듯이 수채화를 그렸다. 헤세는 이 마을을 제2의 고향으로 삼아 이곳에 뼈를 묻었다. 1928년 헤세 작품.

성하고 달라져야 한다고 생각해 영점(零點)으로 돌아가 재출발하기로 결심한다. 그리고 본디 자기 자신이 되려는 가장 근본적인 문제에 과감히 뛰어든다. 그것은 니체에서 그리스의 핀다로스로 거슬러 올라가 '있는 그대로의 네가 되라'는 주제로 되돌아가는 일이었다. 그래서 1919년 그것을 발표할 때도 이제까지의 자기 명성에 기대는 일이 없도록 익명으로 출판했다. 그런데 그 싱클레어 작《데미안, 어느 청춘의 이야기》는 토마스 만의 말을 빌릴 것 같으면, 우레와 같은 강한 감명을 주고 온 세상을 뒤흔들어 놓아, 무명 작가 싱클레어는 일약 베를린의 신인 문학상 폰타네 상을 받기에 이르렀다. 그러나 이윽고 헤세가 그 작자라는 것이 평론가 코로디에 의해 밝혀져, 헤세는 그것을 인정하고 다음해부터는 헤세 작품으로 간행했다.

싱클레어라는 이름은 헤세와 동향인 광기(狂氣)의 천재 시인 횔덜린의 친구로 독일에서 공부한 스코틀랜드계의 동명 작가에게서 따온 것 같다. 데미안은 '악령(惡靈)에 붙잡힌 것'이라는 그리스어에서 유래한다고 한다. 악마

적이며 초인간적인(daeonisch) 힘을 지닌 데미안의 인도로 싱클레어 소년은 운명을 개척하고 자기 자신이 되는 길을 걸어간다.

그러기 위해서는 그리스도교의 신을 비롯해서 기성의 여러 가지 것, 특히 혼을 잃은 유럽 문명이 철저하게 비판받아야 했다.

이런 의미에서《데미안》은 바로 헤세 자신이, 유럽 문화가 거듭 나기 위해 앓아야 했던 전통의 기록이라고 할 수 있다.

《싯다르타》(1922)에 대하여

'인도(印度)의 시(詩)'라는 부제가 붙어 있는 이 구도자 이야기는, 헤세가 다룬 작품 가운데서도 가장 어렵게 쓰인 작품이다. 대체로 헤세는 글을 쓰기 시작하면 단숨에 써 버리는 편이다. 물론 그중에 미완성으로 끝난 것도 있기는 하다. 《유리알 유희》같이 양적으로 큰 것은 다른 문제이지만 집필 도중에 글이 막히는 일은 그다지 없었다. 그런데《싯다르타》의 경우는 그렇지 못하여 한때는 단념까지 했을 정도였다. 인간 구제라는 근본 문제와 정면으로 부딪쳤으므로 그러한 어려움을 겪는 건 당연한 일이었다.

제1차 세계대전이 끝남과 때를 같이해서 헤세의 창작의 샘은 둑을 터뜨린 것처럼 쏟아져 나왔다. 《데미안》을 비롯한 많은 작품들이 바로 이 시기에 쓰였다. 1919년은 헤세가 일생 중 가장 많은 작품을 쓴 해였다. 《싯다르타》도 그해 늦겨울에 쓰기 시작했다. 제1부의 삼분의 일 가량은 쉽게 썼으나 거기서부터 막히어 약 1년 반이 지나서야 겨우 뒤를 이어 쓰게 되어 1922년 간행되었다.

어렸을 때부터 외할아버지의 감화로 인도의 우상(偶像)이나 두루마리 그림 같은 것을 자주 보아온 헤세는 옛 인도를 무려 20년 동안이나 연구했으며, 간디 사상의 원천이 되었던 바가바드 기타(신의 노래)나 우파니샤드를 비롯하여 불타(佛陀)의 설법을 모두 읽었기 때문에, 그 깨달음에 이르는 과정을 써보려 했던 것은 결코 충동적인 생각에서 우러난 것이 아닌 듯하다.

남달리 인생에 대해 고민을 거듭해 온 헤세가 큰 도(道)를 이룬 불타보다도 삶을 괴로워하다가, 출가(出家)를 하게 된 불타에게 공감을 느끼고 석존(釋尊)의 출가 이전인 싯다르타라는 이름을 빌려 이 이야기를 쓴 데 대해서는 충분히 이해가 간다. 싯다르타는 태어났을 때 이미 모든 길상서상(吉祥

헤세의 집에서 바라보는 아름다운 루가노 호수와 건너편의 산등성이 1931년부터 헤세는 친구가 세워 준 언덕 위의 집에서 지냈다. "내 생활을 편리하고 쾌적하게 하는 방법은 끝내 익히지 못했지만 아름다운 환경에서 살아가는 기술만큼은 뜻대로 익혔다. 나는 언제나 창가에 앉아 개성적이고 장대한 풍경을 저 멀리까지 내다볼 수 있었다." 1932년 헤세 작품.

瑞相)을 갖추었으므로, 머잖아 세계를 구제할 사람이 될 것이라 예언되고 있었다. 그리고 '싯'은 성숙된 것, '아르트하'는 목적을 의미하듯이 싯다르타가 성도(成道)의 목적을 이룰 소질을 갖추고 있음은 분명했다. 그러나 관념적으로 머릿속에서 깨달음과 구제에 이르는 인물을 만들어 보아야 아무런 소용이 없었다. 글이 막혔을 때의 심정을 헤세는 《내면에의 길》 후기에서 분명히 말하고 있다.

"나는 그때 내가 살아 보지 못한 삶을 쓴다는 것은 무의미하다는 것을 경험했다. 물론 처음은 아니지만 어느 때보다도 더 엄격하게 경험했다. 그래서 《싯다르타》를 단념한 뒤의 긴 침묵 동안에 금욕적인 명상의 생활을 뒤늦게나마 하지 않을 수가 없었다. 그럼으로 해서 겨우 소년 시절부터 나에게 있어 신성하고도 정들었던 인도의 정신세계가 다시금 진정으로 나의 고향이 될 수 있었다."

목련

"그것은 세 송이 꽃이 매달린 목련 가지였다. 이미 만개하여 꽃잎이 떨어지려 하는 꽃, 이제 막 피어난 꽃, 아직 봉오리가 다물려 있는 꽃. 커다란 세 송이 꽃은 겉은 자주색이고 속은 참으로 부드럽게 빛을 반사하는 비단 같은 흰색이라, 어두운 회색 공간에 넋을 잃을 만큼 아름답고 선명하게 떠올라 있었다."《그림 그리는 기쁨, 그림 그리는 고통》(1928)에서. 헤세 작품.

가족들과 떨어져서 혼자 가난한 생활을 견디던 헤세는 사문(沙門)에 몸을 들여놓은 싯다르타를 그리기에 아주 적당했을 것이다. 그러나 깨달음으로 들어가는 싯다르타를 체험으로써 쓴다는 것은 쉬운 일이 아니었다. 헤세는 무사독오(無師獨悟)와 침잠(沈潛)과 명상의 생활로서 그것을 몸소 겪어야만 했다. 그리하여 속세를 떠나 사문(沙門)이 된 싯다르타는 시인의 체험에 따라 자연 그대로의 감각 세계의 아름다움에 눈뜨고 현세로 되돌아와 애욕의 체험을 갖게 된다. 자기 도피적 금욕(禁慾)이 쉽사리 해탈로 통하지는 않는 것이다. 또한 헤세도 싯다르타와 더불어 명상과 애욕, 고행과 향락의 사이를 몸부림치며 그리스도교적, 불교적, 괴테적, 낭만적, 니체적 체험을 한결같이 해 나갔다. 결국은 불교가 완전히 몸에 배어 있지 않다는 것을 깨닫고, 선조 때부터 물려내려온 그리스도교를 따라 인식보다는 사랑을 위하는 사고방식으로 결론을 맺어 갔다. 그러나 싯다르타는 강가에 살면서 늘 변화되어 가면서도 늘 현재로 있는 강으로부터, 시간을 초월해야만이 행복해질 수 있다는 것을 배운다. 이 부분은 가장 아름다운 영혼이 빛나는 광채를 떨치고 있다. 변화되고 윤회(輪廻)되는 모든 것 속에 현재뿐만 아니라 과거도 미래도, 성스러움도 사악함도, 번뇌도 해탈도 있다는 것을 체득한 싯다르타는, 자연의 모든 것을 찬탄과 외경심(畏敬心)을 가지고 보게 되며, 모든 것을 있는 그대로 사랑하는 경지에 이른다.

헤세는 이것을 사상으로써 정리한 것이 아니라 체험으로써 고백한 것이다. 문학을 고백이라고 해석하는 그로서는 그 밖에는 달리 방법이 없었다. 《내면에의 길》이라는 글에서 그는 이렇게 말하고 있다. "모든 행위와 생각은, 세계와 신(神)을 포함하는 자기영혼과의 대화이다." 《싯다르타》는 분명 그러한 대화의 고백이다. 이 소설은 '인도의 시'라는 부제에 어긋남이 없이 산문시라고 해도 좋을 만큼 간결하고도 율동적인 문체로 엮어져 있는데, 애써 읊은 내면의 목소리를 그 속에서 들을 수 있다.

〈꽃에 물을 주면서〉 헤세는 자신의 시에다 수채화를 곁들인 조그만 시화집을 만들어, 그 수익금을 전쟁 때에는 포로수용소에 책을 보내거나, 전쟁이 끝난 뒤에는 사정이 어려운 사람들에게 원조금을 대주었다. 1932년 헤세 작품.

딛고 넘어선 인생

헤세의 작품들을 더듬어 보면, 그가 한 군데에 안주할 수 없는 작가임을 강하게 느낄 수 있다. 일찍부터 독자적인 문체를 자기 것으로 만들었고, 내면의 길을 더듬어 가며 자기영혼의 전기를 써 왔다. 그의 작품들은 얼핏 보기에 단조로운 듯하나, 《향수》에서부터 《수레바퀴 밑에서》《유리알 유희》에 이르기까지 헤세 자신의 말을 빌려 '밀고 넘어서는' 일의 연속이었다. 한 작품에서 다른 한 작품으로 넘어갈 때마다 끊임없이 새로운 경지를 개척해 나갔던 것이다.

그의 생활 자체가 늘 밀고 넘어서는 과정의 연속이었다. 신학교 입학이라는 난관을 밀고 넘어, 거리의 공장과 서점의 수습 점원 생활을 딛고 넘어, 또 인기 작가의 안정된 생활을 딛고 넘어, 이렇게 《유리알 유희》의 완성에 이르기까지 그것은 계속되었다. 그 뒤 나이가 들어서는 제2차 세계대전 뒤의 평화와 더불어 안정된 생활에 접어들었으나, 여전히 주역(周易)에서 선(禪)으로, 이렇게 딛고 넘어가는 정신의 편력(遍歷)은 그치지 않았다. 그가 살아 있을 때 출판된 마지막 책에 《계단》이라는 제목을 붙인 것은 그대로 딛고 넘어선 그의 생활과 예술을 상징하고 있다.

그러나 그 딛고 넘음은 결코 외면적인 것에만 그치지는 않았다. 오히려 그것은 내면적 깨달음에 촉구된 딛고 넘음이었다. 《싯다르타》에도 '깨달음'의 장(章)이 있다. 그것은 향락 생활에서 정신이 깨닫는 것이 아니라, 여느 경우와는 거꾸로 사문의 금욕 고행의 생활에서 버들은 초록, 꽃은 다홍이라고 느끼는, 감각 세계의 긍정으로부터의 깨달음이었다. 그리고 도피적인, 일면적인 금욕 생활을 딛고 넘어서는 것이었다. 그것은 또 뱃사공으로서 강가의 생활에서 초시간적인 세계의 인식으로 밀고 넘어선다. 깨달음은 《유리알 유희》에서도 되풀이해 이뤄진다. 깨달음은 내적 '딛고 넘음'인 것이다. 행위와 창작에서의 딛고 넘음도 내적 깨달음에 따라 이뤄지며 헤세는 그것이 어느 때나 결코 다 이루어졌다고 생각하지 않아 끊임없이 되풀이했다. 그는 무(無)에서부터 출발하기 위해 《데미안》을 익명으로 발표했다. 과거의 모든 것을 딛고 넘어섰던 것이다.

그것은 편안한 삶을 스스로 버리는 위험한 생활 방식이다. 헤세는 니체와 더불어 가장 위험하게 산 시인이었다. 그것은 자기 자신에게 성실하려고 했기 때문이며 헤세의 말에 따르면 '아의(我義)', 즉 자기 내부의 소리에 따라 살고자 했기 때문이다. 그것이 얼마나 위험했던가는 학교 탈출 전후의 혼미, 두 번의 세계대전 때에 빠졌던 곤경을 보면 저절로 밝혀진다. 타성적 순응에 편안히 머물지 못하고 주체성을 가지고 과거를 딛고 넘으려 했기 때문에 자꾸만 힘든 상황에 빠졌고, 때로는 절망의 구렁텅이에 떨어지기도 했다.

헤세는 딛고 넘어설 때마다 깊은 고뇌를 씹으며 그때마다 새로운 생명을 불러일으키고 새로운 작품을 창조했다. 그것은 괴로운 길이었다. 헤세는 스스로 말했다. "시인은 슬픈 고독자다." 슬픈 고독자로 딛고 넘기를 계속함으로써 이 시인은 '빛을 가져오는 자, 기쁨을 더하게 하는 자'가 되었던 것이다.

헤르만 헤세 연보

1877년   7월 2일, 남부 독일 슈바벤의 칼프에서 태어남.

1881년(4세) 헤세 집안 바젤로 이사. 부모는 해외 파견 선교사를 지도하는 전도관의 일을 봄.

1882년(5세) 이때 벌써 즉흥시 같은 것을 짓기 시작함.

1886년(9세) 가족 모두 칼프로 되돌아감.

1890년(13세) 신학교 입학시험을 위해 괴핑겐의 라틴어 학교에 입학.

1891년(14세) 7월 마울브론 신학교에 입학.

1892년(15세) 신학교에서 도망하여, 정신요법을 하는 목사의 보호를 받게 됨. 신경쇠약으로 자살 미수.

1894년(17세) 칼프에서 공장 수습공이 되어 탑시계의 톱니바퀴를 가는 일을 함.

1895년(18세) 10월 튀빙겐의 헤켄하우어 서점 수습 점원이 되어 겨우 안정을 얻고, 시와 산문을 쓰기 시작함.

1899년(22세) 《낭만적인 노래》《자정 이후의 한 시간》간행. 이해 가을 바젤의 라이히 서점으로 자리를 옮김.

1901년(24세) 《헤르만 라우셔》간행.

1902년(25세) 《시집》간행. 어머니에게 바쳤으나 불행히도 시집이 나오기 직전 어머니가 세상을 떠남. 스위스와 이탈리아를 여행함.

1904년(27세) 《향수(鄕愁)》가 베를린의 피셔 출판사에서 출간되자, 일약 문명(文名)이 높아짐. 이 작품으로 다음해에 바우에른 펠트 상을 받음. 《보카치오》와 《아시아의 성 프란체스코》의 작은 평전(評傳)을 간행, 마리아 베르누이와 결혼. 9월 보덴 호수와 라인강의 경계에 있는 농어촌 가이엔호펜에 살면서 창작에 전념함.

1906년(29세) 《수레바퀴 밑에서》 간행. 이때 수필을 많이 써서, 뒤에 《그림책》과 《관찰》에 수록함.

1907년(30세) 중편 소설 《이 세상》을 간행, 아내 마리아 베르누이에게 바침. 이해부터 1913년까지 잡지 〈3월〉의 공동 편집자가 되어 여기에 많은 작품을 발표함.

1908년(31세) 중편집 《이웃 사람》 간행.

1909년(32세) 소설가 W·라이베를 방문.

1910년(33세) 《봄의 폭풍(게르트루트)》 간행.

1911년(34세) 시집 《도상(途上)》 간행. 한여름에 출발, 홍해(紅海)를 건너 싱가포르, 남수마트라, 실론을 여행하고 연말에 귀국.

1912년(35세) 스위스의 수도 베른 근처에 있는, 화가 베르티의 별장을 빌림. 이 집에 관한 이야기를 단편 소설 《꿈의 집》(1920)에 씀. 중편 소설집 《둘러가는 길》 간행.

1913년(36세) 《인도(印度)에서》를 간행.

1914년(37세) 《로스할데(호반의 아틀리에)》 간행. 제1차 세계대전이 일어나자 헤세는 독일 포로를 위문하기 위해, 베른에서 신문, 도서의 편집, 간행, 발송 등의 일을 헌신적으로 함. 그러나 극단적인 애국주의적 언동에 반대하는 글을 씀으로써 독일에서는 매국노라고 비난받고, 많은 신문과 잡지에서 외면당함.

1915년(38세) 《크눌프》, 시집 《고독한 자의 음악》 간행. 8월 롤랑이 찾아옴.

1916년(39세) 아버지가 죽고, 아내가 정신병 악화로 입원하는가 하면, 자신도 지병을 앓으면서 정신적 위기를 겪음. 이듬해까지 정신과 의사 랑그의 치료를 받고 프로이트의 정신분석을 연구. 이에 자극받아 《데미안》을 씀. 《청춘은 아름다워》 간행.

1919년(42세) 《데미안》을 싱클레어라는 익명으로 피셔 출판사에서 출간. 이듬해 9판째부터는 본명을 밝힘. 남스위스 루가노의 언덕 몬타뇰라에 혼자 머물면서 문학에 전념함.

1920년(43세) 《혼돈을 보다(세 개의 평론)》《방(수상과 시와 수채화)》《화가의 시(시와 수채화)》 간행(헤세는 18년 전부터 수채화를 그리기 시작함). 《클링조르에서의 최후의 여름》 간행.

1922년(45세) 《싯다르타》 간행.

1923년(46세) 아내와 이혼. 이해부터 헤세는 좌골 신경통과 류머티즘 치료를 위해 취리히 가까운 바덴 온천에서 늦가을을 지내는 습관이 생김. 국적상 스위스 국민이 됨.

1924년(47세) 루트 벵거와 결혼.

1925년(48세) 이후부터 헤세의 작품들이 단행본의 저작집 형태로 체재를 갖추어 피셔 출판사에서 나오기 시작. 뮌헨으로 토마스 만을 찾아감. 가을 남부 독일로 강연 여행을 떠남.

1926년(49세) 기행과 자연 풍물 감상을 모은 《그림책》 간행.

1927년(50세) 《황야의 이리》 간행. 《병상의 시》를 씀. 루트 벵거와 이혼.

1928년(51세) 《뉘른베르크의 여행》《관찰》 간행. 시집 《위기》 한정 출판.

1929년(52세) 시집 《밤의 위안》 간행.

1930년(53세) 장편 《지와 사랑(나르치스와 골드문트)》 간행. 《아버지의 기념으로》《이 세상》 등 초기 소설집의 결정판 간행.

1931년(54세) 《내면에의 길》에 네 편을 수록하여 발간. 이해 여름 12년간이나 살았던 카사 카무치의 정든 집을 떠나, 친구 포트머가 지어 준 새집으로 옮김. 니논 돌빈과 결혼.

1932년(55세) 《동방순례》 간행. 괴테의 100년제를 맞아 《괴테에의 감사》를 발표.

1933년(56세) 제2의 초기 소설 결정판 《조그만 세계》 간행.

1934년(57세) 《유리알 유희》 서장(序章)과 《기우사(祈雨師)》를 발표.

1935년(58세) 《우화집(寓話集)》 간행.

1936년(59세) 스위스 최고 문학상인 고트프리트 켈러상(賞)을 수상. 목가(牧歌) 《정원 안에서의 시간》을 누이 아델레의 60세 생일에 바침.

1937년(60세) 《추억집》을 간행. 헤세는 지난해에 일어난 아우 한스의 자살에 강한 충격을 받아 《한스의 추억》을 써 이 회상 문집에 넣음. 《신시집》을 간행.

1941년(64세) 나치스의 지배로 말미암아 독일에서는 헤세 작품의 간행이 어렵게 되었으며, 제2차 세계대전이 시작되면서부터는 헤세 작품 출판에 종이가 배당되지 않아서 취리히의 프레츠&바스 뭇 출판사에서 스위스판 저작집으로 출판하게 됨.

1942년(65세) 《시집》, 이제까지 쓴 시를 모두 수록하여 스위스판으로 간행.

1943년(66세) 《유리알 유희》 2권으로 발간.

1945년(68세) 《베르톨드》, 동화 《끝의 자취》 간행. 《괴테에의 감사》를 《괴테 시초(詩抄)》와 같이 간행.

1946년(69세) 《전쟁과 평화》 간행. 1914년 이래의 전쟁과 정치에 관한 평론을 모은 것으로서, 44년에 죽은 벗 롤랑에게 바침. 괴테상과 노벨 문학상을 받음. 헤세의 작품집이 독일에서도 피셔의 후신(後身) 주르캄프 출판사에서 나오게 됨.

1947년(70세) 지드 찾아옴. 베를린 대학에서 명예 박사 학위를 받음.

1950년(73세) 라베상(賞)을 브라운쉬바이히 시(市)에서 받음.

1951년(74세) 《만년(晩年)의 산문》《서한집》《두 개의 목가(牧歌)》 간행.

1952년(75세) 75세 기념회를 독일·스위스에서 여러 번 개최. 6권의 전집을 간행.

1954년(77세) 《헤세와 로맹 롤랑의 주고받은 편지》 간행. 옛 친구 호이스 대통령으로부터 푸르 르 메리트(Pour le Mérite) 훈장을 받음. 이제까지 비매품이던 《빅톨의 변신》에 삽화를 넣어 간행.

1955년(78세) 독일 출판계의 평화상을 받음.

1956년(79세) 헤르만 헤세상(賞)이 서독 칼스레 시(市)에서 창설됨.

1957년(80세) 80세 기념으로 주르캄프 출판사의 전집 6권에 7권(《관찰》 등)이 덧붙여짐.

1961년(84세) 신시초(新詩抄) 《계단》을 간행.

1962년(85세) 8월 세상을 떠남. 몬타뇰라 부근의 아폰티오 교회에 묻힘.

송영택(宋永擇)

시인·번역문학가. 서울대학교 독문과 졸업. 한국문인협회 사무국장 역임. 1956년《현대문학》에 시 등단.《신작품》창립동인. 창작시〈소녀상〉〈간주곡〉〈보고서〉등과 평론〈R.M. 릴케〉발표. 지은책 시집《가난한 산책》등. 옮긴책에《릴케시집》《헤르만 헤세전집》괴테《젊은 베르테르의 슬픔》릴케《말테의 수기》힐티《잠못 이루는 밤을 위하여》쇼펜하우어《삶과 죽음의 번뇌》슈바이처《물과 원시림 사이에서》등이 있다.

World Book 147
Hermann Hesse
DEMIAN—DIE GESCHICHTE VON EMIL SINCLAIRS JUGEND
NARZISS UND GOLDMUND/SIDDHARTHA
데미안/지와 사랑/싯다르타
헤르만 헤세/송영택 옮김
1판 1쇄 발행/1987. 7. 1
2판 1쇄 발행/2011. 6. 1
2판 4쇄 발행/2020. 9. 1
발행인 고정일
발행처 동서문화사

창업 1956. 12. 12. 등록 16-3799
서울 중구 마른내로 144(쌍림동)
☎ 546-0331~6 Fax. 545-0331
www.dongsuhbook.com

ISBN 978-89-497-0749-5 04080
ISBN 978-89-497-0382-4 (세트)